MULHERES QUE INTERPRETAM O BRASIL

CONTRACORRENTE

Lincoln Secco
Marcos Silva
Olga Brites
(Organizadores)

MULHERES QUE INTERPRETAM O BRASIL

SÃO PAULO

2023

CONTRACORRENTE

Alameda Itu, 852 | 1º andar |
CEP 01421 002
www.loja-editoracontracorrente.com.br
contato@editoracontracorrente.com.br

EDITORES
Camila Almeida Janela Valim
Gustavo Marinho de Carvalho
Rafael Valim
Walfrido Warde
Silvio Almeida

EQUIPE EDITORIAL
COORDENAÇÃO DE PROJETO: Juliana Daglio
REVISÃO E PREPARAÇÃO DE TEXTO: Douglas Magalhães
REVISÃO TÉCNICA: Amanda Dorth e Ayla Cardoso
DIAGRAMAÇÃO: Gisely Fernandes
CAPA: Marina Avila

EQUIPE DE APOIO
Fabiana Celli
Carla Vasconcelos
Valéria Pucci
Regina Gomes
Nathalia Oliveira

Dados Internacionais de Catalogação na Publicação (CIP)
(Câmara Brasileira do Livro, SP, Brasil)

Mulheres que interpretam o Brasil / organização
Lincoln Secco, Marcos Silva, Olga Brites. --
São Paulo, SP : Editora Contracorrente, 2023.

Bibliografia.
ISBN 978-65-5396-092-3

1. Ciências sociais - Brasil 2. Mulheres -
Aspectos sociais 3. Mulheres - Brasil 4. Relações
sociais I. Secco, Lincoln. II. Silva, Marcos.
III. Brites, Olga.

23-147302 CDD-305.42

Índices para catálogo sistemático:

1. Mulheres : Aspectos sociais : Sociologia 305.42
Tábata Alves da Silva - Bibliotecária - CRB-8/9253-0

@editoracontracorrente
Editora Contracorrente
@ContraEditora

SUMÁRIO

SOBRE OS AUTORES

ALEXANDRE ALVES

Professor de Literatura Brasileira da UERN, doutor em Literatura Comparada pela UFRN, autor de vários livros de crítica literária, entre eles *Silêncio: Mar, a Poesia de Zila Mamede nos Anos de 1950* (2006); *Linguagem, Lirismo, Destino* (2010); e a trilogia *Poesia Submersa: Poetas e Poemas no RN* (2014-2015).

ANA RITA SANTIAGO

Possui doutorado em Letras e Linguística pela UFBA (2010). É professora da UFRB. Foi pró-reitora de Extensão da UFRB (2011-2015). É líder do Grupo de Pesquisa Linguagens, Literaturas e Diversidades (CNPq). É autora do livro *Vozes Literárias Negras* (EDUFRB, 2012) e (co)organizadora de diversas obras, tais como *Tranças e Redes: Tessituras sobre África e Brasil* (EDUFRB, 2014) e *É Ekede de Ogum do Ilê Asè Iyà Nassô Okà: Terreiro da Casa Branca.*

ANGÉLICA LOVATTO

É professora de Ciência Política do Departamento de Ciências Políticas e Econômicas da Unesp-Marília e coordenadora do Grupo de Pesquisa Pensamento Político Brasileiro e Latino-americano (CNPq).

ANTÔNIO DAVID

É doutor em Filosofia (2017) pela Universidade de São Paulo, com estágios de pesquisa de doutorado na França (Université Paris 1 Panthéon-Sorbonne e l'École des Hautes Études en Sciences Sociales) e Argentina (Instituto de Investigaciones Gino Germani-Universidad de Buenos Aires). Possui graduação em Filosofia (2009) e História (2018) pela Universidade de São Paulo. Atualmente, realiza pesquisa de doutorado em História Social pela Universidade de São Paulo.

BEATRIZ PAN CHACON

É graduada em História pela PUC-SP e mestra em História Social pela FFLCH-USP. Leciona na rede municipal paulistana. Publicou textos na coletânea *História: Que Ensino é esse?* (Papirus, 2013) e na revista *Contemporâneos* (www.revistacontemporaneos.com.br/n12/dossie/mulher-maravilha.pdf).

CLAUDIO AUGUSTO PINTO GALVÃO

É professor aposentado da UFRN, com aperfeiçoamento em História Medieval pelo Institut d'Etudes Médiévales de l'Université Catholique de Louvain (Bélgica) e doutorado em História Social pela FFLCH-USP. Publicou, dentre outros livros, *Zila Mamede em Sonhos Navegando* (Funcarte; Diário de Natal; Moura Ramos, 2005).

DANIELA MAURA RIBEIRO

É doutora em História Social pela FFLCH-USP, mestre em História da Arte pela ECA-USP e graduada em Artes Plásticas pela FAAP, membro do Grupo de Estudos Arte & Fotografia da ECA-USP. Participou do *Atelier Doctoral Franco-brésilien*, tema "Configurations de l'Espace Public", na Université Paris 1, Sorbonne, 2013. Curadora (exposição sobre *German Lorca*, MAM-SP, 2012), tem textos sobre Regina Silveira no livro (e-book) *Acervo: Outras Abordagens*, organizado por Tadeu Chiarelli e Ana Avelar.

DIMITRI PINHEIRO

Possui graduação em Ciências Sociais (2005), mestrado e doutorado em Sociologia pela Universidade de São Paulo (2008 e 2015). Realizou estágio sanduíche no Women Research Center da Universidade da Califórnia-Davis (2011-2012). Atua na área da Sociologia da Cultura, com ênfase em história social dos intelectuais e indústria cultural no Brasil. É pesquisador do Núcleo de Sociologia da Cultura da Universidade de São Paulo. Atualmente, é professor de Sociologia no Ensino Médio da Escola Vera Cruz.

ELAINE LOURENÇO

É doutora em História Social pela FFLCH-USP e professora na UNIFESP Guarulhos. Lecionou na Uninove. Participa regularmente dos encontros Perspectivas do Ensino de História e Pesquisadores do Ensino de História. Tem textos publicados em diversas coletâneas, entre elas *História: Que Ensino é esse?* (Papirus, 2013), organizada por Marcos Silva.

FELIPE CASTILHO DE LACERDA

É bacharel em História pela FFLCH-USP, mestre em História Econômica, sob a orientação da professora Marisa Midori Deaecto, e doutorando na mesma área e instituição, sob a orientação do professor Lincoln Secco, com estágio de pesquisa na Universidade de Hamburgo, sob a supervisão do professor Ulrich Mücke e com bolsa Bepe-Fapesp. Foi bolsista Capes no mestrado e é bolsista Fapesp no doutorado. Em 2018, realizou estágio de pesquisa no Ibero-Amerikanisches Institut de Berlim, na função de *Gastwissenschaftler*. Tem publicações nas áreas de História Política e da História do Livro e da Edição. Dentro do mesmo campo de estudos, realizou traduções das línguas espanhola, francesa e alemã. Publicou artigos na revista *Mouro*, *Livro* e *Perseu*. É autor de *Octávio Brandão e as Matrizes Intelectuais do Marxismo no Brasil* (Ateliê, 2019) e tradutor (do alemão) de *As Ondas Longas da Conjuntura*, de Nikolai Kondratiev

(ComArte, 2018). Integra o GMarx-USP, grupo de estudos ligado ao Laboratório de Economia Política e História Econômica (Lephe-USP), bem como o Seminário Permanente Gêneros Editoriais, Formas de Pensamento e Tomadas de Consciência, ligado ao Núcleo de Estudos do Livro e da Edição (Nele) da ECA-USP, coordenado pela professora Marisa Midori Deaecto. Contato: felipe.lacerda@usp.br.

GENI ROSA DUARTE

Graduou-se em Ciências Sociais pela FFLCH-USP e em História pelas Faculdades Associadas do Ipiranga, tem mestrado e doutorado em História pela PUC-SP e leciona na Unioeste (PR). É uma das organizadoras do livro *Desplazamientos en Argentina y Brasil: Aproximaciones desde la Historia Oral* (Ediciones Imago Mundi, 2011).

GIUSEPPE RONCALLI PONCE LEON DE OLIVEIRA

É bolsista PNPD-Capes/PPGH/UFCG e doutor em História Social pela FFLCH-USP. Publicou individualmente o livro *Luís da Câmara Cascudo e a Invenção do "Feminino" na "Cultura-Popular-Nordestina" (1938-1977)* (EDUFCG, 2009), além de artigos em periódicos especializados.

GRAZIELA NACLÉRIO FORTE

É pós-doutora pela Unesp de Marília, doutora pela Unicamp e mestra pela Universidade de São Paulo. É especialista em História Social, com ênfase em História Social da Arte Brasileira, e autora dos livros: *Diversão e Arte no Clube de Artistas Modernos* e *Carlos Prado: Trajetória de um Modernista Aristocrata* (ambos Bookess, 2014), além de artigos publicados em revistas especializadas.

GUSTAVO DE CASTRO

É poeta, escritor, jornalista e antropólogo, professor de Estética na Universidade de Brasília e autor do livro *O Enigma Orides* (Hedra, 2015).

HELENA WAKIN MORENO

É graduada em História (2010), mestra em História Econômica (2014) e doutoranda em História Social (2015), tendo realizado toda a sua formação pela FFLCH-USP. Desenvolve pesquisas na área de História da África, dedicando-se, em particular, ao estudo das formas de resistência ao colonialismo. Atualmente, é professora de História da África no ensino superior privado.

IBIRATAN GOMES DE CARVALHO SÁ

É professora, advogada e mestre em Educação. Possui graduação em Direito pela Universidade Federal da Bahia (1992) e mestrado em Educação e Contemporaneidade pela Universidade do Estado da Bahia (2007), coordena o curso de Direito da Faculdade Maurício de Nassau – Lauro de Freitas. Publicou *ProNEA: Um Estudo das Fontes Legais da Educação Ambiental no Brasil.*

IVAN DUCATTI

Doutor em História Social pela FFLCH-USP, professor adjunto de História Contemporânea do Departamento de Segurança Pública (DSP), do Instituto de Estudos Comparados de Administração de Conflitos (InEAC), da Universidade Federal Fluminense (UFF). É vice-coordenador do Negrem-UniRio. Publicou "A Eugenia no Brasil: Uma Pseudociência como Suporte no Trato da 'Questão Social'" (*Temporalis*, vol. 2, 2016, pp. 259-280) e, com Terezinha M. S. Souza, "A Prisão em Nome da Saúde: O Isolamento Compulsório em Leprosários no Brasil de Vargas" (*História e Diversidade*, vol. 1, 2017, pp. 144-160).

JEOSAFÁ FERNANDEZ GONÇALVES

É doutor em Estudos Comparados de Literaturas de Língua Portuguesa pela FFLCH-USP. Publicou livros nos campos de biografia e memória, dentre os quais, *Era uma Vez no Meu Bairro* (2013) e *O Jovem Mandela* (2014). Atua como coeditor na Editora Nova Alexandria.

JOÃO CARLOS RIBEIRO JUNIOR

É editor, sociólogo e mestre em Letras (Teoria Literária e Literatura Comparada) pela FFLCH-USP. Colaborou com resenhas e textos ficcionais em *Le Monde diplomatique Brasil*, *Brasil de Fato*, *Mouro* e outros periódicos.

JOSÉ CARLOS BARREIRO

É professor titular de História do Brasil no Departamento de História da Unesp-Assis. Tem mestrado em História pelo IFCH-Unicamp e doutorado na mesma área pela FFLCH-USP.

LIDIANE SOARES RODRIGUES

É doutora em História Social pela FFLCH-USP, com estágio no Centre Européen de Sociologie et de Science Politique de la Sorbonne et de l'École des Hautes Études en Sciences Sociales (CESSP-EHESS-Paris) e professora do Centro de Ciências Naturais e Humanas da Universidade Federal do ABC. Publicou o livro *Florestan Fernandes: Interlúdio* (Hucitec, 2010).

LINCOLN SECCO

É professor Livre Docente (História Contemporânea) na FFLCH-USP. Publicou individualmente, dentre outros livros, *A Revolução dos Cravos e a Crise do Império Colonial Português* (Alameda; Fapesp; Cátedra Jaime Cortesão, 2004) e *História do PT* (6ª ed.,

Ateliê Editorial, 2023; 1ª ed., Ateliê, 2011). Coordena o GMarx--USP, grupo de estudos ligado ao Laboratório de Economia Política e História Econômica.

LUIZ BERNARDO PERICÁS

É formado em História pela George Washington University, doutor em História Econômica pela FFLCH-USP, com pós-doutorado pela Flacso (Facultad Latino-Americana de Ciencias Sociales), México, e pela University of Texas at Austin. Publicou, dentre outros livros, *Che Guevara and the Economic Debate in Cuba* (Atropos Press, 2009) e *Os Cangaceiros* (Boitempo, 2010) e coorganizou a coletânea *Intérpretes do Brasil* (Boitempo, 2014), junto a Lincoln Secco. Leciona História Contemporânea na FFLCH-USP.

MARCOS SILVA

É professor titular (Metodologia da História) na FFLCH-USP. Publicou, individualmente, dentre outros livros, *Prazer e Poder do Amigo da Onça* (Paz e Terra, 1989) e *Rir das Ditaduras* (Intermeios, 2018). Organizou, dentre outras coletâneas, o *Dicionário Crítico Câmara Cascudo* (Perspectiva, 2003; reimpressão, 2006) e o *Dicionário Crítico Nelson Werneck Sodré* (EdUFRJ, 2003). Coordenou o Dinter USP-Ufac.

MARIA DO ROSÁRIO DA CUNHA PEIXOTO

É mestra em História pela PUC-SP e doutora em História Social pela FFLCH-USP. Publicou individualmente o livro *O Trem da História* (Marco Zero, 1994), além de artigos em revistas especializadas como *Projeto História* (PUC-SP). É uma das autoras, junto com Yara Aun Khoury e Maria do Pilar Vieira, do livro *A Pesquisa em História* (Ática, 1989).

MARIA IZILDA SANTOS DE MATOS

Possui graduação em História pela Universidade de São Paulo (1978) e doutorado em História pela Universidade de São Paulo (1991), livre-docência (2016), pós-doutorado pela Université Lumiere Lyon 2 (França, 1997). Atualmente, é professora titular da Pontifícia Universidade Católica de São Paulo. É pesquisadora 1A do CNPq. Em 1994, recebeu o prêmio Sesi-CNI de Teses Universitárias, com o trabalho *Trama e Poder*, em que estuda as indústrias paulistas entre 1890 e 1934. Tem experiência na área de História, com ênfase em História do Brasil, atuando principalmente nos seguintes temas: imigração, música, cidade, gênero e história das mulheres. Entre suas obras, destacam-se: *Melodia e Sintonia: O Masculino, o Feminino e suas Relações em Lupicínio Rodrigues* (Bertrand Brasil, 1999); *Dolores Duran: Experiências Boêmias em Copacabana nos anos 50* (Bertrand Brasil, 2002); *O Imaginário em Debate* (Olho d'Água, 1998); *A Cidade em Debate* (Olho d'Água, 1999); *Meu Lar É o Botequim* (Companhia Editora Nacional, 2ª ed., 2002), entre muitas outras.

MARIA ROSA DORIA RIBEIRO

Seu doutorado aborda o feminismo em São Paulo nos anos 1970 e 1980. Trabalha como pesquisadora autônoma (gênero). Publicou *As Comunistas e o Feminismo* (Fundação Perseu Abramo, 2013). Leciona na Faculdade Cantareira. Contato: miarosaster@gmail.com.

MARINALVA VILAR DE LIMA

É professora da UAHis-PPGH-UFCG e doutora em História Social pela FFLCH-USP. Publicou individualmente o livro *Narradores do Padre Cícero: Do Auditório à Bancada* (EDUFC, 2000), além de artigos em periódicos especializados.

MARLY VIANNA

É doutora em História Social pela FFLCH-USP, professora aposentada da Universidade Federal de São Carlos e atua no mestrado em História do Brasil da Universidade Salgado de Oliveira, Universo. Publicou *Revolucionários de 1935: Sonho e Realidade* (Expressão Popular), *Pão, Terra e Liberdade* (EdUFSCar; Arquivo Nacional), *Política e Rebelião nos Anos 30* (Moderna) e vários capítulos de livros e artigos. Integrou o Comitê Central do PCB e seu secretariado de 1976 a 1979.

MILTON PINHEIRO

É professor de área de História Política e Teoria Política da Universidade do Estado da Bahia (Uneb), pesquisador da USP e autor-organizador de vários livros, entre eles, *Ditadura: O que Resta da Transição* (Boitempo, 2014), *Teoria e Prática dos Conselhos Operários*, juntamente com Luciano Cavini Martorano (Expressão Popular, 2013) e *A Reflexão Marxista sobre os Impasses do Mundo Atual* (Outras Expressões, 2012).

MYRIAM FRAGA

Escritora e diretora executiva da Fundação Casa de Jorge Amado, membro da Academia de Letras da Bahia, sua obra poética tem sido estudada em vários cursos de graduação e de pós-graduação. Possui vários livros publicados, destacando-se, *Sesmaria* (1969, Prêmio Arthur de Sales), *Memórias de Alegria* (2013), além de *Leonídia: a Musa Infeliz do Poeta Castro Alves* (2002) e as biografias de Castro Alves, Luiz Gama, Graciliano Ramos, Carybé e Jorge Amado.

NELSON TOMELIN JÚNIOR

É graduado em Psicologia (PUC-SP) e doutor em História Social (FFLCH-USP). Professor na graduação e na pós-graduação em História da Universidade Federal do Amazonas (UFAM-Manaus).

Colaborou na coletânea *Dicionário Crítico Nelson Werneck Sodré* (EdUFRJ) e publicou artigos na revista *Projeto História* (PUC-SP).

OLGA BRITES

É graduada em História pela FFLCH-USP, mestra e doutora na mesma área pela PUC-SP, onde atua como docente na graduação e na pós-graduação. Publicou o livro *Infância, Trabalho e Educação: A Revista Sesinho* (Editora da Universidade São Francisco), além de artigos em periódicos como *Revista Brasileira de História* e *Projeto História*, dentre outros. Colaborou nas coletâneas *Repensando a História*, *História: Que Ensino é esse?* e *Dicionário Crítico Câmara Cascudo*.

OTÁVIO ERBERELI JÚNIOR

É mestre em História e Sociedade pela Unesp-Assis e doutorando em História Econômica pela FFLCH-USP, onde desenvolve tese sobre a trajetória intelectual de Alice Piffer Canabrava, sob orientação da Professora Doutora Raquel Glezer. Contato: oerberelijr@usp.br.

PATRÍCIA VALIM

Possui graduação em Pedagogia pelo Centro Universitário Fundação Santo André (1996) e graduação em História (2003) também pela Fundação Santo André. É mestra em História Social (2007) e doutora em História Econômica (2013), ambos pela Universidade de São Paulo. Desenvolveu pesquisa de pós-doutorado no Programa de Pós-Graduação em História na UFBA, com bolsa Capes-PNPD, durante o período de dezembro de 2013 a janeiro de 2015. Lecionou por oito anos nas graduações de História, Pedagogia e Serviço Social em universidades privadas de São Paulo. Atualmente, é professora adjunta de História do Brasil Colonial no Departamento de História da UFBA. Tem experiência na área de História, com ênfase em História do Brasil Colônia e História Econômica.

PLINIO DE MESQUITA CAMARGO

Nasceu em São Paulo (1957), viveu também em Macapá (1960-1966). É escritor e cineclubista. Fez teatro e cinema, trabalhou em sebo. Publicou os livros *Imputes* e *Pequena Geografia*. Produziu, em parceria com Jeosafá Fernandez, um *Dicionário de Escritores Brasileiros*, inédito até agora. Trabalha na Secretaria Municipal de Cultura de Diadema, estado de São Paulo.

POLIANA SANTOS

Possui graduação em História pela UFAL e mestrado em Estudos Literários pela Faculdade de Letras da mesma universidade. É doutoranda em História Social pela FFLCH-USP. Publicou, dentre outros textos, "A Ideia de Progresso no Pensamento Sadeano: Apontamentos sobre *A Filosofia na Alcova*" (*Trans/Form/Ação*, Marília, Unesp, vol. 37, nº 2, maio/ago., 2014, pp. 147-166).

RAFAEL DE BIVAR MARQUESE

É professor livre-docente no Departamento de História da FFLCH-USP, onde também se graduou e obteve os títulos de mestre e doutor em História Econômica. É bolsista PQ-1D CNPq. Publicou, dentre outros títulos, *Feitores do Corpo, Missionários da Mente: Senhores, Letrados e o Controle dos Escravos nas Américas, 1660-1860* (Companhia das Letras, 2004).

RAQUEL GLEZER

Raquel Glezer é doutora em História Social pela FFLCH-USP e professora titular aposentada no Departamento de História da FFLCH-USP. Orienta mestrados e doutorados no Programa de Pós-Graduação em História Social e no Programa de Pós-Graduação em História Econômica. É especialista em História da Historiografia Brasileira, principalmente Historiografia Paulista. Contato: raglezer@usp.br.

RAUL MILLIET FILHO

É graduado em História pela PUC-RJ e doutor em História Social pela FFLCH-USP. Publicou, como organizador, o livro *Vida que Segue: João Saldanha e as Copas de 1966 e 1970* (Nova Fronteira, 2006).

REGINA PANNUTI

É professora, pedagoga, pós-graduada em Linguística, mestre em Psicologia do Escolar pelo Instituto de Psicologia da USP. Foi coordenadora pedagógica no Ginásio Vocacional Candido Portinari de Batatais, estado de São Paulo, diretora da Escola de Primeiro Grau Novo Horizonte, em São Paulo, assessora técnico-pedagógica das Secretarias Municipais de Educação de Santos, Mauá, Santo André e Osasco (todas no estado de São Paulo) e consultora técnica da Associação Mais Diferenças, São Paulo.

RICARDO SEQUEIRA BECHELLI

É doutor e mestre em História Social pela FFLCH-USP. Publicou o livro *Nacionalismos Antirracistas* (LCTE, 2009). Colaborou nas coletâneas *El Porvenir nos Debe una Victoria: La Insólita Modernidad de Manuel Gonzalez Prada* (Universidad del Pacifico, 2010) e *Dicionário Crítico Nelson Werneck Sodré* (EdUFRJ, 2005) e na revista *Projeto História* (PUC-SP).

ROSÂNGELA PATRIOTA RAMOS

É professora titular do Instituto de História da Universidade Federal de Uberlândia, pesquisadora CNPq, editora do periódico *Fênix: Revista de História e Estudos Culturais*, coordenadora do GT Nacional de História Cultural da ANPUH e do Núcleo de Estudos em História Social da Arte e da Cultura (Nehac-UFU). É autora, entre outros trabalhos, de *Vianinha: Um Dramaturgo no Coração de seu Tempo* (Hucitec, 1999) e *Teatro Brasileiro: Ideias de uma História*, em coautoria com J. Guinsburg (Perspectiva, 2012).

SELVA GUIMARÃES

É professora titular na Faculdade de Educação da Universidade Federal de Uberlândia, Minas Gerais, onde se graduou em História. Tem mestrado e doutorado em História Social pela FFLCH-USP e pós-doutorado na Unicamp. Publicou individualmente, dentre outros livros, *Ser Professor no Brasil* (Papirus, 1997) e, em parceria com Marcos Silva, *Ensinar História no século XXI* (Papirus, 2007).

SIRLENE BARBOSA

É mestra em Linguística Aplicada e Estudos da Linguagem (PUC-SP), formadora de docentes e coordenadores pedagógicos na Diretoria Regional de Educação de Itaquera e uma das autoras da história em quadrinhos *Carolina* (Veneta, 2016), premiada pelo Programa de Ação Cultural (ProAC 2014), do Governo do Estado de São Paulo.

TEREZINHA MARTINS DOS SANTOS SOUZA

Doutora em Psicologia Social pela PUC-SP, professora adjunta da Faculdade de Ciências Sociais do CCH-UniRio, coordena o Núcleo de Estudos de Trabalho, Gênero e Raça-Etnia desde o Materialismo Histórico-Dialético – Negrem. Publicou "Patriarcado e Capitalismo: Uma Relação Simbiótica" (*Temporalis*, vol. 2, 2016, pp. 475-494) e, em parceria com Ivan Ducatti, "O Enfrentamento do Assédio Moral pelos Sindicatos: Contribuições Marxistas" (*Cadernos de Psicologia Social do Trabalho*, vol. 20, 2018, pp. 79-94), entre outros.

VICTOR CHINAGLIA JR.

É arquiteto e urbanista, formado na FAU-Puccamp, diretor da Federação Nacional de Arquitetos, diretor do Sindicato dos Arquitetos e Urbanistas de São Paulo, conselheiro do CAU-SP, diretor financeiro da Cooperteto e fundador da Cooperativa Braço Forte. Foi coordenador financeiro da 9ª Bienal de São Paulo, coordenador da 1ª Conferência do CAU-SP e da *Móbile*. Ganhou o Prêmio Ex Aequo 2004.

WILSON DO NASCIMENTO BARBOSA

É professor titular de História Econômica aposentado na FFLCH-USP, com doutorado pelo Instituto de História Econômica da Universidade de Lund, Faculdade de Ciências Sociais, Suécia (1984). Publicou, dentre outros títulos, *Balanço da Economia Brasileira: 1940-1980* (LCTE Editora, 2006) e *Escritos Estratégicos* (Maria Antônia, 2022).

APRESENTAÇÃO

MULHERES INTERPRETAM

Ariadne entregou a Teseu uma espada para matar o Minotauro e um novelo de lã que, desenrolado ao longo do trajeto no Labirinto, serviria, depois, como guia para a saída daquele enigma espacial. Penélope decifrou o ardil de seus pretendentes (casar-se com ela para desfrutar das riquezas e demais poderes de Ítaca), teceu/desfez infinitamente um sudário para Laerte (pai de Ulisses), postergando a escolha de um daqueles candidatos enquanto seu marido não retornasse de Tróia, e essa volta foi primeiramente identificada pela ama Euricleia. Cassandra compreendeu a armadilha representada pela suposta oferenda dos gregos em guerra contra seu mundo (um grande cavalo de madeira, esconderijo para soldados inimigos), embora ninguém acreditasse nela. Xerazade conseguia, noite após noite, envolver o Rei Shariar com as histórias que narrava e adiar o infortúnio – a morte prevista para todas que coabitavam com ele após a traição que sofrera da primeira mulher – até convencê-lo a desistir daquele intento.

Esses exemplos tão clássicos evidenciam que um nome de interpretação é mulher. E fora das mitologias – na História do Brasil, por exemplo –, mulheres de diferentes etnias e classes sociais enfrentaram e enfrentam variadas barreiras (acesso à educação formal, limites nos direitos públicos, omissões institucionais, descaso e infinitas formas de violência de parentes e amigos) na incessante tarefa de interpretar o país e o mundo, transformando-os.

O presente livro apresenta trajetos de algumas dessas mulheres que atuaram e atuam em tantas áreas de conhecimento e sensibilidade: história, política, literatura, filosofia, sociologia, música, teatro, arquitetura, memória, economia, cinema, educação, artes visuais, religião, saúde...

As coletâneas do gênero "intérpretes do Brasil" costumam sofrer exatamente a restrição de gênero (masculino). Elas têm sua importância, trazem a lume clássicos do pensamento brasileiro. Erram, no entanto, quando abandonam a contribuição feminina à construção de ideias e ações de nossa história. As mulheres interpretam tanto quanto – ou até mais do que – os homens.

As interpretações do Brasil não se resumem à forma tradicional do ensaio ou da tese acadêmica. Há uma pluralidade de formas que serviram a outras leituras de nossa história. Elas impactaram a sociedade por meio das artes, cultura, atividade política e da religiosidade tanto quanto os chamados clássicos do pensamento brasileiro, quase sempre restritos ao mundo masculino e das classes dominantes. Por isso, buscamos resgatar as mulheres que pensaram a realidade do país também a partir de sua diversidade social, fosse na Administração Pública, no teatro, na favela, nas religiões ou na universidade.

Por uma série de razões que o leitor e a leitora reconhecerão facilmente nas páginas que se seguem, essas mulheres tiveram maior dificuldade em nos legar registros escritos de suas trajetórias. E sofreram mais a violência do analfabetismo. Quando a superaram, encontraram a oposição direta de homens estabelecidos no mundo da cultura oficial (a primeira delas só entrou na Academia Brasileira de Letras em 1977, oitenta anos após a fundação da entidade!), "precisaram" de sua autorização, interromperam carreiras em função do matrimônio, enfrentaram a recusa de editores ou o preconceito dos dirigentes das organizações políticas, universitárias, empresariais, culturais ou esportivas em que atuaram. E ainda assim, sem elas, qualquer História do Brasil seria simplesmente falsa.

Não se trata de estabelecer uma competição entre homens e mulheres: o que está em jogo é deixar claro que pensamento e beleza são patrimônios de umas e outros.

Mais mulheres deveriam caber neste volume. Impedimentos de alguns convidados findaram excluindo nomes previstos ou desejados.

"Mulher ao espelho" (Cecília Meireles), "Estranha magia" (Custódio Mesquita), "Um quase tudo" (Clarice Lispector), "E eu pensava" (Marilena Chaui): os intérpretes do Brasil não existem sem as intérpretes do Brasil.

LINCOLN SECCO
MARCOS SILVA
OLGA BRITES

ALICE PIFFER CANABRAVA (1911-2003)

QUANDO OS DADOS CONTRADIZEM OS MODELOS, HÁ UMA NOVA INTERPRETAÇÃO

OTÁVIO ERBERELI JÚNIOR

RAQUEL GLEZER

Neste capítulo, procuramos, de modo sintético, apresentar a historiadora Alice Piffer Canabrava como uma historiadora acadêmica que se afastou dos modelos dominantes de interpretação do Brasil vigentes a partir dos anos trinta e quarenta do século XX, com os resultados de pesquisas empíricas. Apresentamos sua biografia e perpassamos sua fortuna crítica, integrada por diversos e relevantes estudos. A variedade e complexidade de sua produção historiográfica em quase meio século de atividade científica sistemática permite-nos afirmar que há ainda muitos aspectos e temas a serem pesquisados.

No tópico "Os intérpretes na obra da historiadora", apresentamos como os três intérpretes do Brasil, consagrados por Antonio

Candido no prefácio de *Raízes do Brasil* de 1967[1] – Gilberto Freyre, Sérgio Buarque de Holanda e Caio Prado Junior –, foram incorporados ao longo de sua produção, com modelos de explicação cujo foco é a agricultura e a lavoura como bases da vida econômica brasileira.

Com os estudos realizados sobre São Paulo colonial, os quais, nos anos 1970, incorporaram uma metodologia da história quantitativa e seus resultados, demonstramos que a historiadora se afastou dos modelos consensuais dominantes e, com autonomia, chamou atenção para outro aspecto da realidade histórica nacional, o da acumulação mercantil interna, que só foi retomada com outras premissas em anos posteriores.

1 Biografia[2]

Alice Piffer Canabrava formou-se na Escola Normal Caetano de Campos, na Praça da República em São Paulo, em 1930, tendo recebido o diploma de "habilitação para o magistério público em São Paulo" e o prêmio Barão do Rio Branco para o aluno com as maiores notas em História e Geografia no decorrer dos cinco anos de curso. Foi professora do curso primário entre 1931 e 1935 em Araras, São Paulo, sua cidade natal. Neste último ano, ingressou no curso de Geografia e História da Faculdade de Filosofia, Ciências e Letras (FFCL) da USP por comissionamento. Graduou-se em Geografia e História pela FFCL/USP em sua segunda turma, em 1937, ocasião em que recebeu distinção em História da Civilização. Em maio de 1938, foi convidada pelo regente da cadeira de História da

---

1 CANDIDO, Antonio. "Os significados de *Raízes do Brasil*". *In*: HOLANDA, Sérgio Buarque de. *Raízes do Brasil*. 26ª ed. Rio de Janeiro: José Olympio, 1995, pp. 9-21.

2 Os dados aqui sintetizados estão por extenso e documentados em ERBERELI JR., Otávio. *A Escrita da História entre dois mundos*: uma análise da produção de Alice Piffer Canabrava (1935-1961). Assis: Universidade Estadual Paulista Júlio de Mesquita Filho, 2014. (Dissertação de Mestrado em História).

Civilização Americana, Paul Vanorden Shaw, para exercer a função de assistente adjunto de 2ª categoria. No ano seguinte, passou às funções de assistente adjunto de 1ª categoria e, em 1942, obteve a posição de 1ª assistente em tempo parcial, após ter defendido a tese de doutoramento intitulada *O Comércio Português no Rio da Prata (1580-1640)*,[3] orientada por Jean Gagé e aprovada com distinção.

Em 1946, ao submeter-se ao concurso para a cadeira de História da Civilização Americana, conseguiu o título de Livre-docente. A tese apresentada foi *A Indústria do Açúcar nas Ilhas Inglesas e Francesas do Mar das Antilhas (1697-1755)*.[4]

Quando da fundação da Faculdade de Ciências Econômicas e Administrativas (FCEA) da USP, em 1946, foi contratada pelo prazo de um ano como Técnico de Administração do Instituto de Administração da FCEA no setor de pesquisa histórica, período em que apresentou profícua produção. Depois, foi contratada como regente da cadeira de História Econômica daquela faculdade, na qual se tornou a primeira mulher catedrática da USP por concurso de provas e títulos em 1951, com a tese *O Desenvolvimento da Cultura do Algodão na Província de São Paulo (1861-1875)*.[5]

Foi uma das fundadoras da Associação dos Professores de História do Ensino Superior (APUH), atual Associação Nacional de História (ANPUH), na FFCL de Marília/ SP em 1961. Tornou-se sócia-efetiva do Instituto Histórico e Geográfico de São Paulo (IHGSP) e, desde 1975, sócia-correspondente do Instituto Histórico e

---

3 CANABRAVA, Alice Piffer. "O Comércio português no Rio da Prata (1580-1640)". *Boletim XXXV da Cadeira de História da Civilização Americana*, FFCL-USP, São Paulo, nº 2, 1944.

4 CANABRAVA, Alice Piffer. *O Desenvolvimento da cultura do algodão na Província de São Paulo (1861-1875)*. São Paulo: Indústria Gráfica Siqueira, 1951.

5 CANABRAVA, Alice Piffer. *O Desenvolvimento da cultura do algodão na Província de São Paulo (1861-1875)*. São Paulo: Indústria Gráfica Siqueira, 1951.

Geográfico Brasileiro (IHGB). Foi sócia-efetiva da Academia Paulista de História, na cadeira "André João Antonil". Em 1981, fundou a *Revista Brasileira de História*. Em 1986, foi nomeada professora emérita da USP.

2 Fortuna crítica

Dentre sua numerosa fortuna crítica, destacamos apenas as citações de maior relevância. Por sua trajetória intelectual notável, os estudiosos da historiografia brasileira e da historiografia econômica se referem a ela como pioneira nos estudos em história econômica,[6] nos estudos historiográficos,[7] na incorporação dos métodos das ciências sociais na história,[8] nos estudos em história quantitativa[9]

6 CANABRAVA, Alice Piffer. "Roteiro sucinto do desenvolvimento da historiografia brasileira". *In*: CANABRAVA, Alice Piffer; HOLANDA, Sérgio Buarque de; LUZ, Nícia V. *Anais do Encontro Internacional de Estudos Brasileiros*: I Seminário de Estudos Brasileiros. São Paulo: USP; IEB, 1972, pp. 4-9; MELLO, Z. M. C. de; NOZOE, N. H.; SAES, F. A. M de. "Três pesquisas pioneiras em História Econômica: as teses universitárias de Alice Piffer Canabrava". *Estudos Econômicos*, São Paulo, vol. 15, nº especial, 1985, pp. 169-179; RIBEIRO, Maria Alice R. "As primeiras pesquisadoras brasileiras em História Econômica e a construção da disciplina no Brasil". *História Econômica & História de Empresas*, vol. 2, nº 2, 1999, p. 16.

7 LAPA, José Roberto do A. *A História em questão*: historiografia brasileira contemporânea. Petrópolis: Vozes, 1976, p. 22; LAPA, José Roberto do A. *História e historiografia brasileira pós-64*. Rio de Janeiro: Paz e Terra, 1985, p. 51; IGLÉSIAS, Francisco. "A Historiografia da América Latina". *Revista de História de América*, Havana, nº 75-76, 1973, pp. 231/232.

8 IGLÉSIAS, Francisco. "A Historiografia da América Latina". *Revista de História de América*, Havana, nº 75-76, 1973, p. 69.

9 IGLÉSIAS, Francisco. "A História no Brasil". *In*: FERRI, Mario G.; MOTOYAMA, Shozo. *História das Ciências no Brasil*. São Paulo: EPU; Edusp, 1979, p. 298.

e autora da primeira tese sobre história da América[10] no espaço universitário paulista.

3 Os intérpretes na obra da historiadora

Embora a denominação de "intérpretes do Brasil" a autores dos anos trinta e quarenta do século XX seja uma classificação do final dos anos sessenta,[11] devemos lembrar que tais obras, sem referências das fortunas críticas posteriores, eram as que circulavam com maior destaque. Os autores assim denominados eram referências obrigatórias, tanto no mundo letrado ainda com pouca especialização profissional como na geração de pesquisadores que se formavam nas Faculdades de Filosofia a partir dos anos trinta, visando a uma atividade científica e docente profissional. E as citações e as utilizações de seus modelos explicativos significam apenas a inserção na discussão intelectual geracional.

Em seu texto nos *Anais do I Seminário de Estudos Brasileiros*, Alice Canabrava destaca Gilberto Freyre como pioneiro da moderna historiografia brasileira, ao lado de Oliveira Vianna e Capistrano de Abreu. "As obras de ambos [Gilberto Freyre e Oliveira Vianna] esses autores são indagações pioneiras sobre o processo social brasileiro".[12]

---

10 BEIRED, José Luís B. "A Pesquisa de História da América: sua trajetória nas universidades paulistas (1942-2004)". *Revista de História*, São Paulo, nº 153, 2005, pp. 35-52.

11 ERBERELI JR., Otávio. *A Escrita da História entre dois mundos*: uma análise da produção de Alice Piffer Canabrava (1935-1961). Assis: Universidade Estadual Paulista Júlio de Mesquita Filho, 2014. (Dissertação de Mestrado em História).

12 CANABRAVA, Alice Piffer. "Roteiro sucinto do desenvolvimento da historiografia brasileira". *In*: CANABRAVA, Alice Piffer; HOLANDA, Sérgio Buarque de; LUZ, Nícia V. *Anais do Encontro Internacional de Estudos Brasileiros*: I Seminário de Estudos Brasileiros. São Paulo: USP; IEB, 1972, p. 7.

A moderna historiografia brasileira é, para ela, a que surgira nas Faculdades de Filosofia.

Em suas reminiscências,[13] aposentada e professora emérita, Canabrava menciona dois livros que a influenciaram:

> O segundo deles é Gilberto Freyre com *Casa-Grande & Senzala*. Na época em que o livro saiu, houve muitas críticas, pois dizia-se que muitas de suas conclusões não se aplicavam ao sul. Não estou de acordo. É uma esquematização muito simplista dizer que não foi assim também no sul. Acho que há sutilezas, formas intermediárias.[14]

Em seu primeiro trabalho acadêmico, coautoria com Maria Celestina Teixeira Mendes Torres, ao menos um aspecto da região Nordeste analisada por Freyre em seu clássico pôde ser pensado pelas autoras no "Sul" – a caracterização dos rios nordestinos. "No período colonial, o Piracicaba é um desses rios de que nos fala Freyre, 'rio do senhor de engenho, do fazendeiro, do escravo, do comércio dos produtos da terra que torna possível a sedentariedade rural'".[15]

Do rio Piracicaba para os rios das pequenas Antilhas, os rios do Nordeste de *Casa-Grande & Senzala* aparecem como comparação em sua tese sobre a produção do açúcar nas ilhas inglesas e francesas do mar das Antilhas.

> Se passarmos às áreas elevadas das Pequenas Antilhas, a maior parte dos rios que se precipitam das montanhas, quase

13 CANABRAVA, Alice Piffer. "Minhas Reminiscências". *Economia Aplicada*, São Paulo, vol. 1, nº 1, 1997, pp. 157-163.

14 CANABRAVA, Alice Piffer. "Minhas Reminiscências". *Economia Aplicada*, São Paulo, vol. 1, nº 1, 1997, p. 158.

15 CANABRAVA, Alice Piffer; TORRES, Maria Celestina T. M. "A Região de Piracicaba". *Revista do Arquivo Municipal*, São Paulo, vol. 45, 1938, p. 306.

> secos durante parte do ano, verdadeiras torrentes na estação chuvosa, estão longe de apresentar os aspectos dos pequenos rios nordestinos tranquilos de que nos fala Freyre, propícios aos homens e fecundos para as culturas.[16]

A obra citada é avaliada por Canabrava como um dos trabalhos contemporâneos que "(...) preferiram ocupar-se das influências da produção sobre a sociedade das áreas açucareiras".[17] No prefácio, cita o sociólogo para explicar por que, dentre os produtos tropicais, o açúcar era o que mais despertava a atenção dos historiadores. "Talvez porque, a certa altura, como assinala Freyre, a história das regiões produtoras de açúcar tornou-se um capítulo da história daquele produto, de tal modo a monocultura latifundiária e escravocrata dos engenhos influiu sobre as condições gerais de vida naquelas áreas".[18] Trata-se de trecho do livro *O mundo que o português criou...*, de 1940. Na conferência apresentada no *King's College* da Universidade de Londres, em 1937, intitulada "O Nordeste do Brasil e seus pontos de contacto com outras áreas americanas especializadas na produção do açúcar", Freyre destaca a importância do elemento judaico em toda essa rede que se estendia desde Amsterdam, passando pelo Nordeste brasileiro, até as Índias Ocidentais, principalmente no que tange aos elementos culturais.[19] A historiadora trata

---

16 CANABRAVA, Alice Piffer. "Prefácio". *In*: SAES, Flávio A. Marques de. *As Ferrovias de São Paulo*: 1870-1940. São Paulo: Hucitec, 1981, p. 64.

17 CANABRAVA, Alice Piffer. "Prefácio". *In*: SAES, Flávio A. Marques de. *As Ferrovias de São Paulo*: 1870-1940. São Paulo: Hucitec, 1981, p. 14.

18 CANABRAVA, Alice Piffer. "Prefácio". *In*: SAES, Flávio A. Marques de. *As Ferrovias de São Paulo*: 1870-1940. São Paulo: Hucitec, 1981, p. 13.

19 FREYRE, Gilberto. "O Nordeste e seus pontos de contacto com outras áreas americanas especializadas na produção do açúcar". *In*: ______. *O Mundo que o português criou*: aspectos das relações sociais e de cultura do Brasil com Portugal e as colônias portuguesas. Rio de Janeiro: José Olympio, 1940, pp. 112-124.

dos judeus no papel enquanto financiadores/banqueiros. Antes da introdução e depois do prefácio, se utiliza de um trecho dessa obra como epígrafe. Esta sintetiza um dos elementos presentes em sua análise e que talvez a tenha inspirado no trato da importância do negro e do judeu para as sociedades produtoras de açúcar da região do mediterrâneo americano.

> Continuamos, nos nossos estudos nacionais e regionais sobre a história do açúcar, em particular e da grande lavoura, em geral, no continente americano, a não dispensar a atenção devida às semelhanças e às íntimas relações entre as várias sociedades monocultoras e escravocratas. Semelhanças que se desenvolveram, já por efeito da mesma técnica de produção, já pela irradiação de traços e pela interpenetração de influências de cultura, através da extraordinária mobilidade de dois elementos humanos associados mais ao trabalho, à técnica e ao comércio do açúcar que ao domínio imperial europeu no continente ou às solicitações de pátrias políticas em começo: o negro e o judeu.[20]

Como destacado por Freyre no excerto acima, não se dava a devida atenção às semelhanças entre as diversas áreas açucareiras monocultoras e escravocratas. No primeiro parágrafo de seu prefácio, Canabrava já se mostrava preocupada com essa questão. Pelo fato de que a tese foi escrita para concorrer a uma cadeira de História da Civilização Americana, sempre compara a produção açucareira nas Antilhas com a produção do Nordeste brasileiro.[21] "É inegável

---

20 FREYRE, Gilberto. "O Nordeste e seus pontos de contacto com outras áreas americanas especializadas na produção do açúcar". *In*: ______. *O Mundo que o português criou*: aspectos das relações sociais e de cultura do Brasil com Portugal e as colônias portuguesas. Rio de Janeiro: José Olympio, 1940, p. 116.

21 CANABRAVA, Alice Piffer. "Prefácio". *In*: SAES, Flávio A. Marques de. *As Ferrovias de São Paulo*: 1870-1940. São Paulo: Hucitec, 1981, p. 14.

a semelhança entre as áreas açucareiras na América, seja na vida econômica e social, como na paisagem geográfica, em virtude da produção única do açúcar, da predominância do latifúndio e da escravidão africana".[22]

A primeira referência a Sérgio Buarque de Holanda que encontramos na produção de Alice Canabrava é feita em seu estudo preliminar à obra de Antonil.[23] Trata-se do texto "A mineração: antecedentes luso-brasileiros & metais e pedras preciosas", publicado em 1960, na *História Geral da Civilização Brasileira* (HGCB), coleção coordenada pelo historiador entre 1960 e 1972.[24] Na mesma coleção, ela publicou os capítulos "A Grande Propriedade Rural"[25] e a "A Grande Lavoura".[26]

---

22 CANABRAVA, Alice Piffer. "Prefácio". *In*: SAES, Flávio A. Marques de. *As Ferrovias de São Paulo*: 1870-1940. São Paulo: Hucitec, 1981, p. 13.

23 CANABRAVA, Alice Piffer. ["Texto à edição de 1711 do livro de André João Antonil"]. *In*: ANTONIL, André João. *Cultura e opulência do Brasil*. São Paulo: Nacional, 1967.

24 HOLANDA, Sérgio Buarque de. "A mineração: antecedentes luso-brasileiros & metais e pedras preciosas". *In*: ______. (Coord.). *História Geral da civilização brasileira – a época colonial*: administração, economia, sociedade. tomo I, vol. 2. São Paulo: Difusão Europeia do Livro, 1960, pp. 228-258.

25 CANABRAVA, Alice Piffer. "A grande propriedade rural". *In*: HOLANDA, Sérgio Buarque de. (Coord.). *História Geral da civilização brasileira – a época colonial*: administração, economia, sociedade. tomo I, vol. 2. São Paulo: Difusão Europeia do Livro, 1960, pp. 192-217. [Republicado em: CANABRAVA, Alice Piffer. *História Econômica*: estudos e pesquisas. São Paulo: Hucitec; Unesp; ABPHE, 2005].

26 CANABRAVA, Alice Piffer. "A grande lavoura". *In*: HOLANDA, Sérgio Buarque de. (Coord.). *História Geral da civilização brasileira – o Brasil monárquico*: declínio e queda do Império. tomo II, vol. 4. São Paulo: Difusão Europeia do Livro, 1971, pp. 85-137. [Republicado em: CANABRAVA, Alice Piffer. *História Econômica*: estudos e pesquisas. São Paulo: Hucitec; Unesp; ABPHE, 2005].

Ao tratar da mineração na obra de Antonil, a historiadora menciona que "o problema da prioridade de descobrimento de ouro nas gerais foi recentemente examinado por Sérgio Buarque de Holanda".[27] O segundo momento em que Holanda é mencionado refere-se à análise dos roteiros expostos por Antonil, especialmente os dos bandeirantes, e indica a leitura do primeiro capítulo de *Caminhos e Fronteiras*, publicado em 1957: "a experiência indígena se transmitia em vários elementos, como a fila indiana, o modo de aprovisionamento de víveres, a sinalização, e na própria diretriz das rotas de penetração, desde o início trilhadas pelos paulistas".[28]

Nos textos dos anos 1970 sobre a economia paulista dos séculos XVIII e XIX, Canabrava adota a explicação do historiador na caracterização do paulista quanto aos sítios volantes.

> Junto ao morro os homens constroem sua casa de barro, coberta de palha ou de folhas, e aí vivem com sua família. Como bens dispõem de um cachimbo, uma espingarda para caçar e duas redes, uma na qual dormem, outra com qual praticam a pesca. Há os que só possuem as redes.[29]

Permanecem nestas áreas em torno de um ano. O tempo de desflorestar, semear e colher, no que procuram outras terras devolutas. Para compreender este tipo de comportamento, ela indica *Monções* e *Caminhos e Fronteiras*. "Sob o ângulo antropológico,

27 CANABRAVA, Alice Piffer. ["Texto à edição de 1711 do livro de André João Antonil"]. *In*: ANTONIL, André João. *Cultura e opulência do Brasil*. São Paulo: Nacional, 1967, p. 80.

28 CANABRAVA, Alice Piffer. ["Texto à edição de 1711 do livro de André João Antonil"]. *In*: ANTONIL, André João. *Cultura e opulência do Brasil*. São Paulo: Nacional, 1967, p. 94.

29 CANABRAVA, Alice Piffer. "Uma economia de decadência, os níveis de riqueza na Capitania de São Paulo, 1765-1767". *In*: ______. *História Econômica*: estudos e pesquisas. São Paulo: Hucitec; Unesp; ABPHE, 2005, pp. 177-178. [Texto originalmente publicado na *Revista Brasileira de Economia*, Rio de Janeiro, vol. 26, nº 4, 1972, pp. 193-221].

o fenômeno tem raízes na profunda mistura étnica e cultural do colono adventício com as populações indígenas, no processo de sua adaptação às condições do meio americano".[30]

Canabrava insere as obras de Holanda nos estudos das décadas de 1920 e 1930 sobre o desbravamento do sertão. "Sérgio Buarque de Holanda estudou aspectos significativos da implantação e expansão da civilização adventícia em nosso país (*Monções, Caminhos e Fronteiras*). Sua obra fundamental, *Visão do Paraíso*, ocupa-se dos motivos edênicos do descobrimento e colonização".[31]

As relações de Alice Canabrava com Sérgio Buarque de Holanda estavam além de uma interpretação de Brasil e de seu processo de colonização. Davam-se também na participação em projetos acadêmicos, como na HGCB, na fundação da ANPUH e na criação do Instituto de Estudos Brasileiros (IEB/USP), em 1962, indicando uma relação pessoal além da acadêmica. Canabrava fez parte do primeiro conselho de administração do instituto, empossado em 10 de outubro de 1962.[32]

Buarque de Holanda participara de duas bancas de Alice Canabrava: em 1946, no concurso para a cadeira de História da Civilização Americana na FFCL, e em 1951, no concurso para a cadeira de História Econômica da FCEA. Na primeira ocasião, destarte o fato de Canabrava ter sido preterida, a maior nota obtida

---

30 CANABRAVA, Alice Piffer. "Decadência e riqueza". *Revista de História*, nº 100, São Paulo, 1974, p. 346.

31 CANABRAVA, Alice Piffer. "Roteiro sucinto do desenvolvimento da historiografia brasileira". *In*: CANABRAVA, Alice Piffer; HOLANDA, Sérgio Buarque de; LUZ, Nícia V. *Anais do Encontro Internacional de Estudos Brasileiros*: I Seminário de Estudos Brasileiros. São Paulo: USP; IEB, 1972, p. 7.

32 CALDEIRA, João Ricardo de C. *IEB*: origem e significados – uma análise do Instituto de Estudos Brasileiros da Universidade de São Paulo. São Paulo: Oficina do Livro Rubens Borba de Moraes; Imprensa Oficial do Estado, 2002, p. 64.

nas teses analisadas por ele fora concedida à tese dela – dez. Em quatro ocasiões, fez menção à sua obra, como no artigo "História Econômica", publicado no *Correio da Manhã*, em 24 de agosto de 1952, no qual se dedica à análise das teses universitárias de Canabrava, estabelecendo-a como sinônimo de História Econômica. O trabalho mais comentado por ele é a tese para a cadeira de História da Civilização Americana.[33]

Na perspectiva de desenvolvimento linear da historiografia brasileira, a historiadora aponta que Caio Prado Júnior marcava uma nova perspectiva depois de Capistrano de Abreu:

> Logo a seguir, viria o Caio Prado [Jr.], representando nova etapa. Penso em dois grandes livros. O primeiro deles é o *Formação do Brasil Contemporâneo,* escrito por Caio Prado, um grande historiador. Seu livro abriu muitas perspectivas, influenciou toda uma geração.[34]

No texto de abertura das discussões nos *Anais do I Seminário de Estudos Brasileiros*, a historiadora, ao tratar das obras de síntese no âmbito da História Econômica, destaca a grande importância da *Formação do Brasil Contemporâneo*:[35]

> *A Formação do Brasil Contemporâneo: Colônia* (1942), de Caio Prado Jr., significou um marco valioso no sentido de renovar a interpretação do processo histórico da Colônia. Mostrou que, sob as formas variáveis da produção colonial, estava subjacente uma estrutura homogênea, única, apesar

33 HOLANDA, Sérgio Buarque de. "História Econômica". *In*: COSTA, Marcos (Coord.). *Para uma Nova História*. São Paulo: Fundação Perseu Abramo, 2004, p. 138.

34 CANABRAVA, Alice Piffer. "Minhas reminiscências". *Economia Aplicada*, São Paulo, vol. 1, nº 1, 1997, p. 158.

35 PRADO JÚNIOR, Caio. *Formação do Brasil contemporâneo*: Colônia. São Paulo: Brasiliense, 2008.

> de algumas variantes que indicam apenas ajustamentos ao tipo de produção.[36]

Consideramos que a interpretação de Brasil a que Alice Canabrava mais se vincula e que está mais presente em sua produção é a de Caio Prado Junior e seu "sentido da colonização", no qual a grande lavoura fornecera os liames da colonização como uma agricultura monocultora, escravista, latifundiária e voltada para o mercado externo.

Em sua tese de cátedra de 1951, a interpretação caiopradiana perpassa o trabalho, uma vez que o mote principal da análise é dado pela produção algodoeira na província de São Paulo como consequência dos problemas de fornecimento dos EUA à Inglaterra por conta da Guerra de Secessão. Ou seja, toda a dinâmica econômica da província naquele momento se dava pela orientação ao mercado externo, no fornecimento de matéria-prima à Inglaterra.

> As datas que servem de limites cronológicos a este trabalho não representam marcos importantes na evolução econômica e social brasileira. Sua significação prende-se, estreitamente, ao desenvolvimento da cultura algodoeira em território paulista. Foram elas ditadas pelas circunstâncias do mercado internacional do algodão, às quais toda a história de seu desenvolvimento se encontra profundamente ligada.[37]

---

36 CANABRAVA, Alice Piffer. "Roteiro sucinto do desenvolvimento da historiografia brasileira". *In*: CANABRAVA, Alice Piffer; HOLANDA, Sérgio Buarque de; LUZ, Nícia V. *Anais do Encontro Internacional de Estudos Brasileiros*: I Seminário de Estudos Brasileiros. São Paulo: USP; IEB, 1972, p. 8.

37 CANABRAVA, Alice Piffer. *O Desenvolvimento da cultura do algodão na Província de São Paulo (1861-1875)*. São Paulo: Indústria Gráfica Siqueira, 1951, pp. 71/72.

Apesar de Prado Junior não estar citado diretamente no texto, entendemos que na análise está implícita essa interpretação, conforme o trecho acima. O mesmo ocorrera em sua tese de História da Civilização Americana. Ao dissertar acerca do método de cultivo da cana-de-açúcar nas Antilhas, Alice afirma tratar-se da mesma lavoura extensiva das áreas tropicais, tal como descrita por Prado Jr.[38]

> A queimada, o processo primitivo de plantio em covas à moda indígena, a falta quase total de utensílios agrícolas adequados, a ausência de qualquer preocupação para a escolha de mudas destinadas ao plantio, o desenvolvimento apenas espacial da lavoura canavieira antilhana, fazem dela o tipo da lavoura extensiva característica das colônias tropicais. Nesses aspectos, encontra sua equivalente na lavoura canavieira do Brasil.[39]

As ilhas inglesas e francesas do mar das Antilhas se constituíram em torno da grande lavoura para o fornecimento de gêneros ao mercado europeu, similarmente ao Brasil.

Em seu capítulo sobre "A Grande Propriedade Rural", publicado em 1960 na HGCB, Canabrava segue a interpretação de Caio Prado ao afirmar que as áreas coloniais americanas se constituíram em função dos interesses comerciais europeus. "Quando procurarmos conhecer os elementos predominantes da colonização das Américas, ressalta como característica básica o fato de ter sido um capítulo da expansão comercial dos povos europeus na época moderna".[40] E materialmente, a colonização se deu através da grande lavoura. "(...)

---

38 PRADO JÚNIOR, Caio. "Grande Lavoura". *In*: ______. *Formação do Brasil contemporâneo*: Colônia. São Paulo: Brasiliense, 2008, pp. 128-154.

39 CANABRAVA, Alice Piffer. "Prefácio". *In*: SAES, Flávio A. Marques de. *As Ferrovias de São Paulo*: 1870-1940. São Paulo: Hucitec, 1981, p. 80.

40 CANABRAVA, Alice Piffer. *História Econômica*: estudos e pesquisas. São Paulo: Hucitec; Unesp; ABPHE, 2005, p. 37.

a grande lavoura representa os próprios fundamentos da economia colonial".[41]

No capítulo "A Grande Lavoura", no volume sobre o Brasil Monárquico, permanece a mesma interpretação e o mesmo método: a inserção da economia brasileira nos grandes quadros da economia mundial e sua orientação externalista. Temos aí a presença de outra tese caiopradiana: a de que as características coloniais da economia brasileira se estendem por um longo tempo, para além do período colonial. "(...) o Brasil monárquico preservou as feições que distinguiam sua economia desde a aurora do período colonial, (...) orientando sua produção exclusivamente segundo as solicitações do mercado exterior".[42]

O mote de interpretação de *Cultura e Opulência*, de Antonil, também é dado pela grande lavoura. "A descrição do engenho de açúcar em *Cultura e Opulência* nos reporta à grande lavoura colonial, latifundiária, monocultora e escravocrata, caracterizada por Caio Prado Júnior".[43]

Entretanto, a interpretação a partir da grande lavoura sofreu uma inflexão quando Canabrava pesquisou a economia da capitania de São Paulo no século XVIII e, a partir dos dados encontrados e analisados por métodos quantitativos, encontrou uma outra interpretação.

---

41 CANABRAVA, Alice Piffer. *História Econômica*: estudos e pesquisas. São Paulo: Hucitec; Unesp; ABPHE, 2005, p. 37.

42 CANABRAVA, Alice Piffer. *História Econômica*: estudos e pesquisas. São Paulo: Hucitec; Unesp; ABPHE, 2005, p. 103.

43 ANTONIL, André João. *Cultura e opulência do Brasil*. São Paulo: Nacional, 1967, p. 45.

3 Autonomia de interpretação: uma outra realidade histórica

São Paulo foi tema constante na produção de Alice Piffer Canabrava. Em 1940, no *IX Congresso Brasileiro de Geografia*, realizado na cidade de Florianópolis, SC, propôs uma caracterização para o bairro, entre outras características, como modalidade de povoamento rural localizado entre duas grandes propriedades.[44]

Em alguns de seus trabalhos sobre São Paulo, Alice Canabrava insere a região nos quadros da formação colonial para exportação a partir da grande lavoura, na perspectiva caiopradiana.

> Os primórdios do desenvolvimento econômico da área que veio a constituir o estado de São Paulo se prendem ao plano geral de colonização adotado pela metrópole portuguesa desde a terceira década do século XVI, com mira na ocupação definitiva da América Portuguesa por meio da agricultura ou, mais propriamente, pela grande lavoura.[45]

Se, quanto à sua tese de cátedra de 1951, pode-se afirmar que "(...) as condições essenciais à produção excluem as relações de propriedade ou de uso da terra, bem como as relações de trabalho nas suas múltiplas formas presentes nas unidades produtoras de algodão",[46] nos trabalhos publicados ao longo dos anos 1970, ela tem como objeto de análise a estrutura da propriedade da terra – uma

---

44 CANABRAVA, Alice Piffer. "Primeiras notas para um estudo acerca dos bairros no estado de São Paulo". *Anais do IX Congresso Brasileiro de Geografia*, Rio de Janeiro, vol. 3, 1944, p. 652.

45 CANABRAVA, Alice Piffer. "Esboço da história econômica de São Paulo". *In*: BRUNO, Ernani S. (Coord.). *São Paulo*: terra e povo. Porto Alegre: Editora Globo, 1967, p. 19.

46 ARRUDA, José Jobson de A. "Alice Canabrava: história e mito". *In*: ______. *Historiografia, teoria e prática*. São Paulo: Alameda, 2014, p. 107.

vez que sua interpretação se dá a partir da grande lavoura –, a escravidão e os níveis de riqueza da capitania e província de São Paulo. Conforme Flavio Saes: "a partir dessa tese [de 1951], as pesquisas de Alice P. Canabrava voltaram-se principalmente para a História Econômica do Brasil em geral e, em especial, de São Paulo".[47]

Alice Canabrava identifica três atividades econômicas na capitania de São Paulo no início do governo do Morgado de Mateus (1765-1767): "(...) a economia de autossubsistência familiar, a de subsistência propriamente dita e a exclusivamente mercantil".[48] A economia de autossubsistência era praticada nos sítios volantes e compreendia em torno de 50% da população. "Nessa população inventariada é impressionante o número de pessoas que 'nada possuem'".[49] Porém, essa metade da população da capitania não estava em tais condições devido à decadência, mas constituía um modo de vida (Sérgio Buarque de Holanda). Da população predominantemente rural da capitania, parcela significativa da outra metade praticava a economia de subsistência, na qual os ínfimos excedentes eram comercializados nos pequenos núcleos de povoação da capitania. Mercadores e homens de negócios, pequeno número na capitania, em torno de São Paulo, Santos e Sorocaba, concentravam a maior parte da riqueza, aproveitando os canais de comércio inter-regionais, propiciados pela localização da capitania. Esses homens apoiavam-se no negócio do gado, proveniente da rota do extremo sul a partir dos campos de Viamão no Rio Grande de São Pedro; no comércio do sal, que chegava ao porto de Santos; e também no negócio das manufaturas e dos escravos. Estes últimos constituíam os bens mais

---

47 SAES, Flávio A. Marques de. "Introdução". *In*: CANABRAVA, Alice Piffer. *História Econômica*: estudos e pesquisas. São Paulo: Hucitec; Unesp; ABPHE, 2005, p. 10.

48 CANABRAVA, Alice Piffer. *História Econômica*: estudos e pesquisas. São Paulo: Hucitec; Unesp; ABPHE, 2005, p. 196.

49 CANABRAVA, Alice Piffer. "Decadência e riqueza". *Revista de História*, São Paulo, nº 100, 1974, p. 342.

valiosos e a terra não possuía valor, uma vez que sua oferta era ilimitada enquanto fator de produção.

A análise de Alice Canabrava da riqueza e da população da capitania de São Paulo, no período considerado tradicionalmente pelos historiadores anteriores de decadência, demonstra, através de gráficos e tabelas, uma alta concentração da riqueza na economia mercantil. Neste ponto, ela se desprende da análise caiopradiana, visto que naquele momento a grande lavoura em São Paulo inexistia e a acumulação se dava a partir de uma dinâmica interna e não externa. E demonstra que a acumulação de capital em São Paulo, consensualmente ligada à expansão cafeeira para o oeste paulista e ao desenvolvimento do porto de Santos na segunda metade do século XIX, teve início um século antes.[50]

> Dentro da profunda decadência que afetava a capitania, o nível de riqueza de seus homens de negócio vem demonstrar que o pequeno aglomerado paulistano desfrutava de atividade comercial de certa importância no cenário da capitania. Esta verificação nos permite recuar cerca de um século, o momento histórico no qual já se podem perceber os germes do desenvolvimento da capital paulistana.[51]

Canabrava postula que essa acumulação de capital por meio do setor mercantil foi a responsável pela estruturação posterior da grande lavoura do açúcar e do café.

> Os engenhos expandiram-se com continuidade, por toda a região, depois de 1789, estimulados pelas condições favoráveis do comércio internacional e pelas medidas governamentais que tenderam a valorizar o porto de Santos. Em cerca de um

---

50 CANABRAVA, Alice Piffer. "Decadência e riqueza". *Revista de História*, São Paulo, nº 100, 1974, p. 365.

51 CANABRAVA, Alice Piffer. *História Econômica*: estudos e pesquisas. São Paulo: Hucitec; Unesp; ABPHE, 2005, p. 199.

> quarto de século, a grande lavoura açucareira veio a dominar completamente a economia da área, e se tornou o motor da economia paulista.[52]

Mas por que recuar ao século XVIII paulista? Se, no século XVIII, a economia paulista estava em decadência e apresentava níveis de acumulação de capital razoáveis, porém incomparáveis com os níveis de acumulação propiciados pela produção açucareira e cafeeira, o cenário era bem diferente nos anos 1970, quando os estudos foram realizados.

São Paulo e, em especial, a sua capital haviam alcançado um nível de industrialização e urbanização não comparáveis a outra região do país.[53]

Ao centrar-se na análise da estrutura da terra e da posse de escravos na capitania de São Paulo em 1818 para analisar a distribuição da riqueza, a historiadora afirma que:

> As tendências indicadas representam, sem dúvida, uma contribuição original, altamente instrutiva para o melhor conhecimento da formação e do desenvolvimento econômico e social do que é, hoje, o polo moderno de nossa economia.[54]

---

52 CANABRAVA, Alice Piffer. *História Econômica*: estudos e pesquisas. São Paulo: Hucitec; Unesp; ABPHE, 2005, p. 207.

53 SAES, Flávio A. Marques de. "O estado de São Paulo no século XX: café, indústria e finanças na dinâmica da economia paulista". *In*: ODALIA, Nilo; CALDEIRA, João Ricardo de Castro (Coord.). *História do estado de São Paulo*: a formação da unidade paulista. vol. 2. São Paulo: Unesp; Imprensa Oficial; Arquivo Público do Estado, 2010, pp. 13-40; LUCA, Tania Regina de. *São Paulo no século XX*: segunda metade. São Paulo: Imprensa Oficial; Poiesis, 2011.

54 CANABRAVA, Alice Piffer. "A repartição da terra na Capitania de São Paulo, 1818". *Estudos Econômicos*, São Paulo, vol. 2, nº 6, 1972, p. 77.

Nossa hipótese é de que Alice Canabrava estava preocupada em compreender como São Paulo e, especificamente, a capital haviam alcançado tamanho desenvolvimento, constituindo-se no polo mais dinâmico da economia brasileira.

> No momento presente, no qual os problemas de transporte suscitados pela questão da energia, colocam-se acaloradamente dentre as mais vivas preocupações nacionais, Flávio Azevedo Marques de Saes, com sua tese de mestrado, nos proporciona uma análise muito densa sobre o funcionamento das ferrovias, no contexto das condições da economia paulista e na dinâmica do tempo sob perspectiva histórica.[55]

Ao longo da produção historiográfica de Alice Piffer Canabrava, notamos que a noção de "grande lavoura" percorre tempos e espaços: das ilhas do mar do Caribe para o Nordeste brasileiro e daí para São Paulo, alvo de suas preocupações no último quartel do século XX.

Contudo, as pesquisas realizadas sobre os séculos XVIII e XIX no espaço paulista sofreram uma inflexão: no período estudado, a acumulação de capital não se deu a partir da dinâmica externa ligada aos canais de exportação, mas sim de uma dinâmica interna existente nos canais de comércio inter-regionais. Posteriormente, a "grande lavoura" toma a dianteira no processo de acumulação com a economia açucareira e se estende à economia cafeeira, propiciando as condições para a industrialização de São Paulo.

Assim, anos antes das controvérsias historiográficas sobre o papel do mercado interno na dinâmica colonial, em detrimento da tradicional interpretação que vincula toda a dinâmica econômica colonial ao mercado externo e a visão de constituição da colônia

---

55 CANABRAVA, Alice Piffer. "Prefácio". *In*: SAES, Flávio A. Marques de. *As Ferrovias de São Paulo*: 1870-1940. São Paulo: Hucitec, 1981, p. 78.

como indutora do processo de industrialização europeu, em torno das contribuições de João Fragoso e Manolo Florentino,[56] Alice Piffer Canabrava demonstrava já em 1972 que na capitania de São Paulo, na segunda metade do século XVIII, havia se formado um canal de acumulação a partir de uma dinâmica interna ligada ao comércio inter-regional e que só depois o espaço paulista entraria nos fluxos do mercado externo.

O fato de o rompimento com o modelo da "grande lavoura" como característica única do processo de ocupação territorial da colônia e do império ter passado despercebido no momento da publicação indica, para nós, o processo de autonomia da pesquisadora perante os "intérpretes" do Brasil. Teve ela a capacidade de reconhecer dados da realidade histórica documentada e de analisá-los com o instrumental teórico-metodológico de que dispunha na época, deixando de lado a corrente dominante do pensamento historiográfico nacional no último quartel do século XX.

O processo de autonomia intelectual, assim, tornou-se, em nosso entender, a marca da trajetória da historiadora acadêmica, que iniciou sua produção no final da década de 1930, acompanhou as discussões e debates das décadas seguintes, atualizou seu instrumental com a história quantitativa e, pelos resultados obtidos, teve a capacidade de estruturar um outro modelo explicativo: a existência

---

56 Sobre a história da agricultura e do abastecimento, ver LINHARES, Maria Yedda. *História do abastecimento*: uma problemática em questão (1530-1918). Brasília: Binagri, 1979; sobre a dinâmica interna do mercado colonial e a brecha camponesa na economia escravista, ver CARDOSO, Ciro Flamarion Santana. *Escravo ou camponês?* O protocampesinato negro nas Américas. São Paulo: Brasiliense, 1987; sobre a Bahia, ver MATTOSO, Kátia de Queiroz. *Bahia, a cidade do Salvador e o seu mercado no século XIX*. Salvador: Prefeitura Municipal de Salvador; São Paulo: Hucitec, 1978; sobre sociedade agrária e elite mercantil, ver FRAGOSO, João; FLORENTINO, Manolo. *O Arcaísmo como projeto*: mercado atlântico, sociedade agrária e elite mercantil em uma economia capital tardia – Rio de Janeiro, c. 1790-1840. Rio de Janeiro: Record, 2001.

de processo de acumulação mercantil via comércio inter-regional em região periférica aos centros da economia e administração na colônia e no império.

Referências bibliográficas

ANTONIL, André João. *Cultura e opulência do Brasil*. São Paulo: Nacional, 1967.

ARRUDA, José Jobson de A. "Alice Canabrava: história e mito". *In*: _____. *Historiografia, teoria e prática*. São Paulo: Alameda, 2014.

BEIRED, José Luís B. "A Pesquisa de História da América: sua trajetória nas universidades paulistas (1942-2004)". *Revista de História*, São Paulo, nº 153, 2005.

CALDEIRA, João Ricardo de C. *IEB*: origem e significados – uma análise do Instituto de Estudos Brasileiros da Universidade de São Paulo. São Paulo: Oficina do Livro Rubens Borba de Moraes; Imprensa Oficial do Estado, 2002.

CANABRAVA, Alice Piffer. ["Texto à edição de 1711 do livro de André João Antonil"]. *In*: ANTONIL, André João. *Cultura e opulência do Brasil*. São Paulo: Nacional, 1967.

_____. "A grande lavoura". *In*: HOLANDA, Sérgio Buarque de. (Coord.). *História Geral da civilização brasileira – o Brasil monárquico*: declínio e queda do Império. tomo II, vol. 4. São Paulo: Difusão Europeia do Livro, 1971.

_____. "A grande propriedade rural". *In*: HOLANDA, Sérgio Buarque de. (Coord.). *História Geral da civilização brasileira – a época colonial*: administração, economia, sociedade. tomo I, vol. 2. São Paulo: Difusão Europeia do Livro, 1960.

_____. "A repartição da terra na Capitania de São Paulo, 1818". *Estudos Econômicos*, São Paulo, vol. 2, nº 6, 1972.

_____. "Decadência e riqueza". *Revista de História*, nº 100, São Paulo, 1974.

_____. "Esboço da história econômica de São Paulo". *In*: BRUNO, Ernani S. (Coord.). *São Paulo*: terra e povo. Porto Alegre: Editora Globo, 1967.

______. "Minhas Reminiscências". *Economia Aplicada*, São Paulo, vol. 1, nº 1, 1997.

______. "O Comércio português no Rio da Prata (1580-1640)". *Boletim XXXV da Cadeira de História da Civilização Americana*, São Paulo, FFCL-USP, nº 2, 1944.

______. "Prefácio". *In*: SAES, Flávio A. Marques de. *As Ferrovias de São Paulo*: 1870-1940. São Paulo: Hucitec, 1981.

______. "Primeiras notas para um estudo acerca dos bairros no estado de São Paulo". *Anais do IX Congresso Brasileiro de Geografia*, Rio de Janeiro, vol. 3, 1944.

______. "Roteiro sucinto do desenvolvimento da historiografia brasileira". *In*: CANABRAVA, Alice Piffer; HOLANDA, Sérgio Buarque de; LUZ, Nícia V. *Anais do Encontro Internacional de Estudos Brasileiros*: I Seminário de Estudos Brasileiros. **São Paulo: USP; IEB, 1972.**

______. "Uma economia de decadência, os níveis de riqueza na Capitania de São Paulo, 1765-1767". *In*: ______. *História Econômica*: estudos e pesquisas. São Paulo: Hucitec; Unesp; ABPHE, 2005.

______. *História Econômica*: estudos e pesquisas. São Paulo: Hucitec; Unesp; ABPHE, 2005.

______. *O Desenvolvimento da cultura do algodão na Província de São Paulo (1861-1875)*. São Paulo: Indústria Gráfica Siqueira, 1951.

CANABRAVA, Alice Piffer; TORRES, Maria Celestina T. M. "A Região de Piracicaba". *Revista do Arquivo Municipal*, São Paulo, vol. 45, 1938.

CANDIDO, Antonio. "Os significados de Raízes do Brasil". In: HOLANDA, Sérgio Buarque de. *Raízes do Brasil*. 26ª ed. Rio de Janeiro: José Olympio, 1995.

CARDOSO, Ciro Flamarion Santana. *Escravo ou camponês?* O protocampesinato negro nas Américas. São Paulo: Brasiliense, 1987.

ERBERELI JR., Otávio. *A Escrita da História entre dois mundos*: uma análise da produção de Alice Piffer Canabrava (1935-1961). Assis: Universidade Estadual Paulista Júlio de Mesquita Filho, 2014. (Dissertação de Mestrado em História).

FRAGOSO, João; FLORENTINO, Manolo. *O Arcaísmo como projeto*: mercado atlântico, sociedade agrária e elite mercantil em uma economia capital tardia – Rio de Janeiro, c. 1790-1840. Rio de Janeiro: Record, 2001.

FREYRE, Gilberto. "O Nordeste e seus pontos de contacto com outras áreas americanas especializadas na produção do açúcar". *In*: _____. *O Mundo que o português criou*: aspectos das relações sociais e de cultura do Brasil com Portugal e as colônias portuguesas. Rio de Janeiro: José Olympio, 1940.

HOLANDA, Sérgio Buarque de. "A mineração: antecedentes luso-brasileiros & metais e pedras preciosas". *In*: _____. (Coord.). *História Geral da civilização brasileira – a época colonial*: administração, economia, sociedade. tomo I, vol. 2. São Paulo: Difusão Europeia do Livro, 1960.

_____. "História Econômica". *In*: COSTA, Marcos (Coord.). *Para uma Nova História*. São Paulo: Fundação Perseu Abramo, 2004.

IGLÉSIAS, Francisco. "A História no Brasil". *In*: FERRI, Mario G.; MOTOYAMA, Shozo. *História das Ciências no Brasil*. São Paulo: EPU; Edusp, 1979.

_____. "A Historiografia da América Latina". *Revista de História de América*, Havana, nº 75-76, 1973.

LAPA, José Roberto do A. *A História em questão*: historiografia brasileira contemporânea. Petrópolis: Vozes, 1976.

_____. *História e historiografia brasileira pós-64*. Rio de Janeiro: Paz e Terra, 1985.

LINHARES, Maria Yedda. *História do abastecimento*: uma problemática em questão (1530-1918). Brasília: Binagri, 1979.

LUCA, Tania Regina de. *São Paulo no século XX*: segunda metade. São Paulo: Imprensa Oficial; Poiesis, 2011.

MATTOSO, Kátia de Queiroz. *Bahia, a cidade do Salvador e o seu mercado no século XIX*. Salvador: Prefeitura Municipal de Salvador; São Paulo: Hucitec, 1978.

MELLO, Z. M. C. de; NOZOE, N. H.; SAES, F. A. M de. "Três pesquisas pioneiras em História Econômica: as teses universitárias de Alice Piffer Canabrava". *Estudos Econômicos*, São Paulo, vol. 15, nº especial, 1985.

PRADO JÚNIOR, Caio. "Grande Lavoura". *In*: _____. *Formação do Brasil contemporâneo*: Colônia. São Paulo: Brasiliense, 2008.

_____. *Formação do Brasil contemporâneo*: Colônia. São Paulo: Brasiliense, 2008.

RIBEIRO, Maria Alice R. "As primeiras pesquisadoras brasileiras em História Econômica e a construção da disciplina no Brasil". *História Econômica & História de Empresas*, vol. 2, nº 2, 1999.

SAES, Flávio A. Marques de. "Introdução". *In*: CANABRAVA, Alice Piffer. *História Econômica*: estudos e pesquisas. São Paulo: Hucitec; Unesp; ABPHE, 2005.

_____. "O estado de São Paulo no século XX: café, indústria e finanças na dinâmica da economia paulista". *In*: ODALIA, Nilo; CALDEIRA, João Ricardo de Castro (Coord.). *História do estado de São Paulo*: a formação da unidade paulista. vol. 2. São Paulo: Unesp; Imprensa Oficial; Arquivo Público do Estado, 2010.

ANA MARIA MACHADO (1941)

LITERATURA INFANTIL CRÍTICA

MARIA DO ROSÁRIO DA CUNHA PEIXOTO

> *Só posso ajudá-lo com truques de palavras. E com letras, mesmo as mais antigas. É tudo o que tenho. Ao mesmo tempo, tão pouco e tão infinito.*[1]

Na contramão de autores que se apresentam como portadores de verdades, ou como intérpretes autorizados do mundo, cujos enredos e tramas – gigantescas teias de aranha – aprisionam, imobilizam, oprimem e produzem medo, Ana Maria Machado, em sua oficina de palavras, cria mundos novos e os presenteia a nós todos, crianças e adultos, e, tal como o alquimista que transforma metais em ouro, transforma palavras em palavras mágicas.

1 MACHADO, Ana Maria. *O Canto da praça*. Salamandra: Rio de Janeiro, 1986, p. 71.

A literatura infantil brasileira, dominante até os anos setenta, tem como pressuposto a concepção de infância como sendo o lugar do não saber, da fraqueza, da dependência, da inocência a ser preservada e, paradoxalmente, de maus instintos a serem erradicados. A sociedade, por sua vez, é pensada como harmônica e, nessa medida, as desigualdades são naturais, isto é, fazem parte de sua natureza e, portanto, não quebram sua harmonia: toda perturbação da ordem deve ser prontamente eliminada. Como consequência, temos um mundo ficcional que reduz todo conflito a uma luta entre o bem e o mal. Em algumas obras, o bem deve não só vencer o mal de maneira total e definitiva, mas também deixar viva a memória de sua vitória, pela celebração de seus feitos, pela premiação dos heróis e, sobretudo, pela lembrança terrível do que a transgressão e o afastamento da ordem podem significar. No seu pedagogismo exacerbado, o desejo de educar, não raras vezes, significou repressão. Existem obras, entretanto, nas quais esse conflito é atenuado, embora mantendo o princípio de que o bem vence sempre, e o mal é sempre castigado. Por via de regra, os adultos (os pais, avós, professores) têm sempre razão. No fim da história, a criança má, egoísta, desobediente aprende a lição, e a harmonia volta a reinar. A narrativa em terceira pessoa evidencia a presença de um olhar onipresente e onisciente, do qual o leitor não escapa.

Resumindo, podemos dizer que, ao longo de sua história, a literatura infanto-juvenil brasileira caracterizou-se por integrar uma forte tradição conservadora que ajudou a constituir. Monteiro Lobato foi uma das poucas exceções. A retomada, a partir dos anos 1970, da tradição lobatiana, apontada por vários estudiosos de literatura infantil,[2] se expressou na reinvenção de uma literatura infanto-juvenil

---

2 LAJOLO, Marisa; ZILBERMAN, Regina. *Literatura infantil brasileira*: histórias e histórias. São Paulo: Ática, 1987; PERROTTI, Edmir. *O texto sedutor na literatura infanto-juvenil*. São Paulo: Ícone, 1986; SANDRONI, Laura. "Monteiro Lobato, o inovador". *In*: ______. *De Lobato a Bojunga*: as reinações renovadas. Rio de Janeiro: Agir, 1987.

criativa, vigorosa, irreverente, bem-humorada, da qual Ana Maria Machado é uma de suas principais representantes.

Opondo-se ao olhar panóptico das práticas de vigilância e controle, Ana Maria Machado, a exemplo de Leskov, incorpora do narrador de que nos fala Benjamin, sua dialogicidade e, dessa forma, cria obras que possibilitam e estimulam densa troca de experiências, convidando os seus leitores a mergulhar nelas e, como diz De Certeaux,[3] a impregná-las com suas astúcias: referências, memórias, improvisos e apropriações.

Nessa empreitada, Ana Maria Machado não está só, ela faz parte de um grupo maior de escritores e escritoras que surgem num cenário nacional (e internacional) de contestação e rebeldia, incluindo aqui os movimentos de contracultura e os movimentos feministas.

Assim, a literatura infanto-juvenil brasileira à qual convencionei chamar de "literatura de resistência" surgiu.

Em 1968, Ana Maria Machado é convidada pela Editora Abril a escrever para a *Revista Recreio*, dirigida por Sônia Robatto, iniciando uma longa carreira como escritora de literatura infantil. Em janeiro de 1970, após ter sido presa pela ditadura civil-militar em 1969, Ana Maria Machado se exila na França, onde, sob orientação de Roland Barthes, dedica-se à sua tese de doutorado sobre a obra de Guimarães Rosa (publicada no Brasil, em 1976, com o título: *O Recado do Nome*). Em 1971, faz um curso intensivo com Umberto Eco na Itália. Concomitantemente às suas atividades acadêmicas, na Europa, escreve contos infantis que envia à *Recreio*. E é essa formação erudita, primorosa, sofisticada que a autora põe à disposição das crianças.

Ana Maria Machado retorna ao Brasil em 1972. Trabalha no *Jornal do Brasil* e para a *Rádio Jornal do Brasil*, onde chefiou

---

3 CERTEAU, Michel de. *A Invenção do cotidiano*: artes de fazer. Petrópolis: Vozes, 1994.

o radiojornalismo por sete anos, o que, segundo suas próprias palavras, lhe deu "tarimba do ofício de escrever, muita intimidade com uma linguagem oral e acessível".[4] Dedica-se ao jornalismo até 1980, quando se recusou a demitir um terço da redação. A partir de então, dirige o seu talento literário preferencialmente às crianças. Para a escritora Ana Maria Machado, escrever para o público infantil significou enfrentar:

> O desafio linguístico de fazer alguma coisa que fosse de qualidade literária com sofisticação narrativa, com várias camadas de significados, com diálogos intertextuais, com outras coisas. Mas com uma linguagem coloquial, familiar, brasileira. Uma linguagem que a gente por um lado herdava de Lobato, mas por outro lado era uma linguagem falada, comum, da população. Fazer isso com um nível literário era um desafio interessante. Me atraiu muito.[5]

Em 1977, publica seu primeiro livro infantil *Bento-que-bento--é-o-frade*. No mesmo ano, tem contos seus publicados pela Editora Abril em duas coletâneas, *Histórias de Recreio* e *Livro de Recreio*. Ainda em 1977, usando pseudônimo, ganhou um concurso com *História Meio ao Contrário*, o que lhe valeu o Prêmio João de Barro e, em 1978, o seu primeiro Jabuti. Isto foi só o começo, atualmente, tem mais de vinte milhões de exemplares de livros vendidos, mais de cem títulos publicados em vinte idiomas, recobrindo vinte e seis países. Além de livros para crianças, publicou vários ensaios e romances para o púbico adulto.

Não se pode falar de Ana Maria Machado sem mencionar sua interminável lista de prêmios nacionais e internacionais. Citarei alguns.

---

4 MACHADO, Ana Maria. *Esta força estranha*: trajetória de uma autora. São Paulo: Atual Editora, 1996.

5 MACHADO, Ana Maria. *Entrevista Concedida a Luiz Lobo*. 18 jul. 2013.

Com o livro infantil *De Olho nas Penas*, concorreu ao Prêmio Casa de las Américas (Havana, Cuba, 1981) na categoria geral e não na categoria infantil. Foi seu primeiro prêmio internacional. Confessa: "isto me deu confiança na capacidade de meu texto viajar e de tocar outras pessoas em outras culturas".[6] Este foi seu primeiro Prêmio internacional. Seguem-se outros, dos quais citarei apenas três: O Prêmio Hans Christian Andersen, considerado o Nobel da Literatura Infantil, o qual, em 2000, coloca sua carreira em outro patamar. Editoras estrangeiras publicam seus livros, sem os haver lido antes. Da Holanda, recebe, em 2010, o Prêmio Príncipe Claus. Também da América Latina lhe vem o reconhecimento de sua obra: em 2012, o México lhe confere o VIII Prêmio Iberoamericano de Literatura Infantil e Juvenil da Feira Internacional do Livro, de Guadalajara.

Os prêmios nacionais se acumulam: Prêmio Bienal de São Paulo em 1988; em 1993, é declarada *hors-concours* do Prêmio da Fundação Nacional do Livro Juvenil; três Prêmios Jabutis pela Câmara Brasileira do Livro: em 1978 (com *História Meio ao Contrário*); em 1997 (com *Esta Força Estranha*); em 2000 (com *Fiz Voar meu Chapéu*); em 1994, é finalista do Prêmio Jabuti com o romance *O Mar Nunca Transborda*. Da Biblioteca Nacional, recebe o Prêmio Machado de Assis em 1999 (*Audácia dessa mulher*). Em 2000, a Academia Brasileira de Letras lhe confere o Prêmio Machado de Assis, o mais importante prêmio literário no Brasil, pelo conjunto de sua obra.

Em 2003, Ana Maria Machado integra a Academia Brasileira de Letras, ocupando a cadeira número 1, na vaga deixada por Evandro de Lins e Silva. Em 2011, foi eleita sua presidente para o biênio 2012- 2013. Em sua gestão, comprometeu-se com projetos de cunho social, com ênfase em programas de expansão do acesso ao livro e à leitura nas periferias e nas comunidades carentes.

---

6 MACHADO, Ana Maria. *Entrevista Concedida a Luiz Lobo*. 18 jul. 2013.

Ao longo de sua vida profissional, muito antes de integrar a ABL, tem se empenhado em campanhas pela difusão da leitura, defendendo a inclusão do ensino de literatura nos cursos de formação de professores do ensino fundamental. Argumenta que dificilmente o professor poderá ser um incentivador da leitura se ele próprio não gosta de ler ou não tem o hábito da leitura. Considera o acesso da criança à literatura de qualidade como um direito. Tem dito repetidas vezes que "não existe criança que não goste de ler. Existe só quem não encontrou o livro certo, ainda. Igualzinho a namorar, não está lhe dando prazer, troca, você vai encontrar um outro".[7]

Em 2011, reúne uma série de textos produzidos a partir de encomendas dos organizadores. Trata-se de uma coleção de ensaios que propõe uma reflexão sobre políticas públicas e sobre o "o lugar dos livros na educação", com o surpreendente título de *Silenciosa Algazarra,* que ela faz questão de esclarecer:

> Devo também dizer algo sobre o título dessa coleção de ensaios. Fui criada numa família de muitos irmãos e uma inacreditável quantidade de primos, e na infância palavras como alarido e algazarra sempre me trouxeram uma imagem de alegria espontânea, de todo mundo falando ao mesmo tempo em momentos de brincadeira e descontração. Feito bandos de pardais nas árvores, do entardecer. (...) Quando pensei em estantes de livros com um número imenso de vozes querendo falar, à espera de serem ouvidas, todas com algo a dizer, mas sendo ignoradas, ocorreu-me muito nítida essa comparação com um alarido calado à força e uma alegria amordaçada pela ignorância.[8]

---

7 MACHADO, Ana Maria. *Entrevista Concedida a Luiz Lobo*. 18 jul. 2013.

8 MACHADO, Ana Maria. *Silenciosa algazarra*. São Paulo: Companhia das Letras, 2011.

Ao longo de anos, Ana Maria Machado tem se dedicado a contribuir para que um número crescente de leitores possibilite aos livros aparecerem e mostrarem sua alegre algazarra. Só a leitura pode resgatar do silêncio dezenas de personagens e os seus mundos respectivos. Sendo uma leitora compulsiva, desde muito jovem, ela compreende a importância da literatura para uma formação humanista.

Desde meados dos anos 1970, vários autores dessa "literatura de resistência" discutem com a criança temas tradicionalmente considerados de adultos: poder, tirania, paz, liberdade, opressão, repressão, anistia, preconceito social, racial, sexual, etário, escola, família, pobreza, a questão indígena, a condição feminina, morte. Trata-se de uma quantidade enorme de textos de incontestável qualidade literária que podem ser contados às centenas e que, não raras vezes, dormem nas bibliotecas escolares.

A historiadora Michele Perrot fala de mulheres não propriamente silenciosas, mas historicamente silenciadas. Pelo menos não silenciosas por natureza, mas constrangidas ao silêncio pelas regras sociais que as oprimem.

> O silêncio é um mandamento reiterado através dos séculos pelas religiões, pelos sistemas políticos e pelos manuais de comportamento. Pois o silêncio era ao mesmo tempo disciplina do mundo, das famílias e dos corpos, regra política, social, familiar – as paredes da casa abafam os gritos das mulheres e das crianças agredidas –, pessoal.[9]

Ainda, conforme observação da mesma autora, se o século XIX permitiu-lhes sair de casa, frequentar os salões, determinou-lhes, contudo, que suas atribuições mundanas fossem desempenhadas com decoro, suas vozes "devem expressar-se dentro de limites", que devem falar pouco para evitar inconveniências ou para não falar bobagens,

---

9 PERROT, Michelle. *As Mulheres ou os silêncios da história*. Bauru: Edusc, 2005, pp. 9/10.

nunca ultrapassar as fronteiras dos interditos, por exemplo, nunca falar de política, domínio masculino, por excelência. A despeito de tudo isto, diz a autora, as mulheres nunca deixaram de fazê-lo e, frequentemente, também fizeram de seu silêncio uma arma, pois "os dominados podem sempre esquivar-se, desviar as proibições, preencher os vazios do poder, as lacunas da História. (...) Todavia, sua postura normal é a escuta e a espera".[10]

Também no Brasil, as histórias das mulheres nos séculos XVIII, XIX e meados do XX, vividas num universo culturalmente masculino, foram marcadas por exclusões, interdições, violências e foram silenciadas pela força ou pelo hábito. Mas suas histórias foram pontuadas por subversões e desobediências. Misturavam opressão / submissão / insubordinação / resistência, não cabendo em tipologias que as pudessem descrever ou classificar previamente.

Ainda, de acordo com Perrot, ao longo de séculos, "as mulheres são mais imaginadas do que descritas ou contadas", o que, segundo ela, explica

> as perplexidades de um Georges Duby ao perscrutar as imagens medievais ou de um Paul Veyne ao dissecar os afrescos da Vila dos Mistérios. Ambos concluem por um caráter masculino das obras e do olhar e interrogam-se quanto ao grau de adesão das mulheres a esta figuração delas mesmas.[11]

Escrever a história das mulheres numa perspectiva feminina esbarrou, pois, no fato de os registros de suas vidas terem sido produzidos a partir de concepções e interesses masculinos e dentro de uma lógica que lhes é própria. Esbarrou também na inexistência de fontes relativas àquelas dimensões da experiência social, das quais eram alijadas, por exemplo, as listas de votação.

---

10 PERROT, Michelle. *As Mulheres ou os silêncios da história*. Bauru: Edusc, 2005, pp. 9/10.

11 PERROT, Michelle. *As Mulheres ou os silêncios da história*. Bauru: Edusc, 2005, p. 11.

Como fatores decisivos para o rompimento desse silêncio historiográfico, na França, Perrot aponta, no campo científico, a crise dos grandes paradigmas explicativos; no campo da história, a interdisciplinaridade, a renovação temática proposta pela Nova História; do ponto de vista sociológico, a feminização da universidade; e, na política, a mobilização das mulheres pela conquista de direitos (legalização do aborto e de métodos contraceptivos e pela dignidade do corpo feminino), o que conduziu a dois movimentos: à busca pela memória (reencontrar os traços das trajetórias dessas mulheres no passado – as figuras, os acontecimentos e os textos) e ao desejo de empreender a crítica do saber constituído. Dessa forma, a História das Mulheres vai se configurando como um domínio historiográfico específico.

Nos anos 1960 e 1970 do século XX, ainda existem fortes amarras e interdições à mulher e à menina, tanto na sociedade quanto no mundo ficcional, apesar dos movimentos feministas e dos movimentos de contracultura, cuja marca é a rebeldia.

Creio poder concluir que, nessas condições, escrever a história das mulheres numa perspectiva feminina implica, sobretudo, que elas próprias busquem levantar as interdições que lhes são impostas, conquistando o direito e a liberdade de fazer, de dizer e de contar-se.

Margareth Rago observa que, no Brasil,

> desde os anos [19]70, em meio à violenta ditadura militar que se estabeleceu no país entre 1964 e 1985, muitas mulheres se uniram e passaram progressivamente a criar novos modos de existir, ocupando os espaços públicos, desenvolvendo novas formas de sociabilidades, reivindicando direitos e transformando a vida social, política e cultural.[12]

---

12 RAGO, Luzia Margareth. *A Aventura de contar-se*: feminismos, escrita de si e invenções da subjetividade. Campinas: UNICAMP, 2013, p. 24.

Esse foi o resultado de um longo processo de lutas e disputas, do qual a literatura infanto-juvenil se constituiu como fator ativo.

No Brasil, a partir de meados dos anos 1970, as mulheres escritoras de diversas tendências literárias passam a valorizar as personagens femininas, atribuindo papel ativo às meninas nas suas tramas e enredos. Divergem, contudo, quanto ao tratamento dado ao tema. Na literatura infanto-juvenil conservadora, cujo mundo ficcional pretende coincidir com o mundo real, autoras como Lucília J. de Almeida Prado, Lília Malferrari, para citar alguns exemplos, entre muitos, embora guardando entre si diferenças significativas, criam personagens femininas estereotipadas, mães que tudo sabem, abnegadas, altruístas, sublimes que encontram na maternidade, a felicidade suprema; meninas obedientes e passivas como Camilinha (*Camilinha no País da Beleza*, 1975, de Lília Malferrari) ou ativas como Lili e Liliana (de *Lili do Rio Roncador*, 1976, de Lucília J. de A. Prado), cuja ação se dá dentro dos parâmetros de uma moral conservadora e da aceitação dos limites e interdições que a sociedade impõe à mulher como características e virtudes femininas. No final de suas narrativas, conflitos e tensões são eliminados, o certo vence o errado, os bons ou arrependidos são recompensados e as saídas apontadas são: o casamento e a felicidade-para-sempre (para as meninas), a consecução de seus objetivos (para os meninos) e a realização material e, até mesmo riqueza, para ambos.

Na contracorrente dessa longa tradição, o novo escrever literário pela pena de autoras como Ana Maria Machado, Ruth Rocha e Lygia Bojunga, em que pese a semelhança de abordagem que as aproxima, traz à nossa reflexão dimensões bastante diferenciadas da experiência feminina, as quais merecem ser exploradas.

Tirar da estante os livros de Ana Maria Machado implica trazer à luz a voz da própria autora, que necessita da leitura de outros para sair do estado de silêncio. Tal ato permite ouvir o alarido de suas personagens com múltiplas vocalidades. Suas personagens femininas têm diferentes configurações: são mulheres/meninas que, colocadas em situações díspares, com jeitos diferentes de lidar com sua feminilidade, buscam escrever suas próprias histórias, forjar seus destinos.

Diante da pluralidade de temas e questões abordados por Ana Maria Machado, neste estudo, pretendo me restringir a uma breve reflexão sobre a questão feminina em apenas uma de suas obras: *Bisa Bia Bisa Bel.*

Em *Bisa Bia Bisa Bel,* de forma bastante lúdica e até inusitada como convém à boa literatura, Ana Maria Machado recorre ao fantástico para criar uma situação problemática para ser enfrentada por Bel, a protagonista. É ela própria que narra sua história. Em uma de suas arrumações, a mãe de Bel encontrou um retrato de Bia, sua avó quando criança e, diante da insistência da filha, deixou-a ficar com ele. Brincando com os amigos, na calçada, Bel o deixou sumir. Inconformada, inventou uma história: que o retrato de sua bisavó estava tatuado nela, por dentro. A partir de então, Bel passa a ouvir a voz de sua bisavó.

Ficaram amigas, batiam longos papos, riam uma da outra e muitas vezes discutiam e se emburravam. Vivendo em outra época, final do século XIX e começo do século XX, habituada com outros padrões de comportamento, a bisavó, Bisa Bia, como Bel a chamava carinhosamente, vivia implicando com o seu jeito "moleque" de vestir, brincar, falar etc.

E entre ambas se estabelecia um diálogo mais ou menos assim:

> — Meu coraçãozinho, eu estou falando é para o seu bem... Um dia, você vai crescer e vai me dar razão...

Ou então:

> — Escute o que eu estou lhe dizendo, aprendi com a minha experiência...

> — Por isso mesmo, ué, se eu não puder fazer a minha experiência, como é que eu vou aprender.[13]

Ou assim:

> — Meninas que assoviam e galinhas que cantam nunca têm bom fim...
>
> — Pois fique sabendo, Bisa Bia, que toda a galinha que eu já vi é galinha que canta.
>
> — Pois fique sabendo, Isabel, que todas elas acabaram na panela. É ou não é?
>
> (...)
>
> — E que mal tem assoviar? - desafiei.
>
> — Não tem mal nenhum, meu bem.
>
> — E sempre muito calma, Bisa Bia completou:
>
> — O que é muito feio não é o assovio. É uma menina assoviando, uma mocinha que não sabe se comportar e fica com esses modos de moleque de rua.[14]

Com o passar do tempo, Bel passou a ouvir outra vozinha, fraquinha, mas nítida, que lhe dizia para fazer o que bem entendesse. Mais tarde, veio saber tratar-se de Beta, sua bisneta, ou Neta Beta, como passou a chamá-la. Naquele momento, a intervenção de Neta Beta lhe pareceu providencial. Bel não hesita:

> Era justamente o que eu queria ouvir. Aí nem hesitei. Xinguei um palavrão bem xingado (nem era dos piores, mas é que qualquer palavrinha pode ser um horror para os delicados ouvidos de Bisa Bia) e saí pela rua assoviando, vestida na

---

13 MACHADO, Ana Maria. *Bisa Bia Bisa Bel*. São Paulo: Salamandra, 2007, p. 29.

14 MACHADO, Ana Maria. *Bisa Bia Bisa Bel*. São Paulo: Salamandra, 2007, p. 30.

> minha calça desbotada, calçada nos meus tênis, chutando o que encontrava pela frente. Bem moleca mesmo. Num instante estava encarapitada no muro, vendo aquela chata da Marcela, toda frosô, arrumada numa roupa de botique, fivela de florzinha no cabelo, falando mole, cheia de nhém-nhém-nhém, jogando sorrisos para o Sérgio.[15]

Aqui, a autora reedita, em outros termos, o eterno tema do triângulo amoroso: Marcela e Bel disputam o amor de Sérgio que, por sua vez, se acha dividido. A rivalidade entre as duas meninas expressa modos diferentes de experimentar a vida, o amor e a própria condição feminina, não sendo mera decorrência de uma suposta incapacidade feminina, instintiva, natural e quase genética de se solidarizar com pessoas do mesmo sexo. Por causa da discussão com Bisa Bia, Bel chegou atrasada ao encontro com Sérgio. Marcela tinha chegado antes:

> Mas Sérgio me viu e veio falar comigo. Como não tinha nenhum menino por perto, ele estava ótimo, simpático, amigão:
>
> — Oi, Bel, que música é essa que você estava assoviando? Gostei...
>
> — É uma música minha. Quer dizer, fui eu que inventei.
>
> — Eu podia tirar na flauta...
>
> — Tudo bem. Eu canto pra você, bem explicada.
>
> Aí a chata da Marcela interrompeu:
>
> — Vocês já viram como está cheinho de goiaba no quintal da Dona Nieta? Pena que ela está viajando, nem dá para a gente pedir, né?

15 MACHADO, Ana Maria. *Bisa Bia Bisa Bel*. São Paulo: Salamandra, 2007, pp. 30/31.

> — Não faz mal — disse o Sérgio — ela sempre dá mesmo, a gente pode ir lá e pegar. Depois, quando ela voltar, é só contar. Já fiz isso uma vez e ela disse que podia.[16]

Marcela explicou que Dona Nieta guardava na garagem aquela vara com um saquinho na ponta, para tirar goiaba.

> — E quem precisa de vara? A gente sobe na goiabeira... — foi dizendo o Sérgio.
>
> — E o portão?
>
> — Ué, pulamos o muro... — completei eu.[17]

Dengosa, fazendo-se de frágil e desprotegida, Marcela, buscando em Sérgio proteção e segurança, desperta nele o "modelo" masculino correspondente.

> — Eu não posso — explicou Marcela. — Mamãe disse para eu não me sujar, que ia estragar minha roupa toda. E eu nem sei fazer essas coisas de moleque...
>
> Dentro de mim, a voz de Bisa Bia começava, fazendo coro com Marcela, lembrando um monte de coisas que não ficam bem para uma mocinha, etecetera e tal. O jeito era assoviar bem alto, enquanto calculava a altura do muro. Mas ainda deu para ouvir Sérgio dizer para Marcela:
>
> — Não faz mal, não, Marcelinha... Você fica aqui numa boa, eu vou lá num instante e trago uma goiaba para você. Não vale mesmo a pena sujar a roupa, nem se arriscar a cair... Me espera que eu já volto.[18]

---

16 MACHADO, Ana Maria. *Bisa Bia Bisa Bel.* São Paulo: Salamandra, 2007, p. 32.

17 MACHADO, Ana Maria. *Bisa Bia Bisa Bel.* São Paulo: Salamandra, 2007, p. 32.

18 MACHADO, Ana Maria. *Bisa Bia Bisa Bel.* São Paulo: Salamandra, 2007, pp. 32/33.

Bel, em contrapartida, colocando-se como igual, exige dele a reelaboração de seus próprios padrões e, provavelmente, o seduz e amedronta. Diferentemente da rival, que segue um padrão feminino já estabelecido, não sujeito a dúvidas, Bel, ao colocar-se como "inventora" de seu jeito de ser, conhece a indecisão, a incerteza e a insegurança.

> — O cachorro está solto! Corre depressa para a goiabeira, Bel, se não, ele te pega!
>
> (...)
>
> — Corre nada... Se der uma de medroso, aí mesmo é que você se ferra. É o Rex, cara... Devagar...
>
> Claro que dava medo. O Rex é um pastor alemão daqueles grandalhões. Mas agora ele era meu amigo, e isso o Sérgio não sabia.
>
> (...)
>
> Oi, amigão, sou eu, tudo bem, calma, calma, não vai acontecer nada, viemos só pegar umas goiabinhas, nada, nada demais... Pronto, pronto, calma...
>
> Eu fazia carinho no pelo do cachorro, abraçava o bichão e o Sérgio me olhava com cada olho arregalado... Aí eu disse para ele:
>
> — Pronto, vamos indo, devagar. Sem correr. Nada de medo.
>
> Num instante estávamos subindo na goiabeira. Lá em cima, depois de devorarmos as primeiras goiabas, Sérgio me olhou de novo e disse:
>
> — Puxa, Bel, você é a menina mais corajosa que eu já conheci!
>
> Fiquei quieta, o coração batendo forte. Ele continuou:
>
> — E você sobe em árvore feito um menino. Só ouvi a voz de Bisa Bia:
>
> — Viu só? Ele acha você parecida com um menino. Homem não gosta disso. Agora ele fica pensando que você é um moleque igual a ele e vai levar uma goiaba de presente para aquela menininha bem arrumada e penteada que está esperando

> quieta na calçada... Finge que se machuca, sua boba, assim ele te ajuda. Chora um pouco, para ele cuidar de você...[19]

De novo Bel se vê na contingência de ter que escolher entre dois modos diferentes de ser.

> Eu já ia começar mesmo a fingir (...) – e nem era tão fingido, porque pensar na Marcela me dava de verdade um pouco de vontade de chorar – quando ouvi aquela voz, a fraquinha, a mesma que já tinha dito para eu assoviar quando tivesse vontade. Só que agora ela dizia assim:
>
> — Não finge nada. Se ele não gosta de você do jeito que você é, só pode ser porque ele é um bobo e não merece que você goste dele. Fica firme. Preferi esse conselho. Não estava entendendo nada dessa nova voz, quem seria? Mas fiquei firme. E encarei o Sérgio, que ia chagando cada vez mais perto de mim. Aí, sabe o que foi que ele disse?
>
> — Você é mesmo a menina mais legal que eu já conheci, não é feito essas bobonas por aí, que parece que vão quebrar à toa. Tem horas que eu tenho vontade de casar com você quando crescer. Pelo menos, assim meus filhos não iam ter uma mãe chata feito tantas mães que têm por aí.[20]

Sérgio havia se rendido aos encantos de Bel.

> Eu ainda nem tinha recuperado do susto de ouvir isso, quando Sérgio fez um carinho no meu cabelo e me deu um beijo. Ali, pronto, meu coração pulou tanto que eu perdi o equilíbrio. Vi que ia cair, tentei agarrar o galho, agarrei o Sérgio e caímos juntos. Morrendo de rir, enquanto nos abraçávamos e o Rex

---

19 MACHADO, Ana Maria. *Bisa Bia Bisa Bel*. São Paulo: Salamandra, 2007, pp. 33/34.

20 MACHADO, Ana Maria. *Bisa Bia Bisa Bel*. São Paulo: Salamandra, 2007, pp. 34/35.

> nos lambia, na maior confusão. (...) Não esqueça a goiaba da Marcela. Você prometeu.
>
> — Ih, é mesmo. Vou pegar essa aqui do chão, mesmo. Só que está bichada — reparou ele.[21]

Dona da situação, Bel saboreia sua vitória: "e foi assim que Marcela Marcelinha ganhou uma goiaba velha velhinha, bichada bichadinha".[22]

Mas as coisas nem sempre se passavam dessa maneira. Na presença dos amigos, o comportamento de Sérgio era diferente: dizia coisas desagradáveis, ria dela. Tinha dificuldades de assumir seus sentimentos, tinha medo de parecer ridículo ou menos durão. Nessas horas, Bel sentia tristeza e até raiva, como no dia do espirro. Ela tinha ficado com a "cara suja de meleca" porque Bisa Bia tinha jogado seus lenços de papel no chão, supondo que Sérgio, num gesto cavalheiresco, os apanharia.

Por causa da gripe, Bel ficou uma semana inteira em casa, sem ir ao colégio. Nesse meio tempo, a bisavó lhe conta sobre os lencinhos bordados que as moças usavam no seu tempo. Aproveitando o tempo sem aulas, pede à mãe que lhe ensine a bordar lencinhos.

Novamente, ouve aquela "vozinha" que estava sempre se intrometendo nas suas conversas com Bisa Bia. Dessa vez, a voz lhe diz para não bordar lencinhos de pano, uma coisa antiga e inútil. Contudo, Bel, que tinha uma tendência a concordar com ela, não lhe deu ouvidos. Bordava lenços porque gostava, para agradar a si mesma e não aos outros.

---

21 MACHADO, Ana Maria. *Bisa Bia Bisa Bel*. São Paulo: Salamandra, 2007, p. 35.

22 MACHADO, Ana Maria. *Bisa Bia Bisa Bel*. São Paulo: Salamandra, 2007, p. 35.

Beta tinha caixa de ferramentas como Maria, a menina que Bel ficou conhecendo quando voltou à escola. No colégio, a novidade eram os gêmeos, Maria e Vítor, filhos de pais exilados que, agora, com a anistia, tinham voltado ao Brasil. Eles não tinham empregada e, por isso, faziam sua própria comida e arrumavam a casa, enquanto os pais saíam para trabalhar.

> — Que mais? Eles não têm empregada, porque a família mesmo é que faz tudo, eles preferem assim, já imaginou? Difícil imaginar, num primeiro momento. Claro, a gente sabe que tem gente que não tem empregada porque não pode. Mas por que prefere? Aí ouvi a voz da Neta Beta:
>
> — Grande coisa! Um espanto é essa gente que não sabe fazer nada sem empregada (...) Mas como Adriana não ouviu, continuou:
>
> — A mãe e o pai trabalham fora, e os gêmeos preparam o almoço deles sozinhos, fazem a cama, tudo isso...
>
> — A gêmea, você deve estar querendo dizer... Como é que ela se chama?
>
> — Maria, e ele é Vítor. Mas são os dois mesmo que fazem. O Vítor sabe cozinhar, Bel. E Maria sabe consertar tomada. Aliás, ela sabe consertar um monte de coisas.[23]

Já na classe, Vítor fala com emoção e saudade do avô que morrera, quando sua família ainda estava no exílio. Vítor chora e Bel se admira: "aí, de repente, reparei que Vítor, o novo aluno, também estava disfarçando e enxugando uma lágrima no canto do olho. Não entendi o porquê. (...) (que menino mais esquisito – será que ele nunca ouviu falar que homem não chora?)..."[24]

---

23 MACHADO, Ana Maria. *Bisa Bia Bisa Bel*. São Paulo: Salamandra, 2007.

24 MACHADO, Ana Maria. *Bisa Bia Bisa Bel*. São Paulo: Salamandra, 2007, p. 53.

E mais adiante Vítor chora de novo e faz Bel refletir: "Puxa! Ele enxugou outra lágrima! Não tinha medo de que ninguém risse dele... Na mesma hora descobri que o Vítor era o menino mais corajoso que eu tinha conhecido. Tinha até coragem de chorar na frente da turma toda!"[25]

***

No mundo imaginário criado por Ana Maria Machado em *Bisa Bia Bisa Bel*, a protagonista Bel se depara com a problemática de ter que enfrentar sua própria feminilidade.

É a própria Bel, protagonista e narradora, que nos fala de suas incertezas, dúvidas e perplexidade nesse processo de construção de sua identidade feminina. Sujeito ativo nessa busca, Bel toma em suas próprias mãos a tarefa de tecer seu próprio destino e isso fica explicitado no final de sua história quando ela diz:

> Jeitos diferentes de meninos e meninas se comportarem, sempre mudando. Mudanças que eu mesma vou fazendo, por isso é difícil, às vezes dá vontade de chorar. Olhando para trás e andando para a frente, tropeçando de vez em quando, inventando moda. É que eu também sou inventora, inventando todo dia um jeito novo de viver.[26]

É uma ideia muito forte e constante na obra de Ana Maria Machado, a de que a sociedade, os grupos sociais, as relações entre os indivíduos, os papéis sociais e as concepções estão em constante fazer-se, estão sendo inventados a cada dia. Inventar a própria vida mistura alegria e tristeza, riso e lágrima, certeza e dúvida. Seus personagens tropeçam, caem, levantam-se.

---

25 MACHADO, Ana Maria. *Bisa Bia Bisa Bel*. São Paulo: Salamandra, 2007, p. 54.

26 MACHADO, Ana Maria. *Bisa Bia Bisa Bel*. São Paulo: Salamandra, 2007, p. 56.

Durante toda a narrativa, Bel é colocada na incômoda situação de ter que optar entre seguir os conselhos de Bisa Bia, representando o passado e, portanto, padrões ultrapassados de feminilidade, e os de Neta Beta, representando um jeito de ser avançado, moderno e oposto ao primeiro. Guardiã da tradição conservadora, Bisa Bia defende a rígida separação entre os universos masculino e feminino. Colocando-se na sua posição de bisavó e principalmente de adulta (já viveu mais e tem maior experiência e, portanto, sabe o que é bom ou ruim, o que é certo ou errado), sente-se no papel de orientar a bisneta.

Segundo sua ótica, ao sexo feminino cabe o recato (gestos comedidos, fala mansa, não dizer palavrões) e a obediência. Nas relações afetivas, deve tomar-se objeto do desejo masculino, fazer-se escolhida (não tem a prerrogativa da escolha). No jogo da sedução, sua arma é a dissimulação; cheia de ardis e artimanhas. Num aparente paradoxo, deve mostrar-se/ocultar-se: fazer-se bela e notada por um lado e, por outro, ocultar seus sentimentos e desejos. Quando permitido, seus sentimentos e emoções devem concorrer para criar imagens de doçura, piedade, compreensão. Marcela corresponde a esse ideal feminino e, por isso, é apontada a Bel como exemplo a ser seguido. Bem-comportada e obediente, segue a recomendação de sua mãe de não se sujar; recatada e dependente, fica quieta esperando que Sérgio suba o muro e lhe traga goiabas. Sedutora, veste roupa de butique e usa fivela de florzinha no cabelo.

Estar vestida desse modo é sujeitar-se às convenções: usar vestido naquelas circunstâncias dificulta-lhe o movimento, impede-a de alcançar os espaços masculinos como o muro e o cimo da árvore, aprisiona-a. Na perspectiva de Marcela, adotar a mesma atitude dos meninos significaria tornar-se igual a eles e, em decorrência, perder encanto e feminilidade. A ação é uma prerrogativa masculina e a espera faz parte da condição feminina, como Penélope, nem que tenha que desmanchar a noite o que teceu durante o dia.

Em "Mulheres, imagens e representações", Anne Higonnet se refere ao fenômeno Twiggy que, em 1967, "provocou, aos dezessete anos de idade, um efeito fulgurante, com seu aspecto de frágil criança abandonada".[27] Observa ainda a autora que "como Twiggy, que era estética e sexualmente atraente porque parecia tão vulnerável, a mulher que quisesse exercer poder de atração tinha que negar sua capacidade de iniciativa, a sua força ou a sua autonomia". O fenômeno Twiggy, ao mesmo tempo que reforçava a imagem de fragilidade e dependência da mulher, num período de grandes transições no comportamento feminino, demonstrava a força dos meios de comunicação de massa (revistas, cinema) na difusão de representações e formas de ação.

A imagem positiva de Marcela, construída por Bisa Bia e que transforma em qualidade e em virtude femininas as interdições que lhe são impostas – não correr, não se sujar, não subir em muro ou árvore, não assoviar –, é desmanchada pela ação e pelas palavras de Bel: vestir calça desbotada, calçar tênis, dizer palavrão, chutar o que encontrar pela frente, assoviar, saltar o muro, subir na goiabeira, aquietar o cachorro.

Como contraponto do universo conservador de Bisa Bia, Neta Beta simboliza a superação de práticas femininas de submissão e imobilidade. Nessa direção, incita Bel a um comportamento autônomo, ativo, sem dissimulações. Possuir uma caixa de ferramentas significa, para ela, o fim da interdição de certos espaços e práticas às mulheres e, portanto, o fim de uma organização sexista de sociedade.

Mas a autora não confere à fala de Neta Beta o estatuto de verdade nem a elege como novo paradigma a ser seguido. Evidencia isso ao dotar a personagem Bel de autonomia nas suas escolhas, como no episódio dos lencinhos bordados. Autonomia assumida

---

27 HIGONNET, Anne. "Mulheres, imagens e representações". *In*: DUBY, Georges; PERROT, Michelle (Coord.). *História das mulheres no Ocidente vol. 5*: o século XX. Porto: Edições Afrontamento, 1991, p. 19.

explicitamente pela personagem no final da história quando se autodefine como inventora de um jeito de viver. Dessa forma, a oposição passado/futuro se desmancha, se desfaz e aparece como realmente é, não como simples inversão de valores, mas como metáfora de representações e práticas diferenciadas de masculino/feminino, com as quais Bel se depara no seu presente.

Não se trata, pois, de pensar um passado homogêneo, em bloco, sendo substituído por um futuro igualmente homogêneo, também em bloco, mas de um tempo presente diferenciado, desigual, conflituoso, múltiplo. Em outras palavras, Bel não se deixa apanhar na armadilha do espelho, onde tudo acontece pelo avesso. Ao transpor as barreiras que a separam do namorado, ao invés de renunciar a sua feminilidade, ela a redefine segundo outros padrões: faz-se companheira, parceira, tomando-se ativa no processo de conquista.

Os personagens masculinos, Sérgio e Vitor, não atuam conforme um padrão único de comportamento. Sérgio, no princípio, dividido entre Marcela e Bel – cada uma delas significando uma possibilidade diferente de relacionamento –, no transcorrer da narrativa, define-se pela segunda. Agrada-lhe seu jeito "moleque" e franco, sua coragem e companheirismo.

Se, numa sociedade machista, os meninos gozam de maior liberdade e mobilidade do que as meninas, não é menos verdade que também eles estão sujeitos a normas restritivas de comportamentos. Devem se mostrar corajosos e, em relação às meninas, protetores e durões, não podem chorar nem expor seus sentimentos porque seu espaço é o da razão. Esse tipo de pressão é que leva Sérgio a disfarçar seu interesse e afeto por Bel, quando na presença de amigos.

Vitor é diferente. Vindo de outras experiências – pertencer a uma família comprometida com as lutas sociais, com as lutas por liberdade e justiça, ter morado em outros países –, deixou-se emocionar e até chorar. Em casa, executava com naturalidade serviços considerados femininos, como preparar refeições e arrumar as camas.

Diante de Vitor, a primeira atitude de Bel é o espanto e, em seguida, o aplauso. Assim, na construção de sua identidade feminina, Bel aprende com outras experiências femininas e masculinas, e o faz autonomamente, isto é, a partir de suas próprias motivações. Não se trata, pois, de opor meninos e meninas.

O ensino para meninos e meninas, rapazes e moças e adultos e adultas de diferentes faixas etárias pode se beneficiar largamente desses debates de Machado sobre os gêneros, entendendo-os como fazeres sociais situados em historicidades e ampliando a autocompreensão humana, contra preconceitos e privilégios.

Referências bibliográficas

CERTEAU, Michel de. *A Invenção do cotidiano*: artes de fazer. Petrópolis: Vozes, 1994.

HIGONNET, Anne. "Mulheres, imagens e representações". *In*: DUBY, Georges; PERROT, Michelle (Coord.).*História das mulheres no Ocidente vol. 5*: o século XX. Porto: Edições Afrontamento, 1991.

LAJOLO, Marisa; ZILBERMAN, Regina. *Literatura infantil brasileira*: histórias e histórias. São Paulo: Ática, 1987.

MACHADO, Ana Maria. *Bisa Bia Bisa Bel*. São Paulo: Salamandra, 2007.

______. *Entrevista Concedida a Luiz Lobo*. 18 jul. 2013.

______. *Esta força estranha*: trajetória de uma autora. São Paulo: Atual Editora, 1996.

______. *O Canto da praça*. Salamandra: Rio de Janeiro, 1986, p. 71.

______. *Silenciosa algazarra*. São Paulo: Companhia das Letras, 2011.

PERROT, Michelle. *As Mulheres ou os silêncios da história*. Bauru: Edusc, 2005.

PERROTTI, Edmir. *O texto sedutor na literatura infanto-juvenil*. São Paulo: Ícone, 1986.

RAGO, Luzia Margareth. *A Aventura de contar-se*: feminismos, escrita de si e invenções da subjetividade. Campinas: UNICAMP, 2013.

SANDRONI, Laura. "Monteiro Lobato, o inovador". *In*: ______. *De Lobato a Bojunga*: as reinações renovadas. Rio de Janeiro: Agir, 1987.

ANA MONTENEGRO (1915–2006)

UMA FEMINISTA NA BATALHA DAS IDEIAS[1]

MILTON PINHEIRO

A natureza da interpretação de uma determinada formação social, para além do desvelamento da totalidade societal, encontra repercussão na particularidade histórica dessa mesma formação, tendo-se como princípio a relação dialética entre o particular e o geral, para podermos caracterizar problemáticas que possam contribuir para entender a formação social brasileira e suas características mais emblemáticas.

Na perspectiva proposta por este livro, que é resgatar da invisibilidade mulheres que pensaram o Brasil, a partir das suas

---

1 Este artigo tem por base o pequeno texto "Ana Montenegro: 100 anos de uma feminista de classe", de minha autoria.

lutas e das intervenções político-intelectuais, precisamos romper com a lógica perversa centrada na história oficial, que é a marca do esquecimento seletivo. Vamos, no pequeno espaço do escopo deste artigo, desvelar a figura de Ana Lima Carmo ou, como se tornou presente na história política da segunda parte do século XX, Ana Montenegro.

As balizas analíticas deste artigo levarão em consideração a memória histórica dessa importante militante feminista – comunista por opção –, o percurso da sua práxis como atividade humana, construtora de uma ação político-crítica que assume de forma consciente seu papel na história e a interrelação com as lutas do seu tempo.

1 O papel das mulheres na construção da história

A história do século XX foi marcada pela presença ativa e intelectual de mulheres que, mesmo com a tentativa de torná-las invisíveis no processo social e político, tiveram um papel fundamental nas lutas que marcaram o mundo contemporâneo. Elas enfrentaram os pontos centrais das questões de gênero, lutaram para desvelar as contradições da luta de classes, enfrentaram ditaduras, pegaram em armas para defender a vida e se bateram pelas transformações na sociedade capitalista. Foram adiante no sentido das lutas revolucionárias e deram imensa contribuição político-intelectual às jornadas que, a partir de várias perspectivas, lutaram pela emancipação da humanidade diante da constante manifestação da barbárie.

Portanto, a mulher cumpriu um papel decisivo nas diversas frentes das lutas que marcaram a nossa história, tornando-se protagonista das lutas sociais e da elaboração do conhecimento avançado. No entanto, tudo isso aconteceu enfrentando o preconceito e a cultura machista fomentada pela natureza de classe da sociedade capitalista.

É nesse período histórico, e dentro do contexto dessas lutas emancipatórias e das bandeiras civilizatórias, que Ana Montenegro exerceu uma intensa e marcante atividade político-social ao lado das mulheres e dos trabalhadores do mundo.

Observa-se que o nome assumido, Ana Montenegro, ganhou repercussão a partir de uma intensa atividade jornalística na imprensa comunista, quando aprofundou sua participação nas lutas de seu tempo e aprimorou sua reflexão intelectual.

Um dos primeiros acontecimentos que possibilitou a Ana Montenegro essa síntese entre participação e reflexão foi o conjunto de manifestações em apoio a uma ocupação feita pela população composta de trabalhadores sem teto no bairro da Liberdade, em Salvador. Essa luta tornou-se um emblema pela moradia na Bahia e ficou conhecida como a ocupação do "Corta-braço", em 1947. Posteriormente, pela ação do poder público, a ocupação já estabelecida enquanto bairro passou a ser chamada pelo nome de Pero Vaz.

Essa epopeia da luta pela moradia conseguiu romper com o silêncio da história oficial sobre os lutadores sociais e tornou-se conhecida através de livros, como o do jornalista Ariovaldo Matos, e trabalhos acadêmicos. O impacto dessa luta vitoriosa, por moradia, possibilitou que os moradores do bairro da Liberdade, o bairro até hoje mais negro da América Latina (do ponto de vista étnico), construíssem outras estratégias para avançar na luta pelo direito de morar. Ana Montenegro foi definitivamente impactada por essa manifestação social.

A segunda metade da década de 1940 foi um período histórico marcado por uma forte repressão política na Bahia e no Brasil. Mesmo assim, os comunistas do PCB organizaram essa luta e, durante a ocupação, que contou com a presença desproporcional do aparato da repressão policial, se reuniam na pensão (localizada na Baixa do Sapateiro) da comunista e firme apoiadora do "Corta-braço": Maria Brandão. Nascida a 22 de julho de 1990, em Rio das Contas (MG), foi uma mulher negra de grande participação política. Impactada pela Coluna Prestes, entrou anos depois para o Partido Comunista Brasileiro (PCB). Mudou-se para Salvador, onde abriu uma pensão na Baixa do Sapateiro que era frequentada por estudantes e os chamados "filhos adotivos" (pessoas que não tinham como pagar). Em 1947, quando os moradores do Corta-braço foram ameaçados de expulsão, ela entrou na luta pela moradia e sua pensão foi o ponto de encontro onde se organizavam as vigílias para enfrentar a ação da polícia. Tornou-se uma referência como mulher na luta popular. Amiga e camarada de Carlos Marighella, foi em sua pensão que o dirigente comunista assinou a ficha de filiação de Ana Montenegro, em 2 de julho de 1945. Em 1950, foi uma das mulheres mais ativas na campanha realizada pelo PCB no Brasil em defesa da paz mundial. Em virtude desse engajamento, recebeu a indicação para o prêmio de "Campeã da Paz", que seria recebido na URSS. No entanto, no seu caso, essa viagem não se concretizou.

Quando do golpe burgo-militar de 1964, Maria Brandão fugiu da Bahia para não ser presa; todavia, ao retornar, em 1965, foi presa pela polícia e submetida a interrogatório sobre seu envolvimento com as ideias comunistas. O inquérito não evoluiu, contudo, a partir desse período histórico não localizamos maiores informações sobre essa lendária mulher: negra, comunista e libertária.

Essa figura representativa das lutas populares era, para Ana Montenegro, o símbolo da mulher que exercia um papel fundamental para combater a discriminação de gênero e afirmar a presença da mulher nas batalhas políticas e sociais daquele tempo.

Um dado fundamental da presença de Ana Montenegro nas lutas de seu tempo precisa ser informado. Foi um pouco antes desse acontecimento do "Corta-braço", num contexto de luta social, da militância jornalística, de combate à ditadura do "Estado Novo", de afirmação das lutas democráticas e de grande participação dos comunistas, que, em 1945, nas manifestações e comemorações da independência do Brasil, na Bahia, Ana Montenegro entrou para o Partido Comunista Brasileiro, no dia 2 de julho de 1945. Esse fato histórico de imensa satisfação para Ana Montenegro teve como registro, que abonava sua ficha de filiação, a assinatura do emblemático líder comunista, Carlos Marighella, dirigente e deputado federal do Partido Comunista Brasileiro (PCB) em 1945, pela Bahia, partido pelo qual militou de 1933 até 1967, quando rompeu com ele e fundou a Ação Libertadora Nacional (ALN) para enfrentar a ditadura pela luta armada, tendo sido assassinado numa emboscada no dia 4 de novembro de 1969, em São Paulo.

2 O percurso histórico

Ana Montenegro, mulher feita de aço e pétalas, nasceu em 13 de abril de 1915, na cidade de Quixeramobin, no interior do Ceará. Mas, como ela rotineiramente gostava de afirmar, era "cearense de nascimento, carioca de coração e baiana por escolha". Das lutas políticas dos anos de 1944/45 (redemocratização do Brasil, fim da Segunda Guerra, anistia para os presos políticos e legalidade para o PCB) à participação na batalha das ideias e nas lutas populares no chamado começo do intervalo democrático, aprofundou-se o compromisso de Ana Montenegro com o devir da história. Foi, sem dúvida, um momento de transformação radical na sua forma de realizar a política e no seu engajamento militante, tornando plena sua ação prático-crítica.

No período do intervalo democrático, entre 1945 e 1964, Ana Montenegro exerceu uma intensa atividade política, atuando na imprensa comunista e em outros veículos. Publicou centenas de artigos nos jornais *O Momento*, *Classe Operária*, *Tribuna Popular*, *Correio da Manhã*, *Imprensa Popular*, *Novos Rumos* etc. Sem falar que foi uma das fundadoras do jornal *Momento Feminino* e da sua participação na revista *Seiva*, considerada uma das primeiras revistas dos comunistas brasileiros.

O horizonte político dessa militante comunista ganhou uma nova preocupação. No conjunto das ações que movimentava a prática social de Ana Montenegro, uma começou a ter repercussão central: a questão das mulheres. Ela foi engajando-se nesse debate. Participou de instâncias políticas da luta feminista, a exemplo da

União Democrática de Mulheres da Bahia, *Comitê Feminino pró Democracia*, *Liga Feminina da Guanabara* e a *Federação Brasileira de Mulheres*, entidades com intensa presença de mulheres que participavam da luta político-social na época em que era hegemonicamente ligada ao PCB.

No entanto, o intervalo democrático – período que, mesmo com tentativas de golpes, teve grande participação social e foi de intensa mobilização política – encerrou-se com o golpe burgo-militar[2] de 1964. Nesse processo de configuração das trevas do ponto de vista político, Ana Montenegro, já na condição de uma feminista respeitada e de dirigente comunista, teve que tomar o caminho do exílio, tornando-se, portanto, a primeira mulher exilada por essa ditadura.

Começa, assim, uma longa jornada. Inicialmente, aloja-se na Embaixada do México, seguindo logo para esse país, tem-se notícia de uma passagem pelo Canadá, depois por Cuba, onde mantém contato com líderes comunistas e anticolonialistas, a exemplo da vanguarda cubana e de lideranças africanas, deslocando-se em seguida para a Europa, onde se estabeleceu em Berlim, na Alemanha Oriental.

Estabelecida na Alemanha, mesmo com as dificuldades familiares, Ana Montenegro teve importante papel na organização das lutas feministas e na imprensa que debatia essa questão: foi integrante da seção para América Latina da Federação Democrática Internacional de Mulheres (FDIM), quando trabalhou em sua revista: *Mulheres do Mundo Inteiro*. Também desenvolveu importante papel em organismos internacionais como a ONU e a Unesco, tendo participado de várias articulações internacionais e congressos que tinham como bandeira a questão da mulher, o estágio da luta de classes, a questão da revolução socialista e a possibilidade da emancipação humana.

2 PINHEIRO, Milton. "Os comunistas e a ditadura burgo-militar: os impasses da transição". *In*: ______. (Coord.). *Ditadura*: o que resta da transição. São Paulo: Boitempo, 2015.

Mesmo no exílio, sempre ao lado do operador político que escolheu para combater o capitalismo: o PCB.

3 Um novo tempo de lutas

Felizmente, como nos informa o dramaturgo William Shakespeare, "não tem longa noite que não encontre o dia". No Brasil, apesar da repressão violenta da ditadura, as lutas de resistência democrática e as lutas operárias e sociais conseguiram mudar o quadro político: a anistia foi conquistada, mesmo com restrições, sendo aprovada em 1979.

Os comunistas do PCB resolveram voltar para seu país e enfrentar novas batalhas. Ana Montenegro tomou o caminho de casa, voltou ao Brasil e se estabeleceu na Bahia, especificamente em Salvador. De 1979 a 1985, ainda sob a tutela da ditadura, ela intensificou sua militância em várias frentes: a luta feminista, as lutas populares, a defesa dos direitos humanos, a denúncia do racismo e o combate interno aos equívocos políticos do PCB (a batalha contra o reformismo do grupo hegemônico no Comitê Central do PCB e sua política de conciliação de classes), o qual, na época, estava em franco processo de ruptura com a sua histórica tradição: desfigurando-se enquanto instrumento revolucionário para operar na política através da lógica da ordem burguesa.

Após a derrota da ditadura, em 1985 – marco simbólico do encerramento da ditadura militar através da eleição de um presidente civil (Tancredo Neves), pelo Colégio Eleitoral (Parlamento Federal) –, mesmo com a transição tutelada, Ana Montenegro avançou na luta político-social, atuou no combate ao racismo, colocou centralidade na questão dos direitos humanos e aprofundou o debate sobre a questão de gênero. Refletiu, escrevendo, a partir de muita pesquisa e de debates, artigos e textos sobre o momento da luta feminista. Publicou diversos livros: *Mulheres: participação nas lutas populares*, *Uma história de lutas*, *Ser ou não ser feminista* e *Tempos de Exílio*.

Ana Montenegro atuou na área do Direito em defesa dos direitos humanos da população mais pobre, foi ativa jornalista, desenvolveu intensa pesquisa histórica sobre os movimentos populares e suas lutas de contestação. Sendo, também, poetisa, destacamos o poema que fez em Berlim, no outono de 1969, quando tomou conhecimento do assassinato do seu amigo e camarada Carlos Marighella:

Em seu enterro não havia velas:
Como acendê-las, sem a luz do dia?
Em seu enterro não havia flores:
Onde colhê-las, nessa manhã fria?
Em seu enterro não havia povo:
Como encontrá-lo, nessa rua vazia?
Em seu enterro não havia gestos:
Parada inerte a minha mão jazia.
Em seu enterro não havia vozes:
Sob censura estavam as salmodias.
Mas luz, e flor, e povo, e canto
responderão "presente", chegada
a primavera mesmo que tardia!

Sempre muito intensa, Ana Montenegro, marcou com sua presença prático-crítica as lutas feministas e populares do final do século XX. A partir do seu retorno do exílio, atuou primeiramente no *Fórum de Mulheres de Salvador* e, depois, no *Conselho Nacional dos Direitos das Mulheres* (1985/1989). Tinha como prática constante se dirigir sempre às tardes para a sede da OAB, em Salvador, para mostrar-se solidária com os perseguidos e ajudar nas tarefas da Comissão de Direitos Humanos. Foi homenageada em um congresso nacional da OAB, indicada ao Nobel da Paz e recebeu diversas homenagens de instituições nacionais.

Desenvolveu importante papel na luta contra a destruição do seu partido. Talvez, uma das mais firmes convicções que ela tinha a efetuar era a tarefa de lutar contra o desaparecimento do PCB. Tentativa colocada em movimento, todavia sem sucesso, pelo grupo dirigente encabeçado pelo então deputado federal Roberto Freire (PE). Foi sem dúvida uma guerreira na luta pela reconstrução revolucionária do seu partido.[3]

Travou o bom combate, com força e determinação, lutou em defesa do socialismo e da revolução brasileira. Com seu patrimônio político e intelectual, deu uma enorme contribuição ao processo político no qual se forjou o que os comunistas brasileiros chamam de "reconstrução revolucionária" do PCB.

4 Primeiras palavras para uma temporária conclusão

Ana Montenegro, comunista e feminista, perseguida e exilada política da ditadura burgo-militar de 1964, foi uma mulher que criou dois filhos, separada do marido – e que teve um deles (Miguel) morto durante o exílio –, era uma mulher, reafirmo, feita de aço e pétalas. Deixou-nos um legado político e intelectual que nos fornece caminhos para pensar a particularidade brasileira e sua interpretação, dentro da formação social capitalista.

O debate e as lutas de Ana Montenegro desvelaram uma cena política na qual a questão dos trabalhadores e o papel da mulher na sociedade de classes ganharam protagonismo. Sua construção intelectual encontra-se assinalada em artigos, livros, conferências

---

3 "Reconstrução revolucionária" é o termo/emblema e a ação desenvolvida por um coletivo de militantes comunistas, por todo o Brasil, no sentido inicialmente da preservação do PCB e, depois, para modificar a política do partido na perspectiva da revolução socialista. Foi, e continua sendo, um acerto de contas com o reformismo e o etapismo na compreensão do caráter da revolução brasileira. Trata-se de uma nova formulação e orientação política para ação prático-crítica do conjunto da militância dos comunistas brasileiros.

e debates. Teses que defendeu (sobre a questão feminina, sobre a revolução, sobre a formação social brasileira, sobre o PCB, sobre personagens da história etc.) continuam muito atuais.

Podemos encontrar digitalizados, nos arquivos do Cedem/ Unesp, uma grande quantidade de seus artigos nos jornais da imprensa democrática e, no NEIM/UFBA, farta documentação sobre Ana Montenegro, além de material da sua vasta pesquisa:

> Escritos sobre militantes políticos; esboços de apresentações; ofícios; cartas circulares; encartes políticos; recortes de jornais brasileiros e estrangeiros; atas de reuniões; *folders* e encartes de eventos; revistas nacionais e internacionais; relatórios de encontros; cópias de legislações (constitucional e leis extravagantes) e de jurisprudências; e fotografias de capas de livros.[4]

Identificamos como recorte temático nos materiais do arquivo Ana Montenegro, nas 57 pastas do NEIM/UFBA, as seguintes questões:

> Notícias sobre o PCB; sobre mulheres; sobre movimentos feministas em âmbito federal e estadual; debates acerca de questões agrárias; trabalhistas, pobreza; racismo; violência contra mulher e crianças; aborto; saúde; planejamento familiar; atuação de organismos e comitês nacionais e estrangeiros a respeito da condição da mulher e da situação econômica e social do Brasil e do mundo; sexualidade feminina; considerações; família e o papel estigmatizado da mulher perante a família brasileira; e direitos humanos.[5]

---

4 FLORES, Fernanda Lédo. *Na mira da repressão*: militância política e escrita jornalística em Ana Montenegro (1947-1983). Salvador: Universidade Federal da Bahia, 2017. (Dissertação de Mestrado).

5 FLORES, Fernanda Lédo. *Na mira da repressão*: militância política e escrita jornalística em Ana Montenegro (1947-1983). Salvador: Universidade Federal da Bahia, 2017. (Dissertação de Mestrado).

Ana Montenegro faleceu em 30 de março de 2006. Em seu enterro, o povo, as mulheres simples, o mundo político e intelectual e seus camaradas encheram o salão do cemitério Jardim da Saudade, em Salvador, para um ato político da mais profunda e bela homenagem. Seu caixão, ao baixar para a cremação, estava coberto com a bandeira vermelha do PCB, marcada com a foice e o martelo da luta dos trabalhadores do campo e da cidade, na terra que escolheu como sua: Salvador.

Após cem anos do seu nascimento, a memória e a história dessa mulher confirmam que existe, em sua luta e em sua reflexão intelectual, uma leitura do Brasil a partir dos interesses dos trabalhadores, homens e mulheres que acreditam e lutam pela revolução social e se orientam pelo pensamento marxista.

Referências bibliográficas

FLORES, Fernanda Lédo. *Na mira da repressão*: militância política e escrita jornalística em Ana Montenegro (1947-1983). Salvador: Universidade Federal da Bahia, 2017. (Dissertação de Mestrado).

PINHEIRO, Milton. "Os comunistas e a ditadura burgo-militar: os impasses da transição". *In*: ______. (Coord.). *Ditadura*: o que resta da transição. São Paulo: Boitempo, 2015.

CAROLINA MARIA DE JESUS (1914-1977)

POBRE, NEGRA, ESCRITORA

SIRLENE BARBOSA

16 de junho [1959]... Hoje não temos nada para comer. Queria convidar os filhos para suicidar-nos. Desisti. Olhei meus filhos e fiquei com dó. Eles estão cheios de vida. Quem vive, precisa comer. Fiquei nervosa, pensando: será que Deus esqueceu-me? Será que ele ficou de mal comigo?[1]

(...) Percebi que os que sabem ler têm mais possibilidades de compreensão (...).[2]

(...) Eu ia intelectualizando-me, compreendendo que uma pessoa ilustrada sabe suportar os amarumes da vida.[3]

---

1 JESUS, Carolina Maria de. *Quarto de despejo*: diário de uma favelada. São Paulo: Ática & Francisco Alves, 1960, p. 174.

2 JESUS, Carolina Maria de. *Diário de Bitita*. Rio de Janeiro: Nova Fronteira, 1986, p. 126.

3 JESUS, Carolina Maria de. *Diário de Bitita*. Rio de Janeiro: Nova Fronteira, 1986, p. 177.

A menina Bitita, mineira de Sacramento, arrombou a porta estreita, branca e, basicamente, da elite da literatura brasileira, ao tornar-se Carolina Maria de Jesus (1914-1977, embora no livro editado, *Diário de Bitita*,[4] e em seus manuscritos, Carolina diga que, pelas contas de sua mãe, ela nasceu em 1921), escritora de *Quarto de despejo: diário de uma favelada*.[5] O livro vendeu, rapidamente, 10 mil exemplares em um mês, tornando-se um *best-seller*; em um ano se equiparou em vendas a Jorge Amado e foi editado em 40 países e 14 línguas. Segundo Raffaella Fernandez, doutoranda da Universidade Estadual de Campinas (Unicamp) e pesquisadora de Carolina, a venda do livro chegou à marca de um milhão de edições vendidas.[6]

A escritora não dominava a norma culta da língua, mas a arte da escrita. Foram mais de cinco mil páginas entre memórias, relatos, romances, poemas, contos, provérbios, letras de música etc. Tentaram deixá-la na alienação da favela, mas ela conseguiu superar sua condição imediata e mostrou, por fim, para que veio: para ser escritora, conforme se autodenominava.

Em Sacramento, o médico espírita Euripedes Barsanulfo, um dia, consultou a criança Carolina, devido a fortes dores que sentia na cabeça e a diagnosticou como poetisa, afirmou que seu cérebro não cabia em sua caixa craniana, pois eram muitas reflexões para pouco espaço na cabeça, por isso, as dores: devia, então, concretizar esses pensamentos escrevendo. Ao que tudo indica, ela acreditou nas palavras do doutor, pois, ainda adolescente, a partir de suas andanças pelo interior do estado mineiro, escreveu um poema ("O colono e o

---

4 JESUS, Carolina Maria de. *Diário de Bitita*. Rio de Janeiro: Nova Fronteira, 1986, p. 120.

5 JESUS, Carolina Maria de. *Quarto de despejo*: diário de uma favelada. São Paulo: Ática & Francisco Alves, 1960.

6 FERNANDEZ, Raffaella. *Processo criativo nos manuscritos do espólio literário de Carolina Maria de Jesus*. Campinas: UNICAMP, 2015, p. 221. (Tese de Doutorado).

fazendeiro") no qual registrou sua visão inconformada da sociedade, sobre as relações nada justas: opressor x oprimido ou rico x pobre.

Neta do ex-escravizado Benedito José da Silva, cujo sobrenome foi herdado de seu "sinhô",[7] Carolina não conheceu o pai, mas os pedaços da fome e toda a força do preconceito racial e social. Sua mãe era "do ventre livre", segundo suas próprias palavras, registradas no livro póstumo *Diário de Bitita*:[8] obra autobiográfica, em que a autora já adulta, em condições diversas das que vivia quando escreveu seu *best-seller*, apresenta relatos de uma infância pobre em Minas Gerais, até chegar à cidade de São Paulo.

A propósito de *Diário de Bitita* (1986), é necessário dizer que os originais, segundo o que a escritora disse à filha Vera Eunice de Jesus Lima,[9] foram emprestados a editoras francesas e nunca mais devolvidos. Em 1982, cinco anos após sua morte, foi lançada na França (sem prévia autorização dos detentores dos direitos autorais) a obra com o título modificado de *Um Brasil para brasileiros*, escolhido por Carolina, para *Journal de Bitita*. O livro foi relançado no Brasil, em 1986, pela carioca Nova Fronteira, seguindo o título das francesas e sendo traduzido, portanto, para *Diário de Bitita*. A edição à qual os brasileiros têm acesso é a que foi traduzida do português "caroliniano" para o francês e deste para um português mais formal, seguindo a tradução francesa. O leitor de Carolina percebe que houve, na narrativa desse livro, uma intromissão de outras vozes, tornando o enunciado caroliniano, marcado pelo tom coloquial e com marcas linguísticas de não concordância verbal e/ou nominal etc., em um texto mais culto, uma vez que houve correções em pontos nos quais se evidenciava o discurso único da escritora.

---

7 JESUS, Carolina Maria de. *Diário de Bitita*. Rio de Janeiro: Nova Fronteira, 1986, p. 7.

8 JESUS, Carolina Maria de. *Diário de Bitita*. Rio de Janeiro: Nova Fronteira, 1986, p. 50.

9 LIMA, Vera Eunice de Jesus. *Entrevista concedida a Sirlene Barbosa*. 23 jan. 2015.

As obras anteriores, mesmo que muito editadas, mereceram mais respeito em relação à sua identidade, mantendo, na maioria dos casos, a originalidade de sua escrita. Os originais de *Um Brasil para brasileiros* finalmente retornaram ao Brasil e se encontram arquivados no Instituto Moreira Salles, no Rio de Janeiro.

A adulta, em sua narrativa memorialista, em *Bitita*, dizia que ela, menina, queria aprender a ler para ganhar o mundo, para não ser feita de "boba". Admirava os "inteligentes" que liam jornal e repetia: "hei de ler o jornal se Deus quiser".[10] Frisa o apelido que deram a seu avô: Sócrates africano. Sobre ele, dizia o povo: "que homem inteligente. Se soubesse ler, seria o Sócrates africano",[11] ou "foi crime não educá-lo (...) porque as pessoas cultas que adquirem conhecimento do seu grau intelectual têm capacidade para ver dentro de si".[12] Segundo a escritora, os que leem têm mais possibilidades de compreensão, de entendimento para compreender o outro e a vida. Afirmava que o sonho do povo era aprender a ler para tomar contato com Castro Alves, o poeta dos escravos.

O que a escritora sabia do pai era que ele e sua mãe se encontraram em um dos muitos bailes da cidade de Sacramento, diferentemente de seu irmão, que conheceu o pai e devia ser de pele mais clara, pois este não era "preto" como ela. É importante discutir esse ponto, pois a escritora enfatiza as diferenças entre os "mais claros" e os "de cabelo liso" em relação aos "pretos". Afirma, também, que o branco nasce com uma couraça que o protege da violência da vida. Até para se conseguir emprego: ela lamentava que os melhores eram

---

10 JESUS, Carolina Maria de. *Diário de Bitita*. Rio de Janeiro: Nova Fronteira, 1986, p. 93.

11 JESUS, Carolina Maria de. *Diário de Bitita*. Rio de Janeiro: Nova Fronteira, 1986, p. 119.

12 JESUS, Carolina Maria de. *Diário de Bitita*. Rio de Janeiro: Nova Fronteira, 1986, p. 120.

ocupados pelas pessoas de melhor aparência, leia-se "os brancos ou de pele mais clara".[13]

Frequentou por pouco tempo a escola (Colégio Allan Kardec), menos de dois anos, mas esse curto período de vida escolar modificou para sempre sua vida. Teve de largar os estudos para acompanhar a mãe e o padrasto a um sítio, onde trabalhariam como colonos, discorre sobre a desolação desse momento e reitera a importância que deu à sua pequena mudança: seus livros – "minha mãe encaixotava os nossos utensílios, eu encaixotava os meus livros, a única coisa que eu venerava".[14] Ela cita *Escrava Isaura*, diz ter lido sobre Henrique Dias, bem como Luiz Gama, alguns dicionários e *Os Lusíadas*.

Amante da instrução, a Carolina menina manifestava aversão à alienação, ao desprezar as pessoas que não sabiam falar de outra coisa a não ser do tal baile de sábado à noite ou de como os homens eram "bons".

A narrativa de *Diário de Bitita*, mesmo com todos os problemas de autoria já mencionados, traz à tona reflexões indignadas e bem embasadas na e pela vida de uma menina, adolescente e mulher que viu a marca da crueldade dos poderosos, incluindo os policiais, a quem a escritora chamava de inscientes, sem consciência social. Afirmava que estes eram como eles, os pretos, pobres, mas se portavam como os patrões: nada mais que a junção do oprimido ao opressor.

É possível verificar, também, o olhar crítico caroliniano nos relatos da migração dos nordestinos e nortistas à região Sudeste. Há um momento em que narra a tristeza que foi ver o tal do "nortista" ter sido assassinado por um policial, ela diz que o moço não fez nada e chorou por ele.

---

13 JESUS, Carolina Maria de. *Diário de Bitita*. Rio de Janeiro: Nova Fronteira, 1986, p. 120.

14 JESUS, Carolina Maria de. *Diário de Bitita*. Rio de Janeiro: Nova Fronteira, 1986, p. 128.

Posiciona-se como mulher feminista ao relatar a forma como seu avô, um homem culto, espancou sua companheira porque esta foi ao mercado sem sua permissão. Em um trecho, escreve que é bem melhor ser meretriz, pois "(...) ela canta, vai aos bailes, viaja, sorri. Pode beijar os homens. Veste vestidos de seda, pode cortar os cabelos, pintar o rosto, andar nos carros de praça e não precisa obedecer a ninguém".[15]

Essa obra se finaliza com sua chegada, finalmente, a São Paulo, em 1947.

1 Um pouco mais de Sacramento e Carolina

A casa onde a escritora e sua família moravam era pequena, de pau a pique, uma espécie de rancho coberto de capim, que, segundo o historiador e responsável pela sacramentana Editora Bertolucci (que também editou *Diário de Bitita*), Carlos Alberto Cerchi, não dava goteira e o piso era de chão batido. No espaço onde ficava a casa, na Rua Rita de Almeida Fonseca (nome em homenagem a uma das parteiras da cidade), em frente ao nº 639 e quase fazendo esquina com a Rua Sinhô Mariano, hoje existe uma plantação de milho. A memória da escritora ainda existe na cidade: Vera Eunice entregou parte de seus manuscritos a Sacramento, que se encontram abrigados no Arquivo Público Municipal Cônego Hermógenes. Ocorre que o prédio do arquivo já foi a cadeia da cidade e, em 1924, Carolina e sua mãe foram espancadas e ficaram presas, injustamente, no mesmo espaço onde, ironicamente, se encontram parte de seus escritos, bem como alguns objetos pessoais, como algumas fotografias e um grande parafuso amarrado numa corda azul. A escritora recebeu esse parafuso na Argentina, trata-se do prêmio "Desparafusados" – alusão às pessoas que, por refletirem demais, não se encaixam nos

15 JESUS, Carolina Maria de. *Diário de Bitita*. Rio de Janeiro: Nova Fronteira, 1986, p. 81.

padrões da sociedade, não tendo, portanto, todos os parafusos que fecham as caixas dos "encaixados" no mundo.

A cidade, de acordo com a Secretária da Cultura de 2015, batizou o Instituto Federal de Sacramento, que até janeiro de 2015 não estava funcionando, mas já havia sido inaugurado em dezembro de 2014, com o nome Carolina Maria de Jesus, e todos os eventos culturais, esportivos etc. sacramentanos do ano de 2014 (por conta de seu centenário) receberam o nome da escritora.

Vera Eunice disse que a mãe sofreu todos os dissabores na cidade natal e, quando de lá foi embora, nunca mais quis voltar.[16] Relatou que, após a fama de *Quarto de despejo*, ela foi convidada a retornar para ser homenageada como uma cidadã ilustre. Tentou, então, visitar a Sacramento que tanto a desprezou, mas conseguiu, no máximo, chegar a Araxá, cidade próxima. Não queria sentir novamente o peso do ódio injustificável dos sacramentanos que, pelo menos entre as décadas de 1910 a 1940, só lhe fizeram mal.

Em conversa com alguns moradores da cidade em janeiro de 2015, é perceptível que a escritora não lhes é totalmente desconhecida; no entanto, quem mais se debruça sobre sua escrita e vida não são eles, mas, sim, pessoas de outras cidades brasileiras e, principalmente, muitos estrangeiros.

2 Na metrópole paulistana

Ao chegar à Estação da Luz, ela sentiu medo do formigueiro de gente. Foi morar onde era designado aos andarilhos: debaixo do Viaduto do Chá, na maloca sob a Santa Efigênia, no albergue, no cortiço etc. Aprendeu com outros errantes que havia sopas nas igrejas, agasalhos das campanhas de Natal, enfim, havia princípios de caridade, mas não de justiça social.

---

16 LIMA, Vera Eunice de Jesus. *Entrevista concedida a Sirlene Barbosa*. 23 jan. 2015.

Em 1948, ela engravida de seu segundo filho (a primeira, que se chamaria Carolina, nasceu morta), João José de Jesus. Na época, trabalhava como empregada doméstica do médico Euríclides Zerbini; ela teve ainda mais contato com livros nessa residência. Com a gravidez, houve a demissão e a possibilidade de morar no Canindé – a favela. Em 1950, nasce José Carlos de Jesus e, logo depois, a caçula, Vera Eunice de Jesus.

No terreno onde ficava a favela, hoje se encontra instalado o Estádio da Portuguesa. Sua origem ocorreu quando o governador da época, Ademar de Barros, resolveu limpar o centro da cidade, fretando vários ônibus para despejar os pobres longe da vista da "boa sociedade". No caso de Carolina e alguns de seus vizinhos, eles foram despejados da Rua Antonio de Barros[17] e levados às margens do Rio Tietê. A comunidade era relativamente pequena, mais ou menos 180 barracos, com uma única torneira para atender a todos os moradores. As pessoas eram, em sua maioria, migrantes de vários estados brasileiros do Norte e Nordeste, outras de Minas Gerais, da região fluminense do Rio de Janeiro e de zonas pobres de São Paulo, bem como imigrantes portugueses, espanhóis, ciganos etc. Havia apenas uma japonesa, a dona Tomiko.

Para construir seu barraco, Carolina conseguiu tábuas que sobravam da construção da igreja Nossa Senhora do Brasil. Não tinha, porém, dinheiro para condução, assim, ela carregou tábuas na cabeça da Avenida Brasil ao ponto final do Canindé e afirma:

> Todas as nôites eu dava duas viagens. Eu ia de bonde, e voltava a pé com as tábuas na cabêça. Treis dias eu carreguei tabuas dando duas viagens. Dêitava as duas horas da manhã. Eu

---

17 JESUS, Carolina Maria de. "Favela". *In*: DINHA; FERNANDEZ, Raffaella. *Onde estaes felicidade?* São Paulo: Me Parió Revolução, 2014, pp. 39/40.

> ficava tão cançada que não conseguia dormir. Eu mesma fiz meu barracaozinho. 1 metro e mêio por um metro e meio (...).[18]

A escritora ficou quase dez anos na Canindé, na labuta diária, doída, sofrida e sem perspectiva de mudança. Escrever, para ela, era seu alento. Dizia: "eu sou poetisa. Peço respeitar-me mais um pouco".[19] Ou:

> 27 de maio de 1950 eu sai na Epoca. Quando os faveladós viram o meu retrato no jornal ficaram habismados. Dizia:
>
> — A D. Carolina esta no jornal. O que ela fez? Róubou?
>
> — Não! É poetisa. Esta dizendo que um dia, há de ser escritora![20]

Em maio de 1955, inicia a escrita de *Quarto de despejo*, doravante QDD. Um diário em que ela registrou o cotidiano dos favelados, conforme suas palavras. Ela coletava materiais recicláveis para manter o sustento dos filhos. Dentre estes, separou alguns papéis possíveis de serem utilizados para a escrita e inicia sua grande obra, que, anos depois, se tornaria *best-seller.*

Nesse livro, Carolina se posiciona como grande escritora. Por meio dessa leitura, é possível sentir o suor e o cheiro do chorume; ver a cor da fome, que, como ela dizia, era amarela; presenciar o quanto o álcool na situação da favela é ainda mais devastador; o quanto a violência do homem para com suas mulheres deixou marcas e o

---

18 JESUS, Carolina Maria de. "Favela". *In*: DINHA; FERNANDEZ, Raffaella. *Onde estaes felicidade?* São Paulo: Me Parió Revolução, 2014, p. 42.

19 JESUS, Carolina Maria de. "Favela". *In*: DINHA; FERNANDEZ, Raffaella. *Onde estaes felicidade?* São Paulo: Me Parió Revolução, 2014, p. 43.

20 JESUS, Carolina Maria de. "Favela". *In*: DINHA; FERNANDEZ, Raffaella. *Onde estaes felicidade?* São Paulo: Me Parió Revolução, 2014, p. 51.

quanto o ditado popular "em casa que não tem pão, todos gritam e ninguém tem razão" faz sentido nesse contexto. Na favela, havia um grande burburinho, um zunido que entorpecia as mentes de quem lá vivia, mas que não chegava a quem deveria ouvir. Ela constrói toda uma narrativa demonstrando na pele o quanto o racista é ignorante e o quanto o racismo continua sendo o responsável por tantas mortes, principalmente de jovens negros e periféricos.[21] Esses dados mal aparecem nos veículos de comunicação por não interessarem à classe dominante da sociedade, principalmente pelo fato de nem estes nem sua prole fazerem parte dessa lamentável estatística.

Ela mostra, ainda, os grandes problemas de o ser humano dividir espaço com ratos, de não se ter dinheiro nem para comprar um sabão e limpar o colchão que recebe o corpo cansado de um dia de trabalho. Há um momento, em QDD, que Carolina expõe o racismo pelo qual passava, ao relatar que um morador da favela a chamava de "preta imunda e vagabunda". Ela lhe joga objetos para se defender e justifica sua sujeira, afirmando que há duas semanas não tem sabão para lavar roupas, que a cama chega a dar nojo só de olhar. Na data de 14 de agosto de 1955, conta que estava no elevador de um prédio, no sexto andar, e entrou um homem branco, bem arrumado e este a olhou com cara de nojo. Carolina diz que não mais se entristece com essas caras, já que estava acostumada.

Relata a violência que uma das várias mulheres da favela sofria, quando "seu homem", extremamente alcoolizado, desconta sua frustração em alguém que ele acredita ser inferior a ele: a companheira. Há momentos na obra em que essas mulheres, as que eram espancadas por seus companheiros, lhe diziam que ela tinha de ter um homem, ao que Carolina retrucava justificando não querer ser tambor de homem; que, enquanto essas mulheres apanhavam, ela ouvia suas

---

21 Em 2012, 56.000 pessoas foram assassinadas no Brasil. Destas, 30.000 eram jovens entre 15 e 29 anos e, desse total, quase 80% eram pessoas negras. Disponível em: htttp:www.anistia.org.br. Acessado em: 17.11.2014.

valsas vienenses; ou dizia não haver homem que aceitasse dividir lar com uma mulher que guardava papel e caneta sob o colchão. Essas ilações carolinianas colocam-na como uma grande feminista na prática. No entanto, em outros momentos, ela justificava "a tal da Leila" apanhar ao ponto de perder os dentes, afirmando que esta era muito chata quando bebia.

Sim, a escritora registrou suas incoerências humanas em seu livro e essa constatação não serve para criticar sua obra, mas para apresentar o ser humano completo que foi essa mulher, inclusive com suas incoerências.

Carolina se sentia superior aos demais moradores da favela porque guardava cadernos; livros de Victor Hugo, *Os miseráveis*; Éramos seis, de Leandro Dupré; *Oração aos moços*, de Rui Barbosa; *Primaveras*, de Casimiro de Abreu; e, assim, acreditava estar se vingando dos seus vizinhos com a certeza de que era preta, favelada e, portanto, miserável, mas escritora.

3 A chegada de Audálio Dantas

O ano foi o de 1958. O jornalista Audálio Dantas esteve na favela do Canindé a fim de apresentar uma reportagem para o jornal *Folha da Noite* sobre "Um dia na favela". No local, ele observou uma negra do lado de fora de seu barraco gritando com alguns moradores e os ameaçando de "colocá-los" em seu livro.

Livro? Uma favelada negra escreve e um livro? Essas devem ter sido as perguntas que a mente de Dantas construiu para ele se dirigir à escritora e questioná-la sobre essa obra. A mulher o recebe e lhe mostra sua produção: eram muitas folhas escritas.

O jornalista apresenta essa "descoberta" por meio de uma reportagem no jornal, em 9 de maio de 1958: a catadora de papelão que escrevia, o que certamente mudaria o cenário de Carolina e da literatura negra brasileira. Chama a atenção para o fato de ela passar "fome com os filhos pequenos, morar num barracão infecto, mas saber 'ver' além da lama do terreiro e do zinco da favela".[22] Audálio afirma ter encontrado "cadernos cheios de 'poesia', 'contos' e 'romances'", por fim, aponta que os repórteres das edições do hoje jornal *Folha de São Paulo* editarão Carolina.

O livro é uma edição de 20 cadernos dos anos 1955 a 1960 feita por Audálio Dantas e pelos profissionais da Editora Francisco Alves.

4 Contexto de 1960

Os anos 1960 foram um momento de intensa agitação política no país e no mundo. Nesse ano, Brasília foi inaugurada; as cabeças de Lampião e Maria Bonita foram sepultadas; a Revolução Cubana se declarou socialista; Caryl Chessman, bandido estadunidense que se tornou escritor no corredor da morte, foi executado; *Doutor Jivago* se tornou *best-seller* no Brasil; o Shopping Iguatemi, em São Paulo, foi inaugurado; a Cidade Universitária (USP) saiu do papel; os Beatles estrearam em Hamburgo; Jânio renunciou um mês antes do lançamento de *Quarto de despejo*; as ligas camponesas, origem do MST, exigiam reforma agrária "na lei ou na marra"; a inflação fermentava a agitação social, e Carolina sente na pele a situação ao afirmar: "31 de outubro de 1959: Eu estou triste porque não tenho nada para comer... Se o custo de vida continuar subindo, em 1960 vamos ter revolução".[23]

A inflação matava o povo de fome e a escritora comemora quando, em um mês de janeiro, uma tremenda enchente levou vários donos de supermercados que guardavam alimentos para vender mais caro de acordo com a alta da inflação a jogarem vários mantimentos no rio, pois estes estragaram com a invasão das águas. Carolina

---

22 DANTAS, Audálio. "Um dia na favela". *Folha da Noite*, 9 maio 1958.

23 JESUS, Carolina Maria de. *Quarto de despejo*: diário de uma favelada. São Paulo: Ática & Francisco Alves, 1960, p. 110.

diz: "eu dancei cantei e pulei... Bem feito, em vez de vender barato, guarda esperando alta de preços. Vi os homens jogar sacos de arroz dentro do rio, bacalhau, queijo, doces. Fiquei com inveja dos peixes que não trabalham e passam bem".[24]

5 A saída da favela e a *Casa de Alvenaria*

A escritora e seus filhos saíram da favela debaixo de pedradas, que pareciam dizer: "— Quem você pensa que é pra largar sua condição determinista de favelada morta de fome? Você vai embora e nós, seus iguais, ficaremos aqui?"[25]

Sim, ela e seus filhos saíram da favela e algum tempo depois foram morar em Santana, num sobrado: uma nova situação, um novo momento.

Na favela, no barracão de madeira de número 9, Carolina e seus filhos sentiram todos os dissabores de serem invisíveis para a sociedade. Na casa de alvenaria, em Santana, constataram o preconceito de pessoas que não queriam ter favelados como vizinhos.

Ela continuou preenchendo seus diários. Os novos escritos deram forma à nova obra: *Casa de alvenaria* (1961), iniciado a partir de registros com data de 5 de maio de 1960 – uma nova saga é inaugurada: a ex-moradora de barraco na favela residindo em casa de alvenaria e no bairro de classe média, Santana. Os mesmos editores publicaram *Casa de alvenaria*, como continuação de QDD.

É importante frisar que, em 5 de maio de 1960, Audálio já havia aparecido em sua vida, alguns trechos de QDD já tinham sido publicados no jornal e três meses depois seria lançado seu

---

24 JESUS, Carolina Maria de. *Quarto de despejo*: diário de uma favelada. São Paulo: Ática & Francisco Alves, 1960, p. 110.

25 JESUS, Carolina Maria de. *Quarto de despejo*: diário de uma favelada. São Paulo: Ática & Francisco Alves, 1960, p. 110.

best-seller, mas, mesmo assim, ela e seus filhos ainda passam fome, conforme Carolina relata: "5 de maio de 1960 levantei as 5 horas para preparar as roupas dos filhos para irmos na Livraria. Não vou fazer café porque não tenho açucar nem dinheiro para o pão".[26] É interessante observar a marca da primeira letra maiúscula para o termo "Livraria", denotando a grande importância dada ao estabelecimento, bem como a presença maciça e dolorosa da fome. Sousa afirma que, no dia do lançamento do livro QDD, ela catou lixo.[27]

O fio que costura sua vida como sujeito empírico é a marca da fome e da dor do preconceito social e racial. O sujeito histórico procura sempre enfatizar esse traço, tanto que, em 1963, ela lança um romance: *Pedaços da fome*.

Nessa obra, a autora se "vinga" dos ricos, ao transformar a situação socioeconômica da protagonista, que era rica, numa condição de extrema miséria e abandono, fazendo com que esta sinta na pele o descaso do Estado, da sociedade, enfim, da vida para com os pobres. Ela pôs na boca dessa personagem que a única forma de um rico entender a dor do pobre é passando pelo que ele passa, pois o rico finge não perceber a presença do miserável.

O romance é um grande conto de fadas às avessas, pois, no final, surge uma "fada madrinha" e quase todos são felizes para sempre.

É possível fazer uma analogia entre a saga vivida pela protagonista do romance com a de Carolina: assim como a chegada da fada madrinha altera a vida da personagem de *Pedaços da fome*, a publicação de seu livro – sua fada madrinha – e o reconhecimento da favelada como escritora culta são fatos que proporcionaram mudanças na vida da autora.

---

26 JESUS, Carolina Maria de. *Quarto de despejo*: diário de uma favelada. São Paulo: Ática & Francisco Alves, 1960, p. 110.

27 SOUSA, Germana Henriques Pereira de. *Carolina Maria de Jesus*: o estranho diário da escritora vira-lata. Vinhedo: Horizonte, 2012.

6 Da ascensão à queda

A glória de Carolina durou cinco anos. A obra QDD desfez estereótipos do favelado unido, sem preconceito, solidário, talentoso, sambista, cordial etc. Na Canindé, os favelados eram desunidos, egoístas e preconceituosos como em qualquer outro local onde haja reunião de pessoas, ou seja, são seres humanos com qualidades e defeitos, independentemente de sua condição socioeconômica.

Para os ricos que a veneravam, o sonho acabou quando perceberam que ela era pobre "soberba"; para os pobres, "crioula metida". Sua literatura não influenciou aqueles pobres da Canindé e, mesmo na quase metade da segunda década do século XXI, pergunto-me: "quantos pobres a conhecem, de verdade? Quantos pobres foram influenciados por sua obra?"

A escritora, mesmo com o filho nas costas, enfiando papéis e restos de comida num saco, mantinha ares de preta bonita que sabia ler e escrever e, portanto, dialogar com a polícia e qualquer outro tipo de autoridade, por conseguir construir argumentos coerentes. Personalidade forte, solidão e altivez foram suas marcas até sua morte.

A crítica social apresentada na obra de Carolina era inadequada ao contexto do Golpe Militar no Brasil (1964-1985) e no mundo. É importante ressaltar que ela diz que é próprio de ditador querer calar a verdade e os negros, a propósito da proibição da venda de seus livros em Portugal, pelo ditador da época, Salazar. O contexto brasileiro também era o de ditadura, tanto que a escritora cai no esquecimento. Em *Pedaços da fome*, ela fala, por meio da voz da "fada madrinha" da protagonista, que só não escreveria um livro para denunciar a miséria pela qual alguns passavam porque ele poderia ser tachado de comunista e isso não soaria bem para um contexto dominado por um regime militar e, por conseguinte, altamente ditatorial.[28]

---

28 JESUS, Carolina Maria de. *Pedaços da fome*. São Paulo: Aquila, 1963.

7 Carolina na literatura e na literatura negra

Carolina Maria de Jesus "problematiza a literatura e, por seu intermédio, também a sociedade, ao apresentar a tensão entre o alto e o baixo, o lixo e o livro, a figura do escritor e a favelada".[29] Muitos dos que ainda podem vir a dizer que o que ela fez não é literatura o fazem, de certo, porque Carolina "não cabia nos moldes da elite".[30]

Interessante é perceber que a escritora, com seu ar de soberba, se identificava com os letrados, cultos, que se tratava, na maioria dos casos, para não dizer em todos, pelo menos nesse contexto caroliniano, de um grupo da elite e branco. O interlocutor que ela produziu enquanto redigia seus textos, certamente, não era o favelado. Marisa Lajolo afirma que sua escrita se tratava de um projeto de ascensão social.[31]

Os excluídos da sociedade não têm o mínimo reservado por lei para se viver com dignidade, muito menos acesso à guardiã do discurso hegemônico – a literatura; por isso que, para compreender sua obra, faz-se necessário perceber a "inclusão da voz do subalterno"[32] e como esse excluído produziu e moldou uma determinada voz que coubesse num campo discursivo que o exclui.

O nome da escritora faz parte do rol de autores da literatura negra, lugar em que quem se enuncia é o negro, ainda mais após a publicação de *Bitita*. Nessa obra, a negra quase salta das páginas ao

---

29 SOUSA, Germana Henriques Pereira de. *Carolina Maria de Jesus*: o estranho diário da escritora vira-lata. Vinhedo: Horizonte, 2012, p. 20.

30 SOUSA, Germana Henriques Pereira de. *Carolina Maria de Jesus*: o estranho diário da escritora vira-lata. Vinhedo: Horizonte, 2012, p. 21.

31 LAJOLO, Marisa. "Poesia no *Quarto de despejo*, ou um ramo de rosas para Carolina". *In*: LAJOLO, Marisa; MEIHY, José Carlos Sebe Bom de. *Antologia pessoal, poemas de Carolina de Jesus*. Rio de Janeiro: EdUFRJ, 1996, p. 60.

32 SOUSA, Germana Henriques Pereira de. *Carolina Maria de Jesus*: o estranho diário da escritora vira-lata. Vinhedo: Horizonte, 2012, p. 24.

digerir e denunciar o que é ser negro no Brasil. Zilá Bernd afirma que a voz dos vencidos não interessa para a literatura, até porque o que nela prevalece é a voz dos vencedores – a história contada por única voz.[33]

Para a literatura negra, as condições às quais os negros se veem obrigados só podem ser validadas se o narrador for, de fato, um negro (independentemente de o escritor ser de outra raça ou condição social). Esse argumento é válido quando lembramos dos negros de Aluísio Azevedo, em *O cortiço* (1892), degenerando o branco português, ou da submissão de Irene (personagem do poema "Irene no céu", de Manuel Bandeira) que, até para entrar no céu, estando, portanto, já morta e longe do mundo racista, pede licença ao branco São Pedro. Na literatura negra, quem se enuncia é quem sente na pele escura as marcas do racismo.

Segundo as pesquisas de Raffaella Fernandez,[34] Carolina publicou em vida:

- *Quarto de despejo: diário de uma favelada*;
- *Casa de alvenaria*;
- *Pedaços da fome*; e
- *Provérbios* (1965).

Já as obras póstumas são:

- *Journal de Bitita*;
- *Diário de Bitita*;

33 BERND, Zilà. *Introdução à literatura negra*. São Paulo: Brasiliense, 1988.

34 FERNANDEZ, Raffaella. "Saliva, confetes e sangue na caneta cortante de Carolina Maria de Jesus". *Revista Escrita Pulsante*, 31 mar. 2015. Disponível em: https://escritapulsante.wordpress.com/2015/03/31/saliva-confetes-e-sangue-na-caneta-cortante-de-carolIna-maria-de-jesus/. Acessado em: 16.02.2023.

- *Meu estranho diário* (organização de Meihy e Levine, 1996);
- *Antologia pessoal* (organização de Meihy e Levine, 1996); e
- *Onde estaes felicidade?*

Também escreveu peças de teatro, letras de música e alguns contos, poemas e fábulas não publicadas.

Ela morreu de asma em 13 de fevereiro de 1977, em seu sítio, em Parelheiros, São Paulo. De acordo com relato de Vera Eunice, ela estava numa fase tranquila, um pouco adoentada, mas nada sério para se pensar na morte. Na verdade, o que a afligia era o filho doente, tanto que após cinco meses de sua morte, ele também partiu. Sua irmã acredita que as decorrências de sua morte se deram porque ele, o filho mais velho, foi o que mais teve contato com comida estragada, retirada do lixo, o que deve ter debilitado sua saúde e o levado a óbito tão jovem.

Antes de falecer, Carolina deixou uma carta endereçada à filha pedindo para ela não vender o sítio de Parelheiros e buscar os originais de *Um Brasil para brasileiros*.

Ler Carolina, algumas de suas biografias, textos acadêmicos que a têm como objeto de estudo, notícias de jornais, entre outros, permite-me afirmar que essa mulher foi uma socióloga da prática, ao sempre questionar a condição humana: de homem, mulher, pobre, rico, negro, mulato, branco, do culto, inculto, alienado, da migração dos nordestinos e nortistas para a Região Sudeste, da marca da fome na vida do sujeito, da dignidade ou falta dela, por fim, sempre questionando o porquê da vida.

Em março de 2014, completou-se, de acordo com o registro no cartório, 100 anos de seu nascimento. Torna-se de fundamental importância continuar a leitura, discussão e propagação da obra de Carolina Maria de Jesus, para além do seu centenário, comemorado em diversos centros culturais, bibliotecas, feiras de livros e em algumas universidades do Brasil. Essas leituras são de fundamental importância para podermos ler Antonio Candido desdizendo a constatação de que a literatura caroliniana "[ainda] não teve lugar reconhecido na história da *nossa* literatura, até hoje" [grifo nosso para reiterar que *nesta* literatura, a contada pela voz do vencedor].[35]

Referências bibliográficas

BERND, Zilà. *Introdução à literatura negra*. São Paulo: Brasiliense, 1988.

DANTAS, Audálio. "Um dia na favela". *Folha da Noite*, 9 maio 1958.

FERNANDEZ, Raffaella Andréa. *Processo criativo nos manuscritos do espólio literário de Carolina Maria de Jesus*. Campinas: UNICAMP, 2015. (Tese de Doutorado).

______. "Saliva, confetes e sangue na caneta cortante de Carolina Maria de Jesus". *Revista Escrita Pulsante*, 31 mar. 2015. Disponível em: https://escritapulsante.wordpress.com/2015/03/31/saliva-confetes-e-sangue-na--caneta-cortante-de-carollna-maria-de-jesus/. Acessado em: 16.02.2023.

JESUS, Carolina Maria de. "Favela". *In*: DINHA; FERNANDEZ, Raffaella. *Onde estaes felicidade?* São Paulo: Me Parió Revolução, 2014.

______. *Diário de Bitita*. Rio de Janeiro: Nova Fronteira, 1986.

______. *Pedaços da fome*. São Paulo: Aquila, 1963.

______. *Quarto de despejo*: diário de uma favelada. São Paulo: Ática & Francisco Alves, 1960.

LAJOLO, Marisa. "Poesia no *Quarto de despejo*, ou um ramo de rosas para Carolina". *In*: LAJOLO, Marisa; MEIHY, José Carlos Sebe Bom de. *Antologia pessoal, poemas de Carolina de Jesus*. Rio de Janeiro: EdUFRJ, 1996.

LIMA, Vera Eunice de Jesus. *Entrevista concedida a Sirlene Barbosa*. 23 jan. 2015.

SANTOS, Joel Rufino dos. *Carolina Maria de Jesus*: uma escritora improvável. Rio de Janeiro: Garamond, 2009.

SOUSA, Germana Henriques Pereira de. *Carolina Maria de Jesus*: o estranho diário da escritora vira-lata. Vinhedo: Horizonte, 2012

---

35 SANTOS, Joel Rufino dos. *Carolina Maria de Jesus*: uma escritora improvável. Rio de Janeiro: Garamond, 2009, p. 22.

CECÍLIA MEIRELES (1901-1964)

PASTORA DE NUVENS

JEOSAFÁ FERNANDEZ GONÇALVES

Cecília Benevides de Carvalho Meireles nasceu no Rio de Janeiro, em 1º de novembro de 1901, três meses depois da morte de seu pai; tinha três anos quando morreu também a mãe; ficou com a avó materna, uma imigrante açoriana, única parente viva. Em 1917, concluiu a Escola Normal e empregou-se como professora primária – como fora sua mãe.

Em 1919, publicou seu primeiro livro de poemas, *Espectros*, de inspiração parnasiana. Em 1921, casou-se com o artista plástico português Fernando Correia Dias, com quem teria três filhas. De 1930 a 1934, dirigiu uma página diária dedicada à Educação no *Diário de Notícias*, do Rio de Janeiro. Em 1934, organizou a primeira biblioteca infantil do país, no bairro de Botafogo, Rio de Janeiro, então Distrito Federal; no mesmo ano, fez conferências nas Universidades de Lisboa e Coimbra sobre a literatura brasileira. Entre

1936 e 1938, lecionou literatura luso-brasileira e, depois, técnica e crítica literária na recém fundada Universidade do Distrito Federal. Em 1938, o livro *Viagem* ganhou o prêmio de poesia da Academia Brasileira de Letras.

Viúva desde 1935, em 1940, casou-se, pela segunda vez, com o professor Heitor Grillo; no mesmo ano, deu curso de literatura e cultura brasileiras na Universidade do Texas (EUA). Nos anos seguintes, empreenderia diversas viagens internacionais, a título de intercâmbio cultural. Tendo colaborado em 1948 na formação da Comissão Nacional de Folclore, em 1951, secretariou o I Congresso Nacional de Folclore. Traduziu obras de Rainer Maria Rilke, Virginia Woolf, Federico Garcia Lorca e Rabindranath Tagore. Era sócia honorária do Gabinete Português de Leitura do Rio de Janeiro e do Instituto Vasco da Gama, de Goa (Índia), Oficial da Ordem do Mérito do Chile e Doutora *Honoris Causa* pela Universidade de Nova Delhi (Índia). Morreu no Rio de Janeiro, em 9 de novembro de 1964. No ano seguinte, pelo conjunto da obra, a Academia Brasileira de Letras conferiu-lhe o Prêmio Machado de Assis.

Sobre *Espectros*, seu livro de estreia, o crítico João Ribeiro disse: "com o talento e as qualidades poéticas aqui revelados, Cecília Meireles, em breve e sem grande esforço, poderá lograr a reputação de poetisa que de justiça lhe cabe". De fato, o prestígio de Cecília só cresceria desde então; no entanto, a própria autora, quando da edição de sua *Obra poética*, em 1958, excluiu dela esse livro e os dois que se seguiram.

Cecília preferia o verso curto, o ritmo ligeiro e a linguagem clara, havendo mesmo quem considere excessiva sua clareza, ao excluir a ambiguidade que, pensam alguns, é da essência da poesia. Há, naturalmente, quem pense o oposto e aponte essa clareza como um dos grandes méritos da poeta, ao lado da facilidade com que lidava com os diferentes ritmos a que recorria com frequência e exatidão.

O domínio do idioma e da linguagem poética situa Cecília Meireles em uma posição bastante particular no cenário da literatura brasileira e das literaturas de língua portuguesa. Embora sintonizada com as transformações estéticas de seu tempo, a autora construiu e desenvolveu um projeto próprio, que não buscou a ruptura com a tradição poética lusitana, antes pelo contrário, estabeleceu com ela diálogo franco e independente.

Participante do grupo católico envolvido na edição da *Revista Festa*, Cecília comungou dele um projeto estético conservador contrário ao Modernismo. Marcas dessa sua ligação com a tradição católica, que de resto tem origem em sua própria formação afetiva e intelectual, percorrem toda a sua obra, a exemplo do espiritualismo envolto em névoas; da reflexão martirizada sobre o desconcerto do mundo; da metafísica de fundo religioso – que, muitas vezes, encontra apoio na cultura popular, mergulhada no cristianismo primitivo; entre outros aspectos.

Num primeiro momento do Modernismo brasileiro, em que os autores elegeram como foco de suas preocupações a independência literária, intelectual e cultural de Portugal, para tanto usando e abusando da anedota, da paródia e do escárnio para com a antiga matriz, a obra de Cecília Meireles foi interpretada pela crítica engajada da época como conservadora e mesmo saudosista. Porém, o primeiro Modernismo passou e, com ele, a fúria iconoclasta, para a qual o legado da lira portuguesa só teve interesse enquanto objeto de poema-piada – e nesse particular Oswald de Andrade não reinou solitário.

A chamada Geração de 45 – com a revalorização da linguagem erudita, do verso exato e dos ritmos clássicos – encontra Cecília Meireles no auge da produção poética. À temática intimista, feminina, metafísica, a autora agrega outros de natureza mais concreta, social e mesmo política, como no caso do *Romanceiro da Inconfidência*, saudado como uma das mais importantes obras da literatura brasileira. Nessa obra, à liberdade poética está associado o libelo em favor da própria liberdade. A poeta emprega aqui diversas extensões de versos e estrofes. Os ritmos são mobilizados para embalar o leitor nos conflitos representados, que vão da ousadia e da coragem à denúncia da covardia e da traição, como se lê no "Romance XXXIV ou De Joaquim Silvério dos Reis": "Melhor negócio que Judas / fez tu, Joaquim Silvério: / que ele traiu Jesus Cristo, / tu trais um simples Alferes. / Recebeu trinta dinheiros... / e tu muitas coisas pedes: / pensão para a vida toda, / perdão para quanto deves (...).[1]

Em sua poesia, a sensibilidade, a acuidade das sensações e dos sentidos, a natureza, a religiosidade, a sociedade, a intimidade, a reflexão filosófica e existencial, as contrariedades da vida se articulam às vezes no mesmo poema: "Pastora de nuvens, fui posta a serviço / por uma campina desamparada / que não principia nem também termina / e onde nunca é noite e nunca madrugada. // (Pastores da terra, vós tendes sossego, / que olhais para o sol e encontrais direção / Sabeis quanto é tarde, sabeis quando é cedo. / Eu, não). ("Destino").[2]

A obra de Cecília Meireles, tendo sido produzida num tempo de tertúlias literárias, dissensões e rixas (algumas das quais resultaram em rupturas definitivas, como no caso de Oswald e Mário de Andrade) – tempo de "homens partidos", disse outro Andrade, o Drummond –, passou incólume, ao largo das disputas e confirmou ao longo das décadas sucessiva sua vocação clássica para a permanência.

Sobre Cecília, é justo dizer o que os argentinos dizem de Carlos Gardel, que, após morto, canta cada vez melhor.

Cecília Meireles escreveu ainda obras significativas para e sobre crianças, o que a situa entre os fundadores do pensamento crítico da literatura infantil no Brasil, tendo sido responsável pela organização da primeira biblioteca infantil do Rio de Janeiro.

---

1 MEIRELES, Cecília. *Romanceiro da Inconfidência*. Rio de Janeiro: Nova Fronteira, 1989.

2 MEIRELES, Cecília. *Romanceiro da Inconfidência*. Rio de Janeiro: Nova Fronteira, 1989.

Obras da autora

Poesia: *Espectros* (1919); *Nunca mais e Poemas dos poemas* (1923); *Baladas para El-Rei* (1925); *Viagem* (1939); *Vaga Música* (1942); *Mar absoluto* (1945); *Retrato natural* (1949); *Amor em Leonoreta* (1952); *Doze noturnos da Holanda e O aeronauta* (1952); *Romanceiro da Inconfidência* (1953); *Pequeno oratório de Santa Clara* (1955); *Pistóia, cemitério militar brasileiro* (1955); *Canções* (1956); *Giroflé, giroflá* (prosa poética, 1956); *Romance de Santa Cecília* (1957); *A rosa* (1957); *Metal rosicler* (1960); *Poemas escritos na Índia* (1961); *Batuque* (1953); *Solombra* (1963); *Ou isto ou aquilo* (1965); *Crônica trovada da cidade de Sam Sebestiam* (1965); *Poemas italianos* (1969).

Prosa: *Criança, meu amor* (1923); *Notícia da poesia brasileira* (1935); *Poetas Novos de Portugal,* (1944); *O espírito vitorioso* (1959); *Rui: Pequena História de uma Grande Vida* (1949); *Problemas da literatura infantil* (1951); *Ruth e Alberto* (1957); *Panorama folclórico dos Açores e especialmente da Ilha de S. Miguel* (1958); *Quadrante I* e *II* (com outros cronistas, 1962 e 1963); *Escolha o seu sonho* (crônicas, 1966); *O Menino Atrasado* (1966); *Vozes da Cidade*; *Inéditos* (crônicas, 1967); *A Bíblia na poesia brasileira* (s/d).

Referências bibliográficas

DAMASCENO, Darcy. (Coord.). *Cecília Meireles*. Rio de Janeiro: Agir, 1996.

MEIRELES, Cecília. *Antologia poética*. Rio de Janeiro: Nova Fronteira, 2001.

______. *Doze noturnos da Holanda e outros poemas*. Rio de Janeiro: Nova Fronteira, 1986.

______. *Flor de poemas*. Rio de Janeiro: Nova Fronteira, 1972.

______. *Os melhores poemas*. Seleção Maria Fernanda. São Paulo: Global, 1988.

______. *Romanceiro da Inconfidência*. Rio de Janeiro: Nova Fronteira, 1989.

CLARICE LISPECTOR (1920–1977)

"BRASILEIRA, PRONTO E PRONTO"

POLIANA SANTOS

1 "Eu, enfim, sou brasileira, pronto e pronto"[1]

Clarice Lispector é comumente confundida com a sua obra, devido ao tom biográfico que brota muitas vezes de sua escrita, mas também por um comportamento difuso que foi acumulando ao longo de sua carreira de escritora. A imagem da mulher bonita é até hoje articulada com a impressão de uma personalidade insolúvel, estrangeira, enigmática e introspectiva. Seus livros e contos, por sua vez, são

---

1 LISPECTOR, Clarice. "Entrevista concedida a Edilberto Coutinho". *O Globo*, 1976. Ver COUTINHO, Edilberto. "Uma mulher chamada Clarice Lispector". *In*: ______. *Criaturas de papel*: temas de literatura & sexo & folclore & carnaval & televisão & outros temas da vida. Rio de Janeiro: Civilização Brasileira; Brasília: INL, 1980.

apresentados como linguagem de fogo, indivisível, existencialista e um tanto intangível. A vida e a criação literária da autora permitem esse tipo de leitura. Nesse sentido, basta ler algum de seus textos para logo se perceber a feitura da palavra em carne viva, solidão e epifania. Situada numa época em que o anseio pelo nacional abraçava todos os partidos, dos mais conservadores aos mais revolucionários, seus primeiros romances *Perto do coração selvagem* (1943), *O lustre* (1946), *Cidade sitiada* (1949) e *Maçã no escuro* (1959) foram considerados pela crítica do período como diferentes e estranhos. Devido a isso, sofreu, por parte de alguns intelectuais da época, de certa incompreensão, a exemplo de Álvaro de Lins.[2]

O nascimento de Clarice Lispector já sinalizava para o que seria uma vida inteira em trânsito, seja pelas várias viagens que fez como esposa de diplomata, seja através de uma literatura fugidia e sempre em movimento. A escritora nasceu na Ucrânia, na cidade de Tchechelnik, em 20 de dezembro de 1920, durante a fuga de seus pais, Pedro e Marieta Lispector, para o Brasil. Assim, pode-se dizer que a autora nasceu em passagem, num período tenebroso para a política e o povo russos, especialmente para aqueles que tinham origem judaica, como era o seu caso. As consequências da Primeira Guerra Mundial, o impacto da Revolução de 1917 e a perseguição aos judeus por meio de *pogroms* tornavam a vida dessa família judia insustentável. Era preciso partir, e foi em fevereiro de 1921 que os Lispector desembarcaram em terras brasileiras, acompanhados de suas três filhas, Elisa, Tania e Clarice, recém-nascida. Logo quando chegaram ao país, eles se estabeleceram em Maceió, capital do estado de Alagoas. Uma das irmãs de Marieta, Zina Krimgold, e seu esposo, José Rabim, já viviam na pequena cidade nordestina, trabalhando como comerciantes e fabricantes de sabão. Foi o casal

---

2 Lins considerava os livros da escritora como inacabados, não atingindo a integralidade que ele achava necessária num romance (LINS, Álvaro de. *Os mortos de sobrecasaca*: ensaios e estudos (1940/1960). Rio de Janeiro: Civilização Brasileira, 1963, pp. 189-192).

que abrigou e protegeu os Lispector em sua primeira estadia. Mas eles não ficaram por muito tempo naquela capital. Depois de três anos e meio, foram para Recife, onde a escritora viveu grande parte de sua adolescência.[3]

Em Recife, instalaram-se num dos andares de um casarão colonial, situado na Praça Maciel Pinheiro, onde residiam várias famílias de procedência judaica. A vida não era fácil. Dona Marieta, atacada por uma doença misteriosa, vivia nervosa e presa a uma cadeira de rodas; e o pai trabalhava como mascate, vendendo tecidos para roupas. Contudo, apesar da infância pobre, Clarice Lispector chegou a ter aulas de piano e a frequentar o Colégio Hebreu-Iídiche-Brasileiro, onde estudou hebraico.

Em 1935, outra viagem. Após a morte da esposa, Pedro Lispector decide ir para o Rio de Janeiro com suas filhas, estabelecendo-se na Tijuca. Foi na então capital federal que a autora iniciou sua carreira de jornalista e se formou na Faculdade de Direito da Universidade do Brasil, em 1943. Durante o curso, trabalhou como redatora e repórter na Agência Nacional e no jornal *A Noite*. Nesse ambiente jornalístico e artístico, conheceu vários intelectuais e romancistas, como Lúcio Cardoso, Francisco de Assis Barbosa, Rubem Braga, Vinícius de Moraes, Otto Lara Resende, Paulo Mendes Campos, Fernando Sabino, Manuel Bandeira, Érico Veríssimo etc. Em torno dessas figuras tão eminentes, foram construídos uma rede literária e um círculo de amizade que se ajudava mutualmente, na leitura das obras e na busca por publicação. É igualmente em 1943 que Clarice Lispector lança seu primeiro livro, *Perto do coração selvagem*, ganhando grande repercussão no meio literário e recebendo o prêmio de melhor romance pela Fundação Graça Aranha. Ainda nesse ano,

---

3 GOTLIB, Nádia Battella. *Clarice:* uma vida que se conta. São Paulo: Ática, 1995; MOSER, Benjamin. *Clarice*. Trad. José Geraldo Couto. São Paulo: Cosac Naify, 2009; ABDALA JÚNIOR, Benjamin. "Biografia de Clarice, por Benjamin Moser: coincidências e equívocos". *Estudos Avançados*, vol. 24, nº 70, 2010.

também se naturaliza brasileira e se casa com o diplomata Maury Gurgel Valente, iniciando uma série de viagens pela Europa e pelos Estados Unidos, o que somaria um tempo de dezesseis anos.

A romancista trabalhou em vários periódicos, como no jornal *Comício*, em 1952, no *Correio da Manhã* e na revista *Senhor*, em 1959. Nesse mesmo ano, sua contribuição na imprensa havia aumentado em razão da separação conjugal. Era um momento complicado, pois foi a época em que voltou definitivamente para o Brasil com seus dois filhos pequenos, Pedro e Paulo Gurgel; e precisava suprir as dificuldades financeiras. Já na década de 1960 e 1970, colaborou com uma coluna para conselhos femininos no *Diário da Noite*; fez entrevistas semanais com artistas e personalidades para a revista *Manchete*; escreveu crônicas para o *Jornal do Brasil*; e fez entrevistas para a revista *Fatos & Fotos*.

A produção ficcional da escritora é vasta. Escreveu diversos romances, destacando-se *A paixão segundo G. H.* (1964) e *A hora da estrela* (1977). Publicou vários livros de contos, entre os mais conhecidos constam *Laços de família* (1960), *A legião estrangeira* (1964) e *Felicidade clandestina* (1971). Enveredou pela literatura infantil com as histórias *O mistério do Coelho Pensante* e *Quase nada*, de 1967, *A mulher que matou os peixes*, de 1968, e *A vida íntima de Laura*, de 1974. E publicou inúmeras crônicas, que foram reunidas postumamente em *A descoberta do mundo*, em 1984. Toda a obra de Clarice Lispector é carregada de grande individualidade e forte tensão existencial, mas essa característica não anula as inquietações sociais e particulares da realidade brasileira que emergem de sua ficção.

A autora falece em função de um câncer no útero, em 1977, deixando um legado literário de enorme valor humano e social. Escreveu uma literatura universal e caracteristicamente nacional. Assim, usando as suas próprias palavras, ela, enfim, era brasileira, pronto e pronto.

2 "Temos fome de saber de nós e grande urgência"[4]

O modo como Clarice Lispector pensava e elaborava a realidade no universo ficcional é bastante peculiar, principalmente levando em conta o contexto em que escreveu suas obras, do Estado Novo até a ditadura militar. Esses são momentos politicamente tensos, marcados por um forte apelo nacionalista, que abrangia não apenas o campo político e econômico, mas igualmente o cultural. Confeccionando uma linguagem que ultrapassava os temas nacionais como o sertanejo, a identidade do homem brasileiro ou a cultura popular, a escritora compreendia o social numa dimensão humana e existencial mais profunda, em que se costuravam a individualidade do ser com os pequenos eventos cotidianos. Desse modo, o Brasil estaria imerso na própria lógica interna dos textos clariceanos e nos vestígios e indícios históricos espalhados na sua narrativa.

Numa crônica, intitulada *Literatura e Justiça*,[5] a romancista esclarece que o fato social sempre teve uma importância maior em sua escrita. Comenta ainda que, no Recife, os mocambos foram a sua primeira verdade e que, muito antes de sentir a arte, sentia "a beleza profunda da luta". Com relação à literatura como uma arte engajada, a autora declara que "o problema da justiça" era nela "um sentimento tão óbvio e tão básico" que não conseguia se surpreender, e sem a força do espanto, não era capaz de escrever. Sua obra é um grito contra as injustiças sociais e o autoritarismo. Em suas crônicas, por exemplo, denunciou a violência e a iniquidade de que as pessoas ou grupos marginalizados eram muitas vezes vítimas. E chegou a se posicionar politicamente, afirmando que desejava um

---

4 Trecho retirado de uma conferência da autora: LISPECTOR, Clarice. "Literatura de vanguarda no Brasil". *In*: VARIN, Claire. *Línguas de fogo*: ensaio sobre Clarice Lispector. Trad. Lúcia Peixoto Cherem. São Paulo: Limiar, 2002, pp. 29/30.

5 LISPECTOR, Clarice. *A Descoberta do mundo*. Rio de Janeiro: Rocco, 1999, pp. 29/30.

regime socialista para o Brasil, adaptado a nossos moldes.[6] Destarte, num texto poético, chamado *Mineirinho*,[7] criticou a ação truculenta de policiais que assassinaram um criminoso com treze tiros; e na crônica *Estado de graça*, escreve uma observação em favor dos estudantes perseguidos pelo regime ditatorial. "P.S. – Estou solidária, de corpo e alma, com a tragédia dos estudantes do Brasil".[8] Clarice Lispector também procurava, de seu jeito, militar contra os abusos de uma política autoritária. Uma foto, tirada em 22 de junho de 1968, apresenta a escritora com outros intelectuais, entre eles, Carlos Scliar, o cantor Milton Nascimento e o arquiteto Oscar Niemeyer, participando de uma manifestação contra violência policial. O grupo tinha o objetivo de pressionar o governador do Rio de Janeiro a tomar uma posição a favor dos estudantes.

A maneira como a romancista captava a realidade brasileira se estendia além de uma leitura patriótica e isolada, que era incapaz de aderir ao novo e ao diferente. Em 1963, numa conferência realizada no Texas, com o título de *Literatura de Vanguarda no Brasil*, ela se reconhece como herdeira da Semana de Arte Moderna de 1922 e adepta de um nacionalismo que não perfilha fronteira entre aquilo que é local e aquilo que é de fora. Nesse sentido, a escritora considera a Semana de 1922 um movimento de libertação e de tomada de nosso modo de ser, mas igualmente um movimento que não estava fechado em si mesmo, abrindo-se para o mundo, para o outro. "Não se trata, nessa maior posse de nós mesmos, de enaltecer qualidade e nem sequer de procurar qualidades. A nossa evidente tendência nacionalista não provém de nenhuma vontade de isolamento".[9]

---

6 LISPECTOR, Clarice. *A Descoberta do mundo*. Rio de Janeiro: Rocco, 1999, p. 59.

7 LISPECTOR, Clarice. *A Descoberta do mundo*. Rio de Janeiro: Rocco, 1999, pp. 123/124.

8 LISPECTOR, Clarice. *A Descoberta do mundo*. Rio de Janeiro: Rocco, 1999, p. 93.

9 LISPECTOR, Clarice. "Literatura de vanguarda no Brasil". *In*: VARIN, Claire. *Línguas de fogo*: ensaio sobre Clarice Lispector. Trad. Lúcia Peixoto Cherem. São Paulo: Limiar, 2002, pp. 29/30.

Nesse momento, Clarice Lispector não era a única a tomar para si o legado da Semana de 1922, pondo-se na contramão de uma estética nacional-popular que desdenhava os elementos estrangeiros e tudo o que não fosse nacional. O Tropicalismo também se considerava uma manifestação cuja herança remetia à Antropofagia oswaldiana, procurando modernizar a música nacional e criar novas sonoridades por meio do experimentalismo, da mistura entre o novo e o velho, do tecnológico com o arcaico, do múltiplo e fragmentário. Caetano Veloso já tinha comentado, em entrevista, a influência que Oswald de Andrade exerceu em sua produção musical por meio do conceito de antropofagismo, da poesia Pau-Brasil e de uma posição artística agressiva contra a estagnação e a seriedade.[10] O teatro, com a peça *O Rei da Vela*, montada pelo diretor e ator José Celso Martinez Correia em 1967; e o cinema novo, com o filme *Macunaíma*, de Joaquim Pedro de Andrade, de 1969, tomaram, igualmente e antes da música popular, o Modernismo e a proposta antropofágica como um movimento inspirador.[11] Portanto, é preciso pensar que Clarice Lispector fazia parte de um grupo específico de artistas e escritores que compartilhavam um legado literário comum, não estando sozinha no cenário cultural. Um grupo de artistas que, não raro, era alvo de crítica e censura pelo fato de pensarem o Brasil sem o ideário ufanista e o acerbo patriótico. São sintomáticos, como informa Arêas, a irritação e o preconceito com que o livro da autora *A via crucis do corpo* fora recepcionado em 1974, data de sua publicação.[12] A obra clariceana se contrapunha a todo um incentivo público, expresso na Política Nacional de Cultura (PNC), que bradava pelo conhecimento do "âmago do homem brasileiro".

---

10 CAMPOS, Augusto de. *Balanço da bossa e outras bossas*. São Paulo: Perspectiva, 2008, pp. 204/205.

11 GOMES, Heloisa Toller. "Antropofagia". *In*: FIGUEIREDO, Eurícide. *Conceitos de literatura e cultura*. Rio de Janeiro: UFJF; Eduff, 2005, p. 36.

12 ARÊAS, Vilma. *Clarice Lispector*: com a ponta dos dedos. São Paulo: Companhia das Letras, 2005, p. 71.

Deve-se dizer que a relação entre o antigo e o novo, o moderno e o arcaico, o cafona e os elementos de uma indústria cultural era uma característica formal não apenas circunscrita à criação tropicalista,[13] sendo parte constituinte do fazer literário da escritora em questão. Essa mistura entre modernidade e tradição possui uma ligação profunda com os acontecimentos históricos que o país estava experimentando e com a própria história brasileira. Pode-se afirmar que a composição entre o avanço tecnológico, o obsoleto e a pobreza é um modo de representar artisticamente a realidade nacional e tem raízes históricas que vão além da Semana de 1922, correspondendo a períodos mais longínquos como o Império e o começo da República. E as obras de autores como Machado de Assis, Lima Barreto e João do Rio, por exemplo, nos dão conta desse panorama de modo muito complexo e revelador. É claro que as condições históricas e de produção intelectual são específicas de cada contexto, mas uma determinada prática política se manteve num tempo de longa duração. Essa prática diz respeito à necessidade de construir uma nação moderna ou uma grande potência nacional, que, em sua lógica, era em si mesma excludente e demarcada, pois os benefícios atendiam somente a alguns setores da sociedade. Enfim, isso significava transformação tecnológica sem mudança social e tinha como consequência um maior acirramento entre desenvolvimento econômico e intensificação da pobreza.

Nesse aspecto, ideais liberais conviviam e se adaptavam ao sistema escravocrata da Monarquia; e a própria República, fundada em bases liberais, era assegurada por forças tradicionais, como coronelismo, voto de cabresto, nepotismo, patrimonialismo, que nada tinham a ver com a conquista e o sucesso pessoal pregado pelo liberalismo. Procurava-se modificar e remodelar o espaço urbano, afugentando a população pobre para os morros e bairros distantes, condenando sua permanência em lugares centrais da cidade, sem

---

13 RIDENTI, Marcelo. *Em busca do povo brasileiro*: artista da revolução, do CPC à era da TV. Rio de Janeiro: Record, 2000, p. 394.

que houvesse nenhuma reparação ou planejamento.[14] Embora exista uma distância entre esse momento e o regime militar de 1964 que precisa ser respeitada, a ditadura foi responsável por um processo de modernização desigual, do qual o povo foi posto de lado. Houve enorme investimento na industrialização, expansão dos meios de comunicação, florescimento de uma indústria cultural, construção de grandes obras arquitetônicas, porém, a massa dos indivíduos continuou na miséria. Aliás, é importante frisar que o governo autoritário, apesar de atuar como um órgão repressor e de censura, era um grande financiador da produção cultural e de massa, promovendo, junto a empresários, a expansão dos bens culturais e da esfera artística interna. Ortiz definiu esse momento como uma "moderna tradição brasileira", uma vez que tal projeto de modernização manteve a ordem estabelecida, não rompendo com os valores do passado nem com as forças dominantes do país.[15]

Esse cenário gerou intensa discussão no universo artístico, sendo configurado não apenas enquanto conteúdo, mas também como uma forma particular de conceber a arte. Em face de uma expansão da indústria cultural, criou-se um debate tenso, girando em torno da possibilidade ou não do mercado cultural assimilar a produção artística, sem que isto representasse uma desorientação da "identidade nacional". Havia aqueles que defendiam uma produção nacional-popular autêntica, livre de elementos externos e estrangeirismos. Assim, tanto a temática quanto a estética deveriam ser realizadas com motes eminentemente brasileiros. Nesse grupo, estavam Geraldo Vandré, Sergio Ricardo e Edu Lobo. E existia outro movimento, no qual se incluíam os tropicalistas, que buscava criar uma linguagem experimental, dialogando com a indústria

---

14 SEVCENKO, Nicolau. *Literatura como Missão*. São Paulo: Companhia das Letras, 2003; SCHWARZ, Roberto. *Um Mestre na periferia do capitalismo*: Machado de Assis. São Paulo: 34, 2000.

15 ORTIZ, Renato. *A Moderna tradição brasileira*: cultura brasileira e indústria cultural. São Paulo: Brasiliense, 2006, pp. 208-210.

cultural; misturando instrumentos novos e velhos, como a guitarra elétrica, o triângulo e o berimbau; falando de aviões, automóveis e espaçonaves etc.[16]

A problemática do mercado cultural também esteve presente na ficção clariceana, por meio de signos culturais de massa, a exemplo de Pelé, Roberto Carlos e atrizes hollywoodianas, tais como Greta Garbo e Marylin Monroe; de marcas de cigarro, refrigerantes e sabonetes; e de aparelhos tecnológicos como rádio relógio e o cinema. A relação que Clarice Lispector tem com a indústria de bens espirituais ora é de desconforto, ora de aceitação. Quando aceitou escrever um livro que falasse sobre sexo, *A via crucis do corpo*, por recomendação do editor Álvaro Pacheco, a primeira reação da escritora foi a de negação, afirmando que não sabia fazer história por encomendas e que escrevia por impulso, não por dinheiro.[17] No entanto, depois, foi levada a aceitar o pedido diante da dificuldade financeira. No texto *O relatório da coisa*, de 1963, a autora imiscui na própria ficção a necessidade de ganhar dinheiro, vendendo seus escritos. "Eu quero mandar esse relatório para revista *Senhor* e quero que eles me paguem muito bem".[18] Ainda nesse texto, faz ironicamente propaganda da Coca-Cola e se queixa por estar fazendo reclame de graça.

Clarice Lispector mostra os dois sentidos da indústria cultural, revelando a ambiguidade entre mercado e criação artística. Se, por um lado, a arte é muitas vezes refém dos interesses comerciais e da necessidade de consumo, forçando o artista a produzir para sobreviver, por outro, a industrialização da cultura é capaz de oferecer aos indivíduos outros modos de sentir e pensar que vão além da

---

16 RIDENTI, Marcelo. *Em busca do povo brasileiro*: artista da revolução, do CPC à era da TV. Rio de Janeiro: Record, 2000, p. 394.

17 GOTLIB, Nádia Battella. *Clarice*: uma vida que se conta. São Paulo: Ática, 1995, p. 417.

18 LISPECTOR, Clarice. *A Descoberta do mundo*. Rio de Janeiro: Rocco, 1999.

massificação. No conto "Onde estivestes de noite",[19] por exemplo, a personagem Jubileu de Almeida ouvia sempre um rádio de pilha que informava "o mingau mais gostoso é feito com Cremogema", anunciando, logo depois, a valsa *O pensamento livre*, de Strauss. No romance *A hora da estrela*, a protagonista Macabéa segue à risca os conselhos do rádio relógio e se emociona e chora quando ouve a ária *uma furtiva lacrima*, interpretada por Caruso.[20]

Posto isso, busca-se reforçar que a autora não era indiferente aos conflitos culturais e sociais de seu tempo, fazendo parte de discussões efervescentes que moviam a intelectualidade e os profissionais da arte como um todo. Além do mais, embora o contexto ditatorial não esteja diretamente explicitado em suas obras, pode-se observar uma tessitura narrativa que remete a esse período e se organiza através da tensão entre ordem e desordem. Essa tensão pode ser até mesmo notada na própria angústia e epifania de suas personagens, que procuram se afastar do mundo que as cercam, cheio de regras e normas sociais, para adentrar no estado de liberdade e desordem, em que o ser é plenamente livre. Com razão, Alfredo Bosi aponta a obra clariceana como uma escrita de resistência, na medida em que existe, em sua ficção, uma crise interna, na qual o sujeito não reproduz mecanicamente o sistema em que está inserido, mas dá um salto de distância, pondo em colapso as redes institucionais que o prendem.[21]

De acordo com o princípio regente do regime militar, que era o da "Segurança e Desenvolvimento Nacional", o Brasil somente poderia ser uma grande nação, capaz de um alto crescimento industrial e de avanço tecnológico, caso fosse garantida a ordem. E esta só seria alcançada por meio de um Estado forte e controlador. O

---

19 LISPECTOR, Clarice. *A Descoberta do mundo*. Rio de Janeiro: Rocco, 1999, p. 51.

20 LISPECTOR, Clarice. *A Hora da estrela*. Rio de Janeiro: Rocco, 1998.

21 BOSI, Alfredo. "Narrativa e resistência". *In*: ______. *Literatura e resistência*. São Paulo: Companhia das Letras, 2002, p. 134.

medo da desordem ou de o país cair no caos era sentido nas várias instâncias militares e nos setores médios da sociedade. É com base nessa argumentação que o governo irá reprimir e censurar toda atividade e todo grupo opositor à ditadura, bem como consolidar o processo urbanístico, em curso no país desde a década de 1950. Em nome da ordem, far-se-á uma modernização de exceção, uma vez que se conservarão, na estrutura do país, elementos ainda arcaicos e se aprofundarão os problemas sociais.[22] O projeto militar assinalava que, para o país se modernizar, era necessário produzir e acumular, sacrificando a geração presente para promover a grandiosidade nacional futura.

Todavia, o discurso da ordem não era exclusivo da política militar de 1964. O governo Vargas implantou o Estado Novo, marcado também pela centralização e pelo autoritarismo, com base na ideia de segurança e de estabilidade nacional. O êxito do golpe se dava porque ele tocava fundo no temor do "caos" comunista. Pode-se dizer que esse retesamento é característico de toda uma longa duração temporal. E os escritos de Clarice Lispector compõem esses vestígios de maneira crítica e bem particular. Portanto, os elementos que costuram a obra da autora, como os conflitos entre ordem e desordem e tecnologia/civilização e primitivo possuem, além do caráter existencial, um valor social e histórico.

3 "Registro dos fatos antecedentes"[23]

A tensão entre ordem e desordem é um processo formal consistente na ficção clariceana. A desordem é sempre posta como uma ameaça, que pode ser acionada a qualquer momento, por qualquer evento, o mais simples possível. Nesse sentido, embora a vida cotidiana pudesse ser cuidadosamente disciplinada, algo no ar, as pequenas

22 RIDENTI, Marcelo. *Em busca do povo brasileiro*: artista da revolução, do CPC à era da TV. Rio de Janeiro: Record, 2000, p. 42.

23 Um dos onze títulos da novela de Clarice Lispector *A Hora da estrela*.

disposições dos objetos ou certas horas perigosas poderiam acionar um outro viver, o qual desestabilizaria o nosso eu interior e toda relação externa. Mas essa desestruturação não é permanente. Os seres fictícios de Clarice Lispector voltam frequentemente para o seu estado de normalidade. Mas, se no plano da narrativa, a desordem suplanta a ordem das coisas por um período limitado, na narração, a desordem é uma constante. O fazer literário da escritora é múltiplo e fragmentário, fugindo da linearidade. A desordem é resistência.

Em *A hora da estrela*, o narrador-escritor Rodrigo S. M. quer contar uma "história com começo, meio e 'grand finale'",[24] mas escreve uma obra plural, carregada de interferências e paradas, que destrói a disciplina do enredo. Deve-se observar que esse personagem escritor é caracteristicamente autoritário e nega ao leitor outra interpretação da história que não seja a sua. Além disso, sente medo de cair no universo da desordem. "(Com excesso de desenvoltura estou usando a palavra escrita e isso estremece em mim que fico com medo de me afastar da *Ordem* e cair no abismo povoado de gritos: o *Inferno* da liberdade. Mas continuarei)".[25] É preciso deixar claro que se está diante de uma figura complexa e bastante irônica. Vai não vai, Rodrigo S. M. brinca com seus leitores, construindo intencionalmente essa tensão, afirmando um desejo e fazendo o contrário, adiando o término do seu texto para nos provocar e nos encher de curiosidade.

Todavia, o livro que expressa com maior agudeza o estado caótico, a vontade da ordem e sua negação é *A paixão segundo G. H.* Contada em primeira pessoa, a narrativa é um relato de uma mulher de classe média que vê sua vida transformada ao entrar no quarto vazio da empregada. A organização e a limpeza do compartimento são quebradas quando sai do guarda-roupa uma barata. Nesse

---

24 LISPECTOR, Clarice. *A Hora da estrela*. Rio de Janeiro: Rocco, 1998, p. 13.

25 LISPECTOR, Clarice. *A Hora da estrela*. Rio de Janeiro: Rocco, 1998, p. 37.

instante, a personagem central cai em crise, entrando em contato com aquilo que havia de mais primitivo do seu ser, chegando ao clímax de comer o animal. Com isso, rompe-se toda regra estabelecida, e surge o medo da desorientação completa e de não ser capaz de voltar ao que se era antes.

> Eu não queria reabrir os olhos, não queria continuar a ver. Os regulamentos e as leis, era preciso não esquecê-los, é preciso não esquecer que sem os regulamentos e as leis também não haverá a ordem, era preciso não esquecê-los e efendendê-los para me defender.
>
> Mas é que já não podia mais me amarrar.
>
> A primeira ligação já se tinha involuntariamente partido, e eu me despregava da lei, mesmo intuindo que iria entrar no inferno da matéria viva – que espécie de inferno me aguardava? mas eu tinha que ir. Eu tinha que cair na danação de minha alma, a curiosidade me consumia.[26]

Cidade Sitiada tem, do mesmo modo, um sentido assaz relevante. O romance narra o progresso do subúrbio de S. Geraldo, na década de 1920, a partir da história de Lucrécia Neves, personagem que tem uma relação simbiótica com o lugar. Na cidade impera uma certa ordem aparente, que os citadinos não poderiam ultrapassar. Os objetos, os acessórios e o próprio espaço eram significados pelo que superficialmente representavam. As coisas eram o que são. Uma flor era uma flor, uma casa era uma casa, uma rua era uma rua. A realidade não poderia ser aprofundada. “O difícil é que a aparência era a realidade”. Nesse mundo, as pessoas mal diziam, simplesmente olhavam. O olhar de Lucrécia e dos cidadãos é um ato perene sobre a cidade e os objetos: os bibelôs e enfeites da casa, a cadeira, a mesinha, os jarros, os homens e os bichos.

---

26 LISPECTOR, Clarice. *A Paixão segundo G. H.* Rio de Janeiro: Rocco, 2014, p. 54.

Entretanto, apesar dessa arrumação e da suposta tranquilidade do local, subjazia uma existência subterrânea, sinalizada pela presença dos esgotos e dos ratos, que saiam à noite. O subúrbio tinha os seus buracos e suas fronteiras, locais "quase desertos", que tomavam o nome de "passeios". Era uma cidade autoritária, e todo aquele que procurava escapar de sua disposição era jogado no manicômio: "S. Geraldo estava cheio de pessoas fulguradas que se sacolejavam plenas de alegrias no carro de socorro do Hospício Pedro II".[27] Ronda o ambiente e a personagem principal uma atmosfera de medo, de que algo escape, de que algo possa transpor a orbe da aparência e da coisa. Porém, com a expansão e a modernização do lugar, aos poucos começam a surgir os primeiros desertores; e a construção do viaduto, que fecha o final da história, é um símbolo da transformação da urbe e dos seres fictícios. Lucrécia, por exemplo, já tomara um ar de forasteira, perdendo sua identificação com a cidade, buscando um meio de escapar.

É importante ainda analisar a esquematização da cidade, pois ela era composta de elementos modernos e antigos. O subúrbio misturava o cheiro da estrebaria com o progresso; as ruas eram passagens para carroças, assim como para o automóvel com suas buzinas. Havia igreja e casas de arquitetura antiga, mas igualmente fábricas, edifício modernista, usina e ferrovia. No morro, criavam-se cavalos, que às vezes invadiam as partes centrais da região. Esse animal, no romance, possui uma qualidade ancestral, representando o componente primitivo não apenas do arrabalde, mas dos próprios cidadãos. Por isso, as personagens são associadas fisicamente ao cavalo, possuindo patas, dando coice, relinchando, mostrando a gengiva e os dentes amarelos. Os galos nesse espaço ficcional têm igual função, remetendo-se a um tempo antigo. Em *A hora da estrela*, o Rio de Janeiro é descrito, do mesmo jeito, como uma cidade técnica e antiga, repleta de vitrine, cinema, automóveis, mas também de galos

---

27 LISPECTOR, Clarice. *Cidade sitiada*. Rio de Janeiro: Rocco, 1988, p. 93.

a cocoricar. “Onde caberia um galo a cocoricar naquelas paragens ressequidas de artigos por atacados de exportação e importação?”,[28] pergunta o narrador. E até mesmo Macabéa simboliza uma época longínqua, de alusão bíblica, a história dos *Macabeus*. Ademais, a protagonista é a faceta extrema e indesejada da urbe industrializada: a sua pobreza, sua desigualdade e injustiça.

A questão da desigualdade social em Clarice Lispector é organizada de forma bem marcante, porque a escritora explora dois extremos, construindo uma narrativa de enfrentamento entre a pobreza e a riqueza. Nesse confronto, o mundo da carência tem o papel de colocar em crise o universo da abastança e da aparência, dissolvendo e pondo em interrogação a sociedade estabelecida. Essa falta material é acompanhada, geralmente, de uma falta física, isto é, da ausência/ou da dor de dente, da cegueira e até de uma amputação de um membro do corpo.

Ainda em *A hora da estrela*, esse conflito se realiza entre o narrador Rodrigo S. M. e a protagonista Macabéa. Em vários momentos do enredo, é relatado um mal-estar diante do fosso social que separa os dois seres fictícios. Rodrigo S. M., enquanto escritor marginal, põe-se num limbo, não pertencendo a classe nenhuma. “A classe alta me tem como um monstro esquisito, a média com desconfiança de que eu possa desequilibrá-la, a classe baixa nunca vem a mim”.[29] Macabéa é uma dolorosa realidade que se obriga a aceitar, que é fisgada de relance, mas está materialmente distante do narrador.

---

28 LISPECTOR, Clarice. *A Hora da estrela*. Rio de Janeiro: Rocco, 1998, p. 30.

29 LISPECTOR, Clarice. *A Hora da estrela*. Rio de Janeiro: Rocco, 1998, pp. 18/19.

No conto "A bela e a fera ou a ferida grande demais",[30] escrito em 1977, a personagem Carla de Sousa e Santos, uma mulher rica e bonita, entra num terreno de angústia e incerteza quando é abordada por um mendigo desdentado, sem perna e pustulento, na saída de um salão de beleza no Copacabana Palace Hotel. No instante desse contato, a narrativa é suspensa para dar vazão a divagações da personagem, que põe em xeque sua condição existencial e social, desmontando a naturalização de sua riqueza e do estado de pobreza do pedinte. A partir daí, o humano se iguala, e Carla passa a se reconhecer como também em falta, como também mendiga. A sua beleza se transmuta em máscara e já não se pode mais fingir. "Tomava plena consciência de que até agora fingira que não havia os que passam fome, não falam nenhuma língua e que havia multidões anônimas mendigando para sobreviver".[31] No conto *Amor*, esse desmascaramento social é detonado na ocasião em que a protagonista Ana se depara com um cego mascando chiclete.[32] Não é somente uma vida misteriosa e nauseante que é revelada, mas também uma existência de privações. "Quando Ana pensou que havia crianças e homens grandes com fome, a náusea subiu-lhe à garganta, como se ela estivesse grávida e abandonada". Até então, Ana era apenas uma dona de casa, de classe média, que tentava organizar seu cotidiano, buscando se afastar do perigo de viver.

Para Clarice Lispector, o problema da fome era angustiante e deveria ser resolvido com muita urgência. Na crônica "Daqui a vinte e cinco anos", ela dizia que a miséria no Brasil era endêmica, devendo ser decretado estado de prontidão contra a carência alimentar do

---

30 LISPECTOR, Clarice. "A bela e a fera ou a ferida grande demais". *In*: _____. *A bela e a fera*. Rio de Janeiro: Rocco, 1999.

31 LISPECTOR, Clarice. "A bela e a fera ou a ferida grande demais". *In*: _____. *A bela e a fera*. Rio de Janeiro: Rocco, 1999, p. 106.

32 LISPECTOR, Clarice. "Amor". *In*: _____. *Laços de família*. Rio de Janeiro: Rocco, 2009, p. 25.

povo.[33] A autora desejava que, num futuro próximo, a compreensão dos "movimentos caóticos" de sua atualidade pudesse ser o primeiro passo para melhorar a situação econômica dos pobres, oferecendo uma vida mais digna aos homens, às mulheres e às crianças.

Em suma, Clarice Lispector pensava o Brasil em sua complexidade e contradições. Um país que se construía na desordem e na ambiguidade, técnico e antigo ao mesmo tempo, rico e também marcado pela pobreza extrema.

Perguntada um dia se fazia literatura engajada, a escritora respondeu: "na verdade sinto-me engajada. Tudo o que escrevo está ligado, pelo menos dentro de mim, à realidade em que vivemos".[34]

Referências bibliográficas

ABDALA JÚNIOR, Benjamin. "Biografia de Clarice, por Benjamin Moser: coincidências e equívocos". *Estudos Avançados*, vol. 24, nº 70, 2010.

ARÊAS, Vilma. *Clarice Lispector*: com a ponta dos dedos. São Paulo: Companhia das Letras, 2005.

BOSI, Alfredo. "Narrativa e resistência". *In*: _____. *Literatura e resistência*. São Paulo: Companhia das Letras, 2002.

CAMPOS, Augusto de. *Balanço da bossa e outras bossas*. São Paulo: Perspectiva, 2008.

COUTINHO, Edilberto. "Uma mulher chamada Clarice Lispector". *In*: _____. *Criaturas de papel*: temas de literatura & sexo & folclore & carnaval & televisão & outros temas da vida. Rio de Janeiro: Civilização Brasileira; Brasília: INL, 1980.

GOMES, Heloisa Toller. "Antropofagia". *In*: FIGUEIREDO, Eurícide. *Conceitos de literatura e cultura*. Rio de Janeiro: UFJF; Eduff, 2005.

---

33 LISPECTOR, Clarice. *A Descoberta do mundo*. Rio de Janeiro: Rocco, 1999, p. 33.

34 LISPECTOR, Clarice. *A Descoberta do mundo*. Rio de Janeiro: Rocco, 1999, p. 61.

GOTLIB, Nádia Battella. *Clarice:* uma vida que se conta. São Paulo: Ática, 1995.

LINS, Álvaro de. *Os mortos de sobrecasaca*: ensaios e estudos (1940/1960). Rio de Janeiro: Civilização Brasileira, 1963.

LISPECTOR, Clarice. "A bela e a fera ou a ferida grande demais". *In*:_____. *A bela e a fera*. Rio de Janeiro: Rocco, 1999.

_____. "Amor". *In*: _____. *Laços de família*. Rio de Janeiro: Rocco, 2009.

_____. "Entrevista concedida a Edilberto Coutinho". *O Globo*, 1976.

_____. "Literatura de vanguarda no Brasil". *In*: VARIN, Claire. *Línguas de fogo*: ensaio sobre Clarice Lispector. Trad. Lúcia Peixoto Cherem. São Paulo: Limiar, 2002.

_____. *A Descoberta do mundo*. Rio de Janeiro: Rocco, 1999.

_____. *A Hora da estrela*. Rio de Janeiro: Rocco, 1998.

_____. *A Paixão segundo G. H.* Rio de Janeiro: Rocco, 2014.

_____. *Cidade sitiada*. Rio de Janeiro: Rocco, 1988.

MOSER, Benjamin. *Clarice*. Trad. José Geraldo Couto. São Paulo: Cosac Naify, 2009.

ORTIZ, Renato. *A Moderna tradição brasileira*: cultura brasileira e indústria cultural. São Paulo: Brasiliense, 2006.

RIDENTI, Marcelo. *Em busca do povo brasileiro*: artista da revolução, do CPC à era da TV. Rio de Janeiro: Record, 2000.

SCHWARZ, Roberto. *Um Mestre na periferia do capitalismo*: Machado de Assis. São Paulo: 34, 2000.

SEVCENKO, Nicolau. *Literatura como Missão*. São Paulo: Companhia das Letras, 2003.

CLEMENTINA DE JESUS (1901-1987)

"MEMÓRIA QUE OU SE CANTA, OU SE PERDE"[1]

HELENA WAKIM MORENO

Clementina de Jesus da Silva nasceu em 7 de fevereiro em 1901, em Valença, município situado na região do Vale do Paraíba, no estado do Rio de Janeiro. Contudo, tanto o nome como a data de nascimento são incertos: sua certidão de batismo afirma que Clementina foi batizada em 1901, porém ela disse certa vez em uma entrevista que nascera em 1903, enquanto sua certidão de casamento informa que nascera em 1907. Nas certidões, o nome de Clementina também

1 O título é uma referência ao perfil do cantor Atahualpa Yupanqui, traçada por Eduardo Galeano: "para continuar o caminho canta, cantando o que andou Atahualpa Yupanqui. E para continuar a história: porque história de pobre se canta ou se perde, e disso ele sabe (...)". Ver: GALEANO, Eduardo. *O século do vento*. vol. 3. Porto Alegre: L&PM, 2005, p. 180.

varia: em 1943, era "Clementina de Jesus da Silva"; em 1950, seu nome completo era "Clementina de Jesus dos Santos"; ao passo que, em 1974, foi grafado como "Clementina Laura de Jesus".[2] Mas nada disso importava muito para ela: "ô meu filho, faça as contas, meu filho! Deixe disso...",[3] disse ela certa vez ao tentar lembrar sua idade.

Seja como for, quando Clementina nascera, pouco mais de uma década após a abolição da escravidão (1888), Valença contava com um grande número de afrodescendentes e africanos, estes trazidos de forma clandestina para trabalhar na cultura cafeeira. Com o crescimento da demanda por café e a consequente intensificação da exploração da mão de obra de origem africana, não tardou a surgir na região uma cultura de resistência, tendo no jongo uma de suas principais expressões culturais. Para o historiador Robert Slenes, essa combinação de música, dança e verso é testemunho da presença e articulação de comunidades de origem bantu, advindas da África Central no século XIX.[4]

Moradora do bairro da Carambita, afastado do centro da cidade, mas relativamente próximo das comunidades quilombolas das redondezas, Clementina nasceu em uma família de origem africana, cuja musicalidade era parte da vida cotidiana. A mãe de Clementina, a parteira e rezadeira Amélia de Jesus, realizava os afazeres domésticos entoando canções aprendidas com seus pais, que haviam sido escravos, e com a comunidade afrodescendente da região. Amélia escapara da escravidão porque, de acordo com a filha,

---

2 As referências às certidões são de Lena Frias; já a entrevista em questão é a que Clementina concedeu ao Museu da Imagem e Som em 1967. Cf. COELHO, Heron (Coord.). *Rainha Quelé – Clementina de Jesus*. Valença: Editora Valença, 2001, pp. 26/27.

3 COELHO, Heron (Coord.). *Rainha Quelé – Clementina de Jesus*. Valença: Editora Valença, 2001.

4 SLENES, Robert W. *The demography and economics of Brazilian slavery*. Stanford: Stanford University, 1976. (Tese de Doutorado em História).

nascera após a proclamação da Lei do Ventre Livre (1871). Segundo a própria Clementina, o jongo "Cercar paca", que integra o álbum *Clementina, cadê você?* (1970), fora aprendido com sua mãe que, enquanto lavava roupa nos fundos da casa, cantava os versos "Eu quero / cerca paca, meu mano / na tria aqui passa cotia / cachorro aqui enguli osso / ora vejam só / é porque sabe que se fia".[5] O pai de Clementina, Paulo Baptista, carpinteiro e pedreiro, era um conhecido violeiro e capoeirista em Valença. As memórias vivas das cantigas que conhecera na infância atestam o quanto a música já era algo marcante para ela desde pequena.

Na passagem do século XIX para o século XX, a produção cafeeira do Vale do Paraíba entrou em uma crise provocada, sobretudo, pela queda de produtividade do solo. A família de Clementina se viu diretamente afetada por esse novo cenário e não encontrou outra solução a não ser migrar. Por isso, ainda menina, Clementina se mudou junto com sua família para a casa de um tio em Jacarepaguá, na cidade do Rio de Janeiro.

A mudança de ares não veio acompanhada por uma inibição da paixão de Clementina pela música. Ao contrário, talvez tenha auxiliado a fomentá-la. Pouco após sua chegada à capital carioca, Clementina se tornou a principal voz do grupo de pastorinhas do bairro, parte da festa de Folia de Reis que busca representar os três reis magos em sua viagem para visitar Cristo. O mestre pastoril João Cartolinha encantou-se pela voz de Clementina e fez dela a "peixinha", personagem da festa que simboliza o alimento. Nessa mesma época, Clementina começou a cantar no coro do orfanato Santo Antônio, escola católica onde estudava. Em suas entrevistas, Clementina fazia sempre questão de reforçar a importância de sua fé: "Sou católica, misseira... sou, sou mesmo".[6] Contudo, suas crenças

---

5 FRIAS, Lena. "Biografia". *In*: COELHO, Heron (Coord.). *Rainha Quelé – Clementina de Jesus*. Valença: Editora Valença, 2001, p. 28.

6 JESUS, Clementina de. "Entrevista de Clementina de Jesus ao Museu da Imagem e Som". *MIS*, 1967.

nunca a impediram de frequentar espaços de práticas religiosas de matriz africana. Dizia achar bonito, admirar a festa.

Na tentativa de compreender os trânsitos religiosos em torno de Clementina, vale refletir sobre o apelido que a acompanhou a vida toda: "Quelé". Dado por João Cartolinha, há quem diga que "Quelé" faz alusão ao próprio nome "Clementina". Porém, vale lembrar que "quelé" ou "quelê" é o nome dado a um adereço, que lembra um colar de contas, utilizado no candomblé para sinalizar a submissão a um orixá.

Pouco depois de a família ter se mudado para o Rio de Janeiro, o pai de Clementina faleceu. Nessa fase, mesmo tendo de se mudar da casa do tio com a mãe, sua relação com João Cartolinha se estreitou. A seu convite, ela conheceu e se apresentou no clube Moreninha de Campinas, no bairro Oswaldo Cruz. Nesse início de século, o bairro já era um reduto de grandes nomes do samba, com os quais Clementina conviveu com bastante proximidade, como os compositores Paulo da Portela, Donga e Pixinguinha. Nessa mesma época, conheceu Hilária Batista de Almeida, a Tia Ciata, figura central na história da constituição do carnaval no Rio de Janeiro. Nessa mesma época, também conheceu Dona Esther, carnavalesca e fundadora de diversos blocos que, em 1923, Clementina de Jesus, agora moça, viu darem origem à escola de samba Portela.

As convivências nos espaços dos sambas e das festas iam além do divertimento, tecendo laços de solidariedade e compadrio, por vezes marcados por dimensões rituais. Tanto Tia Ciata quanto Maria de Neném, madrinha de Laís, primogênita de Clementina, eram mães de santo, adeptas do candomblé. Clementina conta ter participado de algumas cerimônias no terreiro da comadre. Mesmo declarando-se católica, as experiências e as sociabilidades nesses espaços se fariam presentes em vestuário, estética e interpretações que adotaria.

Em 1940, Clementina de Jesus se casou com o estivador Albino Correia Bastos da Silva, o Pé Grande, que a acompanhou até o final de seus dias. Dessa união, nasceu Olga, filha caçula de Clementina. Casada, ela deixou Oswaldo Cruz e foi viver na Mangueira, onde passou a desfilar pela escola Estação Primeira de Mangueira, fundada entre outros, por Cartola, de quem se tornou amiga. Ao longo de sua vida, Clementina trabalhou como banqueteira, quituteira, lavadeira e empregada doméstica. Certa vez, Clementina cantava enquanto lavava roupa nos fundos da casa onde trabalhava, tal como fazia sua mãe. Incomodada com a voz de Clementina, a patroa perguntou, refratária: "você está cantando ou miando?"[7] Apesar do seu gosto confesso pelo canto, Clementina não tinha a pretensão de se tornar cantora profissional. Cantava com os amigos nas folias, nos bailes, nas festas, no carnaval, nos bares, tudo com muito entusiasmo, mas sem maiores pretensões.

Contudo, sua sorte mudaria em 1963, ao conhecer o poeta, produtor e compositor Hermínio Bello de Carvalho. Muitas são as versões acerca desse encontro, mas é certo que ele e Clementina conversaram pela primeira vez na inauguração do restaurante Zicartola, cujos donos eram Cartola e Dona Zica, sua esposa. Pouco tempo depois, Hermínio gravou Clementina de Jesus cantando. Segundo Clementina, gravaram poucas músicas, entre elas o samba "Tudo Azul", da Portela.[8]

Entusiasmado com a originalidade e a voz de Clementina, Hermínio montou um espetáculo para o movimento *Menestrel*, projeto que estava sendo organizado pelo produtor com o tema "violão e banzo". A primeira parte do espetáculo consistia em uma apresentação de música erudita e a segunda trazia música popular. O primeiro show dessa série trouxe o violonista Turíbio Santos e Clementina de Jesus em 1963, no Teatro Jovem. A apresentação de Clementina deixou o público impressionado. Segundo Turíbio Santos,

---

7 PAVAN, Alexandre. *Timoneiro*: perfil biográfico de Hermínio Bello de Carvalho. Rio de Janeiro: Casa da Palavra, 2006, p. 72.

8 JESUS, Clementina de. "Entrevista de Clementina de Jesus ao Museu da Imagem e Som". *MIS*, 1967.

"as pessoas ficaram literalmente de boca aberta com Clementina (...) ela não só jogava a música para fora, ela de fato interpretava a música".[9] Contrastando com a estética intimista da Bossa Nova tão em voga na época, o tom alto e envolvente de Clementina, além de trazer uma forma diferente de cantar, era portador de um repertório de temas das memórias dos ex-escravos, que permaneciam até então marginalizadas. A partir de sua voz, Clementina articulava com muita naturalidade cantigas, ritmos, dizeres e vocábulos que contavam uma outra história dos afrodescendentes no Brasil.

Entusiasmado com o sucesso do *Menestrel*, Hermínio Bello de Carvalho montou o espetáculo *Rosa de Ouro*, também apresentado no Teatro Jovem. Nessa nova apresentação, juntou-se a Clementina de Jesus a cantora Aracy Cortes, muito lembrada por ter sido a primeira intérprete de *Aquarela do Brasil*, de Ary Barroso. Além das duas presenças femininas, compunham o espetáculo Jair do Cavaquinho, sambista da Portela, o jovem Paulinho da Viola e os compositores e ritmistas Nescarzinho do Salgueiro e Elton Medeiros, que cunhou o tema *Clementina, cadê você?* Hermínio concebeu o *Rosa de Ouro* para lembrar a importância dos grandes sambistas cariocas, o que fazia com que tivesse um certo apelo de retorno às origens da música popular brasileira, trazendo jongos, partidos altos e sambas. Da perspectiva cênica, o espetáculo também era original: exibia projeções com depoimentos de grandes nomes da MPB, como Cartola, Donga, Pixinguinha (autor do jongo que dava início ao espetáculo, "Benguelê"), Elizeth Cardoso, entre outros.

Sucesso de público, *Rosa de Ouro* foi também aclamado pela crítica, como exemplifica o comentário de Hélio Fernandes na *Tribuna da Imprensa*: "em matéria musical sobre o samba [Rosa

---

9 TV BRASIL. "Clementina de Jesus". *De lá pra* cá, 26 jun. 2011. Disponível em: https://www.youtube.com/watch?v=yUwgqyc7CJ0. Acessado em: 13.05.2015.

de ouro] é incomparável".[10] A repercussão fez com que os artistas envolvidos viajassem para várias capitais brasileiras apresentando seu repertório. O espetáculo inspirou a gravação do LP *Rosa de Ouro* (1965), o primeiro de Clementina de Jesus. Para a Lena Frias, esse álbum dá a tônica da sua discografia.

Clementina gravou ao todo 12 álbuns. Em *Milagre dos Peixes* (1973), de Milton Nascimento, *As forças da Natureza* (1977), de Clara Nunes, e *Partido Alto nota 10* (1984), de Aniceto do Império, fez participações especiais. Dos outros nove álbuns gravados por ela, oito foram produzidos por Hermínio Bello de Carvalho, a quem Clementina com afeto chamava de "filho".

Se, em 1965, a valenciana Clementina de Jesus deixara o estado do Rio de Janeiro para viajar o Brasil, em 1966, ela ganhou o mundo. Foi indicada pelo governo nacional para representar o Brasil no I Festival Mundial de Artes Negras, em Dakar (Senegal). Considerado um momento marcante de afirmação de uma identidade cultural africana, o evento foi organizado com o apoio do presidente do Senegal Léopold Senghor e reuniu uma geração de artistas africanos e afrodescendentes em uma conjuntura na qual as lutas de libertação multiplicavam-se pelo continente africano. Clementina cruzou o Atlântico na companhia de Elizeth Cardoso, Elton Medeiros, Paulinho da Viola e Haroldo Costa, responsável pela delegação brasileira. Mais uma vez, foi reverenciada pelo público, e devolvia o carinho dizendo em português: "que Nossa Senhora da Conceição olhe por vocês!" Anos mais tarde, Clementina lembrou com sua habitual descontração de ter dançado com o imperador da Etiópia, Hailé Selassié, em um jantar na casa do embaixador brasileiro no Senegal.[11] Nesse mesmo ano, Clementina representou o Brasil no Festival de Cannes, na França. Mais tarde, o governo francês concedeu

---

10 FERNANDES, Hélio *apud* O ESTADO DE SÃO PAULO. "Rosa de Ouro no teatro oficina". *O Estado de São Paulo*, 5 set. 1965, p. 19.

11 FRIAS, Lena. "Biografia". *In*: COELHO, Heron (Coord.). *Rainha Quelé – Clementina de Jesus*. Valença: Editora Valença, 2001, p. 25.

a ela a Comenda da Ordem das Artes e Letras. Mesmo com tantas novidades em seu universo, Clementina continuou morando em sua casa, desempenhando seus afazeres cotidianos, mantendo sua rotina. Adorava gastar suas horas na cozinha preparando doces, sua tentação confessa.

A década de 1970 foi particularmente dura para a sambista: em 1974, sua filha Laís faleceu e, passados três anos, foi a vez de seu esposo lhe deixar. Some-se a isso a sua saúde, que já inspirava cuidados à época. Mesmo assim, foi uma década de trabalhos importantes: em 1970, gravou seu primeiro álbum solo, *Clementina, cadê você?*

Um dos últimos trabalhos de Clementina foi a gravação do álbum *Canto dos escravos*, projeto do qual também participaram os sambistas Tia Doca e Geraldo Filme. O intuito do projeto era gravar 14 das 65 canções de trabalho recolhidas pelo filólogo e linguista Aires da Mata Machado Filho em São João da Chapada, município de Diamantina (Minas Gerais), entre as décadas de 1920 e 1930. Os vissungos, como eram chamadas as cantigas, eram cantados em "língua de banguela" (e não "Benguela") ou "língua de Angola", como ensinavam os afrodescendentes da região. Contudo, o estudioso também identificou partículas e sonoridades nagôs. Possivelmente, essa herança advém de escravos trazidos da região Nordeste do país para trabalhar nas minas do interior.

A presença das línguas bantus pulsa nos vissungos. Tomemos como exemplo o "Canto II", interpretado por Clementina de Jesus. Além de uma numerosa quantidade de termos bantus como "cacunda" (do kimbundu, "kakunda" quer dizer "corcovado"),[12] o acréscimo de vogais em palavras em português, como se pode notar no verso "purugunta aonde vai", é algo recorrente na fala de descendentes de

12 A tradução foi feita a partir de ASSIS JÚNIOR, Antonio de. *Dicionário kimbundu-português*. Luanda: Edição de Argente Santos & Cia. Ltda.,1941.

espaços bantus. Além disso, a presença de um verso repetido diversas vezes por um coro, que responde ou encoraja o solista, também é identificável nesse vissungo, nos versos "Ê, chora, chora gongo, ê devera, chora gongo chora, / Ê, chora, chora gongo, ê cambada, chora gongo chora".[13]

Contudo, como observa Sônia Queiróz, no álbum *Canto dos Escravos*, é feita uma interpretação rítmica de matriz nagô-iorubá dos cantos, evidenciada pelo padrão binário.[14] Essa característica denota o quanto esse álbum foi capaz de cruzar trânsitos e sentidos da presença africana no Brasil ao interpretar a produção de uma localidade específica. Dito de outra forma, Clementina traz nos vissungos do norte de Minas Gerais fragmentos de muitas das Áfricas que o Brasil comporta.

Essa não foi a última vez que Clementina entrou no estúdio, mas foi um ponto crucial de sua trajetória, uma vez que, em *Canto dos Escravos*, ela utiliza sua voz para falar de memórias que não são suas ou de seus antepassados imediatos, mas que remontam às trajetórias de outras Clementinas.

Clementina faleceu no dia 19 de julho de 1987 em decorrência de um acidente vascular cerebral, o quinto que sofria. Sua história é parte indissociável da história da música popular brasileira e de suas transformações no século XX. Como disse certa vez a cantora Leny Andrade, "Clementina é o horizonte da MPB e também o seu limite".[15]

---

13 Sobre esta temática, ver LOPES, Nei. "Estudo". *In*: COELHO, Heron (Coord.). *Rainha Quelé – Clementina de Jesus*. Valença: Editora Valença, 2001, pp. 55-62.

14 QUEIRÓZ, Sônia. "Vozes da África em terras diamantinas". *In*: SECRETARIA DA CULTURA DO ESTADO DE MINAS GERAIS. *Cantos afrodescendentes vissungos*. Belo Horizonte: SCEMG, 2008.

15 COELHO, Heron. "Depoimentos". *In*: COELHO, Heron (Coord.). *Rainha Quelé – Clementina de Jesus*. Valença: Editora Valença, 2001, pp. 70-80.

Referências bibliográficas

ASSIS JÚNIOR, Antonio de. *Dicionário kimbundu-português*. Luanda: Edição de Argente Santos & Cia. Ltda.,1941.

COELHO, Heron (Coord.). *Rainha Quelé – Clementina de Jesus*. Valença: Editora Valença, 2001.

_____. "Depoimentos". *In*: COELHO, Heron (Coord.). *Rainha Quelé – Clementina de Jesus*. Valença: Editora Valença, 2001.

FRIAS, Lena. "Biografia". *In*: COELHO, Heron (Coord.). *Rainha Quelé – Clementina de Jesus*. Valença: Editora Valença, 2001, p. 28.

GALEANO, Eduardo. *O século do vento*. vol. 3. Porto Alegre: L&PM, 2005

JESUS, Clementina de. "Entrevista de Clementina de Jesus ao Museu da Imagem e Som". *MIS*, 1967.

LOPES, Nei. "Estudo". *In*: COELHO, Heron (Coord.). *Rainha Quelé – Clementina de Jesus*. Valença: Editora Valença, 2001.

O ESTADO DE SÃO PAULO. "Rosa de Ouro no teatro oficina". *O Estado de São Paulo*, 5 set. 1965

PAVAN, Alexandre. *Timoneiro*: perfil biográfico de Hermínio Bello de Carvalho. Rio de Janeiro: Casa da Palavra, 2006, p. 72.

QUEIRÓZ, Sônia. "Vozes da África em terras diamantinas". *In*: SECRETARIA DA CULTURA DO ESTADO DE MINAS GERAIS. *Cantos afrodescendentes vissungos*. Belo Horizonte: SCEMG, 2008.

SLENES, Robert W. *The demography and economics of Brazilian slavery*. Stanford: Stanford University, 1976. (Tese de Doutorado em História).

TV BRASIL. "Clementina de Jesus". *De lá pra cá*, 26 jun. 2011. Disponível em: https://www.youtube.com/watch?v=yUwgqyc7CJ0. Acessado em: 13.05.2015.

DÉA RIBEIRO FENELON (1933-2008)

"NÃO SERIA OUTRA COISA, SENÃO PROFESSORA DE HISTÓRIA"

SELVA GUIMARÃES

Foi com muita honra que aceitei o convite para fazer parte desta obra coletiva e, neste espaço, rememorar escritos, feitos, lutas da educadora Déa Ribeiro Fenelon, de modo especial, celebrar sua presença marcante na história do ensino de História no Brasil.

Conheci Déa em 1978, quando iniciei a graduação em Estudos Sociais em História na Universidade Federal de Uberlândia. Era o auge da luta pela extinção da Licenciatura Curta em Estudos Sociais. Ela participava ativamente do movimento. Muito me impressionou a força da argumentação, a clareza das ideias e o espírito de lutas. Uma mulher combativa, uma extraordinária liderança da área. Durante minha vida estudantil na graduação e na pós-graduação, nossos caminhos se cruzaram. Relembro aqui sua postura de rigor acadêmico e de generosidade em minha banca de mestrado na USP, em 1991. A presença de Déa marcou de forma inesquecível minha geração, seja como pesquisadora na Unicamp e, posteriormente, na PUC-SP, seja como professora, produtora de textos e materiais, liderança na Apuh, defensora de mudanças no ensino de história na educação básica e superior e na atuação em diversos espaços institucionais, assessorando, formulando, participando da definição e implementação de políticas culturais e educacionais. Dentre suas várias produções, não posso deixar de mencionar dois textos que muito contribuem para a história do ensino de História: "A formação do profissional de História e a realidade de ensino"[1] e "A questão de Estudos Sociais".[2] Esses dois textos reúnem dimensões da luta de Déa Fenelon acerca do ensino de história e da formação do profissional dessa área.

Quando delimitei meu tema de pesquisa no curso de doutorado na FFLCH-USP – história oral de vida de professores de história brasileiros –, sob a orientação do professor Marcos Silva, decidimos que uma das colaboradoras da nossa pesquisa seria a Professora Déa Ribeiro Fenelon por atender a todos os critérios definidos na escolha dos entrevistados, dentre eles o fato de ter sido professora da educação básica. A tese *Ser Professor de História: Vidas de Mestres Brasileiros*, defendida em 1996, resultou no livro, publicado pela editora Papirus em 1997, *Ser Professor no Brasil: História Oral de Vida*. As entrevistas com a professora Déa foram realizadas em 1995 e a tese defendida em 1996. A narrativa de Déa revela seu interesse de narrar e, como nos ensinou Benjamim, de "preservar o narrado"; sua força e delicadeza, sua vivacidade e sua combatividade são marcas de sua história de vida. A seguir, apresentarei alguns trechos das entrevistas para ficar registrado neste coletivo de história de mulheres brasileiras

---

1 FENELON, Déa Ribeiro. "A formação do profissional de História e a realidade de ensino". *Cadernos Cedes*, nº 8, 1983.

2 FENELON, Déa Ribeiro. "A questão de Estudos Sociais". *Cadernos Cedes*, nº 10, 1984.

que fizeram e lutaram pela História. A entrevista integral pode ser lida na tese de doutorado mencionada anteriormente.

***

"Nasci em 1933, na cidade de Ituiutaba, Minas Gerais. A minha família é toda da região do Triângulo Mineiro. Perdi meu pai muito cedo e minha mãe foi para Belo Horizonte, trabalhar e estudar no Curso de Aperfeiçoamento em Pedagogia, e eu fiquei com meu avô. Então, tive uma infância um pouco convulsionada por esses acidentes familiares. Venho de uma tradição assim: minha mãe era professora primária, fez o curso de Aperfeiçoamento e foi Orientadora Técnica, depois Diretora de Escola. Quando fui para Belo Horizonte para voltar a morar com minha mãe, nós morávamos numa cidadezinha próxima chamada Esmeralda. As professoras moravam em minha casa e era todo aquele clima de muita dedicação aos estudos, de muito desafio. Nós éramos de fora, numa cidade pequena, eu tinha que ser a primeira aluna, ter um aproveitamento muito bom. Até hoje, tenho uma lembrança muito boa do meu curso primário. Eu acho que Minas Gerais tinha uma estrutura de curso primário muito boa, e lembro-me até hoje de hábitos, atitudes de estudo, de trabalho que eu adquiri no meu curso primário. Lembro-me de testes, interpretação de textos, trabalhos com estudos do meio, de mapas, viagens simuladas, eram todas atividades muito vivas, clubes de leitura, a horta, a hora disso, a hora daquilo. Faço questão de registrar minha educação básica, porque me marcou muito e eu sempre gosto até de discutir isso com os pedagogos, de como a escola era (não apenas risonha e franca, absolutamente), porém mais substantiva em nossa formação.

Eu me formei no Ginásio, em 1949, mas o meu ginásio não marcou muito. Eu não gostava daquelas coisas formais, mas era boa aluna, tirava boas notas.

Quando saí do Ginásio, do externato, com 15 anos, tive que resolver o que fazer. Fui fazer o curso Normal, naquele tempo era chamado de Formação de Professores, no Instituto de Educação de Belo Horizonte. Este curso no Instituto deu-me todas as chances, foi o meu desabrochar intelectual. Foi a vez de buscar os questionamentos, de aprender a frequentar uma biblioteca, de procurar nos livros as coisas que queria aprender. Foi um tempo muito feliz, porque foram três anos meio intermediários, em que você está crescendo e amadurecendo e, ao mesmo tempo, está se preparando a para vida profissional. Como minha mãe era diretora de Grupo em Belo Horizonte, às vezes faltava professor que tirava licença, eu substituía, trabalhava um pouco ali e aqui, ainda como aluna estagiária. Aí fui me descobrindo como professora. Nunca dei conta de salas de 1º e 2º anos do primário, nunca dei conta de preencher o horário, de contar as histórias naquele hábito lento. Saía-me melhor, exatamente, no 3º e no 4º ano, com os alunos maiores, onde já havia mais conteúdo, mais assuntos para trabalhar. Comecei a ensinar como estagiária e quando me formei, logo entrei para o Magistério.

Minha vida na Universidade, como aluna de História, teve definições importantes. É aí que vemos por que gostamos da História, não é mais uma questão apenas de gostar, mas de saber por que gosta. Eu estava na Universidade num momento muito forte (1957 a 1960) de politização, da discussão das reformas básicas, da Reforma Universitária, do papel da Universidade. Isto tudo tinha um nome naquela época: discutir a realidade brasileira! Tínhamos uma ideia de que havia uma contribuição para dar em termos do conhecimento, que podíamos produzir algo sobre a realidade brasileira. Naquele tempo, o Curso de História nos dava poucos instrumentos para esta análise da realidade, para qualquer tipo de participação mais efetiva. Fomos buscar este conhecimento e esta prática, na qual me formei, na política, nos movimentos estudantis daquele momento. A História tinha um caráter muito acadêmico ainda e o movimento produzia as análises da realidade brasileira. Isto que era a visão do papel da Universidade naquele momento. Havia congressos de estudantes de Filosofia, brigávamos, havia algumas organizações, o partidão estava presente, a Ação Católica tinha uma presença forte, através da JUC.

Em termos acadêmicos, sinto que tenho poucas lembranças que me marcaram positivamente nos cinco anos de Curso na Universidade. Os professores: alguns eram inquietos, questionadores, os que estavam começando carreira. Outros não, eram os que tinham aquela fichinha amarela e davam aulas em cima da ficha de dez, vinte anos! Eu, que tinha vindo do Instituto de Educação, pedagogicamente, avançado, aquilo tudo me incomodava muito, havia péssimos professores, não tinham didática nenhuma, e o conteúdo era frágil. Quando fiz um ano em São Paulo na USP, acho que me deu uma dimensão diferente. Eu tive contato com professores mais importantes, mas era muito acadêmico, muito fechado. Em Minas, era muito frágil e ao mesmo tempo a prática política era muito forte.

Continuei trabalhando durante toda a Graduação. O curso era pela manhã, trabalhava à tarde. Era funcionária pública federal e só trabalhava meio expediente. Quando me formei, pedi exoneração no serviço público e fui ser professora. Em termos de formação, sinto que a prática política daquela fase era simplesinha, incipiente, mas muito mais objetiva. Nós queríamos estudar, nos reuníamos e falávamos: 'vamos estudar isto!' Organizávamos os cursos paralelos e cada um estudava uma coisa. Foi dessa maneira, por exemplo, que eu virei professora de História da América, porque me interessava, gostava de América e ninguém queria estudar. Sempre sobrava para mim nos Cursos que preparávamos.

Lecionei no Colégio Estadual e dava umas aulas esparsas, substituía um colega em alguma ou outra escola. Trabalhei também no Colégio São Paulo, que era um Colégio de freiras, feminino, para a meninada da burguesia. Então, comecei a enfrentar as primeiras decepções de ser professora. A racionalização era assim: em História eu vou dar aquilo de que eu gosto, só de que gosto, e vai ser muito bom, porque vou dar aula de História. Aí, você vai dar aula de história e os alunos não gostam ou não têm entusiasmo, mesmo que você tenha. Era aquela decepção, pois esperava uma coisa e aquelas meninas não estavam nem querendo estudar. No Colégio Estadual, era diferente, era mais animado, era público. Então, também comecei a enfrentar as dificuldades. Lecionar no Colégio Estadual era o máximo da Carreira, o máximo que a gente podia ambicionar naquele momento. Mas quando chegamos lá, encontramos professores tradicionais, com esquemas tradicionais de ensino, com um Colégio muito estruturado, muito 'pesadão', muito forte. Era professoral...

Quando comecei a lecionar, havia esta preocupação: 'como vou fazer?' Eu não queria entrar naquele esquema. Eu queria o sonho de todo professor: 'produzir seus próprios materiais'. Talvez não soubesse nem falar desta maneira, mas não queria aquele livro didático 'rançoso'. Naquele tempo, eram adotados os livros do Joaquim Silva e do Borges Hermida. Era difícil fazer qualquer tipo de trabalho diferente no Colégio, porque era muito tradicional e você tinha uma aula num dia, outra aula em outro, que tinham de 45 a 50 minutos, não dava nem para fazer trabalho em grupo, porque acabava de organizar os grupos, acabava a aula! Havia uns dois ou três professores de História que davam aulas expositivas muito brilhantes, arrumavam o quadro muito bonito e aquilo virava padrão. Isso era uma boa aula! Mas nós não conseguíamos mudar. Queríamos modificar o ensino de História, fazer de outro jeito, mas ainda não tínhamos condições.

O nosso Curso de Graduação, em termos de formação teórica, foi nulo. Não havia nenhuma relação com a pesquisa, nenhuma discussão metodológica que conduzisse àquilo que eu tinha dito que era nossa preocupação: conhecer a realidade brasileira. Eu acho que a prática política serviu para dar esta coisa. E com este curso, nós não conseguimos chegar à análise. E aí acabávamos fazendo esta análise muito mais dos documentos vindos de organizações, produzidos pelos movimentos. Quer dizer que discutíamos a realidade brasileira em outros foros, em documentos que não passavam pela Universidade, que, em termos de curso, nunca tivemos acesso. O ensino era muito alienado da realidade brasileira. Eu falava da realidade como objetivo político, conhecimento, mas não sabia nem fazer a ligação. Então, acho que a militância me deu uma consciência política, mas o Curso não instrumentou nada para isto. E quando fomos para a vida profissional foi uma coisa muito massacrante. Na verdade, estava querendo suprir uma deficiência que não sabia onde estava, mas queria que o aluno fornecesse algum elemento para ver se estava me relacionando com ele, sem saber como fazer isto muito bem.

Quando estava há dois anos no Colégio Estadual de Belo Horizonte, comecei a trabalhar na Faculdade. Aí abriu-se um campo novo e candidatei-me a uma bolsa de estudos. Em 63, ganhei a bolsa e fui para os Estados Unidos, para Duke University, na Carolina do Norte, onde estava o Professor Manchester da Proeminência Inglesa, que era uma pessoa conhecida. Eu fiquei um ano e, pela primeira vez, tive aquela chance de só estudar, porque eu não tinha que trabalhar. Eu fui com a bolsa do Consulado, da Fullbright, e poderia ter ficado mais, mas não consegui. Também porque, quando estava nos Estados Unidos, ocorreu o Golpe de Estado de 1964 e eu fiquei meio perdida lá.

Voltei para o Brasil em junho de 64. Voltei para dar aulas na UFMG. Era instrutora de ensino e pesquisador, dois cargos, podíamos acumular o cargo técnico com o cargo de pesquisador com o mesmo salário, que dava 100%. Naquele momento não sabíamos o que era fazer pesquisa, ninguém nunca tinha feito. De repente, vimo-nos matriculados no Doutoramento, porque era obrigado, mas não havia curso de pós-graduação. Fomos matriculados '*ex-ofício*', e tínhamos que fazer como professora do Departamento, sem nenhuma outra formação em História da América. Não era propriamente curso de Doutorado, você era inscrita e tinha que começar a pesquisa. Quem orientava as teses eram os próprios professores que já tinham feito concurso para as cátedras, os catedráticos, que vão existir até a reforma universitária de 1968. Mas, começamos a enfrentar a dura realidade do poder na academia, pois éramos ingênuos. Eu não tinha muita noção de que aquela estrutura da universidade, tudo aquilo significava poder para aquelas pessoas. Muitos não queriam se mexer, só queriam um emprego que ganhava tanto, iam lá, faziam um determinado tipo de trabalho e julgavam-se gênios! Acho que uma das marcas da minha geração, não sei se de todos, mas eu sinto que nós tínhamos, era ter uma consciência clara: queria ser uma professora diferente dos que tinha tido.

Esse período, entre 1964 e 1968, é muito confuso, porque, ao mesmo tempo em que em termos profissionais, estamos tentando nos definir como historiador, como um pesquisador, com aquilo que é a natureza da nossa profissão, o mundo político está caindo. Como professor, não tinha lugar ainda e não tinha movimento de professor. E era uma coisa assim muito interessante, porque ficamos soltos no espaço, a discussão profissional era aquela coisa, quase católica, não mais meio religiosa. Eu tenho que ser um bom profissional, responsável e, ao mesmo tempo, com perspectiva política. Discussões e mais discussões, sem muitos resultados práticos. Desencanto e opções de abandonar a Universidade foram feitas neste momento. Estava engajada em um projeto geral da UFMG para um acordo com a Fundação Rockefeller. Este projeto fracassou, mas algumas de nós fomos mandadas para os EEUU.

Então, fui para os EUA, novamente, para uma experiência muito interessante. Deixei a Universidade tomada pelo Exército. Os professores e o reitor, todos estavam vigiados. A universidade estava sob intervenção, mas eles ainda não tinham sido cassados, só foram no fim do ano. A invasão foi antes do AI-5, fui em agosto, e tinha os retratos que tirei na porta da Universidade, que era perto da minha casa, e neles está o exército fazendo o cordão de isolamento. Fui para o Texas, participei de um programa muito interessante em Santo Antônio, um Centro de Estudos Latino-Americanos que naquele momento estava encarregado de desenvolver programas curriculares das várias disciplinas. Participei do desenvolvimento do currículo de América Latina como especialista Latino Americana. Trabalhava no centro como professor e fazia a montagem de um guia curricular.

Quando voltei dos Estados Unidos, em 1970, aliás quando estava ainda para voltar, recebi alguns convites para ir trabalhar em Brasília. Era muito difícil trabalhar em Brasília, especialmente naquele período com aquela situação política existente, com a repressão. Qualquer atitude que você tomava, qualquer posição que assumia no Departamento, com relação a vida da Universidade, podia ter implicações. Eu trabalhava, também, na comissão de vestibular, porque achava que fosse um lugar onde se podia batalhar um pouco por uma visão diferente da História no 2º grau. Acabei tendo que sair de Brasília, não cheguei a ser demitida, mas fui, digamos assim, constrangida a sair de lá antes que me demitissem. Vim para São Paulo 'com uma mão adiante e outra atrás', sem emprego. Mas não podia continuar lá, a situação foi ficando pesada, os problemas políticos muito sérios, havia muita repressão e a turma em volta foi caindo. Eu guardo de Brasília uma coisa assim: trabalhei lá dois anos e meio, parece que foi assim uma eternidade!

Quando vim para São Paulo, uns amigos me arrumaram aula. Fui lecionar em Faculdade de Turismo, em duas faculdades. Isto por uns dois anos, até que resolvi terminar o doutoramento que estava perdido nessa confusão. Eu vim dos Estados Unidos com a pesquisa pronta, mas não terminei. Quando vi que tinha de sair de Brasília, acelerei e depois defendi em Belo Horizonte. Eu estava inscrita lá. É a última turma, naquele regime antigo de 1973. Quando completei o doutoramento, fui convidada para trabalhar em Piracicaba, no mestrado da Unimep. Ao mesmo tempo, eu tinha um convite para ir para a Unicamp. Fui trabalhar em Piracicaba, acho que desde agosto de 1973, e só fui para a Unicamp em março de 1975. Fui chamada para a Unicamp, mas ainda continuei trabalhando em Piracicaba para poder terminar uns orientandos. Trabalhei na Unicamp por quase 12 anos, foi um período de "assentar a cabeça", convívio intelectual forte, discussão mais rica, trabalho sério, oportunidade de estudar. Tivemos mestrado primeiro, depois criamos o doutorado e, depois, o curso de graduação em História também. O meu tempo na Unicamp é assim muito rico profissional e intelectualmente, coincide com o período em que a Unicamp é muito produtiva também. Veio a aposentadoria. Passei então a trabalhar na PUC de São Paulo.

Acredito que há várias dimensões no trabalho do historiador, entre as quais, o trabalho na ANPUH (Associação Nacional de Professores Universitários de História). Eu participei da fundação da ANPUH quando era monitora. Lembro-me de que havia incentivo aos jovens iniciantes na pesquisa. A associação representou, para mim, inicialmente, apenas uma participação quase que profissional de apresentação de trabalho. Mas acho que foi no espaço da associação que nós fizemos a grande luta contra Estudos Sociais. Isso é um capítulo que não podia deixar de aparecer aqui, porque foi uma batalha grande que envolveu toda a comunidade. Ela começou por volta de 1971-1972, com a implantação das licenciaturas curtas de Estudos Sociais e a possibilidade de acabar com a licenciatura plena de História. Foi o começo da nossa luta contra Estudos Sociais, num congresso em Goiânia. A partir disso, nós nos posicionamos. A associação teve uma participação muito forte na luta contra Estudos Sociais e eu participei muito disso, seja enquanto estive em Brasília, seja quando eu vim para S. Paulo, em 1973. Aqui também tivemos muitos encontros, muitos debates, e tenho uma trajetória grande nessa discussão. Essa participação deu-me uma dimensão mais ampla da ANPUH, no sentido de uma discussão da categoria profissional. O que era uma discussão sobre a profissionalização, uma vontade de que a associação fosse mais ampla. Em 1977, nós tivemos uma discussão no Simpósio de Santa Catarina, que foi quando nós votamos a entrada dos professores de 1º e 2º graus para serem sócios plenos da associação, em igualdade de condições. Isso provocou uma divisão na associação. Eu fiz uma defesa forte dessa entrada dos professores de 1º e 2º graus e, a partir daí, fui assumindo aos poucos uma certa liderança. Nesse contexto, acabei candidata e presidente da associação, de 1983 a 1985. Fui eleita no Simpósio da Bahia.

Foram dois anos muito importantes. Acho que uma grande coisa que nós conseguimos fazer na ANPUH, nesse período, foi a reorganização da Revista Brasileira de História. Foi dar a ela cunho internacional que ela tem hoje, uma revista de gabarito internacional.

Foi dar uma cara nova, fazer uma revista realmente representativa de todos os profissionais de História. Continuamos nessa luta como opositora aos Estudos Sociais que não terminava nunca. Participei de importante diagnóstico dos cursos de História do Brasil, na qualidade de presidente da comissão, com a ajuda do Prof. Antônio Barbosa, que era da Universidade de Brasília, mas que também trabalhava no MEC. Isso nos permitiu compor um trabalho interessante e importante, bem eficaz nessa avaliação. Acho que valeu a pena participar. Fiz questão de entrar e concorrer, queria ser presidente da associação e tinha um programa. Depois continuei trabalhando na revista por mais alguns anos, continuei frequentando bastante a associação. Hoje estou um pouco afastada em virtude de outras práticas e outras questões.

Posteriormente, prestei assessoria à Secretaria da Educação do Estado de S. Paulo. Foi uma tentativa de formular uma proposta para o ensino do 1º e do 2º grau no estado de São Paulo. Participamos, eu e o Prof. Marcos Silva como assessores de uma equipe que era da Coordenadoria de Ensino e Normas Pedagógicas da Secretaria da Educação para elaborar essa proposta em conjunto com os professores. Foi um processo muito rico, no sentido de primeiro, criar nessa equipe um grau de discussão interessante sobre o que era a proposta, como fazer para que fosse uma discussão ampliada para os professores da rede. Foi muito difícil, São Paulo é muito grande, nós trabalhávamos com representação de cada uma das delegacias, o que representava cerca de cento e trinta monitores. Cada um desses monitores multiplicava essas discussões para os seus professores de História e depois voltava e havia discussões periódicas. Essa assessoria foi muito interessante, porque resultou numa proposta para o ensino de 1º e 2º graus que nem chegou a ser implantada. Ela teve uma forma final que nunca foi distribuída entre os professores. A proposta que chegou às mãos dos professores era ainda projeto inicial e estava em forma até de jornal, foi enviada para uma última rediscussão e uma última revisão. Ela já estava praticamente bem redigida, quase em forma final e deu para os professores terem uma ideia. Nesse processo de discussão dessa última redação é que ela praticamente foi submetida a um crivo mais crítico em turmas mais ampliadas, nas universidades, na associação e outras entidades. Com isso, ela ganhou a forma do caderninho vermelho, 'célebre'. O texto final que foi produzido, nunca foi distribuído aos professores. É uma pena, eu lamento, porque acho que é um trabalho de uma equipe de professores de 1º e 2º graus.

Essencialmente, acho que houve um erro de avaliação. Ela sofreu muitas críticas, foi muito bombardeada. De um lado, até o jornal o *Estado de S. Paulo*, no momento, falou que havia uma tendência a assumir uma perspectiva 'marxistoide' no ensino de 1º grau. O Estadão fez alguns editoriais bem desagradáveis que exigiram até o pronunciamento do Secretário da Educação. Depois, quando ela foi discutida nas universidades, também sofreu um bombardeio inexplicável no sentido de não reconhecer que os professores seriam capazes de fazer essa proposta. Havia sempre no discurso de muitos debatedores, subliminarmente, uma acusação explícita de que nós havíamos redigido. Estávamos apresentando como trabalho dos professores. Então, havia aí uma discordância, bem explícita, sobre o fato de que os professores de 1º e 2º graus poderiam ser capazes de redigir uma proposta. Isso a universidade não aceitou muito bem. Havia uma contraproposta que é a seguinte: não deve haver proposta nenhuma para o ensino de 1º e 2º graus.

Resumindo essa discussão toda, nós conseguimos publicar na *Revista Brasileira de História* nº 14. Contém, em alguns artigos de jornais, as nossas respostas ao debate que aconteceu. Foi bastante sofrido, porque trabalhamos com muito entusiasmo, com muita boa vontade. Ganhamos muito pouco para fazer isso, trabalhávamos muito por acreditar naquele trabalho de um grupo de professores que estava propondo encaminhamento no ensino de História. Só estávamos ajudando, era um trabalho de consultoria. Na verdade, ele foi 'estraçalhado' por uma crítica muito superficial, muito ideológica também, muito por razões pessoais, até por não estar participando da proposta. Então é um momento muito interessante, porque eu não considero um momento de fracasso não. Acho que é um momento significativo de uma batalha perdida, mas não é fracasso, não.

De 1989 a 92, participei da administração democrático-popular da prefeita Luiza Erundina, na cidade de São Paulo. Foi uma coisa diferente, digamos assim, uma proposição político-partidária. Eu sou militante do PT desde sua fundação, sempre trabalhei em todas as campanhas, em todas as nossas batalhas do Partido. Com a vitória da prefeita Luiza Erundina, a professora Marilena Chaui assumiu a Secretaria Municipal de Cultura. Nós tivemos uma discussão sobre os convites para se fazer várias coisas no governo, e afirmei à Prof. Marilena que só me sentiria tranquila na administração se eu estivesse sendo capaz de aliar a minha disposição político-partidária de fazer um bom trabalho com uma segurança profissional da minha perspectiva de Historiadora. Por isso mesmo, eu estava dentro da Secretaria Municipal de Cultura. Então, foi acordado que eu seria diretora do Departamento do Patrimônio Histórico, um órgão da Secretaria Municipal de Cultura. O Departamento reúne o Arquivo de S. Paulo, uma divisão de preservação que cuida do patrimônio edificado dos prédios históricos de S. Paulo e de uma divisão de Iconografia e de Museus. Estar no Departamento do Patrimônio Histórico foi ter a possibilidade de trabalhar com a professora Marilena Chaui e juntar uma equipe, trazer gente entusiasmada que queria fazer um trabalho interessante e conseguir uma boa relação com os arquitetos.

Começamos o trabalho por uma discussão sobre um novo conceito de patrimônio. Foi muito gratificante, porque houve uma certa reação. O cargo de diretor do DPH era cargo de arquiteto, não de historiador. Discutimos exatamente esse novo conceito de patrimônio que queríamos incrementar no governo democrático-popular. Patrimônio histórico não é só o patrimônio edificado, há mais coisas para se considerar como patrimônio. A ideia de que há uma vivência a recuperar, que essa cidade, que é um patrimônio histórico, pertence à sua população, que deve decidir sobre o seu patrimônio, sobre a sua vida, sobre os modos de vida. Nós queríamos registrar esses modos de vida tão diferenciados. Portanto, essa cidade tem direito à sua memória, não da maneira como estava sendo definido. Foi uma briga muito boa de historiador, nós tivemos muito sucesso. Trabalhei com muito entusiasmo, com uma equipe muito boa, de grandes nomes de historiadores, arquitetos, sociólogos, pedagogos, fomos juntando gente que queria trabalhar e que havia possibilidade. Foi uma tentativa de testar a possibilidade do trabalho histórico em outra área, em outra dimensão, em implementar projetos de organização de arquivos e de centros de memória nos movimentos populares, não para trazer a memória desses movimentos para dentro do Estado, mas para ajudá-los a montar o seu centro de memória, dar assessoria.

Ser professor de História foi e é uma possibilidade de ter, através da minha disciplina, do meu trabalho, das minhas aulas, dos meus ensinamentos, uma possibilidade de descobrir o Brasil, o mundo, de abrir horizontes. Eu acho que a maior coisa que a História faz para nós, é descobrir as coisas. Por isso, acho que só a pesquisa, aliada ao ensino, é que consegue essa realização. Tem que haver descoberta de possibilidades, pois quando fazemos um trabalho de transmitir um conhecimento prontinho, arrumadinho, deve ser uma tarefa muito enfadonha. Eu sempre tive essa inquietação de querer. Mas uma das primeiras brigas com a instituição que nós tivemos, foi a briga no Colégio Estadual de Belo Horizonte. Queríamos fazer trabalho em grupo com os alunos e a instituição não permitia que se mexesse nas carteiras. Insistimos em fazer os trabalhos, em arrumar os alunos em grupo. No ano seguinte, as carteiras foram imobilizadas no chão para não se mexer. Isso é um Colégio Estadual, a solução foi essa. Eu sempre tive uma dificuldade em dar aula expositiva. Eu não sei me colocar, eu sei questionar um texto. Eu me sinto bem sendo professora, é pensar. E eu gosto de pensar que a história me facilita essa tarefa, que ser professora de História torna essa tarefa mais fácil. Mas gosto de pensar que é por isso que escolhi a História, porque, através da História, faço esse trabalho mais instigante. E também porque se tem uma perspectiva social, você está lidando com a vida do país. Sempre tive perspectivas muito politizadas.

Gostaria de pensar que sou uma professora questionadora, capaz de perturbar a cabeça das pessoas, para poder fazê-las pensar que estão assimilando. Ao mesmo tempo, abrir caminhos, mostrar a possibilidade de perceber as dificuldades, pensar que as dificuldades existem, mas nós podemos superá-las com o trabalho, a investigação. A História é uma possibilidade muito bonita de fazer isso. Se eu dou conta de fazer isso, eu fico satisfeita, acho que, às vezes, dou, às vezes, não. Quando dou um bom curso, quando consigo, há uns bons momentos, ou um pouco de fracasso, falta de reação. Eu sempre fui muito sensível a isso e incomoda muito ver, às vezes, professores, por exemplo, que estão falando e o auditório está esvaziando e a pessoa não se sensibiliza, continua falando no mesmo tom. Não é capaz de ver que, se as pessoas estão saindo, é porque estão se incomodando. Eu gosto de manter essa imagem de mim, de que eu sou uma pessoa capaz de manter diálogo, de enfrentar o diálogo. Eu nunca tive grandes problemas com alunos. Só me desconcertei uma vez em classe, quando um aluno me fez chorar de irritação e tive que sair da classe porque não consegui me controlar. Tenho certeza de que não seria outra coisa, senão professora de História".[3]

Referências bibliográficas

FENELON, Déa Ribeiro. "A formação do profissional de História e a realidade de ensino". *Cadernos Cedes*, nº 8, 1983.

______. "A questão de Estudos Sociais". *Cadernos Cedes*, nº 10, 1984.

FONSECA, Selva Guimarães. *Ser professor de História*: vidas de mestres brasileiros. Campinas: Papirus Editora, 1997. (Tese de Doutorado de 1996).

3 FONSECA, Selva Guimarães. *Ser professor de História*: vidas de mestres brasileiros. Campinas: Papirus Editora, 1997. (Tese de Doutorado de 1996).

DÉA RIBEIRO FENELON (1933-2008)

MILITÂNCIA NO PRESENTE, HERANÇA PARA O FUTURO

ELAINE LOURENÇO

Déa Ribeiro Fenelon, segundo sua própria definição, sempre foi uma militante, sobretudo uma professora-pesquisadora militante. Das primeiras escolhas profissionais ao trajeto percorrido nesse percurso, essa é a faceta de maior visibilidade em sua vida. Em uma obra que trata das mulheres que interpretaram o Brasil, o perfil de Déa nos lembra o valor de uma trajetória sólida, formada por convicções profundas que se mesclam às escolhas profissionais, teóricas e metodológicas a tal ponto que é impossível dissociá-las. Lidas em retrospectiva, suas ações mostram ainda um caminho de construção de algo maior, que, sem se esgotar no cotidiano vivido, evidenciam um projeto de futuro. Nesse sentido, instituições e temas hoje caros à comunidade de historiadores e professores de História – entre os quais, aliás, Déa não estabelecia diferença de *status* – foram objeto de sua atenção.

Nascida em 1933 em Ituiutaba (MG), passou parte da infância na região e depois mudou-se para Esmeraldas, próximo a Belo Horizonte, onde morava com a mãe, que fez carreira no magistério como docente e diretora. Déa diz valorizar muito a experiência da escola primária, que a fez obter hábitos dc estudo levados pela vida afora; o ginásio, por sua vez, não teve o mesmo destaque. Foi o Curso Normal, porém, que lhe propiciou a vivência marcante, da qual "nasceu" a professora-pesquisadora, como se nota em um depoimento de 1990, à professora Selva Guimarães Fonseca:

> Quando saí do ginásio, do externato, com 15 anos, tive que resolver o que fazer. Fui fazer o Curso Normal, naquele tempo era chamado de Formação de Professores, no Instituto de Educação de Belo Horizonte. Esse curso no Instituto deu-me todas as chances, foi meu desabrochar intelectual. Foi a vez de buscar os questionamentos, de aprender a frequentar uma biblioteca, de procurar nos livros as coisas que queria aprender. Foi um tempo muito feliz, porque foram três anos meio intermediários, em que você está crescendo e amadurecendo e, ao mesmo tempo, está se preparando para a vida profissional.[1]

A continuidade dos estudos se deu na Faculdade de Filosofia, em Belo Horizonte, no curso de História e Geografia, ainda oferecidos conjuntamente. A profissional militante, contudo, não se forma pelos estudos acadêmicos, e sim no próprio exercício cotidiano, no engajamento com as questões de seu tempo. Ela inclusive ressalta como a sua graduação em história estava afastada dos temas dominantes do momento:

> Eu estava na universidade num momento muito forte (1957 a 1960) de politização, da discussão das reformas básicas, da Reforma Universitária, do papel da universidade. Isso tudo

---

1 FONSECA, Selva Guimarães. *Didática e prática de ensino de História*: experiências, reflexões e aprendizados. Campinas: Papirus, 2003, p. 75.

> tinha um nome naquela época: discutir a realidade brasileira! Tínhamos uma ideia de que tínhamos uma contribuição para dar em termos do conhecimento, que podíamos produzir algo sore a realidade brasileira. Naquele tempo, o curso de História nos dava poucos instrumentos para essa análise da realidade, para qualquer tipo de participação mais efetiva. Fomos buscar esse conhecimento e essa prática, na qual me formei, na prática política, nos movimentos estudantis daquele momento.[2]

É a práxis, portanto, que forma a militante. Nesse sentido, aliás, é significativo notar que, na passagem acima, Déa alterna a primeira pessoa do singular (eu) com a do plural (nós), o que evidencia, mais uma vez, a opção por uma construção coletiva, o envolvimento com outros sujeitos que partilhavam das mesmas utopias.

Os traços da professora, da professora-pesquisadora, da professora-pesquisadora-militante aparecerão em todos os lugares por onde Déa Fenelon passou.

1 Déa e a atuação na ANPUH

A atual Associação Nacional de História (ANPUH) nasceu em 1961, em Marília (SP), durante o I Simpósio de Professores de História do Ensino Superior. Nas atas do evento, o nome de Déa lista-se entre as dez pessoas que foram de Minas Gerais para acompanhá-lo, junto a outros 131 participantes (as atas dos Simpósios realizados pela ANPUH foram digitalizadas e podem ser acessadas no *site* da entidade).

Segundo seu relato, essa participação inicial se deu como monitora, o que sugere, aparentemente, uma atividade discreta. Ainda assim, este é o início de um trajeto que ela fará, da monitoria à presidência da entidade. No Simpósio seguinte, porém, ela aparece

2 FONSECA, Selva Guimarães. *Didática e prática de ensino de História*: experiências, reflexões e aprendizados. Campinas: Papirus, 2003, p. 76.

como participante e também entre os subscritores de três moções: uma que pede a separação das disciplinas de História Moderna e História Contemporânea, outra que apoia a revisão da terminologia utilizada pela ciência histórica, e uma terceira que sugere que a associação promova e financie um intercâmbio cultural entre os cursos de História oferecidos no Brasil. Nota-se, portanto, a preocupação com o currículo da formação universitária, com o rigor da pesquisa, com a circulação de pessoas e ideias.

O terceiro Simpósio teve lugar em 1965, em Franca (SP), e nesse, Déa, além de assinar diversas moções, comparece com um texto, escrito em conjunto com outra colega da Faculdade de Filosofia da Universidade Federal de Minas Gerais, Norma Góes Monteiro, intitulado "Levantamento de fontes primárias do município de Congonhas do Campo (Minas Gerais)". As autoras, em colaboração com alguns discentes do curso em que lecionam, fazem um inventário de instituições da referida cidade que poderiam servir às pesquisas em história. Ao final, elencam algumas sugestões, sendo que a segunda merece destaque pelo que guarda de originalidade e pelo que revela do espírito de Déa:

> A Associação dos Professores Universitários de História poderia criar a sua Revista, dedicada inicialmente, à divulgação do Arrolamento das Fontes Primárias para nossa história. Outra matéria de importância para essa Revista seria o debate do currículo do curso de História e dos programas das várias cadeiras, bem como das questões de métodos de ensino que mais se recomendam, principalmente agora, quando tais estudos são objetos de reflexões, experiências, revisões.[3]

3 MONTEIRO, Norma de Goés; FENELON, Déa Ribeiro. "Levantamento de fontes primárias do município de Congonhas do Campo (Minas Gerais)". *Anais do III Simpósio dos Professores Universitários de História*, São Paulo: FFCL-USP, 1967, p. 355.

Percebe-se claramente a preocupação com a investigação histórica na sugestão relativa ao levantamento das fontes primárias; a ideia dà criação de uma revista, por sua vez, demonstra o interesse na circulação das pesquisas na área. Notável também é o sempre presente interesse da professora com as questões do ensino, seja pela via do currículo, seja pela discussão dos métodos de ensino.

No Simpósio de 1967, Déa não esteve presente, talvez por conta das turbulências do período. Como ela própria diz em seu depoimento a Selva Guimarães Fonseca, a busca por firmar-se profissionalmente, como professora, historiadora e pesquisadora, num momento em que "o mundo político está caindo", não deixou de lhe provocar desencanto, inclusive com "opções de abandonar a universidade".[4] Foi nesse contexto, com a universidade "tomada pelo Exército", que, em 1968, ela seguiu pela segunda vez para os Estados Unidos – a primeira havia sido em 1963, quando fora estudar na Duke University, com bolsa – para lecionar e pesquisar em San Antonio, no Texas, onde também participou "do desenvolvimento do currículo de América Latina como especialista latino-americana".[5]

No decorrer de dois anos nos EUA, ela ainda desenvolveu as pesquisas que levariam à sua tese de doutorado, defendida em 1973, na UFMG, *Cairu e Hamilton: um estudo comparativo*, sobre as ideias e práticas econômicas de ambos. Antes disso, a influência dessa experiência acadêmica apareceria em sua nova participação na ANPUH, em 1971, ano em que volta ao tema do arrolamento das fontes, mas com uma nova temática e uma nova abordagem. O trabalho que apresentou se intitula "Levantamento e sistematização da legislação relativa aos escravos no Brasil", e ela o assina como professora da Universidade de Brasília, instituição em que foi trabalhar ao retornar da temporada na América do Norte. A motivação

4 FONSECA, Selva Guimarães. *Didática e prática de ensino de História*: experiências, reflexões e aprendizados. Campinas: Papirus, 2003, p. 79.

5 FONSECA, Selva Guimarães. *Didática e prática de ensino de História*: experiências, reflexões e aprendizados. Campinas: Papirus, 2003, p. 80.

para sua pesquisa, tal como relatado no texto, surge do trabalho de um importante pesquisador sobre o tema da escravidão:

> As afirmações encontradas em trabalhos comparativos, principalmente a partir da obra de Frank Tannenbaum, *Slave and Citizen*, de que no Brasil o Estado desempenhou papel importante como instituição que se interpunha entre o senhor e o escravo e que até hoje não foram realmente comprovadas por pesquisas detalhadas constituíam o nosso interesse em aprofundar o assunto.[6]

Como ela relata, a pesquisa da legislação mostrou-se extremamente grande e só foi possível concluir uma parte do projeto inicial; mesmo assim e ciente dos limites das fontes que provêm da legislação, acredita que este é um importante passo no sentido de aprofundar a compreensão do papel do Estado na relação entre senhor e escravo. Não é difícil perceber que aqui reaparece em cena a pesquisadora e seu zelo pelas fontes primárias, instrumento tão caro à investigação histórica. Aparece também um tema original de investigação, não só por se tratar da escravidão, área que ainda carecia de pesquisas mais sistemáticas, mas também por apontar para a compreensão de leis que regulamentavam o tema – o tema do Simpósio era "Trabalho livre e trabalho escravo".

O Simpósio de 1973 não conta com nenhum texto seu, embora participe de uma sessão como secretária e assine as moções números 1 e 2, que tratam de reconhecer o empenho de autoridades mineiras na ampliação do prédio do Arquivo Mineiro, bem de acordo com seu interesse pelo tema das fontes. Sua participação mais significativa, entretanto, foi assinar a moção número 9, que discutia a Lei n. 5.692/71 e os Estudos Sociais: nela, ainda que os signatários reconhecessem o

6 FENELON, Déa Ribeiro. "Levantamento e sistematização da legislação relativa aos escravos no Brasil". *Anais do VI Simpósio Nacional dos Professores Universitários de História*: trabalho livre e trabalho escravo, Goiânia, 1971, p. 199.

papel que essa área poderia ter para a realização de estudos integrados, ressaltava-se que, na forma como se deu a implantação, ocorria a perda da identidade de certas disciplinas escolares, a História entre elas; da mesma forma, repudiavam a desqualificação da área com a criação da licenciatura curta em Estudos Sociais. A partir de tais considerações, os signatários manifestavam-se:

> 1 – Pela integração das matérias lecionadas no 1º e 2º grau, mantida a individualidade de cada matéria, ministrada por professor especializado como necessária, mas não aceita Estudos Sociais como disciplina, isto é, a união de História, Geografia, Sociologia, OSPB etc., com um único professor polivalente.
>
> 2 – Pela recusa veemente à implantação de cursos de Estudos Sociais em nível superior e formação de professores "polivalentes".[7]

Ao final da moção, apresentava-se também uma "Proposta n. 1", cuja primeira signatária é justamente Déa, a qual sintetiza as ações a serem tomadas:

> 1º) – Que sejam criadas Comissões ao nível dos Núcleos Regionais para estudo detalhado da Lei n. 5692, assim como de todos os pareceres dos Conselhos de Educação (Estadual e Federal).
>
> 2º) – Que a Secretaria Geral da ANPUH se encarregue da coordenação dos resultados obtidos, e com a devida Assessoria Jurídica, elabore documento propondo alternativas e medidas a serem tomadas.
>
> 3º) – Que a Secretaria Geral da ANPUH se encarregue, juntamente com os Núcleos Regionais e seus associados, da

---

7 WESTPHALLEN, Olympio Luiz. "Moção nº 9". *Anais do VII Simpósio Nacional dos Professores Universitários de História*: a Cidade e a História, São Paulo: [FFLCH-USP], vol. 1, 1974, p. 69.

> mais ampla divulgação e defesa das posições aqui tomadas sobre Estudos Sociais, através da imprensa, em promoção de conferências e perante os órgãos competentes.[8]

É preciso ressaltar que aqui há um posicionamento claro e efetivo da entidade contra uma legislação imposta pela ditadura civil-militar: se, como dito, a moção se refere claramente à Lei n. 5.692/71, a proposta vai além, afirmando a importância da análise desta e de outras determinações relativas à educação. Não parece casual o fato de que Déa seja a primeira a assinar tal proposta de enfrentamento: ao contrário, é um ato perfeitamente plausível com sua trajetória, dentro e fora da instituição, tanto que a luta contra os Estudos Sociais será uma bandeira sua, que ainda tremularia muito no âmbito da Associação. Há que se assinalar ainda como a moção, apresentada quase que de imediato à promulgação da lei, representa uma clara tomada de posicionamento político da parte de uma entidade que até então se caracterizava mais pelas discussões acadêmicas.

O Simpósio de 1975 não registra a presença de Déa Fenelon, mas em 1977, já como professora da Unicamp, ela teve uma participação bastante efetiva: preside uma mesa de discussão sobre História do Brasil, é eleita para o Conselho Consultivo da Associação no biênio 1977/1979 e assina diversas propostas. Com relação a isso, especificamente, suas subscrições começam no apoio à ampliação do tema permanente do Simpósio de "Fontes primárias" para "Historiografia (Fontes primárias e secundárias)" (Proposta n. 1), passam pela revisão do temário dos Simpósios (Proposta n. 2) e pela defesa de tornar pública a posição da entidade de repúdio aos Estudos Sociais, conforme debatido em mesa-redonda (Proposta n. 3), e culminam com a Proposta n. 4, que amplia a participação nos

---

8 FENELON, Déa Ribeiro. "Proposta nº 1". *Anais do VII Simpósio Nacional dos Professores Universitários de História*: a Cidade e a História, São Paulo: [FFLCH-USP], vol. 1, 1974, p. 71.

encontros nacionais da área para os professores secundários e para os estudantes de graduação e pós-graduação.

Na reunião de 1979, seu nome consta apenas em uma mesa redonda, significativamente voltada aos problemas do profissional da área de História, havendo ainda um pequeno relato chamado "Observações sobre o Ensino de História". Em entrevista concedida em 2005 a Ilka Miglio, a professora afirma que não compareceu ao evento porque estava doente, fato que ajuda a explicar sua presença então pouco ativa. Em contrapartida, o encontro seguinte, realizado em 1981, em João Pessoa, foi muito importante na trajetória de Déa Fenelon: é possível perceber que, ali, ela aliou perfeitamente os temas de sua militância profissional com os temas da pesquisa acadêmica.

No primeiro quesito, podemos elencar a coordenação de um curso sobre "Metodologia da Pesquisa Histórica" e, sobretudo, sua conferência com o sugestivo título de "A formação do professor de História e seu papel político e social". Impossível não perceber que a docência é o foco de seu olhar, impossível não notar que ela atribui um *papel político e social* ao profissional da área. Com relação ao segundo ponto, o tema central do evento, *História, historiografia e historiadores*, a leva a apresentar um texto chamado "Algumas concepções sobre o desenvolvimento do capitalismo no Brasil", enquanto, para o tópico *Historiografia: fontes primárias e secundárias*, ela apresenta o resultado de uma ampla e importante pesquisa realizada na Unicamp, nomeada "Fontes para o estudo da industrialização no Brasil, 1889-1945", da qual fora coordenadora geral. Vale destacar que no escopo desse trabalho se encontram diversos pesquisadores que se tornariam referência sobre o tema do trabalho no Brasil, e a própria instituição-sede do projeto converter-se-ia num polo de estudos sobre o assunto.

Comprometida com a formação e a ação docentes, preocupada com fontes, interessada em temas de relevância social, é a professora-pesquisadora-militante madura que comparece a esse Simpósio. Por isso, a segurança na vida profissional e a possibilidade de uma militância mais efetiva certamente contribuíram para o passo seguinte de Déa, que se tornou presidente da ANPUH em 1983, no XII Simpósio, realizado em Salvador, Bahia.

Na ocasião, ela apresentou um desdobramento da pesquisa apresentada na edição anterior, sob o título "Formação do trabalhador assalariado urbano, 1900-1945". Seu trabalho, contudo, cada vez mais direcionava o foco para as condições de atuação e formação do docente na área de História. No início dos anos 1980, ela assumira, em conjunto com outros consultores, uma pesquisa patrocinada pela Secretaria do Ensino Superior (SESu), órgão vinculado ao Ministério da Educação, cujos resultados são publicados em 1986 com o nome de *Diagnóstico e avaliação dos cursos de História no Brasil*. Este trabalho lhe proporcionou a oportunidade de conhecer uma grande quantidade de cursos e de avaliar o impacto da implantação das licenciaturas curtas de Estudos Sociais, o que, evidentemente, trouxe novos e concretos elementos para a sua reflexão sobre o tema. Segundo seu depoimento a Ilka Miglio, a luta contra esta modalidade de formação foi importante também porque contribuiu para repensar a formação nos próprios cursos de História:

> O fruto mais importante desse debate, dessa discussão, dessa luta, eu acho que foi o voltar-se para os cursos. Quer dizer, para justificar nossa luta de ser contra Estudos Sociais, de chamar isso de uma formação curta, nós tivemos que nos olhar também, olhar para dentro dos cursos de História. Eu acho que isso foi muito positivo porque obrigou os cursos a se repensarem... E esse diagnóstico faz parte disso, a voltar-se para si mesmo para saber o que é que nós estávamos fazendo, que curso nós tínhamos, que curso nós queríamos, o que era possível.[9]

A oposição aos Estudos Sociais não encerra o capítulo do *Diagnóstico*. Os consultores ainda evidenciavam a preocupação

---

9 MIGLIO, Ilka. "Entrevista com a Doutora Déa Ribeiro Fenelon". *Cadernos do CEOM*, vol. 21, nº 29, 2008, p. 289.

com a dicotomia entre bacharelado e licenciatura, afirmando: "é inaceitável a separação entre o ensino e a pesquisa e, muito mais ainda, o entendimento de que licenciatura = ensino e bacharelado = pesquisa".[10] Na perspectiva convicta de Déa sobre o professor-pesquisador, aquele capaz de produzir e divulgar o conhecimento, essa não seria a primeira vez que o assunto entra em pauta.

Ainda no âmbito da presidência da entidade, Déa se lança em uma nova frente: a primeira edição da *Revista Brasileira de História* publicada sob sua gestão, a de número 6 (1983), tem uma nova diagramação e um título revelador: "À lucta, trabalhadores!"[11] Também é revelador o fato de trazer em seu "Noticiário" a informação de que haveria uma reformulação na publicação, que se tornaria temática e teria novas seções, entre elas uma dedicada à discussão sobre "Problemas do Ensino", voltada a "relatos de experiências de ensino, análise de materiais didáticos e reflexões teóricas sobre esse campo em 3º, 2º e 1º graus"[12] – muito embora apenas no décimo número, de 1985, aparecesse a primeira discussão voltada ao ensino de 1º e 2º graus. De alguma forma, aqui se encerra o capítulo iniciado no Simpósio de 1965, que propugnava uma revista que pudesse fazer circular as pesquisas na área e as experiências de ensino.

2 Déa e o ensino de História

A carreira docente em História, área em que também formou gerações de professores-pesquisadores em diferentes instituições,

10 BRASIL. MINISTÉRIO DA EDUCAÇÃO. *Diagnóstico e avaliação dos cursos de História no Brasil*: documento final. Brasília: MEC, 1986, p. 15.

11 As edições da *Revista Brasileira de História* foram digitalizadas e podem ser vistas no *site* da Associação Nacional de História (Anpuh). Nas capas, percebe-se a grande mudança que ocorreu entre o número 5, de março de 1983, e o número 6. Consultar: http://site.anpuh.org/index.php/2015-01-20-00-01-55/revistas-anpuh/rbh.

12 REVISTA BRASILEIRA DE HISTÓRIA. "Aos leitores". *Revista Brasileira de História*, São Paulo, vol. 3, nº 6, p. 154.

foi uma opção de juventude que se mostrou muito acertada. No depoimento dado a Selva Guimarães Fonseca, Déa reafirma essa escolha e se sente gratificada com ela:

> Eu me sinto bem sendo professora, é pensar. E eu gosto de pensar que a História me facilita essa tarefa, que ser professora de História torna essa tarefa mais fácil. Mas gosto de pensar que é por isso que escolhi a História, porque, através da História, faço esse trabalho mais instigante. E também porque se tem uma perspectiva social: você está lidando com a vida do país. Sempre tive perspectivas muito politizadas.[13]

Mais uma vez, a militante-professora, ou vice-versa, aparece na escolha profissional: é impossível dissociá-las. É por isso que, na continuação da conversa, ela fala de sua relação com a sala de aula, com os alunos, do respeito a eles e conclui de forma definitiva: "tenho certeza de que não seria outra coisa, senão professora de História".[14]

Há inúmeros registros da atividade de Déa como docente, mas um bom ponto de referência pode ser encontrado na coletânea *50 textos de História do Brasil*, que teve sua primeira edição em 1974. No prefácio, Jaime Pinsky apresenta a obra como um importante subsídio para o trabalho dos professores, sobretudo frente à grande expansão então vivida pelo ensino superior. Para dar conta de tal tarefa, o nome escolhido para fazer a seleção e organização dos textos foi assim apresentado:

> A Prof.ª Déa Ribeiro Fenelon, a quem solicitamos a elaboração do presente volume, é, sem favor algum, uma das pessoas mais habilitadas para o desempenho da função: embora pesquisadora séria, não abandona a preocupação didática,

---

13 FONSECA, Selva Guimarães. *Didática e prática de ensino de História*: experiências, reflexões e aprendizados. Campinas: Papirus, 2003, p. 87.

14 FONSECA, Selva Guimarães. *Didática e prática de ensino de História*: experiências, reflexões e aprendizados. Campinas: Papirus, 2003, p. 87.

> empenhando-se em estimular, no aluno, o senso crítico, a visão histórica e o gosto pela matéria.[15]

A escolha se mostrou bastante acertada, pois, além de excertos, a obra traz uma introdução na qual Déa situa os propósitos do livro, discute brevemente as questões do ensino naquele momento, as dificuldades dos alunos e a importância do planejamento para o trabalho docente. A seguir, ainda sugere três formas de abordagem dos extratos, das características de cada uma: as "discussões em pequenos grupos", a "análise e comentário de documentos" e os "seminários à base de textos". Percebe-se aqui o cuidado da professora com a metodologia, não apenas com os conteúdos.

A já referida luta contra os Estudos Sociais foi objeto de inúmeros textos, que não são dissociados da análise e também da denúncia, das condições de trabalho docente. Embora Déa repetidamente afirme a importância de ultrapassar o momento das lamúrias dos encontros de professores, ela nunca se furta a discutir tais problemas, especialmente nos anos 1980, quando a expansão da escola pública começa a mostrar suas mazelas, expressas na superlotação das salas, nas dificuldades de compreensão entre os professores e o novo público escolar, no rebaixamento dos salários.

Não por acaso, a revista *Projeto História*, publicação do Programa de Pós-Graduação em História da PUC-SP, em seu segundo número, de 1982, traz um artigo de Déa que se tornou um marco para as discussões sobre o ensino de História tanto naquele momento quanto para os pesquisadores que hoje buscam entender a formação do campo. Originalmente uma conferência apresentada no marcante XI Simpósio Nacional da *Anpuh*, em 1981, seu título já evidencia as questões postas pela autora: "A formação do profissional de História e a realidade do ensino". Esse texto é replicado em várias

15 PINSKY, Jaime. "Prefácio". *In*: FENELON, Déa Ribeiro (Coord.). *50 Textos de História do Brasil*. 7ª reimp. São Paulo: Hucitec, 1990, p. 5.

outras circunstâncias, nas quais Déa sempre reafirma que irá repetir as mesmas ideias, já que elas são a síntese de seus interesses e de sua militância naquela década. Após traçar um panorama das condições de trabalho docente, ela envereda pela discussão da formação oferecida pelos cursos de história, pela denúncia das políticas públicas que buscam esvaziar o papel do professor (reduzido, assim, a um mero "vulgarizador" do conhecimento), pela defesa intransigente da indissociação entre ensino e pesquisa. A conclusão a que chega é invariavelmente a mesma:

> Por isto estamos insistindo na necessidade de não apenas valorizar, mas realmente começarmos a realizar a pesquisa e a produção, desde o curso de graduação e de todos os níveis de ensino. Não simplesmente coletar dados ou arranjá-los cronologicamente, mas o contacto direto com as fontes, a problematização do concreto, o necessário posicionamento no presente, a busca de compreensão crítica de nosso passado sem falsos diletantismos ou simples prazer de erudição. E esta tarefa não entendemos como restrita à formação do pesquisador com suas sofisticações de tarefa maior que a do ensino. O verdadeiro ensino sempre pressupõe pesquisa e descobertas. Queremos um profissional de História no qual as pessoas possam se reconhecer e se identificar, porque para nós a História é uma experiência que deve ser também concretizada no cotidiano, porque é a partir dela que construiremos o hoje e o futuro.[16]

O envolvimento de Déa Fenelon com o ensino de História tem outro marco importante ainda na década de 1980. Em São Paulo, a eleição do governador Franco Montoro, candidato de oposição ao regime militar, em 1982, abrira a possiblidade de renovação em diversas frentes, a educação entre elas; nesse contexto, promoveu-se

16 FENELON, Déa Ribeiro. "A formação do profissional de História e a realidade do ensino". *Projeto História*, São Paulo, PUC-SP, nº 2, 1982, p. 19.

a revisão dos currículos da escola pública paulista, elaborados nos anos 1970. Tal tarefa ficou a cargo dos professores que trabalhavam na Coordenadoria de Ensino de Normas Pedagógicas (CENP), órgão auxiliar da Secretaria da Educação, e na área de História dois docentes externos são convidados para assessorar esse trabalho: Déa, então professora da PUC-SP, e Marcos Silva, professor da USP.

O novo currículo proposto por essa equipe, apresentado em 1986, partiu de uma inovação educacional, a reorganização da seriação por "ciclos": o *básico*, que compreendia a 1^a e a 2ª séries; o *bloco intermediário*, constituído pela 3^a, 4^a e 5ª séries; e o *bloco final*, da 6^a à 8ª séries. Não bastasse isso já representar uma grande novidade e, como tal, não ser fácil de assimilar, as características da proposta de conteúdo causariam uma grande celeuma: por um lado, porque o conteúdo passaria a ser apresentado por eixos temáticos, sendo que *Trabalho* era o principal deles; por outro, porque a metodologia sugerida partia da análise de documentos, abandonando a perspectiva linear e cronológica adotada até então.

Os debates se sucederam e o documento foi atacado pela imprensa, que denunciava seu caráter "esquerdista"; por professores, que o debateram em inúmeras plenárias; e por setores da universidade. Algumas das respostas a tais ataques apareceram nas páginas da *Revista Brasileira de História*, que abriu espaço para três artigos específicos: no número 13, de 1986/1987, encontra-se "Aprender quais Histórias?", assinado pelas autoras do currículo Anelise Maria Muller de Carvalho, Cecília Hanna Mate, Maria Antonieta Martins Antonacci, Maria Aparecida de Aquino, Maria Cândida Delgado Reis e Salma Nicolau. No número 14, de 1987, há os textos "A impaciência do preconceito e o coro dos contentes", de Marcos A. da Silva e Maria Antonieta Antonacci, e "Sobre a proposta para o ensino de 1º grau", de Déa Fenelon. Neste último, além da defesa da proposta, a autora lamenta a discussão desqualificada feita pela imprensa e também por setores da academia, bem como a omissão de entidades científicas em torno do assunto.

Ao final, o projeto dos ciclos foi abandonado, com exceção do Ciclo Básico, implantado sem o devido acompanhamento. Quanto às orientações para a História, ampliadas e publicadas em três versões, estas foram relegadas a um segundo plano. Ainda assim, essa proposta ousada, que passaria a ser conhecida popularmente por "Proposta da CENP", representou um momento importante para os professores de História da educação básica, que puderam discutir seu trabalho e suas ideias – e tal importância pode ser medida sem dificuldade pelo grande número de estudos acadêmicos que a tomam como ponto central ou secundário de discussão.[17] Além disso, ela pode ser vista como precursora do ensino de história por eixos temáticos que será oficializado com os Parâmetros Curriculares Nacionais dos anos 1990.

O desgaste inerente a esse processo todo possivelmente ajude a explicar a ausência de Déa nos debates da área acontecidos nas décadas seguintes. No final dos anos 1980, ela assume novos desafios no campo do Patrimônio, ao mesmo tempo que se desenvolve um certo silenciamento de sua atuação nas questões do ensino de história. A esse tema ela retornará apenas em 2004, em uma mesa-redonda no Encontro Nacional dos Pesquisadores em Ensino de História, quando se diz feliz por retomar o assunto depois de tantos anos e perceber como os estudos na área se haviam ampliado. Tal como já fizera em tantos outros momentos, sugere que esses trabalhos sejam divulgados em publicações para que alcancem um público maior, reafirma, mais uma vez, sua convicção de que o ensino de História deve ser pautado pelas experiências vividas e novamente aponta para o futuro:

17 Há vários trabalhos de referência sobre o tema, entre eles a tese de doutorado de João Cardoso Palma Filho: *As reformas curriculares do ensino estadual paulista no período de 1960 a 1990*, defendida na PUC-SP, em 1996. É preciso dizer que, à época das propostas, o autor era o coordenador da CENP, portanto, o responsável pela possível implementação. A proposta de História, que suscitou mais polêmicas, foi discutida por Cláudia Sapag Ricci na obra *Da intenção ao gesto*: quem é quem no ensino de História em São Paulo, publicada a partir de sua dissertação de mestrado defendida na PUC-SP.

> Neste assunto, sempre me orientei pela opção de que esta prática de formação de profissionais da História deveria ser a expressão constante de uma experiência social vivenciada. Foi aí que busquei a inspiração e a força para levar à frente uma prática profissional, seja em sala de aula, seja na academia, na produção de conhecimento ou nas associações, nas discussões às vezes tediosas, às vezes inflamadas, sobre as direções a seguir em se tratando da formação de nossos profissionais de História – sempre com a devida consciência de cidadania e de responsabilidade social para com o presente e o futuro.[18]

3 Déa Fenelon: uma Intelectual engajada

A vida de Déa Fenelon é marcada ainda por sua militância política, aspecto que ela mesma considerava indissociável de sua experiência cotidiana. Do movimento estudantil ao ativismo docente, ela fez-se presente em momentos importantes e decisivos para a história do país. É nesse contexto que, filiada ao Partido dos Trabalhadores desde seu início, logo em 1980, participa do grupo que pesquisa e seleciona entrevistas e discursos de Luís Inácio da Silva, o Lula, para elaboração de um livro publicado no mesmo ano. Na orelha da obra, assinada pelo "Núcleo Ampliado de Professores do Partido dos Trabalhadores (São Paulo)", há a seguinte afirmação:

> O livro registra alguns acontecimentos que vão entrar para a História do Brasil. Da maneira como geralmente é escrita e ensinada, esta História não mostra a participação do povo na vida do país nem a exploração a que os trabalhadores são submetidos. São contadas apenas as ações dos governantes (imperadores, presidentes, ministros), dos ricos, dos generais, dos "heróis" etc. O livro de Lula, ao contrário, conta fatos

18 FENELON, Déa Ribeiro. "Memórias profissionais". *Educação em Revista*, Belo Horizonte, nº 47, jun. 2008, p. 131.

> vividos pelo próprio povo: os metalúrgicos do ABC e sua luta por melhores condições de vida.[19]

É desnecessário analisar a importância do Partido dos Trabalhadores e de Lula, seu líder mais conhecido, na história do Brasil. A edição do livro, por outro lado, mostra o investimento na construção de uma memória da classe trabalhadora, ao mesmo tempo que garante acesso a fontes de pesquisa para futuros trabalhos.

Foi ainda como militante que ela aceitou chefiar o Departamento de Patrimônio Histórico de São Paulo quando da primeira gestão do PT na cidade de São Paulo, no governo de Luiza Erundina (1989-1992). A Secretaria da Cultura era comandada por Marilena Chaui, e Déa assume a tarefa depois de afirmar que só entraria para o governo se tivesse alguma contribuição efetiva para dar. O desafio era imenso, uma vez que o órgão era tradicionalmente dirigido por arquitetos. Além disso, a intenção da prefeitura era democratizar a cidade e, para tal, insistia que todas as secretarias tinham de incorporar o "direito à cidade" em suas ações. Vista como estratégica nesse projeto, os ocupantes da área da Cultura tiveram de se desdobrar em inúmeros embates a fim de criar consensos, construir políticas, aprovar propostas, e Déa participou ativamente disso. Ao revisitar sua atuação no DPH em um seminário promovido pelo curso de Arquitetura da UFBA em 1994, ela considerou a experiência muito positiva. Há de se notar que ela foi convidada para o evento, que discutiu as diferentes apropriações do Pelourinho, em Salvador, justamente em função das políticas públicas de que participou na cidade de São Paulo. Na saudação inicial, Déa já mostra que a convivência entre arquitetos, sociólogos, historiadores, pedagogos e museólogos tinha sido muito profícua:

> Foram muito importantes os seminários que organizamos, o congresso, as discussões em vários níveis, e é sempre bom

19 FENELON, Déa Ribeiro *et al. Lula-Luís Inácio da Silva*: entrevistas e discursos. Guarulhos: Editora O Repórter de Guarulhos, 1980, orelha.

> ver que essas preocupações existem em outras partes, continuam em outras dimensões e em outras instâncias, e eu não me furtarei nunca a participar delas. Acho que esta foi uma experiência muito instigante para uma historiadora que sempre esteve voltada para outros ângulos da pesquisa e do ensino de história, mas que, ao mesmo tempo em que trabalhava com cultura, cidade e patrimônio no âmbito acadêmico, viu nesta oportunidade uma experiência importante para todos os historiadores no âmbito de sua prática política.[20]

O impacto desse novo olhar sobre a cidade se estendeu para a prática acadêmica: no programa de pós-graduação da PUC-SP, suas orientações terão essa nova marca. Significativo, nesse caso, é a publicação em 1999 da obra *Cidades: Pesquisa em História,* com textos de estudantes da linha de pesquisa "Cultura e cidade". Na introdução, Déa, que foi também a responsável pela coletânea, apresenta a obra como a primeira de outras dedicadas a tornar públicos os trabalhos realizados na academia. Mais uma vez, ela expressa a sua preocupação com a divulgação da pesquisa e, sobretudo, com a importância de retornar para a sociedade algo de que ela deve se apropriar; mais uma vez, ela faz a defesa de um saber engajado e militante, fruto da experiência de seus autores.

Falar de "experiência" é muito importante quando se trata de Déa Fenelon. Se os ecos historiográficos da palavra remetem a E. P. Thompson, isso nada tem de casual: ela foi uma das pioneiras na divulgação das obras desse autor no Brasil, as quais já faziam parte de seus cursos de pós-graduação na Unicamp nos anos 1970. Quando da morte de Thompson, em 1993, ocorreram seminários na USP e na PUC-SP, cujos textos foram condensados em um número especial da revista *Projeto História*, em 1995. O artigo escrito por Déa, "E. P. Thompson: História e Política", além do título bastante adequado ao homenageado e a ela mesma (tanto que seria republicado em sua própria homenagem em 2013, num número da revista

---

20 FENELON, Déa Ribeiro. "E. P. Thompson: História e Política". *Projeto História*, São Paulo, PUC-SP, nº 12, out. 1995, p. 133.

dedicado ao tema dos trabalhadores), já no terceiro parágrafo, fazia uma expressiva aproximação:

> Com certeza Thompson sempre me pareceu o historiador em quem desejava me inspirar, com quem estabelecer diálogo, com quem aprender a difícil relação entre orientações teóricas que ao mesmo tempo valorizassem a prática da investigação, salientassem perspectivas de uma produção de conhecimento, que mantivesse uma relação crítica com a pesquisa, a descoberta, e constante coerência com a ideia de lutar pela transformação social, no agora, para forjar um futuro melhor. Um historiador para quem a relação História e Política não tivesse que ser justificada ou explicada a cada passo, porque ela é inerente à sua própria concepção sobre o significado de trabalho intelectual e profissional. Atento às questões do presente, sabendo que seu trabalho exige posicionamentos, a todo instante, ele sempre esteve lá, produzindo, trabalhando, polemizando, ou "demonstrando" contra a instalação dos mísseis nucleares.[21]

A conexão entre história e política está presente, como podemos notar, em todos os momentos da vida de Déa: não apenas em sua militância partidária, mas em todas as instâncias em que atuou. Inúmeros relatos disso aparecem por meio de seus ex-alunos; entre eles, pode-se citar o agradecimento de Zélia Lopes da Silva em sua dissertação de mestrado, apresentada na Unicamp em 1983, que evidencia o quanto a prática de sua orientadora expressava coerentemente aquilo que ela admirava em Thompson, o compromisso militante com o tempo presente:

> E finalmente agradeço à minha orientadora, professora Déa Ribeiro Fenelon, que soube cumprir o seu papel, não contribuindo para aumentar qualquer angústia com a cobrança de

---

21 FENELON, Déa Ribeiro. "E. P. Thompson: História e Política". *Projeto História*, São Paulo, PUC-SP, nº 12, out. 1995, p. 133.

> prazos. No caso de Déa, estes agradecimentos serão sempre irrisórios, diante da importância de sua presença na minha vida intelectual, que remonta aos primeiros anos de Graduação, de quem sempre recebi incentivos para prosseguir nos estudos. Com ela aprendi não apenas o gosto pela História, mas sobretudo uma postura diante da vida, que está marcada pela simplicidade, o questionamento frente ao elitismo próprio do ambiente acadêmico e, sobretudo, o compromisso com meu tempo.[22]

Nos anos 2000, Déa empreende uma nova etapa de sua vivência acadêmica junto com outros pesquisadores da pós-graduação da PUC-SP, cujo resultado é publicado em 2004 sob o título *Muitas memórias, outras histórias*. Na introdução, assinada em conjunto por ela, Heloísa Faria Cruz e Maria do Rosário Cunha Peixoto, estas autoras fazem um balanço de suas trajetórias acadêmicas e do projeto em curso, concluindo com uma afirmação corajosa:

> Retomando a memória dessa nossa história, deparamo-nos com pontos muito interessantes: aspectos que hoje fazem parte da nossa linguagem e do nosso cotidiano foram conquistas, às vezes árduas, e expressam formas de vivenciarmos as transformações e as demandas teórica e do social. Para quem veio de uma trajetória – temos que admitir, mesmo não gostando da palavra – mais ortodoxa (talvez fosse melhor dizer mais rígida ou fechada), ter que absorver a questão do enfrentamento, do rompimento dessas maneiras de pensar, principalmente de um pensamento único, demando profunda reorientação de percurso. Admitir, assimilar, destrinchar as questões da diferença, da diversidade, da pluralidade e tentar trabalhar tudo isto em nossas pesquisas foram desafios que

---

22 SILVA, Zélia Lopes da. *A Face oculta da reprodução*: um estudo sobre os trabalhadores industriais. São Paulo, 1930-1934. Campinas: Universidade Estadual de Campinas, 1983. (Dissertação de Mestrado em História).

> nos orientaram, que nos dirigiram e nos preocuparam bastante nesses momentos.[23]

A pesquisadora intensa permanecia inquieta, a buscar novas abordagens, novas fontes e novas metodologias, entre elas a imagem fotográfica e a História Oral. É a face da professora-pesquisadora que não se furta a novos caminhos, a novos horizontes. É a professora-militante que novamente se faz sentir. Em coerência com sua opção de vida, a política comparece na pesquisa e se expressa quando as autoras discutem sua visão de presente:

> Para muitas correntes, voltar-se para o presente significa tomá-lo como objeto de estudo e ainda, numa visão linear do tempo, considerá-lo mero desdobramento do passado no qual já estava, de certa maneira, inscrito. Quando discutimos a questão, a nossa abordagem é diversa: seguramente é muito mais do que só falar de temas atuais. Propomos a construção de um olhar político, segundo o qual o tempo presente é uma dimensão que nos impulsiona, não importando o tema escolhido ou o tempo histórico (mesmo remoto) em que situamos a nossa investigação. E mais: orienta-se para o futuro, já que a nossa perspectiva é a de transformar este presente e nossa inspiração é a vontade de buscar a utopia.[24]

Falecida em 2008, Déa Ribeiro Fenelon foi essa busca permanente da utopia. Foi uma intérprete interessada e comprometida com a construção do presente, com projetos definidos de futuro, para o qual almejava uma sociedade melhor e mais justa.

---

23 FENELON, Déa Ribeiro; MACIEL, Laura Antunes; ALMEIDA, Paulo Roberto de; KHOURY, Yara Aun (Coord.). *Muitas memórias, outras histórias*. São Paulo: Olho d'Água, 2004, p. 9.

24 FENELON, Déa Ribeiro; MACIEL, Laura Antunes; ALMEIDA, Paulo Roberto de; KHOURY, Yara Aun (Coord.). *Muitas memórias, outras histórias*. São Paulo: Olho d'Água, 2004, p. 12.

Referências bibliográficas

BRASIL. MINISTÉRIO DA EDUCAÇÃO. *Diagnóstico e avaliação dos cursos de História no Brasil*: documento final. Brasília: MEC, 1986.

FENELON, Déa Ribeiro *et al. Lula-Luís Inácio da Silva*: entrevistas e discursos. Guarulhos: Editora O Repórter de Guarulhos, 1980.

FENELON, Déa Ribeiro. "A formação do profissional de História e a realidade do ensino". *Projeto História*, São Paulo, PUC-SP, nº 2, 1982.

_____. "E. P. Thompson: História e Política". *Projeto História*, São Paulo, PUC-SP, nº 12, out. 1995.

_____. "Levantamento e sistematização da legislação relativa aos escravos no Brasil". *Anais do VI Simpósio Nacional dos Professores Universitários de História*: trabalho livre e trabalho escravo, Goiânia, 1971.

_____. "Memórias profissionais". *Educação em Revista*, Belo Horizonte, nº 47, jun. 2008.

_____. "Proposta nº 1". *Anais do VII Simpósio Nacional dos Professores Universitários de História*: a Cidade e a História, São Paulo: [FFLCH-USP], vol. 1, 1974.

FENELON, Déa Ribeiro; MACIEL, Laura Antunes; ALMEIDA, Paulo Roberto de; KHOURY, Yara Aun (Coord.). *Muitas memórias, outras histórias*. São Paulo: Olho d'Água, 2004.

FONSECA, Selva Guimarães. *Didática e prática de ensino de História*: experiências, reflexões e aprendizados. Campinas: Papirus, 2003.

MIGLIO, Ilka. "Entrevista com a Doutora Déa Ribeiro Fenelon". *Cadernos do CEOM*, vol. 21, nº 29, 2008.

MONTEIRO, Norma de Goés; FENELON, Déa Ribeiro. "Levantamento de fontes primárias do município de Congonhas do Campo (Minas Gerais)". *Anais do III Simpósio dos Professores Universitários de História*, São Paulo: FFCL-USP, 1967.

PINSKY, Jaime. "Prefácio". *In*: FENELON, Déa Ribeiro (Coord.). *50 Textos de História do Brasil*. *7ª* reimp. São Paulo: Hucitec, 1990.

REVISTA BRASILEIRA DE HISTÓRIA. "Aos leitores". *Revista Brasileira de História*, São Paulo, vol. 3, nº 6.

SILVA, Zélia Lopes da. *A Face oculta da reprodução*: um estudo sobre os trabalhadores industriais. São Paulo, 1930-1934. Campinas: Universidade Estadual de Campinas, 1983. (Dissertação de Mestrado em História).

WESTPHALLEN, Olympio Luiz. "Moção nº 9". *Anais do VII Simpósio Nacional dos Professores Universitários de História*: a Cidade e a História, São Paulo: [FFLCH-USP], vol. 1, 1974.

DJANIRA DA MOTTA E SILVA (1914-1979)

COTIDIANO E DIVERSIDADE DO POVO

GRAZIELA NACLÉRIO FORTE

Tenho raízes plantadas na terra, não traio minha origem
nem me envergonho de ser uma nativa.
Confio no desenvolvimento de uma
arte autenticamente nossa.[1]

Djanira da Motta e Silva ou apenas Djanira, importante pintora de cenas e costumes brasileiros, ao afirmar que fazia uma "arte autenticamente nossa", colocava-se como intérprete do Brasil, capaz de captar tanto o cotidiano do povo bem como a diversidade do país

1 SILVA JÚNIOR, Gesiel Theodoro da. *Contando a arte de Djanira*. São Paulo: Nova América, 2004.

ao longo do século XX, com os seus trabalhadores rurais, os operários, as festas de rua, o folclore, o sincretismo religioso e o lazer.

1 Difícil começo

Natural da cidade de Avaré, em São Paulo, Djanira nasceu no dia 20 de junho de 1914 e, dois anos depois, seguiu com os pais para Porto União, em Santa Catarina, na divisa com o Paraná. Ela era filha de Oscar Paiva, dentista itinerante descendente de índios, e Pia Job Paiva, então com 16 anos, proveniente de família de imigrantes austríacos. Após quatro anos juntos, o casal se separou. Pia Job voltou a morar na residência dos pais, onde eles mantinham uma escola mista particular,[2] e Oscar, por motivo de trabalho, deixou a filha pequena aos cuidados de amigos.

Durante dez anos, Djanira viveu longe de casa até que a avó materna foi buscá-la, levando-a de volta para Avaré. Na terra natal, a menina trabalhou na lavoura de café, em propriedade rural administrada pelo tio, José Maria Porto, casado com Elda Job, irmã de sua mãe.

Com poucos recursos financeiros e tentando mudar a própria sorte, Djanira foi para a capital paulista em 1932, ano da Revolução Constitucionalista. Em uma viagem a Santos, conheceu Bartolomeu Gomes Pereira, maquinista da Marinha Mercante, com quem se casou. Nesse período que viveu em São Paulo, foi vendedora ambulante, ganhava mal e adoeceu, precisando de tratamento para a tuberculose. No hospital, teve pela primeira vez acesso aos pincéis. Olhou para a imagem de Jesus Cristo e brincou: "isso até eu faço".[3]

---

2 O avô de Djanira era professor de matemática, e a avó ensinava línguas (alemão, francês e italiano), de acordo com depoimento do historiador, biógrafo de Djanira e morador da cidade de Avaré Gesiel Júnior à autora, em 6 agosto de 2017.

3 FURLANETO, Audrey. "Djanira, de boia-fria a uma das maiores pintoras do país". *O Globo*, Caderno de Cultura-Artes Visuais, Rio de Janeiro, 14 jun. 2014.

O resultado foi um Cristo no Calvário, contorcido de dor, como os pacientes do pavilhão dos desenganados onde estava.

2 Sociabilidades artísticas

Já curada, mudou-se para o Rio de Janeiro. Por recomendação médica, foi morar em Santa Teresa devido ao ar puro que o bairro localizado no alto do morro proporcionava. Por coincidência, o local era frequentado por artistas e intelectuais nacionais e estrangeiros refugiados da guerra. E, assim, ela passou a conviver com o escritor Carlos Scliar, o crítico de arte Rubem Navarra, além dos pintores Aldemir Martins e o húngaro Arpád Szenes e esposa, a pintora portuguesa Maria Helena Vieira da Silva,[4] dentre outros. Arpád e Maria Helena eram ligados aos núcleos de vanguarda em Paris e se fixaram no Brasil, permanecendo por um bom tempo. O casal vivia no Hotel Intercontinental, vizinho à Pensão Mauá, e mantinha no bairro um ateliê frequentado por Murilo Mendes, Manoel Bandeira, Athos Bulcão, Cecília Meirelles, além de Navarra e Scliar.[5]

No início, Djanira estava mais preocupada com a frágil saúde e em sobreviver financeiramente. Dividia-se entre cuidar da pensão que mantinha, cozinhar para os hóspedes, costurar para as senhoras cariocas, confeccionar fantasias para as dançarinas do teatro de revista e dos blocos de carnaval. À noite, pintava por distração.

---

4 O pintor, gravador, ilustrador, desenhista e professor Arpád Szenes fez inúmeras viagens à América Latina para participar de exposições, como em 1946, quando esteve no Instituto de Arquitetos do Brasil, até que, durante a II Guerra Mundial, fixou residência no Brasil.

5 PAULA, Maria Lúcia Bueno Coelho de. "Os mundos da arte de Milton Dacosta". *Perspectivas*, São Paulo, Unesp, nº 17/18, 1994/1995, pp. 267-285.

Ao tomar conhecimento dos desenhos de Djanira, o pintor e muralista romeno Emeric Marcier,[6] hóspede da pensão, viu o potencial artístico dela e fez um acordo: em troca das refeições, passaria a ensinar-lhe técnicas de manuseio das tintas, telas e têmperas, ou, como ela própria dizia: "durante cinco ou seis meses aprendi com ele a cozinha da pintura, aquela que não se aprende na escola". Maria Lucia Bueno Coelho de Paula, estudiosa da obra de Milton Dacosta, lembra que, por intermediação de Emeric, "se aproximaram da pintora intelectuais, artistas e boêmios célebres da época, como Mario Pedrosa, Vinícius de Moraes, Murilo Mendes e Lasar Segall".[7]

Durante a II Guerra Mundial (1940-1945), Djanira recebeu a notícia da morte do esposo, que se encontrava no submarino brasileiro nas Antilhas, torpedeado pelo exército alemão. Nessa época, ela chegou a frequentar por pouco tempo o curso noturno do Liceu de Artes e Ofícios, uma instituição séria e respeitada.

Em 1942, a moça de Avaré participou pela primeira vez de uma exposição coletiva: o Salão Nacional de Belas Artes, na capital fluminense. Não demorou para que o sucesso como pintora começasse a despontar. Em 1944, ano da sua exposição no Instituto de Arquitetos do Brasil, teve um dos trabalhos vendido a Cândido Portinari, e a obra *O Circo* (1944) premiada com a medalha de bronze no Salão Nacional de Belas Artes. No entanto, o divisor de águas entre a artista amadora e a profissional foi o período que viveu em Nova York, entre 1945 e 1947. Sem falar inglês, inicialmente, contando com poucos recursos financeiros e sozinha, Djanira fez

---

6 Emeric Racz Marcier (1916-1990) representou paisagens, casarios e temas religiosos católicos em suas obras. Em 1940, devido à II Guerra Mundial, Marcier foi para Lisboa e se instalou na casa de Árpád Szenes e de Maria Helena Vieira da Silva. No mesmo ano, chegou à capital fluminense, onde foi acolhido pelos escritores Jorge de Lima e Mário de Andrade. O casal Arpád e Maria Helena também se mudaria para Santa Teresa pouco tempo depois.

7 PAULA, Maria Lúcia Bueno Coelho de. "Os mundos da arte de Milton Dacosta". *Perspectivas*, São Paulo, nº 17/18, 1994/1995, pp. 267-285.

retratos para vender e, após entrar em contato com o diretor da New School for Social Research, conseguiu autorização para expor no salão da instituição durante uma semana. Essa mostra recebeu crítica favorável da ex-primeira-dama norte-americana Eleonor Roosevelt, responsável por uma coluna no jornal *Washington Post*.

Nos Estados Unidos, Djanira contou com o apoio de duas brasileiras que lá viviam: a pintora Tereza D'Amico[8] e a escultora Maria Martins,[9] esposa do embaixador Carlos Martins, que a inseriu no meio artístico norte-americano. Assim, conheceu pessoalmente Fernand Léger,[10] Juan Miró, Marc Chagall[11] e Marcel Duchamp.[12] E tomou contato com a obra de Pieter Brueghel,[13] célebre por seus quadros que retratam paisagens, cenas do campo e o povo. Para Djanira, Brueghel "foi alguém que mergulhou fundo na raça flamenga. Extraiu os jogos de crianças, os trabalhos dos campos e as danças dos camponeses. E eu quero fazer o mesmo no Brasil", confessou. De volta a nosso país, em 1947, consagrada internacionalmente graças

8 Tereza D'Amico (1914-1965) tinha um treino acadêmico forte e, após ser diagnosticada com leucemia, passou a representar o universo popular. Assim como Djanira, a trajetória de Tereza foi marcada pela doença, a religião e a temática popular.

9 Maria Martins (1894-1973) viveu em Washington entre 1938 e 1949, período que o marido ocupou o posto de embaixador do Brasil nos Estados Unidos. Desde 1942, mantinha um ateliê em Nova York. Escultora surrealista, teve vida social intensa, mantendo amizade com André Breton, Max Ernst, Marcel Duchamp, além de Marc Chagall e Fernand Léger.

10 Durante a II Guerra Mundial, Fernand Léger viveu exilado nos Estados Unidos, onde foi professor da Universidade de Yale e no Mills College, localizados, respectivamente, nos estados de Connecticut e Califórnia, retornando para a França em 1945.

11 Durante a II Guerra Mundial, Marc Chagall refugiou-se nos Estados Unidos, retornando definitivamente para a França, em 1946.

12 Marcel Duchamp (1887-1968) e Maria Martins eram amigos muito próximos. Ela foi modelo dele e supostamente tiveram um caso amoroso.

13 Pieter Brueghel (1525-1569) foi um dos melhores pintores flamengos do século XVI.

ao sucesso da exposição em Washington, abriu um ateliê em Santa Teresa com o pintor Milton Dacosta, também morador da pensão que ela administrava. Os dois viveram por anos um romance conturbado até a relação terminar em 1948. Há indícios de que, por diversas vezes, produziram juntos. A obra *Composição* (1944), por exemplo, havia dado anos antes a Dacosta o prêmio de viagem ao exterior, na Divisão Moderna do Salão Nacional de Belas Artes. A tela retrata o artista e Djanira trabalhando em seus cavaletes.

De acordo com estudiosos, os trabalhos da década de 1940 da pintora avareense são marcados por uma expressão primitiva compostos de temas urbanos com pinturas infantis e que retratam os vizinhos do bairro de Santa Teresa. Em geral, eles são sombrios e em tons rebaixados, resultado da mistura do cinza e negro às cores, da mesma forma como faziam os refugiados.

No início dos anos 1950, Djanira fixou residência na Bahia, onde conheceu o segundo marido, o historiador José Shaw da Motta e Silva. Nessa época, ela executou o mural *Candomblé* (1950) na residência do amigo Jorge Amado. Na opinião do escritor baiano,

> Djanira traz o Brasil em suas mãos, sua ciência é a do povo, seu saber é esse do coração aberto à paisagem, à cor, ao perfume, às alegrias, dores e esperanças dos brasileiros. Sendo um dos grandes pintores (*sic*) de nossa terra, ela é mais do que isso, é a própria terra, o chão onde nascem as plantações, o terreiro da macumba, as máquinas de fiação, o homem resistindo à miséria. Cada uma de suas telas é um pouco do Brasil.[14]

Junto com Milton da Costa, Iberê Camargo e Tomás Santa Rosa, Djanira liderou o Salão Preto e Branco, de 1952, quando 300 obras em P&B foram expostas em protesto contra os altos preços das

---

14 FURLANETO, Audrey. "Djanira, de boia-fria a uma das maiores pintoras do país". *O Globo*, Caderno de Cultura-Artes Visuais, Rio de Janeiro, 14 jun. 2014.

tintas importadas e a má qualidade das nacionais. No ano seguinte, ela participou da II Bienal de São Paulo e do Congresso Mundial da Paz, em Viena, acompanhada do marido e de Jorge Amado.

Amiga do crítico de arte Jayme Maurício, do escritor Pablo Neruda e Gabriela Mistral, com quem se correspondia regularmente, afilhada de casamento do também crítico de arte Mário Barata, Djanira foi contratada pelo governador do Rio de Janeiro, Carlos Lacerda, para fazer o painel de azulejos na capela do túnel Santa Bárbara (1963) e pelo então governador do estado do Maranhão, José Sarney, para executar o mural do Palácio dos Leões, no centro da cidade. Como é possível notar, ela nunca esteve isolada. O fato de ter passado rapidamente pelo Liceu de Artes e Ofícios e não ter formação oficial em artes – o que naquela época era importante, principalmente para os tradicionalistas ou acadêmicos – não a impediu de manter relações de amizade com pessoas renomadas ou que se tornariam conhecidas pouco tempo depois. Foi capaz de criar um ambiente em meio aos artistas plásticos, críticos, escritores, intelectuais e desde o início estava inserida no circuito estabelecido da arte carioca, mais do que da paulista.

Além das exposições em Washington e Nova York, nos Estados Unidos, Djanira enviou obras para a Exposição Internacional da Unesco em Paris (1946); para a mostra organizada por Pietro Maria Bardi em São Paulo (1949); para o Salão Nacional de Arte Moderna (1951-1958); para a exposição "Artistas Brasileiros", no Museu de Arte do Rio de Janeiro (1951); e foi agraciada com as medalhas de prata, no Salão Nacional de Belas Artes (1949), e ouro, no Salão Paulista de Arte Moderna (1951), além do prêmio de viagem ao país com a tela *Caboclinhos* (1952).

3 Temática nacional

A partir dos anos 1950, a pintura de Djanira ficou mais dinâmica, a palheta diversificou com o uso de cores vibrantes, assim como a temática tornou-se mais variada, passando a representar as áreas rurais, as festas e os santos. É nesse momento que a obra evoluiu graças à introdução de cenas de costume, os populares e as paisagens nacionais. Sua produção artística revela estreita conexão com a cultura de seu tempo e do meio em que estava inserida, porém é singular e impregnada de uma visão própria da realidade.

Assim como Mário de Andrade, que percorria o Brasil com o intuito de colher material para pesquisas do folclore na música, Djanira foi uma pintora andarilha, que viajava pelos diversos estados brasileiros em busca de inspiração. Queria mostrar as paisagens e, principalmente, a força do povo e do folclore. Os personagens eram colhedores de café, vaqueiros, mulheres no campo e na praia, tecelões, oleiros, trabalhadores das usinas de açúcar, operários da indústria automobilística e mineiros. Ela chegou a descer as minas de carvão, em Santa Catarina (1976), e viveu durante 6 meses na tribo dos índios Canela (fins da década de 1950).

Executou o painel para o Liceu Municipal de Petrópolis, com 25 metros de comprimento por 4 metros de largura, que apresenta elementos da antiga sociedade local em um estilo futurista, "vendo-se o Museu Imperial, a Estação da Leopoldina e sua primeira locomotiva, operários trabalhando com picaretas e teares, jovens modelando aparelhos na cerâmica, tudo em cores diversas".[15] Em 1962, produziu grandes pinturas para os navios recém-adquiridos da Companhia Costeira de Navegação. No ano seguinte, realizou o mural contendo 5.300 azulejos, intitulado *Santa Bárbara*, com 160 m², em Laranjeiras, atualmente recuperado e reimplantado no Museu Nacional de Belas Artes. A obra, composta em duas cores, é uma homenagem aos 18 operários mortos na abertura do túnel homônimo.

15 LICEU ONLINE PETRÓPOLIS. "Salão Nobre". *Liceu Municipal Prefeito Cordolino Ambrósio*, [s.d.]. Disponível em: http://liceuonlinepetropolis.blogspot.com.br/p/salao-nobre.html. Acessado em: 23.02.2023.

Eternizou, além dos trabalhadores, as paisagens de São Luís, no Maranhão; Salvador, na Bahia; Paraty, Cabo Frio e Petrópolis, no Rio de Janeiro. Djanira fazia questão de conhecer *in locu* o que retratava e dizia que "como pintora, habito as ricas vertentes populares do Brasil, passando pelos sítios nacionalistas de mestres como Di Cavalcanti e Tarsila do Amaral".[16] Registrou, ainda, as celebrações do povo e o lazer, como as festas juninas, as rodas de capoeira, o circo e os parques de diversões com seus carrosséis.

> Entrei em contato com os trabalhadores das lavouras e da indústria canavieira, com os plantadores e operários dos armazéns do fumo; tomei de sua vida diária inúmeros apontamentos para os desenhos e telas. Não cabe ao artista conhecer a realidade de seu país e seu povo?, justificou.[17]

Interessada pelos trabalhadores, Djanira representou-os em um ambiente sem violência, perseguição ou referência política. Anti-imperialista declarada, tinha um discurso próximo ao dos muralistas mexicanos quando dizia que "a arte tem de ser feita para o povo, e não para ficar confinada em pinacotecas, para regalo de uns poucos privilegiados". Embora não tenha militado no Partido Comunista Brasileiro (PBC), manteve amizades com artistas e intelectuais de esquerda, viajou pela URSS (1953) e esteve no Congresso da Paz, em Viena (1953).

Sem vocação para a política, sua preocupação voltava-se "contra as causas da pobreza que humilha, da exploração imperialista, contra a animalidade dos racismos e das grandes guerras. Desprezo os fanatismos", dizia. Ao falar sobre a exposição no Museu

---

16 FENSKE, Elfi Kürten. "Djanira da Motta e Silva: singular e plural". *Templo Cultural Delfos*, abr. 2014. Disponível em: http://www.elfikurten.com.br/2014/04/djanira.html. Acessado em: 16.07.2017.

17 SILVA JÚNIOR, Gesiel Theodoro da. *História de Djanira*: brasileira de Avaré. São Paulo: Arcádia, 2000.

de Petrópolis, esclareceu que "as pessoas olhavam meus quadros e gritavam 'comunista!' Nós éramos todos tachados de comunistas quando, na verdade, tínhamos apenas um traço ideológico comum: éramos, todos, isto sim, antifascistas".[18]

Católica fervorosa, a ponto de se converter freira no fim da vida, Djanira pintou passagens bíblicas, procissões e festas, como o Natal. Admiradora da arte barroca, colecionava pequenas estátuas de santos católicos, usando-os como inspiração em suas pinturas. Vale notar que ela ousou ao adotar a temática relacionada às figuras ligadas às manifestações de matriz africana, as quais eram vistas com preconceito pela sociedade da época, chegando até a serem proibidas. Ela assina obras como *Os 3 Orixás* (1966), pintura que presta homenagem a Oxalá (sincretizado com Jesus Cristo), Oxossi e Iansã (sincretizada com Santa Bárbara), entidades presentes na umbanda e no candomblé, representadas ricamente trajadas com contas e muita renda.

Para Djanira, a adoção da temática social refere-se às origens simples que fizeram a menina mestiça e com pouco estudo transformar-se em incansável trabalhadora e artista reconhecida nacional e internacionalmente. Já as entidades religiosas católicas têm correspondentes sincretizados nas manifestações do povo baiano, herdeiro dos costumes africanos, que ela conheceu de perto quando morou em Salvador.

4 Opinião dos críticos

Reconhecida, inicialmente, no meio artístico norte-americano, Djanira contou, nos anos 1950, também com a aprovação majoritária da crítica nacional. Quirino Campofiorito e outros críticos associados à Escola Nacional de Belas Artes acreditavam que ela

18 SILVA JÚNIOR, Gesiel Theodoro da. *História de Djanira*: brasileira de Avaré. São Paulo: Arcádia, 2000.

era a grande pintora primitiva, que enaltecia o povo brasileiro, suas raízes e ingenuidade.[19] Para ele,

> deve-se apreciar a obra de Djanira, levando em conta o que positivamente possui de primitiva, de autodidatismo, e também de aprendido no contato que foi impossível a artista evitar, com os pintores que a guiaram no início da carreira e todo o movimento modernista. O que sobretudo carece reconhecer é que Djanira, apesar de todas essas inevitáveis interferências, soube conservar significações primordiais da sua personalidade e desse modo jamais perder o contato com um impulso inato que lhe garante, se não um primitivismo absolutamente exato, pelo menos uma consciência artística legitimamente despolida de preconceitos técnicos e interpretativos.[20]

O também acadêmico Mário Barata, dizia que

> Djanira trabalha como respira. Horas e horas, com ou sem saúde, nesse fazer arte, em que muitas vezes se gasta a própria existência para semear com seu sopro mágico uma outra vida. A do criador e a da criação. E com isso a possibilidade de sentir-se realizada ao realizar a sua obra, ao tornar real a sua fantasia. (...). A força incontida de Djanira é vital e fecunda. É uma gênese, uma gestação, é o nascimento de um mundo, mundo brasileiro por excelência e na essência. Todos sabem que sempre que posso corro a ver pinturas de Djanira. A base de seu universo é também do mundo brasileiro: Rio Negro e o Maranhão, Belém do Pará e o São Francisco. O Beberibe de João Cabral e o extremo sul: São Paulo e os cafezais, Ouro Preto, o Rio Paraíba, a Bahia e Parati. Djanira

---

19 CAMPOS, Beatriz Pinheiro de. *Quirino Campofiorito e Mário Pedrosa*: entre a figuração e a abstração. Juiz de Fora: Universidade Federal de Juiz de Fora, 2014. (Dissertação de Mestrado).

20 CAMPOFIORITO, Quirino. "Djanira". *O Jornal*, Rio de Janeiro, Sessão Artes Plásticas, 17 ago. 1958. (Acervo 178 Quirino e Hilda Campofiorito, Solar do Jambeiro, Niterói-RJ).

> penetrou profundamente nos ambientes rurais, em contato com os homens e as mulheres do povo, com sua gente que é o verdadeiro país. Ela os percebe e fixa com o dom do amor e a faculdade da criação artística que possui em tão alto grau. Diferentemente doutro poeta do mundo exterior – o russo israelita Marc Chagall –, não é sonhadora. É realista, efetivamente realista. Sua obra emana de uma visão aplicada às coisas, com lirismo.[21]

Na opinião de Rubem Navarra, crítico e amigo do casal Arpád Szenes e Maria Helena Vieira, Djanira conseguiu colocar em prática o sonho dos modernistas de erguer a cultura brasileira, ao valorizar o país e o seu povo, misturando a técnica erudita, europeia ao folclórico, o local, o nacional. Essa tese se evidencia quando ele afirma que "vemos uma Djanira suburbana e requintada, um processo psicológico parecido ao da música de Villa-Lobos, que, partindo do chorinho, encontrou um dia a técnica de Bach".[22]

Para Ferreira Gullar, Djanira era uma

> (...) moça do interior de São Paulo, que viveu a primeira fase de sua vida em contato com os animais, os trabalhadores do campo, a vida simples e dura, que foi também a sua, Djanira iria mais tarde dar forma de arte a essa experiência indelével. (...) Procuraria manter, ao longo da vida, o vínculo com esse passado: viveu cercada de pássaros, plantas e bichos, e, sempre que as condições de saúde permitiam, viajava pelo interior do país, como para renovar o contato com as fontes inspiradoras de sua arte e mesmo de sua vida. Nascida do povo, manteve-se uma mulher do povo, uma artista do povo identificada com ele em seus sofrimentos e em suas lutas. (...) Essa identificação

---

21 BARATA, Mário. *Djanira*: acervo do Museu Nacional de Belas Artes. Rio de Janeiro: Colorama, 1985.

22 FURLANETO, Audrey. "Djanira, de boia-fria a uma das maiores pintoras do país". *O Globo*, Caderno de Cultura-Artes Visuais, Rio de Janeiro, 14 jun. 2014.

> com seu povo e sua terra, essa generosidade de sentimentos teriam, inevitavelmente, que se refletir na obra da pintora, onde a paisagem e os homens brasileiros ocupam o primeiro plano. Esses elementos – como outros também ligados a eles – constituem o seu universo, o mundo que ela necessitava organizar, transfigurar, salvar da morte. E o fez instilando neles a força do seu lirismo e a beleza que a sua sensibilidade apreendia e revelava nas coisas mais simples, nas cenas mais comuns do trabalho e da vida diária.[23]

Já Mário Pedrosa, ligado à Associação Internacional de Críticos de Arte (Aica), via na pintora uma grande paisagista. Ele não chegou a negar o termo primitivo (usado por Campofiorito), mas não o aceitou. Na opinião de Pedrosa, a pintura primitiva era aquela dos povos primitivos. Nesse caso, Djanira era ingênua devido à temática, pois no traço era técnica e assertiva. Ele já percebia na artista uma vontade de extravasar a figura e se entregar à forma pura.[24]

Nesse sentido, Pedrosa estava se referindo à união da beleza da arte abstrata e figurativa, embate iniciado em meados da década de 1940, entre figurativos e abstratos, quando cada um defendia o seu ponto de vista de maneira intransigente, pois havia uma ideia combativa de que os dois campos não poderiam conversar. No entanto, Djanira mostrou que ambas as formas se completavam, criando imagens como *O Cesteiro nº 2* (1957) e *Moça Fazendo Carimã* (1962), nas quais adotou figuras geometrizadas para representar as cestas, ou *Festa Junina* (1952), com suas bandeirinhas no segundo plano e um enorme losango como balão colorido ao centro. Em *Família do Cacique* (1960), *Ritual de Puberdade* (1962) e *Os Canelas* (1962), a

---

23 GULLAR, Ferreira. "A Cura pelo afeto". *Folha de S. Paulo*, 27 fev. 2005. Disponível em: www1.folha.uol.com.br/fsp/ilustrad/fq2702200519.htm. Acessado em: 24.02.2023.

24 CAMPOS, Beatriz Pinheiro de. *Quirino Campofiorito e Mário Pedrosa*: entre a figuração e a abstração. Juiz de Fora: Universidade Federal de Juiz de Fora, 2014. (Dissertação de Mestrado).

geometria surge através das pinturas corporais, assim como na palha ao fundo da composição, por detrás dos 5 índios. E em *A Fábrica* (1962) e *Os Orixás* (1966), as formas geométricas se contrapõem por trás das figuras centrais.

Em 31 de maio de 1979, Djanira morreu, vítima de enfarte, deixando uma obra extensa. O Museu de Belas Arte do Rio de Janeiro é o seu principal guardião: possui 814 trabalhos. Há ainda 16 pinturas que compõem a Coleção Gilberto Chateubriand e outras 4 estão no Museu de Arte Moderna, todos na capital fluminense. O Palácio do Planalto, em Brasília, possui *Colheita de Bananas* (1961) e *Orixás* (1966). Há ainda exemplares de sua obra no exterior. A tela *Santana de Pé* encontra-se no Museu do Vaticano, adquirida na década de 1970, após a Igreja Católica conferir à pintora a Medalha e o Diploma da Cruz *Pro Ecclesia et Pontifice*, na época do Papa Paulo VI. E o Museu de Viena, na Áustria, mantem no acervo *Torre de Babel*, *Os Caçadores na Neve*, *Jogos de Criança*, *O Combate de Careme e do Carnaval*, *O Jantar de Núpcias*, *A Dança dos Camponeses*, dentre outras.[25]

Considerações finais

Djanira da Motta e Silva foi uma pintora muito atuante, que iniciou a atividade de artista plástica quase por acaso. Teve avó materna, Maria Elisabeth Pliger, formada em Línguas e Artes pelo Instituto Feminino de Trento, na Itália, com especialização em Desenho.

As dificuldades financeiras e a frágil saúde apontavam para um destino de grandes limites, mas tudo mudou após a internação para tratar da tuberculose. Sugerida pelo médico que a cuidou, a mudança para o Rio de Janeiro e, mais especificamente, para Santa

25 SILVA JÚNIOR, Gesiel Theodoro da. *História de Djanira*: brasileira de Avaré. São Paulo: Arcádia, 2000.

Teresa, bairro localizado na parte alta do morro da Tijuca, foi o ponto de partida. O local, que reunia pintores, críticos, escritores e intelectuais nacionais e estrangeiros, assim como Montmartre, com suas ruazinhas arborizadas, pintores de rua, cafés e cabarés no alto da colina da capital francesa, ou como Montparnasse, também reduto de artistas, que ficou famoso nos anos 1920 e 1930 por ser o coração da intelectualidade de Paris e que, desde os anos 1910 e até o eclodir a II Guerra Mundial, recebeu inúmeros nomes como Pablo Picasso, Guillaume Apollinaire, Erik Satie, Marc Chagall, Fernand Léger, Jacques Lipchitz, Blaise Cendrars, Amedeo Modigliani, Max Ernst, Marcel Duchamp, Constantin Brancusi, Joan Miró, só para citar alguns.

Foi nesta efervescência cultural de Santa Teresa que Djanira pintava secretamente até ser descoberta por Emeric. Daí em diante, a artista passou a participar dos salões e gradativamente se firmou no mundo das artes. Ainda hoje, ela é lembrada pelas cores fortes e vibrantes da maior parte de suas obras. No entanto, a monocromia também impressiona, como na série *Trabalhadores de Cal* (1974), porque a dramaticidade da representação deve-se aos personagens que "surgem quase inteiramente brancos, dessangrados em secura, narizes, bocas e até a cabeça cobertos por um alvo capuz protetor, como o dos cirurgiões – só os olhos aparecem em cor, vida e espanto".[26] Outro fato que chama a atenção é a predominância do azul sobre o branco no painel do Santuário Santa Rita de Cássia, na cidade de Cataguases, em Minas Gerais, e o mural em homenagem aos operários mortos na abertura do túnel Santa Bárbara, uma vez que ambos reforçam a ideia de que as figuras ali presentes estariam no céu.

Por fim, a imagem de pintora descalça propagada pela retrospectiva de 2014, na Caixa Cultural do Rio de Janeiro, associa-se à

---

26 SILVA JÚNIOR, Gesiel Theodoro da. *História de Djanira*: brasileira de Avaré. São Paulo: Arcádia, 2000.

mulher religiosa, de família humilde e saúde frágil, que vivia cercada de animais e, principalmente, havia sido enterrada sem sapatos. Mas Djanira era forte, decidida, trabalhadora e avançada. Casou-se pouco tempo depois de conhecer os maridos, ficou viúva de Bartolomeu e, antes da duradoura relação com José Shaw, teve um conturbado romance com o também pintor Milton da Costa. Além disso, viajava sozinha para locais distantes e isolados, não tinha medo e não era preconceituosa. Interessava-se pelos temas nacionais, inclusive as manifestações religiosas de matriz africana, pois as entendia como elementos complementares aos santos católicos, portanto, fundamentais para a cultura brasileira.

Sua vida passara a ser a pintura. Em termos gerais, Djanira foi capaz de captar os aspectos sociais, as tradições e a história, mostrando a força do povo e da cultura brasileira, cristalizando, portanto, uma imagem do Brasil.

Referências bibliográficas

BARATA, Mário. *Djanira*: acervo do Museu Nacional de Belas Artes. Rio de Janeiro: Colorama, 1985.

CAMPOFIORITO, Quirino. "Djanira". *O Jornal*, Rio de Janeiro, Sessão Artes Plásticas, 17 ago. 1958. (Acervo 178 Quirino e Hilda Campofiorito, Solar do Jambeiro, Niterói-RJ).

CAMPOS, Beatriz Pinheiro de. *Quirino Campofiorito e Mário Pedrosa*: entre a figuração e a abstração. Juiz de Fora: Universidade Federal de Juiz de Fora, 2014. (Dissertação de Mestrado).

FENSKE, Elfi Kürten. "Djanira da Motta e Silva: singular e plural". *Templo Cultural Delfos*, abr. 2014. Disponível em: http://www.elfikurten.com.br/2014/04/djanira.html. Acessado em: 16.07.2017.

FURLANETO, Audrey. "Djanira, de boia-fria a uma das maiores pintoras do país". *O Globo*, Caderno de Cultura-Artes Visuais, Rio de Janeiro, 14 jun. 2014.

GULLAR, Ferreira. "A Cura pelo afeto". *Folha de S. Paulo*, 27 fev. 2005. Disponível em: www1.folha.uol.com.br/fsp/ilustrad/fq2702200519.htm. Acessado em: 24.02.2023.

LICEU ONLINE PETRÓPOLIS. "Salão Nobre". *Liceu Municipal Prefeito Cordolino Ambrósio*, [s.d.]. Disponível em: http://liceuonlinepetropolis.blogspot.com.br/p/salao-nobre.html. Acessado em: 23.02.2023.

PAULA, Maria Lúcia Bueno Coelho de. "Os mundos da arte de Milton Dacosta". *Perspectivas*, São Paulo, nº 17-18, 1994/1995.

SILVA JÚNIOR, Gesiel Theodoro da. *Contando a arte de Djanira*. São Paulo: Nova América, 2004.

______. *História de Djanira*: brasileira de Avaré. São Paulo: Arcádia, 2000.

ELIS REGINA (1945-1982)

FORÇA E BRILHO

BEATRIZ PAN CHACON

Ercy Carvalho Costa, mãe e dona de casa; Romeu Oliveira Costa, pai e homem de várias ocupações; Rogério Carvalho Costa, irmão; Rosângela, filha do irmão de D. Ercy, agregou-se à família até seus catorze anos; e, claro, a primogênita, Elis Regina Carvalho Costa: moravam numa casa da vila IAPI, em Porto Alegre, Rio Grande do Sul. Data de nascimento: 17 de março de 1945.

Desde muito cedo, esteve cercada de música, primeiro pelo cantar da mãe, depois pelo rádio, mais exatamente, a Rádio Nacional do Rio de Janeiro. Além desta, as rádios de alcance local. Na Rádio Farroupilha, Elis, fizera uma primeira tentativa de cantar no *Clube do Guri*, mas não foi bem-sucedida. Tempos depois, lá estava ela novamente e, dessa vez, seu esforço foi coroado com sucesso total. Ela passou a ser figura assídua do programa, tornando-se uma espécie de assistente do apresentador, Ary Rego. Mais velha, transfere-se para a Rádio Gaúcha, a fim de trabalhar no programa de Maurício

Sirotsky, conhecido por Maurício Sobrinho. Desde o *Clube do Guri*, Elis recebia um salário que ajudava no sustento da família.

Uma mudança para o Rio de Janeiro a levou ao Beco das Garrafas, local de um aglomerado de pequenos bares nos quais novos e consagrados nomes se apresentavam nos chamados *pocket shows*. O nome e o talento cresciam a olhos vistos.

Mas São Paulo também quer a gaúcha e pouco a pouco, seduzida por melhores pagamentos, Elis passa a fazer da pauliceia desvairada sua base de trabalho. E em pouco tempo, entende e adota afetivamente a cidade.

Mais tarde, um "Arrastão" levou o nome de Elis a um novo patamar e ao comando do *Fino da Bossa* e aos subsequentes *Fino* e *Frente Única da Música Popular Brasileira*. Ela surgira não só com uma grande e potente voz, uma afinação ímpar e uma intuição rítmica sem limites. Ela surge, na tv, com a música "Arrastão" e uma expressão corporal inédita e arrebatadora. Nunca mais, sobretudo para as cantoras de sua geração e, certamente, para as posteriores, se cantou *parada/congelada*.

Na década seguinte, os anos 1970, a gaúcha já era um dos nomes líderes da música do país e estrela consagrada. E, nessa condição de liderança, fundou, em conjunto com nomes como Théo de Barros, Oswaldinho do Acordeon, Oswaldinho da Cuíca, André Geraissati, Olmir Stocker (Alemão), Almir Satter e Amilton Godoy, entre outros, a Assim, Associação de Intérpretes e Músicos, no ano de 1978. A Associação conquistou o reconhecimento dos direitos para o músico acompanhante, realizando a inédita e primeira distribuição dessa natureza no país. Esse é um legado incontestável que Elis deixou a seus companheiros músicos e intérpretes.

As contribuições de Elis não param por aí, porque, como intérprete, lançou uma variedade de novos compositores, além do resgate de alguns nomes então esquecidos. Entre outros, lançou Milton Nascimento, Ivan Lins, Djavan, Ronaldo Monteiro de Souza,

Fátima Guedes, João Bosco, Aldir Blanc, Belchior, Fagner, Tim Maia, Renato Teixeira, etc. E resgatou nomes como Pedro Caetano ("*É com esse que eu vou*"), Américo Seixas e Dorival Silva (Chocolate) ("Vida de bailarina"), entre outros.

Desde os primeiros anos da chamada "Revolução de 1964", Elis posicionou-se contrariamente a ela, quer por depoimentos em entrevistas, quer pelas canções que interpretava. Nos primeiros anos da década de 1970, à medida que o regime endurecia, aumentava o cerco sobre os artistas e Elis não foi esquecida. O ano de 1972 foi particularmente penoso para ela, já que fora forçada a cantar na Semana da Pátria e no Sesquicentenário da Independência. Esse período deixou marcas na vida e na carreira de Elis. Após os momentos difíceis, Elis retomou suas críticas ao regime. Se, em 1967, gravou "Manifesto", em 1979, grava o que será chamado de o Hino da Anistia, a música "O Bêbado e a Equilibrista".

No livro de Júlio Maria, o autor relata episódio de 1968, no qual o embaixador sueco, Bo Lolgren foi detido por possuir dois objetos perigosos: um gravador (usado para registrar uma manifestação estudantil em abril daquele ano) e um disco de Elis Regina.[1] Outros relatos mostram a visão dos militares sobre a figura de Elis e o que ela sofreu.

Elis inovou na forma de fazer um show quando, em 1975, estreou o *Falso Brilhante*, no Teatro Bandeirantes. Seu roteiro contava a história de uma cantora, desde a meninice até sua vida adulta. Ela fez um trabalho de preparação de atriz, com interpretação e expressão corporal. Inovou quando esse espetáculo ultrapassou a marca de mais de um ano em cartaz sempre com a casa lotada. Ultrapassou a marca de público e mostrou as potencialidades da cantora e intérprete, como atriz.

---

1 MARIA, Júlio. *Nada será como antes*. São Paulo: Master Books, 2015, p. 225.

Essa inovação prosseguiu em 1977, com um espetáculo intenso e tenso, *Transversal do Tempo*, nas canções, interpretações e no ambiente político. A cenografia representava um canteiro de obra, em certo sentido, o oposto da grandiosidade e da fama da cantora do show anterior, rompendo, assim, com este e buscando/reforçando uma linguagem visual urbana, paulistana. Outro grande sucesso, porém de menor longevidade.

No show *Essa Mulher*, Elis fazia as pazes consigo mesma e atingira plena maturidade como intérprete, mulher e cidadã. É o momento de sua maturidade artística e pessoal.

Em *Saudade do Brasil*, o espetáculo, coerentemente ao título, abordava uma variedade de saudades sentidas pela cantora, de tempos mais leves, política e socialmente. Trazia, em canções e em elementos cenográficos, uma preocupação ecológica, antes do tema virar moda na mídia.

Na história desses espetáculos, Elis, talvez sem uma exata consciência, ajudou a formar toda uma geração de mulheres e homens, de tal forma que ela passou a integrar, inegavelmente, o cotidiano desse grupo de pessoas. A bem dizer, foram duas gerações formadas ao som de suas canções. A primeira geração era aquela originária da época de "Arrastão" e do *Fino da Bossa*. E, mais recentemente, formaram-se a terceira e a quarta gerações.

Agora, observemos alguns dos discos de sua carreira e a contribuição que deram. *Dois na Bossa nº 3*, de 1967, trouxe, por exemplo, a música "Manifesto", tipicamente do gênero música de protesto. Dois anos depois, grava "Casa Forte", uma canção sem palavras em que a voz dela tornava-se um instrumento a mais. Elis fazia com isso música instrumental.

Nesse mesmo ano, é lançado *Elis in London*, disco que traz a primeira gravação de estilo roqueiro dela, "Se você pensa", de Roberto e Erasmo. Em 1970, surge uma nova canção desprovida de palavras, "Verão Vermelho", título homônimo a uma novela da

TV Globo, e que servia de abertura desta. É também nesse disco que ela lança Tim Maia, com "These are the songs".

O ano de 1972 marca, oficialmente, uma parceria que se manteria até a morte de Elis, mesmo havendo a separação do casal, entre César Camargo Mariano e a intérprete. Eles já se conheciam desde 1967, quando César fez o arranjo para "Upa, neguinho", mas, agora, era diferente. Casal na vida e no trabalho. A sintonia entre eles fez com que Elis desse ainda outro salto qualitativo, pois encontrara em César um *cúmplice* ideal.

No LP de 1973, *Elis*, a cantora grava "Folhas secas", de Nelson Cavaquinho e Guilherme de Brito, e recupera, de Pedro Caetano, "*É com esse que eu vou*". No ano seguinte, surge o antológico LP *Elis e Tom*, em que regrava, com o maestro, a magistral "*Águas de* março", anteriormente gravada em um LP de 1972. No mesmo ano, o disco *Elis* traz, entre outras, "Dois pra Lá, Dois pra Cá", um bolero.

Em 1974, temos o histórico encontro, registrado em vídeo, além do disco, de Elis e Tom. Um disco que tem o repertório perfeito, os arranjos exatos, os músicos mais talentosos e a voz de Elis. Uma referência de qualidade à toda prova.

Em 1976, surge o disco homônimo do espetáculo *Falso Brilhante*, com as principais músicas do show, que traz, por exemplo, "Los Hermanos", de Atahualpa Yupanqui, e "Gracias a la vida", de Violeta Parra. No ano seguinte, lança Renato Teixeira, com "Romaria". Em 1978, regrava "Fascinação".

De 1979, no LP *Essa Mulher*, a intérprete arrasa uma vez mais na escolha do repertório, podendo ser destacada a gravação de "O Bêbado e a Equilibrista". Do ano de 1980, *Saudade do Brasil* é o registro completo do show. Novamente um show que mostra Elis como atriz além de intérprete.

Outros discos surgiram após a morte de Elis, seja como coletâneas, seja como lançamento de ensaios para futuros trabalhos. O disco Elis, de 1979, da Polygram, reuniu canções rejeitadas, após o rompimento da cantora com a gravadora.

É preciso acompanhar os DVDs de Elis. O primeiro, em ordem cronológica, é o que registrou a ida da cantora ao programa *Ensaio*, da TV Cultura, no ano de 1973 e lançado em 2004. De 1979, surge *Elis Regina Carvalho Costa*, programa da série Grandes Nomes, da TV Globo, lançado em 2005. O repertório base desse DVD é do espetáculo *Saudade do Brasil*.

De 1980, o registro do show chamado *Eli*s, também o nome do DVD, lançado em 2006. Nele, além das canções, há a entrevista dada ao programa *Jogo da Verdade*, da TV Cultura. Também de 1980, há o registro do programa da TV Globo, *Mulher*, que reuniu várias cantoras, que dão depoimentos sobre diversos temas.

E nesse mesmo ano, 2006, são lançados três DVDs num pacote único, com coletânea de imagens e trechos de entrevistas diversas. O número um é chamado de *Na batucada da vida*, o de número dois é *Falso Brilhante* e o número três, *Doce de Pimenta*. Centrarei minhas considerações no primeiro deles.

Ela faz revelações quanto ao seu relacionamento com os pais e, a certa altura, revela sua crença na vida após a morte e na ligação desta vida (encarnados) com os desencarnados. Cita Agostinho Santos nesse momento e declara que irá cantar suas canções. É o caso de “Estrada do sol”. Revela ainda sua visão do *Fino da Bossa*. “O *Fino da Bossa* foi tudo de bom e tudo de ruim que poderia acontecer na vida de uma pessoa”. E explica que, enquanto muitos puderam aparecer no programa, outros não conseguiram e que isso gerou muitos conflitos e situações delicadas e/ou mal resolvidas. Faz uma franca autoanálise desse período e, criadora de frases que era, declara: “eu não estou aí pra semear ventos. Os outros que colham as tempestades”. Essa declaração referia-se ao fato de que não iria atrás de pessoa a pessoa, ninguém, para esclarecer qualquer situação. Mas conclui com: “o saldo positivo é maior que o negativo”.

No programa, em diversos momentos, cita como conheceu e lançou e/ou gravou Gil, a imensa influência exercida por Edu Lobo, as músicas de Baden, sua oportunidade perdida de lançar Chico Buarque (que seria lançado por Nara Leão) e sua empatia com Milton Nascimento. Além disso, declarou sua admiração pessoal e profissional por Ciro Monteiro, Paulo César Pinheiro, Carmem Miranda, Nelson Cavaquinho, músicas de carnaval e, claro, Tom Jobim.

Importante também é notar que, no início do DVD, Elis coloca que havia uma intenção de fazer dela uma outra Cely Campelo (figura de outra gravadora) e que ela não aceitava esse papel. Disse: "eu queria ser eu".

Mais ao final, Elis declara que mudou e que seu disco está diferente. "Foram meus nervos que descansaram", disse. Esclarece que a música mais complexa é a que é vista, segundo alguns, como a mais simples. A música em questão: "*é com esse que eu vou*". Comenta sobre o trabalho melódico e rítmico feito.

O repertório vai de "Upa, Neguinho" até "Águas de Março", passando por "Boa Noite", "Amor", "Preciso Aprender a Ser Só", "Vou Deitar e Rolar (Quaquaraquaqua)", "Doente Morena" (na abertura) e "Folhas Secas" (no encerramento), entre outras.

Na linha de livros produzidos sobre a cantora, podemos registrar, além dos aqui já usados e citados: *Meus Tesouros da Juventude*, de Rita Ruschel, no qual Elis está presente, lançado em 1983; em 1985, são lançados *Elis Regina por Ela mesma*, uma compilação de entrevistas organizada por Osny Arashiro, e *Aquarelista*, trabalho que reúne fotos de Célia Marisa de Ávila e textos de Salma Tannus Muchail.

De jornalistas especializados em música, temos: *Música Popular Brasileira*, de José Eduardo Homem de Melo (Zuza), do ano de 1976; *Música Humana Música*, de Nelson Mota, de 1980; e de Tárik de Souza, *O Som nosso de cada Dia*, de 1983.

A *internet* trouxe todo um acervo de imagens e áudios antes disponíveis para poucos e, com isso e não baixa frequência, um material novo aparece na rede. Assim, é como se Elis continuasse a nos surpreender com novas facetas de sua história e ampliando suas contribuições à música e à história brasileira. É ainda possível supor que existam arquivos ainda não compartilhados, mas que poderão vir a ser, caso seus detentores se sensibilizem para isso.

Vale, no entanto, registrar que no número um e no número três dos DVDs mencionados, Elis declama dois textos, tal e qual faria uma atriz. O número dois trouxe uma entrevista de rádio, mais exatamente, da Rádio Bandeirantes, do programa *O Poder da Mensagem*, comandado por Hélio Ribeiro em 1975.

Também cabe acrescentar que, no volume dois, há o antológico encontro e a caminhada de Elis com Adoniran Barbosa pelo Bixiga, até o encontro com Rita Lee e a homenagem dela para a cantora.

Num espaço e tempo tão curtos, fica praticamente impossível listar todas as contribuições que Elis Regina deu à música, à cultura deste país ou à sociedade. Na profissão, o profissionalismo e a luta por melhores condições de trabalho dela e de seus parceiros músicos, além da excelência da escolha do repertório e da própria emissão de voz, isto é, o cantar.

Na vida pública, a consciência de sua importância e a recusa a se calar diante dos temas atuais e de natureza política, sempre de uma forma tanto equilibrada quanto apaixonada. Elis não fazia nada pela metade.

Interpretações clássicas de Elis? Todas. Mas se precisamos fazer uma listagem, segue uma aqui: "Casa Forte", "Quaquaraquaqua", "Romaria", "Se eu quiser falar com Deus" e "No céu da vibração". E todo o disco com o Tom.

Elis usou o próprio nome na maioria de seus shows e discos não por vaidade, muito ao contrário, por optar pela simplicidade.

Ela se apresentava e reapresentava a cada novo trabalho e, por essa razão, optava pelo próprio nome.

Essa mulher era assim, simples e complexa. Cantora, intérprete, música. Atriz e mulher. Mãe e cidadã. Carente e generosa. Apaixonada e apaixonante. Sedutora. Criança e adulta. Era múltipla e cabia numa só. Extravasou tudo. Voz, amor... vida.

Referências bibliográficas

MARIA, Júlio. *Nada será como antes*. São Paulo: Master Books, 2015.

EMÍLIA VIOTTI DA COSTA (1928-2017)

MUITO A NOS OFERECER[1]

RAFAEL DE BIVAR MARQUESE

A historiadora Emília Viotti da Costa nasceu na cidade de São Paulo, em 1928. Toda sua formação ocorreu na Universidade de São Paulo. Tornou-se professora do Departamento de História dessa instituição em 1955, aí lecionando até 1968. A cassação pelo AI-5 a levou ao exílio. Optando por residir nos Estados Unidos, onde, após curtas passagens pelas Universidades de Tulane e Illinois, foi contratada por Yale em 1973, local em que trabalhou até se aposentar. Professora

1 Neste texto, reapresento material anteriormente publicado em dois artigos: MARQUESE, Rafael de Bivar. "Capitalismo, escravidão e a economia cafeeira do Brasil no longo século XIX". *Saeculum*, UFPB, vol. 29, jul./dez. 2013, pp. 289-321; MARQUESE, Rafael de Bivar. "Estrutura e agência na historiografia da escravidão: a obra de Emília Viotti da Costa". *In*: FERREIRA, A. C.; Bezerra, H. G.; DE LUCA, T. R. (Coord.). *O Historiador e seu tempo*. São Paulo: Unesp, 2008, pp. 67-81.

emérita por essa universidade e também pela USP, Emília Viotti da Costa é, sem dúvida, uma das mais notáveis historiadoras brasileiras.

Em sua diversificada trajetória intelectual, na qual se inclui uma coletânea de artigos e ensaios sobre a política brasileira oitocentista em mirada comparada (*Da Monarquia à República: momentos decisivos*, com edições em português e inglês), e a mais recente *A dialética Invertida*, que reúne seus ensaios metodológicos, destacam-se dois livros obrigatórios sobre o tema da escravidão negra no século XIX. *Da Senzala à Colônia*, publicado originalmente em 1966 (atualmente, em 5ª edição), foi fruto de sua tese de livre-docente defendida na Universidade de São Paulo em 1964. O segundo livro é *Crowns of Glory, Tears of Blood: The Demerara Slave Rebellion of 1823*, cuja primeira edição apareceu em inglês em 1994, tendo sido traduzido para o português quatro anos depois.[2] Em vista da importância desses dois volumes e do impacto que tiveram sobre o campo de estudos sobre a escravidão nas Américas, serão eles que merecerão meus comentários neste artigo. Meu propósito é apresentar brevemente ambos os livros, situando-os no quadro das discussões teóricas e historiográficas mais amplas em que se inscreveram.

As duas obras têm escopos distintos. A primeira traz uma análise da ascensão e da crise da escravidão na economia cafeeira do Centro-Sul do Brasil ao longo do século XIX; a segunda examina um episódio singular, a grande revolta escrava ocorrida na colônia inglesa de Demerara, em 1823. *Da Senzala à Colônia* divide-se em três partes claramente separadas: economia, sociedade e ideologia. *Coroas de Glória* oferece uma narrativa unificada, na qual essas três dimensões são a cada passo articuladas no fluxo da exposição. As marcadas diferenças entre a arquitetura das duas obras explicam-se pelos diferentes contextos em que foram produzidas. Como a própria Emília Viotti da Costa anotou em aula inaugural proferida no Departamento de História da USP, em 1998, "o trabalho do

---

2 VIOTTI DA COSTA, Emília. *Coroas de glória, lágrimas de sangue*: a rebelião dos escravos de Demerara em 1823. São Paulo: Companhia das Letras, 1998.

historiador, queira ele ou não, é produto da sociedade e do tempo em que vive".[3] O primeiro livro tem um tom político claro, dado pelos dilemas econômicos, sociais e políticos que o Brasil enfrentava no começo dos anos 1960 e que acabariam por levar a autora ao exílio. O segundo livro, ainda que informado por compromissos políticos nunca abandonados pela autora, procura fazer frente a outra ordem de desafios, mais ligados aos rumos que os saberes sobre as humanidades e as ciências sociais tomaram após a década de 1970.

Com base em uma vasta pesquisa sobre a escravidão negra nas províncias cafeeiras do Rio de Janeiro, de Minas Gerais e de São Paulo ao longo do século XIX, dando conta das múltiplas dimensões econômicas, sociais, políticas e ideológicas do fenômeno, em *Da Senzala à Colônia*, Emília Viotti da Costa oferece um tratamento sofisticado da abolição da escravidão no Brasil. No livro, o evento é compreendido "como resultado de um processo de longa duração que envolveu mudanças estruturais, situações conjunturais e uma sucessão de episódios que culminaram na Lei Áurea".[4] Tal esquema analítico partilha o quadro geral de interpretação de Eric Williams a respeito da "contradição entre desenvolvimento capitalista e escravidão". Nessa perspectiva, o exame do movimento abolicionista e da ação escrava, decisivos para o término da instituição, articula-se à análise das transformações que criaram as possibilidades para a vitória de 1888: o fechamento do tráfico transatlântico de escravos em 1850; as primeiras experiências com trabalho livre; a montagem do tráfico interprovincial; a ladinização da população escrava; o avanço da cafeicultura para novas áreas de fronteira do oeste de São Paulo; o impacto das ferrovias sobre a economia cafeeira, que trouxe racionalização dos meios de transporte, estímulo às novas atividades econômicas e à urbanização, e que criou novas possibilidades para o emprego do trabalho livre; a crescente cisão nas classes

---

3 VIOTTI DA COSTA, Emília. *A Dialética invertida e outros ensaios*. São Paulo: Unesp, 2014, p. 209.

4 VIOTTI DA COSTA, Emília. *Da Senzala à Colônia*. 3ª ed. São Paulo: Brasiliense, 1989.

senhoriais, polarizando os fazendeiros das áreas mais antigas do Vale do Paraíba (profundamente apegados à escravidão) e os das áreas pioneiras (menos compromissados com ela).

Nos anos seguintes à sua publicação, a interpretação que Emília Viotti da Costa expôs em *Da Senzala à Colônia* obteve grande ressonância. A contraposição entre os fazendeiros do Vale do Paraíba e os do oeste de São Paulo, por exemplo, foi incorporada por Eugene Genovese, em sua análise comparada sobre os sistemas escravistas americanos, por Robert Toplin, em seu livro sobre a abolição da escravidão no Brasil, e por Warren Dean, em sua monografia sobre o município cafeeiro de Rio Claro. Mesmo os historiadores que procuraram, nos anos 1970, dar consistência teórica ao conceito de modo de produção escravista colonial, sendo críticos, portanto, do modelo avançado pela autora, não deixaram de reconhecer em seu trabalho as marcas de uma referência fundadora.

Mas, com o avanço das novas formas de se pesquisar e escrever a história econômica, a história social e a história cultural, o tipo de análise que Emília Viotti da Costa propusera nos anos sessenta paulatinamente perdeu espaço. Ainda na segunda metade da década de 1970, pesquisas inovadoras inspiradas pela *New Economic History* norte-americana reviram muitos dos pressupostos que haviam norteado a autora. Com as lentes voltadas ao período posterior à abolição do tráfico negreiro transatlântico, esses trabalhos demonstraram a lógica econômica do investimento em escravos nas fazendas em café do centro-sul do Brasil até a década de 1880; apontaram para a inexistência de uma contraposição essencial entre a mentalidade empresarial dos senhores de escravos do Vale do Paraíba e a dos fazendeiros do oeste de São Paulo; acima de tudo, argumentaram que os fundamentos da crise da escravidão brasileira deveriam ser buscados não no avanço das forças produtivas do capitalismo, mas, antes, na perda de legitimidade política da instituição em razão da pressão abolicionista.[5]

---

5 SLENES, Robert W. *The demography and economics of Brazilian slavery*. Stanford: Stanford University, 1976. (Tese de Doutorado em

Para aferir o peso do abolicionismo, a perspectiva analítica escorada nos pressupostos teórico-metodológicos da *New Economic History* o tratou como fator exógeno à esfera econômica, assim, cindido o que, na análise de Emília Viotti da Costa, constituía uma unidade contraditória. Nas palavras dela,

> partindo do pressuposto de que são os homens (e não as estruturas) que fazem a história, se bem que a façam dentro de condições determinadas, procurei analisar o processo [de crise da escravidão] nos vários níveis: o econômico, o social, o político e o ideológico, reconhecendo que, embora esses níveis tenham uma relativa autonomia e uma dinâmica que lhes é própria (não sendo possível, por exemplo, reduzir o ideológico ou o político ao econômico), todos eles estão profundamente inter-relacionados.[6]

Viotti procurou responder ao desafio da revisão historiográfica dos anos 1970 em um longo prefácio à segunda edição de seu livro

---

História); SLENES, Robert W. "Eu venho de muito longe, eu venho cavando: jongueiros cumba na senzala centro-africana". *In*: LARA, Silvia H.; PACHECO, Gustavo (Coord.). *Memória do Jongo*: as gravações históricas de Stanley Stein. Vassouras, 1949. Rio de Janeiro: Folha Seca; Campinas: Cecult, 2007; MELLO, Pedro Carvalho de. *The economics of labor in Brazilian coffee plantations, 1850-1888*. Chicago: University of Chicago, 1977. (Tese de Doutorado); MELLO, Pedro Carvalho de. "Aspectos econômicos da organização do trabalho da economia cafeeira do Rio de Janeiro, 1850-1888". *Revista Brasileira de Economia*, vol. 32, nº 1, jan./mar. 1978, pp. 26-28; MELLO, Pedro Carvalho de. "Expectations of abolition and sanguinity of coffee planters in Brazil, 1871-1888". *In*: FOGEL, Robert William; ENGERMAN, Stanley L. (Coord.). *Without consent or contract*: the rise and fall of American slavery – conditions of slave life and the transition to freedom. Technical Papers. vol. 2. Nova York: W. W. Norton, 1992, pp. 629-646; MELLO, Pedro Carvalho de; SLENES, Robert W. "Análise econômica da escravidão no Brasil". *In*: NEUHAUS, Paulo (Coord.). *Economia brasileira*: uma visão histórica. Rio de Janeiro: Campus, 1980, pp. 89-122.

6 VIOTTI DA COSTA, Emília. *Da Senzala à Colônia*. 3ª ed. São Paulo: Brasiliense, 1989, p. 30.

(sempre incorporado às edições subsequentes), em que respondia cuidadosamente às críticas endereçadas ao seu livro. No entanto, em que pese tal esforço, o tema foi dado por resolvido após a década de 1980, tornando-se corrente a avaliação de que os achados da *New Economic History* representavam última e definitiva palavra a respeito da natureza das forças econômicas na crise da escravidão brasileira. Não deixa de ser irônico que, no exato momento em que a história econômica perdia espaço para a história social e a história cultural nos ambientes acadêmicos internacionais, no caso específico da historiografia sobre a crise da escravidão brasileira, os próprios avanços da primeira tenham estimulado o desenvolvimento das outras duas, sem que as esferas do mundo material e do mundo social fossem devidamente articuladas.

Tratar do capitalismo global em suas interfaces com a escravidão local, ou então seguir as perspectivas embasadas no casamento original entre os legados do marxismo e os das duas primeiras gerações da escola dos *Annales*, significava, para a nova historiografia da escravidão que se consolidou no Brasil a partir dos anos 1980, adotar um procedimento abstrato, incapaz de conferir inteligibilidade a processos vividos por sujeitos de carne e osso. Temas como os padrões culturais de escravos e afrodescendentes livres, a resistência escrava, o imaginário sobre o negro, o trabalhador nacional e o imigrante, ou, então, as lutas jurídicas e políticas em torno da legitimidade da escravidão passaram a ocupar o primeiro plano da atenção dos especialistas. A despeito dos inegáveis méritos dessa historiografia, cuja contribuição para o melhor entendimento da história da escravidão no Brasil é definitiva, ela conduziu a um descaso como os processos históricos de longa duração e os quadros globais mais amplos nos quais se inscreveu o sistema escravista brasileiro. Adotando uma concepção de história que a encara como um vasto campo de indeterminação resultante de múltiplas agências locais equivalentes, os historiadores que trataram a crise da escravidão brasileira sob o prisma da história social e cultural acabaram por se aproximar, talvez de modo inadvertido, de alguns dos pressupostos teóricos da *New Economic History*, em especial seu individualismo metodológico.

Diante da maré vazante, Emília Viotti da Costa não ficou parada. Na segunda metade da década de 1980, engajou-se em uma pesquisa sobre a grande revolta escrava da colônia inglesa de Demerara em 1823, uma das maiores na história do Novo Mundo por ter envolvido mais de 10.000 escravos.[7] Como Viotti da Costa deixou claro em diversas ocasiões, o livro que resultou dessa investigação foi concebido, sobretudo, como um exercício teórico e metodológico, o que lhe permitiu

> lidar com questões sempre presentes na obra do historiador: o papel dos indivíduos e das classes, a construção e função das ideologias, a importância do acaso e da determinação, as relações entre "infra e superestrutura", tradição e inovação no transplante de culturas "africanas" para a América e a formação de uma nova cultura.[8]

Nele, a autora dialogou criticamente com a história dos subalternos e a nova história econômica, bem como discutiu a virada linguística e o pós-modernismo nas ciências humanas, a cisão entre macro e micro-história, o empirismo raso e o abandono da noção de totalidade. Da incrível riqueza do livro, sem dúvida alguma uma das peças mais significativas da historiografia mundial sobre a escravidão publicada nos últimos vinte anos, quero destacar rapidamente dois pontos.

O primeiro é o das articulações entre *estrutura* e *agência*, a problemática central que tanto informara *Da Senzala à Colônia*. Tal como no primeiro livro, no volume de 1994, a categoria *estrutura* funciona como uma chave para se apreender a ideia de totalidade e a dialética liberdade-necessidade. A estrutura não é apenas "metáfora

---

7 VIOTTI DA COSTA, Emília. *Coroas de glória, lágrimas de sangue*: a rebelião dos escravos de Demerara em 1823. São Paulo: Companhia das Letras, 1998, p. 19.

8 VIOTTI DA COSTA, Emília. "Emília Viotti da Costa". *In*: MORAES, José Geraldo Vinci de; REGO, José Márcio (Coord.). *Conversas com historiadores brasileiros*. São Paulo: 34, 2002, p. 82.

heurística", mas a própria dimensão do tempo em que agem os sujeitos sociais. Por conseguinte, estamos longe tanto do modelo estanque de muitos dos trabalhos da segunda geração dos *Annales* (estrutura compreendida como a somatória dos elementos geográficos, da produção material e dos padrões demográficos) quanto do modelo tradicional marxista da "estrutura econômica da sociedade" (forças produtivas + relações de produção).

Para compreender devidamente a acepção do termo no trabalho em questão, vale recorrer às considerações do historiador William Sewell Jr. Segundo ele, o uso corrente da categoria nas ciências humanas conduz com frequência a três problemas. O primeiro é o fato de os argumentos "estruturais" assumirem um determinismo causal muito rígido na vida social; a ação humana, a agência, tende a ser subsumida na estrutura, e os atores sociais são reduzidos a meros autômatos dela. A expressão, por outro lado (segundo problema), implica a ideia de estabilidade, sem conseguir dar conta de transformações no tempo; no "discurso estrutural", a mudança é usualmente localizada fora da estrutura, seja num *telos* da história, seja em influências exógenas ao sistema em questão. Por fim, há a dicotomia mental/material que rege a maior parte dos trabalhos que operam com a categoria; os sociólogos se inclinam a localizar a estrutura determinante nas forças materiais, enquanto os antropólogos o fazem na esfera da cultura.[9]

Em *Coroas de Glória, Lágrimas de Sangue*, Emília Viotti da Costa consegue evitar magistralmente esses três problemas, adotando uma acepção de estrutura que 1) integra de modo substantivo a agência dos sujeitos sociais, 2) não seciona o mental do material e 3) dá conta do processo de mudança por meio da análise da dinâmica interna do sistema social em observação (no caso, o escravismo no mundo atlântico, em geral, e no Império inglês, em particular). Estrutura é a base produtiva de Demerara, mas também o conjunto dos valores

---

9 SEWELL JR., William. *Logics of History*: social theory and social transformation. Chicago: University of Chicago Press, 2005, pp. 124 e 151.

ideológicos e culturais que os africanos trouxeram consigo e redesenharam conforme as condições locais; é o capitalismo industrial em formação na metrópole, mas também as noções de direito, justiça e liberdade que impulsionavam o movimento antiescravista, e que foram lidas de modo particular pelos cativos; é, enfim, o quadro mais amplo das forças econômicas, sociais, políticas e ideológicas que criavam o campo de possibilidades e estabeleciam os limites para as ações dos sujeitos sociais, mas que estava ele mesmo em processo de rápida alteração nessa época por conta da própria agência dos atores em questão. Essa acepção se traduz de forma igualmente magistral na organização do livro. Se os dois primeiros capítulos apresentam o cenário mais amplo das contradições que polarizavam, no contexto atlântico e imperial inglês da virada do século XVIII para o XIX, senhores contra missionários e senhores contra escravos, os cinco capítulos seguintes partem para a observação dessas contradições nas ações dos agentes diretamente envolvidos na rebelião. Uma leitura rápida poderia dar a entender que a *estrutura* estaria presente apenas nos primeiros capítulos, ficando reservado à *agência* os outros cinco. Entretanto, a todo o momento Viotti da Costa indica como a estrutura está na ação, no evento, e, inversamente, como a ação social, ou o evento, molda a estrutura.

O segundo ponto que quero destacar é o papel que a narrativa ocupa na obra. Em realidade, *Coroas de Glória, Lágrimas de Sangue* serve como um excelente exemplo para demonstrar como parte substantiva do debate sobre a "volta da narrativa" carece de sentido, como aliás salientara Eric Hobsbawm logo após a publicação do ensaio de Lawrence Stone que dera ensejo à discussão.[10] Cabe aqui lembrar outro grande historiador. Como ressalta Reinhart Koselleck, em uma vigorosa defesa da "história estrutural" e de seu cruzamento

10 STONE, Lawrence. "The revival of narrative: reflections on a new old history". *Past & Present*, Oxford University Press, nov. 1979; HOBSBAWM, Eric. *A Era dos Impérios (1875-1914)*. 5ª ed. Rio de Janeiro: Paz e Terra, 1998.

com a história social e a história dos conceitos (*Begriffsgeschichte*), a forma da narração (isto é, o encadeamento de eventos em uma progressão discursiva linear) prende-se à dimensão temporal tratada pelo historiador, e não ao repertório dos recursos estilísticos que mobiliza. Assim, lembra Koselleck, é impossível alguém narrar um tempo longo, ao passo que o tempo curto exige a forma narrativa. Estruturas são sempre descritas; eventos são sempre narrados.[11]

O livro de Emília Viotti é um estupendo exercício nesse sentido. A adoção da técnica do romance polifônico – cujas vozes são compostas pelos missionários, senhores, autoridades coloniais e, acima de tudo, pelos escravos – é uma das estratégias que ela emprega para dar conta, na escrita, da pluralidade dos tempos históricos. A outra, estritamente atrelada ao fato de a autora – contra a maré pós-moderna – não "abrir mão dos privilégios e responsabilidades do narrador",[12] reside na própria divisão dos capítulos. Enquanto os dois primeiros (que tratam basicamente das grandes mudanças ocorridas nas estruturas no mundo atlântico, na passagem do século XVIII para o XIX, e sua dinâmica local em Demerara) são descritivos, os cinco últimos capítulos (que tratam da sequência de eventos iniciada em 1808, com a chegada à colônia dos primeiros pastores da London Missionary Society, e que culminaria na revolta de 1823, na repressão subsequente e em suas repercussões atlânticas mais amplas) oferecem uma narrativa envolvente. De acordo com a lição de Koselleck, seguida à risca em toda a trajetória de Emília Viotti da Costa,

> estruturas mais ou menos duradouras, mas de todo modo de longo prazo, são condições de possibilidade para os eventos. (...) Inversamente, certas estruturas só podem ser apreendidas nos eventos nos quais se articulam e por meio dos quais se deixam

11 KOSELLECK, Reinhart. *Futuro passado*: contribuição à semântica dos tempos históricos. Rio de Janeiro: Contraponto; PUC-RJ, 2006, p. 139.

12 VIOTTI DA COSTA, Emília. *Coroas de glória, lágrimas de sangue*: a rebelião dos escravos de Demerara em 1823. São Paulo: Companhia das Letras, 1998.

> transparecer. (...) A forma mais adequada para se apreender o caráter processual da história moderna é o esclarecimento recíproco dos eventos pelas estruturas e vice-versa.[13]

Se houve razões muito justificáveis para se abandonar o "discurso estrutural" no Brasil do começo da década de 1980, dadas pelo momento político que então vivíamos, creio que há razões de sobra para se retomar nos dias correntes a categoria estrutura, sob uma perspectiva renovada é claro. A persistência das desigualdades sociais e a experiência dos governos de esquerda após a volta da democracia no Brasil, os processos globais de acumulação do capital, a degradação do trabalho e da natureza em escala nunca antes vista: tudo isso exige, do investigador, uma perspectiva que não isole de sua análise o quadro de forças mais amplo no qual operaram os sujeitos sociais do passado. A obra de Emília Viotti da Costa, em resumo, ainda tem muito a nos oferecer.

Referências bibliográficas

HOBSBAWM, Eric. *A Era dos Impérios (1875-1914)*. 5ª ed. Rio de Janeiro: Paz e Terra, 1998.

KOSELLECK, Reinhart. *Futuro passado*: contribuição à semântica dos tempos históricos. Rio de Janeiro: Contraponto; PUC-RJ, 2006.

MARQUESE, Rafael de Bivar. "Capitalismo, escravidão e a economia cafeeira do Brasil no longo século XIX". *Saeculum*, UFPB, vol. 29, jul./dez. 2013.

______. "Estrutura e agência na historiografia da escravidão: a obra de Emília Viotti da Costa". *In*: FERREIRA, A. C.; Bezerra, H. G.; DE LUCA, T. R. (Coord.). *O Historiador e seu tempo*. São Paulo: Unesp, 2008.

MELLO, Pedro Carvalho de. "Aspectos econômicos da organização do trabalho da economia cafeeira do Rio de Janeiro, 1850-1888". *Revista Brasileira de Economia*, vol. 32, nº 1, jan./mar. 1978.

---

13 KOSELLECK, Reinhart. *Futuro passado*: contribuição à semântica dos tempos históricos. Rio de Janeiro: Contraponto; PUC-RJ, 2006, p. 39.

_____. "Expectations of abolition and sanguinity of coffee planters in Brazil, 1871-1888". *In*: FOGEL, Robert William; ENGERMAN, Stanley L. (Coord.). *Without consent or contract*: the rise and fall of American slavery – conditions of slave life and the transition to freedom. Technical Papers. vol. 2. Nova York: W. W. Norton, 1992.

_____. *The economics of labor in Brazilian coffee plantations, 1850-1888*. Chicago: University of Chicago, 1977. (Tese de Doutorado).

MELLO, Pedro Carvalho de; SLENES, Robert W. "Análise econômica da escravidão no Brasil". *In*: NEUHAUS, Paulo (Coord.). *Economia brasileira*: uma visão histórica. Rio de Janeiro: Campus, 1980.

SEWELL JR., William. *Logics of History*: social theory and social transformation. Chicago: University of Chicago Press, 2005.

SLENES, Robert W. "Eu venho de muito longe, eu venho cavando: jongueiros cumba na senzala centro-africana". *In*: LARA, Silvia H.; PACHECO, Gustavo (Coord.). *Memória do Jongo*: as gravações históricas de Stanley Stein. Vassouras, 1949. Rio de Janeiro: Folha Seca; Campinas: Cecult, 2007.

_____. *The demography and economics of Brazilian slavery*. Stanford: Stanford University, 1976. (Tese de Doutorado em História).

STONE, Lawrence. "The revival of narrative: reflections on a new old history". *Past & Present*, Oxford University Press, nov. 1979.

VIOTTI DA COSTA, Emília. "Emília Viotti da Costa". *In*: MORAES, José Geraldo Vinci de; REGO, José Márcio (Coord.). *Conversas com historiadores brasileiros*. São Paulo: 34, 2002.

_____. *A Dialética invertida e outros ensaios*. São Paulo: Unesp, 2014.

_____. *Coroas de glória, lágrimas de sangue*: a rebelião dos escravos de Demerara em 1823. São Paulo: Companhia das Letras, 1998.

_____. *Da Senzala à Colônia*. 3ª ed. São Paulo: Brasiliense, 1989.

ENEIDA [VILAS BOAS COSTA, DE MORAES] (1904-1971)

OS CAMINHOS DE [SÓ] ENEIDA

RAUL MILLIET FILHO

"Quem seria aquela mulher de fala dura e enérgica?" – indagou Graciliano Ramos aos amigos e companheiros de prisão nos períodos mais duros do "Estado Novo".

Prossegue Graciliano:

> (...) quem seria a criatura feminina de pulmões tão rijos e garganta macha (...) Foi Valdemar Bessa quem me satisfez a curiosidade: a mulher de voz forte era Eneida. E apertava-se uma dúzia delas na sala 4. Olga Prestes, Nise da Silveira,

> Elisa Berger, Cármem Ghioldi, Maria Werneck, Rosa Meireles, outras.[1]

Aquela mulher de olhos verdes e personalidade pulsante era Eneida, nascida em Belém, em 1904, batizada como Eneida Vilas Boas Costa; depois do casamento, Eneida de Moraes. Tempos depois, só Eneida.

Essa nossa personagem foi uma mulher incomum, parecia "à frente do seu tempo" – mas era uma importante face de seu tempo. Procurando com lupa em todos os rodapés das conjunturas históricas que viveu, salta aos olhos a pluralidade e a riqueza de sua trajetória, sempre na contracorrente dos preconceitos do mundo e do Brasil. Mãe, militante, artista, jornalista, escritora e carnavalesca. Muitas faces em uma só mulher.

Ainda criança, sai de Belém para estudar interna no colégio Sion, em Petrópolis, Rio de Janeiro, onde é submetida a uma educação disciplinadora e rígida, com imposições próprias dos ditames das escolas mais tradicionais.

Em 1919, perde sua melhor amiga, a mãe Júlia, acometida pela gripe espanhola.

Para conhecer quem foi Eneida de Moraes, é indispensável recuar a sua infância, quando foi obrigada pela avó a vestir azul e branco até completar 15 anos.

Mergulhando em "Promessa em Azul e Branco", conto de Eneida, transformado em curta-metragem em 2013 pela diretora paraense Zienhe Castro (exibido em mostra paralela no Festival de Cannes), é possível desvendar esta passagem de sua vida por meio da prosa delicada e forte da escritora.

---

1 RAMOS, Graciliano. *Memórias do Cárcere*. Rio de Janeiro: Civilização Brasileira, 1968, p. 224.

> (...) Sim, sim, recordo muito bem; vestia apenas azul claro e branco e, de início, minha infância turbulenta e sadia não prestou atenção ao fato. Um dia, naturalmente, uma outra menina ou talvez a governanta ou – quem sabe? – a professora chamou-me ao conhecimento dessa prisão. Isso naturalmente deve ter acontecido num momento em que nascia a minha vaidade. Senti ou mostraram-me que todas as meninas da minha cidade, de meu país e do mundo usavam roupas de cores diversas e eu não. Por quê? Por quê? Perguntei à minha mãe, sempre pronta a responder às minhas perguntas:
>
> — Foi uma promessa. Seu pai andou mal, muito mal, quase morria e sua avó fez uma promessa a N. S.ª de Nazaré: se ele sarasse, se vivesse, você, que acabara de nascer, vestiria até os quinze anos somente vestidos azul-claros e brancos.
>
> — Até quinze anos? Então quer dizer que vou ficar assim, diferente de todas as meninas até ficar velha?
>
> (Sempre se acha aos seis anos que ter quinze é estar velha). Só depois, muito mais tarde é que aprendi que a vida passa depressa, é curtinha, tão pequenina que nem dá para se viver plenamente todos os momentos (...).[2]

Eneida descreve as pegadas de sua caminhada neste e em outros contos e crônicas. Pouco antes do falecimento de sua mãe, retorna a Belém em 1918. O retorno de Eneida a Belém nos remete obrigatoriamente aos trabalhos de Eunice Ferreira dos Santos, estudiosa da nossa personagem, autora do livro *Eneida: memória e militância política* e da tese de doutorado *Eneida de Moraes: militância e memória*, pela Faculdade de Letras da UFMG. Assinala Eunice:

> Eneida voltou a Belém em 1918, época de profundas mudanças na sociedade belenense. Mudanças que incluíam, entre outros, o aparecimento de associações literárias, revistas e jornais; o ressurgimento da Academia Paraense de Letras; a

---

2 PROMESSA EM AZUL E BRANCO. Direção: Zienhe Castro. Santa Catarina, 2013, 16min.

fundação da Associação de Imprensa do Pará. É também o ano de circulação de duas importantes revistas locais: *Guajarina* e *A Semana*.[3]

Os ventos do Modernismo, da Revolução Russa, dos novos rumos das artes plásticas aportavam em Belém. A veia literária de Eneida já brotara desde o tempo do colégio Sion. Em troca de chocolates e outras guloseimas, ela escrevia cartas amorosas pelas colegas. Em paralelo, estabeleceu uma longa e profícua correspondência com sua mãe, desabafando sua inadaptação ao dia a dia do internato.

Outra lembrança nos faz recuar ainda mais na vida de Eneida. Aos sete anos, ganha um concurso de contos infantis. Ela inscrevera secretamente seu conto sobre o lenhador e espantou a todos os familiares quando saiu o resultado. Essa saga precoce lhe valeu um prêmio de vinte mil réis e o seu nome estampado na revista *Tico-Tico*, promotora do certame.

Chegamos a 1920. Nem bem completara dezessete anos, Eneida entra no jornalismo como secretária e colaboradora eventual da revista *A Semana*.

Mesmo vocacionada para a literatura, ingressa na faculdade de odontologia com o objetivo de alcançar sua independência financeira e romper com o pátrio poder. Em 1921, já frequentava na capital paraense reuniões da chamada “Academia ao ar livre”, no terraço do Grande Hotel, debatendo com Edgar Proença, Raul Bopp e Paulo de Oliveira, publicando crônicas e poemas.

Casa-se com Genáro Baima de Moraes, tendo pouco depois seus filhos Lea e Octavio Sérgio. Nunca seguiu a carreira de odontologia.

---

3 SANTOS, Eunice Ferreira dos. *Eneida de Moraes*: militância e memória. Belo Horizonte: Faculdade de Letras da UFMG, 2004, p. 101. (Tese de Doutorado em Literatura Comparada).

Na revista *A Semana*, adota o pseudônimo de "Miss Felicidade", tendo no amigo Peregrino Junior seu maior incentivador.

Em 1925, em uma viagem a passeio ao Rio de Janeiro, conhece um casal de intelectuais e militantes de esquerda, Eugênia e Álvaro Moreyra, iniciando uma amizade que marcaria sua vida para sempre.

Volta para Belém, separa-se do marido, passando a assinar seus escritos apenas como Eneida. Escreve para o jornal *Para todos* (do Rio de Janeiro), dirigido pelo amigo recente Álvaro Moreyra, iniciando em paralelo uma colaboração na revista *Belém Nova*.

> Ao fazer parte do grupo de colaboradores da Belém Nova, alia-se ao movimento contestatório de cor local e escreve "Canto Novo do Brasil", uma crônica de louvação aos poetas que aderiram aos temas da estética modernista. E neste caldeamento doutrinário, Eneida faz eco ao manifesto "Flamin-n'-assu", lançado por Abeguar Bastos e publicado na *Belém Nova*. O flamin-n'-assu conclamava poetas e prosadores a formarem uma corrente de pensamento que contestava alguns itens do movimento Pau-Brasil, de Oswald de Andrade.[4]

Essas divergências, desprovidas de um norte mais claro, não alcançaram voo longo, pouco tempo depois Eneida escreve para a revista *Antropofagia*, dirigida pelo próprio Oswald, publicando dois poemas nos quais deixa eclodir as cores da temática paraense: "Banho de Cheiro" e "Assahi".

A década de 1920 assistiu a uma multiplicidade de transformações sociais, políticas e culturais, impulsionando Eneida na direção de um caminho sem volta, selando seu destino de revolucionária em diversos campos da sociedade. Foi a década, como destacou Carlos

---

4 SANTOS, Eunice Ferreira dos. *Eneida de Moraes*: militância e memória. Belo Horizonte: Faculdade de Letras da UFMG, 2004, p. 101. (Tese de Doutorado em Literatura Comparada).

Nelson Coutinho, na qual se acelerou o processo de ocidentalização da sociedade brasileira.[5] A fundação do Partido Comunista do Brasil; a Coluna Prestes; a Semana de Arte Moderna de 1922; a efervescência da cultura popular com a popularização do futebol (a experiência pioneira do Vasco da Gama em 1923, campeão com time de negros e mulatos); e o primeiro desfile de uma Escola de Samba, a "Deixa Falar", em 1928, no bairro do Estácio no Rio de Janeiro.

Na segunda metade dos anos 1920, nossa personagem ingressa no jornal *O Estado do Pará*, tribuna de oposição ao governo estadual. Além de escrever críticas literárias, poemas, Eneida publica crônicas com perfil claramente contestatório, trilhando o ofício de cronista militante que vai acompanhá-la em toda a sua vida. Publica em 1929 seu primeiro livro, *Terra Verde*, uma seleta de poemas amazônicos já divulgados em periódicos diversos.

Em 1930, recebe uma homenagem que lhe cala fundo: um grupo de intelectuais paraenses e amazonenses, sob a liderança de Raimundo de Morais, confere-lhe o prêmio "Muiraquitan" por sua participação nos movimentos literários de seu Estado.

Decide fixar residência no Rio de Janeiro, ingressando logo a seguir (1932) no Partido Comunista Brasileiro. Nessa fase, dedica-se apenas à crônica e ao conto. Seu nome literário de militante política, possivelmente por sugestão de sua amiga Eugênia Moreyra, passa a ser Eneida. Reside algum tempo no mesmo prédio de Manuel Bandeira. Através de artigos em jornais e revistas, participava ativamente dos debates políticos da época.

Eneida tinha na casa de Álvaro e Eugênia Moreyra, em Copacabana, aconchego, alegria e fonte inesgotável para aprofundar seus conhecimentos sobre a arte popular brasileira.

---

5 COUTINHO, Carlos Nelson. "Cidadão Brasileiro". *Teoria e Debate*, São Paulo, nº 9, 1990.

A jovem adentra autores como Marx, Lênin, Engels e Bukarin. Intuitivamente, antes mesmo da obra de Gramsci ser conhecida, Eneida enveredava com seu ativismo incansável nos novos "aparelhos privados de hegemonia", principalmente aqueles vinculados à cultura popular, sempre iluminada pela convivência com Eugênia e Álvaro.

O casal Moreyra tinha em sua casa um reduto permanente de debates, saraus literários e musicais, bem como abrigo certo e seguro para perseguidos e clandestinos políticos. Não é difícil imaginar a alegria de Eneida ao conhecer Di Cavalcanti, Vinicius de Moraes, Valério Konder, Wilson Baptista, Paulo da Portela, Rubem Braga, dentre tantos outros.

Eneida não para. Tem alma de viajante, espírito guerreiro, uma apaixonada pelas cores e cheiros paraenses, samba e carnaval. Aproxima-se cada vez mais do campo socialista e do marxismo, deixando brotar seu futuro de "intelectual orgânica", na acepção gramsciana do termo.

Em 1932, Eugênia Moreyra integra a primeira comissão julgadora de desfiles das escolas de samba do Rio de Janeiro. Por iniciativa do jornal *O Mundo Sportivo*, de Mário Filho, foram convidados, além de Eugênia, seu marido Álvaro, Orestes Barbosa, Raimundo Magalhães Júnior (pai da carnavalesca Rosa Magalhães), José Lira e Fernando Costa. Segundo relatos que o autor deste artigo ouviu de amigos de Eneida, nossa personagem ficou exultante com a escolha, comparecendo ao desfile e vibrando junto com a amiga Eugênia.

Não nos parece demasiado aprofundar o ambiente da residência do casal Moreyra, que a tantos encantou e que tantos ainda preservam na memória. Recorremos a dois mestres da crônica brasileira para ilustrar a afirmativa. Em 18 de junho de 1948, escrevia Rubem Braga, no *Diário de Notícias*, crônica intitulada "Dona Eugênia":

> (...) mais tarde fiquei freguês da feijoada aos domingos na casa branca da Rua Xavier da Silveira (...) a mesa era grande, sempre cabia mais um no banco, e os donos da casa eram cordiais.

> O magro jornalista podia tomar sua cachacinha, comer o bastante para esquecer a miséria de alguma pensão do Catete, pegar um bom livro na estante e fazer o que entendesse: ler versos, ouvir música, conversar ou dormir.
>
> Houve tempos alegres, e fases de sonho e entusiasmo; houve depois tempos negros, ruins, de hospital, de prisão. Em qualquer tempo aquela mulher que espantava o homem da rua com sua franja, seu charuto, suas joias pesadas, sua voz alta e às vezes até um mico – era a mesma. Sempre promovendo alguma coisa, sempre trabalhando duro, ajudando os outros, fazendo arte e política, discutindo, organizando, às vezes brigando, e conseguindo ser no meio de tudo isso, a mais dedicada das mães e das vós (...).
>
> E era espantoso como agia, como se jogava em canseiras, aborrecimentos, dificuldades, para atender a qualquer necessitado (...) E se era difícil ajeitar em algum canto o pobre – então o próprio 99 da Xavier da Silveira se transformava em asilo ou enfermaria (...).
>
> Essa paixão de ajudar os outros é que a levou com Álvaro, para o comunismo. Quem quiser saber de seu devotamento e de sua capacidade de trabalho que pergunte a qualquer camarada de partido; quem quiser saber de sua coragem e de sua dignidade, pergunte aos homens da polícia, que nestes últimos 13 anos de estupidez quase contínua puderam muitas vezes encher aquela casa de aflição, de tristeza, mas nunca de humilhação.[6]

Segundo diversos amigos como João Saldanha, Valério Konder, Otávio Sérgio, filho de Eneida, a casa de número 99 da Rua Xavier da Silveira, em Copacabana, foi o principal ponto de apoio e influência por muitos anos na vida de nossa personagem.

---

6 BRAGA, Rubem. "Dona Eugênia". *Crônica datilografada de 18 jun. 1948*. Disponível em: http://hdl.handle.net/20.500.11997/3457. Acessado em: 01.10.2019.

Em 4 de dezembro de 1954, Sérgio Porto publicou na revista *Manchete*, no espaço "Um episódio por semana", crônica intitulada "As amargas, não...", título do principal livro de Álvaro Moreyra, grande sucesso de público e crítica. Escreveu Sérgio:

> Os personagens iam mudando, o mundo também, só Alvinho [Álvaro Moreyra] era o mesmo. Dava igual atenção a todos (...)
>
> (...) Depois Oscar Niemeyer, um jovem arquiteto reformou a casa e a conversa passou a ser na varanda (...)
>
> (...) Quando Di Cavalcanti aparecia, a conversa se animava, tomava-se vinho. No Natal, havia uma ceia grande para quase uma centena de pessoas. Era permitido levar a namorada. Sandro [filho de Álvaro e Eugênia] criou um caso – levou duas.[7]

O popular e o comunismo em Eneida tinham no seu humor importante ponto de apoio. Um humor em que a alegria era extensão de sua própria vida, não era inventado, mas vivido, gostado e praticado. O humor de Eneida pode ser situado na linha do historiador e linguista russo Bakhtin.[8] Um humor que se transmuta em riso como forma de bater no fígado do discurso oficial, impedindo que o sério se imponha com a prepotência de gala dos dominadores.

1 As prisões na vida de Eneida

Eneida sempre demonstrou arrojo e disciplina partidária em sua militância comunista, sem perder a alegria e o encantamento pelas manifestações da cultura popular brasileira. Envolveu-se diretamente na Revolução de 1932, residindo provisoriamente na capital

---

7 PORTO, Sergio. "As amargas não..." *Manchete*, Rio de Janeiro, Bloch, nº 137, 4 dez. 1954.

8 É possível supor que Eneida nunca tenha tido contato com a obra de Bakhtin, pouco conhecido na própria URSS até a década de 1960 e divulgado nos demais países apenas depois disso.

paulista. Era uma entusiasta da causa proletária. Abre mão de sua origem de classe em nome de sua nova posição de classe.

Recorremos mais uma vez à palavra precisa de Eunice Ferreira dos Santos, situando o ativismo de Eneida, conduzido com harmonia entre o ofício de cronista e o destino de intelectual orgânica,[9] numa conjuntura em que o PCB incorporava a proletarização e o obreirismo como orientação a seus quadros, em contraposição ao modo de vida da intelectualidade pequeno-burguesa. Representam o *locus* da rememoração do projeto político da cronista militante:

"A primeira vez que li O *Manifesto Comunista*, de Marx e Engels, fui tomada de um entusiasmo tão grande que cada uma de suas palavras repercutia profundamente dentro de mim". (...) Para se afinar a este discurso e provar que estava pronta para ser militante, Eneida começa a apagar "os resquícios pequeno-burgueses", que herdara da mãe: "as belas joias que tive perdi em casa de penhores na etapa em que encontrei o meu caminho; justamente no momento do qual me orgulho: o da escolha de um futuro".[10]

O entorno da Revolução Constitucionalista aquece e impulsiona a jovem militante. O PCB avaliou que São Paulo seria um terreno fértil para a luta operária. Eneida atuava na agitação e propaganda, além de redigir e distribuir panfletos e tabloides.

Conforme registro policial do período, coletado e publicado por Eunice Ferreira dos Santos:

> Eneida da Costa de Moraes [*sic*], conhecida agitadora comunista, possuía em sua residência um custoso mimeógrafo adquirido pelo "Socorro Vermelho Internacional" e a ela entregue para confecção de boletins de propaganda

---

9 Uma interpretação de Raul Milliet Filho de acordo com o que Gramsci conceituou como intelectual orgânico.

10 SANTOS, Eunice Ferreira dos. "Nas tramas da memória". *Estudos de Literatura Brasileira Contemporânea*, Brasília, nº 32, 2008, pp. 69-76.

> subversivo-comunista. Ali foram encontrados centenas de boletins, já empacotados, prontos para expedição, e muita correspondência do Partido Comunista.[11]

Eneida foi presa, submetida a interrogatórios intermitentes. Fica detida por quatro meses. Quando solta, permaneceu em São Paulo, escondida no interior do estado por alguns meses, retornando ao Rio de Janeiro por orientação da direção partidária. Nessa fase, Eneida passa por grandes dificuldades financeiras, sendo ajudada por amigas como Eugênia Moreyra. Trabalha como operária, mas não deixa de lado seu trabalho intelectual, continua a realizar traduções para complementar seu parco orçamento pessoal.

A atividade política é incessante; participa da Aliança Nacional Libertadora e da União Feminina do Brasil. Desmantelada a tentativa de tomada do poder em 1935, fecha-se o cerco em torno das principais lideranças do movimento. Eneida é detida em janeiro de 1936.

As revoluções de 1932 e 1935 lhe custaram cárcere privado, torturas, clandestinidade e exílio. Colecionou prisões. Não desistia. Nunca desistiu. Até 1946, é presa onze vezes.

A prisão em 1936 lhe custou um ano e meio de privação de liberdade, humilhações e um pôr à prova tudo que amava e sonhava. Detida no "Pavilhão dos Primários", compartilha o mesmo espaço com outras vinte e quatro mulheres. Lá, em companhia de outras intelectuais, liderou movimentos contra maus-tratos e escreveu um livro de contos, *Quarteirão*, que permaneceu inédito. Um dos contos, "O guarda-chuva", veio a ser incluído em uma antologia organizada por Graciliano Ramos. A permanência de Eneida na prisão foi profícua em sua literatura. Um de seus escritos mais reconhecidos e elogiados, "Companheiras",[12] foi escrito na Casa de Detenção.

---

11 Cf. Prontuário n. 23.797/DESPS-RJ, Inventário, Desp, Delegacia Especial de Segurança Política e Social.

12 MORAES, Eneida de. "Companheiras". *Aruanda/Banho de Cheiro*, Belém: Cejup, 1989, pp. 130-138. ("Lendo o Pará, 2").

> Éramos vinte e cinco mulheres presas políticas numa sala da Casa de Detenção, Pavilhão dos Primários, 1935, 1936, 1937, 1938. Quem já esqueceu o sombrio fascínio do Estado Novo com seus crimes, perseguições, assassinatos, desaparecimentos, torturas?
>
> (...) Vinte e cinco mulheres, vinte e cinco camas, vinte e cinco milhões de problemas. Havia louras, negras, mulatas, de cabelos escuros e claros; de roupas caras e trajes modestos. Datilógrafas, médicas, domésticas, advogadas, mulheres intelectuais e operárias. (...).
>
> Havia as tristes, silenciosas, metidas dentro de si próprias; as vibráteis, sempre prontas ao riso, aproveitando todos os momentos para não se deixarem abater.[13]

Esses dezoito meses na Casa de Detenção sintetizam a vida de Eneida. Uma lente ampliada de todos os seus caminhos com os diversos meandros de percursos sinuosos, um microcosmo que os poetas da imagem e da linguagem perseguem em sua busca constante na tentativa de revelar o universal no particular.

Esta foi Eneida, retratada por Graciliano Ramos em *Memórias do Cárcere*, ora com tristeza, ora com uma alegria irônica. Fiquemos apenas com as passagens mais alegres.

> Tomei o copo de leite, fui ao consultório, onde o médico me aplicou a injeção de vitamina. Ao regressar, notei que haviam recolhido a mesinha do "crapoud" deixada à porta.
>
> — Vá tomar banho e mudar a roupa, disse-me Eneida. Você não vai receber sua mulher assim vestido em pijama.
>
> O diretor me anunciara na véspera uma visita para aquela manhã. Achava-me com bastante preguiça:
>
> — Minha mulher não é de cerimônia. Já me viu deste jeito muitas vezes.

---

13 MORAES, Eneida de. "Companheiras". *Aruanda/Banho de Cheiro*, Belém: Cejup, 1989, pp. 130-138. ("Lendo o Pará, 2").

— Não senhor. Mude a roupa.

— Que impertinência! Vá lá.[14]

Das muitas amigas e companheiras desses tempos de privação de liberdade, uma em particular encantou Eneida, nunca saindo de sua lembrança. Qualquer esboço de texto que envidasse não teria a força das palavras de nossa personagem:

> Esta mulher se chamava Elisa Soborovsk Asabo Berger, mulher de Henry Berger (...) Seu corpo guardava ainda as vergastadas do chicote policial. Jogavam-na de prisão em prisão. Ora era metida em cela de prostitutas, ora no meio das ladras ou ébrias. Durante mais de dois meses sofreu humilhações físicas e morais (...)
>
> O governo Getúlio Vargas entregou-a mais tarde à Gestapo. Hitler matou-a. Asabo, para mim, foi uma revelação; jamais conheci mulher tão culta, tão humana, tão valente. Uma mulher tão bela. Nunca a esquecerei.
>
> Na noite em que ela partiu com Olga Benário para o navio que as levaria a Hitler, era inverno e tiritávamos de frio, sofríamos ainda mais, porque tínhamos aprendido a amá-la.
>
> Recordando-a agora, cumpro um dever. Jamais esquecerei também as vinte e cinco mulheres da sala ora fria, ora quente, do Pavilhão dos Primários.
>
> Grandes mulheres; boas companheiras.[15]

---

14 RAMOS, Graciliano. *Memórias do Cárcere*. Rio de Janeiro: Civilização Brasileira, 1968, p. 255.

15 MORAES, Eneida de. "Companheiras". *Aruanda/Banho de Cheiro*, Belém: Cejup, 1989, pp. 130-138. ("Lendo o Pará, 2").

2 Novos tempos

Absolvida em 1937 pelo Tribunal de Segurança Nacional, quando foi solta, Eneida, sempre inquieta, não descansa, volta a ser presa seguidas vezes, perseguida e acusada por redigir material doutrinário e angariar fundos para o Socorro Vermelho do PCB. Logo após sua saída da prisão do Estado Novo, passa a escrever para diversos periódicos alternativos de cunho partidário.

É importante salientar que Eneida de Moraes sempre foi uma militante, não tendo nunca em seu percurso no PCB assumido cargo de direção. Na verdade, sua grande vocação política ainda estaria por se revelar, a de liderança e intelectual orgânica do carnaval, do samba e da cultura popular brasileira de maneira geral. Entendemos, dentro do que Benedict Anderson conceituou ao definir uma nação como uma comunidade política imaginada, que o samba, o carnaval e o futebol constituem os pilares centrais da autoestima da população brasileira, do imaginário do nosso Estado-Nação.[16]

Em 1947, inicia uma colaboração estreita com o jornal *Momento Feminino*, participando do primeiro congresso de escritores e da fundação da União Brasileira de Escritores.

Eneida aprofunda sua visão de feminismo, desenvolvendo uma série de trabalhos que tiveram início em 1928. À época, publica a crônica "Conversando", por meio da qual critica as limitações do movimento sufragista, em seu entender incapaz de garantir a igualdade dos gêneros e a libertação mais ampla das mulheres.

Após alguns anos, mais precisamente em 1950, Eneida exila-se na França, fixando residência em Paris. Tempo de reflexão e autocrítica de sua militância política. De sua vida. Tempo de estio. Da França, começa a escrever colunas para *Diário Carioca*, *Diário de Notícias*,

---

16 ANDERSON, Benedict. *Comunidades imaginadas*: reflexões sobre a origem e a difusão do nacionalismo. Trad. Denise Bottman. São Paulo: Companhia das Letras, 2015 [1983].

Senhor, *Manchete* e outros periódicos. Seu vínculo com o *Diário de Notícias* dura vinte anos, nele publicando a coluna "Encontro Matinal". Este vínculo durará até seu falecimento em abril de 1971.

Retornando ao Brasil, embora continue firme em suas convicções, abre seus horizontes para novas frentes de trabalho, cada vez mais direcionados ao campo da arte popular. Os ares parisienses despertam em Eneida um retorno a suas origens paraenses, num caldo de cultura com o carnaval e o samba carioca. Na Europa, aproxima-se do meio literário e artístico, em particular do escritor português Ferreira de Castro e do pintor Antonio Bandeira.

Aqui, paira uma dúvida recorrente. Em sua estada na França, Eneida não terá tido contato com os escritos de Gramsci e Bakhtin, autores de obras que permeiam problemáticas presentes na práxis de nossa personagem? Permanece a indagação se as teses destes autores brotam em Eneida racionalmente por meio de leituras, ou por associação empírica e reflexão independente, produto de sua criatividade intensa, de seu instinto amazônico.

3 Seu filho Octávio Sergio da Costa Moraes

Não é desconhecido dos contemporâneos de Eneida o fato de que os rumos políticos de sua vida tiveram para ela um preço alto. Foi obrigada a deixar a família, ex-marido e filhos em Belém para fixar residência no Rio de Janeiro e trilhar sua militância política, pois sabia dos perigos e da clandestinidade que possivelmente iria enfrentar. Dois anos depois, Genáro Baima de Moraes vem para o Rio com os filhos, que só voltam a ter algum tipo de contato com a mãe no Natal de 1955.

Octávio destacou-se como um craque do futebol carioca, com um estilo clássico, de passadas elegantes em campo, passes precisos e chutes certeiros. Conquistou o campeonato de 1948 pelo Botafogo, sendo artilheiro do certame com 21 gols. Seu feito não foi nada fácil, pois substituiu um ídolo do time da Estrela Solitária, Heleno de Freitas. Octávio chegou à seleção brasileira.

Uma característica peculiar da vida carioca reaproximou Octávio de sua mãe. Tinham vários amigos em comum, por exemplo, Sandro Moreyra, filho de Álvaro e Eugênia. Além de Sandro, Octávio era frequentador assíduo de vários redutos boêmios que Eneida cultivava, dentre eles o clube Marimbás, no Posto 6, praia de Copacabana. Outros amigos em comum foram Oscar Niemeyer e João Saldanha. Segundo diversos relatos, Eneida assistia, sem se fazer notar, aos jogos disputados pelo filho nos campeonatos da praia de Copacabana, sendo certo que esteve presente no estádio de General Severiano (em Botafogo) para acompanhar a grande final do campeonato de 1948, em que o Botafogo derrotou o Vasco da Gama por 3 x 1.

Seria impensável dissociar a paixão de Eneida de Moraes pela cultura popular de seu encantamento pela atuação do filho em um dos grandes clubes cariocas, sendo o futebol, ao lado do samba, arte e paixão popular.

Octávio formou-se em arquitetura, sendo responsável pelo projeto da concentração da seleção brasileira em Teresópolis.

4 Livros de Eneida

Na década de 1950 e no início dos anos 1960, Eneida publica a maior parte de seus livros: *Terra verde* (1929); *Cão da madrugada* (1954); *Alguns personagens* (1954); *Aruanda* (1957); *História do carnaval carioca* (1958); *Caminhos da terra: URSS, Tchecoslováquia, China* (1959); *Copacabana: história dos subúrbios* (1959); *Romancistas também personagens* (1962); *Banho de cheiro* (1962); *Boa noite, Professor* (1965); *Molière narrado para crianças* (1965).

Constam ainda os inéditos O *quarteirão*; *Paris e outras histórias*; e *Sujinho de terra*.

5 O Baile do Pierrô e o Salgueiro

A partir da segunda metade da década de 1950, Eneida se aproxima cada vez mais do cotidiano do carnaval carioca. Torna-se uma salgueirense de coração, admirando as inovações de Fernando Pamplona, e idealiza o Baile do Pierrô.

O primeiro baile dos pierrôs foi no "Au bon gourmet", em 1958, sendo um sucesso espetacular frequentado principalmente por escritores e artistas. Quem narra é a própria Eneida em uma de suas várias crônicas: "alugávamos uma boate, fazíamos a quota de quanto cabia a cada um e durante três carnavais nosso baile foi de abafar".[17] Depois do primeiro, o segundo também no "Au bon gourmet", idem o terceiro até 1967. O último foi na "Sucata", em 1968.

Em 1965, o Salgueiro realiza seu carnaval baseando o enredo no livro de Eneida *História do carnaval carioca*, conquistando o primeiro lugar no desfile. Eneida desfila exatamente na ala dos pierrôs.

Nesse mesmo ano, foi criada sob a liderança de Albino Pinheiro, com apoio de vários artistas, intelectuais e jornalistas, a Banda de Ipanema, com duplo intuito: retomar o carnaval de rua no Rio de Janeiro e realizar, dentro dos limites do possível, uma crítica bem-humorada à ditadura militar. Em 1967, Eneida desfila como a rainha da Banda de Ipanema, lugar que no ano anterior fora de Leila Diniz.

Nos anos subsequentes, até seu falecimento em 1971, a saúde de Eneida se fragiliza progressivamente.

Em 1973, a Acadêmicos do Salgueiro promove Joãozinho Trinta e Maria Augusta ao posto de carnavalescos da escola. A dupla de carnavalescos desenvolve o enredo "Eneida, amor e Fantasia". O Salgueiro fica em terceiro lugar no desfile. O samba-enredo de autoria de Geraldo Babão fala por si:

---

17 ANTAN, Leonardo. "Eneida, amor, luta e fantasia". *Sal 60*. Disponível em: https://sal60.com.br/sal60/2021/01/27/eneida-de-moraes/. Disponível em: 11.03.2023.

Eneida, Amor e Fantasia

O povo sambando,
Cantando a melodia,
Salgueiro traz o tema
Eneida, amor e fantasia
A mulher que veio do Norte
Para o Rio de Janeiro
Com ideia genial,
Em busca da glória
Na literatura nacional.
Expoente jornalista,
Suas crônicas são imortais,
Foi amiga dos sambistas,
Fatos que não esquecemos jamais (coração).
Coração puro e nobre, foi benquista
Entre ricos e pobres,
É famoso o seu Baile de Pierrôs,
Onde a Colombina procura o seu amor
A escritora de lirismo invulgar
Enriqueceu o folclore nacional,
Hoje o mundo a conhece
Através da história do carnaval.

É açaí,
É tacacá,
Coisa gostosa lá do Pará.[18]

---

18 BABÃO, Geraldo; ROSA, Valdevino Geraldo Babão. "Eneida, amor e fantasia". *Sambas de enredo das Escolas de Samba do Grupo 1*, 1973.

Em 1990, o carnavalesco Eduardo Gonçalves, da Paraíso do Tuiuti, apresenta, pelo Grupo A do desfile das escolas de samba do Rio de Janeiro, o enredo "Eneida, o pierrô está de volta", com o samba-enredo de Aldir, Parim, Jorge Neguinho e Fernando J.:

> É carnaval, é alegria
> É manifestação popular
> A emoção que alegra a vida
> Folclore e fantasia
> O povo quer cantar
> Eneida
> O seu amor foi carnaval
> E na arte e na cultura
> Marco da literatura foi sem igual
> Deslumbrando as escolas de samba
> Raízes de gente bamba
> Que faz a passarela delirar
>
> Vem burrinhas, Zé pequeno
> Pirata da perna de pau
> Arlequins, bloco de sujo
> A euforia é geral
> Desfilam luxuosas fantasias
> No Baile do Municipal
> O corso pelas ruas da cidade
> Ranchos e sociedades tradicionais
>
> Eu sou o seu pierrô
> Tu és minha colombina
> No salão todo enfeitado
> De confete e serpentina.[19]

---

19 ALDIR; PARIM; NEGUINHO, Jorge; J., Fernando. "Eneida, o pierrot está de volta". *G.R.E.S. Paraíso do Tuiuti*, 1990.

Pierrôs e colombinas, personagens do carnaval, estavam presentes em praticamente todas as alas do desfile da Paraíso do Tuiuti.

Referências bibliográficas

ALDIR; PARIM; NEGUINHO, Jorge; J., Fernando. "Eneida, o pierrot está de volta". *G.R.E.S. Paraíso do Tuiuti*, 1990.

ANTAN, Leonardo. "Eneida, amor, luta e fantasia". *Sal 60*. Disponível em: https://sal60.com.br/sal60/2021/01/27/eneida-de-moraes/. Acessado em: 11.03.2023.

ANDERSON, Benedict. *Comunidades imaginadas*: reflexões sobre a origem e a difusão do nacionalismo. Trad. Denise Bottman. São Paulo: Companhia das Letras, 2015 [1983].

BABÃO, Geraldo; ROSA, Valdevino Geraldo Babão. "Eneida, amor e fantasia". *Sambas de enredo das Escolas de Samba do Grupo 1*, 1973.

BRAGA, Rubem. "Dona Eugênia". *Crônica datilografada de 18 jun. 1948*. Disponível em: http://hdl.handle.net/20.500.11997/3457. Acessado em: 01.10.2019.

COUTINHO, Carlos Nelson. "Cidadão Brasileiro". *Teoria e Debate*, São Paulo, nº 9, 1990.

MORAES, Eneida de. "Companheiras". *Aruanda/Banho de Cheiro*, Belém: Cejup, 1989, pp. 130-138. ("Lendo o Pará, 2").

PORTO, Sergio. "As amargas não..." *Manchete*, Rio de Janeiro, Bloch, nº 137, 4 dez. 1954.

RAMOS, Graciliano. *Memórias do Cárcere*. Rio de Janeiro: Civilização Brasileira, 1968.

SANTOS, Eunice Ferreira dos. "Nas tramas da memória". *Estudos de Literatura Brasileira Contemporânea*, Brasília, nº 32, 2008.

______. *Eneida de Moraes*: militância e memória. Belo Horizonte: Faculdade de Letras da UFMG, 2004. (Tese de Doutorado em Literatura Comparada).

GILDA DE MELLO SOUZA (1919–2005)

ELAS POR ELAS? MULHERES ENTRE HISTORIADORES E SOCIÓLOGOS

LIDIANE SOARES RODRIGUES

Para minha mãe, in memoriam.

Quem precisa de primeira-dama
quando se tem a primeira presidente?[1]

Isso de faculdade com catedráticas femininas
não me parece coisa séria. Salvo para as exceções (...).[2]

---

1 Dilma Roussef em "Se a senhora se eleger, quem será a primeira-dama?", 24 out. 2010.

2 CRUZ COSTA, João. *Correspondência de João Cruz Costa para Eurípedes Simões de Paula*, 28 jan. 1945.

O presente trabalho propõe a caracterização de condições de emergência e sedimentação de grandes interpretações do Brasil elaboradas por mulheres. Como recebi dos organizadores a honra de tratar de Gilda de Mello e Souza, mas não sou especialista nessa autora, optei por discuti-la da seguinte maneira. Em primeiro lugar, apresento as análises de Heloísa Pontes, referência para a compreensão do percurso social e intelectual da ensaísta homenageada, e, num plano mais amplo, da crítica cultural feminina e das parcerias amorosas motrizes da produção simbólica.[3] Faço-me resenhista dessa antropóloga e, em seguida, rente à sua análise e a título de exercício, elaboro um contraponto entre o trajeto de Dona Gilda (como é conhecida entre pares e amigos) e o de duas outras mulheres. Elas eram contemporâneas e portadoras de *handicaps* similares, estavam imersas no mesmo espaço acadêmico e, no entanto, eram destituídas de alguns de seus trunfos e se formaram numa área cujo grau de profissionalização era reduzido se comparado à de Dona Gilda. Esse contraste colocará em realce fatores de uma "derrota vitoriosa". Finalmente, termino explicitando alguns pressupostos teóricos acionados nesse exercício.

1 Entre críticos: guerra contra moda

No limiar das décadas de 1930 e 1940, o Brasil apresentava uma configuração política, cultural e social resultante da rotinização do Modernismo e das mudanças que a ele se atrelavam, sobretudo do ponto de vista da cultura e da recomposição das elites.[4] No plano político nacional, o Estado Novo respondia à efervescência atestada pelas greves operárias, pela fundação do Partido Comunista, pelo movimento tenentista, e ia acomodando os intelectuais no novo aparelho estatal. Simultânea e contraditoriamente, São Paulo era

3 PONTES, Heloísa. *Intérpretes da metrópole*: história social e relações de gênero no teatro e no campo intelectual, 1940-1968. São Paulo: Edusp, 2010.

4 CÂNDIDO, Antonio. "A Revolução de 1930 e a cultura". *Novos Estudos Cebrap*, São Paulo, nº 4, 1984.

moderna e provinciana, respondendo de modo particular às interferências oriundas do governo federal, sediado na cosmopolita Rio de Janeiro.

O plano cultural é prodigioso para que se surpreenda essa dinâmica. A derrota sofrida pela "Revolução de 1932" enseja diversas iniciativas de compensação simbólica – entre elas, a criação da Universidade de São Paulo, tendo por experimento institucional de alinhave das escolas já existentes (Direito, Engenharia e Medicina) uma Faculdade de Filosofia, Ciências e Letras (FFCL-USP). A realização do projeto da "comunhão paulista" ("A Comunhão Paulista" é um dos textos da campanha pela criação de uma universidade em São Paulo, publicado por Júlio de Mesquita Filho n'O *Estado de São Paulo*)[5] se deu numa "faixa crescente de desencontro" entre as expectativas dos mentores (vanguarda de educadores e empresários culturais como o grupo Mesquita) e a direção que sua clientela efetiva vai lhe imprimindo.[6] A urbanização e a industrialização atraíam migrantes (estrangeiros, do interior do estado e de outros estados), rearranjando o leque das oportunidades para grupos estabelecidos, atingidos pela crise de 1929, face aos grupos emergentes ávidos para aproveitar as novas chances.[7] Assim, se os mentores imaginavam a FFCL-USP como o celeiro de uma nova elite dirigente, esclarecida e depurada das práticas corrompidas da política de que saíra vencida, não lograram levar seus potenciais discentes às salas de aula e ao esforço intelectual assíduo, avesso ao diletantismo dos salões, pressuposto no ensino que a nova fase das missões de professores

5 CARDOSO, Irene. *A Universidade da Comunhão Paulista*. São Paulo: Cortez, 1982.

6 MICELI, Sérgio. "Condicionantes do desenvolvimento das Ciências Sociais". *In*: ______ (Coord.). *História das Ciências Sociais no Brasil*. vol. 1. São Paulo: Sumaré, 2001, p. 105.

7 NOVAIS, Fernando; MELLO, João Manoel Cardoso. "Capitalismo tardio e sociabilidade moderna". *In*: SCHWARCZ, Lilia Moritz (Coord.). *História da vida privada no Brasil*. vol. 4. São Paulo: Companhia das Letras, 1998.

franceses transmitiam.[8] Em contrapartida, a clientela constituída de camadas em descenso, mulheres, imigrantes e camadas emergentes, seria mais flexível na aceitação desses parâmetros. Assinale-se que se a fronteira social a segrega das elites mentoras, esta clientela não era homogênea, característica que condiciona alianças e conflitos constitutivos das disciplinas em fase incipiente de sua institucionalização acadêmica. É no ritmo dessas transformações da cidade e da nova morfologia institucional das práticas científicas e culturais que se situam três mulheres: a ensaísta Gilda de Mello e Souza (1919-2005) e as historiadoras Olga Pantaleão (1917-?) e Alice Canabrava (1911-2003).

Nascida Gilda de Moraes Rocha, ela passou a infância na fazenda de seus pais em Araraquara. Em 1930, migrou para São Paulo a fim de cursar o secundário no Colégio Stafford, onde se diplomou quatro anos depois. Em 1937, ingressou no curso de Filosofia da recém constituída FFCL-USP, ao fim dele, em 1941, criou com seus colegas – Antonio Candido, Paulo Emílio Salles Gomes, Lourival Gomes Machado, Décio de Almeida Prado, Ruy Coelho, dentre outros – a revista *Clima*. No ano seguinte (1942), tornou-se esposa de Antonio Candido, com quem teria três filhas; e, em seguida (1943), foi nomeada assistente de Roger Bastide, professor da segunda missão de professores franceses (Cadeira de Sociologia I). Depois de sete anos, ela se doutorou, defendendo a tese *A moda no século XIX*, publicada em 1952 na *Revista do Museu Paulista*.[9]

---

8 LIMONGI, Fernando. "Mentores e clientelas da Universidade de São Paulo". *In*: MICELI, Sérgio (Coord.). *História das Ciências Sociais no Brasil*. vol. 1. São Paulo: Sumaré, 2001; PETITJEAN, Patrick. "Entre a ciência e a diplomacia: a organização da influência científica francesa na América Latina, 1900-1940". *In*: HAMBURGER, Amelia I. *A Ciência nas relações Brasil-França (1850-1950)*. São Paulo: Edusp; Fapesp, 1996.

9 PONTES, Heloísa. *Destinos mistos*: os críticos do Grupo Clima em São Paulo, 1940-68. São Paulo: Companhia das Letras, 1998.

Nesse ínterim, Bastide e o então jovem sociólogo, plebeu e promissor Florestan Fernandes iniciam a pesquisa sobre a democracia racial no Brasil, encomendada pela Unesco.[10] Dela participaram, na qualidade de estudantes em fase de conclusão de curso: Fernando Henrique Cardoso, Renato Jardim Moreira, Maria Sylvia Carvalho Franco e Marialice Mencarini Foracchi – futuros assistentes de Florestan Fernandes quando ele migrasse da cadeira de Sociologia II (em que assistia a Fernando de Azevedo) para a Sociologia I (por ocasião da partida de Bastide para a França).[11]

A ascensão desse grupo, desarranjando as posições e se acotovelando no espaço estabelecido, concorre para que Dona Gilda seja convidada por João Cruz Costa, em 1954, para assumir a disciplina de Estética junto ao Departamento de Filosofia.[12] Em 1969, por ocasião das aposentadorias impostas pelo regime civil-militar a Florestan Fernandes (à frente da Sociologia I), a José Arthur Giannotti e a Bento Prado Jr. (à frente da Filosofia, desde a saída de cena de João Cruz Costa, em 1965), Dona Gilda é instada a tornar-se diretora do setor de Filosofia (1969-1972). A partir de então, contará com fiéis aliadas institucionais: Maria Sylvia Carvalho Franco, até então membro da equipe de Florestan Fernandes, e Marilena Chaui, recém-chegada da França. Nessa diretoria, fundará a revista *Discurso*, órgão do Departamento sob sua chefia. Ela se aposentará em 1973 e receberá o título de professora emérita de sua faculdade em 1999.[13]

---

10 ARRUDA, Maria Arminda do Nascimento. *Metrópole e cultura*. Bauru: Edusc, 2001.

11 RODRIGUES, Jaime. *Alimentação, vida material e privacidade*: uma história social de trabalhadores em São Paulo de 1920 a 1960. São Paulo: Alameda, 2011.

12 PONTES, Heloísa. *Destinos mistos*: os críticos do Grupo Clima em São Paulo, 1940-68. São Paulo: Companhia das Letras, 1998.

13 A FFCL-USP, após a reforma universitária de 1969, torna-se Faculdade de Filosofia, Letras e Ciências Humanas da Universidade de São Paulo (FFLCH-USP).

Ficção e ensaio, filosofia e sociologia estética; moda e teatro, cinema e artes plásticas: gênero e temática multifacetados pontilhando seus textos são expressivos do entrelaçamento de três dimensões – "um período artesanal de nossa história, porque sem especializações"; a construção de uma voz autoral própria, em meio ao desafio firme, contínuo e discreto do destino convencional reservado às mulheres de sua classe e de seu tempo;[14] e um "ensaio impossível" – a reflexão sobre o Brasil, pela verve de Mário de Andrade.[15] Na qualidade de sua pupila, durante a adolescência em São Paulo, Gilda foi orientada em sua formação cultural por Mário, "seu primo em segundo grau, filho de Maria Luísa, sua tia-avó e madrinha, com quem morou dos 12 aos 24 anos" – em casa da qual só sairia para se casar. Em *Clima,* contribuiu com contos, dedicando-se à ficção, por influência recebida dele, a quem dedicou textos, já numa fase de maturidade e em raro estilo polêmico. Notadamente *O tupi e o alaúde* (1979), em que ela propõe uma sofisticada interpretação de *Macunaíma* em controvérsia com as leituras de Haroldo de Campos e Florestan Fernandes, ocupava-se de uma questão clássica dos estudos de cultura brasileira[16] ao proceder "à anatomia do dilaceramento entre o *tupi e o alaúde*", isto é, a "contraposição entre a matéria local (o tupi) e os aportes europeus (o alaúde)", "fulcro da questão, jamais ausente da obra do escritor".[17]

As fases mais criativas de uma trajetória costumam ser marcadas pelo estranhamento dos pares, pela experimentação formal e

---

14 PONTES, Heloísa. "Crítica de cultura no feminino". *Mana*, São Paulo, vol. 14, nº 2, 2008; PONTES, Heloísa. "A paixão pelas formas". *Novos Estudos*, São Paulo, nº 74, mar. 2008.

15 WISNIK, José Miguel. "O Ensaio impossível". *In*: MICELI, Sérgio; MATOS, Luiz F. B. F. de (Coord.). *Gilda*: a paixão pela forma. Rio de Janeiro: Ouro sobre Azul, 2007.

16 SCHWARZ, Roberto. "Nacional por subtração". *In*: ______. *Que horas são?* São Paulo: Companhia das Letras, 1987.

17 GALVÃO, Walnice Nogueira. "Prefácio". *In*: ______. *A palavra afiada*. Rio de Janeiro: Ouro sobre Azul, 2014, p. 10.

temática, por reveses, enfim. Assim foi. Em 1950, ao escolher ensaio como forma e moda como tema, foi censurada por Florestan Fernandes, numa resenha em que ele reconhecia os seus méritos para melhor afirmar sua própria tomada de posição quanto à prática da Sociologia. Ele reprimia a hesitação de Gilda em arrematar conclusões, defendendo o poder e a precisão da Sociologia como ciência.[18] Não era para menos: ele próprio havia realizado tal programa, por meio do estudo da guerra – tema masculino por excelência – entre os Tupinambás.[19] Mas este não foi o primeiro e tampouco o único juízo masculino desencorajador de suas tomadas de posição.

2 *Clima* para *O Espírito das roupas*

Em *Clima*, os críticos de literatura (Candido), de cinema (Paulo Emílio) e de artes plásticas (Lourival) recebiam "elogios rasgados", ao passo que ela recebeu apenas um comentário "enviesado" do modernista Sérgio Milliet.[20] Não se deu por rogada e convidou-o para a banca de doutoramento. Ela foi presidida por Bastide e composta por Milliet, na qualidade de diretor da Biblioteca Municipal, ao lado de Fernando de Azevedo (da Sociologia II), de Alfredo Ellis Jr. (de História da Civilização Brasileira), de João Cruz Costa (de Filosofia). Eles a arguiram, a despeito de desconhecerem o assunto, como ocorre em qualquer defesa de tese na qual o candidato domina sua

18 A afirmação de Dona Gilda, inquietante para Florestan Fernandes, é a seguinte: "a moda, como toda manifestação do gosto, é traiçoeira e, quando analisada de perto, esconde suas feições mais características, induzindo o observador a erro". Para ele, a Sociologia como ciência vaticina o sociólogo contra fenômenos traiçoeiros e o blinda contra possíveis erros (*apud* PONTES, Heloísa. "Crítica de cultura no feminino". *Mana*, São Paulo, vol. 14, nº 2, 2008, p. 18).

19 PONTES, Heloísa. "A paixão pelas formas". *Novos Estudos*, São Paulo, nº 74, mar. 2008.

20 PONTES, Heloísa. "Crítica de cultura no feminino". *Mana*, São Paulo, vol. 14, nº 2, 2008; PONTES, Heloísa. "A paixão pelas formas". *Novos Estudos*, São Paulo, nº 74, mar. 2008, p. 528.

matéria. Nada de excepcional, não fosse o ritmo apressado e certa impaciência, como depreende a leitura atenta da tese em questão seguida do "Noticiário" na *Revista de História*: relato da cerimônia redigido por Maria Isaura Pereira de Queiroz, amiga da candidata, então assistente da Sociologia I.[21] Se Milliet lhe deu ensejo para criticar os sociólogos, pouco atentos à autonomia da forma e da estética, o filósofo, de que se esperava a defesa dessa autonomia, questionava-a. Já Fernando de Azevedo, em toada similar à que estaria na resenha de Florestan Fernandes, cobrava mais rigor conceitual. Ellis Jr. lamentou que "sendo tantos os problemas brasileiros por estudar tenha a candidata escolhido um tema geral". A resposta que ouviu o historiador evidenciou seu passo em falso: era intenção dela "estudar a evolução da moda brasileira no século XIX", não o fez por falta de documentação.[22] Como afirmou Heloisa Pontes, na "hierarquia acadêmica e científica da época", a tese era desviante.[23]

Todavia, avaliadas com a distância no tempo, as críticas são derrisórias. A tese aguardou três décadas para ser publicada em edição caprichada.[24] Sua difusão e aceitação são devidas ao crescimento numérico dos praticantes de ciências sociais, base da ampliação dos temas legítimos, e à nova morfologia institucional correspondente a esse processo, favorecendo o intercâmbio do assunto entre profissionais de áreas diversas (estética, comunicação, indústria cultural, jornalismo, entre outros). Por outro lado, a vivacidade do texto prende-se justamente à capacidade de combinar análise arguta e hesitação, demonstração empírica e ligeira imprecisão – em suma,

---

21 Disponível em: http://revhistoria.usp.br/index.php/br/edicoes/227-rh-06. Em respeito à economia deste texto, não demonstro a análise do jogo arguição-respostas, remetendo o leitor ao relato em que me baseio.

22 QUEIROZ, Maria Isaura Pereira de. "Noticiário". *Revista de História*, São Paulo, nº 6, 1951.

23 PONTES, Heloísa. "A paixão pelas formas". *Novos Estudos*, São Paulo, nº 74, mar. 2008, p. 531.

24 MELLO E SOUZA, Gilda de. *O Espírito das roupas*. São Paulo: Companhia das Letras, 1987.

à plasticidade de algumas formulações que, se arrematadas, como cobravam seus pares, diminuiriam sua longevidade.[25]

3 Entre historiadores: juristas contra comissionadas

Fernand Braudel (1902-1985), na qualidade de missionário da segunda safra de contratados franceses pelos mentores e docente da cadeira de História da Geral da Civilização, observou: "o acaso – sempre benéfico – favoreceu a secção de história, dando-lhe, como estudantes, alguns juristas".[26]

Nas aulas do curso de Geografia e História, estes juristas emparelhavam os alunos comissionados: ex-normalistas e/ou professores da rede pública, em geral do interior do estado, dispensados de suas atividades docentes sem perda de rendimentos. Eles foram a alternativa para preencher os cursos nos primeiros anos da FFCL-USP, posto que não houvesse corpo docente, porém uma "plateia" grã-fina habituada aos salões – déficit que ameaçava a existência da instituição. A rígida fronteira social se estabeleceu no ambiente cioso de sua modernidade e encalacrado no acanhamento, como se depreende do depoimento de um ingressante cujo acesso foi facilitado por já ser normalista: "(o professor) achava que eu era um dos pobretões da classe. Quando contei para ele o meu ordenado, que era maior que o dele, ele disse: 'mas, como?' (...) Era um jogo assim".[27] Algo similar se extrai do depoimento de uma comissionada:

---

25 PONTES, Heloísa. *Destinos mistos*: os críticos do Grupo Clima em São Paulo, 1940-68. São Paulo: Companhia das Letras, 1998; PONTES, Heloísa. "A paixão pelas formas". *Novos Estudos*, São Paulo, nº 74, mar. 2008, p. 534.

26 BRAUDEL, Fernand. "O ensino de História e suas diretrizes". *Anuário da FFCL-USP*, São Paulo, 1935.

27 CUNHA, M. W. V. "Entrevista". *Tempo Social*, nº 2, nov. 2008, p. 262.

> Imagine, eu (...) almoçando na casa de Braudel, onde cada prato tinha um talher diferente. Um dia, ele me perguntou por que eu nunca aceitava e confessei a vergonha". "Devo muito a Armando de Salles Oliveira. Se ele não tivesse convidado as professoras primárias para cursarem a faculdade, eu seria sempre a caipirinha do interior.[28]

A vergonha – sinal da incorporação da hierarquia social e da cumplicidade ativa dos dominados que sofrem/aceitam a violência simbólica – operou expulsando alguns das mesas e das cátedras.

Diferentemente de Roger Bastide, Braudel tinha pressa para voltar à França; e, identicamente ao sociólogo, deveria recrutar os quadros nativos para garantir a reprodução autônoma do corpo docente – tarefa delegada explicitamente à missão de que eram parte.[29] Logo, não dispunha dos dezesseis anos durante os quais Bastide permaneceu no Brasil, para "formar" inteiramente e a partir do zero um *scholar* – como se deu com seu sucessor, Florestan Fernandes. A pressão do tempo somada ao traquejo já trazido da experiência prévia como docente território estrangeiro/colonial (Argélia) lhe deram o jogo de cintura junto às elites contratantes e orientaram seus critérios seletivos, objetivos para os ingênuos: "não é de espantar que, conhecedores das fortes disciplinas do Direito, esses estudantes (os juristas) se tenham regular e automaticamente posto à frente dos seus companheiros".[30] Sagaz, ele fez daquele "acaso" seu aliado. Braudel converteu e capitalizou os recursos culturais prévios ao ingresso na FFCL-USP de alguns juristas, racionalizando a disposição dos mesmos para "fazer História" e oferecendo a eles

---

28 CANABRAVA, Alice Piffer. "Entrevista: turma de 37 da USP faz festa". *O Estado de São Paulo*, 15 maio 1988.

29 SUPPO, Hugo Rogelio. *La politique culturelle française au Brésil entre les années 1920-1950*. Paris: Sorbonne Nouvelle – Paris 3, 1999. (Tese de Doutorado em Relações Internacionais).

30 BRAUDEL, Fernand. "O ensino de História e suas diretrizes". *Anuário da FFCL-USP*, São Paulo, 1935.

uma oportunidade material e simbólica de se salvar do descenso. É o que se constata quando são bem caracterizadas as posições e as expectativas de futuro para os homens em questão: ex-alunos do Largo São Francisco, ex-combatentes da "Revolução de 1932", e, entretanto, sem carreiras políticas, burocráticas ou jurídicas em vista. Eis o perfil dos nativos escolhidos por Braudel, mais precisamente: Eurípedes Simões de Paula, Astrogildo Rodrigues Mello, Eduardo D'Oliveira França.[31] Entrementes, ao resolver o impasse entre tempo e recrutamento, Braudel repunha uma fronteira entre os sexos que no conjunto da FFCL-USP tendia a ser atenuada. Sendo a cifra de mulheres reduzidíssima nos cursos tradicionais,[32] ter os juristas por parâmetro implicava eliminá-las também do novo leque de oportunidades.

Braudel e Cruz Costa orientaram-no meticulosamente, e, no entanto, Jean Gagé, sucessor do primeiro, desarranjou acordos, instando esperanças não previstas no cenário. O doutoramento, instituído e regulamentado em 1942 e destinado a futuros catedráticos,

---

31 Exponho o essencial para o argumento da seção seguinte do presente texto, suprimo as anedotas e a exposição dos procedimentos na coleta e cruzamento de informações – o pesquisador encontra-os na seção "Alegres trópicos" de minha tese: RODRIGUES, Lidiane S. *A produção social do marxismo universitário em São Paulo (1958-1978)*. São Paulo: FFLCH-USP, 2011. (Tese de Doutorado em Sociologia). Caso precise se convencer do impacto do recrutamento em tomadas de posição (ditas) epistemológicas e, no entanto, estruturantes da área, o leitor encontrará uma análise vertical do "caso" Eduardo D'Oliveira França na mesma tese mencionada. O argumento acima foi colocado em dúvida por imputar uma estratégia de cálculo a Braudel e a condição de decadência exagerada aos juristas. Como essa crítica pressupõe um desconhecimento quase absoluto do que seja um *estudante do Largo nos anos 1920 e 1930* e do que seja um *scholar* francês circulando em ambientes periféricos nos anos 1930, além da documentação primária, só posso continuar sustentando-o.

32 MICELI, Sérgio. "Condicionantes do desenvolvimento das Ciências Sociais". *In*: ______ (Coord.). *História das Ciências Sociais no Brasil*. vol. 1. São Paulo: Sumaré, 2001, p. 96.

começou a ser realizado por outros agentes, incluindo os comissionados. Não surpreende. Conforme assinalou Fernando Limongi, eles se encontravam nas piores condições no magistério público, razão pela qual se sentiam atraídos com a oportunidade e se empenhavam com afinco nos estudos.[33]

Dois anos mais nova que Eduardo D'Oliveira França, formada no mesmo curso e instituição, um ano depois dele (1938), nascida na cidade Ariranha, Olga Pantaleão defendeu tese de doutoramento sob orientação de Gagé em 1944, *A penetração comercial da Inglaterra na América Espanhola, de 1713 a 1783*. Segundo França, Gagé preteriu-o por ela, desrespeitando a indicação braudeliana de seu nome.[34] Com efeito, ela trabalhou como assistente na cadeira de História Geral da Civilização entre 1939 e 1947. E, se Pantaleão levou seis anos entre o fim da graduação e o fim do seu doutoramento, França precisou de treze para fazer o mesmo – defendeu *Portugal na época da restauração* em 1950. Mas isso não foi o bastante para que ela se dispusesse a entrar na afanosa disputa pela cátedra. Preferiu dar prosseguimento à carreira, ocupando posições dominadas e ganhando projeção mais lentamente que seus concorrentes homens. Fez um curso de pós-graduação no Institute of Historical Research (Londres), com bolsa do governo britânico em 1950-1951. Foi professora de História Geral e do Brasil, por concurso no antigo curso secundário entre 1949 e 1959, ano em que se torna professora titular de História Moderna e Contemporânea na FFCL de Marília, instituição em que também foi vice-diretora (1963-1965) e diretora (1971-1975). Foi ainda professora visitante de História do Brasil e da América Latina na Universidade de Indiana (EUA), em 1966-1967. O "caso Pantaleão" equipara-se ao de outras mulheres

---

33 LIMONGI, Fernando. "Mentores e clientelas da Universidade de São Paulo". *In*: MICELI, Sérgio (Coord.). *História das Ciências Sociais no Brasil*. vol. 1. São Paulo: Sumaré, 2001.

34 FRANÇA, Eduardo d'Oliveira. "Entrevista". *In*: FREITAS, S. M. *Reminiscências*. São Paulo: Maltese, 1993, p. 192.

assistentes, potenciais catedráticas que não ascenderam ao posto: Dona Gilda (Sociologia I, oportunidade "perdida" em 1954, para Florestan), ou Paula Beiguelman (Política, oportunidade perdida em 1968, para Fernando Henrique Cardoso). Ademais, afiançando-se a confidência que Alice fez a Eurípedes, quando este estava lutando na Segunda Guerra Mundial, Alfredo Ellis Jr., que não pouparia Dona Gilda pela moda, também se dedicou, na defesa de tese de Olga, a "judiar a pobrezinha", a tal ponto que "ninguém mais o quer na banca".[35] Não haveria muito interesse em retomar o caso, então, posto que nada mais faz que corroborar o padrão de dominação patriarcal típico das cátedras? Ledo engano. A interdição do posto de catedrática foi geral. Mas as artimanhas específicas de bloqueio são um dos indícios mais precisos para se mensurar o expoente da profissionalização das áreas, incidindo nas modalidades ser mulher-intelectual e intelectual-mulher.

Alice Piffer Canabrava foi comissionada, licenciada em 1937 e doutorada em 1942, com a tese *O comércio do Rio da Prata de 1850 a 1640*, sob direção de Jean Gagé. Diferentemente de Olga Pantaleão, possível concorrente de França, que optou por se retirar para o interior, Canabrava foi pouco tolerante com a hierarquia que interditava o acesso das mulheres ao topo. Doutorada no mesmo ano e com o mesmo orientador que seu rival, Astrogildo Rodrigues de Mello, decidiu concorrer, em 1946, à cátedra de História da Civilização Americana, originalmente regida por Paul Vanorden Shaw, de quem foi assistente. Ainda que tenha obtido a média mais alta no conjunto das provas, isso foi insuficiente para levar o posto.[36] Os membros da banca votaram um a um. Resultado? Empate. Decidido pela presidência da banca, o concurso premiou com a cátedra

35 CANABRAVA, Alice Piffer. *Correspondência de Alice Canabrava para Eurípedes Simões de Paula*, 2 jan. 1945.

36 Ela foi preterida, juntamente com outro concorrente, Odilon Araujo Grellet, pela banca composta por Jorge Americano, Zeferino Vaz, Jayme Coelho, Eremildo Luiz Viana e Sérgio Buarque de Holanda. Cf. *Anuário da FFCL-USP, 1939-1949*, p. 386.

Astrogildo Rodrigues de Mello. Os dois concorrentes apresentam atributos sociais simetricamente opostos: ela tinha em desfavor ser mulher e professora comissionada; ele, a seu favor, muitos amigos, ser homem e ex-aluno do Largo. Competiam numa área com grau baixíssimo de profissionalização e altíssimo de tradição. Em relação a essa tradição – em que o bacharel, o escritor, o historiador, o engenheiro se encaixavam bem – ele estava em vantagem. Com relação à nova instituição, em área cujo perfil social docente é aparentado ao das antigas, também. Dito de modo simples, a disposição ao trabalho, a capacidade de concluí-lo em tempo ritmado como exigia a construção da instituição àquela altura – trunfos que favoreceram a ascensão de Florestan na Sociologia sobre Gilda[37] – eram moeda sem valor intercâmbio do mercado material e simbólico dos historiadores. De todo modo, Canabrava ganhava o título de livre-docente e, com o rearranjo das instituições de ensino superior, no fim do segundo governo Vargas, o estabelecimento da Faculdade de Ciências Econômicas e Administrativas (FCEA) viabilizou que ela se tornasse a primeira catedrática mulher da USP em 1951 (na área de História Econômica Geral do Brasil), com a tese *O desenvolvimento da cultura do algodão na província de S. Paulo: 1861/1875*.

4 Derrota-vitória

O que foi exposto mostra o potencial heurístico de uma caracterização relacional e não essencialista dos espaços profissionais e das propriedades sociais (de gênero e de classe) de seus agentes.[38] A prática científica e ensaística em tela variou

> conforme a margem de distância institucional em relação às escolas superiores tradicionais, conforme o grau de autonomia

---

37 PONTES, Heloísa. *Destinos mistos*: os críticos do Grupo Clima em São Paulo, 1940-68. São Paulo: Companhia das Letras, 1998.

38 PONTES, Heloísa. "Crítica de cultura no feminino". *Mana*, São Paulo, vol. 14, nº 2, 2008.

> em face de seus mentores políticos, partidários e/ou confessionais e conforme o espaço social de recrutamento dos quadros das novas disciplinas.[39]

Constata-se, então, no que tange às mulheres: se todas tiveram de contornar obstáculos a cada etapa galgada em sua ascensão improvável, nem essas dificuldades nem os recursos que mobilizaram para viabilizar seus caminhos são idênticos – variando segundo sua origem social e área de atuação.

O rechaço à feminização foi mais forte quanto mais risco a "invasão das mulheres" representava à posição dos homens.[40] Embora o grupo de referência de Dona Gilda também apresentasse laços com a Faculdade de Direito do Largo São Francisco, a crítica da cultura a que seus pares se lançaram lhes viabilizava um caminho mais prestigioso do que aquele que vislumbravam os juristas decaídos. Reduzido o leque de possíveis ao exercício da docência – com algumas incursões nos gêneros historiográficos gradativamente ultrapassados, ao estilo dos antigos Institutos Histórico-Geográfico[41] – *a reserva de cátedras para os homens edulcorava o não cumprimento de seu destino social.* Este era até então garantido pelas carreiras políticas que poderiam/deveriam ter seguido a partir do celeiro do recrutamento delas, isto é, as escolas de Direito, Medicina, Engenharia. Se mulheres ascendessem ao patamar da blindagem de grupo reservada para eles próprios, a verdade social seria revelada. Os *handicaps* de Alice e Olga e os trunfos de Astrogildo e França – isto é, disciplina e esforço de um lado e, de outro, solidariedade masculina nos bastidores dos arranjos – são indicadores da dependência do capital

39 MICELI, Sérgio. "Condicionantes do desenvolvimento das Ciências Sociais". *In*: ______ (Coord.). *História das Ciências Sociais no Brasil*. vol. 1. São Paulo: Sumaré, 2001, p. 93.

40 A seguir, opero com o modelo de ELIAS, Norbert. *Os Alemães*. Rio de Janeiro: Zahar, 1997.

41 SCHWARCZ, Lilia Moritz. *Os Guardiões da nossa história oficial*. São Paulo: Idesp, 1989.

social e da clivagem entre classes e sexos que a *institucionalização sem profissionalização* instituía.

Nada poderia ser mais excêntrico/feminino nesse espaço do que os princípios que orientam a conduta num campo simbólico autônomo em que descobertas e inovações científicas são reconhecidas pelos pares "mais competentes e menos dispostos às cumplicidades complacentes".[42] E nada poderia ser mais natural nesse espaço do que artimanhas abaixo do patamar de concorrência em que a ação se orienta para a vitória segundo critérios profissionais. Ao contrário. Elas se engendravam numa fase anterior a ele, dirigindo-se à supressão das condições de acesso à própria concorrência profissional: concorrentes homens escondendo livros, bloqueando a leitura de documentos ou fazendo-os desaparecer, para impedir a conclusão das teses das colegas.[43] Sendo estes esses momentos iniciais os mais importantes para a estruturação de um espaço em longa duração,[44] o quadro dá o que pensar. O polo constituído por mulheres apresenta disposições racionais/científicas – contrariando representações essencialistas do "feminino" –, o inverso valendo para os homens.

Dona Gilda transportou para o espaço específico de seu exercício profissional um capital cultural adquirido cedo e lapidado com esmero.[45] No plano da integração social, a feliz parceria conjugal com Antonio Candido mereceria estudo que aquilatasse suas trocas

---

42 BOURDIEU, Pierre. *Meditações pascalianas*. Rio de Janeiro: Bertrand Brasil, 2001, p. 137.

43 O repertório *anedótico* que embasa esta essa afirmação encontra-se nas entrevistas das historiadoras BLAY, Eva Alterman; LANG, Alice Beatriz da S. G. *Mulheres na USP*: horizontes que se abrem. São Paulo: Humanitas, 2004.

44 HEILBRON, Johan. *Naissance de la Sociologie*. Marseille: Agone, 2006.

45 PONTES, Heloísa. *Destinos mistos*: os críticos do Grupo Clima em São Paulo, 1940-68. São Paulo: Companhia das Letras, 1998; PONTES, Heloísa. "Crítica de cultura no feminino". *Mana*, São Paulo, vol. 14, nº 2, 2008.

recíprocas.[46] Algo alheio às historiadoras. Destituídas da cultura erudita e da boa escrita, desconhece-se também suas parcerias amorosas, não dispõem de herdeiros, e tampouco suas imagens são evocadas sob o signo da feminilidade. Pela caracterização realizada acima, compreende-se que Dona Gilda não tenha abdicado de sua feminilidade e graça, dimensão sempre retomada nas narrativas sobre ela e meticulosamente construída em sua *hexis* corporal – característica não apenas ausente no repertório memorialístico de Alice e Olga, por exemplo, como invertida no caso da primeira.[47] Alice é sempre recuperada como ícone da saga das mulheres, porém jamais descrita pelo cultivo de propriedades femininas. De "difícil trato", "geniosa", controladora, autoritária, "exercendo o poder como os homens" – é o que corre à boca pequena. São atributos que assinalam seu embaraço com os códigos do eufemismo da violência simbólica, indicadores irrefutáveis de uma integração social senão malsucedida, infeliz.[48] Eis aí contrapontos possíveis, reveladores da trilha de um caminho repleto de pequenas batalhas institucionais, materiais, conjunturais perdidas – trilhado, porém, serenamente, na direção de uma vitória no campo da crítica cultural, simbólica e de longo prazo. Dona Gilda é o protótipo da dignidade de uma derrota-vitória.

5 Pelo materialismo do simbólico

Se este artigo apresenta algum interesse, ele não resulta de documentação rara, mas de um rearranjo analítico de informações

---

46 WAIZBORT, Leopoldo. *Passagem do três ao um*: crítica literária, sociologia, filologia. São Paulo: Cosac Naify, 2007, p. 123.

47 Em contraste com Olga, Gilda e Alice desfrutam ainda da longevidade garantida pelas narrativas e comentadores que se interessam por elas. Infelizmente, não disponho de espaço para analisar esse ponto.

48 O nexo entre fofoca/integração social foi investigado por ELIAS, Norbert; SCOTSON, John. *Os estabelecidos e os outsiders*. Rio de Janeiro: Zahar, 2000.

correntes, erguido a partir da teoria da dominação simbólica de Pierre Bourdieu. Como ela não foi levada ao seu limite explicativo, tampouco cumpriu todas as fases do que seria uma "aplicação" desse modelo, só pode ser mais sugestiva que conclusiva. A despeito de esse autor ocupar hoje os primeiros lugares do *hit-parade* das citações, ainda se faz necessário advertir que as análises inspiradas nele distam de qualquer proposta detratora e não questionam o mérito intrínseco de produtos e produtores. Elas ocupam-se das condições de possibilidade que viabilizaram tais méritos,[49] e, por isso, não se detêm nas personalidades individuais, porém nas propriedades sociais dos produtos/produtores simbólicos em relação no espaço específico da prática em questão.[50] O melhor fiador que posso ofertar disso talvez seja a recuperação de uma intervenção da ensaísta homenageada, na ocasião em que ela homenageou Eduardo de Oliveira e Oliveira (1923-1981), sociólogo militante das causas da comunidade negra, por ocasião de seu *suicídio*:

> Culpa dele ou nossa? É evidente que mais nossa do que dele; somos na verdade sinceros quando nos batemos pelos nossos irmãos considerados de cor? (...) seremos capazes de caçar também, sem piedade os motivos profundos que geram a nossa inércia e são responsáveis pela manutenção da injustiça? (...) talvez a melhor homenagem que poderíamos prestar à sua figura (...) fosse o desmascaramento sem tréguas (da dominação).[51]

Dispensável dizer que isso também vale para a condição das mulheres e que fiz minhas suas palavras ao propor este artigo. Por isso, ele só poderia recusar o lisonjeio da celebração do tipo "há

49 PONTES, Heloísa. *Destinos mistos*: os críticos do Grupo Clima em São Paulo, 1940-68. São Paulo: Companhia das Letras, 1998.

50 BOURDIEU, Pierre. *Homo Academicus*. Paris: Minuit, 1984.

51 SOUZA, Gilda de Mello e. "Homenagem a Eduardo de Oliveira Oliveira". *Novos Estudos Cebrap*, São Paulo, vol. 1, nº 1, pp. 58-68, 1981.

pouco tempo nem catedráticas eram, agora estão na presidência". Sob qual escárnio e sofrendo quais estigmas? Do topo à base: na periferia de São Paulo, uma lista de "*top 10*" listando nomes de meninas como "vadias" levou algumas delas a tentativas de *suicídio*.[52] O "desmascaramento sem tréguas da dominação" priva do privilégio do afrouxamento analítico, lúdico e compensador, pressuposto no enaltecimento dos avanços femininos que oblitera as formas da assimetria entre homens e mulheres, para melhor perpetuá-las na consoladora e preguiçosa crença na eternidade da *natureza* das classes e dos sexos.

Referências bibliográficas

ALBUQUERQUE, Sylvia. "Meninas abandonam estudos e tentam suicídio após entrar para lista das 'mais vadias'". *R7*, 27 maio 2015. Disponível em: http://noticias.r7.com/sao-paulo/meninas-abandonam-estudos-e--tentam-suicidio-apos-entrar-para-lista-das-mais-vadias-27052015. Acessado em: 30.05.2015.

ARRUDA, Maria Arminda do Nascimento. *Metrópole e cultura*. Bauru: Edusc, 2001.

BLAY, Eva Alterman; LANG, Alice Beatriz da S. G. *Mulheres na USP*: horizontes que se abrem. São Paulo: Humanitas, 2004.

BOURDIEU, Pierre. *Homo Academicus*. Paris: Minuit, 1984.

_____. *Meditações pascalianas*. Rio de Janeiro: Bertrand Brasil, 2001.

BRAUDEL, Fernand. "O ensino de História e suas diretrizes". *Anuário da FFCL-USP*, São Paulo, 1935.

CANABRAVA, Alice Piffer. "Entrevista: turma de 37 da USP faz festa". *O Estado de São Paulo*, 15 maio 1988.

---

52 ALBUQUERQUE, Sylvia. "Meninas abandonam estudos e tentam suicídio após entrar para lista das 'mais vadias'". *R7*, 27 maio 2015. Disponível em: http://noticias.r7.com/sao-paulo/meninas-abandonam-estudos-e-tentam-suicidio-apos-entrar-para-lista-das-mais-vadias-27052015. Acessado em: 30.05.2015.

______. *Correspondência de Alice Canabrava para Eurípedes Simões de Paula*, 2 jan. 1945.

CANDIDO, Antonio. "A Revolução de 1930 e a cultura". *Novos Estudos Cebrap*, São Paulo, nº 4, 1984.

CARDOSO, Irene. *A Universidade da Comunhão Paulista*. São Paulo: Cortez, 1982.

CRUZ COSTA, João. *Correspondência de João Cruz Costa para Eurípedes Simões de Paula*, 28 jan. 1945.

CUNHA, M. W. V. "Entrevista". *Tempo Social*, nº 2, nov. 2008.

ELIAS, Norbert. *Os Alemães*. Rio de Janeiro: Zahar, 1997.

ELIAS, Norbert; SCOTSON, John. *Os estabelecidos e os outsiders*. Rio de Janeiro: Zahar, 2000.

FRANÇA, Eduardo d'Oliveira. "Entrevista". *In*: FREITAS, S. M. *Reminiscências*. São Paulo: Maltese, 1993.

GALVÃO, Walnice Nogueira. "Prefácio". *In*: ______. *A palavra afiada*. Rio de Janeiro: Ouro sobre Azul, 2014.

HEILBRON, Johan. *Naissance de la Sociologie*. Marseille: Agone, 2006.

LIMONGI, Fernando. "Mentores e clientelas da Universidade de São Paulo". *In*: MICELI, Sérgio (Coord.). *História das Ciências Sociais no Brasil*. vol. 1. São Paulo: Sumaré, 2001.

MELLO E SOUZA, Gilda de. *O Espírito das roupas*. São Paulo: Companhia das Letras, 1987.

MICELI, Sérgio. "Condicionantes do desenvolvimento das Ciências Sociais". *In*: ______ (Coord.). *História das Ciências Sociais no Brasil*. vol. 1. São Paulo: Sumaré, 2001.

NOVAIS, Fernando; MELLO, João Manoel Cardoso. "Capitalismo tardio e sociabilidade moderna". *In*: SCHWARCZ, Lilia Moritz (Coord.). *História da vida privada no Brasil*. vol. 4. São Paulo: Companhia das Letras, 1998.

PETITJEAN, Patrick. "Entre a ciência e a diplomacia: a organização da influência científica francesa na América Latina, 1900-1940". *In*: HAMBURGER, Amelia I. *A Ciência nas relações Brasil-França (1850-1950)*. São Paulo: Edusp; Fapesp, 1996.

PONTES, Heloísa. "A paixão pelas formas". *Novos Estudos*, São Paulo, nº 74, mar. 2008.

______. "Crítica de cultura no feminino". *Mana*, São Paulo, vol. 14, nº 2, 2008.

______. *Destinos mistos*: os críticos do Grupo Clima em São Paulo, 1940-68. São Paulo: Companhia das Letras, 1998.

______. *Intérpretes da metrópole*: história social e relações de gênero no teatro e no campo intelectual, 1940-1968. São Paulo: Edusp, 2010.

QUEIROZ, Maria Isaura Pereira de. "Noticiário". *Revista de História*, São Paulo, nº 6, 1951.

RODRIGUES, Jaime. *Alimentação, vida material e privacidade*: uma história social de trabalhadores em São Paulo de 1920 a 1960. São Paulo: Alameda, 2011.

______. *A produção social do marxismo universitário em São Paulo (1958-1978)*. São Paulo: FFLCH-USP, 2011. (Tese de Doutorado em Sociologia).

SCHWARCZ, Lilia Moritz. *Os Guardiões da nossa história oficial*. São Paulo: Idesp, 1989.

SCHWARZ, Roberto. "Nacional por subtração". *In*: ______. *Que horas são?* São Paulo: Companhia das Letras, 1987.

SOUZA, Gilda de Mello e. "Homenagem a Eduardo de Oliveira Oliveira". *Novos Estudos Cebrap*, São Paulo, vol. 1, nº 1, pp. 58-68, 1981

SUPPO, Hugo Rogelio. *La politique culturelle française au Brésil entre les années 1920-1950*. Paris: Sorbonne Nouvelle – Paris 3, 1999. (Tese de Doutorado em Relações Internacionais).

WAIZBORT, Leopoldo. *Passagem do três ao um*: crítica literária, sociologia, filologia. São Paulo: Cosac Naify, 2007.

WISNIK, José Miguel. "O Ensaio impossível". *In*: MICELI, Sérgio; MATOS, Luiz F. B. F. de (Coord.). *Gilda*: a paixão pela forma. Rio de Janeiro: Ouro sobre Azul, 2007.

HELEIETH SAFFIOTI (1934-2010)

ATUALIDADE E IMPORTÂNCIA DE *A MULHER NA SOCIEDADE DE CLASSES*

ANGÉLICA LOVATTO

> *Se esta obra não se dirige apenas às mulheres, não assume, de outra parte, a defesa dos elementos do sexo feminino. Não é, portanto, feminista. Denuncia, ao contrário, as condições precárias de funcionamento da instituição família nas sociedades de classes em decorrência de uma opressão que, tão somente do ponto de vista da aparência, atinge apenas a mulher.*[1]

1 SAFFIOTI, Heleieth. *A mulher na sociedade de classes*: mito e realidade. 3ª ed. São Paulo: Expressão Popular, 2013 [1969], p. 34.

Heleith Saffioti foi pioneira nos estudos sobre a condição da mulher no Brasil – hoje mais conhecidos como "estudos de gênero" – não só porque tratou sistematicamente do assunto quando não era tão usual nas ciências sociais no país, mas principalmente porque trabalhou duas difíceis relações, quase ao mesmo tempo: a condição da mulher e a luta de classes; o marxismo e a questão feminina. A autora deixou, portanto, importante herança nos estudos sobre a mulher que, na atualidade que a questão apresenta, é referência obrigatória para quem deseja tratar do tema, tanto pelo resgate histórico que suas reflexões representam como para vislumbrar as possibilidades de efetiva emancipação feminina neste século XXI.

Para os objetivos aqui propostos, e no necessário limite de espaço aqui delimitado, optei por apresentar tão somente as problemáticas centrais daquele que é considerado seu principal estudo, *A Mulher na Sociedade de Classes: Mito e Realidade*. Uma visão mais detalhada do livro, de mais de 500 páginas, levaria a uma outra escolha de forma e conteúdo, que não cabe aos propósitos desta publicação. Não obstante, a problematização geral que aqui apresento pretende contribuir com o devido destaque e relevância que a obra de Heleieth Saffioti conquistou.

Publicado em livro em 1969, foi fruto de pesquisa inicial de doutorado que, mais tarde, resultou na livre-docência na Unesp, campus de Araraquara.[2] A repercussão do estudo levou a uma segunda edição em 1976. E, numa iniciativa bastante oportuna, a terceira edição veio a público por meio da Expressão Popular, em 2013, e já se encontra em sua segunda reimpressão, demonstrando a atualidade e a importância do pensamento de Heleieth Saffioti.

Dizer de sua atualidade não significa ignorar os avanços – especialmente de pesquisas empíricas – realizados nas últimas décadas.

---

2 CANDIDO, Antonio. "Prefácio". *In*: SAFFIOTI, Heleieth. *A mulher na sociedade de classes*: mito e realidade. 3ª ed. São Paulo: Expressão Popular, 2013, p. 27.

A própria autora adverte, em nota à segunda edição de 1976, que "considerando-se o objetivo desta obra – abordar uma série de problemas até então não percebidos ou tratados sem embasamento teórico –, seria praticamente impossível a atualização de todas as suas partes", ressaltando que o impulso "sofrido pelos movimentos feministas nestes últimos anos foi tal que existem obras bem nutridas tratando exclusivamente desta questão". No entanto, adverte: "a magnitude do material empírico impõe, por conseguinte, a especialização" que, no entanto, "tende a estreitar as fronteiras teóricas em que os fatos são situados".[3]

Se isso já valia para 1976, vale muito mais para este início de século. Daí, o significado que aqui atribuímos à atualidade do texto: valorizar o arsenal teórico-metodológico no qual se situa a obra de Saffioti[4] – legado para a realização de novas pesquisas –, que caminha no sentido contrário do eventual estreitamento das fronteiras teóricas em que os fatos são situados, reconhecendo que os limites datados de seu texto correspondem a um contexto histórico do final dos anos 1960, num país que, inclusive, passava por grande repressão ditatorial, correspondente – no plano internacional – à lógica da Guerra Fria.

É importante ressaltar que o livro de Saffioti é composto por três partes que, embora se complementem, podem ser lidas de

---

3 SAFFIOTI, Heleieth. *A mulher na sociedade de classes*: mito e realidade. 3ª ed. São Paulo: Expressão Popular, 2013.

4 Há um desenvolvimento mais completo desse aspecto em SAFFIOTI, Heleieth. "Novas perspectivas metodológicas de investigação das relações de gênero". *In*: MORAES SILVA, Maria Aparecida de. *Mulher em seis tempos*: seminário temático II. Araraquara: Faculdade de Ciências e Letras-Unesp, 1991. Desenvolvo melhor esse aspecto em LOVATTO, Angélica. "Desvendando *O Poder do macho*: um encontro com Heleieth Saffioti". *Lutas Sociais*, São Paulo, PUC-SP, nº 27, 2º sem. 2011, pp. 110-118.

maneira independente.[5] É assim que ganha destaque – como uma leitura interpretativa do Brasil – a parte II de sua obra, a saber, "A evolução da condição da mulher no Brasil". Nela, a autora faz uma análise da formação histórica do país, por meio da localização dos papéis sociais da mulher brasileira e sua evolução.

1 Mulher, luta de classes e capitalismo

A epígrafe que escolhi para abrir este texto demonstra, em meu entendimento, a determinação da autora em escapar aos escaninhos de classificação apressadamente engajados que poderiam ser impostos à sua reflexão. Ao mesmo tempo, ela sabia que seus estudos poderiam trazer luz a um tema que, no Brasil, estava ainda procurando seus caminhos. Entendo que a autora trabalhou no sentido de estabelecer as bases para uma melhor compreensão teórico-metodológica do tema, além – evidentemente – de contribuir para o alcance político das necessárias transformações da condição da mulher na sociedade.

A problemática proposta e desenvolvida por Saffioti no texto publicado em 1969 – mas cuja redação havia sido concluída em 1967[6] – é apresentada nos seguintes termos: "a explicação da situação da mulher na sociedade capitalista é encontrável através da análise das relações entre o fator natural sexo e as determinações essenciais do modo capitalista de produção".[7] Seu objetivo era explicitar os mecanismos pelos quais as sociedades de mercado operam, com vistas

---

5 CANDIDO, Antonio. "Prefácio". *In*: SAFFIOTI, Heleieth. *A mulher na sociedade de classes*: mito e realidade. 3ª ed. São Paulo: Expressão Popular, 2013.

6 Para maiores detalhamentos de como a pesquisa nasceu e foi desenvolvida, consultar GONÇALVES, Renata. "O pioneirismo de *A Mulher na sociedade de classes*. *In*: SAFFIOTI, Heleieth. *A mulher na sociedade de classes*: mito e realidade. 3ª ed. São Paulo: Expressão Popular, 2013, pp. 11-25.

7 SAFFIOTI, Heleieth. *A mulher na sociedade de classes*: mito e realidade. 3ª ed. São Paulo: Expressão Popular, 2013, p. 507.

"à regulação das atividades das duas categorias de sexo de modo a atenuar conflitos gerados pela ordem social competitiva".[8]

Essa problemática e esse objetivo geraram a seguinte hipótese, defendida pela autora:

> Como o sistema capitalista de produção é incapaz de absorver a mão de obra potencial representada por todos os membros adultos e normais da sociedade de classes, *seus mecanismos de defesa consistem em tentar preservar-se sem expor demasiadamente suas contradições internas*. Eis por que lança mão de fatores de ordem natural a fim de, simultaneamente, manter seu padrão de equilíbrio, instável e contraditório, alijando força de trabalho do mercado, e justificar a marginalização de enormes contingentes femininos da estrutura de classes através das funções de reprodutora e socializadora por excelência da geração imatura, que tradicionalmente a sociedade atribui à mulher.[9]

Poder-se-ia objetar que o capitalismo acabou utilizando-se mais do trabalho feminino do que a análise inicial de Saffioti argumentava, especialmente o trabalho precarizado, cuja especialização profissional é praticamente inexistente. No entanto, entendo que está justamente nesse ponto – o trabalho feminino precarizado que tanto marca o nosso tempo – a chave para a compreensão do que a autora chamava a atenção em 1969: na linha de "tentar preservar-se sem expor demasiadamente suas contradições internas",[10] o capitalismo absorvia

---

8 SAFFIOTI, Heleieth. *A mulher na sociedade de classes*: mito e realidade. 3ª ed. São Paulo: Expressão Popular, 2013, p. 507.

9 SAFFIOTI, Heleieth. *A mulher na sociedade de classes*: mito e realidade. 3ª ed. São Paulo: Expressão Popular, 2013, p. 508.

10 Em MÉSZÁROS, István. *Para além do capital*: rumo a uma teoria de transição. São Paulo: Boitempo, 2015, o autor desenvolve algo semelhante em sua tese sobre o sistema sociometabólico do capital, ao usar a expressão "linha de menor resistência do capital", referindo-se à maneira como o capitalismo procura se adaptar aos movimentos sociais

uma camada do chamado desemprego feminino, sem classificá-lo como desemprego,[11] na medida em que era considerada "natural" a absorção de suas funções sociais como "reprodutora e socializadora por excelência da geração imatura". Quando isso atingiu um limite insuportável do exército industrial de reserva, o capitalismo passou a "absorver" a força de trabalho feminina da forma mais precarizada possível, muito próxima da "especialização" do trabalho doméstico ou do trabalho de mãe. Senão vejamos: quando Saffioti explicita sua tese, expondo as contradições da sociedade de classes, chega à seguinte conclusão:

> Se a elevação da produtividade do trabalho pode ser considerada um fim desejável socialmente, é preciso considerar *a totalidade em que este objetivo se insere* a fim de que se verifique se ela representa o alvo da sociedade como um todo ou se representa *apenas o alvo de uma classe social.*[12]

Fazendo referência aos pressupostos de uma democracia social e econômica, a autora argumenta que nada "é mais desejável do que a elevação da produtividade do trabalho" de tal maneira que a humanidade se "liberte do reino da necessidade e penetre no reino da abundância".[13] Mas na medida em que, sob o capitalismo, o produto do trabalho social é desigualmente distribuído, "o

---

contestatórios ao sistema, mas que não apontam para a superação efetiva do capital pela perspectiva do trabalho.

11 "No caso da mulher, entretanto, cujo desemprego é justificado em termos das funções de reprodutora e de socializadora dos imaturos, que a mulher desempenha por atribuição da sociedade, a inatividade econômica não chega, portanto, a ser considerada propriamente desemprego" (SAFFIOTI, Heleieth. *A mulher na sociedade de classes*: mito e realidade. 3ª ed. São Paulo: Expressão Popular, 2013, p. 509).

12 SAFFIOTI, Heleieth. *A mulher na sociedade de classes*: mito e realidade. 3ª ed. São Paulo: Expressão Popular, 2013, pp. 508/509.

13 SAFFIOTI, Heleieth. *A mulher na sociedade de classes*: mito e realidade. 3ª ed. São Paulo: Expressão Popular, 2013, p. 509.

desenvolvimento das forças produtivas da sociedade de classes bloqueia" as possibilidades "de realização da democracia social e econômica".[14] Essa contradição ocorreria porque as oportunidades "de objetivação de si oferecidas aos seres humanos" dependeriam de fatores "sobre os quais estes seres não têm o mínimo controle", como é o caso do desemprego estrutural. Consequência: as "sociedades competitivas" – expressão que a autora usa frequentemente – precisaram encontrar uma solução para lidar com esse desemprego, recorrendo – ainda que de forma precária e provisória – "ao não emprego de tecnologia poupadora de mão de obra".[15] Nesse sentido, o desemprego masculino adquire a aparência de ser o único com feições realmente inaceitáveis socialmente pela explicitação das contradições mais latentes do capitalismo. Mais um exemplo da autora no sentido de que não é possível entender a questão do trabalho feminino sem a contrapartida do masculino:

> Como o sistema de produção não pode absorver toda força de trabalho potencial da sociedade de economia de mercado, libertar a mulher das funções que tradicionalmente vêm sendo desempenhadas por ela representa ampliar consideravelmente o número de pessoas disponíveis no mercado de trabalho, o que, além de agravar sobremodo o problema do desemprego, expõe a estrutura social à observação e à crítica.[16]

A situação da mulher expressa, segundo a autora, "o impasse diante do qual se vê colocada a sociedade de classes".[17] Eis explici-

---

14 SAFFIOTI, Heleieth. *A mulher na sociedade de classes*: mito e realidade. 3ª ed. São Paulo: Expressão Popular, 2013.

15 SAFFIOTI, Heleieth. *A mulher na sociedade de classes*: mito e realidade. 3ª ed. São Paulo: Expressão Popular, 2013, p. 509.

16 SAFFIOTI, Heleieth. *A mulher na sociedade de classes*: mito e realidade. 3ª ed. São Paulo: Expressão Popular, 2013, p. 510.

17 SAFFIOTI, Heleieth. *A mulher na sociedade de classes*: mito e realidade. 3ª ed. São Paulo: Expressão Popular, 2013, p. 510.

tada sua tese diante das contradições inerentes ao sistema capitalista de produção! Ao mesmo tempo que explica, sua tese reconhece a posição da mulher na sociedade de classes, sem desconsiderar sua especificidade no sistema de produção onde homens e mulheres são explorados. Sendo assim, tendo a considerar que – para retomar esse aspecto hoje e debater concretamente o papel das mulheres trabalhadoras e precarizadas na sociedade capitalista do século XXI – é necessário retomar esse pressuposto tão bem construído por Saffioti no final dos anos 1960, sob pena de incorrermos no erro de isolar em demasia o papel feminino da totalidade histórico-social em que se insere.

Essa totalidade valeria também para outros aspectos, caso a eventual pretensão social fosse uma sociedade sem classes ou "pelo menos, uma sociedade de classes não antagônicas", isto é, se seus membros estivessem de fato destinados a gozar de "liberdade suficiente para conquistar o *status* social que suas capacidades pessoais permitem", onde "o nascimento, a cor e o sexo não decidem os destinos de pessoas". Isso seria a realização plena de um "reino da razão".[18] Não é o que ocorre nas sociedades competitivas, em que a inversão dessa razão é operada:

> Com efeito, enquanto nas sociedades pré-capitalistas a etnia e o sexo aparecem como fundamento da inferioridade social do escravo, do servo e da mulher, nas sociedades competitivas os caracteres naturais perdem, aparentemente, à proporção em que se processa o desenvolvimento social e econômico, a feição de marcas sociais que operariam como fatores de perturbação da ordem competitiva, racionalmente organizada.[19]

18 SAFFIOTI, Heleieth. *A mulher na sociedade de classes*: mito e realidade. 3ª ed. São Paulo: Expressão Popular, 2013, p. 510.

19 SAFFIOTI, Heleieth. *A mulher na sociedade de classes*: mito e realidade. 3ª ed. São Paulo: Expressão Popular, 2013, p. 511.

Segundo a autora, há uma camuflagem, portanto, na qual a sociedade competitiva vai "refinando suas técnicas sociais", de tal modo a induzir "seus membros a atuar segundo as necessidades do sistema como um todo".[20] Ao invés de descartar uma dada filiação étnica ou de ordem sexual, de modo explícito, a técnica refinada faz parecer que o descarte daquela "mão de obra" está sendo feito em função da ausência das qualificações exigidas, diante da harmonia do conjunto orgânico no qual se inserem. O mecanismo dessa camuflagem faz com que a própria sociedade vá reelaborando constantemente o escopo das qualificações exigidas – diante das novas necessidades produtivas que seu processo impõe – de tal maneira que ela própria "seria incapaz de discernir onde terminam as razões que a natureza do organismo feminino impõe à permanência da mulher no lar e onde têm início os fundamentos sociais do alijamento de grandes contingentes femininos da estrutura de classes".[21]

Assim, a necessidade de satisfazer às exigências estruturais e funcionais de economia do mercado, segundo a autora, implicaria uma ambivalência:

> Na manutenção de dois ideais contraditórios – a aspiração de ascensão social e a aspiração, tanto masculina quanto feminina, de fornecer à mulher as condições financeiras necessárias a fim de que possa realizar o padrão *mulher economicamente inativa* – revelam-se, vigorosamente, as contradições próprias de um sistema que, ao mesmo tempo, tenta preservar-se através de uma seleção prévia dos elementos a serem lançados no processo de competição, mediando a satisfação dessa necessidade com a estrutura familial, e por meio da garantia

20 SAFFIOTI, Heleieth. *A mulher na sociedade de classes*: mito e realidade. 3ª ed. São Paulo: Expressão Popular, 2013, p. 511.

21 SAFFIOTI, Heleieth. *A mulher na sociedade de classes*: mito e realidade. 3ª ed. São Paulo: Expressão Popular, 2013.

> de consumo, mesmo que num nível da subsistência, de todos os seus membros.[22]

Como, então, as sociedades competitivas tendem a resolver essa ambivalência? Os indicativos de Saffioti apontam que, nessas condições, o problema da mulher "não é somente seu, mas um problema de homens e mulheres".[23] Isso porque essa sociedade não pode desconsiderar as necessidades básicas das unidades de consumo, a ponto de pôr em risco a sobrevivência de seus membros "qualificados" para o processo produtivo. Assim, ao contrário do que com frequência poderia aparecer – e aparece – na consciência masculina, "o processo de marginalização da mulher da estrutura de classes não traz benefícios aos homens", pois, como unidades de consumo, "a família acaba por auferir rendimentos inferiores", pelo afastamento do elemento feminino do trabalho remunerado:

> Assim, não apenas a consciência feminina está mistificada, mas o próprio homem se deixa levar pelos mecanismos de defesa do sistema capitalista de produção como se a manutenção de seu domínio sobre a mulher compensasse as desvantagens de uma distribuição extremamente desigual dos produtos do trabalho social.[24]

Esse seria o motivo pelo qual, frequentemente, essas questões não aparecem como um problema social, mas exclusivamente como uma questão de "sexos" opostos, mistificando as consciências, tanto masculina quanto feminina. Seguindo essa importante base sobre a qual é erigido o pensamento de Heleieth Saffioti, tendo a

---

22 SAFFIOTI, Heleieth. *A mulher na sociedade de classes*: mito e realidade. 3ª ed. São Paulo: Expressão Popular, 2013, p. 512.

23 SAFFIOTI, Heleieth. *A mulher na sociedade de classes*: mito e realidade. 3ª ed. São Paulo: Expressão Popular, 2013, p. 513.

24 SAFFIOTI, Heleieth. *A mulher na sociedade de classes*: mito e realidade. 3ª ed. São Paulo: Expressão Popular, 2013, p. 513.

considerar que – sem entender esse aspecto da suposta luta "entre os sexos" – será difícil superar a alienação e o estranhamento que cercam o trabalho feminino e masculino na totalidade do sistema de produção capitalista no qual até hoje estamos, mais do que nunca, inseridos. Isso porque esse sistema já demonstrou o fôlego que tem, mesmo diante das crises econômicas mais objetivas que surgiram historicamente. Coloca-se aqui o velho problema entre condições objetivas e disposição subjetiva em superar o capitalismo: se os elementos subjetivos que poderiam interferir na objetividade dessa crise não resolverem suas contradições, tanto no plano teórico como no plano da ação, o capitalismo não perecerá simplesmente por uma fatalidade histórica, "crença" que contaminou alguns defensores do socialismo durante muito tempo. Refiro-me aqui às reflexões pioneiras que Saffioti realizou, nesse mesmo livro, sobre as experiências que vinham sendo desenvolvidas no chamado "socialismo real" e que serão referidas sinteticamente a partir desse momento.

2 Socialismo e questão da mulher

A principal hipótese defendida a esse respeito por Saffioti é a de que as categorias de sexo não apresentam autonomia, "nem constituem determinações essenciais do sistema capitalista de produção". Pensar o socialismo e a questão da mulher também segue, portanto, essa lógica, na medida em que "atacar diretamente as determinações essenciais da sociedade de classes" – como se isso fosse suficiente para "a solução de todas as contradições do sistema" – não seria, com certeza, a melhor maneira de propor a superação dos problemas da mulher. Considerando o estado da arte em que o socialismo real se encontrava naquele momento histórico – estruturado muito mais como sociedades pós-capitalistas do que sociedades com efetiva transição socialista[25] –, a percepção de Saffioti sobre o tema era aguda:

---

25 MÉSZÁROS, István. *Para além do capital*: rumo a uma teoria de transição. São Paulo: Boitempo, 2015.

> a crença de que a implantação do socialismo levava, automaticamente, à destruição dos elementos culturais responsáveis pela inferiorização social da mulher [teria limitado] as possibilidades de solução satisfatória do problema feminino pelas sociedades socialistas.[26]

Embora esse não tenha sido o foco de sua pesquisa, a autora deixou algumas pistas para se pensar a questão. Argumentou que alguns socialistas chegaram a avançar na ideia de que o "feminismo só se legitima enquanto perspectiva inclusa e dependente de pontos de vista estruturalmente determinados", mas nenhum deles teria sido capaz de explicar – pelo menos não de uma maneira convincente, segundo a autora – a situação da mulher nas sociedades capitalistas, dissecando objetivamente "esquemas estratificatórios e a estrutura de classes".[27] Ao não fazerem isso, esses socialistas teriam deixado de tratar a questão feminina como parte integrante da superação da estrutura de classes, por debilidades de ordem teórica e prática:

> Nem teórica nem praticamente a perspectiva socialista resolveu de modo satisfatório as questões femininas. Teoricamente, porque assimilou as relações entre os sexos às relações entre as classes sociais, raciocínio inaceitável, uma vez que as categorias sociais em questão possuem natureza diversa. (...) No terreno prático, embora as experiências socialistas não representem, de forma alguma, a solução definitiva dos problemas femininos, fizeram corresponder ao avanço do processo de emancipação feminina no terreno social uma posição economicamente segura para a mulher.[28]

---

26 SAFFIOTI, Heleieth. *A mulher na sociedade de classes*: mito e realidade. 3ª ed. São Paulo: Expressão Popular, 2013, p. 516.

27 SAFFIOTI, Heleieth. *A mulher na sociedade de classes*: mito e realidade. 3ª ed. São Paulo: Expressão Popular, 2013, p. 516.

28 SAFFIOTI, Heleieth. *A mulher na sociedade de classes*: mito e realidade. 3ª ed. São Paulo: Expressão Popular, 2013, p. 517.

Com isso, o socialismo real sequer conseguiu realizar a igualdade formal entre os dois sexos, o que a sociedade de classes – com suas mistificações – tende a realizar, apropriando-se mimeticamente do discurso de libertação da mulher no terreno da sexualidade e da reprodução. Talvez aqui, arriscando uma conclusão pessoal, a "linha de menor resistência do capital"[29] tenha novamente saído vitoriosa, absorvendo – por assim dizer – a capacidade do movimento feminista de se impor na luta social, articulando de fato a condição da mulher com a sociedade de classes. Parece-me que – seguindo o raciocínio, já citado, de Mészáros sobre o sistema sociometabólico do capital – a incapacidade do socialismo real em superar o capital (e não apenas o capitalismo), resultou também em envolver as demais questões sociais no emaranhado das dificuldades insuperáveis que acabaram na derrocada de 1989-92, tanto no Leste Europeu, como na URSS.

Considerações finais

Lembremos que Heleieth Saffioti desenvolve sua pesquisa em tempos de Guerra Fria e nos meandros de movimentos sociais que vieram a culminar na rejeição tanto ao capitalismo quanto ao chamado socialismo real, como são exemplos o Maio de 1968 em Paris, Berkeley, Berlim e Praga. Naquele momento histórico, o desconforto em relação aos primeiro e segundo "mundos" aparecia em contestações vigorosas que, no entanto, não chegavam exatamente a propor um "novo mundo" em seu lugar. Daí a contextualização desse livro da autora: como mencionei anteriormente, embora tenha terminado de escrever em 1967, a publicação do livro de Saffioti entrou em circulação em 1969, momento em que passaram a ser discutidos "novos paradigmas para as ciências sociais",[30] decorrentes do que

29 MÉSZÁROS, István. *Para além do capital*: rumo a uma teoria de transição. São Paulo: Boitempo, 2015.

30 EVANGELISTA, João E. *Crise do marxismo e irracionalismo pós-moderno*. São Paulo: Cortez, 1992.

ficou mundialmente conhecido como "crise dos *sixties*".[31] Essa discussão questionava fortemente a validade do marxismo, que estaria ultrapassado, em função de "novas" manifestações dos fenômenos sociais, os quais, por sua vez, exigiriam um "novo" modelo analítico.[32] Essa perspectiva de revisão e crítica do marxismo anunciava o que foi denominado de uma "nova" esquerda que, por sua vez, estaria associada à derrocada da centralidade operária no processo revolucionário. Argumentava-se que as rápidas transformações por que passava a sociedade moderna teria levado à emergência de uma pluralidade de "novos sujeitos políticos", "novos espaços sociais", "novas práticas sociais" e "novas falas e representações sociais", os quais haviam – por assim dizer – substituído "velhos" sujeitos sociais, como, por exemplo, a classe operária. Haveria, em suma, uma lacuna na teoria das classes sociais que o marxismo – em sua leitura tradicional – tinha dificuldade de preencher.[33]

Na impossibilidade de entrar nos detalhes dessa rica discussão, devido ao escopo aqui delimitado, gostaria de sugerir a hipótese de que a obra de Heleieth Saffioti – especialmente *A Mulher na Sociedade de Classes* – contribuiu decisivamente no Brasil para atuar no sentido contrário dessa tese revisionista. A autora conseguiu valorizar a chamada "pluralidade de sujeitos políticos" sem desprezar o marxismo enquanto instrumento teórico-metodológico, equilibrando a condição da especificidade da mulher sem negar a centralidade da perspectiva do trabalho, inserida na luta de classes. Em suma, a autora foi capaz de ser pioneira na difícil questão feminina, ao mesmo tempo que – por sua competência e comprometimento intelectual e político – escapou às armadilhas impostas pelo revisionismo teórico

31 FERRY, Luc; RENAUT, Alain. *Pensamento 68*: ensaio sobre o anti-humanismo contemporâneo. São Paulo: Ensaio, 1985.

32 FERRY, Luc; RENAUT, Alain. *Pensamento 68*: ensaio sobre o anti-humanismo contemporâneo. São Paulo: Ensaio, 1985.

33 FERRY, Luc; RENAUT, Alain. *Pensamento 68*: ensaio sobre o anti-humanismo contemporâneo. São Paulo: Ensaio, 1985.

que os discursos pós-modernos – caracterizados pela negação das metanarrativas[34] – passaram a implementar, dominando a cena nos últimos trinta anos do século passado e início do XXI. Estes são motivos mais do que suficientes para que as novas gerações continuem lendo a obra de Heleieth Saffioti[35] e, o que é ainda mais necessário, possam propor formas de luta que ultrapassem decisivamente os limites de classe impostos por sociedades competitivas.

Referências bibliográficas

CANDIDO, Antonio. "Prefácio". *In*: SAFFIOTI, Heleieth. *A mulher na sociedade de classes*: mito e realidade. 3ª ed. São Paulo: Expressão Popular, 2013.

EVANGELISTA, João E. *Crise do marxismo e irracionalismo pós-moderno*. São Paulo: Cortez, 1992.

FERRY, Luc; RENAUT, Alain. *Pensamento 68*: ensaio sobre o anti-humanismo contemporâneo. São Paulo: Ensaio, 1985.

34 LYOTARD, Jean-François. *A Condição pós-moderna*. Lisboa: Gradiva, 1989.

35 É salutar a referência a dois importantes dossiês: (1) GONÇALVES, Renata; BRANCO, Carolina. "Feminismo e marxismo: um ano sem Heleieth Saffioti". *Lutas Sociais*, São Paulo, nº 27, 2011, pp. 70-199. Disponível em: https://revistas.pucsp.br/index.php/ls/issue/view/1195. Acessado em: 27.02.2023; e (2) LOVATTO, Angélica; BARSOTTI, Paulo. "Marxismo e feminismo". *Marxismo21*, 12 jan. 2013. Disponível em: http://marxismo21.org/marxismo-e-feminismo/. Acessado em: 27.02.2023. O primeiro contém vários textos, bem como uma importante entrevista realizada com Saffioti. O segundo, por sua vez, além de importantes referências sobre o tema, traz um texto da autora muito procurado, em revista esgotada nos anos 1980. Trata-se de SAFFIOTI, Heleieth. "O fardo das brasileiras: de mal a pior". *Escrita Ensaio*, São Paulo, nº 5, 1979. Nele, a autora defende explicitamente que uma mulher genérica não existe, mas sim mulheres localizadas na estrutura social que arcam com o ônus dessa inserção e, portanto, a intensidade da discriminação feminina varia segundo as classes sociais.

GONÇALVES, Renata. "O pioneirismo de *A Mulher na sociedade de classes*. *In*: SAFFIOTI, Heleieth. *A mulher na sociedade de classes*: mito e realidade. 3ª ed. São Paulo: Expressão Popular, 2013.

GONÇALVES, Renata; BRANCO, Carolina. "Feminismo e marxismo: um ano sem Heleieth Saffioti". *Lutas Sociais*, São Paulo, nº 27, 2011. Disponível em: https://revistas.pucsp.br/index.php/ls/issue/view/1195. Acessado em: 27.02.2023.

LOVATTO, Angélica. "Desvendando *O Poder do macho*: um encontro com Heleieth Saffioti". *Lutas Sociais*, São Paulo, PUC-SP, nº 27, 2º sem. 2011.

LOVATTO, Angélica; BARSOTTI, Paulo. "Marxismo e feminismo". *Marxismo21*, 12 jan. 2013. Disponível em: http://marxismo21.org/marxismo-e-feminismo/. Acessado em: 27.02.2023.

LYOTARD, Jean-François. *A Condição pós-moderna*. Lisboa: Gradiva, 1989.

MÉSZÁROS, István. *Para além do capital*: rumo a uma teoria de transição. São Paulo: Boitempo, 2015.

SAFFIOTI, Heleieth. "Novas perspectivas metodológicas de investigação das relações de gênero". *In*: MORAES SILVA, Maria Aparecida de. *Mulher em seis tempos*: seminário temático II. Araraquara: Faculdade de Ciências e Letras-Unesp, 1991.

_____. "O fardo das brasileiras: de mal a pior". *Escrita Ensaio*, São Paulo, nº 5, 1979.

_____. *A mulher na sociedade de classes*: mito e realidade. 3ª ed. São Paulo: Expressão Popular, 2013 [1969].

INEZITA BARROSO (1925-2015)

RAÍZES DA TRADIÇÃO NA MODERNIDADE

GENI ROSA DUARTE

Ignez Magdalena Aranha de Lima (1925-2015), que assumiu o nome artístico de Inezita (apelido de infância) Barroso (pelo casamento), foi cantora, instrumentista, atriz de teatro e cinema, apresentadora de rádio e televisão e também folclorista, atuando ainda por algum tempo como professora de folclore em universidades paulistas. Apesar da longa e diversificada carreira, pode-se dizer que o folclore é o cimento que lhe deu alicerce, muito embora não se possa afirmar que Inezita é uma cantora *simplesmente* folclórica. Mas são os elementos que podem ser identificados no universo do folclore que definem seu campo de atuação enquanto atriz e cantora.

Nas muitas entrevistas que deu, evidenciava-se uma clara fascinação pela cultura popular e suas manifestações folclóricas com que tinha tido contato ainda criança, frequentando nas férias escolares as fazendas dos tios, no interior do estado de São Paulo. No programa *Roda Viva*, da TV Cultura, levado ao ar em 2 de março de 1998, respondendo a uma questão do jornalista, compositor e pesquisador Assis Ângelo, Inezita define aquele que seria, na sua carreira, o "ponto de origem", ou seja, o "contato com as folias de reis, as festas de São João, os catiras, que eu ouvia na fazenda", concluindo na sequência: "a minha primeira paixão foi a viola. Então, como folia, como catira e como tudo isso é folclore, entrou primeiro".[1]

Em outra entrevista dada ao mesmo Assis Ângelo, disponibilizada no *blog Memória da Cultura Popular*, Inezita vai mais além, alargando a definição de folclore, incorporando a ela outros elementos: a persistência da tradição e sua intocabilidade ("acho que nossas tradições são intocáveis, embora haja quem não dê muito valor a isso"); o papel das tradições populares na constituição de uma identidade nacional ("acho que as crianças deveriam primeiro aprender sobre o Brasil e sua cultura e depois sobre a cultura e os costumes de outros países"); e o peso significativo do regional na constituição dessa identidade ("pra muita gente, a música do interior de São Paulo é a mesma do interior de Mina Gerais. Não é. Cada região tem suas características"). Esse tipo de conhecimento da música brasileira, em especial a de conteúdo folclórico, fazia, aliás, parte da proposta educativa do Estado Novo, conforme preconizada por Villa-Lobos através da instituição do Canto Orfeônico; para esse compositor, a falta de unidade decorrente da dispersão do brasileiro pelo território poderia ser corrigida pela educação e pelo canto popular em suas formas mais puras.[2]

---

1 BARROSO, Inezita. "Entrevista concedida ao programa Roda Viva". *TV Cultura*, 2 mar. 1998.

2 SCHWARTZMAN, Simon; BOMENI, Helena M. B.; COSTA, Vanda M. R. *Tempos de Capanema*. Rio de Janeiro: Paz e Terra; São Paulo: Edusc, 1984, pp. 90-93; CONTIER, Arnaldo D. *Passarinhada do Brasil*: canto orfeônico, educação e getulismo. Bauru: Edusc, 1998.

Essa questão foi bastante debatida nesses anos e continuou a fazer parte do debate da música popular brasileira nos anos 1950 e 1960, tendo em vista tanto a necessidade, evidenciada desde as décadas iniciais do século XX, de nacionalizar a música pela inserção de temas folclóricos e populares, como também a questão do valor educativo que pudesse ter o folclore. Florestan Fernandes, em artigo publicado originalmente no Suplemento Literário do jornal *O Estado de S. Paulo* em 1960 e reproduzido no livro *O Folclore em questão*, apontou influências socializadoras do folclore: através dele, a criança aprende a agir como ser social, ao mesmo tempo que introjeta "técnicas, conhecimentos e valores que se acham objetivados culturalmente"; também a partir das canções e suas temáticas, "assimila esses elementos culturais, introduzindo-os em seu horizonte cultural e passando a ver as coisas muitas vezes através deles".[3] Por outro lado, acrescentou, "essas influências vêm marcadas pelo signo de um mundo simbólico e moral desaparecido. Mantêm no presente símbolos, interesses e valores que tiveram plena atualidade no passado remoto". Nesse sentido, prosseguiu, "nem todas as influências dos conteúdos das composições folclóricas correspondem às exigências atuais da situação histórico-social" e, consequentemente, "elas se distanciam, variavelmente, do mundo que se formou sobre os escombros da antiga ordem social, na qual o folclore se constituiu e com a qual ele era coerente".[4]

Por isso mesmo, Florestan Fernandes preocupou-se em defender a posição de que "o folclore não é uma ciência positiva autônoma", porque os fatos folclóricos não são autônomos, mas podem ser estudados pela antropologia, pela sociologia, como "aspectos particulares da cultura de uma sociedade", aproximando-se da noção de *folk culture*, ou "cultura popular". Voltando-se especificamente

---

3 FERNANDES, Florestan. *O Folclore em questão*. São Paulo: Hucitec, 1989, p. 62.

4 FERNANDES, Florestan. *O Folclore em questão*. São Paulo: Hucitec, 1989, p. 63.

para os estudos da "cultura caipira", observou que os estudos e seus resultados ainda são "produtos híbridos", decorrentes de uma junção das observações com a liberdade imaginativa, com a ficção.[5] Nesse sentido, ao se tirar a carga do cientificismo no estudo dos fatos folclóricos, podemos inferir que a sua recolha e adaptação da musicalidade caipira tiram deles também a carga de "elemento espelho da realidade", possibilitando ao músico folclorista criar com e a partir desses fatos.

Analisando o conjunto de gravações feitas por Inezita Barroso nos anos 1950, percebemos claramente o peso que assume a apresentação de temas folclóricos, sejam aqueles coletados e apresentados em adaptações, sejam aqueles que constituem a base para composições de cunho nacionalista. Nesse último caso, estão as primeiras gravações (da que ela considera sua fase amadora) realizadas, em 1951, pela gravadora SINTER: "Funeral de um Rei Nagô", de Heckel Tavares e Murilo Araújo, e "Curupira", de Waldemar Henrique (ambas com acompanhamento orquestral). Esses dois compositores incluíam-se no grupo que, sob a influência nacionalista da Semana de Arte Moderna, buscando uma arte que possibilitasse fundir tradição, modernidade e cultura popular, procurava incorporar temas folclóricos às suas composições, situando-se ora no campo erudito, ora no campo popular. Na perspectiva trabalhada por Renato Almeida:

> No canto popular estará o elemento básico de toda música nacional, mas o artista não se circunscreverá a esse processo. Nele existe grande margem para criação, o essencial, porém, é estabelecer um clima peculiar à sua arte, que seja perfeitamente característico do seu meio e da sua gente. O simples recurso aos temas populares pode regionalizar a música, o

---

5 FERNANDES, Florestan. *O Folclore em questão*. São Paulo: Hucitec, 1989, pp. 13-15.

> que implica limitá-la. O necessário é guardar esses elementos básicos numa construção de plano universal.[6]

Nas gravações posteriores, feitas na RCA Victor, aparecem outras composições daqueles e de outros músicos comprometidos com essa mesma perspectiva.

Inezita narra em muitas das suas entrevistas a experiência de gravar profissionalmente "A moda da Pinga", tema folclórico-popular que, segundo ela, a gravadora atribuiu a Laureano, posteriormente, a Pedro Cunha, e depois, a Raul Torres. Mas trata-se de um tema de domínio popular que ela declarou conhecer "há muito tempo", cuja autoria era continuamente reivindicada por muitos compositores (alguns até desconhecidos); provavelmente, remonta, pelo menos, ao início do século XX. Posteriormente, Inezita Barroso gravou outras versões, com acréscimos, alguns compostos por Vanzolini em tom de brincadeira. Ela completa:

> Todo mundo é dono. Todo mundo é dono. "É minha!"... Então, eu ia cantar no interior, tinha... A "Moda da pinga" é de antes de mim; já tinham gravado aos pedaços, nunca aquela versão que eu gravei. Porque são vários pedaços. E o cara bem moço dizia: "Você não pôs o meu nome, eu sou o autor da 'Moda da pinga'". Então, saiu tanta briga, mas tanta briga, jornal, todo mundo em cima, que o Paulo [Vanzolini] disse: "Vamos fazer uns versos extras e eu registro esses versos e daí acaba com essa palhaçada, porque todo mundo é autor da 'Moda da pinga', o que é isso?" E fez e muito bem-feitos. E eu gravei outra vez. Eu gravei quatro vezes a "Moda da pinga", para caber tudo.

---

6 ALMEIDA, Renato. *História da música brasileira*. Rio de Janeiro: F. Briguiet & Comp. Editores, 1942, p. 421; SEVCENKO, Nicolau. *Orfeu extático na metrópole*: São Paulo, sociedade e cultura nos frementes anos 20. São Paulo: Companhia das Letras, 1992.

Segundo ela repetiu em muitas entrevistas e programas, como não tinha previsto uma música para gravar no lado B, escolheu a composição "Ronda", um "samba paulista" do seu amigo Paulo Vanzolini, que então a acompanhava. Essas duas gravações sintetizaram os caminhos a serem seguidos posteriormente, mesclando os temas folclóricos aos ritmos urbanos.

Dessa forma, em discos de 78 rpm até 1963, a partir de 1955, em LPs, e em CDs desde 1993, Inezita Barroso foi constituindo um repertório de autores que fazem referências ao rural, ao sertanejo (quando ligado a "sertão"), ao regional, ao caipira, mesclado com motivos recolhidos e adaptados do folclore paulista, mas também nordestino, gaúcho, amazonense etc. Incluía nesse conjunto ainda sambas, constituindo assim uma ponte sonora entre São Paulo (através principalmente de Paulo Vanzolini) e Rio de Janeiro. Nota-se, nesse repertório, a presença constante de composições de Villa-Lobos, Heckel Tavares, Valdemar Henrique, Osvaldo de Souza, Lorenzo Fernandes Guerra Peixe (Mariz situa esses primeiros compositores dentro da primeira, segunda e terceira geração nacionalista, e Guerra Peixe na pós-nacionalista),[7] além de Dilu Melo, Joubert de Carvalho, Jayme Ovalle, Mário de Andrade, Dorival Caymmi e outros. Destacam-se canções tradicionais, além, é claro, dos muito numerosos temas de folclore regional recolhidos e adaptados. A própria cantora realizou uma viagem pelo nordeste brasileiro, recolhendo material, parte dele tendo sido gravado. Em 1958, lançou um LP com composições de autoras ainda hoje desconhecidas, como Babi de Oliveira, Juracy Silveira, Leyde Olivé, Edvina de Andrade e Zica Bergamin (esta mais conhecida pela composição "Lampião de Gás"), contando com a participação dos Titulares do Ritmo, Regional do Miranda e Orquestra e Coro da Rádio Record.

---

7 MARIZ, Vasco. *História da música no Brasil*. Rio de Janeiro: Civilização Brasileira, 1994.

Embora sem romper totalmente com a perspectiva nacionalizadora dos intelectuais ligados à Semana de Arte Moderna, esse conjunto heterogêneo liga-se aos "novos tempos" de uma forma dinâmica, vinculando a tradição representada pelo folclore, pelo rural, como uma força ativamente modeladora de um espaço que conhecia um crescimento econômico baseado na industrialização e na urbanização em processo de aceleração. O espaço sobre o qual Inezita Barroso trabalha indubitavelmente é São Paulo, ampliado para incluir os recantos mais distantes da "cultura caipira", num possível diálogo com o rural mais distante – mas também modernizado, a ponto de estabelecer liames também com um centro cultural igualmente dinâmico que era o Rio de Janeiro. Nesse sentido, pode-se dizer que São Paulo se integra ao nacional, mas conserva toda a sua força advinda da cultura popular, na mesma perspectiva defendida por Cornélio Pires décadas antes.

Dessa forma, fica claro que Inezita Barroso não pode ser vinculada simplesmente a uma tradição passadista, arcaica, mas sim ao que Williams denomina uma "*tradição seletiva*: uma versão intencionalmente seletiva de um passado modelador e de um presente pré-moldado, que se torna poderosamente operativa no processo de definição e identificação social e cultural", visando ao estabelecimento de uma "continuidade predisposta",[8] em que o passado comparece para dar novo sentido ao presente, de forma dinâmica e ativa.

Inezita Barroso participou também como atriz no teatro e no cinema, atuando e cantando. Atuou vinculada ao grupo do Teatro Brasileiro de Comédia (TBC) e dentro das produtoras paulistas que tinham por objetivo dar um cunho mais industrial à atividade cinematográfica, produzindo filmes com roteiros bem elaborados, bem cuidados, procurando constituir algo próximo da uma verdadeira

---

8 WILLIAMS, Raymond. *Marxismo e literatura*. Rio de Janeiro: Zahar, 1979, pp. 118/119.

Hollywood brasileira.[9] Fundar realmente o cinema paulista parecia ser o objetivo da Vera Cruz,[10] e a ela se seguiram também as pequenas Maristela, Kino Filmes e Multifilmes.[11] Nelas, Inezita Barroso atuou com Eliane Lage, Paulo Autran, Helio Souto, Sérgio Brito, Paulo Goulart, Ítalo Rossi, Herval Rossano e outros nomes do mundo teatral e cinematográfico paulista. Sua estreia se deu com o filme *Angela,* sob a direção de Tom Payne e Abilio Pereira de Almeida pela Companhia Vera Cruz, com roteiro baseado em um conto do escritor alemão E. T. A. Hoffmann, filmado em paisagens rurais do Rio Grande do Sul. Depois, participa do filme *Um destino em apuros*, dirigido por Ernesto Remani para a empresa Multifilmes. E ainda, pela mesma produtora, participou de *O Craque,* direção de José Carlos Burle, filme que contou com a participação de jogadores do Corinthians paulista. Foi dirigida por Alberto Cavalcanti no filme *Mulher de Verdade* para a Kino Filmes, com roteiro de Miroel Silveira e Oswaldo Moles, e ganhou o maior prêmio cinematográfico brasileiro da época, o Saci, além do Prêmio Governador do Estado, como melhor atriz. Atuou ainda em É Proibido Beijar, com direção de Ugo Lombardi pela Vera Cruz, e em *Carnaval em Lá Maior*, dirigido por Adhemar Gonzaga para a Companhia Maristela. Participou ainda de alguns outros filmes, com papéis menores.

---

9 GALVÃO, Maria Rita. *Burguesia e cinema*: o caso Vera Cruz. Rio de Janeiro: Civilização Brasileira, 1981.

10 "Partindo do princípio de que era necessário 'fundar' o cinema nacional, a Vera Cruz praticamente desconhecia as experiências anteriores do cinema paulista e não reconhecia a produção carioca por identificá-la sobretudo com as chanchadas da Atlântida, embora essa companhia cinematográfica tivesse realizado também filmes de fundo social" (FABRIS, Mariarosaria. "A questão realista no cinema brasileiro: aportes neorrealistas". *Alceu*, Rio de Janeiro, PUC-RJ, vol. 8, nº 15, jul./dez. 2007, p. 83).

11 CATANI, Afrânio Mendes. *A Sombra da outra*: um estudo sobre a Cinematográfica Maristela e o cinema industrial paulista dos anos 50. São Paulo: Panorama, 2002.

Essas pequenas produtoras, todavia, não tinham o fôlego para aquilo a que se propunham. E as coisas começam a mudar, fazendo com que Inezita Barroso encerrasse sua participação no cinema.

De fato, nos anos finais da década de 1950, tem início um novo ciclo de institucionalização da música popular brasileira, que vai atingir também o cinema e o teatro. Com relação ao cinema produzido pela Vera Cruz e às demais pequenas produtoras, jovens cineastas, embora reconhecendo a grande melhora técnica que os filmes brasileiros passaram a ter, procuravam ir mais além, criticando o elitismo dessas produções como sendo aquelas nas quais o Brasil real não tinha forma de se reconhecer. Seja na filmografia dos que são considerados precursores, ainda na década de 1950, de um cinema mais vinculado ao social (por exemplo, Nelson Pereira dos Santos, com *Rio 40 Graus* e *Rio, Zona Norte*), seja na produção especificamente inserida na perspectiva do Cinema Novo, a própria música vai estabelecendo padrões definidores de um viés popular que se afasta da tradição folclórica cantada por Inezita Barroso. O samba urbano carioca oferece possibilidades, mas muitos compositores vão beber também em fontes populares rurais do sertão nordestino, propiciadoras de uma estética comprometida com a transformação social (caso, por exemplo, do compositor Sérgio Ricardo).

No caso da música popular propriamente dita, expressava-se então uma outra *tradição seletiva*, na qual a perspectiva de "nacionalização" assumia nova coloração. Por um lado, a Bossa Nova redefiniu relações culturais voltadas à modernidade, à urbanização, incorporando a seu projeto de música nacional um determinado tipo de influências externas; respeitava-se o "panteão" artístico consagrado, composto de grandes nomes do passado, mas vivenciava-se um ambiente musical "marcado pela abertura à renovação, sem desconsiderar totalmente os materiais, os parâmetros e os estilos musicais convencionais, herdados do passado".[12] Isso se fazia também

---

12 NAPOLITANO, Marcos. *Seguindo a canção*: engajamento político e indústria cultural (1959-1969). São Paulo: Annablume, 2001, p. 23.

com uma abertura à inclusão de setores populares através dos meios de comunicação (rádio e, posteriormente, televisão), articulando três vetores, como assinala Napolitano: tradição, ruptura e mercado. Nessa direção, a constituição do que será chamado posteriormente de MPB se dará num ambiente extremamente complexo, em que componentes do folclore tradicional (por exemplo, moda de viola) serão retrabalhados esteticamente, inseridos numa proposta política de transformação social.

Por outro lado, a polissemia dessa produção musical pode ser visualizada nas transformações que determinadas canções sofrem no decorrer do tempo. Esse é o caso de *Ronda*, de Paulo Vanzolini, gravada por Inezita Barroso em 1953. Analisando especificamente as formas pelas quais a enunciação vocal estabelece sentidos sobre o que é dito, Souza se refere às duas gravações que o samba recebeu:

> O caso é que a composição de Vanzolini precisou esperar os anos de 1970, para que a voz da então recém surgida cantora Márcia tornasse audível não o desencanto da mulher em íntima diligência noturna à procura do amado. Passa-se do discurso amoroso para certa edição discursiva em que a cidade paulistana é posta em questão como objeto rondado [, compondo uma] nova seriação na ordem discursiva da urbanidade paulistana, novos modos de dizer a cidade.[13]

A discografia de Inezita Barroso, todavia, prosseguiu na mesma direção anteriormente definida, mas agora com uma incursão posterior mais clara pela música de compositores identificados com o chamado "filão caipira" – entrando em algumas polêmicas com a MPB gestada nesses anos, entre elas a acusação a alguns autores de não identificarem a utilização de temas folclóricos em suas

13 SOUZA, Pedro. "A Cidade nas canções: sentidos de perda e pertencimento". *Cadernos de Estudos Linguísticos*, Campinas, Unicamp, nº 53, 2011, p. 118.

composições – caso de "Lapinha", de Baden Powell e Paulo César Pinheiro, e "Procissão", de Gilberto Gil.[14]

Em 1962, depois de mais de 10 LPs gravados, apresentou os *Clássicos da Música Caipira*, com composições de Raul Torres, Anacleto Rosas Júnior, Capitão Furtado, Tonico e outros. Dez anos e muitos outros LPs depois, gravou os *Clássicos da Música Caipira Nº 2*; em 1978, *Joia da Música Sertaneja*; e em 1980, *Joia da Música Sertaneja Nº 2*.[15] A rigor, apenas após 1996 é que os CDs gravados apresentam um maior número (mas não exclusivamente) de compositores ligados à história da música caipira propriamente dita – Teddy Vieira, Zé Carreiro, Carreirinho, Nonô Basilio, Anacleto Rosas Jr., José Fortuna, Tião Carreiro, Lourival dos Santos, Arlindo Santana, entre muitos outros, ocasião em que a cantora já apresentava o programa *Viola Minha Viola* pela TV Cultura de São Paulo.

Entre essas poucas gravações, portanto, a carreira de Inezita Barroso sofreu algumas interrupções, principalmente após 1964. Conheceu novo impulso a partir de 1980, quando assumiu, com Moraes Sarmento[16] e Nonô Basílio,[17] e depois sozinha, o programa que teria uma vida extensa na televisão brasileira, permanecendo nos moldes definidos pelos apresentadores até a morte da cantora em 2015. Segundo entrevista a Pereira, os apresentadores do programa procuraram definir parâmetros de qualidade frente aos objetivos dos produtores, de "modernizar" para atingir melhores índices de

---

14 PEREIRA, Arley. *Inezita Barroso*: a história de uma brasileira. São Paulo: 34, 2013, p. 160; JORGE, Waldemar (Coord.). *Inezita Barroso*: com a espada e a viola na mão. São Paulo: Imprensa Oficial, 2012, p. 66.

15 PEREIRA, Arley. *Inezita Barroso*: a história de uma brasileira. São Paulo: 34, 2013.

16 Moraes Sarmento (1922-1998) foi radialista e atuou em inúmeras emissoras de São Paulo. Na TV Cultura, apresentou o *Viola Minha Viola* até seu falecimento.

17 Alcides Felisbino de Souza (1922-1997), que formou a dupla Nonô e Naná com Maria de Lourdes Souza ainda nos anos 1950.

audiência. Depois, segundo Inezita, ele conseguiu se firmar perante o público "porque não é igual aos outros, não é 'moderninho'".[18]

Nas várias entrevistas, Inezita sempre foi instada a definir os limites entre a música caipira e a sertaneja. Ao responder, ela assumiu primeiramente a diferença: "é, para mim, são duas estradas. Uma começou antes, que é a caipira, e depois houve um atalho. E as estradas são paralelas apenas; não se misturam e não vão se misturar nunca até o fim, são paralelas". Depois completou: "olha, são duas coisas tão diferentes que não dá para a gente... O caipira é uma coisa. Isso não vai morrer nunca e não vai aceitar nunca as inovações, as coisas eletrônicas, nunca. É uma música quase religiosa para eles, sagrada. A música caipira é sagrada para o caipira". Logo depois, indagada se "essa ideia de urbano e não urbano é válida": "acho, porque caipira urbano é meio esquisito [risos]. Caipira é essencialmente rural".[19]

Apontou, portanto, como característica distintiva da música caipira em relação à sertaneja a sua anterioridade, exatamente por conta das suas origens rurais: "a música caipira é anterior [à música chamada sertaneja]. É ligadíssima à parte folclórica, é uma música que vem da religião, vem dos jesuítas, vem dos índios. É bem mais antiga. A viola é um instrumento que foi tocado aqui bem no começo do Brasil".[20] Instada a definir a partir de quando começou a existir a "música sertaneja", situou genericamente: "década de 50".[21] Depois,

---

18 PEREIRA, Arley. *Inezita Barroso*: a história de uma brasileira. São Paulo: 34, 2013, p. 130.

19 BARROSO, Inezita. "Entrevista concedida ao programa Roda Viva". *TV Cultura*, 2 mar. 1998.

20 BARROSO, Inezita. "Entrevista concedida ao programa Roda Viva". *TV Cultura*, 2 mar. 1998.

21 Há autores que apontam que, em finais dos anos 1930, a influência de ritmos paraguaios introduziu mudanças na então chamada "música caipira", constituindo um gênero distinto, que seria a "música sertaneja". Outros se referem à autodenominação "sertanejos" assumida por duplas como Palmeira e Biá para se distinguirem dos "caipiras" e

destacou na música caipira a sua originalidade, acrescentando que no campo da chamada música sertaneja não existia mais criação, um repetia a fórmula do outro, e assim por diante. Outra característica que distinguiria a música caipira seria o canto em duas vozes, em terças, do começo ao fim[22] – "o caipira não gosta muito de ver uma pessoa solando"[23] – além do uso da viola.

A partir dessa ideia de ancestralidade/originalidade, Inezita estabeleceu uma "linha evolutiva" nessa produção que vai até os compositores identificados com o conjunto "música caipira" (hoje também denominado "música sertaneja de raiz"). Ao fazer isso, ela apontou também continuidades, quando vinculou duplas como Tião Carreiro e Pardinho a essa linha evolutiva da música caipira, mesmo reconhecendo na obra desses músicos mudanças significativas que preservavam o espírito de autenticidade, ao mesmo tempo negando essas características a outras duplas (por exemplo, a Milionário e José Rico). Apontando critérios que vão muito além da "questão da autenticidade" da própria música caipira, como "talento, sensibilidade", reconheceu essas características em autores como João Pacífico, Raul Torres e outros. Diferentemente de Tinhorão (1986), por exemplo, que demarca a emergência da música sertaneja (ou da música popular urbana de estilo "sertanejo") a partir da sua inserção no mercado do disco, tornando-se ela então "mercadoria".[24]

---

superarem uma excessiva regionalização. Ver FERRETE, J. L. *Capitão Furtado*: viola caipira ou sertaneja? Rio de Janeiro: Funarte; Instituto Nacional de Música, 1985.

22 SANT'ANNA, Romildo. *A Moda é viola*: ensaio do cantar caipira. São Paulo: Arte & Ciência; Marília: Unimar, 2000, pp. 93-95.

23 BARROSO, Inezita. "Entrevista concedida ao programa Metrópolis". *TV Cultura*, 1992.

24 Sobre essa perspectiva, ver também os trabalhos clássicos de: MARTINS, José de Souza. "Música sertaneja: a dissimulação na linguagem dos humilhados". *In*: ______. *Capitalismo e tradicionalismo*: estudos sobre as contradições da sociedade agrária no Brasil. São Paulo: Pioneira, 1975; CALDAS, Waldenyr. *Acorde na aurora*: música sertaneja e indústria

Torna-se necessário delimitar o campo musical ao qual Inezita Barroso se referiu. Poderíamos dizer que ela reconheceu uma música caipira que preservava as influências e a identidade do homem do campo: formação dos executantes em duplas, canto em terças, acompanhamento de viola, referência a temáticas rurais. Mais ainda, o respeito à tradição, aos que vieram antes, aos que deram cor e som às composições posteriores – daí o seu apego respeitoso às raízes tradicionais e folclóricas.

Inezita não recusou influências externas nessa música – e talvez seja esse um dos motivos da sua não identificação com a MPB dos anos 1960/70. Ela se referiu positivamente às influências de cantores mexicanos, como Miguel Aceves Mejia, "o melhor intérprete de temas folclóricos mexicanos", que costumava se apresentar nos circos do interior do Brasil: "o Miguel vinha para os circos do interior, não pisava na capital. Pagavam a passagem, descia no aeroporto e já tinha carro esperando pra levar pro interior. E depois ele se apresentava de circo em circo, durante meses".[25] Destacou a influência dessa música mexicana nas duplas Belmonte e Amaraí, Tibagi e Miltinho, Pedro Bento e Zé da Estrada. Da mesma forma, admitiu a influência da música paraguaia, baseando-se no fato de que "muitas dessas guarânias tinham as mesmas características nas letras, falando da vida rural e das histórias de saudades e romance da música caipira".[26]

Embora Inezita salientasse não aceitar a inclusão de guitarras, contrabaixos, baterias e instrumentos eletrônicos nas interpretações, não deixou de aceitar a incorporação de outros que originalmente não faziam parte da música caipira mais tradicional, caso do violão,

---

cultural. São Paulo: Cia. Editora Nacional, 1979; CALDAS, Waldenyr. *O que é música sertaneja*. São Paulo: Brasiliense, 1987.

25 JORGE, Waldemar (Coord.). *Inezita Barroso*: com a espada e a viola na mão. São Paulo: Imprensa Oficial, 2012, p. 111.

26 JORGE, Waldemar (Coord.). *Inezita Barroso*: com a espada e a viola na mão. São Paulo: Imprensa Oficial, 2012, p. 112.

do acordeom, dos metais. Assim, rejeitava, nessa "linha evolutiva", as mudanças introduzidas por Léo Canhoto e Robertinho, que se apresentavam como os "rippes" da música sertaneja nos anos 1960, com cabelos longos e cantando temáticas urbanas, ou Milionário e José Rico, que se iniciaram em circos e seguiram os passos de duplas como Pedro Bento e Zé da Estrada na incorporação de sonoridades estrangeiras, mas investiram numa imagem ligada ao "brega", disputando espaço com outros artistas desse filão fora da música sertaneja.[27]

Durante as décadas em que Inezita esteve à frente do programa *Viola Minha Viola,* e muito especialmente depois de 2000, também a vertente musical sertaneja execrada por ela conheceu mudanças bastante acentuadas, inclusive com relação à faixa etária dos consumidores. A "modernidade" das duas duplas citadas acima foi facilmente ultrapassada, nos anos 1980/90, por outras de grande apelo popular, como Matogrosso e Mathias, Christian e Ralf, Leandro e Leonardo, Chitãozinho e Xororó, com clara inspiração no rock e temáticas que nada tinham a ver com o mundo rural ou suburbano, mobilizando também setores mais jovens da população (inclusive universitários). O campo de difusão aberto a esse tipo de música cada vez foi mais alargado, possibilitando o surgimento de um tipo de sonoridade que extravasa as fronteiras comumente consideradas ao se falar em "sertanejo", essencialmente dançante[28] – veja-se, por exemplo, o caso de Michel Teló, cuja trajetória constitui "o contraponto musical do verdadeiro processo de 'diáspora' gaúcha que

---

27 Sobre a trajetória da dupla, foi realizado o filme *Na estrada da vida* (1980), com direção de Nelson Pereira dos Santos e roteiro de Chico de Assis.

28 Segundo OLIVEIRA, Allan de Paula. *Miguilim foi pra cidade ser cantor*: uma antropologia da música sertaneja. Florianópolis: UFSC, 2009, p. 80 (Tese de Doutorado): "o fato é que a ênfase na dança tem servido de eixo para o referido hibridismo, onde gêneros como o *reggae*, o vanerão, *o axé music* e o sertanejo são todos aproximados através de recursos estruturais específicos para cada canção". No caso, o autor analisa eventos musicais realizados em Curitiba, PR.

marca a frente de expansão que colonizou áreas do oeste de Santa Catarina, oeste do Paraná, Mato Grosso do Sul, Mato Grosso, Goiás, Rondônia e que, atualmente, 'bate nas portas' da Amazônia", com a consequente "fusão de elementos da música sertaneja e da música gauchesca", e a incorporação do forró.[29]

Em contraposição, o programa *Viola Minha Viola* configurava um espaço onde determinados sentidos e práticas eram positivados, onde determinados aspectos do passado eram ressignificados e, consequentemente, um determinado senso de continuidade era posto a funcionar. Não se tratava de trazer à baila hábitos e costumes tradicionais, ou nostálgicos, mesmo que o cenário montado levasse nessa direção – tal como a música sertaneja mais moderna, o programa se dirigia a um público urbano, seja o que comparecia ao auditório, seja o que sintonizava a emissora de televisão.

Inezita Barroso salientava alguns aspectos ao apresentar as duplas – a excelência da execução, a qualidade das composições (fossem antigas ou modernas), por exemplo – mas, fundamentalmente, o respeito por uma tradição, configurada nos antigos compositores e duplas, que se atualizava continuamente cada vez que era levada ao palco.

Essa tradição não é inerte; contemporânea, ela é modelar para a qualificação das duplas masis recentes e mais jovens, bem como das novas músicas apresentadas. Há uma hierarquização em relação ao passado, que se torna origem e ao mesmo tempo estabelece limites no sentido e na direção para onde ir. Assim, o presente torna-se significativo porque e na medida em que estabelece laços de historicidade com um passado, o que permite apontar possibilidades para o futuro.

---

29 OLIVEIRA, Allan de Paula. *Monsanto's sounds*: Michel Teló e novas dinâmicas e representações da música brasileira". Texto apresentado ao grupo de Pesquisa História, Cultura e Sociedade, Marechal Cândido Rondon, 2013 (digitado).

Certamente não seria possível estabelecer uma contraposição entre o *Viola Minha Viola* e a música sertaneja mais moderna como reflexo da diferença que pode ser percebida entre o mundo rural tradicional e o rural tecnologizado do agronegócio no Brasil de hoje. Por certo, o espaço do programa nunca foi um espaço de resistência à monocultura e ao uso de tecnologia de exploração máxima no meio rural, mas também não era uma apologia do agronegócio. Mas ao fazer reviver uma tradição que é *seletiva*, nos termos propostos por Williams, o programa quebrou a ideia de uma homogeneidade e de uma direção única em relação ao social, especialmente quando pensado no mundo rural. Haveria lugar e espaço para a música caipira tradicional, bem como os seus frutos – estamos pensando num LP lançado há décadas exatamente com esse título, *Raízes e Frutos*. Há lugar para sitiantes, pequenos proprietários, pequenos produtores, na vida e na memória... ainda.

Referências bibliográficas

ALMEIDA, Renato. *História da música brasileira*. Rio de Janeiro: F. Briguiet & Comp. Editores, 1942.

BARROSO, Inezita. "Entrevista concedida ao programa Roda Viva". *TV Cultura*, 2 mar. 1998.

CALDAS, Waldenyr. *Acorde na aurora*: música sertaneja e indústria cultural. São Paulo: Cia. Editora Nacional, 1979.

_____. *O que é música sertaneja*. São Paulo: Brasiliense, 1987.

CATANI, Afrânio Mendes. *A Sombra da outra*: um estudo sobre a Cinematográfica Maristela e o cinema industrial paulista dos anos 50. São Paulo: Panorama, 2002.

CONTIER, Arnaldo D. *Passarinhada do Brasil*: canto orfeônico, educação e getulismo. Bauru: Edusc, 1998.

FABRIS, Mariarosaria. "A questão realista no cinema brasileiro: aportes neorrealistas". *Alceu*, Rio de Janeiro, PUC-RJ, vol. 8, nº 15, jul./dez. 2007.

FERNANDES, Florestan. *O Folclore em questão*. São Paulo: Hucitec, 1989.

FERRETE, J. L. *Capitão Furtado*: viola caipira ou sertaneja? Rio de Janeiro: Funarte; Instituto Nacional de Música, 1985.

GALVÃO, Maria Rita. *Burguesia e cinema*: o caso Vera Cruz. Rio de Janeiro: Civilização Brasileira, 1981.

JORGE, Waldemar (Coord.). *Inezita Barroso*: com a espada e a viola na mão. São Paulo: Imprensa Oficial, 2012.

MARIZ, Vasco. *História da música no Brasil*. Rio de Janeiro: Civilização Brasileira, 1994.

MARTINS, José de Souza. "Música sertaneja: a dissimulação na linguagem dos humilhados". *In*: ______. *Capitalismo e tradicionalismo*: estudos sobre as contradições da sociedade agrária no Brasil. São Paulo: Pioneira, 1975.

NAPOLITANO, Marcos. *Seguindo a canção*: engajamento político e indústria cultural (1959-1969). São Paulo: Annablume, 2001.

OLIVEIRA, Allan de Paula. *Miguilim foi pra cidade ser cantor*: uma antropologia da música sertaneja. Florianópolis: UFSC, 2009. (Tese de Doutorado).

______. *Monsanto's sounds*: Michel Teló e novas dinâmicas e representações da música brasileira". Texto apresentado ao grupo de Pesquisa História, Cultura e Sociedade, Marechal Cândido Rondon, 2013 (digitado).

PEREIRA, Arley. *Inezita Barroso*: a história de uma brasileira. São Paulo: 34, 2013.

SANT'ANNA, Romildo. *A Moda é viola*: ensaio do cantar caipira. São Paulo: Arte & Ciência; Marília: Unimar, 2000.

SCHWARTZMAN, Simon; BOMENI, Helena M. B.; COSTA, Vanda M. R. *Tempos de Capanema*. Rio de Janeiro: Paz e Terra; São Paulo: Edusc, 1984.

SEVCENKO, Nicolau. *Orfeu extático na metrópole*: São Paulo, sociedade e cultura nos frementes anos 20. São Paulo: Companhia das Letras, 1992.

SOUZA, Pedro. "A Cidade nas canções: sentidos de perda e pertencimento". *Cadernos de Estudos Linguísticos*, Campinas, Unicamp, nº 53, 2011.

WILLIAMS, Raymond. *Marxismo e literatura*. Rio de Janeiro: Zahar, 1979.

LAURA BRANDÃO (1891–1942)

A IMAGEM, A VOZ E O VERSO DE LAURA FONSECA E SILVA

FELIPE CASTILHO DE LACERDA

LINCOLN SECCO

Der Vogel kämpft sich aus dem Ei.
Das Ei ist die Welt.
Wer geboren werden will,
muß eine Welt zerstören...[1]
(Hermann Hesse, Demian).

Adentrar o Arquivo Edgard Leuenroth, na Universidade Estadual de Campinas, suscita uma visão inesperada: uma caixa de vidro

1 *A ave se esforça para sair do ovo. / O ovo é o mundo. / Quem quiser nascer / deve destruir um mundo...*

com alguns objetos expostos. Aproximando-se, vê-se logo se tratar de uma pequena exposição de pertences do pensador e militante comunista Octávio Brandão, cujo fundo integra o acervo. Na caixa de vidro, os óculos que Brandão utilizava, junto ao estojo onde eram guardados uma foto sua em uma ação política, uma máquina de escrever, com uma folha de papel encaixada, simulando o seu uso. Mas talvez o que mais chame a atenção seja um clichê com a face de uma jovem que vislumbra o horizonte: Laura Brandão, companheira de Octávio por dois decênios.

Todavia, como veremos, ela foi mais que a sua dedicada companheira. Antes de compartilhar com ele seus sentimentos e os seus ideais políticos, Laura havia tido uma reconhecida trajetória como poeta e professora no Rio de Janeiro, já nos estertores da *Bèlle Époque*. E mesmo depois, como o leitor e a leitora verão, ela manteve uma militância política própria que só não lhe permitiu atingir o mesmo papel dirigente de Octávio Brandão ou Astrojildo Pereira pelas circunstâncias e preconceitos da época, dos quais os comunistas não estavam livres, embora no movimento comunista um número maior de mulheres tenha tido um papel destacado do que em qualquer outra corrente política.

1 Formação

Laura Adelaide Leopoldina da Fonseca e Silva nasceu em 28 de agosto de 1891, no Rio de Janeiro. Era filha da alagoana Jacinta Cavalcanti e do pernambucano Domingos Leopoldino da Fonseca e Silva, primos. Domingos nasceu em 1867, em Recife. Era professor e possuía ideias progressistas na área da educação. Fora abolicionista e lutara no movimento republicano. Jacinta nasceu em 1872, no engenho Hortelã, à beira da lagoa Manguaba, em Alagoas.[2] Coincidentemente, Octávio Brandão, conterrâneo da mãe de Laura, tratará em sua primeira obra, *Canais e Lagoas*, justamente da região de

2 BRANDÃO, Octávio. *Canaes e lagôas*. Rio de Janeiro: Jacintho Ribeiro dos Santos, 1919 [3ª ed. Maceió: UFAL, 2001].

onde proveio Jacinta. No livro, o jovem Octávio apresentava características geológicas, mineralógicas, antropológicas entre outras da região dos canais e das lagoas (Manguaba e Mundaú) de Alagoas. O autor inspira-se esteticamente n'*Os Sertões*, de Euclides da Cunha, herdando do escritor também o posicionamento crítico. Clama pelo desenvolvimento social da população e denuncia a possível presença de petróleo na região. Jacinta e Domingos se casam em Maceió e mudam-se logo depois para o Rio de Janeiro, onde a origem aristocrática da família do casal lhes proporciona bons contatos. Habitaram a casa de dona Matilde Veiga, sogra do poeta Luís Murat. Embora fazendo parte desse mundo socialmente privilegiado, não possuíam senão um quarto para morar.[3]

A infância de Laura foi itinerante devido às aventuras pedagógicas do pai. Formado na Escola Normal em São Paulo, Domingos chegava a uma cidade, montava uma escola, conquistava algum sucesso... Logo, o estabelecimento era fechado. Antes dos quatro anos, Laura já havia se mudado do Rio para a cidade de São Paulo. Mais tarde, mudou-se para Franca, no interior do mesmo estado, onde o pai abriu um internato para meninos. Laura, sendo filha do dono da escola, assistia às aulas com os garotos. Aos oito anos de idade, já haviam se mudado para Poços de Caldas. De Minas Gerais, rumaram ao sul, passando por Santa Maria, Cruz Alta, Itaqui, Alegrete, Pelotas e Uruguaiana. Aos nove anos, nesta última cidade, Laura estudou em um internato misto aberto pelo pai. A família se integrou à vida social da cidade: as aulas de Domingos mereceram destaque na imprensa local. E também Laura e a irmã Tercina apareceram como ótimas recitadoras de versos.[4] Mas logo partiram novamente. Do Sul, rumaram a Maceió, Alagoas. Aos doze anos, Laura já havia se mudado novamente. Dessa vez, para Belém do Pará. Após passarem por Curvelo e São João d'El Rey, em Minas

---

3 BERNARDES, Maria Elena. *Laura Brandão*: a invisibilidade feminina na política. Campinas: CMU; Unicamp, 2007, pp. 32/33.

4 BERNARDES, Maria Elena. *Laura Brandão*: a invisibilidade feminina na política. Campinas: CMU; Unicamp, 2007, p. 39.

Gerais, o destino seguinte foi a volta ao Rio de Janeiro em 1909, de onde Laura partiria apenas em 1931.[5]

Pelo estímulo dos pais, aos 4 anos, Laura já sabia ler. Uma diversão de criança era compor pequenos jornais, com cartas e "contos", e distribuir para a família.[6] Já aos 14 anos, Laura começa a lecionar, respondendo pelo Jardim de Infância de uma das escolas do pai. Mais tarde, foi professora em diversas instituições no Rio de Janeiro. Lecionou no Instituto Amante da Instrução, no Instituto Lafayette, no Colégio Batista. Sua atividade docente, no entanto, foi predominantemente como professora particular. Laura foi professora de crianças de famílias ilustres, como as filhas de Benjamin Constant. Na função de preceptora junto à família do escritor João Ribeiro, Laura viveu em Paris entre maio e agosto de 1912.[7]

Depois de se separar do marido, a mãe de Laura, Jacinta, muda-se com os filhos para a casa do tio, o conselheiro Lourenço Cavalcanti de Albuquerque, bacharel em Direito pela Faculdade do Recife, tendo ocupado diversos cargos na esfera pública. A década de 1910 marca o período de grande produção poética de Laura. Ela

---

5 Trata-se de um texto datilografado, constante do acervo do Fundo Octávio Brandão. Octávio procurou, por diversas vezes, publicar a biografia de Laura, sem êxito, no entanto. A biógrafa de Laura Brandão, Maria Elena Bernardes, refere-se a uma obra escrita em 1947 por Octávio sob o título *A imagem de Laura Brandão*. Como o documento de que dispusemos cita tanto Octávio quanto Vólia e Sattva como autores, nas citações, a escrita do texto aparecerá como sendo tanto do marido quanto das duas filhas da biografada. Havendo uma série de versões da biografia de Laura no fundo de Octávio Brandão, inclusive com diferentes títulos, pode-se inferir que o exemplar de que dispusemos seja diferente do disposto pela biógrafa de Laura, ainda que ambos sejam, provavelmente, apenas fases diferentes de escrita de um mesmo texto. A paginação é manuscrita. BR UNICAMP IFCH/AEL OB G.02 s.06 ss.04 0121. Pasta 236.

6 BR UNICAMP IFCH/AEL OB G.02 s.06 ss.04 0121. Pasta 236, p. 3.

7 BERNARDES, Maria Elena. *Laura Brandão*: a invisibilidade feminina na política. Campinas: CMU; Unicamp, 2007, p. 66.

foi tocada pela presença dos diversos artistas que frequentavam a casa do conselheiro: o compositor Glauco Velásquez, o poeta Hermes Fontes, o artista plástico Antônio Parreira, o poeta e escritor Olavo Bilac e a pintora Tarsila do Amaral, que dela deixou um retrato feito a lápis. Laura frequentava os principais salões da cidade e promovia recitais de poesia. Foi declamadora apreciada nos salões do Rio de Janeiro. Olavo Bilac, que não gostava de ouvir recitarem sua poesia, afirmou que "ouvir Laura é ouvir a própria poesia".[8]

Em 1912, a revista *Fon-fon* publicou os primeiros versos de Laura, "Relógio".[9] Publicado sob o pseudônimo Marabá Carioca[10] e datado de 1911, o poema brinca com a passagem do tempo: "Mas a folha que lemos de repente; / Nunca mais! Nunca mais será relida, / Nem, tão pouco, a vindoura é transparente... Relógio, livro inédito da vida!"[11]

A escolha do pseudônimo indica o apreço pela exaltação das características nacionais, que será um dos principais temas de sua poesia. O poema será republicado em seu livro de estreia, *Poesia*. Mas, então, será reformulado, desdobrando-se em três partes. Alguns versos serão inseridos para formar a segunda parte. Haverá alterações na pontuação, na ordem de umas poucas estrofes e em algumas palavras. Curiosamente, a datação será antecipada: 10-1910.

---

8 BRANDÃO, Vólia; BRANDÃO, Sattva; BRANDÃO, Octávio. *A Imagem de Laura Brandão*. Fundo Octávio Brandão: datiloscrito, [s.d.], p. 46.

9 O exemplar consultado é o disponível *online* na Hemeroteca Digital da Biblioteca Nacional.

10 "Marabá" é o mameluco, mestiço de índio e branco segundo o *Dicionário Houaiss*.

11 FONSECA E SILVA, Laura. "Relógio". *Fon-fon*, 1912, p. 72.

A estrutura, no entanto, será mantida: três tercetos seguidos de um verso solto. O poema é dedicado ao tio Lourenço de Albuquerque.[12] [13]

Laura publicaria ainda outros poemas em revistas e jornais de ampla circulação no meio intelectual da Primeira República. "Voz da Razão" e "Sonata Boêmia" no *Almanaque Brasileiro Garnier*, em 1912; "Homem", no *Correio da Manhã*, em 1913; no mesmo ano, "Visão", na *Fonfon.*[14] Publicou, sempre sem editora, *Poesia* (1915), *Imaginação* (1916), *Meia Dúzia de fábulas* (1917) e *Serenidade* (1918).

2 Momentos literários

São três os momentos político-literários de Laura.

O primeiro deles ainda durante a I Guerra Mundial. Depois de sua formação escolar – dividida por várias cidades do Brasil, como vimos –, ela se fixa, em 1909, na capital federal. Até 1921, Laura sustenta uma atividade literária infrene.

O segundo é o período da militância ao lado de Octávio Brandão até sua expulsão do país, de 1921 a 1931. Laura atua em apoio ao marido, cuida da casa e dos filhos, faz agitação política e continua próxima de atividades literárias esporádicas, mas sem tempo e recursos materiais. Moradora da Rua do Curvelo, próxima à futura psiquiatra Nise da Silveira, sua amiga militante, ela não se vincula, de fato, às novas correntes da arte modernista. Assim, a poesia de Laura ingressou na história num limbo literário (o pré-modernismo),

---

12 FONSECA E SILVA, Laura. *Poesia*. [S.l.]: [s.n.], 1915, pp. 7-9.

13 Os exemplares consultados dos quatro livros de Laura são os que constam do acervo da biblioteca do Arquivo Edgard Leuenroth, na Universidade Estadual de Campinas, fazendo parte do Fundo de Octávio Brandão.

14 BERNARDES, Maria Elena. *Laura Brandão*: a invisibilidade feminina na política. Campinas: CMU; Unicamp, 2007, pp. 54-58.

entre o parnasianismo e o simbolismo de um lado e os vários modernismos depois.

O terceiro momento de Laura (1931-1942) é o da vida na União Soviética, eternizado pela "Elegia" a ela dedicada por Jorge de Lima: "Glória a ti Laura – exilada da pátria. / exilada da terra – / em resgate da paz deste mundo sangrento".[15]

A poeta continuou a escrever, mas a maioria dos seus versos se perdeu durante a invasão da União Soviética em 1941.[16] Quase não há registros, portanto, de sua atividade poética no exílio. Mas pela evolução de seus versos nos anos 1920, nota-se que a forma cedia ao realismo político, ao elogio direto à Internacional Comunista e, talvez, à descrição de situações sem a mediação da sonoridade que lhe dera força aos versos do primeiro período. Como saber?

É verdade que antes, Laura já se mostrava sutilmente engajada na defesa da condição feminina e tinha verdadeiros versos de escárnio contra "A Sociedade Protetora", em que brindava à Sociedade: "A Civilização... Que esplêndida pilhéria!"[17]

Sua poesia, então, era para ser recitada. A sonoridade e o ritmo eram para a leitura em voz alta. Com isso concordaram Tarsila do Amaral e Olavo Bilac: os versos de Laura eram elogiados porque vibravam e lembravam a voz da poeta.[18] Pareciam inseparáveis de

---

15 LIMA, Jorge de. "Elegia". *In*: BARROS, Luitgarde Oliveira Cavalcanti. *Octávio Brandão*: centenário de um militante na memória do Rio de Janeiro. Rio de Janeiro: UERJ; Cultural SR-3; Arquivo Público, 1996, pp. 129/130.

16 BRANDÃO, Vólia; BRANDÃO, Sattva; BRANDÃO, Octávio. *A Imagem de Laura Brandão*. Fundo Octávio Brandão: datiloscrito, [s.d.], pp. 216-218.

17 FONSECA E SILVA, Laura. *Meia dúzia de fábulas*. Rio de Janeiro: [s.n.], 1917, p. 7.

18 BERNARDES, Maria Elena. *Laura Brandão*: a invisibilidade feminina na política. Campinas: CMU; Unicamp, 2007, pp. 51 e 53.

sua recitação nos salões da época. Depreende-se daí um grande talento oratório.

Laura frequentou os salões literários, recitou poemas e ouviu os elogios masculinos que lhe abriram as portas da edição de livros numa sociedade em que os editores eram todos homens. Foi assim, admirado, que Ruy Barbosa teria dito que um de seus poemas poderia ter sido escrito por um homem... Recorde-se que a mãe de Laura era separada do marido e ela mesma só viria a se casar aos trinta anos e com um homem cinco anos mais jovem, o que era incomum à época.

3 Poesia

Nosso intuito, nesta parte, não é fazer a análise interna dos poemas em profundidade, pois para tal nos faltariam engenho e arte. Limitamo-nos a alguns apontamentos temáticos e estéticos.

Poesia (1915) foi a obra de estreia de Laura da Fonseca e Silva. O livro é formado por poemas publicados anteriormente em periódicos e por novas composições. É dividido em duas grandes partes: "Primeiros passos" e "Evolução". Como bem se pode depreender dos títulos, a primeira parte trata das primeiras composições da autora, de 1909 a 1911; a segunda parte, de poesias datadas de 1912 a 1915. A primeira parte é dedicada à mãe. A segunda, "a ti". Trata-se, muito provavelmente, de dedicatória destinada ao poeta Hermes Fontes, por quem Laura teria sido enamorada, ainda que não correspondida.[19]

A temática do amor não correspondido será presente na poesia de Laura até sua última obra publicada. O próprio Hermes Fontes cultivou este *Leitmotiv* em toda a sua existência. E o mesmo fizera o melancólico Raimundo Correia em suas *Sinfonias*. Laura estava na corrente da época e admirava o rigor parnasiano do poeta

---

19 BERNARDES, Maria Elena. *Laura Brandão*: a invisibilidade feminina na política. Campinas: CMU; Unicamp, 2007, pp. 47-49.

maranhense. Mas se pudéssemos buscar-lhe correspondências no ambiente cultural do tempo seria mais em Hermes Fontes do que em Bilac ou Correia que as encontraríamos, particularmente a partir do segundo livro. Os ecos simbolistas de Hermes também não faltaram em sua poesia, o que se revela na exploração da sonoridade. Teria o possível amor a ele dedicado cumprido um papel em sua poesia?

Hermes matou-se com um tiro na cabeça um dia depois do Natal do ano de 1930. Pesaram-lhe as decepções da vida amorosa e problemas conjugais. Estes se arrastaram por longo tempo e podiam ser vislumbrados em versos como "E este cansaço de esperar o fim", escrito em 1922... É bem provável que Laura já não tivesse nenhum contato com Hermes em 1930. Ele trabalhava no gabinete do Ministério da Viação do Governo Washington Luiz, que acabava de ser derrubado em outubro de 1930, e ela era uma militante comunista perseguida.

Hermes Fontes (1888-1930) nasceu na cidade de Buquim (Sergipe), logo órfão de pequenos lavradores. Ajudado pelo governo de seu estado, pode chegar com vinte anos de idade ao Rio de Janeiro com uma estreia retumbante, o livro *Apotheoses* (primeira edição de 1908 e segunda em 1915), que chamou a atenção do crítico Nestor Vítor.[20] Como Laura, também escreveu para a revista *Fon-Fon*. Em *Epopéia da Vida* (1917), quando já havia convivido com Laura, Hermes escreveu este alexandrino de ritmo ternário, verso síntese de sua vida inteira: "Antes, a Dora; durante, a Dor; depois, a Dor". Ele também pesquisou novas soluções rítmicas para o hendecassílabo, como atesta este exemplo de riqueza sonora e imagética recolhido por Celso Cunha em sua gramática: "Alvas pétalas do lírio de tua alma"...

É provável que Hermes Fontes tenha aparecido a Laura como um revolucionário da forma e a tenha impressionado muito. Ela

20 VÍTOR, Nestor. *Obra crítica*. Rio de Janeiro: MEC, 1969, pp. 449 e 461.

cultivou versos mais tradicionais no início de sua obra, enquanto a estreia de Fontes fora marcada pelo uso do verso livre, quando apenas Mário Pederneiras havia feito isso com alguma aceitação – Guerra Duval já havia se utilizado desse recurso e há quem aponte Alberto Ramos como precursor do verso livre no Brasil do século XIX.

Também eram muito presentes na obra poética de Laura o elogio à natureza e à vida. Em seu primeiro livro, importa notar que quantidade significativa de poemas possui dedicatória. As figuras homenageadas vão desde a mãe, a irmã e o irmão até grandes poetas e fontes de inspiração: Hermes Fontes, Coelho Neto, Olavo Bilac, Augusto dos Anjos, Rui Barbosa e Roquette Pinto, entre muitos outros. Além, é claro, do Dr. Henrique Baptista, com cuja família Laura tinha amizade e que financiou a publicação da obra.[21]

Imaginação (1916) seguiu linha parecida com a obra anterior. O livro é dividido em duas partes. A primeira é composta de três idílios: o Idílio de Apolo, o Idílio de Vênus e o Idílio do Pão de Açúcar. O primeiro é dedicado ao irmão, o segundo, à irmã, o terceiro, a Petrarca. O último dos idílios narra a história de uma noite em que a Baía de Guanabara decidiu sair de seu repouso habitual e interagiu com o Pão de Açúcar e o Corcovado. A segunda parte do livro é subdivida em: Idealidades, Liberdades e Saudades. O poema "Levante" abre o livro. "Poente" fecha-o.

O livro *Meia Dúzia de fábulas* (1917) é a obra mais claramente crítica de Laura da Fonseca e Silva. Como o título aponta, o livro é composto de seis fábulas, todas em verso. Das fábulas, a mais polêmica teria sido "Sociedade protetora", provavelmente crítica a uma sociedade de mulheres da alta sociedade que se declarava como protetora do sexo feminino. A publicação do poema em um jornal

---

21 BRANDÃO, Vólia; BRANDÃO, Sattva; BRANDÃO, Octávio. *A Imagem de Laura Brandão*. Fundo Octávio Brandão: datiloscrito, [s.d.], p. 14.

causou alvoroço e indignação. Por fim, a "sociedade protetora" acabou sendo fechada.[22]

Serenidade (1918) é o último livro publicado por Laura. A obra é dividida em quatro partes: Alegria, Agonia, Harmonia e Serenidade. Os motivos são semelhantes aos de sua obra de estreia. Em "Meu lemma", há um interessante jogo de palavras em que Laura se refere ao poeta Hermes Fontes:

> Dentro desta constellação, meu lemma,
> Para a extrema ventura e a dôr extrema:
> – Honra e Fé – sublimando altos ideaes!
>
> Foi-se Urania, e, acenando, perguntou-me:
> "Qual o plecaro Poeta cujo nome
> Tem do teu lemma as mesmas iniciaes?..."[23]

Vale acentuar o arguto artifício da poeta para iniciar a última parte do texto. O poema "Última página" encerra-se fechando o livro: "Fecha-te livro, pára coração". Em seguida, inicia-se "Serenidade": "Súbito, após fechado o livro foi reaberto! / (Qual se fosse reaberto um caixão de defuncto...)". Nota-se o uso constante dos jogos de palavras, sensações e surpresas que atravessam toda a produção de Laura.

A poesia despreocupada ("Sonata Boêmia",[24] que ainda hoje guarda um sabor das relações amorosas mais simples, cotidianas e despreocupadas ("Amo a Ti – tudo mais rolar eu deixo..."), já apresenta a inovação que Laura impôs à organização espacial dos

---

22 FONSECA E SILVA, Laura. *Meia dúzia de fábulas*. Rio de Janeiro: [s.n.], 1917, p. 41.

23 FONSECA E SILVA, Laura. *Serenidade*. [S.l.]: [s.n.], 1918.

24 FONSECA E SILVA, Laura. *Serenidade*. [S.l.]: [s.n.], 1918, p. 26.

versos. Embora cultive múltiplas formas, incluindo o soneto clássico e o canto popular (as trovas com as tradicionais sete sílabas), ela cria o poema de três tercetos com um verso solto ao fim (repetição do primeiro verso do primeiro terceto). O professor anarquista, cultivador da língua, José Oiticica, foi quem chamou à época atenção para isso. Tal formação aparece nas três partes do poema em que o sonho de Ícaro torna-se feminino: "Ícara" é o seu título. Num dos versos, Laura diz: "Subi ao sonho, ergui-me além de mim!"[25]

Nos dois poemas "Levante" e "Poente", a inovação formal impressiona.[26] Quatro estrofes de quatro versos em que o primeiro é um alexandrino e o último da primeira estrofe possui seis sílabas. A estrofe seguinte recomeça invertida: o primeiro com seis sílabas, o segundo com oito, o terceiro com dez e o último verso com doze. Laura literalmente desenhou o poema e lhe deu um ritmo determinado pelo espaço, como se os versos imitassem o levante e o poente: o movimento do sol não como é, mas como é imaginado ou visto a cada dia, afinal:

> Toda a humana poesia
> vêm do profundo coração
> pensadora e sensível noite e dia
> Eu tenho só de amor toda a imaginação.

A poesia de Laura é desigual. Leitora do palavroso escritor Coelho Neto, que escreveu demais (embora tivesse deixado alguns escritos aproveitáveis), ela também sucumbiu a rimas que hoje agridem o ouvido: escol, arrebol, prol. Mas leu também o único Augusto dos Anjos, poeta importante e enigmático. De resto, Laura não foi marcante como pensadora política e nem quis sê-lo. Ficou à sombra

---

25 FONSECA E SILVA, Laura. *Serenidade*. [S.l.]: [s.n.], 1918.

26 FONSECA E SILVA, Laura. *Serenidade*. [S.l.]: [s.n.], 1918.

da militância comunista do marido. Este também se arriscou na poesia e produziu versos sinceros, mas sem a força poética de Laura.

É de se indagar o quanto Laura teria modificado sua composição literária caso não vivesse as privações e perseguições políticas. Ainda assim, sua decisão era aquela típica das mulheres revolucionárias de sua época, como Tina Modotti, fotógrafa e artista que também passou das letras às armas.[27] Laura foi reconhecida por Olavo Bilac, José Oiticica, Ruy Barbosa, Tarsila do Amaral, pelo grande poeta modernista e cristão Jorge de Lima, mas não por Manuel Bandeira (que morou entre 1920 e 1933 na mesma rua que ela). Laura abandonou a localidade quando foi expulsa do Brasil, em 1931. Em 1933, Raquel de Queiroz, outra escritora e militante (trotskista) mudou-se para a mesma rua. Os principais historiadores da literatura praticamente a ignoraram.

4 Período militante (1921-1931)

É difícil determinar quando Laura optou pelo pensamento crítico e pela ação militante. A poeta já demonstrara propensão à crítica social em seus últimos livros. Se, em *Meia Dúzia de Fábulas*, expressa uma crítica ácida à alta sociedade, em *Serenidade*, de 1918, aparece a crítica à guerra no poema "Fraternidade". O engajamento militante do intelectual e do artista, advindos em sua maioria das classes médias, dá-se normalmente pela negação ética aos princípios quantitativos e desumanos da sociedade burguesa.[28] Para o engajamento de Laura no movimento social foi fundamental, entretanto, seu encontro com uma importante figura do movimento social: Octávio Brandão.

---

27 BERNARDES, Maria Elena. *Laura Brandão*: a invisibilidade feminina na política. Campinas: CMU; Unicamp, 2007, p. 140.

28 LÖWY, Michael. *Para uma sociologia dos intelectuais revolucionários*. São Paulo: LECH, 1979, p. 6.

Octávio Brandão Rego nasceu em 12 de setembro de 1896, na cidade de Viçosa, na antiga zona canavieira de Alagoas. Seu pai era prático de farmácia e possuía um pequeno estabelecimento no ramo. O filho o ajudava na farmácia, o que o levou a travar contato com os trabalhadores rurais. Perdeu a mãe em 1900 e o pai em 1911. Passou a ser tutorado por Alfredo Brandão, seu tio pelo lado materno.

De 1912 a 1914, frequentou o curso de farmacologia em Recife. As ciências naturais lhe despertaram fascínio, principalmente a botânica, a geologia e a geografia. Desenvolveu estudos nesse sentido entre 1915 e 1916, resultando em inúmeras conferências e publicações ao longo de 1917 e 1918. O grande resultado desse esforço se encontra em sua primeira obra *Canais e Lagoas*, publicado primeiro no jornal *A Semana Social* e, posteriormente, enfeixado em livro em 1919, no Rio de Janeiro.[29] [30]

Seus primeiros contatos com o movimento operário e com o pensamento anarquista devem ter se dado em 1916, quando o niteroiense Antonio Bernardo Canellas passou a publicar *A Tribuna do Povo* na cidade de Viçosa. As primeiras contribuições para a imprensa operária se deram em *A Semana Social*, publicado por Canellas durante o ano de 1917 em Maceió. Em 1919, Octávio é obrigado a se evadir de Alagoas pela perseguição resultante de sua atividade política. Parte para a capital federal, chegando em 22 de maio de 1919.

Segundo a lembrança de Octávio, em Maceió, na Livraria Fonseca, ele folheara o livro *Imaginação*, de Laura da Fonseca e Silva, e se admirara com seu belo retrato. No Rio de Janeiro, o amigo e crítico literário de Maceió, José Avelino, enviou carta a

---

29 BRANDÃO, Octávio. *Combates e batalhas*: memórias. São Paulo: Alfa-Omega, 1978, pp. 67 e 85-90.

30 Ver também os números de 2 a 11 do jornal *A Semana Social*, publicado em Maceió por Antonio Canellas. Coleção completa disponível no Fundo Astrojildo Pereira do CEDEM-Unesp.

Laura, apresentando o conterrâneo à poeta.[31] No entanto, o encontro ocorreria por um acaso: Octávio acabou se mudando para a mesma pensão onde morava Laura com a família. Ele conheceu as belezas do Rio de Janeiro tendo Laura como guia. Ela frequentou as quatro conferências proferidas pelo alagoano acerca dos canais e lagoas de seu estado e recebeu o primeiro exemplar de *Canais e Lagoas*. Ligado ao movimento operário de tendência anarquista no Rio de Janeiro, Octávio Brandão escreveu artigos para os principais jornais dessa tendência, como *A Plebe*, de São Paulo, e *Spartacus*, do Rio de Janeiro. Publicou profusamente brochuras de divulgação do pensamento libertário, como *Mundos Fragmentários* e *Veda do Mundo Novo*.[32]

Octávio e Laura se casaram em 20 de abril de 1921, "sem padre e sem juiz". Em 1922, nasceu sua primeira filha, Sattva; em 1923, Vólia; e em 1925, Dionisa. A quarta filha, Valná, nasceria já em Moscou, em 1932.[33]

A década de 1920 foi o período de maior atuação política do casal. Octávio Brandão se firmaria, ao lado de Astrojildo Pereira, como o principal teórico do Partido Comunista do Brasil (PCB), fundado em 25 de março de 1922, tendo publicado em 1926 a brochura que seria considerada a primeira tentativa de interpretação marxista sobre o Brasil, *Agrarismo e Industrialismo*; Laura foi um importante quadro organizativo do partido.[34]

---

31 BERNARDES, Maria Elena. *Laura Brandão*: a invisibilidade feminina na política. Campinas: CMU; Unicamp, 2007, p. 77.

32 BRANDÃO, Octávio. *Combates e batalhas*: memórias. São Paulo: Alfa-Omega, 1978, pp. 168-179.

33 BRANDÃO, Octávio. *Combates e batalhas*: memórias. São Paulo: Alfa-Omega, 1978, pp. 160/161.

34 BRANDÃO, Octávio. *Combates e batalhas*: memórias. São Paulo: Alfa-Omega, 1978, p. 303.

Se nos salões literários, a voz de Laura fora muito apreciada enquanto recitava versos, falando sempre nos comícios aos operários, ela ficou conhecida como grande oradora. Visitava os sindicatos, ia às portas das fábricas e oficinas e aos bairros operários. Colaborou no jornal *A Classe Operária*, além de ser a revisora das cartas dos operários publicadas no jornal.[35] Foi em seu nome que, durante algum tempo, chegou a correspondência direta com a Internacional Comunista.[36]

Em 1926, quando a Terceira Internacional pretendia criar uma Associação Literária Internacional de Escritores Revolucionários, o nome de Laura foi um dos indicados não apenas como uma das intelectuais do partido, mas também para constituir o comitê provisório que trataria do assunto. Qualquer correspondência sobre o tema deveria ser enviada a "D. Laura da Fonseca e Silva – Rua do Curvelo, nº 11 – Rio de Janeiro".[37]

Nos primeiros anos de atividade do PCB, a questão da organização das mulheres trabalhadoras apareceu de maneira muito precária, apesar de ter havido algum esforço nesse sentido. Em carta datada de 13 de novembro de 1922 ao Secretariado de Mulheres do Komintern (*Fraunsekretariat der kommunistischen Internationale*), Astrojildo Pereira informa que, apesar de haver algumas camaradas nas suas fileiras, "(...) o jovem PC não pôde ainda fazer um trabalho

---

35 BRANDÃO, Octávio. *Combates e batalhas*: memórias. São Paulo: Alfa-Omega, 1978, p. 303.

36 Ver, por exemplo, a carta ao camarada Zinoviev, datada de 26 de julho de 1923, em que o Secretário para o Exterior interino (Octávio Brandão) aponta como novo endereço secreto para envio de correspondência a Rua Buarque, 17 – Leme, sob os cuidados de *Madame Silva*. BRANDÃO, Octávio. *Carta do Secretário para o Exterior (interino) datada de 26 de julho de 1923*. Bobina 3. Fundo da Internacional Comunista, Arquivo Edgard Leuenroth – Unicamp.

37 PEREIRA, Astrojildo. *Carta de Astrojildo Pereira ao C.E. da I.C. (seção de Agitprop)*. Rio de Janeiro, 16 set. 1926. Bobina 3. Fundo da Internacional Comunista, Arquivo Edgard Leuenroth – Unicamp.

sistemático entre as mulheres" devido, sobretudo, ao estado de sítio em que se encontrava a cidade do Rio de Janeiro após a revolta de 5 de julho, o que prejudicava toda a divulgação comunista. No entanto, Astrojildo, requisitando um material de propaganda para as mulheres, prometia que, no ano seguinte, seria feito um trabalho nesse sentido, criando-se um comitê específico para tal fim.[38] O comitê, no entanto, apareceria apenas em 1928, já no âmbito do Bloco Operário e Camponês, tendo Laura como fundadora e uma de suas principais militantes.[39]

Em fins da década de 1920, a repressão aos comunistas se intensificou, especialmente após a promulgação da "lei celerada" em 1927.[40] No período, Laura foi presa por quatro vezes em suas participações nos comícios. Para somar-se à intensa repressão, a recepção no Secretariado Sul-Americano e no PCB da nova linha política adotada a partir do VI Congresso da Internacional Comunista (1928), com a palavra de ordem "classe contra classe", acabou por condenar a linha de frente única propugnada anteriormente por Octávio Brandão e Astrojildo Pereira. Assim, os principais líderes do partido na década de 1920 foram afastados da direção em 1930.

Naquele ano de 1930, a Aliança Liberal chegou ao poder, mas o PCB continuou a ser duramente reprimido. Em 1931, após uma série de prisões, Octávio, Laura e as filhas foram deportados do Brasil.

---

38 PEREIRA, Astrojildo. *Au Frauensekretariat der kommunistischen Internationale*. Rio de Janeiro, 13 nov. 1922. Bobina 3. Fundo da Internacional Comunista, Arquivo Edgard Leuenroth – Unicamp.

39 BRANDÃO, Octávio. *Combates e batalhas*: memórias. São Paulo: Alfa-Omega, 1978, p. 160.

40 Cf. A NAÇÃO. "Rotschild quiz, Washington mandou e o Congresso cumpriu". *A Nação*, ano II, nº 457, 11 ago. 1927, pp. 1/2 (Coleção completa no Fundo Astrojildo Pereira do CEDEM-Unesp), edição que narra a promulgação da lei celerada no Senado no dia anterior.

5 Exílio (1931–1942)

Partiram a bordo do paquete Weser, rumo a Bremen.[41] Aportando em Bremerhaven, seguiram de trem até a cidade de Bremen. No dia seguinte, partiram para Berlim. Na capital alemã, ficaram apenas uns poucos dias: a pedido do governo brasileiro, a polícia alemã avisou a esses comunistas que, caso não partissem imediatamente do país, seriam presos e deportados. Tomaram o trem e partiram finalmente para a União Soviética, onde Laura viveria o resto de sua vida.

Chegaram a Moscou em 15 de julho de 1931. Recebidos pelo Socorro Vermelho, foram hospedados na Casa dos Emigrados Políticos, onde receberam toda a atenção dispensada por Tina Modotti. Dois meses depois, foram hospedados no Hotel Lux, antigo palácio russo, célebre por ter abrigado os funcionários da Internacional Comunista. O apartamento de número 103 era modesto. Possuía fogão a gás e cada andar era servido de um telefone de uso comum. O banheiro era igualmente de uso coletivo. Em 1937, Laura mudou-se com a família para o número 118, de maiores dimensões, mas sem fogão: a família tinha de usar a cozinha coletiva.[42]

Na URSS, Laura entusiasmou-se com a posição ocupada pela mulher na sociedade. A condição feminina na Rússia soviética passou por importante avanço na década de 1920. Como índice, pode-se tomar a legislação que tratava das questões familiares. As liberdades individuais, em especial aquelas relacionadas à emancipação feminina, passaram por notáveis avanços nos anos que se seguiram à revolução.

---

41 BRANDÃO, Octávio. *Combates e batalhas*: memórias. São Paulo: Alfa-Omega, 1978, pp. 405/406.

42 BERNARDES, Maria Elena. *Laura Brandão*: a invisibilidade feminina na política. Campinas: CMU; Unicamp, 2007, pp. 140/141.

A linha, defendida por Alexandra Kollontai, do amor livre, "(...) a união de afeto e camaradagem, a união de dois membros iguais da sociedade comunista, todos os dois livres, todos os dois independentes, todos os dois trabalhadores",[43] em que o Estado socialista proveria os cuidados básicos a todas as crianças, viu-se refletir nas reformas da legislação familiar de 1918 e 1926. O direito ao aborto (praticado no sistema de saúde), ao divórcio a partir do requerimento de qualquer uma das partes, ao reconhecimento do casamento *de facto* (não registrado legalmente) e o princípio da igualdade e independência de todos os membros da família foram algumas das linhas que a legislação seguiu, mexendo com a estrutura patriarcal da sociedade russa.

No entanto, o retrocesso chegou, especialmente a partir de 1936. O aborto já havia sido proibido em 1927, e a família passou cada vez mais a ser considerada a célula básica da organização social. As dificuldades econômicas levaram o Estado soviético a atribuir crescentemente à família a responsabilidade pelas crianças.[44]

Após alguns anos vivendo exclusivamente para o cuidado do lar, das filhas e o apoio ao marido, Laura, mais uma vez, fez da sua voz a sua arma: entre 1935 e 1939, trabalhou na Rádio Moscou. Foi redatora e locutora de transmissões em português, para ouvintes no Brasil, América Latina, Portugal, Espanha e colônias portuguesas na África. Na voz de Laura, muitos comunistas travaram contato com as façanhas da União Soviética e de Stálin. Laura lia notícias do *Pravda*, recitava poemas – como "Os Escravos" de Castro Alves – e transmitiu trechos de músicas e cantos russos. Além do contato com a pátria, por meio das cartas dos ouvintes, o salário recebido era fundamental para o sustento da família. No entanto, com o

43 KOLLONTAI, Alexandra. *Marxisme et révolution sexuelle*. Paris: François Maspero, 1975, p. 211.

44 GUINS, George C. *Soviet Law and Soviet society*. The Hague: Martinus Nijhoff, 1954, pp. 287-305.

início da guerra, as transmissões ao Brasil foram cortadas, e Laura perdeu o emprego.[45]

Ela colaborou ativamente com a resistência soviética, inclusive cavando trincheiras. Mas, às aflições da guerra, veio se juntar a debilitação da saúde: em 1941, descobriu que tinha câncer e teve que ser internada. A experiência da guerra parece ter aguçado novamente o espírito da poeta. Seus últimos versos datam do período da guerra. "A Revolução de Outubro", "Em defesa da União Soviética", "Apello ao combate" e "Os acontecimentos actuaes" foram escritos em julho de 1941. Se a sonoridade dos sonetos juvenis parecia perdida, é difícil não reconhecer a força dos versos de guerra. As letras sonoras recomendam a recitação. A insistência da oclusiva linguodental surda ("t") confere apreensão, angústia ou mesmo hesitação na declamação em voz alta.

> Inteiriça,
> Massiça[46]
> – Monolitho
> De granito –
> A nação toca a rebate,
> Em peso, a multidão chama ao combate

O desenho do verso e a evolução da sonoridade lembram uma marcha, assinalada primeiro pelo ressoar das botas no chão e, em seguida, o trovejar de vozes e tambores. Nesse caso, a rima foi boa escolha porque realçou os versos curtos de duas ou três sílabas poéticas. Num chamado crescente, os versos se alongam e o recurso à

---

45 BERNARDES, Maria Elena. *Laura Brandão*: a invisibilidade feminina na política. Campinas: CMU; Unicamp, 2007, pp. 144 e 153.

46 Possivelmente, a liberdade poética a fez grafar o termo dessa maneira, quando o correto é "maciça". Mas escritores quinhentistas usaram "massiça". O morfema remete a "massa".

oclusiva bilabial (em "bá") como última sílaba plena de sonoridade mimetiza a percussão e a marcha dos soldados.

Durante os bombardeios nazistas, os enfermos tiveram que ser levados para um refúgio do hospital. No leito de morte, a poeta ainda teve forças para retocar seu antigo soneto "Homem", publicado originalmente em 1913, adicionando um último nome ao verso final: "Que se Nero homem foi, para a vergonha humana, / Homens foram também para salvar a história / – Heráclito, Leonardo, Epicúro, Lénine!"

Laura da Fonseca e Silva Brandão faleceu no dia 28 de janeiro de 1942, em Ufá, na região dos Montes Urais, depois de passar por tratamento de radioterapia, à época inovador e arriscado. Foi enterrada no cemitério Ivanovskoie, em Ufá. Mais tarde, em 1965, seus restos mortais foram trasladados para o Cemitério dos Heróis em Moscou. Em 1943, Octávio Brandão voltou ao Brasil com três das quatro filhas (uma ficou casada na URSS) e escreveu uma biografia de Laura, cuja publicação não foi permitida pela direção do partido.[47]

A família se dedicou a guardar sua memória. Além das biografias inéditas escritas por Octávio Brandão, parte importante do fundo do comunista alagoano no acervo do Arquivo Edgard Leuenroth, que hoje perfaz quatro remessas de doações, é composto por documentos relativos à vida e obra de Laura. Em 1995, Maria Elena Bernardes defendeu dissertação de mestrado no Instituto de Filosofia e Ciências Humanas da Unicamp, publicada em 2007 pelo Centro de Memória da mesma universidade, acerca da vida de Laura.[48] Em 1996, apareceu *Octávio Brandão: Centenário de um militante na Memória do Rio de Janeiro*, organizado por Luitgarde Oliveira Cavalcanti Barros, como resultado de um evento realizado

47 BERNARDES, Maria Elena. *Laura Brandão*: a invisibilidade feminina na política. Campinas: CMU; Unicamp, 2007, pp. 19-22.

48 BERNARDES, Maria Elena. *Laura Brandão*: a invisibilidade feminina na política. Campinas: CMU; Unicamp, 2007, pp. 19-22.

em memória dos cem anos do nascimento de Octávio. No livro, há quatro textos dedicados a Laura, incluindo "Elegia", de Jorge de Lima. Verbetes relativos a Laura Brandão constam também do *Dicionário do Movimento Operário*, coordenado por Claudio Batalha, do *Dicionário Mulheres do Brasil*, organizado por Schuma Schumaher e Érico Vital Brazil, e do *Dicionário crítico de escritoras brasileiras*, de Nelly Novaes Coelho.[49] A família buscou republicar as poesias de Laura, ainda que em edições de pouca circulação. Uma análise crítica de sua produção poética ainda está por fazer. Por enquanto, pode-se apenas sorver a sua poesia aparentemente leve e despreocupada, mas que já guardava latente a voz sutil do protesto:

> Amo a Flor, Amo a Lua, o Sol, os Ares,
> Amo a Ti – tudo mais rolar eu deixo...
> E assim, sem ambições particulares,
> Eu levo a vida no maior desleixo...

Referências bibliográficas

A NAÇÃO. "Rotschild quiz, Washington mandou e o Congresso cumpriu". *A Nação*, ano II, nº 457, 11 ago. 1927.

BATALHA, Cláudio H. de M. (Coord.). *Dicionário do Movimento Operário*: Rio de Janeiro do século XIX aos anos 1920. Militantes e organizações. São Paulo: Editora Fundação Perseu Abramo, 2009.

BERNARDES, Maria Elena. *Laura Brandão*: a invisibilidade feminina na política. Campinas: CMU; Unicamp, 2007.

---

49 BATALHA, Cláudio H. de M. (Coord.). *Dicionário do Movimento Operário*: Rio de Janeiro do século XIX aos anos 1920. Militantes e organizações. São Paulo: Editora Fundação Perseu Abramo, 2009, pp. 37/38; BRAZIL, Érico Vital; SCHUMAHER, Schuma. *Dicionário mulheres do Brasil*. Rio de Janeiro: Zahar, 2000, pp. 312/313; COELHO, Nelly Novaes. *Dicionário crítico de escritoras brasileiras (1711-2001)*. São Paulo: Escrituras, 2002.

BRANDÃO, Octávio. *Canaes e lagôas*. Rio de Janeiro: Jacintho Ribeiro dos Santos, 1919 [3ª ed. Maceió: UFAL, 2001].

_____. *Carta do Secretário para o Exterior (interino) datada de 26 de julho de 1923*. Bobina 3. Fundo da Internacional Comunista, Arquivo Edgard Leuenroth – Unicamp.

_____. *Combates e batalhas*: memórias. São Paulo: Alfa-Omega, 1978.

BRANDÃO, Vólia; BRANDÃO, Sattva; BRANDÃO, Octávio. *A Imagem de Laura Brandão*. Fundo Octávio Brandão: datiloscrito, [s.d.].

BRAZIL, Érico Vital; SCHUMAHER, Schuma. *Dicionário mulheres do Brasil*. Rio de Janeiro: Zahar, 2000.

COELHO, Nelly Novaes. *Dicionário crítico de escritoras brasileiras (1711-2001)*. São Paulo: Escrituras, 2002.

FONSECA E SILVA, Laura. "Relógio". *Fon-fon*, 1912.

_____. *Meia dúzia de fábulas*. Rio de Janeiro: [s.n.], 1917.

_____. *Poesia*. [S.l.]: [s.n.], 1915.

_____. *Serenidade*. [S.l.]: [s.n.], 1918.

GUINS, George C. *Soviet Law and Soviet society*. The Hague: Martinus Nijhoff, 1954.

KOLLONTAI, Alexandra. *Marxisme et révolution sexuelle*. Paris: François Maspero, 1975.

LIMA, Jorge de. "Elegia". *In*: BARROS, Luitgarde Oliveira Cavalcanti. *Octávio Brandão*: centenário de um militante na memória do Rio de Janeiro. Rio de Janeiro: UERJ; Cultural SR-3; Arquivo Público, 1996.

LÖWY, Michael. *Para uma sociologia dos intelectuais revolucionários*. São Paulo: LECH, 1979.

PEREIRA, Astrojildo. *Au Frauensekretariat der kommunistischen Internationale*. Rio de Janeiro, 13 nov. 1922. Bobina 3. Fundo da Internacional Comunista, Arquivo Edgard Leuenroth – Unicamp.

_____. *Carta de Astrojildo Pereira ao C.E. da I.C. (seção de Agitprop)*. Rio de Janeiro, 16 set. 1926. Bobina 3. Fundo da Internacional Comunista, Arquivo Edgard Leuenroth – Unicamp.

VÍTOR, Nestor. *Obra crítica*. Rio de Janeiro: MEC, 1969.

LÉLIA ABRAMO (1911-2004)

UMA TRAJETÓRIA ENTRE A ARTE E A POLÍTICA

ROSANGELA PATRIOTA RAMOS

O nosso mundo é tão cheio de quebras, capitulações, deserções, omissões e tudo o mais, que conforta ler a narrativa de uma vida como a de Lélia Abramo, que nunca vergou a espinha, nunca sacrificou a consciência à conveniência e desde muito jovem se opôs à injustiça da sociedade. Que sempre rejeitou as vias sinuosas e preferiu perder empregos, arriscar a segurança, sofrer discriminações para poder dizer a verdade, agir de acordo com seus pontos de vista.[1]

1 CANDIDO, Antonio. "Prefácio". *In*: ABRAMO, Lélia. *Vida e arte*: memórias de Lélia Abramo. Campinas: Unicamp; Editora Fundação

Em 9 de abril de 2004, na cidade de São Paulo, faleceu a paulistana Lélia Abramo, nascida em 08 de fevereiro de 1911. Na ocasião, inúmeros artigos foram escritos, com o intuito de homenagear uma mulher que, em sua longeva existência, havia vivenciado inúmeros papéis como mulher, atriz, cidadã e militante. Em vista dessa multifacetada trajetória, não seria ousadia alguma apropriar-se dos versos escritos pelo poeta Carlos Drummond de Andrade, por ocasião da morte de Cacilda Becker (*Morreram Cacilda Becker*), e dizer: *Morreram Lélia Abramo!*

Mesmo possuindo caminhos pessoais e profissionais distintos, Cacilda e Lélia tinham em comum a luta contra o arbítrio e a impossibilidade de serem definidas em uma única palavra. Em outros termos, apresentá-las como atrizes é muito pouco diante da força de suas presenças no cenário artístico, político e social.

No que se refere a Lélia Abramo, os anseios por uma sociedade justa permeada por valores culturais e artísticos esculpiram a sua maneira de ver o mundo em um processo anterior à sua atuação como intérprete de importantes personagens da dramaturgia brasileira e internacional. Para tanto, basta recordar as palavras proferidas, quando de seu falecimento, pelo então presidente da República Federativa do Brasil, Luís Inácio Lula da Silva:

> A perda da atriz Lélia Abramo entristece a todos os que lutam por um Brasil digno e justo. Lélia teve uma vida exemplar pela altivez e pela coragem com as quais soube enfrentar as vicissitudes do século XX, que ela percorreu quase inteiro. Oriunda de família com inclinações socialistas, a futura atriz esteve presente já nas batalhas políticas dos anos 30, sempre ao lado da classe operária. Cerca de meio século mais tarde, acompanhamos Lélia como a combativa presidente do Sindicato dos Artistas de São Paulo e entre os primeiros signatários da fundação do Partido dos Trabalhadores.

Perseu Abramo, 1997.

> Até o fim, Lélia Abramo manteve acesa a chama da esperança. Sua última aparição pública, há menos de quinze dias, foi para lembrar o 31 de março de 1964. Por isso, a melhor homenagem que lhe podemos prestar é levar adiante os ideais que marcaram a sua existência.[2]

Para Marta Suplicy, à época, a prefeita de São Paulo:

> Lélia Abramo, mulher extraordinária, que admiramos por sua integridade de caráter, enorme talento artístico e engajamento político e social de uma vida. Lélia, você partiu, mas sua luz e determinação por um mundo mais justo permanecem com milhares de trabalhadores, com o partido que você ajudou a construir, e no coração de todos seus amigos.[3]

Assim, os companheiros de partido, em suas manifestações, ao mesmo tempo que prestavam suas homenagens, chamavam a atenção do país pela perda sofrida com o desaparecimento de Lélia, que, ao longo de seus 93 anos, fez de sua vida pública um espaço para a defesa da justiça social e dos valores democráticos. Entretanto, tais reconhecimentos não foram acentuados somente na hora de sua morte. Pelo contrário, seus princípios políticos e humanos eram amplamente conhecidos tanto que, ao resenhar a autobiografia de Abramo, o diretor de teatro Gianni Ratto assim se manifestou:

> Gostaria de ter pertencido à família dela. Gostaria de estar na foto de página dupla que abre seu livro de presenças: presença

---

2 FOLHA ONLINE. "Lula lembra 'batalhas' de Lélia Abramo, uma das fundadoras do PT". *Folha de S. Paulo*, 10 abr. 2004. Disponível em: http://www1.folha.uol.com.br/folha/ilustrada/ult90u43176.shtml. Acessado em: 12.09.2015.

3 FOLHA ONLINE. "Marta Suplicy destaca o 'engajamento político e social' de Lélia Abramo". *Folha de S. Paulo*, 10 abr. 2004. Disponível em: http://www1.folha.uol.com.br/folha/ilustrada/ult90u43177.shtml. Acessado em: 12.09.2015.

> de atos e personagens, posturas de vida, criatividade e coerência, de dignidade e altivez polêmica e amor. Pode parecer presunção de minha parte, mas não é; sinto-me muito parecido com ela, com a lisura de sua vida; com sua coerência ética, com sua indiscutível honestidade.
>
> Há, parece-me, três enfoques básicos para a resenha de um livro: o relacionado ao autor, o de quem o analisa e o do leitor comum.
>
> Está evidente, no primeiro, o respeito e a seriedade com os quais Lélia encara sua personagem: trajetória de uma vida artística coerentemente entrelaçada à sua postura política exige uma autoavaliação severa, consciente e objetiva. Lélia não duvida um só instante do caminho que inexoravelmente deve e deverá seguir. (...) Seus ressentimentos são justos e coerentes, fazem parte de uma natureza para a qual o incorreto, o escuso, soa indecente, e para a qual a grosseria é insuportável. A linhagem dela tem a nobreza da cultura e da sensibilidade de uma família na qual falar de poesia significa falar de amor e a linguagem da arte é o pão de todo dia.
>
> (...) O que me parece extraordinário em Lélia é a capacidade que ela tem de coordenar uma visão estético-crítica que sempre norteará seu trabalho com a postura sociopolítica que até hoje não a abandona, e, o que mais me surpreende, é que em todas as suas atitudes, talvez sem percebê-lo, é luminosamente suprapartidária.
>
> (...) É um livro que deve ser lido e meditado – hoje principalmente – nestes dias em que o descaso pelos melhores valores do homem triunfa, e é aceito por uma maioria consumista ávida de qualquer orgasmo tranquilizante.[4]

As palavras de Gianni Ratto (1916-2005), de imediato, reportam o leitor a um aspecto absolutamente fascinante em relação à

---

4 RATTO, Gianni. "A coerência ética de Lélia Abramo". *Folha de S. Paulo*, 21 dez. 1997. Disponível em: http://www1.folha.uol.com.br/fsp/1997/12/21/mais!/37.html. Acessado em: 12.09.2015.

biografia de Lélia Abramo, em especial, quando afirma: *gostaria de ter pertencido à família dela*. Sim, a família Abramo é detentora de uma trajetória que encanta a todos que têm a cultura e a arte como imprescindíveis ao ser humano.

Essa família constituída pelo casamento entre Afra Yole Scarmagnan e Vincenzo Abramo, ambos italianos, ela da região do Vêneto e ele da região de Salerno, que se encontraram no Brasil, mais precisamente na cidade de Araraquara, onde se casaram e tiveram os dois primeiros filhos, Lívio e Athos. Em 1906, transferiram-se para a cidade de Santos e na qual nasceu Beatriz. Como Afra Yole não se adaptou ao calor da Baixada Santista, a família mudou-se novamente e se estabeleceu em São Paulo, no decorrer do ano de 1908. Na capital paulistana, vieram ao mundo Fúlvio, Lélia, Mário e Cláudio.

Em meio às desventuras políticas e econômicas do Estado e do Brasil, enquanto foi possível, eles educaram os filhos nos melhores estabelecimentos de ensino. Estimularam o gosto pelas artes em geral, bem como as idas ao teatro e às exposições de artes plásticas. De acordo com Lélia: "mamãe dizia sempre que uma pessoa íntegra jamais fica com as mãos vazias: está sempre ocupada em algo agradável ou útil, ou com um livro para ler.[5]

De modo geral, como tem sido amplamente estudado, os imigrantes, em sua imensa maioria, não trouxeram para a América somente os seus sonhos e anseios, mas os valores culturais e seus repertórios artísticos. Com os Abramo, não foi diferente:

> Na biblioteca de meu pai enfileiravam-se títulos dos maiores autores do Ocidente, em várias línguas, o que era motivo de fascinação para todos nós. Humanista, transmitiu aos filhos sentimentos de solidariedade, rigor ético e desprezo pelo

---

5 ABRAMO, Lélia. *Vida e arte*: memórias de Lélia Abramo. Campinas: Unicamp; Editora Fundação Perseu Abramo, 1997, p. 19.

> dinheiro. Era um espírito aristocrático e, ao mesmo tempo, um democrata em sentido amplo; não interferiu jamais nas decisões dos filhos, procurando somente orientá-los no modo de ver o mundo. Homem nascido para viver na Renascença, não em tempo de plena ascensão do capitalismo.[6]

Foi nesse convívio que Lélia, cujo nome foi retirado do título de um romance da escritora francesa Georg Sand, pseudônimo de Armandine Aurore Dupin, recebeu estímulos à sua educação estética. Nesse aspecto, após considerar as aptidões dos irmãos, acerca de si mesma afirmou: "a menina que eu era transformou, no plano da consciência, a bailarina numa futura atriz. Esse foi o anseio que permaneceu em mim até os 47 anos de idade, com dor e esperança, dando-se a secreta certeza de que um dia seria atriz".[7]

Nesse sentido, se a formação humanística mais abrangente herdou da vida em família, o mesmo se pode dizer com relação à sua iniciação política, que começou com o fascínio pelo avô materno, Bortolo Scarmagnan, um homem de ideias *anarcosocialistas*, e depois com a aproximação de seu irmão Fúlvio com o trotskismo.

> Meu avô Bortolo jamais abandonou a militância política e o engajamento na luta pela melhoria das condições de vida e salário dos trabalhadores. Estava sempre disposto a fazer "comícios" em qualquer situação e em qualquer lugar. Muitas vezes subia em caixotes improvisados para fazer suas pregações políticas.
>
> (...) Fúlvio, passados poucos anos, quase de surpresa para nós, mergulhou na luta política partidária que mais tarde o levaria a formar com Mário Pedrosa, Lívio Xavier, Mário Xavier, Aristides Lobo, Victor Azevedo Pinheiro, Plínio

---

6 ABRAMO, Lélia. *Vida e arte*: memórias de Lélia Abramo. Campinas: Unicamp; Editora Fundação Perseu Abramo, 1997, pp. 34/35.

7 ABRAMO, Lélia. *Vida e arte*: memórias de Lélia Abramo. Campinas: Unicamp; Editora Fundação Perseu Abramo, 1997, p. 42.

> Mello, João da Costa Pimenta, Hilcar Leite, José Cardoso de Macedo Soares e outros, de cujo nomes lamentavelmente não me lembro, a cúpula da Liga Comunista Internacionalista (marxista-leninista), de tendência trotskista.[8]

Por circunstâncias da vida, Lélia ingressou no mercado de trabalho e desenvolveu intensa atividade sindical sempre alinhada com as premissas do trotskismo. Entretanto, em decorrência de problemas de saúde que, ao longo do tempo foram se agravando, ela embarcou junto com a irmã Beatriz e com cunhado, que havia sido recrutado pelo exército italiano, para a Europa, em 1938 e lá permaneceu até o ano 1950.

O destino era a Itália, mas antes esteve em Paris. Nesse período, além de conhecer regiões importantes da Europa, viveu os temores, as agruras, penúrias e sofrimentos da Segunda Guerra Mundial.

No retorno ao Brasil, embora em outra atividade profissional, começou a participar do teatro Muse Italiche, dirigido pela atriz Georgina Andaló, que congregava atores profissionais que, por vários motivos, haviam abandonado a Itália após o fim da Guerra, e também artistas amadores.

O diretor dos espetáculos, aceito por todos, foi seu irmão, Athos Abramo, e a proposta foi a de encenar dramaturgos italianos contemporâneos. Dentre os participantes do elenco havia um jovem chamado Vlado Erzi, nome artístico de Vladimir Herzog, que foi apresentado ao jornalista Cláudio Abramo através de um bilhete de Lélia para o irmão.

Graças à sua atuação no Muse Italiche, Lélia Abramo foi chamada por Augusto Boal para participar de um espetáculo no Teatro de Arena de São Paulo, *A mulher do outro*. Daí surgiu o convite para atuar em *Eles não usam black-tie* (Gianfrancesco Guarnieri),

---

8 ABRAMO, Lélia. *Vida e arte*: memórias de Lélia Abramo. Campinas: Unicamp; Editora Fundação Perseu Abramo, 1997, pp. 22 e 35.

em 1958, interpretando a personagem Romana, mãe de Tião e mulher de Otávio. Provavelmente, essa deve ter sido a sua grande prova de fogo como atriz, pois Romana era uma mulher do morro carioca, enquanto Lélia era de ascendência italiana, com repertório e vivências europeias.

No entanto, o que é uma grande atriz? É justamente aquela que consegue fazer com que em cena prevaleçam as características vocais, emocionais e existenciais da personagem. E Lélia conseguiu, mesmo com todas as ressalvas, colocar no palco a força e a convicção daquela mulher que era o esteio da família operária.

Talvez seja correto dizer: nesse momento, nasceu a atriz Lélia Abramo que, pela personagem Romana, recebeu os prêmios de melhor atriz coadjuvante da Associação Paulista de Críticos de Arte (APCA) e do jornal *O Estado de S. Paulo* (prêmio *Saci*).

Ainda no Teatro de Arena, entre os anos de 1958 e 1959, foi Amanda Wingfield em À Margem da Vida (Tennessee Williams), a personagem Assunta em *Gente como a gente* (Roberto Freire), além de compor o elenco de *Pintado de Alegre* (Flávio Migliaccio). Depois disso, a parceria entre Lélia e o Teatro de Arena encerrou-se, e novas oportunidades se apresentaram. Uma delas foi o convite de Sérgio Britto para participar do Teleteatro Tupi. Posteriormente, na Companhia Cacilda Becker e Walmor Chagas, em 1961, trabalhou em *Os Rinocerontes* (Eugène Ionesco). No Teatro Brasileiro de Comédia (TBC), entre 1963 e 1964, atuou em *Os ossos do barão* e *Veredas da salvação*, ambas de autoria de Jorge Andrade. Sob a direção de Alberto D'Aversa, participou, em 1960, como protagonista, de *Mãe Coragem* (Bertolt Brecht); em 1965, de *Os espectros* (H. Ibsen). Sob a direção de Antunes Filho, esteve nos seguintes espetáculos: *Yerma* (Garcia Lorca), em 1962; *Ricardo III* (William Shakespeare), em 1975; e *Esperando Godot* (Samuel Beckett), entre 1976 e 1978. Dentre as tragédias gregas, encenou *Lisístrata* (1967), direção de Maurice Vaneau, e *Agamenon* (1968-1969), dirigida por Maria José de Carvalho.

No cinema, Lélia pode ser vista em filmes como *Vereda da salvação* (1963, direção de Anselmo Duarte), *O caso dos irmãos Naves* (1967, Luiz Sérgio Person), *Cléo e Daniel* (1968, Roberto Freire), *Joana, a francesa* (1971, Cacá Diegues), entre outros. Sua presença na televisão brasileira também merece destaque. Realizou trabalhos nas extintas TV Excelsior, TV Tupi e TV Manchete, além da TV Globo, TV Bandeirantes, SBT e TV Cultura, com participações em novelas, em casos especiais e em minisséries. A título de exemplificação, estão as novelas *Os ossos do barão* (1972/1973, TV Globo, direção de Régis Cardoso), *Dez vidas* (1969/1970, TV Excelsior, direção de Carlos Zara), *Um dia, o amor* (1975/1976, TV Tupi, direção de Henrique Martins), *A história de Ana Raio e Zé Trovão* (1990/1991, TV Manchete, direção de Jaime Monjardim), *Brasileiros e brasileiras* (1990/1991, SBT, direção de Walter Avancini). No que se refere aos Casos Especiais, cabe mencionar: *A Casa de Bernarda Alba* (1972, Garcia Lorca, TV Cultura), *Chanel nº 5* (1978, Regina Duarte, TV Globo), *Medeia* (1972, Oduvaldo Vianna Filho, TV Globo), além da minissérie *Avenida Paulista* (1982, Daniel Más, Leilah Assumpção e Luciano Ramos, TV Globo).

Lélia Abramo, como atriz, participou de importantes projetos artísticos em diferentes veículos e em linguagens distintas, mas, é evidente, como profissional, ficou na dependência dos convites que recebeu para atuar. Embora a maioria deles tivesse qualidade artística e pujança temática, a militante política, a mulher engajada nas lutas de seu tempo muito raramente pode ser vivenciada no palco. Dito de outra maneira: a intérprete Lélia não esteve presente nos espetáculos que, no decorrer da ditadura militar (1964-1985), foram identificados como *arte de resistência*.

No entanto, se, nos palcos, no cinema e na televisão, ela emprestou o seu talento para dar materialidade a discussões abrangentes, isto é, voltadas para debates mais amplos em relação às sociedades e aos homens, na militância política e na atuação sindical, Abramo deu visibilidade à cidadã graças à amplitude e à ressonância de seus embates.

Um dos momentos mais significativos dessa participação diz respeito à luta em torno das relações de trabalho que, no decorrer da década de 1970, passaram a vigorar entre os profissionais de teatro. Nesse período, Lélia Abramo estava excursionando pelo país com a peça *Esperando Godot* e estava gravando para a televisão. Por esse motivo, ela estava frequentemente nas cidades do Rio de Janeiro e de São Paulo. Em uma dessas situações, na capital paulistana, participou de uma assembleia em que estavam sendo discutidas questões essenciais às condições de trabalho.

> Foi nessa assembleia que eu tomei a palavra para levantar uma preocupação que não estava sendo colocada; falei da necessidade de se encontrar uma fórmula que vinculasse a concessão do financiamento para empresários à garantia de uma maior continuidade de trabalho para os atores contratados. Deveria haver um certo compromisso entre subvenção e contratação do elenco, propiciando as condições para a criação das futuras companhias ou grupos estáveis, em vez de se manter a situação vigente, que significava ruptura na continuidade do trabalho da maioria dos atores. Percebi pela reação dos presentes, que havia jogado uma "bomba" no meio teatral. Mas não havia sido essa a minha intenção: pretendia apenas esclarecer a situação. Queria discutir esse problema e propor alguma forma de garantia de trabalho para a maioria dos atores. Deveria haver uma saída.
>
> Acontece que, sem eu saber, estava presente na plateia um grupo de jovens atores, a maioria oriunda da EAD, já profissionais, portanto, que em grande parte trabalhavam nas condições acima descritas. Sofriam, além do mais da censura impiedosa, que na ocasião recaia sobre 23 peças de teatro, limitando ainda mais as oportunidades de trabalho.[9]

9 ABRAMO, Lélia. *Vida e arte*: memórias de Lélia Abramo. Campinas: Unicamp; Editora Fundação Perseu Abramo, 1997, pp. 201/202.

Dessa discussão, surgiu a chapa *Urdimento* para concorrer à direção do Sindicato de Artistas e Técnicos em Espetáculos e Diversões (Sated). Em um processo eleitoral muito conturbado, que culminou na impugnação deste, as propostas defendidas por Lélia tinham sido vitoriosas. Ocorreram novas eleições e, após idas e vindas, a chapa vitoriosa foi empossada, e Lélia Abramo tornou-se presidente do Sated.

A partir de então, uma série de novos compromissos passou a integrar a agenda de Lélia, especialmente se se considerar que, para além das demandas específicas da categoria, a militância sindical adquirira dimensões sociais e políticas em sintonia com as manifestações públicas em favor da democracia e do fim da censura, bem como pela anistia ampla, total e irrestrita, enfim, pelo retorno ao Estado de Direito.

É claro, observando retrospectivamente, a postura pública de Lélia Abramo estava em consonância com suas ideias e princípios, portanto, coerente com o que sempre advogara. Contudo, essa coerência fez com que, a pouco e pouco, ele passasse a sofrer boicotes como profissional das artes. Além de contratos rescindidos, ela, por exemplo, não integrou a comitiva de atores que foi representar o filme *Vereda da Salvação*, no Festival de Berlim, mesmo interpretando personagem relevante na narrativa fílmica. Também não foi convidada a comparecer ao Festival de Brasília, quando da exibição do filme *O caso dos irmãos Naves*. Ironicamente, a sua *performance* foi o único prêmio conquistado pela película e ela era a única artista ausente.

À medida que a sua presença se intensificava na cena política, as restrições ao exercício da profissão aumentavam. Lélia Abramo teve participação importante junto aos movimentos sociais do fim dos anos 1970 e início da década de 1980, tanto que ela foi uma das signatárias da ata de lançamento do Manifesto do Partido dos Trabalhadores, juntamente com Mário Pedrosa, Antonio Candido, Manuel da Conceição, Sérgio Buarque de Holanda, Apolonio de

Carvalho, em reunião ocorrida no Colégio Sion, em São Paulo, em fevereiro de 1980.

Lélia Abramo era filiada ao Partido dos Trabalhadores e manteve-se ativa politicamente até o fim de seus dias. Foi importante militante na propagação das ideias e dos sonhos que nortearam aqueles cidadãos que enxergavam grandes perspectivas para a vida política, social e cultural do Brasil pós ditadura militar.

Onze anos se passaram desde a sua morte. As circunstâncias históricas nas quais Lélia atuou não mais existem, embora as demandas que a motivaram continuam, sob novas égides e outros significados. Nesse sentido, no reconhecimento desse outro instante, a imagem de Lélia Abramo vem à mente e com ela, tal qual as *madeleines* de Marcel Proust, chegam os versos de Milton Nascimento, Fernando Brant e Márcio Borges, imortalizados na voz de Elis Regina:

> O que foi feito, amigo,
> De tudo que a gente sonhou
> O que foi feito da vida,
> O que foi feito do amor
> Quisera encontrar aquele verso menino
> Que escrevi há tantos anos atrás
> Falo assim sem saudade,
> Falo assim por saber
> Se muito vale o já feito,
> Mais vale o que será
> Mais vale o que será
> E o que foi feito é preciso
> Conhecer para melhor prosseguir
> Falo assim sem tristeza,
> Falo por acreditar
> Que é cobrando o que fomos
> Que nós iremos crescer.

Lélia Abramo é um patrimônio das artes cênicas no Brasil, não restam dúvidas! Entretanto, para além disso, a expectativa desejada é a de que seus ideais, seus princípios e práticas sejam capazes de, como assinalou Walter Benjamin:

> Arrancar a tradição ao conformismo, que quer apoderar-se dela. Pois o Messias não vem apenas como salvador; ele vem também como o vencedor do Anticristo. O dom de despertar no passado as centelhas da esperança é privilégio exclusivo do historiador convencido de que também os mortos não estarão em segurança se o inimigo vencer. E esse inimigo não tem cessado de vencer.[10]

O legado de Lélia Abramo é um dos patrimônios que a cultura brasileira possui para arrancar a tradição ao conformismo e, sob esse aspecto, conhecer e atribuir significados à sua trajetória é uma das grandes tarefas para a História Cultural no Brasil.

Referências bibliográficas

ABRAMO, Lélia. *Vida e arte*: memórias de Lélia Abramo. Campinas: Unicamp; Editora Fundação Perseu Abramo, 1997.

BENJAMIN, Walter. "Sobre o conceito de história". *In*: ______. *Obras escolhidas*: magia e técnica, arte e política. 3ª ed. São Paulo: Brasiliense, 1987.

CANDIDO, Antonio. "Prefácio". *In*: ABRAMO, Lélia. *Vida e arte*: memórias de Lélia Abramo. Campinas: Unicamp; Editora Fundação Perseu Abramo, 1997.

FOLHA ONLINE. "Lula lembra 'batalhas' de Lélia Abramo, uma das fundadoras do PT". *Folha de S. Paulo*, 10 abr. 2004. Disponível em:

---

10 BENJAMIN, Walter. "Sobre o conceito de história". *In*: ______. *Obras escolhidas*: magia e técnica, arte e política. 3ª ed. São Paulo: Brasiliense, 1987, pp. 224/225.

http://www1.folha.uol.com.br/folha/ilustrada/ult90u43176.shtml. Acessado em: 12.09.2015.

______. "Marta Suplicy destaca o 'engajamento político e social' de Lélia Abramo". *Folha de S. Paulo*, 10 abr. 2004. Disponível em: http://www1.folha.uol.com.br/folha/ilustrada/ult90u43177.shtml. Acessado em: 12.09.2015.

RATTO, Gianni. "A coerência ética de Lélia Abramo". *Folha de S. Paulo*, 21 dez. 1997. Disponível em: http://www1.folha.uol.com.br/fsp/1997/12/21/mais!/37.html. Acessado em: 12.09.2015.

LINA BO BARDI (1914-1992)

BRASILEIRA DE ESCOLHA E CIDADÃ DE TODAS AS CIDADES

VICTOR CHINAGLIA JR.

Achillina Bo nasceu em Roma, Itália. Arquiteta e urbanista, desenhista, cenógrafa e editora, estudou desenho no Liceu Artístico Italiano e formou-se na Faculdade de Arquitetura de Roma em 1939, com o trabalho de graduação "Núcleo Assistencial da Maternidade e da Infância".

Arquitetos de várias vertentes de orientação estética fascista influenciavam e projetaram diversas obras públicas e corporativas em todo o país. Lina mudou-se para Milão para trabalhar com o arquiteto Gió Ponti (1891-1979), líder do movimento pela valorização do artesanato italiano e diretor das Trienais de Milão e da revista *Domus*.

Nessa cidade, organizou, em 1940, um pequeno escritório de arquitetura que trabalhava entre projetos, com ilustrações de jornais e revistas. Atuando clandestinamente através do Partido Comunista Italiano, PCI na resistência – os *Partigiani* –, contribui diretamente com a *Organização dos Arquitetos Associados*. Seu estúdio foi destruído pelos bombardeios das tropas de ocupação em 1943.

Viajou por toda a Itália com um repórter e um fotógrafo, registrando o país destruído, e atou na elaboração de espaços de debates sobre arquitetura através das revistas *Lo Stili-Nella Casa* e *Nell'Arrendamento*, *Grazia Bellezza*, *Vitrina* e *L' Ilustrazione Italiana* e do próprio *Quaderni di Domus* entre 1943 e 1945.

Ao final da guerra em 1945, participou do Primeiro Encontro Nacional para a Reconstrução em Milão, mas a forte crise instaurada no gabinete de unidade nacional, a presença ostensiva do exército de ocupação liderado pelos EUA e o consequente isolamento dos comunistas fizeram com que retornasse para Roma e fundasse, com Bruno Zevi, a revista *Cultura della Vita* em 1946, além de trabalhar no *Studio d'Arte Palma*, onde também atuava Pietro Maria Bardi, ensaísta, crítico, historiador, pesquisador, galerista e *marchand*.

Casaria com Pietro no mesmo ano e decidiram ir para a América do Sul, com significativa coleção de obras de arte, peças de artesanato e uma enorme biblioteca para a época. Parada inicial, o Brasil, precisamente o porto de Rio de Janeiro, em 17 de outubro.

Foram recebidos no Instituto de Arquitetos do Brasil, IAB, por Lúcio Costa, Oscar Niemeyer, Rocha Miranda, os irmãos Roberto, Athos Bulcão, Burle Marx e mantiveram contatos com Portinari e outros artistas e intelectuais brasileiros.

Organizaram, com as obras trazidas da Itália, a Exposição de Pintura Moderna Italiana, conhecendo durante os dias do evento o jornalista e empresário Assis Chateaubriand, que os convidou a montarem juntos o Museu de Arte de São Paulo, o MASP.

Lina projetou as instalações provisórias do Museu e, no auditório, foram instaladas as surpreendentes cadeiras dobráveis de madeira e couro desenhadas por ela e consideradas para muitos “a primeira cadeira moderna do Brasil”. Projetou também nova sede para os Diários Associados, em 1947, na Rua Álvaro de Carvalho, em São Paulo, e desenhou série de joias com metais e pedrarias brasileiras.

O casal fundou, em 1948, o Studio de Arte e Arquitetura Palma l, com Giancarlo Palanti e Valeria Piacentini Cirell, em São Paulo. Realizaram a exposição “Nós e o Antigo” e iniciaram a produção de móveis, sempre experimentando couro, tecidos e madeiras, considerados materiais simples e de uso popular no Brasil.

Lina naturalizou-se brasileira em 1951, tendo a partir de então uma única cidadania, conforme legislação da época.

Retornou ao trabalho de editoração com a revista *Habitat* entre 1950 e 1954 e à elaboração teórica, influenciada por sua formação marxista, pelo Modernismo europeu racionalista e formalista e pelo neorrealismo no cinema, agora somados à arquitetura moderna brasileira, à Bossa Nova e ao Cinema Novo. Sua produção cada vez mais ganhava contornos voltados para a industrialização da própria arquitetura, capaz de transformar nossa criação popular em desenho industrial e desenvolver a tecnologia nacional.

Projetou e construiu sua própria residência em 1951, conhecida como “Casa de Vidro”, em São Paulo, hoje sede do instituto que leva seu nome e defende seu legado cultural. Promoveu o Primeiro Desfile de Moda Brasileira, com tecidos desenvolvidos especialmente para o clima tropical, com Luiza Sambonet, Burle Marx e Caribé, em 1952. Projetou ainda a nova sede do MASP, na Avenida Paulista, feito com vigas de concreto protendido e uma laje inteiramente suspensa por cabos de aço, edifício calculado pelo engenheiro João Carlos de Figueiredo Ferraz e que representou por muito tempo o “maior vão livre da América Latina” e a interação da estética e tecnologia nacional.

Entre 1955 e 1957, começou a atuar como docente da Faculdade de Arquitetura e Urbanismo da Universidade de São Paulo, onde redigiu a tese *Contribuição Propedêutica ao Ensino da Teoria da Arquitetura*, para o concurso da cátedra de Teoria da Arquitetura.

Em 1958, transferiu-se para Salvador, a fim de dirigir o Museu de Arte Moderna da Bahia (MAM-BA). Na capital baiana, projetou o restauro do Solar do Unhão e manteve contatos com o fotógrafo e etnólogo francês Pierre Verger e o cineasta Glauber Rocha, entre outros. Realizou a exposição "Bahia no Ibirapuera" para a V Bienal de São Paulo de 1959, selando definitivamente seu eixo cultural no Brasil.

Inauguraram-se as instalações provisórias do MAM-BA no *foyer* do Teatro Castro Alves, em janeiro de 1960. Sob sua direção e com assessoria de Mario Cravo, realizou diversas atividades culturais em três anos, os *Seminários Livres de Música*, o *Clube de Cinema da Bahia*, com Walter da Silveira, a arquitetura cênica da Ópera de três tostões, de Bertolt Brecht, e da peça *Calígula*, de Albert Camus, no interior das ruínas do antigo teatro, ambas sob a direção de Martim Gonçalves. Deu apoio financeiro ao cineasta Glauber Rocha e criou a primeira oficina de cinema de São Paulo.

Após a conclusão do restauro do Solar do Unhão em 1963, Lina Bo Bardi, transfere o MAM-BA e funda o Museu de Arte Popular do Unhão, os Centros de Estudos e Trabalho Artesanal e a Escola de Desenho Industrial na Bahia. Em 1964, com o golpe civil-militar, Lina, a primeira diretora dos dois museus, foi demitida. Nesse mesmo ano, a ditadura fechou o Museu de Arte Popular do Unhão.

Durante o período dos governos militares, influenciada pela cultura nordestina e a força do povo nordestino que representava a maioria absoluta dos operários na construção civil no estado de São Paulo, os chamados baianos e peões de obra, desenvolveu a "experiência de simplificação da linguagem" e o diálogo permanente com os trabalhadores, fundamentais para sua produção, definida por ela como "a arquitetura pobre" e que deixava as marcas do trabalho na construção, a verdade estrutural exposta, e também significou o fim da ornamentação de custos desnecessários. Exemplos estão presentes nos suportes da exposição “A Mão do Povo Brasileiro”, de 1969, feitos de tábuas de pinho de segunda; no edifício do SESC Pompéia, de 1977, em que desenhou com giz as aberturas de ventilação e iluminação nas formas da concretagem; e no Teatro Oficina, 1984, do diretor José Celso Martinez Corrêa, em que subverteu o papel de atores e plateia na arquitetura.

Ao fim do regime de exceção em 1985, Lina retornou a Salvador para apresentar um plano de recuperação do centro histórico da cidade. Formou uma equipe, que duraria até o fim de sua trajetória, com os arquitetos Marcelo Carvalho Ferraz e Marcelo Suzuki. Realizaram o projeto da Casa do Benin, no Pelourinho, 1987, e a recuperação das encostas da Ladeira da Misericórdia, usando painéis leves e pré-moldados de argamassa armados desenvolvidos pelo arquiteto João Filgueiras Lima, o Lelé, mestre dessa tecnologia no Brasil. Dessa fase, são também a Casa do Olodum e o seu último projeto para Salvador, a Casa do Brasil no Benin, de 1989.

Voltou a produzir em São Paulo em 1990, na cidade de Campinas, os projetos do Teatro das Ruínas e o Centro de Convivência na antiga Estação Guanabara, ainda não construídos. Na capital paulista, fez restauro do Palácio das Indústrias, que foi sede da Prefeitura de São Paulo, e, em sua área metropolitana, o Centro Cultural Vera Cruz, em São Bernardo do Campo, em 1991.

Faleceu Lina Bo Bardi na Casa de Vidro em 20 de março de 1992. Brasileira de escolha e cidadã de todas as cidades, como ela se definia, mesmo vivendo 44 anos sob duas ditaduras, soube entender e representar o sentimento popular em sua riquíssima produção tecnológica e cultural. Seus projetos marcam, no imaginário coletivo, territórios de liberdade e de tolerância das atividades reprimidas em outras localidades.

LUIZA ERUNDINA DE SOUSA (1934)

ENTRE A ILUSÃO E O EFEITO DE REALIDADE

GIUSEPPE RONCALLI PONCE LEON DE OLIVEIRA

MARINALVA VILAR DE LIMA

Dentre as biografias de Luiza Erundina, dois autores abordaram suas origens nordestinas: Elvira de Oliveira, em *Uma graúna no Ibirapuera: Luíza Erundina* (1988), e José Nêumanne, em *A mulher que veio da chuva* (1989).[1] O segundo autor apresenta uma obra que se situa no meio do caminho entre a saga e o jornalismo, de

1 Neste artigo, não trataremos de aspectos relacionados com o cotidiano da campanha eleitoral, ou mesmo de particularidades referentes à sua administração. Para tanto, consultar: PATARRA, Ivo. *O governo de Luiza Erundina*: cronologia de quatro anos de administração do PT na cidade de São Paulo, de 1989 a 1992. São Paulo: Geração Editorial, 1996; REBELO, Aldo. *No Olho do furacão*: Luiza Erundina, a campanha e a vitória. São Paulo: Alfa-Ômega, 1989; SINGER, Paul. *Um*

quem se sente o arauto, por ter nascido na mesma cidade, Uiraúna, PB, ter sido educado em Campina Grande, PB, e por chegar a São Paulo, SP, no início da década de 1970 como ela:

> (...) No dia 17 de novembro de 1988, estava fazendo minha caminhada diária na pista da academia Sportzman, da exigente Ercy Hannitisch, quando ocorreu a ideia de que a eleição de Luíza Erundina de Sousa me punha na situação privilegiada de ser o jornalista do Brasil em melhores condições de descrever sua saga com precisão, graças a circunstâncias particulares e coincidências fantásticas. Nascemos na mesma cidade, Uiraúna, fomos educados na mesma cidade, Campina Grande, e nos mudamos para São Paulo na mesma época, os primeiros anos da década de [19]70.[2]

Elvira de Oliveira (1988) conta sua viagem como jornalista da *Leia*, acompanhando Luiza Erundina, numa viagem ao Nordeste imediatamente depois da eleição para a prefeitura de São Paulo.[3] Na opinião de Linda Bimbi,[4] que também a biografou, é mais que uma reportagem: é uma pesquisa em que se evidencia afeto, simpatia, fluência, riqueza de particularidades tipicamente femininas, com um ritmo narrativo mais pacato que o de José Nêumanne. Ao

---

governo de esquerda para todos: Luiza Erundina na Prefeitura de São Paulo (1989-92). São Paulo: Brasiliense, 1996.

2 NÊUMANNE, José. *Erundina*: a mulher que veio com a chuva. Rio de Janeiro: Espaço e Tempo, 1989, p. 11.

3 Também participou da respectiva comitiva: "o convite de Erundina para acompanhá-la ao sertão, na viagem festiva de volta, ampliou o projeto. (...) Nonato Luciano, que fora vizinho de Erundina em Uiraúna, serviu até de motorista do Monza, emprestado por meu irmão Noaldo, no qual viajamos para o sertão – num trecho (Patos-Sousa), tivemos a própria prefeita como passageira" (NÊUMANNE, José. *Erundina*: a mulher que veio com a chuva. Rio de Janeiro: Espaço e Tempo, 1989, p. 13).

4 BIMBI, Linda. *Uma veia de utopia*: a trajetória de Luiza Erundina de Sousa. São Paulo: Brasiliense, 1996.

contrário deste, Elvira é benevolente com relação a Luiza Erundina, sobretudo como mulher:

> Luiza Erundina e sua pequena comitiva, engordada por outros colegas jornalistas e fotógrafos, já estava no saguão do aeroporto [Aeroporto Internacional de Guarulhos, SP]. A prefeita eleita começava a dar suas primeiras entrevistas antes das seis e meia da manhã, mas nem de longe alguém poderia imaginar o que estava por vir nos próximos cinco dias. Solícita, ela forneceu prontamente a sua agenda de programações de viagem. Menos de oito horas depois já sabíamos que aquela lista teria pouca valia. Os compromissos seriam marcados e alterados ao sabor da empolgação de seus conterrâneos, da disposição dos petistas da Paraíba de comemorar a sua vitória e de sua própria emoção. Embarcados todos, fomos nos acertando durante a viagem, disputando o assento ao lado de Luiza Erundina com sua irmã Lourdinha e o vereador eleito Eduardo Suplicy, que a acompanhavam.[5]

Ambos os volumes se ressentem da pressa do jornalista, própria da atualidade. Elvira faz a transcrição da fala viva de Luiza, mas não enfatiza suas origens. Apenas em um confronto pessoal e direto, ela adverte que Luiza é composta quase biologicamente da paisagem do sertão, duro com suas pedras brancas, desolado com os modelos espectrais que são arbustos-animais-seres humanos, e que, no seu corpo, escorre o sangue-suor dos trabalhadores rurais desde sempre destilado gota a gota por uma miserável sobrevivência.[6]

Já a biografia *Uma Veia de Utopia: A Trajetória de Luiza Erundina* (1996), escrita por Linda Bimbi, foi elaborada de forma diferente das citadas anteriormente, porque feita a partir de gravações

---

5 OLIVEIRA, Elvira de. *Uma graúna no Ibirapuera*: Luiza Erundina. São Paulo: Busca Vida, 1988, pp. 13/14.

6 BIMBI, Linda. *Uma veia de utopia*: a trajetória de Luiza Erundina de Sousa. São Paulo: Brasiliense, 1996, pp. 30/31.

de diálogos ocorridos por três semanas em agosto de 1993 e por mais uma em abril de 1995. Luiza Erundina e a autora conviveram sob o mesmo teto e gravaram vinte horas de diálogos, transcritos integralmente, servindo de base para que examinassem a oportunidade de escrever o texto final. Luiza aceitou a proposta de a apresentação de sua trajetória adquirir a forma de monólogo autobiográfico,[7] vendo esta tentativa como a recuperação da pessoa em uma cultura de massa e também como a representação de uma reação ao etnocentrismo que fala do "outro" e nunca lhe dá a palavra.[8] A obra é composta por doze capítulos, finalizados cada um com uma nota na qual a autora procurou contextualizar, para o público leitor, aspectos de caráter histórico, político, social e ideológico que perpassaram a

---

7 De acordo com ROSENTHAL, Gabriele. "A estrutura e a *Gestalt* das autobiografias e suas consequências metodológicas". *In*: FERREIRA, Marieta de Moraes; AMADO, Janaina (Coord.). *Usos e abusos da história oral*. 8ª ed. Rio de Janeiro: FGV, 2006, pp. 193-195, essa disputa de prioridade entre "texto" e "vida" já existe desde os primórdios das pesquisas biográficas. Isso resultou de uma noção por demais simples e enganosa da realidade social como se ela fosse independente da experiência e da estruturação simbólica, implicando a busca unilateral de uma realidade "por trás" do texto, uma realidade à qual supostamente o texto se refere; a função auxiliar do texto desvaloriza a realidade deste como textura social primordial. Acaso não existiria aí um caos, uma multiplicidade de experiências e acontecimentos dissociados, um monte de coisas desordenadas que só podem ser integradas em alguma classe de estrutura mediante associações?

8 Tomando-se, por exemplo, o estudo de PENNA, Maura. *O que faz ser nordestino*: identidades sociais, interesses e o "escândalo" Erundina. São Paulo: Cortez, 1992, pp. 83-148, observa-se que Luiza Erundina tem sua identidade social atrelada à identidade nordestina; na época das eleições, por exemplo, foi tratada diferentemente pelos jornais regionais do Nordeste e os nacionais do Sudeste, especialmente de São Paulo. No Nordeste, orgulhavam-se do fato de uma paraibana ter se tornado a prefeita de São Paulo e teciam-lhe elogios, quase produzindo uma imagem de santa, sem referência às suas posições políticas. No Sudeste, ao contrário, foi representada como uma invasora, proveniente das "hordas nordestinas", portanto, indesejável e proibida de exercer o poder na metrópole.

narrativa de Erundina; e, por fim, uma entrevista apresentada como sequência de *flashs* sobre episódios que foram, para a narradora, núcleos geradores de sentido em sua trajetória até aquele momento.

Na visão de Linda Bimbi, a fala de Luiza tem uma infraestrutura, quase um pano de fundo, de caráter regional, que é o Nordeste do Brasil, e que brota "naturalmente" de sua história; entretanto, ela não pode se estender a perseguir as raízes nem a explicar que sua "estrada" pode ser lida como método (e não modelo) de intervenção sobre a realidade. Para Bimbi, essa condição seria resultado do DNA regional de Luiza, que manteve os acontecimentos públicos não como pano de fundo, ou pura refração, mas como uma interrogação constante e uma espera em relação à sua trajetória individual. O ser e o sentir-se migrante de Luiza Erundina fazem parte da história regional antiga e moderna das populações em que ela teve origem:[9]

> (...) Entendia que o meu destino de migrante me empurrava para uma nova etapa, mas dessa vez sem o empurrão propulsor de um objetivo a alcançar; pela primeira vez devia migrar sem ter objetivo preciso e estimulante. Essa situação me humilhava e me desencorajava; aquela fuga parecia uma covardia: abandonava o campo de batalhas, desterrava da luta dos meus conterrâneos pobres do Nordeste.[10]

Na linha de pensamento apontada por Maura Penna, ao consideramos o discurso biográfico de/sobre Luiza Erundina como ação ou acontecimento, cujas condições de produção são socialmente controladas, pensamos que o sentido não está inscrito nas coisas, sendo o próprio discurso biográfico uma ação que atribui significações, além de um ato de argumentação que visa conseguir, de alguma

---

9 BIMBI, Linda. *Uma veia de utopia*: a trajetória de Luiza Erundina de Sousa. São Paulo: Brasiliense, 1996, pp. 10/11.

10 BIMBI, Linda. *Uma veia de utopia*: a trajetória de Luiza Erundina de Sousa. São Paulo: Brasiliense, 1996, p. 30.

forma, a adesão do leitor. Em todo o material biográfico sobre Luiza Erundina, que aqui é analisado, está em jogo a interpretação legítima: não se trata de uma "verdade" a ser encontrada, mas de fazer valer determinado "ponto de vista", já que a própria realidade é gerada enquanto tal pelo trabalho biográfico que, reconstituindo os acontecimentos através da linguagem, produz sentido e coerência para a trajetória política de Luiza Erundina diante da prefeitura de São Paulo, nos idos de 1988 a 1992.[11]

Daí por diante, encontraremos, nas narrativas dos respectivos textos biográficos, eixos temáticos que dariam a coerência e o sentido de quem era Luiza Erundina até a chegada de realização do seu "destino". Vejamos, por exemplo, alguns desses elementos: "A infância em Uiraúna", "Na Rainha da Borborema", "A universidade em João Pessoa", o "difícil começo em São Paulo", "Luiza Erundina no PT", "Um destino traçado", "o dia da eleição", "a triste partida", "a santa do sul na terra do sol", "sou migrante", "povo sofredor, enxugue as lágrimas" etc., etc.

Esse aspecto, como nos mostrou Bourdieu, aponta que o fato de a vida constituir um todo, um conjunto coerente e orientado, que pode e deve ser apreendido como expressão unitária de uma "intenção" subjetiva e objetiva, está implícito nos "já", "desde então", "desde pequeno" das biografias comuns ou nos "sempre" das "histórias de vida". Logo, o relato, seja ele biográfico ou autobiográfico, como o do investigado que "se entrega" a um investigador, propõe acontecimentos que, sem terem se desenrolado sempre em sua estrita sucessão cronológica, tendem ou pretendem organizar-se em sequências ordenadas, relações de inteligibilidade.

Vemos que a obra *Exercício da Paixão Política* (1991), de Luiza Erundina de Sousa, procura estabelecer os eixos interpretativos de sua trajetória de vida, sendo estes: a) *Fragmentos da minha vida*

---

11 PENNA, Maura. *O que faz ser nordestino*: identidades sociais, interesses e o "escândalo" Erundina. São Paulo: Cortez, 1992, p. 86.

acadêmica; b) *Experiência profissional numa instituição pública*; c) *O sindicato como espaço de luta profissional*; e d) *A opção político- partidária*. De acordo com Erundina, há muito tempo, que teria sido instada a registrar em livro sua experiência profissional e de militância sindical e política. Isso por parte daquelas pessoas que, de uma forma ou de outra, estiveram envolvidas nessa experiência.[12] Afirmou que teria resistido o quanto pôde a essa pressão porque entendia ser muito difícil conseguir retratar com fidelidade situações tão variadas e complexas que tinha vivido ao longo de vinte anos, ou seja, sua experiência político-partidária como uma das fundadoras do Partido dos Trabalhadores (PT), como Vereadora da Câmara Municipal de São Paulo e como Deputada Estadual na Assembleia Legislativa do Estado de São Paulo. Argumentou ainda que sua experiência política continuava com a eleição a prefeita de São Paulo em 15 de novembro de 1988 e a posse em 1º de janeiro de 1989, quando teve início uma nova fase de sua trajetória política. Demonstrando que, ao contrário do que muitos de seus adversários políticos propalavam na grande imprensa, não se tratava de uma aventureira, tinha conhecimento e capital político para administrar uma metrópole como São Paulo.[13]

Os *fragmentos da vida acadêmica* de Luiza Erundina remontam aos anos de 1960, já com uma forte inclinação para o Serviço Social, e como não havia graduação nessa área em Campina Grande, com o apoio de suas colegas da Associação Luiza de Marillac, Luiza

---

12 Sendo essas pessoas colegas de profissão, os assistentes sociais, seus ex-alunos de várias faculdades onde lecionou, tais como a Faculdade Paulista de Serviço Social, as Faculdades Metropolitanas Unidas (FMU) e a Pontifícia Universidade Católica de São Paulo (PUC-SP), e seus companheiros do Partido dos Trabalhadores (PT) à época (OLIVEIRA, Elvira de. *Uma graúna no Ibirapuera*: Luiza Erundina. São Paulo: Busca Vida, 1988, p. 76; e SOUSA, Luiza Erundina. *Exercício da paixão política*. São Paulo: Cortez, 1991, p. 9).

13 SOUSA, Luiza Erundina. *Exercício da paixão política*. São Paulo: Cortez, 1991, pp. 9-11.

tomou a frente do movimento pela fundação desse curso. Assim, criou-se a faculdade que foi depois incorporada ao patrimônio da Universidade Estadual da Paraíba (UEPB). Sua primeira turma, de 1963, registra o nome da aluna Luiza Erundina de Sousa.[14]

Segundo Linda Bimbi, mesmo com a iniciativa de fundar a destacada Faculdade de Serviço Social em Campina Grande, não quis frequentá-la por muito tempo. Preferiu esperar e seguir para João Pessoa, onde, em sua avaliação, a universidade era cientificamente muito mais confiável.[15] Pela mesma razão, mudou-se provisoriamente, alguns anos depois, para São Paulo, para fazer o doutorado em Sociologia,[16] com o objetivo de voltar a ensinar em João Pessoa. Logo depois da defesa da tese sobre *Integração em Serviço Social*, no final de 1969, voltou para João Pessoa, pronta para assumir uma cátedra no Departamento de Ciências Sociais da Universidade Federal da Paraíba (UFPB), onde fez parte de uma equipe que preparava e discutia a reformulação do currículo universitário e também dos programas dos cursos, bem como do planejamento das aulas. Faltando dois dias para o início das aulas, o departamento, comunicou que

---

14 OLIVEIRA, Elvira de. *Uma graúna no Ibirapuera*: Luiza Erundina. São Paulo: Busca Vida, 1988, p. 50.

15 Segundo SOUSA, Luiza Erundina. *Exercício da paixão política*. São Paulo: Cortez, 1991, p. 15, como aluna da Faculdade de Serviço Social, foi escolhida oradora oficial das turmas concluintes da UFPB do ano de 1966, mediante concurso de oratória promovido por aquela instituição no dia 2 de dezembro do respectivo ano.

16 Pode ter ocorrido um equívoco por parte de Linda Bimbi. De acordo com OLIVEIRA, Elvira de. *Uma graúna no Ibirapuera*: Luiza Erundina. São Paulo: Busca Vida, 1988, p. 67; e NÊUMANNE, José. *Erundina*: a mulher que veio com a chuva. Rio de Janeiro: Espaço e Tempo, 1989, p. 97, Luiza Erundina fez mestrado em Sociologia na Fundação Escola de Sociologia e Política de São Paulo (FESPSP).

o reitor[17] opusera veto à sua contratação e, em audiência com ele, foi lhe explicado que a ação provinha das autoridades militares.[18]

Indignada mas impotente, Luiza Erundina retomou suas aulas na Faculdade de Serviço Social, o trabalho no INPS e as tantas outras atividades. Ao lado de Dr. José Maria Pires,[19] ajudou a fundar o Instituto de Formação para o Desenvolvimento (INDES), de João Pessoa, de onde foi diretora até janeiro de 1971.[20] Nesse mesmo ano, chegou a São Paulo, vítima da repressão política da ditadura, que perseguia todos os que tentavam organizar os trabalhadores para lutarem por seus direitos. Em João Pessoa, na Paraíba, trabalhava como Assistente Social junto à Pastoral da Igreja Católica. Uma ocasião, quando falava a empregadas domésticas durante uma palestra, foi surpreendida com a presença de um rapaz ao fundo da sala que a observava. Conversando com ele, soube que fazia parte do serviço de informação do governo.

Argumentara ainda que não migrou para São Paulo devido à falta de trabalho ou por ameaças à própria sobrevivência, o que tem sido comum na vida de muitos nordestinos. Sentia-se uma exceção entre estes. Acreditava fazer parte de uma minoria que conseguiu superar as dificuldades da vida e teve acesso à educação e à qualificação

17 Trata-se do Dr. Guilhardo Martins, médico e oficial do Exército. Esse reitor era o pai de ninguém menos que Eduardo Jorge, que mais tarde se tornaria seu grande amigo, seu eleitor e colaborador no município de São Paulo. Posteriormente, Eduardo Jorge foi deputado federal pelo PT, segundo BIMBI, Linda. *Uma veia de utopia*: a trajetória de Luiza Erundina de Sousa. São Paulo: Brasiliense, 1996, pp. 29/30.

18 BIMBI, Linda. *Uma veia de utopia*: a trajetória de Luiza Erundina de Sousa. São Paulo: Brasiliense, 1996, p. 29.

19 Arcebispo de João Pessoa, PB, à época, conhecido por pertencer à ala progressista do clero brasileiro. É identificado por seu posicionamento enfático em favor dos pobres (BIMBI, Linda. *Uma veia de utopia*: a trajetória de Luiza Erundina de Sousa. São Paulo: Brasiliense, 1996, p. 28).

20 OLIVEIRA, Elvira de. *Uma graúna no Ibirapuera*: Luiza Erundina. São Paulo: Busca Vida, 1988, p. 68.

profissional. Em sua concepção, essa condição a tornava responsável e comprometida não só com sua família, mas com o povo nordestino, que vive em condições de atraso e marginalidade.[21]

De sua *experiência profissional em instituições públicas*, a que mais a marcou foi o trabalho com a favela Marconi. A comunidade tem esse nome por causa da antena de rádio Marconi, que fica no terreno ocupado pelos barracos. A favela de que fala Luiza Erundina compreendia uma das maiores áreas faveladas da cidade de São Paulo em meados da década de 1970: era o complexo Marconi, Parque Novo Mundo e Funerária, onde viviam em situação de precariedade absoluta cerca de três mil famílias, ou quase quinze mil pessoas.[22]

A favela estava situada em terreno da prefeitura, na zona norte de São Paulo. Já havia sofrido várias enchentes e incêndios que destruíram numerosos barracos. Após um desses incêndios, em 1978, que praticamente arrasou metade da favela, Luiza Erundina, junto com os demais assistentes sociais das Supervisões Regionais de Serviço Social em São Paulo (Surss), iniciaram um trabalho de urbanização, com o aterro da área, a regularização do terreno e a construção de novos barracos.

Nesse contexto social, Erundina vivenciou dois casos que chamaram a sua atenção.

O primeiro deles aconteceu na fase de reconstrução dos barracos, quando um morador a procurou para pedir uma carta justificando sua ausência no trabalho. Há três dias, ele não ia trabalhar, à espera do material para reconstruir o barraco arrasado pelo fogo. Ele, a mulher e os cincos filhos estavam abrigados provisoriamente no

---

21 SOUSA, Luiza Erundina. *Exercício da paixão política*. São Paulo: Cortez, 1991, pp. 55/56.

22 NÊUMANNE, José. *Erundina*: a mulher que veio com a chuva. Rio de Janeiro: Espaço e Tempo, 1989, p. 120; OLIVEIRA, Elvira de. *Uma graúna no Ibirapuera*: Luiza Erundina. São Paulo: Busca Vida, 1988, p. 94.

barraco de outra família da favela. Ela argumentou que não havia razão para que ele faltasse ao trabalho, uma vez que ainda demoraria alguns dias para o material chegar. Na verdade, sua primeira reação foi censurar o homem por arriscar seu emprego e o sustento da família. Só depois é que se deu conta de que cada um via os fatos de ângulos diferentes, e, por isso, as reações a eles se davam de formas diversificadas. Para esse morador, era mais importante garantir o barraco do que o emprego de pedreiro, insuficiente para pagar o aluguel e manter a família. Ele não estava seguro de que receberia o material quando chegasse sua vez. Acabou ficando claro para ela que cada um tem motivos próprios para reagir aos fatos de uma maneira específica.

O segundo caso também serviu para mostrar como a população percebe e se comporta diante dos acontecimentos. Luiza Erundina comentou que, certo dia, estava na favela Marconi trabalhando, quando viu dois rapazes brigando. Tentou separá-los para evitar que alguma coisa mais grave acontecesse, porque o garoto mais jovem, menor de idade, estava armado com uma faca. Quando teve oportunidade, procurou conversar com o garoto para acalmá-lo e saber o motivo do desentendimento. No início, o rapaz contou a Erundina que o motivo da disputa era uma mulher. Depois, emocionado, contou que no dia anterior a polícia o tinha detido sob a acusação injusta de ter furtado um rádio. Segundo ele, isso não era verdade. Mostrou-lhe, inclusive os sinais de tortura a que fora submetido na delegacia, dizendo: "já que paguei sem dever, quero voltar lá devendo alguma coisa". Luiza Erundina finaliza o relato afirmando que entendeu que aquela foi a maneira encontrada pelo rapaz para compensar a injustiça sofrida. Impotente diante da polícia, o garoto procurava se vingar agredindo alguém mais fraco que ele. Erundina percebeu que a população vê a polícia como um poder inquestionável, contra o qual nada pode fazer.[23]

Tomando *o sindicato como espaço de luta profissional*, Luiza Erundina traz, para quem quiser se aprofundar sobre o tema

23 SOUSA, Luiza Erundina. *Exercício da paixão política*. São Paulo: Cortez, 1991, pp. 63-65.

subjacente ao terceiro capítulo de seu livro, as intervenções feitas antes, durante e depois do histórico Terceiro Congresso Nacional das Assistentes Sociais em São Paulo, de 21 a 23 de setembro de 1979, que esclarecem, como um todo, algumas mensagens essenciais: 1ª) "nunca desvincular a luta de nossa categoria profissional das de outros setores da sociedade", ou seja, nunca aceitar o corporativismo; 2ª) a articulação das categorias em luta deve versar, prioritariamente, sobre a restauração da democracia política no país: "apesar das importantes conquistas setoriais, ainda não realizamos a mais importante: plena liberdade democrática"; 3ª) autocrítica das assistentes sociais por terem sido "meros instrumentos de controle social que ofereciam paliativos; atuamos acriticamente na instituição; nossa neutralidade profissional é falsa". Há ainda o apelo para eliminar o senso de impotência, para fazer circular as energias reprimidas em quinze anos de ditadura militar, para reeducar contra o medo, para superar as divergências do Congresso Nacional. A inteligência da história como possibilidade foi a inspiração de Luiza e de todos os movimentos populares e sociais e forças sindicais que, em 1979, derrubaram, no Brasil, as portas da repressão institucionalizada.[24]

Ao tratar de sua *opção político-partidária*, Luiza Erundina mencionou que o poder nunca tinha sido para ela um fim em si mesmo. Sua investidura sempre se deu por pressão da coletividade e seu exercício muitas vezes feriu seus sentimentos e forçou sua vontade pessoal. No entanto, depois de alguns anos de militância sindical, constatou que as causas estruturais dos problemas sociais só seriam eliminadas com a ação da sociedade, sob a direção de partidos políticos verdadeiramente comprometidos com a sua transformação e que tivessem legitimidade para construir um projeto capaz de resolver as contradições e de fazer nascer um novo modelo de organização social. Por esse motivo, resolveu participar da fundação do Partido dos Trabalhadores (PT) em 1980, sem deixar de lado sua atuação profissional e a militância sindical.

---

24 BIMBI, Linda. *Uma veia de utopia*: a trajetória de Luiza Erundina de Sousa. São Paulo: Brasiliense, 1996, p. 48/49; SOUSA, Luiza Erundina. *Exercício da paixão política*. São Paulo: Cortez, 1991, pp. 71-120.

Em 1982, o PT disputou pela primeira vez eleições majoritárias, e Luiza Erundina teve seu nome indicado pelas bases partidárias e disputou como candidata a vereadora por São Paulo. Em seguida, no ano de 1986, tornou-se candidata a deputada estadual também pelo PT. Em sua opinião, o objetivo principal da sua candidatura foi o de ampliar o número dos que se identificavam com o partido, defendendo um programa discutido democraticamente e baseado nos seguintes itens: a democracia, favorecendo a transparência da administração e estimulando a formação de organizações autônomas de trabalhadores; a aplicação prioritária dos recursos financeiros para o atendimento das necessidades sociais; a promoção da cidadania plena, rompendo com as práticas assistencialistas, clientelistas e de discriminação das mulheres, negros, homossexuais e indígenas; o exercício da autonomia do Estado, respeitando a emancipação dos munícipios.

O seu mandato esteve sempre a serviço dos interesses da população e da organização dos movimentos populares. Como exemplo disso, vale destacar o trabalho junto aos movimentos de habitação, que, nesse período, avançaram em sua união, mobilização e politização, sem prejudicar a autonomia e sem os transformar em "aparelhos" ou "feudos" da prática parlamentar. Finalizando sua narrativa no dia de sua eleição para o cargo de prefeita de São Paulo, no dia 15 de novembro de 1988, assim Erundina se expressa:

> Fui eleita prefeita de São Paulo no dia 15 de novembro de 1988. Renunciei então ao mandato de deputada estadual para entrar numa nova fase da minha vida política. Muito mais que uma opção pessoal, é resultado de um processo coletivo vivido por aqueles que acreditam na prática política como uma dimensão da práxis social, na perspectiva de transformação estrutural da sociedade. Mas a experiência como candidata a prefeita e como prefeita de São Paulo será objeto de outro livro![25]

---

25 SOUSA, Luiza Erundina. *Exercício da paixão política*. São Paulo: Cortez, 1991, p. 171.

A multiplicidade de eixos possíveis de organização dos fatos vivenciados por Luiza Erundina ao longo da década de 1980 permite a construção de distintas narrativas. Logo, podemos afirmar que, numa interação entre sujeito e estruturas, um indivíduo sempre tem preservados seus espaços de escolha. Essa capacidade de escolha preservada pelos sujeitos nos faz, para além de meros fantoches, agentes de transformação autônoma, de autoinstituição do mundo social e histórico. Talvez, nessa afirmação de uma deliberada autonomia, sobre as diversas possibilidades de heteronomia, resida algo do que se tira de melhor do debate entre as reflexões teórico-metodológicas e as iniciativas individuais ou coletivas de transformação política. Pois o exercício da paixão política em Luiza Erundina, como demonstrou Linda Bimbi, não nasceu por meio da doutrinação ideológica ou por pressões externas, mas por defender e nutrir essa paixão como um instrumento precioso, implacável, em apoio à vida e à felicidade de todos.[26]

Atualmente (2017), Luiza Erundina está no seu quarto mandato como deputada federal e é coordenadora da *Frente Parlamentar pela Reforma Política com Participação Popular*, que luta por uma reforma política ampla, capaz de corrigir as graves distorções do sistema partidário e eleitoral e coibir os desvios éticos que têm marcado historicamente a vida política brasileira, e também coordena a *Frente Parlamentar pela Liberdade de Expressão e o Direito à Comunicação com Participação Popular* (Frentecom), na qual, dentre os principais pontos tratados, estão a garantia do exercício da liberdade de expressão e do direito à comunicação, além da reformulação do marco regulatório do setor. Destaca-se ainda na luta pela ampliação da participação das mulheres na política, pela democratização dos meios de comunicação no Brasil e pela reforma

---

26 AGUIAR, José Otávio Aguiar. "Entre a ilusão e o efeito de real: a biografia como teste para a metodologia". *In*: DANTAS, Eugenia; BURITI, Iranilson (Coord.). *Metodologia do ensino e da pesquisa*: caminhos de investigação. João Pessoa; Campina Grande: Ideia; EDUFCG, 2008, p. 111; BIMBI, Linda. *Uma veia de utopia*: a trajetória de Luiza Erundina de Sousa. São Paulo: Brasiliense, 1996, p. 43.

do sistema político brasileiro.[27] Foi candidata a prefeita de São Paulo em 2016, classificando-se em terceiro lugar nos resultados finais.

Referências bibliográficas

AGUIAR, José Otávio Aguiar. "Entre a ilusão e o efeito de real: a biografia como teste para a metodologia". *In*: DANTAS, Eugenia; BURITI, Iranilson (Coord.). *Metodologia do ensino e da pesquisa*: caminhos de investigação. João Pessoa; Campina Grande: Ideia; EDUFCG, 2008.

BIMBI, Linda. *Uma veia de utopia*: a trajetória de Luiza Erundina de Sousa. São Paulo: Brasiliense, 1996.

NÊUMANNE, José. *Erundina*: a mulher que veio com a chuva. Rio de Janeiro: Espaço e Tempo, 1989.

OLIVEIRA, Elvira de. *Uma graúna no Ibirapuera*: Luiza Erundina. São Paulo: Busca Vida, 1988.

PATARRA, Ivo. *O governo de Luiza Erundina*: cronologia de quatro anos de administração do PT na cidade de São Paulo, de 1989 a 1992. São Paulo: Geração Editorial, 1996.

PENNA, Maura. *O que faz ser nordestino*: identidades sociais, interesses e o "escândalo" Erundina. São Paulo: Cortez, 1992.

REBELO, Aldo. *No Olho do furacão*: Luiza Erundina, a campanha e a vitória. São Paulo: Alfa-Ômega, 1989.

ROSENTHAL, Gabriele. "A estrutura e a *Gestalt* das autobiografias e suas consequências metodológicas". *In*: FERREIRA, Marieta de Moraes; AMADO, Janaina (Coord.). *Usos e abusos da história oral*. 8ª ed. Rio de Janeiro: FGV, 2006.

SINGER, Paul. *Um governo de esquerda para todos*: Luiza Erundina na Prefeitura de São Paulo (1989-92). São Paulo: Brasiliense, 1996.

SOUSA, Luiza Erundina. *Exercício da paixão política*. São Paulo: Cortez, 1991.

27 Dados disponíveis em: http://www.luizaerundina.com.br/#biografia. Acessado em: 07.02.2017.

MÃE MENININHA (1894–1986)

A OXUM MAIS BONITA DO GANTOIS

PATRÍCIA VALIM

Em 1972, Dorival Caymmi apresentou ao mundo a belíssima canção “Oração à Mãe Menininha”. A composição, também cantada por Clementina de Jesus, Gal Costa e Maria Bethânia, foi uma homenagem de Caymmi à então mais famosa ialorixá do país, Mãe Menininha, que naquele ano comemorava 50 anos à frente do terreiro Ilê Iyá Omin Axé Iyámassê, popularmente conhecido como Gantois, que funciona desde sua fundação no século XIX no Alto do Gantois, no bairro da Federação, em Salvador. Os jornais da época deram ampla cobertura à festa de comemoração do cinquentenário do governo de Mãe Menininha, com uma comissão organizadora das mais ilustres: Jorge Amado, Pierre Verger, Caribé, Mário Cravo, Vinicius de Morais, Dorival Caymmi, Vivaldo da Costa Lima e o pai de santo Deoscóredes Maximiliano dos Santos (Mestre Didi e filho de Mãe Senhora)[1] – todos homens, frequentadores do terreiro do Gantois e Obás de Xangô do terreiro Axé Opô Afonjá.[2] A festa de Mãe Menininha foi esplendorosa e contou com a presença de mais de 1500 pessoas, brancos, mulatos, negros, ricos, pobres, entre pais, mães, filhos e filhas de santos da casa e de outros terreiros, turistas, intelectuais, artistas, autoridades religiosas e políticas da época, como o governador da Bahia Antônio Carlos Magalhães e o prefeito de Salvador Clériston Andrade, que era subdiácono da Igreja Batista da Graça.[3]

Mãe Menininha ficou emocionada com a festa e com a canção que Caymmi compôs especialmente para a ocasião. Tanto que, depois de alguns meses, em 1 de setembro de 1972, a ialorixá pediu que Jorge Amado escrevesse a Caymmi:

> Estive ontem com Menininha, que mandou abraços e saudades para você e Stella. Ela vai lavar o colar que Valdeloir fez para você e pergunta se o lançamento do LP [de Caymmi] não pode ser na época da festa de Oxum, no fim do mês? Mande resposta. Saudades de Zélia para vocês dois e para Danilo e Verinha. Minhas também. Um grande abraço fraterno.[4]

---

1 *Jornal do Brasil* de 19 de fevereiro de 1972, Arquivo da Biblioteca Amadeu Amaral/Funarte/INF, F-0519.

2 Obá de Xangô é um título honorífico do Candomblé criado no terreiro Axé Opó Afonjá por Mãe Aninha e o Babalaô Martiniano Bonfim, em 1936. Os Obás de Xangô acabaram exercendo o papel importante de protetores do Terreiro, sobretudo em uma época de grande perseguição policial às religiões afro-brasileiras. Ler, sobretudo, LIMA, Vivaldo da Costa. "Os Obás de Xangô". *Afro-Ásia*, Salvador: Ceao, nº 2-3, 1966, pp. 5-36.

3 *Jornal do Brasil* de 26 de fevereiro de 1972, Arquivo da Biblioteca Amadeu Amaral/Funarte/INF, F-0521.

4 *Apud* CAYMMI, Stella. *Dorival Caymmi*: o mar e o tempo. São Paulo: Editora 34, 2001, p. 444.

Mãe Menininha teve seu pedido atendido pelo amigo cancioneiro, que lançou seu LP *Caymmi* em um show aclamado pela crítica no teatro Castro Alves e depois em uma festa no terreiro do Gantois.[5]

Muito provavelmente em razão da repercussão nacional das festividades na Bahia em homenagem à Mãe Menininha, dois anos depois, na coluna sobre "Música Popular" do *Jornal do Brasil*, em 30 de setembro de 1974, o crítico musical José Tinhorão anunciou que a gravadora Continental acabava de lançar dois discos-documentários, um deles chamado "Mãe Menininha do Gantois – SLP-10140", com extenso depoimento da ialorixá aos 80 anos, a música do amigo Caymmi "Oração à Mãe Menininha" e gravações ao vivo de canções dos rituais do candomblé, com vários toques dos atabaques, runs e agogôs manejados por Vadinho, Edinho, Bobó e Badaró, todos ogãs do Gantois.[6] Tinhorão fez algumas críticas ao LP: considerou infantilizado o roteiro de perguntas a ialorixá do Gantois e muito ruim o texto da contracapa do disco, com vários erros gramaticais, e concluiu a reportagem: "parabéns à Continental pelos seus discos documentais. Mas sempre que os temas escolhidos tiverem alguma coisa que ver com o *folclore* ou arte popular, por favor, procurem o professor Vicente Salles no Conselho Federal de Cultura (...).[7]

As reportagens veiculadas no *Jornal do Brasil*, periódico de grande circulação nacional, sobre a festa do cinquentenário da feitura de santo da ialorixá do Gantois (1972) e o lançamento do LP-documentário (1974) sugerem algumas questões sobre a trajetória de Mãe Menininha. A principal delas, e o argumento deste artigo, é

---

5 *Apud* CAYMMI, Stella. *Dorival Caymmi*: o mar e o tempo. São Paulo: Editora 34, 2001, p. 444.

6 *Jornal do Brasil* de 30 de setembro de 1974, Arquivo da Biblioteca Amadeu Amaral/Funarte/INF, F-0524/0525. O LP-documentário *Mãe Menininha do Gantois* é raríssimo de ser encontrado, mas as gravações estão disponíveis no YouTube.

7 *Jornal do Brasil* de 30 de setembro de 1974, Arquivo da Biblioteca Amadeu Amaral/Funarte/INF, F-0524/0525.

que sua popularidade, consolidada nacionalmente durante o período de chumbo da ditadura militar brasileira, ocorreu em razão de dois movimentos intimamente relacionados. O primeiro foi uma aliança por décadas entre as ialorixás dos terreiros de candomblé da nação nagô-ketu, sobretudo entre Mãe Menininha do Gantois e Mãe Senhora do Opô Afonjá, pautada pelo princípio da "pureza nagô" ou "pureza africana". Essa aliança foi fundamental para o processo de legitimação social do candomblé, mas acabou deflagrando a hierarquização entre os candomblés da Bahia e o acirramento de disputas internas entre o povo de santo.[8] O segundo movimento ocorreu após a morte de Mãe Senhora do terreiro Opô Afonjá e o estreitamento da relação de Mãe Menininha com artistas baianos de projeção nacional como Maria Bethânia, Caetano Veloso e Dorival Caymmi, fazendo com que a ialorixá do terreiro do Gantois se transformasse em um fenômeno de cultura de massa pautado pela ideia de que, na década de 1970, ela era "a última guardiã das tradições africanas no Brasil". A principal implicação desse processo é que a popularização do candomblé além dos limites dos grupos que o praticavam originalmente deflagrou sua popularização no imaginário nacional, tornando-o não só um produto altamente consumível, como fez de Mãe Menininha a expressão máxima da democracia racial na Bahia, fundamental para identidade nacional forjada pelos militares e pelo poder local naqueles anos.

---

8 As linhas gerais do argumento desenvolvido neste artigo não são inéditas e são tributárias de importantes pesquisas desenvolvidas na Antropologia, sobretudo CASTILLO, Lisa Earl. *Entre a oralidade e a escrita*: a etnografia nos candomblés da Bahia. Salvador: EDUFBA, 2010; PARÉS, Luís Nicolau. "O mundo Atlântico e a construção da hegemonia nagô no candomblé baiano". *Revista Esboços*, vol. 17, nº 23, 2010, pp. 165-185; DANTAS, Beatriz Góis. *Vovó nagô, Papai branco*. Rio de Janeiro: Graal, 1988; SANTOS, Jocélio Teles dos. *O poder da cultura e a cultura do poder*: a disputa simbólica da herança cultural negra no Brasil. Salvador: EDUFBA, 2005; SILVA, Vagner Gonçalves da. *Os Orixás da metrópole*. Rio de Janeiro: Vozes, 1995.

O argumento desenvolvido sobre a trajetória de Mãe Menininha do Gantois não é inédito e suas linhas gerais foram amplamente analisadas pela historiografia citada no decorrer deste artigo, sobretudo historiografia que analisa o papel das ialorixás dos terreiros ketu-nagô na Bahia durante processo de legitimação social do candomblé. O que se propõe neste artigo é uma mudança de olhar sobre a trajetória de Mãe Menininha do Gantois cujo auge da fama foi paradigmática de uma ideia de Brasil forjada na década de 1970, que subsumia diversos conflitos por meio das premissas da democracia racial brasileira e sincretismo religioso.

Descendente em linha direta de africanos da cidade de Egbá-Aké, Mãe Menininha nasceu Maria Escolástica da Conceição Nazaré em 10 de fevereiro de 1894, dentro de um terreiro de candomblé, em Salvador, fundado por sua bisavó nigeriana Maria Júlia da Conceição Nazareth. Passou a infância morando na mesma casa que sua bisavó, sua mãe Maria da Glória, seu pai Joaquim Assunção e suas tias Damiana e Pulquéria, a qual lhe cunhou o apelido de "menininha".

A fundação do terreiro por sua bisavó ocorreu por questões sucessórias: por não ter sido escolhida como sucessora do terreiro da Barroquinha, o Ilê Iyá Nassô (também conhecido como terreiro do Engenho Velho ou Casa Branca), que ficava no centro da cidade, Maria Júlia fundou o terreiro Ilê Iyá Omin Axé Iyamassé – a casa da mãe das águas.[9] Ruth Landes nos conta que, em razão da violenta perseguição aos candomblés, a escolha do local para a fundação do terreiro Ilê Iyá Omin Axé Yamassê, em 1849, foi estratégica: local deserto na época, região alta do bairro da Federação, um terreno grande e cercado por muitas árvores e com difícil acesso para evitar a chegada da polícia, que o bisavô de Menininha e marido de Maria Júlia, o africano jejê Francisco Nazareth, arrendou de uma família

9 Cf. SILVEIRA, Renato da. *O Candomblé da Barroquinha*: processo de constituição do primeiro terreiro baiano de Keto. Salvador: Edições Maianga, 2006.

de traficante de escravos belga de sobrenome Gantois – razão do nome "terreiro do Gantois".[10]

No período de nascimento de Menininha, final do século XIX, o terreiro do Gantois ganhava visibilidade social pelo impressionante número de pessoas que se deslocavam para o bairro da Federação para suas festas, deflagrando na imprensa local uma campanha fervorosa para coibir seu funcionamento. Ocorre que entre os frequentadores das festas estavam, segundo Nina Rodrigues, "uma autoridade policial e diversas praças de polícia à paisana e alguns secretas da mesma polícia".[11] Tal presença foi estimulada pelas ialorixás do terreiro, com o objetivo de fazê-los conhecer os cultos e os rituais ali praticados para desmistificá-lo da pecha de "bruxaria" e "feitiçaria".

A repressão ao candomblé se deu com base na sua identificação proposital com as práticas de feitiçaria e de falsa medicina, denominadas práticas fetichistas.[12] A noção de fetichismo e o termo feitiço são peças fundamentais para a compreensão da ideologia civilizatória que ajudou a justificar a perseguição às práticas culturais e religiosas afro-brasileiras desde o período colonial e, sobretudo, na passagem do século XIX para o XX.[13] Os termos eram usados

---

10 LANDES, Ruth. *A cidade das mulheres (1908-1991)*. Rio de Janeiro: Editora da UFRJ, 2002, p. 47.

11 RODRIGUES, Nina. *Os africanos no Brasil*. São Paulo: Editora Nacional, 1977, p. 239.

12 PARÉS, Luís Nicolau; SANSI, Roger. *Sorcery in the black Atlantic*. Chicago: The University of Chicago Press, 2011.

13 SANSI, Roger. "Feitiço e fetiche no Atlântico moderno". *Revista de Antropologia*, São Paulo: USP, vol. 51, nº 1, 2008, pp. 126/127. A partir da historicidade do discurso do feitiço no Atlântico, o autor demonstra como esse discurso foi usado para apropriar-se de e objetificar certas situações coloniais em termos diversos e como, por esse processo, se transformou em outra coisa. Por trata-se de um elemento-chave da religião africana nas crônicas europeias, com o passar do tempo, o discurso da feitiçaria se transformou no discurso do fetiche e do fetichismo.

para desqualificar e homogeneizar práticas diferentes de cura e religiosidade, de sorte que candomblé e feitiço tornaram-se sinônimos diametralmente opostos às ideias de progresso e civilização, caros ao projeto de nação brasileira nas primeiras décadas do século XX.[14]

Isso porque o vasto conhecimento dos pais e mães de santo sobre as plantas medicinais, suas qualidades, efeitos e indicação para diversas doenças comuns não seriam aceitos pela sociedade – essencialmente católica e encantada com os "progressos" da ciência no começo do século XX – como parte de uma religiosidade legítima, nem de uma medicina eficaz. A essas práticas terapêuticas – "práticas desabusadas da perniciosa feitiçaria" – realizadas pelos curandeiros eram associados os pejorativos termos de "falsa medicina", "bruxaria" e "magia negra", todos vinculados à "seita africana vulgarmente denominada candomblé".[15] Os chamados bruxos, feiticeiros e suas práticas mágicas foram duramente reprimidos desde os tempos coloniais, mas foi a partir da inclusão de três artigos no Código Penal de 1890 que o Estado criou mecanismos reguladores de combate às práticas de "feitiçaria": o artigo 156 referia-se à prática ilegal da medicina, sendo esta permitida apenas aos habilitados "segundo as leis e regulamentos"; o artigo 157 proibia a prática da magia, do espiritismo e de seus sortilégios; e o artigo 158 extinguia o "ofício denominado de curandeiro", sendo vetada a prescrição de qualquer substância "de qualquer dos reinos da natureza" como meio curativo por quem não fosse habilitado".[16]

---

14 SANTOS, Edmar Ferreira. *O poder dos candomblés*: perseguição e resistência no Recôncavo da Bahia. Salvador: EDUFBA, 2009, p. 71.

15 Cf. BRAGA, Júlio Santana. *Na gamela do feitiço*: repressão e resistência nos candomblés da Bahia. Salvador: EDUFBA, 1995. Sobre as estratégias de criminalização do candomblé, ler, especialmente, o último capítulo "A maconha nos cultos afro-brasileiros" de SAAD, Luísa Gonçalves. *Fumo negro*: a criminalização da maconha no Brasil (c. 1890-1932). Salvador: FFCH/PPGH, 2013, pp. 92-114. (Dissertação de Mestrado).

16 Cf. MAGGIE, Yvonne. *Medo do feitiço*: relações entre magia e poder no Brasil. Rio de Janeiro: Arquivo Nacional, 1992, p. 87.

Foi nesse contexto de forte repressão policial e grande cientificismo que Menininha cresceu, acompanhando as mulheres de sua família construírem estratégias de consolidação do candomblé como religião, desdobrando-se entre os afazeres de casa, a criação dos filhos, os trabalhos na cidade e os compromissos religiosos que eram muitos, sobretudo para as ialorixás. Por ter nascido no candomblé, Menininha foi iniciada na religião aos oito meses por sua tia Pulquéria. Aos seis anos, já dançava nas festas dos cultos aos Orixás. Aos oito anos, foi feita santo para Oxum – Orixá da beleza e nome do mais importante rio da cidade de Osogbo, na Nigéria.[17]

Com a morte da bisavó de Menininha, a ialorixá Maria Júlia, assumiu o terreiro sua filha carnal Pulquéria Maria da Conceição Nazaré, em 1900, inaugurando um tempo de grande prosperidade para os terreiros de candomblé, especialmente os da nação ketu-nagô, que procuraram entronizar em seus postos de ogãs pessoas da própria comunidade religiosa, intelectuais e representantes das classes mais privilegiadas que podiam fornecer proteção, prestígio e apoio financeiro a suas atividades.[18] Nesse sentido, a inserção do antropólogo como ogã foi uma forma de garantir sua participação nas esferas de poder do candomblé do Gantois, de obter reconhecimento do terreiro e de ter acesso aos chamados "fundamentos religiosos", o que acabou por consolidar a etnografia como um campo de saber sobre religião.[19]

---

17 NÓBREGA, Cida; ECHEVERRIA, Regina. *Mãe Menininha do Gantois*: uma biografia. Salvador: Corrupio; Rio de Janeiro: Ediouro, 2006.

18 Cf. SILVA, Vagner Gonçalves da. *O antropólogo e sua magia*: trabalho de campo e texto etnográfico nas pesquisas antropológicas sobre as religiões afro-brasileiras. São Paulo: EDUSP, 2000, pp. 93/94.

19 Cf. CASTILLO, Lisa Earl. *Entre a oralidade e a escrita*: a etnografia nos candomblés da Bahia. Salvador: EDUFBA, 2010, p. 17. Segundo a autora, "para os terreiros, tornar-se objeto do olhar etnográfico trouxe uma nova visibilidade [ao candomblé] perante a sociedade externa, a qual representava uma ruptura com o passado, quando a sua sobrevivência dependia da invisibilidade social: durante a maior parte da

A ialorixá Pulquéria esteve à frente do terreiro do Gantois por 18 anos e quando faleceu, em 1918, por não ter tido filhas carnais, foi sucedida por sua sobrinha Maria da Glória Nazaré, mãe de Menininha, que veio a falecer dois anos depois. Com a morte de sua mãe, Menininha afastou-se do terreiro do Gantois e passou a se dedicar a fazer doces e a costurar. Ruth Landes, antropóloga norte-americana que frequentou o Gantois na década de 1930, conta-nos que Menininha era vista como uma jovem que transitava com muita elegância pelo centro da cidade, gostava de sambar nas festas mais populares e era querida por todos por seu talento como doceira e costureira, ocupações que a sustentaram até o casamento com o advogado sergipano de origem escocesa Álvaro MacDowell de Oliveira, com quem teve duas filhas, Cleusa, em 1923, e Carmem, em 1928.[20]

Ainda durante o período necessário para a escolha da sucessora no terreiro e logo depois do casamento com Álvaro MacDowell, Menininha estava em uma missa em homenagem à sua tia Pulquéria quando foi chamada a voltar ao Gantois para que a sucessora do terreiro fosse escolhida. Em uma entrevista ao jornal carioca *O Globo*, em 3 de julho de 1973, a própria Menininha contou que ela recebeu o Axé, o poder místico para ser sacerdotisa-mor de um terreiro, diretamente de dois Orixás: Oxossi, senhor da caça e o primeiro rei da cidade de Ketu, e Xangô, senhor do raio.[21]

Tudo leva a crer que esse episódio, contado à exaustão por Menininha em várias entrevistas, ajudou a conferir-lhe notoriedade entre as ialorixás dos candomblés ketu-nagô e foi importante para sua fama na imprensa, sobretudo quando se considera que, no

---

primeira metade do século XX, os jornais divulgaram e até incentivaram as invasões policiais dos terreiros".

20 LANDES, Ruth. *A cidade das mulheres*. Rio de Janeiro: Editora da UFRJ, 2002, p. 76.

21 *O Globo* de 3 de julho de 1973, Arquivo da Biblioteca Amadeu Amaral/Funarte/INF, F-0522.

terreiro do Gantois, a sucessão segue até hoje regras tradicionais específicas que asseguram o posto de ialorixá a mulheres ligadas por laços parentais à primeira fundadora e em uma cerimônia de consulta aos Orixás.

Tal honra, no entanto, não poupou Mãe Menininha de sofrer resistência por parte de um tio e dos frequentadores mais antigos da casa, que consideravam outras candidatas mais velhas e não estavam convencidos de que uma moça de 28 anos teria condições de ocupar o mais alto posto do terreiro. Com arguta diplomacia e indiscutível conhecimento dos "fundamentos religiosos", Mãe Menininha soube contornar seus opositores e iniciar seu reinado em 18 de fevereiro de 1922 à frente do terreiro do Gantois.[22]

O início da fama do terreiro do Gantois fora da Bahia deve-se à repercussão da obra de Nina Rodrigues, ogã do terreiro,[23] que foi o pioneiro nos estudos sobre o candomblé baiano, analisando os cultos e os ritos do candomblé ketu-nagô em "O Animismo fetichista dos negros baianos", publicado originalmente na *Revista Brazileira*, entre 1896 e 1897, em quatro capítulos diferentes, editados sob a forma de livro por seu discípulo, Arthur Ramos, em 1935.[24]

Além disso, a projeção nacional que Mãe Menininha alcançou ao longo de sua trajetória de ialorixá do terreiro Ilê Iyá Omin Axé Iyamassê (Gantois) relaciona-se à construção da supremacia religiosa do candomblé nagô-ketu, que passou a ser reconhecido por

---

22 LANDES, Ruth. *A cidade das mulheres*. Rio de Janeiro: Editora da UFRJ, 2002.

23 Esse fato é relatado por vários autores e pelo próprio Nina Rodrigues, mas sobre as implicações deste como ogã do terreiro do Gantois no processo de legitimação social do candomblé no século XX, ler, sobretudo: SANTOS, Jocélio T. dos. "Menininha do Gantois: a sacralização do poder". *In*: SILVA, Vagner G. da. (Coord.). *Caminhos da alma*: memória afro-brasileira. São Paulo: Summus, 2002, pp. 133-152.

24 RODRIGUES, Nina. *O animismo fetichista dos negros baianos*. Rio de Janeiro: UFRJ/Biblioteca Nacional, 2006.

meio da publicação das obras de Nina Rodrigues, Artur Ramos, Edison Carneiro e Ruth Landes, a partir de 1930, que reificaram o antagonismo entre os candomblés nagôs, liderados por mulheres, em oposição aos candomblés com culto aos caboclos, considerados impuros e misturados.[25] A intervenção desses intelectuais, valorizando de forma seletiva aspectos do candomblé como parte da cultura nacional, aliado ao reconhecimento, desde o final do século XIX, do Gantois, Opô Ofonjá e Casa Branca como terreiros de notória tradição nagô, reforçou o *status* e a autoridade dessas casas enquanto guardiãs da pureza e da tradição africanas, e de suas mães de santo como legítimas herdeiras dessa tradição, especialmente Mãe Senhora do Opô Afonjá e Mãe Menininha do Gantois.[26]

A fama das casas nagôs entre os intelectuais ligados ao candomblé convergiu com outras formas de resistências ao recrudescimento da perseguição policial que, em 1934, instituiu uma lei que exigia que os candomblés se registrassem na Delegacia de Polícia e Costumes para regulamentar seu funcionamento e expedir ou não licença

25 PARÉS, Luís Nicolau. "O mundo Atlântico e a construção da hegemonia nagô no candomblé baiano". *Revista Esboços*, vol. 17, nº 23, 2010, p. 182. O autor demonstra que, até meados do século XIX, os números de terreiros nagôs e jêje eram equivalentes, com leve predominância jêje. Esse quadro foi alterado a partir da década de 1930, quando Nina Rodrigues, Artur Ramos e Edson Carneiro publicaram suas pesquisas feitas no Terreiro do Gantois, como ogãs da casa. Segundo Parés, a hegemonia nagô foi crescente desde então, de sorte que, em pesquisa realizada em Salvador, em 1998, 56,4% das casas de culto se autoidentificavam como pertencentes à nação ketu ou ketu-nagô, contra 27,2% dos angolas e apenas 3,6% dos jêjes. Em 2007, o número de casas de culto ketu ou ketu-nagô aumentou para, aproximadamente, 64% (PARÉS, Luís Nicolau. "O mundo Atlântico e a construção da hegemonia nagô no candomblé baiano". *Revista Esboços*, vol. 17, nº 23, 2010, pp. 166 e 170).

26 Sobre a "pureza nagô", cf. PARÉS, Luís Nicolau. "O mundo Atlântico e a construção da hegemonia nagô no candomblé baiano". *Revista Esboços*, vol. 17, nº 23, 2010; e CASTILLO, Lisa Earl. *Entre a oralidade e a escrita*: a etnografia nos candomblés da Bahia. Salvador: EDUFBA, 2010.

para a realização de rituais e festas. Assim, para evitar o estigma da clandestinidade, os terreiros de candomblé registraram-se como sociedades civis,[27] como o terreiro do Gantois tinha feito quase uma década antes, conforme o Artigo 1 dos Estatutos de sua Associação:

> A Associação de São Jorge (Ebé Ochóssi), fundada nesta Capital em 1849, pela preta africana (nagô) Maria Júlia da Conceição Nazareth, proseguida (*sic*) depois, em 1900, por Pulchéria Maria da Conceição Nazareth, e, reorganizada, em 1826 por D. Escolástica Maria da Conceição Nazareth, tem a sua sede nesta Cidade, ao Alto do Gantois, districto da Vitória, e será indeterminado o seu tempo de duração.[28]

Infelizmente, não há muitos estudos acerca da Associação de São Jorge Ebé Oxóssi e seu papel como um lugar de resistência ao controle policial, mas chamamos atenção para o fato de que os demais terreiros se constituíram em sociedades civis quase uma década depois,[29] de sorte que, ao reorganizar os estatutos da Associação do Gantois, Mãe Menininha teve um papel importante nesse processo, contando com a ajuda de seu marido e companheiro, o advogado Álvaro MacDowell. Até porque, já na década de 1930, ele e Mãe Menininha participaram ativamente de outras formas de resistência e legitimação do candomblé na Bahia.

---

27 DANTAS, Beatriz Góis. *Vovó nagô, Papai branco*. Rio de Janeiro: Graal, 1988, p. 110.

28 *Apud* SERRA, Ordep. *Laudo antropológico do Terreiro do Gantois, Ilê Axê* Iá *Omin Yamassê, como patrimônio histórico e etnográfico do Brasil*. Disponível em: www.ordepserra.wordpress.com. Acessado em: 03.07.2015.

29 DANTAS, Beatriz Góis. *Vovó nagô, Papai branco*. Rio de Janeiro: Graal, 1988, especialmente o capítulo II. Lisa Earl Castillo afirma, por exemplo, que o Babalaô Martiniano era o presidente da recém-criada sociedade civil do Opô Afonjá, em 1936 (CASTILLO, Lisa Earl. *Entre a oralidade e a escrita*: a etnografia nos candomblés da Bahia. Salvador: EDUFBA, 2010, p. 123).

Na década de 1930, a "cultura nacional" passou a ser a chave de um nacionalismo no qual as diferenças foram naturalizadas em um repertório de patrimônio cultural comum que ressaltava as relações de solidariedade e ocultava as relações de dominação e resistência.[30] Foi nesse universo que Gilberto Freyre publicou sua obra mais polêmica, *Casa Grande & Senzala,* destacando a vocação brasileira para a democracia racial, a mestiçagem e o regionalismo nordestino como espaço privilegiado dessas relações harmônicas, com destaque para a herança cultural africana da Bahia:

> A alegria comunicativa dos baianos (...) a sua graça, a sua espontaneidade, a sua cortesia, o seu riso bom e contagioso (...) penetrada não só do melhor sangue que o tráfico negreiro trouxe para a América como da cultura mais alta que transmitiu da África ao continente americano.[31]

Ao sugerirem que o Nordeste era o verdadeiro reduto da nacionalidade brasileira da década de 1930 e o negro responsável pelo legado de tradições africanas, os intelectuais ligados ao candomblé encontraram a cadência necessária para, articulados com o povo de santo, organizarem o combate à criminalização da religião e à perseguição policial e reivindicarem a liberdade de culto. Foi nessa década, não por acaso, a realização de dois Congressos Afro-Brasileiros no Nordeste. O primeiro, em 1934, foi realizado no Recife, organizado por próprio Gilberto Freyre e com participação de Edson Carneiro e de pais de santo da Bahia. O II Congresso foi realizado em 1937, em Salvador, e teve adesão de 40 terreiros da Bahia. Seus organizadores foram Edison Carneiro, Aydano do Couto Ferraz e Reginaldo Guimarães, e a programação contou com comunicações

30 CASTILLO, Lisa Earl. *Entre a oralidade e a escrita*: a etnografia nos candomblés da Bahia. Salvador: EDUFBA, 2010, p. 109; MOTA, Carlos Guilherme. *Ideologia da cultura brasileira*. São Paulo: Ática, 1977.

31 DANTAS, Beatriz Góis. *Vovó nagô, Papai branco*. Rio de Janeiro: Graal, 1988, p. 115.

de Gilberto Freyre – apesar de não ter participado por divergências com os organizadores –, os pesquisadores norte-americanos Donald Pierson e Melville Herkovits, Jorge Amado, Arthur Ramos, Edison Carneiro, Ruth Landes e os textos de sacerdotes e sacerdotisas, como o Babalaô Martiniano do Bonfim, Mãe Aninha, Bernardino Bate Folha, Manuel Falefá.[32]

Lisa Castillo demonstra que a divulgação na imprensa da participação no II Congresso de reconhecidos intelectuais de dentro e fora do país demonstrou à sociedade baiana que eles não compartilhavam do preconceito contra o candomblé, muito comum naqueles tempos. Além disso, o II Congresso Afro-Brasileiro reivindicou o estatuto de "religião" aos cultos afros e impulsionou a fundação da União das Seitas Afro-Brasileiras, que gradualmente substituiria a polícia no controle das atividades religiosas ao cadastrar os terreiros e garantir o funcionamento "responsável" das casas, evitando abusos e o desvirtuamento de suas finalidades religiosas.[33]

O fato é que dos três grandes terreiros da nação ketu-nagô, o Gantois – que tinha, desde o início do século XX, maior proximidade com os intelectuais como Nina Rodrigues, Arthur Ramos e Ruth Landes – não participou da produção textual do II Congresso, apesar de Mãe Menininha e suas filhas terem sido homenageadas com a confecção de bonecas que as representava em tamanho quase natural.[34] Lisa Castillo afirma que essa falta de participação na produção textual do congresso representou a primeira perda de espaço etnográfico para o Gantois. Considerando que, para a autora,

---

32 CASTILLO, Lisa Earl. *Entre a oralidade e a escrita*: a etnografia nos candomblés da Bahia. Salvador: EDUFBA, 2010, pp. 124/125.

33 PARÉS, Luís Nicolau. "O mundo Atlântico e a construção da hegemonia nagô no candomblé baiano". *Revista Esboços*, vol. 17, nº 23, 2010, pp. 165-185.

34 SANTOS, Jocélio T. dos. "Menininha do Gantois: a sacralização do poder". *In*: SILVA, Vagner G. da. (Coord.). *Caminhos da alma*: memória afro-brasileira. São Paulo: Summus, 2002, pp. 139/140.

as etnografias não eram consideradas apenas como fonte de saber religioso, mas como ferramentas úteis para a legitimação, o reconhecimento, o prestígio e o próprio registro histórico do candomblé, seria interessante considerarmos a mudança de postura da relação de Mãe Menininha do Gantois com os antropólogos a partir da realização do II Congresso.

Um misto de vaidade e convicção do protagonismo do povo de santo no processo de legitimação social do candomblé, a ausência de participação do Gantois na produção textual do II Congresso decorreu de divergências políticas entre Mãe Menininha e Edison Carneiro, por ocasião da fundação da União das Seitas Afro-Brasileiras da Bahia, com seu marido, Álvaro MacDowell, entre os principais membros.[35] Segundo Roger Bastide, a polêmica entre Mãe Menininha e Edison Carneiro girou em torno de uma das mais importantes deliberações do II Congresso: dinamizar a fundação de sociedades civis dos terreiros de candomblé como importante estratégia contra a perseguição policial e de legitimação – prática que, como se viu, o terreiro do Gantois tinha inaugurado havia mais de uma década. De acordo com Bastide, a briga foi deflagrada quando Donald Pierson escreveu em seu livro *Brancos e Negros na Bahia*, a partir de informações de Edison Carneiro, que o Opô Afonjá fora o primeiro a criar uma sociedade civil, e o advogado Álvaro MacDowell, marido de Mãe Menininha, protestou em um artigo publicado no jornal *A Máscara*, em novembro de 1942, provavelmente reivindicando o pioneirismo do terreiro do Gantois e de Mãe Menininha nessa estratégia de legitimação social do candomblé e liberdade de culto.[36]

---

35 CASTILLO, Lisa Earl. *Entre a oralidade e a escrita*: a etnografia nos candomblés da Bahia. Salvador: EDUFBA, 2010, pp. 128/129.

36 CASTILLO, Lisa Earl. *Entre a oralidade e a escrita*: a etnografia nos candomblés da Bahia. Salvador: EDUFBA, 2010, nota 53, p. 129. Roger Bastide afirma: "o Engenho Velho, que é o candomblé mais velho da Bahia, foi fundado por duas africanas ligadas a Oxóssi e a Xangô. Trouxeram para sua nova pátria a associação que, em Abeokuta, é conhecida como o mesmo nome de *Egbé* (*Egbé Oluri Odé*), composta

Para Dantas, na luta contra a criminalização do candomblé na década de 1940, a noção de "pureza nagô" foi transformada em categoria analítica e estratégia de defesa,[37] construída numa relação de cooperação entre antropólogos e líderes das mais prestigiosas casas de candomblé de Salvador,[38] como é o caso entre os terreiros do Gantois, de Mãe Menininha, e do Opô Ofonjá, de Mãe Aninha. Donald Pierson cita uma entrevista com Mãe Aninha que é paradigmática desse processo de disputa pela "pureza africana" entre os principais terreiros da Bahia: "minha seita é nagô puro, como Engenho Velho. Tenho ressuscitado grande parte da tradição africana que o Engenho Velho tinha esquecido. Tem uma cerimônia para os doze ministros de Xangô? Não! Mas eu tenho".[39] Ao pautar a "pureza nagô" por meio da criação dos ministros de Xangô, Mãe Aninha do terreiro Opô Afonjá se distancia de Mãe Menininha do Gantois no que se refere à superioridade dos rituais do candomblé, estreitando a relação de sua casa com os antropólogos que enalteciam essa tradição africana em suas etnografias, como é o caso de Edison Carneiro. O próprio Babalaô Martiniano Bonfim, que teve um papel importante no II Congresso, incentivava os pesquisadores a idealizar Mãe Aninha em detrimento de Mãe Menininha do Gantois.[40] Sobre essa disputa pela

---

de cinco grandes chefes, seis caçadores e seis assistentes (isto é, seis dignitários da direita e seis dignitários da esquerda); quando o Engenho Velho se desdobrou, a associação deve ter passado para o Gantois" (BASTIDE, Roger. *O Candomblé na Bahia: Rito nagô*. São Paulo: Companhia Editora Nacional, 1961, pp. 299/300).

37 BASTIDE, Roger. *O Candomblé na Bahia: Rito nagô*. São Paulo: Companhia Editora Nacional, 1961; em perspectiva contrária, cf. DANTAS, Beatriz Góis. *Vovó nagô, Papai branco*. Rio de Janeiro: Graal, 1988, sobretudo, o capítulo "A construção e o significado da pureza nagô".

38 DANTAS, Beatriz Góis. *Vovó nagô, Papai branco*. Rio de Janeiro: Graal, 1988, pp. 242/243.

39 *Apud* CASTILLO, Lisa Earl. *Entre a oralidade e a escrita*: a etnografia nos candomblés da Bahia. Salvador: EDUFBA, 2010, p. 134.

40 *Apud* CASTILLO, Lisa Earl. *Entre a oralidade e a escrita*: a etnografia nos candomblés da Bahia. Salvador: EDUFBA, 2010.

"pureza nagô", Dantas afirma que os africanismos encontrados nos terreiros da Bahia não seriam realmente práticas sociais africanas, mas representações do africano produzidas nos meios acadêmicos que foram difundidas e apropriadas pelo senso comum.

Não parece ter sido por outra razão que, na década de 1940, o terreiro Opô Afonjá se consolidou como um lugar privilegiado de encontros para a comunidade intelectual da Bahia, contando entre seus afiliados: Jorge Amado, Carybé, Mário Cravo, Vasconcelos Maia, Antônio Olinto, Zora Seljan, o pintor Rubem Valentim, o jurista pernambucano Rui da Costa Antunes e Moisés Alves.[41] Com efeito, a partir desse momento, Mãe Menininha do Gantois afastou-se dos intelectuais e aproximou-se de artistas de projeção nacional que, somada a sua autoridade como uma das grandes guardiãs da tradição religiosa africana, projetaram sua fama nacionalmente.

Com a morte de Mãe Aninha em 1938 e do babalaô Martiniano em 1943, o carisma e a autoridade religiosa de Mãe Menininha foram se sobrepondo a qualquer disputa ou rivalidade entre os terreiros de candomblé da nação ketu-nagô, à medida que muitos dos intelectuais do Opô Afonjá tornam-se seus admiradores, amigos pessoais e frequentadores assíduos do terreiro do Gantois.[42]

Nessa década, entretanto, Mãe Menininha sofreria uma grande perda. Além de ter sido um aliado incansável na luta contra a criminalização do candomblé, Álvaro MacDowell foi um grande companheiro de vida: Mãe Menininha mudou-se com suas filhas Carmem e Cleusa para o terreiro do Gantois, quando ela e o companheiro passaram a viver em casas separadas, conforme os preceitos do candomblé, a ialorixá dentro do terreiro e seu companheiro na

41 *Apud* CASTILLO, Lisa Earl. *Entre a oralidade e a escrita*: a etnografia nos candomblés da Bahia. Salvador: EDUFBA, 2010, p. 137.

42 LANDES, Ruth. *A cidade das mulheres*. Rio de Janeiro: Editora da UFRJ, 2002.

casa em frente ao barracão branco, participando com mais intensidade das atividades do terreiro até o seu falecimento, em 1948.[43]

Abalada com a morte do marido e com problemas de saúde que se agravariam nas décadas seguintes, Mãe Menininha intensificou suas atividades religiosas, que aumentaram sua autoridade dentro e fora dos muros do Gantois mesmo em um momento em que Mãe Senhora, sucessora do terreiro Opô Afonjá, estreitava alianças com antropólogos e intelectuais estrangeiros, como Jean Paul Sartre e Simone de Beauvoir, e com autoridades das duas margens do Atlântico: por meio de Pierre Verger, em 1952, Mãe Senhora foi condecorada com o maior título honorífico do candomblé "Iyá-Nassô" pelo Alafim (Rei) de Oió, Adeniran Adeyemi II.[44] Esse fato é considerado pelos especialistas como um marco, na década de 1950 em diante, da aproximação diplomática do Brasil com a África. Embora haja críticas sobre a ausência de uma política da diplomacia brasileira fora do poder americano do governo de Juscelino Kubitschek, há consenso sobre durante o seu governo ter havido uma lenta gestação de interesse pelo continente africano, conforme afirmação do diplomata Bezerra de Menezes: "o Brasil visa a um extenso e persistente trabalho de sedução das massas africanas e asiáticas por meio do uso da nossa principal arma político-diplomática – igualdade racial e social quase perfeita existente no Brasil".[45]

Essa aproximação foi intensificada pela chamada diplomacia independente de Jânio Quadros, que transformou a África em um dos grandes parceiros econômicos do Brasil, bem como passou a dar ênfase à relação de irmandade cultural entre africanos e brasileiros,

---

43 NÓBREGA, Cida; ECHEVERRIA, Regina. *Mãe Menininha do Gantois*: uma biografia. Salvador: Corrupio; Rio de Janeiro: Ediouro, 2006.

44 BRAZIL, Érico Vital; SCHUMAHER, Schuma. *Dicionário mulheres do Brasil*. Rio de Janeiro: Zahar, 2000, p. 354.

45 *Apud* SANTOS, Jocélio T. dos. *O poder da cultura e a cultura do poder*: a disputa simbólica da herança cultural negra no Brasil. Salvador: EDUFBA, 2005, p. 35.

na chave da democracia racial que ressaltava, a um só tempo, o lastro da etnia africana para o patrimônio da cultura brasileira e a "vocação africana" do país.[46]

Em 4 de novembro de 1952, o terreiro Opô Afonjá comemorou o cinquentenário da ialorixá Mãe Senhora, com uma festa cheia de gente do candomblé, intelectuais da Bahia, do Rio de Janeiro e de São Paulo, e com representação oficial do governo de Juscelino Kubitschek, nas figuras do Ministro da Educação Clóvis Salgado e do Deputado Federal Celso Brant.[47] A presença e inserção de autoridades políticas locais nas festas dos terreiros de candomblé da Bahia não era novidade; no entanto, a peculiaridade da festa de Mãe Senhora é que o candomblé passou a ser assunto de grande interesse do governo federal.

Jocélio Teles argumenta que esse interesse decorreu da política diplomática do governo Jânio Quadros que provocou mudanças na gestão da política cultural da União e do estado da Bahia, passando a incorporar algumas manifestações negras e dar-lhes sentidos de autenticidade da nossa "brasilidade", que continha uma ideia de "baianidade" na qual o candomblé era um dos seus traços definidores, bastante caro ao patrimônio cultural nacional e, a partir da década seguinte, ao mercado.[48]

---

46 SANTOS, Jocélio T. dos. *O poder da cultura e a cultura do poder*: a disputa simbólica da herança cultural negra no Brasil. Salvador: EDUFBA, 2005. Ler, especialmente, "O renascimento africano na sociedade brasileira".

47 SANTOS, Jocélio T. dos. *O poder da cultura e a cultura do poder*: a disputa simbólica da herança cultural negra no Brasil. Salvador: EDUFBA, 2005, p. 61.

48 SANTOS, Jocélio T. dos. *O poder da cultura e a cultura do poder*: a disputa simbólica da herança cultural negra no Brasil. Salvador: EDUFBA, 2005; DANTAS, Beatriz Góis. *Vovó nagô, Papai branco*. Rio de Janeiro: Graal, 1988.

Ainda sob forte controle e repressão policial, as reportagens sobre o candomblé da Bahia e de várias partes do país tornaram-se frequentes na imprensa nacional. Muitas dessas reportagens ainda continham um tom pejorativo sobre os rituais de oferendas de comidas e animais aos Orixás, com títulos que oscilavam entre "Homenageando o Diabo" e "O Sangue do Galo Preto"; outras reportagens, no entanto, passaram a abordar o terreiro de candomblé como um espaço privilegiado para o estudo do "folklore" brasileiro, como é o caso da matéria sobre o terreiro da Goméia, do então famoso e polêmico babalaô Joãozinho da Goméia, considerado pela reportagem como "o maior bailarino típico" do país, cujas festas do terreiro eram amplamente divulgadas na imprensa local e nacional e desagradavam profundamente Mãe Menininha do Gantois e Mãe Senhora do Opô Afonjá.[49]

Ocorre que Mãe Meninha do Gantois sempre abriu as portas de seu terreiro para quem quisesse participar das festividades, povo de santo, intelectuais e políticos locais, mas ela e Mãe Senhora rejeitavam a comercialização das festividades do candomblé e não divulgavam o calendário de suas festas antecipadamente, como acontecia com vários terreiros de candomblé da cidade. Como tinha relações de muita proximidade com José Manoel da Rocha, presidente da Federação do Cultos Afro-Brasileiros, Mãe Menininha aproveitou uma conferência do historiador Affonso Ruy intitulada "Candomblé hoje é indústria" e pediu que o amigo José Manoel da Rocha fizesse um pronunciamento oficial da Federação. O pronunciamento oficial da Federação do Culto Afro-Brasileiro foi publicado no jornal *A Tarde* em 25 de fevereiro de 1958. Em nota, José Manoel da Rocha saudou a conferência de Affonso Ruy, mas fez questão de esclarecer que o fenômeno de "industrialização do candomblé" era prática dos 315 terreiros que não estavam afiliados à Federação que,

49 DIÁRIO DA NOITE. "Terreiro de candomblé: fonte de estudos do folk-lore brasileiro". *Diário da Noite*, 20 ago. 1952, Biblioteca Amadeu Amaral/Funarte, F-0505.

à época, abarcava 65 terreiros de candomblé federados e 10.400 pessoas professadas. O argumento do presidente era que a situação irregular dos 315 terreiros de candomblé da Bahia ocorria porque seus rituais e festas não professavam a "pureza africana" das casas mais "tradicionais" da Bahia, pois nos 315 terreiros de candomblés "fabricavam-se festas para turistas".[50]

O fato é que, a despeito da resistência inicial de Mãe Menininha e Mãe Senhora aos apelos do mercado, na década de 1960, o candomblé deixou de ser considerado pelo senso comum como uma seita composta por pessoas semianalfabetas e com práticas primitivas e sanguinárias, e passou a se constituir, junto com a culinária e a capoeira, um símbolo da "baianidade" incorporado pela Secretaria de Turismo do Estado da Bahia e pelas empresas privadas e amplamente difundido pela imprensa nacional. Nesse período, os Orixás e os trajes das mães de santo passaram a fazer parte da propaganda da Bahiatursa, de hotéis, postos de gasolina, salões de beleza, consultórios médicos e foram rapidamente incorporados pelo carnaval da Bahia. Além disso, nessa década, várias composições e produções cinematográficas nacionais enalteceram a Bahia e sua "baianidade" em universos nem sempre convergentes. Para Jocélio Teles:

> Enquanto essas composições descrevem e enaltecem, sobremaneira, a representação religiosa de origem africana na Bahia, o filme *Bahia de Todos os Santos* prioriza um discurso racializado dos personagens. (...) Em *O Pagador de Promessas* (1962), o candomblé é periférico; em *Barravento* (1962),[51] ele é central. É a leitura marcada por um materialismo histórico

50 A TARDE. "Candomblé hoje é indústria: falsas associações afro-brasileiras". *A tarde*, Salvador, 25 fev. 1958, Biblioteca Amadeu Amaral/ Funarte, F-0545.

51 Sobre uma análise do filme de Glauber Rocha, *Barravento* (1962), e a relação do candomblé e o materialismo histórico, ler, sobretudo: SILVEIRA, Renato da. "O jovem Glauber e a ira dos Orixás". *Revista USP*, São Paulo, nº 39, set./out., 1998, pp. 85-115.

> que vê o candomblé como um obstáculo para o progresso social, e em que os pescadores são visualizados por trágico e fatalístico misticismo.[52]

O fato é que, em 1967, Mãe Menininha viu seu prestígio pessoal aumentar consideravelmente após a morte de Mãe Senhora, do Opô Afonjá, de sorte que em entrevista ao jornal *A Tarde*, Jorge Amado afirmou que Mãe Menininha era a última mãe de santo de raízes africanas na Bahia.[53] A afirmação do amigo é pautada pela alardeada "pureza africana" do terreiro do Gantois somada ao carisma da ialorixá junto aos expoentes da cultura baiana e legitimada socialmente por situações como a que relata o ogã do terreiro do Gantois, Edinho, sobre Mãe Menininha ter sido a única que teve forças e autoridade religiosa para cuidar pessoalmente das cerimônias fúnebres de Mãe Senhora, que comoveu a cidade por sete dias.

A morte de Mãe Senhora do terreiro Opô Afonjá foi um momento de inflexão na trajetória de Mãe Menininha do Gantois, que se sentia confortável em reinar absoluta como a maior autoridade religiosa da Bahia e guardiã da "pureza africana". Em 1969, Rex Schindler filmou o documentário *Bahia, por exemplo*, que retrata "as belezas e os encantos da Bahia" por meio dos depoimentos de diversos expoentes culturais do estado, como Dorival Caymi, Jorge Amado, Caribé, Gal Costa, Glauber Rocha, Mário Cravo, Caetano Veloso e com cenas de Olga de Alaketo e de Mãe Menininha do Gantois – provavelmente o primeiro registro fílmico da ialorixá.[54] Nesse documentário, a primeira cena chama atenção: trata-se de uma festa no terreiro de Olga do Alaketo, com o narrador explicando

---

52 SANTOS, Jocélio T. dos. *O poder da cultura e a cultura do poder*: a disputa simbólica da herança cultural negra no Brasil. Salvador: EDUFBA, 2005, p. 67.

53 Jornal *A Tarde*, Biblioteca Amadeu Amaral/Funarte.

54 BAHIA, POR EXEMPLO. Direção: Rex Schindler. Salvador, 1969, 1h26m. O documentário está disponível em: https://www.youtube.com/watch?v=j3fCadAjdOc. Acessado em: 03.07.2015.

que aquela cerimônia tinha começado nas primeiras horas da manhã com a "matança privada dos animais em oferenda aos Orixás". Além disso, a certa altura, Rex Schindler pergunta a Jorge Amado: "você não acha que o candomblé pode ser um obstáculo místico à inteira realização econômica e social do negro?", e Jorge Amado responde:

> Sou um materialista histórico, onde acho que o elemento místico limita de certa maneira o homem. Mas também não sou um dogmático, pois acho que uma aura mística pode ser grande força até revolucionária. No tempo da escravidão, quando os negros suportaram a mais dura das opressões, o candomblé foi o elemento de resistência à escravidão e de autonomia cultural.[55]

Além de explorar uma das principais polêmicas dos militantes negros da época sobre a relação entre o candomblé como referencial máximo da identidade negra e a luta de classe como central no processo histórico, interessa-nos, nesse documentário, o argumento do diretor em outra pergunta feita a Jorge Amado: "a Bahia pode ser considerada a capital cultural do terceiro mundo?", cuja resposta aparece na edição das cenas: obras de arte moderna, prédios novos, desfile de moda, depoimento de Gal Gosta em uma fase psicodélica convivendo harmoniosamente com os cantos do candomblé, comidas típicas, prédios antigos, negros jogando capoeira, ancestralidade africana nas cerimônias do candomblé e nas imagens de Mãe Menininha do Gantois na festa de Yemanjá, e um depoimento de Glauber Rocha afirmando que "na Europa, a Bahia é tão conhecida quanto o Brasil!"

Cumpre destacar que, após a exibição nacional do documentário *Bahia, por exemplo*, em 1971, a exposição de Mãe Menininha e de

55 BAHIA, POR EXEMPLO. Direção: Rex Schindler. Salvador, 1969, 1h26m. O documentário está disponível em: https://www.youtube.com/watch?v=j3fCadAjdOc. Acessado em: 03.07.2015.

Olga de Alaketo na imprensa dinamizou o processo de legitimação social do candomblé ao reconhecer o Estado como o mediador entre a tradição baiana de origem africana e as demandas de uma Bahia que se desejava moderna para superar seu "histórico atraso" decorrente do escravismo colonial. Trata-se, assim, de um documentário paradigmático da ideologia da "baianidade" que convergia com a política de turismo do estado da Bahia e do país, que desde então fazia questão ressaltar, nos materiais de propaganda, a singularidade do "jeito baiano":

> O povo e suas coisas. O povo e seus cantares. O ritmo lento que invade corações e acalma. A doçura que ocupa os espaços vagos da conturbação geral. A sensualidade livre não inteiramente atingida pela cultura do ocidente. Herança, entre outras, do negro viver africano. (...) A malandragem sábia e discreta, como a capoeira que não agride. Mas resolve. "Capoeira, meu filho, é ginga, é malícia, é tudo que a boca come" (Pastinha, mestre de vida e capoeira). E a comida, feita com o ouro líquido do dendê. Dividida delicadamente em pequenos pedaços de civilização: acarajé, abará e doces sem dendê, mas como muito coco e açúcar.[56]

Para Jocélio Teles, a política cultural do estado da Bahia, no período de 1970/1974, formulou ações pautadas pela ideia de que o turismo era um fator de "preservação e estímulo às artes, ao artesanato, ao lazer e mesmo à vivência baiana". Nessa diretriz que ressalta a democracia racial brasileira e, por suposto, a inexistência de preconceito racial no estado e no país, o "viver baiano" passou a representar uma atração turística e as propagandas estatais ressaltavam a ideia de que o governo da Bahia estava proporcionando à cultura popular um verdadeiro "renascimento" com o patrocínio,

---

56 "Propaganda do governo do estado da Bahia" *apud* SANTOS, Jocélio T. dos. *O poder da cultura e a cultura do poder*: a disputa simbólica da herança cultural negra no Brasil. Salvador: EDUFBA, 2005, p. 88.

a promoção e o apoio às manifestações populares.[57] Na década de 1970, os afoxés, a capoeira, a culinária baiana e o candomblé eram bem tratados pela Bahiatursa e amplamente divulgados na imprensa local e nacional como manifestações singulares da herança africana, com especial atenção aos cultos afro-brasileiros. A apropriação do candomblé como a principal variável do "jeito baiano", que convivia harmoniosamente com o catolicismo, veiculado nacionalmente como algo "folclórico" pelo turismo e, portanto, como uma mercadoria, revela uma imagem muito cara à ideia de nacionalidade difundida pela ditadura militar: o Brasil como um país mestiço, sem conflitos, como resultado de uma soma diversificada, colorida e tropical de manifestações típicas, mas não restritas ao âmbito regional, e sim como importantes símbolos nacionais.[58]

Foi justamente nesse período que artistas como Clara Nunes e Maria Bethânia passaram a divulgar as religiões afro-brasileiras por meio de seus repertórios, difundindo nacionalmente, assim, a cultura dos terreiros baianos e o nome das famosas mães de santo Olga de Alaketo e Mãe Menininha do Gantois.[59] Nesse processo, o encontro de Maria Bethânia com Mãe Menininha do Gantois ocorreu em 1971, por meio de Vinícius de Moraes, que naquele ano lançou o "Samba da Benção".

Na canção, Vinícius de Moraes canta: "benção, todos os grandes sambistas do meu Brasil branco, preto, mulato, lindo e macio como a pele de Oxum. E agora de Iansã também", em clara referência à Mãe Menininha do Gantois, filha de Oxum, e a Maria Bethânia,

---

57 SANTOS, Jocélio T. dos. *O poder da cultura e a cultura do poder*: a disputa simbólica da herança cultural negra no Brasil. Salvador: EDUFBA, 2005, p. 91.

58 SANTOS, Jocélio T. dos. *O poder da cultura e a cultura do poder*: a disputa simbólica da herança cultural negra no Brasil. Salvador: EDUFBA, 2005, pp. 129-136.

59 Informações retiradas do sítio da cantora, disponível em: www.mariabethania.com. Acessado em: 05.09.2015.

que naquele ano tinha sido iniciada como filha de Iansã pela ialorixá do Gantois. Desde então, não foram poucas canções nas quais os Orixás eram saudados e Mãe Menininha do Gantois reverenciada.

A canção que Caymmi fez em homenagem a Mãe Menininha, em 1972, carrega no poder místico da ialorixá nacionalmente reverenciada na década de 1970. O sucesso dessa música e os lançamentos do LP-documentário sobre Mãe Menininha do Gantois, pela gravadora Continental, em 1974, do LP *Toques, cantos e Saudações aos Orixás*, com Luiz Muriçoca, também pela Continental em 1968, e o LP *Olga de Alaketo: Festa no Terreiro/Cantos de Candomblé*, pela gravadora Philips em 1970, são representativos desse processo de popularização do candomblé, que acabou por transformá-lo em um produto altamente consumível.

No entanto, Jocélio Teles afirma que nesse mesmo período:

> A ingerência oficial em manifestações como a das religiões afro-brasileiras teve como reação imediata um discurso manifesto de suas lideranças e de intelectuais em duas direções. Uma defesa do candomblé como religião, que contrastava com a qualificação de que era algo folclórico, e um reforço da necessidade de manutenção da ordem simbólica, pois com o estímulo turístico muitos terreiros passaram a realizar rituais e a tocar atabaques em datas que não correspondiam ao calendário ritual.[60]

Essa espécie de "desvirtuamento" do candomblé pelo turismo e pelo mercado encontrou dura reação entre os terreiros de candomblé considerados "mais sérios" e tradicionais, sobretudo o Casa Branca, o Gantois, o Opô Afonjá e o Alaketo, comandados pelas ialorixás que eram contra os cultos misturados dos terreiros de candomblés

---

60 SANTOS, Jocélio T. dos. *O poder da cultura e a cultura do poder*: a disputa simbólica da herança cultural negra no Brasil. Salvador: EDUFBA, 2005, p. 134.

e contra a umbanda; no entanto, desse período em diante, Mãe Menininha do Gantois e Olga de Alaketo ocuparam cada vez mais as páginas da imprensa nacional.

Vários estudiosos do candomblé citam que, em uma edição de 6 de outubro de 1971, a revista *Veja* teve como título "O Brasil baiano" e a capa ilustrada com uma foto da neta de Mãe Senhora, do terreiro Opô Afonjá. As nove páginas da matéria demonstravam o fascínio que a Bahia, suas paisagens, seu centro histórico, sua gente e seu modo de viver provocavam nos turistas, que vinham ao estado em busca de alegria, de sossego e, principalmente, do misticismo baiano e seus cultos africanos tradicionais. Um ano depois, em 1972, a festa dos cinquenta anos de Mãe Menininha à frente do Gantois, amplamente divulgada na imprensa, contou com a participação do então governador e amigo pessoal da ialorixá, Antônio Carlos Magalhães, o senador Heitor Dias, o prefeito de Salvador Clériston Andrade, o ex-governador da Bahia Luiz Viana Filho – que recrudesceu a perseguição policial ao candomblé no final da década de 1960 –, o diretor geral da Polícia Federal na Bahia, coronel Luiz Artur, o cônsul dos Estados Unidos, Alex Watson. Todos fizeram discursos divulgados na imprensa local e nacional, e saíram da festa com signos do candomblé. Na ocasião, Mãe Menininha foi homenageada pelo estado com um busto de bronze em frente ao Gantois.

Em 1973, ainda no governo de Antônio Carlos Magalhães, a Bahiatursa editou a revista *Viver Bahia*. A capa do primeiro número era uma reprodução de foto de Mário Cravo com filhas de santo saudando os orixás. Suas páginas divulgavam informações importantes ao turista: eventos e serviços em Salvador, e o calendário das festas profanas e religiosas, associando os orixás aos santos católicos: Yansã e Santa Bárbara; Oxóssi e São Jorge; Oxalá e Senhor do Bonfim, por exemplo. Em 1975, oitenta filhas de santo do Alaketo foram ao Palácio de Ondina, em Salvador, agradecer ao governador Antônio Carlos Magalhães o apoio à preservação das religiões de origem africana na Bahia. O encontro contou com a presença do prefeito da cidade e de Dorival Caymmi e foi amplamente divulgado na imprensa, ressaltando a sensibilidade do então governador ao elaborar políticas de preservação do "fetichismo negro na Bahia".[61]

Nesse mesmo ano, em 27 de outubro de 1975, Jorge Amado deu uma entrevista ao jornal *A Tarde* sobre a imprensa ter um papel importante na liberação do culto da Delegacia de Jogos e Costumes da polícia, afirmando que o único órgão público que deveria registrar o candomblé seria o Departamento de Folclore e Festas Populares da Municipalidade, pois a seu ver "*o candomblé é uma casa de culto religioso, mas dele nascem expressões magníficas do folclore brasileiro, como os Afoxés de carnaval*", por exemplo. Na mesma entrevista, quando perguntado sobre as tentativas de comercialização e descaracterização do candomblé ao ser tratado como folclore, Jorge Amado respondeu: "o candomblé é a principal religião do povo da Bahia em sincretismo com a religião católica. Impossível separar os Orixás dos santos católicos".[62]

Toda essa movimentação da grande imprensa em torno dos principais terreiros de candomblé da Bahia e das ialorixás teve implicações no processo de liberação do candomblé da necessidade de autorização da polícia para seu funcionamento, situação que não ocorreu durante o governo de Antônio Carlos Magalhães que, embora fosse do santo e frequentador assíduo do terreiro do Gantois, muito provavelmente não levou adiante o processo de liberação para não comprometer a escolha de seu sucessor ao governo da Bahia, Clériston Andrade – o que de fato aconteceu, pois os militares não escolheram seu sucessor.

---

61 SANTOS, Jocélio T. dos. *O poder da cultura e a cultura do poder*: a disputa simbólica da herança cultural negra no Brasil. Salvador: EDUFBA, 2005, pp. 142-155.

62 A TARDE. "Jorge Amado apoia a liberação dos cultos". *A Tarde*, 27 out. 1976. Disponível em: http://ceao.phl.ufba.br/phl8/popups/1975-10-27_r.pdf. Acessado em: 03.07.2015.

Seja como for, em 13 de janeiro de 1976, o jornal *A Tarde* noticiou que o memorial para a liberação do culto tinha sido entregue ao Procurador Geral do Estado da Bahia, Dilson Dórea, de maneira que a liberação era uma questão de dias.[63] De fato, o governador da Bahia Roberto Figueira Santos (1975-1979), da ARENA, assinou o Decreto-Lei n. 25.095, que isentava os candomblés de ter licença para funcionar, em 15 de janeiro de 1976, após a festa do Senhor do Bonfim em uma cerimônia ao lado da ialorixá Olga de Alaketo.

Depois de décadas de luta, Mãe Menininha do Gantois comemorou a liberação da autorização policial para o funcionamento do candomblé, assim como as demais ialorixás e todos os terreiros de candomblé da Bahia. Em reconhecimento por ser a mãe de santo mais famosa do país e "símbolo máximo dos cultos africanos no Brasil", em 1977, Mãe Menininha recebeu o título de "Cidadã Carioca" pela Assembleia Legislativa do Estado do Rio de Janeiro e, no mesmo ano, o então governador da Bahia, Roberto Santos, concedeu à ialorixá a Comenda da Ordem do Mérito da Bahia.

Desse período em diante, Mãe Menininha do Gantois esteve às voltas com duas questões intimamente relacionadas: a comercialização e a popularização do candomblé. Nesse período, Mãe Menininha era frequentemente considerada a mãe de santo da Bahia que não aderiu ao mercado, de sorte que, por ocasião das comemorações do seu cinquentenário à frente do terreiro do Gantois, em 1972, o jornal *A Tarde* publicou uma reportagem enaltecendo a resistência da ialorixá com o título "Menininha: a mãe de santo que o consumo não absorveu". A matéria de Waldeloir Rego faz um retrospecto da trajetória de Mãe Menininha, da importância que ela teve no processo de legitimação social e preservação dos ritos do candomblé nagô, descrevendo Mãe Menininha como pioneira no processo de abrir as portas do terreiro aos antropólogos, embora Mãe Aninha e

63 A TARDE. "Liberação do culto afro-brasileiro já está com Procurador". *A Tarde*, 13 jan. 1976. Biblioteca Amadeu Amaral/Funarte, F-0380.

depois Mãe Senhora, ambas do Opô Afonjá, tivessem utilizado essa estratégia com mais frequência. A conclusão da reportagem critica a comercialização do candomblé pelo turismo local e sua folclorização nas páginas da imprensa, afirmando que Mãe Menininha "é a última Ialorixá que pertenceu a um tempo anterior à sociedade de consumo".[64]

Se é verdade que Mãe Menininha não mudou o calendário de festas do terreiro do Gantois e se opôs aos demais candomblés que praticavam cultos ao caboclo, cumpre destacar que, no final do ano de 1972, ela gravou um comercial para o governo do estado da Bahia, por meio da agência baiana DM-9, de Duda Mendonça, em que aparece desejando feliz ano novo e muita prosperidade para a população baiana em iorubá, idioma tradicional dos terreiros de candomblé da nação ketu-nagô.[65]

No carnaval carioca de 1976, Mãe Menininha do Gantois foi tema do samba de enredo da Mocidade Independente de Padre Miguel. O jornal carioca Última *Hora*, de 22 de janeiro de 1976, publicou um editorial sobre a Yalorixá, assinado por Waldinar Ranulpho, com o título "Mãe Menininha no carnaval de milhões da Mocidade Independente", no qual a trajetória da mãe de santo e do terreiro do Gantois aparecem como responsáveis pela preservação da tradição dos ritos e cultos africanos, e a Bahia como o lugar de origem do candomblé.[66]

Dois anos depois, com 84 anos, Mãe Menininha do Gantois viu-se às voltas de uma grande confusão. Em maio de 1978, Mãe

---

64 A TARDE. "Menininha: a Mãe de santo que o consumo não absorveu". *A Tarde*, 26 fev. 1972. Disponível em: http://ceao.phl.ufba.br/phl8/popups/1972-02-26_r1.pdf. Acessado em: 09.07.2015.

65 Disponível em: https://www.youtube.com/watch?v=7Lhc-cfR0AA. Acessado em: 02.08.2015.

66 "Mãe Menininha do Gantois no carnaval de milhões da Mocidade Independente", em: *Jornal Última Hora*, 22 jan. 1976. Biblioteca Amadeu Amaral/FUNARTE, F-0527.

Menininha recebeu 30.000 cruzeiros para gravar comercial de uma máquina de escrever para o Dia das Mães, da agência paulista DPZ, de Washington Olivetto, que foi veiculado em *outdoors*, revistas, jornais, rádios e televisão do país. Nesse comercial, ela diz: "meu filho, dê uma Olivetti portátil para sua mãe. Ela vai se sentir uma verdadeira mãe de santo".

Após o comercial, uma série de matérias na imprensa local foi publicada. Não à toa, o título do editorial do dia seguinte no jornal *A Tarde* foi: "A revolta dos baianos".[67] Nele, Duda Mendonça afirmou que Mãe Menininha, a última representante da cultura afro-brasileira, um verdadeiro mito religioso para milhares e milhares de pessoas da Bahia e de todos os lugares do Brasil, "foi usada, no mais pejorativo sentido da palavra, para vender máquinas que ela nem ao menos sabe ao certo como funcionam". Apesar de Duda Mendonça ter sido responsável pelo comercial com Mãe Menininha para a propaganda de fim de ano do governo do estado da Bahia, para o publicitário, o argumento em defesa da ialorixá do Gantois foi valer-se da contradição entre o clichê sobre a oralidade do candomblé de tradição africana com a escrita da sociedade capitalista, de sorte que, a seu ver, o comercial da máquina de escrever significou "desrespeito a uma coisa que é propriedade exclusiva do sofrido povo deste país: suas crenças, sua cultura". No mesmo editorial, o diretor do Centro dos Estudos Afro-Orientais da Universidade Federal da Bahia, Guilherme de Souza Castro, afirmou que o comercial significou a exploração de um aspecto sagrado em benefício de uma simples estratégia de lucros. Para a antropóloga argentina e frequentadora do terreiro do Gantois, Juana Elbein, o comercial significou "a manifestação mais ostensiva de que se tem conhecimento na Bahia, das pressões da sociedade global sobre as comunidades que desenvolvem formas

67 A TARDE. "A revolta dos baianos". *A Tarde*, 12 maio 1978. Disponível em: http://ceao.phl.ufba.br/phl8/popups/1978-05-12_r2.pdf. Acessado em: 07.08.2015.

alternativas de cultura e de vida".[68] Ambos defenderam Mãe Menininha do Gantois, pois também consideravam que ela tinha sido enganada pela agência de publicidade paulista.

No entanto, o extenso editorial apresenta o comentário do professor da Universidade Federal da Bahia, o historiador Cid Teixeira, para quem Mãe Menininha sabia o que estava fazendo quando aceitou 30.000 cruzeiros para gravar o comercial. Mas, para ele, "Mãe Menininha não respeita o alto cargo que possui na hierarquia do candomblé", pois esse tipo de atitude colabora para o "candomblé se transformar em festa para turista ver". O editorial termina concordando com as ponderações de Cid Teixeira, lembrando que Mãe Menininha já tinha gravado um comercial dois anos antes com a agência de publicidade de Duda Mendonça, para o governo do estado da Bahia.

Além da disputa profissional que durou décadas envolvendo os dois publicitários, as polêmicas desse episódio ocuparam as páginas da imprensa nacional, de sorte que dois dias depois, em 14 de maio de 1978, a própria Mãe Menininha enviou um pronunciamento ao jornal *A Tarde*, que foi publicado em vários jornais do país: "venho apresentar o meu desmentido formal e veemente à notícia de que me teria prestado a fazer propaganda para uma agência de publicidade como foi divulgado por alguns órgãos noticiosos da cidade e do Sul do país". Em nota, Mãe Menininha afirmou que já tinha constituído advogado para a adoção de medidas cabíveis.

> Não o fiz antes, inclusive para proibir o uso indevido de minha imagem, por não ter sido informada. As filhas de santo e demais membros da casa, receosos da comoção que a notícia

---

68 A TARDE. "A revolta dos baianos". *A Tarde*, 12 maio 1978. Disponível em: http://ceao.phl.ufba.br/phl8/popups/1978-05-12_r2.pdf. Acessado em: 07.08.2015.

> me causaria – o que efetivamente ocorreu – só há pouco me permitiram conhecer tão lastimável episódio.[69]

Na matéria sobre a nota, o advogado de Mãe Menininha do Gantois, Antônio Calmon Teixeira, esclareceu que já tinha entrado em contato com a agência de São Paulo para a sustação da campanha publicitária – o que àquela altura já tinha acontecido, pois o comercial foi veiculado até o sábado que antecedeu o dia das mães. Afirmou, ainda, que havia uma autorização apenas para uso da imagem em publicidade, não de Mãe Menininha, mas de filha sua Cleusa Nazaré, e desafiou "a quem quer que seja a exibir um documento com tal autorização, firmado por Mãe Menininha". Ao ser procurada, a agência DPZ emitiu nota afirmando que a ialorixá não tinha sido enganada, pois estava consciente quando assinou o contrato e recebeu 30.000 cruzeiros pelo comercial.[70]

Esse comercial está disponibilizado no YouTube, e parece não haver dúvidas de que Mãe Menininha sabia o que estava fazendo ao gravá-lo. O fato é que tamanha exposição de Mãe Menininha do Gantois, incluindo um trocadilho infame com o mais alto posto do candomblé, o de ser uma mãe de santo, é paradigmático do processo de incorporação da cultura e religião popular dos grupos dominados como símbolos nacionais e da cultura de massa, que acabam por ocultar uma situação de dominação econômica, social e racial, e obstaculizar sua denúncia. Ao analisar o fenômeno de apropriação de símbolos de "fronteiras étnicas" em símbolos nacionais, Peter Fry afirma que o resultado desse processo, especialmente no Brasil,

---

69 JORNAL DO BRASIL. "Mãe Menininha do Gantois dá explicação". *Jornal do Brasil*, 12 maio 1978. Disponível em: http://ceao.phl.ufba.br/phl8/popups/1978-05-14_r.pdf. Acessado em: 11.08.2015.

70 JORNAL DO BRASIL. "Mãe Menininha do Gantois dá explicação". *Jornal do Brasil*, 12 maio 1978. Disponível em: http://ceao.phl.ufba.br/phl8/popups/1978-05-14_r.pdf. Acessado em: 11.08.2015.

é a conversão do que era originalmente perigoso em algo "limpo", "seguro" e "domesticado".[71]

Apesar de Mãe Menininha do Gantois ter sua imagem maculada com a gravação desse comercial, essa polêmica rapidamente saiu das páginas dos jornais, muito provavelmente em razão do prestígio local e nacional da ialorixá do Gantois. Não havia interesse da imprensa e da política de turismo do poder local em polemizar sobre a participação de Mãe Menininha em um comercial de forte apelo capitalista, pois a imagem que se desejava da ialorixá era a de a maior guardiã viva das tradições religiosas africanas na Bahia.

Depois desse episódio Mãe Menininha ficou cautelosa com a imprensa e apesar do silêncio na imprensa, tudo leva a crer que o comercial foi o ponto de inflexão para a reação e ruptura da apropriação do poder público dos cultos e ritos do candomblé, deflagrando a radicalização africanista das ialorixás dos terreiros mais tradicionais da Bahia. Cumpre destacar, no entanto, que essa resistência ocorreu apenas em 1983, quando a ditadura militar no Brasil já dava sinais de desgaste na tentativa de controlar e naturalizar os conflitos sociais. Foi quando Mãe Menininha do Gantois voltou a aparecer nas páginas dos jornais local e nacional, pouco antes de falecer, junto com Mãe Stella do Opô Afonjá e por ocasião da II Conferência Mundial da Tradição Orixá e Cultura, realizada em Salvador, no período de 17 a 23 de julho de 1983. Nesse episódio surpreendente, Mãe Menininha do Gantois assinou um manifesto virulento contra o sincretismo religioso e a folclorização do candomblé que deflagrou sua intensa comercialização, contrariando suas posturas na década de 1970. Após um comunicado na imprensa local durante a II Conferência, o Manifesto foi publicado no *Jornal da Bahia*, em 12 de agosto de 1983, com o título "O Candomblé diz não ao sincretismo", assinado por Mãe Menininha do Gantois, Mãe Stella de Oxóssi do

71 FRY, Peter. "Feijoada e *soul food*: notas sobre a manipulação de símbolos étnicos e nacionais". *Ensaios de opinião*, 1977, p. 21.

Opô Afonjá, Mãe Tete de Yansã do Ilé Nassô Oká, Mãe Olga do Alaketo (Ilé Maroialaji) e Mãe Nicinha do Bogum Malê Ki-Rundó.[72] Nele, as Yalorixás exigiram que o candomblé não fosse considerado uma seita, uma "prática animista primitiva", como era no tempo da escravidão à qual seus antepassados foram submetidos. Rejeitaram veementemente o sincretismo religioso pelo "massacre do consumo que tem sofrido" o candomblé na grande imprensa, com interesse em fabricar notícias sensacionalistas, nos quais:

> Apenas os aspectos do sincretismo e suas implicações turísticas (lavagem do Bonfim etc.) eram notados, por outro lado apareceram a submissão, a ignorância, o medo e ainda a "atitude de escravo" por parte de alguns adeptos até mesmo Iyalorixás, representantes de associações "afro", buscando serem aceitas por autoridades políticas e religiosas. Candomblé não é uma questão de opinião. É uma realidade religiosa que só pode ser realizada dentro de sua pureza de propósitos e rituais. Quem assim não pensa, já há muito está desvirtuado, e por isso podem continuar sincretizando, levando Iaôs ao Bonfim, rezando missas, recebendo os pagamentos, as gorjetas para servir ao polo turístico baiano, tendo acesso ao poder, conseguindo empregos etc.[73]

---

72 CONSORTE, Josildeth Gomes. "Em torno de um manifesto de ialorixás baianas contra o sincretismo". *In*: CAROSO, Carlos; BACELAR, Jéferson (Coord.). *Faces da tradição afro-brasileira*: religiosidade, sincretismo, anti-sincretismo, reafricanização, práticas terapêuticas, etnobotânica e comida. Rio de Janeiro: Pallas; Salvador: CEAO, 2006, pp. 80-91.

73 *Apud* CONSORTE, Josildeth Gomes. "Em torno de um manifesto de ialorixás baianas contra o sincretismo". *In*: CAROSO, Carlos; BACELAR, Jéferson (Coord.). *Faces da tradição afro-brasileira*: religiosidade, sincretismo, anti-sincretismo, reafricanização, práticas terapêuticas, etnobotânica e comida. Rio de Janeiro: Pallas; Salvador: CEAO, 2006, pp. 80 e ss.

As ialorixás reafirmaram suas posições contra o sincretismo religioso anunciada durante a II Conferência, deixando claro que de nada adiantaria "pressões políticas, da imprensa, do consumo, do dinheiro, pois o que importa não é o lucro pessoal, a satisfação da imaturidade e do desejo de aparecer", mas "a manutenção da nossa religião em toda a sua pureza e verdade". Para elas, quando uma pessoa de santo vai à festa do Bonfim carregando uma "quartinha" ou mesmo quando louva Oyá e Santa Bárbara, são situações que trazem "as marcas da escravidão econômica, cultural e social que nosso povo ainda sofre":

> Desde a escravidão que preto é sinônimo de pobre, ignorante, sem direito a nada a não ser saber que não tem direito; é um grande brinquedo dentro da cultura que o estigmatiza, sua religião também vira brincadeira. Sejamos livres, lutemos contra o que nos abate e nos desconsidera, contra o que só nos aceita se nós estivermos com a roupa que nos deram para usar. Durante a escravidão o sincretismo foi necessário para a nossa sobrevivência, agora em suas decorrências e manifestações públicas: gente de santo, ialorixás, realizando lavagem nas igrejas, saindo das camarinhas para as missas etc., nos descaracteriza como religião, dando margem ao uso da mesma como coisa exótica, folclore, turismo. Que nossos netos possam se orgulhar de pertencer à religião de seus antepassados, que ser preto, negro, lhes traga de volta a África e não a escravidão.[74]

As ialorixás pediram ao povo do Candomblé, sobretudo às mães de santo, que fossem dignas representantes do que se propunham

74 Manifesto dos terreiros de candomblé baianos, Salvador, 12 de agosto de 1983. Cf. SILVA, Luiz Claudio B. "A produção da crença: interpretações sobre o manifesto antissincretismo das religiões de matrizes africanas". *31º Simpósio Nacional de História do Rio de Janeiro*, 2021. Disponível em: https://www.snh2021.anpuh.org/resources/anais/8/snh2021/1627332193_ARQUIVO_a0884eebe143cdff196b6d9402c6f249.pdf. Acessado em: 11.03.2023.

fazer e que tivessem cautela sobre o que falavam e faziam em suas casas, pois a notícia corrente de que, nessa época, existiam quatro mil terreiros não expressava nada em termos de tradição dos fundamentos religiosos, embora muito significasse em termos de "popularização, massificação". O "Manifesto" termina com as mães de santo deixando claro que o pensamento delas não poderia ser expressado por meio da Federação dos Cultos Afros ou de outras entidades congêneres, nem

> por políticos, Ogãs, Obás ou quaisquer outras pessoas que não os signatários desta. Todo este nosso esforço é por querer devolver ao culto dos Orixás e à religião africana a dignidade perdida durante a escravidão e processos decorrentes da mesma: alienação cultural, social e econômica que deram margem ao folclore, ao consumo e profanação da nossa religião.

Esse manifesto deflagrou amplo debate nos terreiros de candomblé da Bahia e entre os especialistas sobre o candomblé pelo nível de radicalização e também pela inegável contradição entre seu conteúdo e as posturas de algumas das ialorixás que assinaram o documento, sobretudo Menininha do Gantois, quem anos antes, como se viu, envolveu-se em uma polêmica ao valer-se de sua notoriedade religiosa para gravar o comercial de uma máquina de escrever.

Muito embora alguns especialistas tenham afirmado que o Manifesto foi escrito em razão da presença crescente de brancos nos terreiros de candomblé como parte do processo de "modernização religiosa",[75] para Stefania Calpone, trata-se de mais uma manifestação da "tradição africana" ou "supremacia nagô" que, naqueles

---

75 CONSORTE, Josildeth Gomes. "Em torno de um manifesto de ialorixás baianas contra o sincretismo"; PRANDI, Reginaldo. "Referências sociais das religiões afro-brasileiras: sincretismo, branqueamento, africanização"; e SILVA, Vagner Gonçalves da. "Reafricanização e sincretismo"; todos em CAROSO, Carlos; BACELAR, Jéferson (Coord.). *Faces da tradição afro-brasileira*: religiosidade, sincretismo, anti-sincretismo,

anos de 1980, desejava uniformizar os vários candomblés existentes no país, construindo uma "unidade africana na diversidade".[76] Nesse processo, para a autora, o sincretismo religioso surge como manifestação de uma "ideia de África" como a "espinha dorsal" das religiões afro-brasileiras e como resposta dialética de um longo processo de "resistência-acomodação".[77]

Cumpre destacar que embora Mãe Menininha tivesse assinado o Manifesto com as mais reconhecidas ialorixás da Bahia, durante a realização da II Conferência Mundial da Tradição Orixá e Cultura, ela recebeu em seu terreiro uma equipe de reportagem de *O Globo* para acompanhar seu encontro com o Rei de Ejigbo, Obá Oyeyode Ouyesosin, que resultou em uma reportagem de destaque nas páginas do jornal, em 26 de julho de 1983, com o título: "As alegres lágrimas de Mãe Menininha na confraternização dos Orixás". Nessa reportagem, há um relato minucioso desse emocionado encontro e apenas um pequeno destaque para o discurso de Mãe Stella sobre o fim do sincretismo religioso nos terreiros de candomblé na Bahia e um espaço enorme conferido à resposta do arcebispo primaz do Brasil, dom Avelar Brandão Vilela, que mencionou o fato de Mãe Menininha e suas filhas de santo frequentarem as missas aos domingos e a importância disso para a religiosidade brasileira. A reportagem termina com uma advertência feita pelo arcebispo na missa dominical, após o encerramento da II Conferência: "não se deve aceitar a tentativa de impor à Bahia e ao Brasil preceitos e doutrinas próprios da ancestralidade africana".[78]

---

reafricanização, práticas terapêuticas, etnobotânica e comida. Rio de Janeiro: Pallas; Salvador: CEAO, 2006.

76 CAPONE, Stefania. *A busca da África no Candomblé*: tradição e poder no Brasil. Rio de Janeiro: Pallas, 2004, p. 46.

77 CAPONE, Stefania. *A busca da África no Candomblé*: tradição e poder no Brasil. Rio de Janeiro: Pallas, 2004, p. 315.

78 O GLOBO. "As alegres lágrimas de Mãe Menininha na confraternização dos Orixás". *O Globo*, 26 jul. 1983. Biblioteca Amadeu Amaral/FUNARTE, F-0532.

Mãe Menininha do Gantois não acompanhou por muito tempo os desdobramentos da polêmica sobre o sincretismo religioso nos terreiros de candomblé da Bahia. Faleceu de causas naturais três anos depois do Manifesto, em 13 de agosto de 1986, aos 92 anos de idade. Na ocasião, a revista *Veja* publicou uma reportagem especial com o título "Morte reverenciada", na qual a ialorixá do Gantois era considerada a principal mãe de santo responsável pelo sincretismo religioso na Bahia e pela popularização do candomblé no Brasil. No final da reportagem, a revista chamou atenção para o fato de que tanto o corpo do presidente Tancredo Neves como o corpo de Mãe Menininha foram conduzidos por um carro de bombeiros pelas ruas de suas respectivas cidades: o primeiro porque "construiu uma unanimidade política sem precedentes. Mãe Menininha foi parar ali, levada por um fenômeno cultural de origem religiosa, também sem precedentes".[79]

Tratada muitas vezes com honras de chefe de Estado, desde sua morte, Menininha é constantemente lembrada nas páginas da grande imprensa por amigos, amigas, filhos e filhas de santo e políticos locais. Quase uma década depois de sua morte, em 3 de fevereiro de 1994, o amigo Jorge Amado escreveu uma memória em homenagem à amiga e ialorixá do Gantois. Em "A mãe da bondade ainda é o alimento do sonho", o amigo afirma que

> Menininha do Gantois personificava a verdade do Brasil, de um Brasil mais profundo e mais belo, situado além da corrupção, da injustiça, da violência, da mentira, das pequenezes, da delação transformada pelos pobres homens da baixa política em suprema virtude nacional. Ai, mãe Menininha,

79 NÓBREGA, Cida; ECHEVERRIA, Regina. *Mãe Menininha do Gantois*: uma biografia. Salvador: Corrupio; Rio de Janeiro: Ediouro, 2006, p. 264.

> acode-nos nesta hora de quase desespero, dá-nos o alimento da confiança e do sonho.[80]

No final dessa homenagem, Jorge Amado nos conta que certa feita Mãe Menininha lhe disse que o sincretismo:

> Foi realização dos negros, dos escravos, para salvaguardar os valores chegados da África nos navios negreiros, assim se constituiu a originalidade de nossa cultura. Oxóssi, rei de Ketu, fez-se São Jorge, guerreiro da Capadócia, o mesmo orixá, o mesmo santo da Bahia. O Oxóssi de Agnaldo – podeis vê-lo no Museu de Arte Moderna, no Solar do Unhão – é um cangaceiro do bando de Lampião em luta contra o latifúndio. O São Jorge de Calasans Neto – podeis vê-lo na entrada da casa de mãe Zélia de Euá, no Rio Vermelho –, é um índio da selva brasileira. A arte e a vida decorrem da mistura: sincretismo e mestiçagem.[81]

Jorge Amado esperou Mãe Menininha do Gantois falecer para reafirmar seu sincretismo religioso e sua autoridade como "última guardiã das tradições religiosas africanas no Brasil". Apesar de assinar o Manifesto contra o sincretismo religioso no final de sua vida, quem há de negar que esse Brasil de Mãe Menininha sempre lhe foi superior?

Referências bibliográficas

A TARDE. "A revolta dos baianos". *A Tarde*, 12 maio 1978. Disponível em: http://ceao.phl.ufba.br/phl8/popups/1978-05-12_r2.pdf. Acessado em: 07.08.2015.

80 AMADO, Jorge. "A mãe da bondade ainda é o alimento do sonho". *Folha de São Paulo*, 03 fev. 1994.

81 AMADO, Jorge. "A mãe da bondade ainda é o alimento do sonho". *Folha de São Paulo*, 03 fev. 1994.

_____. "Candomblé hoje é indústria: falsas associações afro-brasileiras". *A tarde*, Salvador, 25 fev. 1958, Biblioteca Amadeu Amaral/Funarte, F-0545.

_____. "Jorge Amado apoia a liberação dos cultos". *A Tarde*, 27 out. 1976. Disponível em: http://ceao.phl.ufba.br/phl8/popups/1975-10-27_r.pdf. Acessado em: 03.07.2015.

_____. "Liberação do culto afro-brasileiro já está com Procurador". *A Tarde*, 13 jan. 1976. Biblioteca Amadeu Amaral/Funarte, F-0380.

_____. "Menininha: a Mãe de santo que o consumo não absorveu". *A Tarde*, 26 fev. 1972. Disponível em: http://ceao.phl.ufba.br/phl8/popups/1972-02-26_r1.pdf. Acessado em: 09.07.2015.

AMADO, Jorge. "A mãe da bondade ainda é o alimento do sonho". *Folha de São Paulo*, 03 fev. 1994.

BASTIDE, Roger. *O Candomblé na Bahia: Rito nagô*. São Paulo: Companhia Editora Nacional, 1961.

BRAGA, Júlio Santana. *Na gamela do feitiço*: repressão e resistência nos candomblés da Bahia. Salvador: EDUFBA, 1995.

BRAZIL, Érico Vital; SCHUMAHER, Schuma. *Dicionário mulheres do Brasil*. Rio de Janeiro: Zahar, 2000.

CAPONE, Stefania. *A busca da África no Candomblé*: tradição e poder no Brasil. Rio de Janeiro: Pallas, 2004.

CASTILLO, Lisa Earl. *Entre a oralidade e a escrita*: a etnografia nos candomblés da Bahia. Salvador: EDUFBA, 2010

CAYMMI, Stella. *Dorival Caymmi*: o mar e o tempo. São Paulo: Editora 34, 2001.

CONSORTE, Josildeth Gomes. "Em torno de um manifesto de ialorixás baianas contra o sincretismo". *In*: CAROSO, Carlos; BACELAR, Jéferson (Coord.). *Faces da tradição afro-brasileira*: religiosidade, sincretismo, anti-sincretismo, reafricanização, práticas terapêuticas, etnobotânica e comida. Rio de Janeiro: Pallas; Salvador: CEAO, 2006.

DANTAS, Beatriz Góis. *Vovó nagô, Papai branco*. Rio de Janeiro: Graal, 1988.

DIÁRIO DA NOITE. "Terreiro de candomblé: fonte de estudos do folk-lore brasileiro". *Diário da Noite*, 20 ago. 1952, Biblioteca Amadeu Amaral/Funarte, F-0505.

FRY, Peter. "Feijoada e *soul food*: notas sobre a manipulação de símbolos étnicos e nacionais". *Ensaios de opinião*, 1977.

JORNAL DO BRASIL. "Mãe Menininha do Gantois dá explicação". *Jornal do Brasil*, 12 maio 1978. Disponível em: http://ceao.phl.ufba.br/phl8/popups/1978-05-14_r.pdf. Acessado em: 11.08.2015.

LANDES, Ruth. *A cidade das mulheres (1908-1991)*. Rio de Janeiro: Editora da UFRJ, 2002.

LIMA, Vivaldo da Costa. "Os Obás de Xangô". *Afro-Ásia*, Salvador: Ceao, nº 2-3, 1966.

MAGGIE, Yvonne. *Medo do feitiço*: relações entre magia e poder no Brasil. Rio de Janeiro: Arquivo Nacional, 1992.

MOTA, Carlos Guilherme. *Ideologia da cultura brasileira*. São Paulo: Ática, 1977.

NÓBREGA, Cida; ECHEVERRIA, Regina. *Mãe Menininha do Gantois*: uma biografia. Salvador: Corrupio; Rio de Janeiro: Ediouro, 2006.

O GLOBO. "As alegres lágrimas de Mãe Menininha na confraternização dos Orixás". *O Globo*, 26 jul. 1983. Biblioteca Amadeu Amaral/FUNARTE, F-0532.

PARÉS, Luís Nicolau. "O mundo Atlântico e a construção da hegemonia nagô no candomblé baiano". *Revista Esboços*, vol. 17, nº 23, 2010.

PARÉS, Luís Nicolau; SANSI, Roger. *Sorcery in the black Atlantic*. Chicago: The University of Chicago Press, 2011.

PRANDI, Reginaldo. "Referências sociais das religiões afro-brasileiras: sincretismo, branqueamento, africanização". *In*: CAROSO, Carlos; BACELAR, Jéferson (Coord.). *Faces da tradição afro-brasileira*: religiosidade, sincretismo, anti-sincretismo, reafricanização, práticas terapêuticas, etnobotânica e comida. Rio de Janeiro: Pallas; Salvador: CEAO, 2006.

RODRIGUES, Nina. *O animismo fetichista dos negros baianos*. Rio de Janeiro: UFRJ/Biblioteca Nacional, 2006.

______. *Os africanos no Brasil*. São Paulo: Editora Nacional, 1977.

SAAD, Luísa Gonçalves. *Fumo negro*: a criminalização da maconha no Brasil (c. 1890-1932). Salvador: FFCH/PPGH, 2013. (Dissertação de Mestrado).

SANSI, Roger. "Feitiço e fetiche no Atlântico moderno". *Revista de Antropologia*, São Paulo: USP, vol. 51, nº 1, 2008.

SANTOS, Edmar Ferreira. *O poder dos candomblés*: perseguição e resistência no Recôncavo da Bahia. Salvador: EDUFBA, 2009.

SANTOS, Jocélio T. dos. "Menininha do Gantois: a sacralização do poder". *In*: SILVA, Vagner G. da. (Coord.). *Caminhos da alma*: memória afro-brasileira. São Paulo: Summus, 2002.

_____. *O poder da cultura e a cultura do poder*: a disputa simbólica da herança cultural negra no Brasil. Salvador: EDUFBA, 2005.

SERRA, Ordep. *Laudo antropológico do Terreiro do Gantois, Ilê Axê Iá Omin Yamassê, como patrimônio histórico e etnográfico do Brasil*. Disponível em: www.ordepserra.wordpress.com. Acessado em: 03.07.2015.

SILVA, Luiz Claudio B. "A produção da crença: interpretações sobre o manifesto antissincretismo das religiões de matrizes africanas". *31º Simpósio Nacional de História do Rio de Janeiro*, 2021. Disponível em: https://www.snh2021.anpuh.org/resources/anais/8/snh2021/1627332193_ARQUIVO_a0884eebe143cdff196b6d9402c6f249.pdf. Acessado em: 11.03.2023.

SILVA, Vagner Gonçalves da. "Reafricanização e sincretismo". *In*: CAROSO, Carlos; BACELAR, Jéferson (Coord.). *Faces da tradição afro-brasileira*: religiosidade, sincretismo, anti-sincretismo, reafricanização, práticas terapêuticas, etnobotânica e comida. Rio de Janeiro: Pallas; Salvador: CEAO, 2006.

_____. *O antropólogo e sua magia*: trabalho de campo e texto etnográfico nas pesquisas antropológicas sobre as religiões afro-brasileiras. São Paulo: EDUSP, 2000.

_____. *Os Orixás da metrópole*. Rio de Janeiro: Vozes, 1995.

SILVEIRA, Renato da. "O jovem Glauber e a ira dos Orixás". *Revista USP*, São Paulo, nº 39, set./out., 1998.

_____. *O Candomblé da Barroquinha*: processo de constituição do primeiro terreiro baiano de Keto. Salvador: Edições Maianga, 2006.

MÃE TATÁ (1923-2019)

IYALASÈ[1] DO TERREIRO DA CASA BRANCA

ANA RITA SANTIAGO

1 Mãe Tatá, um monumento vivo do Terreiro Casa Branca

O Terreiro da Casa Branca foi o primeiro monumento ligado à população negra a ser tombado como patrimônio histórico na América do Sul e é a mais antiga casa de candomblé nagô-ketu a funcionar, regularmente, no Brasil.[2] Foi fundado entre 1788 e 1840,[3] em Salvador, por *Iyá Nassô*, *Iyá Detá* e *Iyá Kalá*, mulheres africanas, sacerdotisas,

1 *Iyalasè* é uma palavra de origem ioruba que significa *Mãe de Axé*.

2 SCHUMACHER, Schuma; BRAZIL, Érico Vital. *Mulheres negras do Brasil*. Rio de Janeiro: Senac, 2007.

3 SILVEIRA, Renato da. *O Candomblé da Barroquinha*: processo de constituição do primeiro terreiro baiano de Keto. Salvador: Edições Maianga, 2006.

provenientes de linhagens nobres de *Oyó* e *Ketu*. Elas eram falantes da língua iorubá, cultuadoras de Orixás e integrantes da *Irmandade Nossa Senhora da Boa Morte*, da igreja da Barroquinha, também em Salvador. Inicialmente, essa comunidade foi chamada de *Ilê Iya Omim Axé Aira Intilé* e, posteriormente, denominou-se de *Ilé Asè Iyá Nassô Oká* – Casa Branca do Engenho Velho.[4]

Nesse Terreiro, há a singularidade de se iniciar e consagrar apenas mulheres ao culto dos Orixás. Aos homens, cabe a consagração a ogãs. Por conseguinte, só mulheres exercem a liderança máxima da comunidade como *iyalorisà* ou *iyalasè*, sacerdotisa principal.

2 Mãe Tatá é demasiadamente humana

Altamira Cecília dos Santos, Mãe Tatá, como a chamamos e, comumente, é conhecida, nasceu em 22 de novembro de 1923. É filha de Maria Deolinda dos Santos, Mãe Oké, *Iyalasè* do Terreiro da Casa Branca, na década de 1960.

Mãe Tatá sempre foi dedicadíssima ao trabalho, para sua subsistência e de sua mãe, como proprietária de uma pequena barraca de comidas e bebidas, por mais de 30 anos, no Mercado do Ouro, situado na Cidade Baixa, em Salvador. Além das responsabilidades administrativas, ela atuou, não só com vendedora, mas também como cozinheira dos quitutes, doces e salgados servidos.

Com a aposentadoria, advinda desse trabalho, e tudo de que dispõe, mantém sua subsistência, cumpre, com zelo, incondicional e cotidianamente, seu compromisso com a preservação, a tradição e o culto aos Orixás, com a comunidade e com quem dela precisa. Cuidou e foi companheira de sua genitora biológica, Mãe Oké, dedicando-se intensamente por sua sobrevivência até seu falecimento.

4 SILVEIRA, Renato da. *O Candomblé da Barroquinha*: processo de constituição do primeiro terreiro baiano de Keto. Salvador: Edições Maianga, 2006.

Uma mulher de pouquíssima escolaridade, mas de uma sabedoria espetacular. Escutá-la em diferentes momentos foram sempre oportunidades inusitadas de aprendizagens sobre o mundo e a vida, mas também de compreensão da ancestralidade e espiritualidade. Antes de ser acometida pelo mal de Alzheimer, sempre esteve atenta aos fatos e versões. Acompanhava, regularmente, os acontecimentos políticos, culturais e religiosos locais, regionais, estaduais, nacionais e internacionais, inicialmente, pelo rádio, e, posteriormente, pela televisão. Sempre mostrou uma capacidade extraordinária e crítica de leituras e interpretações das realidades e da conjuntura.

Ela é muito recatada e reservada, com uma vida marcada pela simplicidade e discrição. Senhora de ações ordinárias, como cozinhar, fazer compras em feiras livres, assistir à televisão, dentre outras, que, por vezes, apresentam-se de modo tão extraordinário, devido à sua devoção, integridade, doação e justeza. Sua cozinha é um lugar permanente de encontro, aprendizagem e partilha! Além de uma exímia cozinheira, é uma excelente e acolhedora mãe! Quanto se aprende com ela, na cozinha, acompanhando-a (e auxiliando-a, quando ela permite) no cozimento de arroz, macarrão, feijão, carnes, peixe, frango etc. e, principalmente, uma sopa de legumes, na qual não pode faltar nabo e leva muito tempo ao fogo (às vezes, uma tarde inteira)!

Com seu andar apressado e altivo, apresenta-se sempre com roupas leves. Com sua elegância e simplicidade no vestir e estar, comer, dançar, cantar e rezar, ela atrai e cativa todos que dela se aproximam. Gosta de tudo que é belo. Parece sempre que pouco se importa com as roupas e indumentárias a usar, contudo, só parece. Gosta, por demais, de estar bem vestida, elegante e singela, como sempre se apresenta. Nisso reside a sua singeleza: o bem-estar e a beleza que lhe são inerentes e cativantes, os quais estão para além das exterioridades.

3 Mãe Tatá, plena de amor

Pelo seu modo de viver, *Cuidar* é sinônimo de Amor. Tal vivência, que podemos acolher como ensinamento, se traduz por doação e acolhimento. Chama-nos a atenção o seu cuidado, incansável e terno, com todos/as que dela se aproximam, não apenas com socorro e consolo, ajuda espiritual, mas também material.[5]

Com voz sábia, é sempre inesquecível seu jeito de tratar e receber as pessoas e de seu modo seguro, embora, aparentemente, frágil e descomprometido, de advertir, dizer "algumas verdades" e de "abrir os olhos" dos que lhe solicitam orientações. Com ela, podemos, confiantemente, compartilhar dores, pequena e grandes alegrias, conquistas, sobrevivências, dificuldades, existências, sofrimentos e resistências.

Cuida para manter a harmonia, em qualquer lugar, ensinando, com seu comportamento, que devemos ouvir e refletir mais e falar sempre menos. É uma pessoa calma e segura; age com temperança; valoriza as pessoas, com suas idiossincrasias, aceitando ou, ao menos, respeitando-as como são. Do mesmo modo que seu *silêncio falante* indescritível é predominante, também suas falas e posicionamentos, quando ocorrem, geralmente são pertinentes, precisos e assertivos. Senhora de poucas palavras, mas é repleta de solidariedade e dedicação aos que a circundam e procuram. Sabe ouvir e aconselhar a todos com muita tranquilidade.

4 Deus não tem religião, ele não precisa (Mãe Tatá)

Mãe Tatá foi iniciada há mais de sessenta anos, por Maximiniana Maria da Conceição, Mãe Massi, a qual liderou essa

5 SANTIAGO, Ana Rita (Coord.). *Mãe Tatá*: uma dádiva de Oxum. Salvador: Ogums' Toques; Barabô Editora, 2014.

comunidade de 1925 a 1962, tornando-se, à época, uma grande liderança do candomblé.[6] Mãe Tatá tornou-se Iyalasè desde a década de 1980, quando assumiu a liderança máxima da comunidade. Já iniciou e consagrou diversas pessoas aos Orixás, como ekedes, ogãs, adoxos. É inesquecível seu ABC de candomblé, como ela chama, comumente, as aprendizagens básicas necessárias a um ingressante (*abiã*) ou simpatizante.

Imbuída de honradez e autenticidade, conduz seu cargo religioso com retidão e humildade, sendo muito correta, fiel e companheira dos Orixás e com todos do Asè. É uma Iyalorisà que nos dá muitas lições de fé, tendo um profundo respeito pela diversidade religiosa e outros modos de professar a existência do sagrado. Ela é, a um só tempo, firme e tímida; não gosta de falar em público, nem de ser fotografada. Afasta-se de tudo que beira espetacularização, folclorização e teatralização de práticas religiosas, costumes, ritos e repertórios culturais do candomblé. Irrita-se com atitudes e posicionamentos extremistas, intolerantes e fundamentalistas.

Apesar de despretensiosa no exercício do poder, está sempre à frente de situações e demandas relacionadas e peculiares ao culto aos Orixás, à manutenção das tradições, práticas religiosas da comunidade e das obrigações do Asè. Providencia, com simplicidade, em silêncio e com seriedade, o atendimento das necessidades materiais e espirituais da comunidade.

Como líder religiosa, permanece em nós sua fidelidade aos Orixás e aos que a cercam. Pululam na comunidade algumas de suas qualidades como simplicidade, cuidado, atenção, fé, firmeza, exigência, autenticidade, honradez, elegância e reflexão.

Guardamos, afetuosamente, inúmeros provérbios e adágios por ela proferidos, em seus breves e nobres atos de fala, com pertinência,

6 CORREIA, Marcos Fábio Rezende (Coord.). *Mulheres de Axé*. Salvador: Kawo-Kabiesile, 2013.

sempre em momentos, situações e locais apropriados. Perduram sua simplicidade e ensinamentos que com ela aprendemos, não por suas palavras, mas pelo seu bom exemplo. Eis alguns:

- Viver com outros/as é sempre difícil, mas ainda é um modo (quem sabe, o melhor) de cultuar os Orixás;
- Cuidar do outro é manifestação de fé em Olorum e nos Orixás;
- Dizer que tem fé no barracão, na frente dos atabaques, com música e dança, é fácil e bom. Quero ver a fé é diante da dor, do desejo não realizado, do sofrimento do corpo, da alma e da morte (...).

Referências bibliográficas

CORREIA, Marcos Fábio Rezende (Coord.). *Mulheres de Axé*. Salvador: Kawo-Kabiesile, 2013.

SANTIAGO, Ana Rita (Coord.). *Mãe Tatá*: uma dádiva de Oxum. Salvador: Ogums' Toques; Barabô Editora, 2014.

SCHUMACHER, Schuma; BRAZIL, Érico Vital. *Mulheres negras do Brasil*. Rio de Janeiro: Senac, 2007.

SILVEIRA, Renato da. *O Candomblé da Barroquinha*: processo de constituição do primeiro terreiro baiano de Keto. Salvador: Edições Maianga, 2006.

MAILDE PINTO GALVÃO (1925-2013)

NÃO ESTAVAM[MOS] VENCIDOS

MARCOS SILVA

CLAUDIO AUGUSTO PINTO GALVÃO

Fez-se modelo das lendas,
fez-se modelo das lendas,
das lendas que nos contavam
as avós.
(Caetano Veloso, "Clarice")

Autodidatas são definidos como pessoas que aprenderam sem mestres. Isso pode ser válido no sentido institucional – formar-se sem frequentar escolas ou instituições similares. Num plano social mais amplo da aprendizagem, todavia, tal concepção se revela enganosa porque ninguém aprende sozinho, ninguém apenas ensina, cada aprendiz pode se tornar mestre informal de outros aprendizes, como já dizia Paulo Freire.[1]

Mailde soube aprender e ensinar, embora não tenha obtido títulos acadêmicos – sequer um reconhecimento formal de seu notório saber, como um doutorado *Honoris Causa*, oportunidade perdida pela UFRN e por instituições similares (Academia de Letras, Instituto Histórico e Geográfico) do RN, estado brasileiro onde nasceu e viveu – entidades de outros estados podem alegar desconhecimento de sua obra e sua ação, ainda pouco debatidas fora do RN até hoje.

Apesar de ter ocupado ao menos um cargo público de peso num momento histórico crucial – a Diretoria de Documentação e Cultura da Prefeitura de Natal, RN, durante a brilhante gestão do Prefeito Djalma Maranhão (1960/1964), que foi cassado e preso pela ditadura no último ano –, ela se tornou mais conhecida por um público ampliado do próprio RN apenas a partir de 1994, quando publicou o livro *1964: Aconteceu em Abril*,[2] falando sobre sua experiência naquele cargo, que incluiu a coordenação da Campanha de Alfabetização "De pé no chão também se aprende a ler" e Praças de Cultura (multiculturais!), a etapa inicial da ditadura de 1964 e um pouco depois. Desde a divulgação do livro até à morte em 2013, a escritora recebeu convites de diferentes instituições para falar sobre seu trajeto, foi entrevistada por muitos pesquisadores e também pela imprensa cotidiana (inclusive, televisão), ouvida e admirada por mais pessoas que as de seu círculo de convívio pessoal – em 2014, uma escola municipal de Natal recebeu seu nome, CMEI Mailde Pinto Galvão, justa homenagem pública a essa gestora, educadora e animadora cultural.

---

1 FREIRE, Paulo. *Pedagogia do oprimido*. São Paulo: Paz e Terra, 1998.

2 GALVÃO, Mailde Pinto. *1964*: Aconteceu em abril. Natal: Clima, 1994 [2ª ed. Natal: EdUFRN, 2004]; SILVA, Marcos. "1964 e outras correntezas". *In*: CASCUDO. Câmara. *Dona Nazaré de Souza & Cia*. Natal: EDUFRN; São Paulo: Terceira Margem, 2007 [1994], pp. 183-187.

Apresentaremos um balanço desse trajeto intelectual e político, detendo-nos um pouco mais no livro *1964: Aconteceu em abril*.

Mailde nasceu na fazenda Malhada Vermelha, Apodi (oeste do Rio Grande do Norte), em 29 de fevereiro de 1925. Era filha de Francisco Ferreira Pinto e Francisca Umbelina de Noronha. O pai era o proprietário da fazenda. Não parecia uma propriedade como empreendimento econômico, e sim mais uma residência onde se produzia para consumo local. Não consta que vendia regularmente essa produção para o comércio das cidades vizinhas. Mesmo assim, o "Coronel Chico Ferreira" criou e fabricou a marca da aguardente Malhada Vermelha, que chegou a ser considerada a melhor do estado. Era vendida, mas a produção continuava pequena, pois usava apenas a cana cultivada na fazenda. Muitos amigos a compravam para presentear terceiros. Ainda existe o grande açude que ele construiu no local. A família desfrutava de um bom padrão econômico, até possuía automóvel.

Mailde começou os estudos em casa, continuados em Martins e em Mossoró (principal cidade da região, segundo núcleo urbano do estado), no Colégio Sagrado Coração de Maria, das irmãs franciscanas. Ela lembrava que, nessa escola, as internas tomavam banho vestidas. Era aluna bagunceira e até sofreu punição disciplinar. Uma vez, fugiu de um passeio a Tibau com as freiras e, com uma amiga, foram tomar banho de mar escondidas. Sumiram, estresse entre as freiras! Achadas, foi decretada a expulsão. O pai de Mailde dirigiu-se ao colégio, levou as ofertas de sempre – sacos de feijão, arroz, queijo, batata, carne seca e outras "sertanejerias". As freiras desistiram da expulsão.

Interrompeu a formação escolar (ensino fundamental incompleto) quando casou e teve uma filha – Dilma. Separou-se do marido e mudou-se com os pais para Natal, enfrentando os preconceitos que eram comuns nos anos 1950 contra mulheres desquitadas, tratadas como "potenciais promíscuas", "sedutoras de maridos alheios". Ela lembrava-se de quando encontrou a então jovem poetisa Zila

Mamede pela primeira vez e essa escritora comentou, em voz alta e em público, que tinha muita vontade de conhecê-la pois sabia que se tratava de uma mulher desquitada e culta, o que deixou Mailde constrangida, sem que isso as impedisse de se tornarem muito amigas.

Trabalhou nos Correios e Telégrafos, atuando inicialmente como postalista (função burocrática). Depois que saiu da prisão em 1964, alguns dos companheiros de trabalho foram compreensivos, a situação e a fama de ex-prisioneira comunista não tinham mudado nada para eles. Em compensação, um colega, com quem conversava muito sobre literatura e até trocava livros emprestados, ao vê-la no corredor (recém-libertada), tomou um baita susto e sumiu na primeira porta que encontrou...

Tornou-se arrimo de família quando ocorreu a falência do pai.

Em conversa com Marcos (um dos autores deste texto), Mailde lembrou que o AI-5, em 1968, lhe provocou grande medo de que ocorressem novas prisões, mais interrogatórios e humilhantes pressões similares. Casou-se com Claudio (o outro autor deste escrito) em 1969 e seguiram para a Bélgica, onde ele pretendia se doutorar, tendo iniciado as atividades para conseguir essa finalidade no Institut d'Études Médiévales de l'Université Catholique de Louvain.

Ela dizia que a chegada a Lisboa foi como um deslumbramento, pois se sentia longe das ameaças d'além-mar. Decerto, imaginava um endurecimento ainda maior e que surgissem novas dificuldades naquele Brasil pós-1968.

Na Bélgica, foi tudo muito tenso no princípio, a bolsa que Claudio recebia cobria apenas as taxas da universidade, o resto era por conta dele, situação que melhorou um pouco quando conquistou outra pequena bolsa. Mailde se revelou, desde o primeiro almoço, uma excelente cozinheira, desmoralizando todas as previsões do marido. O casal ofereceu jantares a colegas e a amigos belgas, e Claudio não hesita em afirmar o ótimo manejo do fogão por uma intelectual assumida.

Na volta ao Brasil, foram morar em um apartamento em frente ao 16º RI (quartel do Exército Brasileiro), onde estivera presa. Da janela, Mailde mostrava o local de sua cela. Acordavam com o toque da alvorada e dormiam com o toque de silêncio. Ela nunca se queixou das lembranças que certamente ocorriam. Nem nunca mais passou pela porta da cozinha!

Mailde se destacou, desde jovem, pelas qualidades intelectuais e pela erudição, reconhecidas por muitos, tendo contado com o apoio de amigos e parentes, que lhe franquearam bibliotecas e outros materiais, consolidando um gosto apurado em literatura e mais campos de artes, como música e pintura. No caso musical, além dos clássicos, apreciava muito Bossa Nova e MPB, com destaque para Chico Buarque, Edu Lobo, Baden Powell e outros representantes dessa geração. No campo das artes plásticas, tinha especial admiração por Van Gogh e Salvador Dalí, além de colecionar obras de pintores potiguares, com destaque para seu amigo Newton Navarro e uma pintura de cena festiva popular, de Iaponi Araújo, que ganhou como presente do artista quando saiu da prisão ditatorial.

Foi convidada pelo prefeito Djalma Maranhão para assumir a Diretoria de Documentação e Cultura do Município de Natal, quando Moacyr de Goes, seu cunhado, ocupava a Secretaria de Educação, na fase efervescente da Campanha "De Pé no chão também se aprende a ler". Tornou-se responsável pela coordenação dessa grande iniciativa e ainda por muitas outras promoções culturais do período, com destaque para as Praças de Cultura, que uniam a modernidade cultural brasileira daquele momento (a poesia de João Cabral de Melo Neto, a pintura de Francisco Brennand) à madura pesquisa etnográfica de Câmara Cascudo e à produção artística de jovens potiguares, que começavam a publicar seus primeiros livros e realizar exposições. Faziam parte desse universo cultural valorizado naquele momento a escultura popular em madeira de Xico Santeiro, bem como autos e danças populares representados em palanques e praças públicas de diferentes bairros da Cidade do Natal.

Por conta da eclosão do golpe militar de 1964, Mailde foi presa e acusada de ser comunista, o que não condizia com suas convicções religiosas e posição de fervorosa católica, que manteve por toda a vida, inclusive acompanhando missas em canais católicos de televisão. Conviveu, certamente, com comunistas e representantes de outras linhas políticas que tinham em comum a preocupação com o quadro social brasileiro e o desejo de vê-lo transformado mais igualitariamente.

Na prisão, sofreu humilhações, longos interrogatórios; teve que fazer gastos impensáveis para garantir sua defesa na Justiça em tempos de ditadura. Foi inocentada "por ausência de justa causa", recebeu indenização muito depois e que, em parte, usou para remunerar seu advogado.

Assumiu, na maturidade, a chefia de gabinete da Secretaria de Saúde do Estado durante as duas gestões consecutivas de seu irmão Leônidas Ferreira (1979/1983 e 1983/1987), quando o governo estadual do RN era ocupado por Lavoisier Maia (1979/1983) e José Agripino Maia (1983/1987). Depois, ocupou idêntico posto durante a administração de Carlos Alberto Rosado, na Secretaria de Bem-Estar Social, segundo período governamental de José Agripino Maia (1991/1994).

Foi incentivada por Claudio Galvão a escrever um livro de memórias sobre sua grande e irrestrita amizade com o importante artista plástico, poeta e animador cultural potiguar Newton Navarro, mas nunca levou adiante esse projeto. Claudio lembra que ela era amiga íntima e confidente (nem de tudo) de Newton, sabia muito de sua vida. Embora o marido insistisse que Mailde poderia não falar sobre todos os aspectos do que o amigo viveu, mesmo assim ela se fechava e não tocava mais no assunto. Newton chegava à casa dela a qualquer hora da noite. Queria ouvir Amália Rodrigues, Silvio Caldas e outras roedeiras. Só saía quando queria. O perfume etílico deve ter enchido a sala... Outras vezes chegava num táxi, "obrigava-a" a entrar, saía rodando pela praia, cabeça no colo dela, chorando como criança e sem nada dizer. Voltava, deixava-a em casa. Voltava talvez para de onde veio. Uma vez, combinaram ir ao cinema. Estava em cima da hora, Mailde resolveu não esperar e apressou-se em chegar ao local. Lá, a primeira cara que viu foi ele com a mãe... Noutra ocasião, Newton estava dançando com Mailde no Aero Clube (na época, o principal clube de elite em Natal) quando, no meio do salão, apareceu Wilson Oliveira, chamou-o, o que fez Newton largar a dama ali mesmo (sem levá-la de volta à mesa) e sair com o amigo. Depois, aparecia como se nada houvesse acontecido. E a amizade continuava.

O livro *1964: Aconteceu em abril* fala de ditadura, prisões arbitrárias, torturas, medo generalizado, exílios e mortes. Simultaneamente, ele apresenta atos de amor, lealdade, beleza e dignidade, permitindo observar como os acontecimentos políticos daquele ano e seus desdobramentos são uma vitrine privilegiada para se identificar diferentes faces do Brasil.

O longo silêncio da autora, que publicou seu texto trina anos após os acontecimentos descritos, significou recolher-se e amadurecer o muito a ser dito a partir de suas experiências. Ele também indica o recato de Mailde, que demora a apresentar percursos profissionais, não comenta a própria formação intelectual e expõe muito pouco de mundo pessoal, com exceção do amor pela filha. É assim que seu trabalho com a memória revela lentamente um coração nas trevas, que prende o leitor pela emoção, excita-lhe o raciocínio e muito ensina sobre aqueles processos políticos e os sentimentos a seu redor.

As imagens iniciais do livro sobre 1964 quase sugerem algo que "vem de fora" para Natal, como na frase sobre a "ocupação militar por tropas do Exército".[3] Essa ilusão se desfaz rapidamente, quando são realçados o interesse de civis natalenses pela ditadura e as nuanças entre certos intelectuais, que "esqueceram" seus compromissos anteriores com a política cultural do deposto prefeito Djalma

---

3 GALVÃO, Mailde Pinto. *1964*: Aconteceu em abril. Natal: Clima, 1994.

Maranhão, ou alguns militares, que se sentiam constrangidos com os acontecimentos e arbitrariedades por eles protagonizados desde aquele abril.

Mailde trata com zelo fontes impressas – notadamente, jornais – e depoimentos orais. Em relação aos últimos, falta informar sobre as condições de seu registro (data, local, se gravados e/ou transcritos, na íntegra ou parcialmente, no momento da fala ou posteriormente) e sua preservação (estão em poder da autora, havia projetos de depositá-los em instituição pública?). Isso não desmerece seu trabalho, apenas o caracteriza mais claramente como memória informal e sabedoria específica menos presa às regras acadêmicas, sem perda de seriedade. Os referidos depoimentos tenderam ao excesso temático (episódios de 1964), perdendo outras faces das vidas dos entrevistados. Fotografias foram usadas no final do volume como ilustrações, sem explorar outros de seus níveis de significação.

O conteúdo que mais se destaca no livro é a experiência daqueles que, como a própria Mailde, atraíram a fúria ditatorial por terem participado da administração municipal natalense cassada ou de movimentos e instituições até então minimamente críticos em relação ao capitalismo. Indistintamente, essas figuras "ameaçadoras" (para o olhar ditatorial) foram agrupadas sob o rótulo genérico de "comunistas", tornando essa palavra um sinônimo de quem procurava mudar o mundo capitalista.

A obra procura desfazer essa confusão, registrando, no panorama político natalense das vésperas do golpe, a existência de, ao menos, três forças: "oligarquias conservadoras e rivais"; "o PCB"; "Djalma Maranhão, político da esquerda nacionalista".[4]

As duas últimas deveriam servir para corrigir a indiferenciação da ótica repressiva. Sua caracterização, todavia, foi insuficiente para atingir tal objetivo. Por um lado, o PCB também era "esquerda

---

4 GALVÃO, Mailde Pinto. *1964*: Aconteceu em abril. Natal: Clima, 1994.

nacionalista", donde não se entender o que o diferenciava de Maranhão. Por outro, Mailde pouco fala sobre esquerdas católicas, que se expressavam através de AP, JUC (brevemente indicadas em relação a alguns presos, como Ginani, Oliveira e Azevedo), JEC, JOC e JAC e eram influentes nos meios intelectuais e populares – ela mesma se situava nesse universo cristão crítico, mantendo-se católica durante a vida inteira. E há indicações de alianças políticas aparentemente improváveis na eleição de Maranhão para a Prefeitura de Natal (PTB, PSB, UDN, PDC... um pouco de tudo naquele panorama político anterior à ditadura), embaraçando ainda mais aquela classificação.

Os comentários sobre a ilegalidade da cassação de Djalma Maranhão, o aprisionamento dele, de sua equipe e de outros identificados com o comunismo são denúncias necessárias e preventivas face a outras arbitrariedades ditatoriais e demonstram parcialmente as violências em andamento contra parte majoritária da sociedade brasileira. A partir dessa caracterização, é possível pensar sobre o homem comum recebendo os impactos da ditadura de forma tão grave como a prisão e a tortura: o regime teve medonhos desdobramentos para a maioria dos brasileiros, inclusive, para os que não foram diretamente presos e torturados; meninos de rua, prostituição infanto-juvenil, caos da previdência e destruição de educação e saúde públicas, nas últimas décadas, são alguns de seus legados, sem esquecer da cultura de arrocho salarial permanente – a ditadura veio para garantir a preservação de um capitalismo à moda brasileira...

Mailde dá maior ênfase à repressão contra lideranças políticas e intelectuais. Falando sobre o homem comum, ela diz: "o povo massificado atendeu, entusiasmado, a convocação do governo, cantou o Hino Nacional, aplaudiu e deslumbrou-se com as promessas de paz, progresso e salvação da pátria".[5] O trecho descreve adequadamente uma situação da época, aplicável à maioria da população. Falta, todavia, um contraponto sobre o cotidiano de homens e mulheres

5 GALVÃO, Mailde Pinto. *1964*: Aconteceu em abril. Natal: Clima, 1994.

pobres da cidade. Afinal, eles carregaram o fardo da ditadura, expresso em arrocho salarial, militarização do dia a dia e perda de esperanças: "atendeu, entusiasmado, a convocação do governo, cantou o Hino Nacional, aplaudiu e deslumbrou-se com as promessas de paz, progresso e salvação da pátria" – e depois? É possível que o recorte temporal adotado por Mailde (1964/1967) tenha dificultado a identificação de reações populares contra a ditadura, das greves e passeatas de 1968 às passeatas e greves de 1978, passando pelo Movimento contra a Carestia (também conhecido como Movimento contra o Custo de Vida) dos anos 1970.

A partir do capítulo "Últimas prisões", Mailde transcende o já significativo papel de memorialista para se revelar talentosa escritora, provocando espantos estéticos mais habituais na leitura de ficção e poesia e que souberam se insinuar em grandes depoimentos sobre a ditadura militar brasileira, como *O que é isso, companheiro?*, de Fernando Gabeira, *Feliz Ano Velho*, de Marcelo Rubens Paiva, e nas falas de Elizabete Teixeira, registradas no fascinante filme *Cabra Marcado para Morrer*, de Eduardo Coutinho.[6]

A força da narradora, nessa última terça parte do volume, é tanta que dá vontade de sugerir uma mudança na ordem do texto: transferindo os capítulos de 17 a 25 para o começo do volume, o impacto da leitura seria ainda mais potencializado... Existe uma lógica, entretanto, naquela opção: além do recato da autora, antes indicado, a sequência significou passar de um panorama coletivo (Maranhão e sua equipe, o golpe e sua recepção em Natal, o conjunto de aprisionamentos locais) para um universo mais íntimo e pessoal – o aprisionamento da própria Mailde, o convívio com suas companheiras de cela, as sessões de interrogatório-tortura, a saída da prisão e os processos que teve de enfrentar.

---

6 GABEIRA, Fernando. *O que é isso, companheiro?* Rio de Janeiro: Codecri, 1979; PAIVA, Marcelo Rubens. *Feliz Ano Velho*. São Paulo: Brasiliense, 1993; CABRA MARCADO PARA MORRER. Direção: Eduardo Coutinho. Rio de Janeiro: Globovideo, 1984, 1h59m.

É assim que o medo comparece com sua avassaladora massa ("medo do desconhecido, da prisão militar, de perder a mim mesma"), associado à sensação de absurdo no bem-vindo afeto da companheira de destino ("Procurava acolher quem não queria ser acolhida; eu queria sumir e não existir"), enfrentado pelo reforço da identidade ("Impossível suportar a prisão sem voltar às raízes e à fantasia, nelas buscava alguma beleza e defendia a minha ternura. Assim, protegia-me e recompunha a minha história"), para desembocar na literariamente bela e emocionalmente assustadora imagem do inquisidor: "tentava aterrorizar-me como se me galanteasse".

Embora assuma, em muitos momentos, o medo experimentado diante da violência ditatorial, a memorialista não confunde esse sentimento com derrota. Ao invés disso, ela reitera o acerto das políticas culturais e gerais que a ditadura destruiu, reafirma a criativa honestidade do governo de Djalma Maranhão (fazer muito com poucos recursos orçamentários) e a ousadia daqueles projetos a favor da maioria, defende seu caráter de conquista para o povo, num sentido literalmente republicano. Uma clara síntese dessas perspectivas surge numa passagem quase no final do volume: "todos sentiam medo, mas não estavam vencidos".[7] Estamos muito longe de memória (ou história...) dos vencidos!

No meio do medo, Mailde pensou que queria sumir e não existir. Relembrando o filme *A felicidade não se compra*, de Frank Capra, que Mailde tanto apreciava, cabe-nos dizer que, se isso ocorresse, o livro jamais nasceria, o mundo que ele apresenta não seria o mesmo.

A força e a generosidade de Mailde fizeram com que a defesa da ternura pessoal, por meio da escrita, se tornasse patrimônio de todos.

---

7 GALVÃO, Mailde Pinto. *1964*: Aconteceu em abril. Natal: Clima, 1994, p. 199.

Referências bibliográficas

FREIRE, Paulo. *Pedagogia do oprimido*. São Paulo: Paz e Terra, 1998.

GABEIRA, Fernando. *O que é isso, companheiro?* Rio de Janeiro: Codecri, 1979.

GALVÃO, Mailde Pinto. *1964*: Aconteceu em abril. Natal: Clima, 1994 [2ª ed. Natal: EdUFRN, 2004].

PAIVA, Marcelo Rubens. *Feliz Ano Velho*. São Paulo: Brasiliense, 1993.

SILVA, Marcos. "1964 e outras correntezas". *In*: CASCUDO. Câmara. *Dona Nazaré de Souza & Cia*. Natal: EDUFRN; São Paulo: Terceira Margem, 2007 [1994].

MARIA DA CONCEIÇÃO TAVARES (1930)

UMA VOZ CRÍTICA NA ECONOMIA

WILSON DO NASCIMENTO BARBOSA

Eu sou crítica dos que dizem disparates.

1 Vida pessoal

Maria da Conceição de Almeida Tavares nasceu em Anadia, distrito de Aveiro, no norte de Portugal, a 24 de abril de 1930. Ao longo de sua vida, casar-se-ia duas vezes, tendo dois filhos. Graduada em matemática pela Universidade de Lisboa, em 1953, veio para o Brasil com seu primeiro marido em 1954.

Longe do fascismo português, Tavares entusiasmou-se com o otimismo do governo JK, estudando economia na Faculdade de Ciências Econômicas e Administrativas da então Universidade do Brasil, formando-se nessa área em 1960.

Trabalhou no Banco Nacional de Desenvolvimento Econômico (BNDE) e na Faculdade em que se formou. Nos anos 1970, lecionou no Chile e trabalhou para o governo chileno. Aí, segundo ela própria, se aperfeiçoou no conhecimento histórico dos problemas econômicos, junto a colegas das universidades e da Comissão Econômica para a América Latina (Cepal-ONU). Devido a seu espírito livre e sua militância democrática, esteve presa no Brasil, em 1975, pelos órgãos da ditadura então vigente.

Desde seus momentos como estudante na Universidade do Brasil, Maria da Conceição foi considerada uma aluna brilhante, havendo recebido o prêmio Visconde de Cairu (1960). Sua ampla formação fez dela não apenas professora excepcional, mas polemista vigorosa e internacionalmente conhecida, cujos juízos não podem ser deixados de lado. Foi deputada federal pelo Partido dos Trabalhadores (1995-1999). Recebeu, entre outros, os seguintes prêmios: Medalha Pedro Ernesto, Medalha de Honra da Inconfidência, Comendadora da Ordem do Mérito de Portugal, Prêmio Jabuti, Ordem de Bernardo O'Higgins, Ordem de Rio Branco e Prêmio Almirante Álvaro Alberto para Ciência e Tecnologia.

2 Vida intelectual

Certamente, uma das razões para Tavares haver-se sempre preocupado com os problemas da periferia como um todo é o fato de haver ela nascido e se educado em um país centro de um império colonial, que era, a seu modo, também periférico. Não importa o quanto haja Portugal extorquido em recursos das colônias, sua elite internacionalizada e, ao mesmo tempo, oligárquica, colocava ou perdia tais recursos no exterior, mantendo pobre a suposta metrópole. Portugal em crise deve ter despertado a curiosidade de Maria da Conceição quando jovem. Tal experiência lhe ensinou que pensar os problemas do subdesenvolvimento é pensar os problemas econômicos enquanto sociais, em globalidade, e não apenas isolados na esfera econômica.

Tavares, durante os anos 1960, sofreu uma nova influência distinta daquela de formação, desta feita de Ignácio Rangel e Celso Furtado, tendo avançado rapidamente para situar-se no cerne do estruturalismo econômico latino-americano. Além dos já citados, eram dele expoentes notáveis Raul Prebisch, Aníbal Pinto, Juan Noyola Vasquez, Osvaldo Sunkel, Jesús Silva Herzog, entre outros. Juan Noyola, amigo de Furtado, fora aluno de Jesus Herzog; este, junto com Raúl Prebisch, é considerado fundador do estruturalismo dito da Cepal ou "Cepalino". Isto porque a Comissão Econômica para a América Latina (Cepal-ONU) lograra aplicar a todos os países da América Latina e alguns do Caribe variantes do modelo Harrod-Domar, criando um debate rico e inédito quanto aos caminhos de desenvolvimento da região e de cada um de seus países. Maria da Conceição juntou-se no Chile a este forte grupo intelectual, elaborando textos, aulas, debates e livros que influenciaram nas décadas subsequentes a luta para eliminar os entraves ao desenvolvimento. Cumpre dizer que, nessa luta, as condições quase sempre foram desfavoráveis.

A economia, para Tavares, é uma ciência social e não pode ser separada das demais. Ela recomenda ao estudioso, por exemplo, um forte embasamento em história, para perspectivar a compreensão de cada caso. Assim, tem insistido na elaboração e na adoção de políticas para a abordagem de conjunto dos problemas econômicos, com uma avaliação correta do espaço, dos ganhos e das perdas quanto ao ambiente natural etc. Tem proposto a reordenação do uso e a conservação do espaço urbano. Igualmente, tem chamado a atenção para a necessidade de uma política única de segurança, transporte (mobilidade) e habitação, com o aperfeiçoamento de um conceito de integração de conjunto, que respeite as necessidades de médio e longo prazos e seja capaz de preservar os recursos naturais.

Maria da Conceição ressalta o aspecto de "política" da "economia política". Ao longo de diferentes conjunturas, chamou a atenção quanto à necessidade de se optar por políticas corajosas: a) adoção do eixo sul-sul; b) controle da taxa de juros excessiva; c) reforço do papel do Estado no controle do investimento e do capital especulativo etc. Tavares tem chamado a atenção que, para combater o déficit nominal, é necessário não postergar a baixa da taxa de juros. Só uma política efetiva para baixar os juros é eficiente para a ampliação produtiva dos recursos. Um menor serviço da dívida libera recursos para a aplicação na produção; semelhante política requer não só vontade política, mas coragem da parte dos governantes.

As despesas de investimento realizadas pelos empresários devem render mais do que a taxa de juros; de outro modo, não haverá razão para efetivá-las. O exame de uma tábua da eficiência marginal do capital, devido ao que expressa em sua curva, indica que as despesas de capital não podem ser reduzidas drasticamente por grandes acréscimos na taxa de juros, como professam demagogicamente os políticos monetaristas. O verdadeiro objetivo da elevação insensível, drástica, dos juros é favorecer as operações do mercado financeiro. Isso porque a taxa de juros é apenas uma parte das despesas da maioria dos produtos e não pode determinar o conjunto da produção. Exceto nos casos de bens de capital de longa duração (edifícios, habitações, máquinas enormes como um cais ou uma plataforma petroleira), o movimento da taxa de juros não tem efeitos no papel cíclico. Contudo, vê-se, no caso da economia subdesenvolvida, particularmente no desdobramento da substituição das importações, trata-se de muitas estradas, habitações e máquinas a instalar. E aí ela assume importância.

Por isso, a proposição simplista das políticas econômicas monetaristas se revelara extremamente danosa na América Latina. As políticas monetaristas não reconhecem o caráter objetivo dos ciclos e das flutuações, que derivam da relação procura-investimentos-estoques, mas também de fatores não econômicos. Não reconhecem a busca de acerto dos elaboradores das políticas aplicadas em cada local, mesmo quando tais políticas resultam de sua orientação. Não reconhecem a multilateralidade causal das dificuldades locais, pois muitas vezes o esforço local para manter as exportações a baixo preço é a causa imediata de dificuldades cambiais de pagamento.

Não reconhecem o caráter nocivo de programas econômicos impostos desde o exterior, que fazem tabula rasa das realidades locais etc. Daí, a preocupação de Maria da Conceição e dos cepalinos em combater os excessos do monetarismo abrigado no FMI e no Banco Mundial durante décadas.

Elevadas taxas de juros têm por objetivo: *(1)* remunerar o mais alto possível os que vivem de aplicações no mercado financeiro; *(2)* manter a economia em ritmo lento, para valorizar a propriedade e os ativos já existentes. No entanto, essa opção política torna a vida da maioria populacional mais difícil, porque encarece muito o custo do investimento, mantendo o Estado paralisado pela dívida pública. O governo sem capacidade para investir, ou quase isso, vê o crédito tornar-se inacessível para empresas médias e pequenas, sufocando a oferta produtiva. Juros elevados contribuem, assim, para a chamada economia do "ande-e-pare", com dificuldades para o setor público, e resultam na venda das empresas públicas lucrativas. Consequentemente, dá-se a elevação dos custos de infraestrutura (energia, transportes, comunicação, saúde, educação etc.).

Durante sua permanência no Chile, Tavares exerceu atividade política intensa na Frente Brasileira de Informação (FBI), órgão dos exilados políticos, no governo Allende, e na Escola Latino-americana de Economia, das Nações Unidas (ELE-ONU). Nesta última, colaborou com José Serra, Aníbal Quijano e outros professores progressistas da instituição. Maria da Conceição sempre se esforçou para ajudar alunos estrangeiros, particularmente os exilados de outros países latino-americanos, que enfrentavam dificuldades materiais para frequentar os cursos.

É muito extensa a lista de publicações de Tavares. Entre centenas de artigos, palestras etc., contam-se livros, como autora e editora, de grande importância para a conjuntura em que foram produzidos e para a formação teórica dos interessados. Um de seus melhores trabalhos é o livro *Da substituição de importações ao capitalismo financeiro.*[1] Nele, Maria da Conceição dá sua própria versão para a substituição de importações (S.I.), modelo teórico elaborado a partir da realidade pós-crise de 1929-1932. Ela se afasta, no texto, aqui e ali, de outras interpretações correntes de membros da Cepal, criando um trabalho que se tornou clássico.

As relações entre o coeficiente de capital e as variações necessárias dos estoques (*stocks*) fornecem a estrutura cíclica, que, no caso da economia subdesenvolvida, precisa ser conhecida e acompanhada com políticas competentes. A preocupação de Tavares com os traços próprios do ciclo na industrialização substitutiva a levou a formular uma teoria abrangente sobre o tema. A análise macroeconômica keynesiana – princípio da aceleração e eficiência marginal do capital – fizeram-na desde cedo compreender a importância da procura induzida nas condições subdesenvolvidas, nas quais as despesas de investimento necessárias ano a ano não correspondem apenas à substituição de maquinaria. A escassez do capital necessária às despesas de investimento impõe seja a importação de capital, seja a formação de capital público. A procura dos consumidores se apresenta sempre acima da taxa de substituição simples da maquinaria com a criação de mercado doméstico adicional, que leva à necessidade de mexer na oferta. Os compradores potenciais estão lá, mas a oferta poderá ser criada? É assim evidente que a variação relativamente grande apontada por Keynes para as despesas de investimento requer uma política pública de formação de capital, ou de acumulação.

Desde cedo, Maria da Conceição engajou-se na defesa da persistência pública em tal política. Em sua tese de livre-docência, *Acumulação de capital e industrialização do Brasil*,[2] a autora segue com sua análise das distorções estruturais que compõem o quadro de uma economia subdesenvolvida, indicando a importância da política

1 TAVARES, Maria da Conceição. *Da substituição de importações ao capitalismo financeiro*. Rio de Janeiro: Zahar, 1972.

2 TAVARES, Maria da Conceição. *Acumulação de capital e industrialização do Brasil*. Campinas: Unicamp, 1986.

oligopolista e da estrutura de renda concentrada. Oferece, para tal, uma teoria das dinâmicas do caso do subdesenvolvimento. Tavares examina a articulação interna-externa ao mesmo tempo como fonte de transformação e de dualismo. Busca indicar os mecanismos das crises periódicas do processo de acumulação.

Em seu livro *Ciclo e Crise: O Movimento recente da Industrialização Brasileira*,[3] Tavares retoma o assunto dos componentes estruturais que impediam a manutenção de elevadas taxas de crescimento, no ambiente de financiamento interno-externo. Ao escrever *Poder e Dinheiro* (Petrópolis, Vozes, 1997), em colaboração com José Luís Fiori e Luís Merlin, Maria da Conceição teve em mente, por certo, reforçar uma análise de conjuntura de endividamento no ambiente das crises financeiras da década de 1990. O papel do capital financeiro no processo de globalização era bloquear a industrialização dos países periféricos e apossar-se de seus ativos produtivos.

No trabalho *(Des)ajuste global e modernização conservadora*,[4] Tavares já havia analisado o papel dos desequilíbrios e desigualdades para reforçar a acumulação financeira, em detrimento dos elementos de produção. Seus trabalhos são, assim, leitura obrigatória dos estudantes de graduação e pós-graduação das ciências sociais.

Em centenas de artigos na imprensa e debates nas universidades, entidades sociais e governamentais, Maria da Conceição tem demonstrado as implicações adotadas ou propostas nas medidas de gestão pública. Seu ponto central é a crítica à abertura econômica em excesso, à falta de estratégia cambial e à subestimação do papel econômico positivo da demanda agregada. A ela, resistem os economistas de tendência dogmática. Eles têm dificuldade de perceber a natureza das flutuações conjunturais, propondo sempre o mesmo

3 TAVARES, Maria da Conceição. *Ciclo e crise*: o movimento recente da industrialização brasileira. Campinas: Instituto de Economia, 1998.

4 TAVARES, Maria da Conceição. *(Des)ajuste global e modernização conservadora*. Rio de Janeiro: Paz e Terra, 1993.

conjunto de medidas de controle de moeda e fiscal, com rebaixamento dos salários dos trabalhadores. Dessa maneira, buscam fazer a defesa do capital e das taxas de lucro elevadas. Suas soluções muitas vezes resultam no contrário do aparentemente desejado, sendo a crítica de Maria da Conceição Tavares coerente com as proposições estruturalistas para produzir soluções específicas para cada crise.

Maria da Conceição aceita, em suas formulações, tanto *(1)* a objetividade da acumulação do capital quanto *(2)* o processo correlato de desordem que isso engendra, o que requer a ação do Poder Público como fator organizador e socialmente racionalizador. Dialogando em muitos de seus trabalhos com as ideias de Joan Robinson, da Cambridge inglesa, e de Edward Hastings Chamberlin, de Harvard, busca ela esclarecer os desempenhos micro e macroeconômico dos oligopólios e os impactos da anarquia gerada pelo processo de concentração, apesar da aparência de racionalidade desses processos, que pode ser argumentada a partir da teoria do rendimento marginal. A suposta racionalidade micro da competição de empresas cada vez maiores leva ao agravamento da escassez de capital produtivo e ao crescimento desproporcional do "exército industrial de reserva". O desenvolvimento do capital acirra, por essa via, o desemprego, a desigualdade e a miséria.

Tavares sempre se caracterizou como uma grande polemista, capaz de ignorar o prestígio dos adversários e os mitos por eles estabelecidos. Implacável em sua argumentação, demonstra com habilidade os pontos que apoia, impedindo ataques pessoais em suas críticas, mas focando no rigor das ideias. No debate sobre a distribuição de renda, demonstrou o caráter estrutural do processo de concentração, baseado em "racionalidades" microeconômicas, e apoiou, portanto, a corrente de opinião que defende a necessidade de políticas compensatórias para evitar a concentração da parte nova da renda, em processo de criação. Fez a defesa da melhoria da condição dos mais pobres.

Em sua atuação política, defende, portanto, com entusiasmo, a atuação do Estado, como planejador e promotor de políticas para o desenvolvimento, numa base de economia mista e de uma permanente busca de caminhos para estabelecer e renovar pactos sociais. Nos anos 1980 e 1990, no auge do processo inflacionário associado com o crescimento irresponsável da dívida externa, Maria da Conceição buscou ser um elo entre os dirigentes da luta sindical e os elaboradores, no nível de governo, das políticas econômicas. Buscou indicar para as autoridades a necessidade de preservar os setores prioritários capazes de manterem um direcionamento estratégico, apontando uma saída rumo ao crescimento.

A defesa do "eixo da igualdade" explica, para Tavares, a potencialidade de crescimento econômico, na época atual, tanto para os países centrais como para os países periféricos, a seu ver, cada vez mais engolfados pelos mesmos problemas. Sem expansão dos rendimentos para a população mais pobre, não é possível hoje em dia assegurar um crescimento sustentado, seja em que tipo de economia for. Daí, a importância de políticas de redistribuição de renda, que incluam um parâmetro de renda mínima e a ampliação do leque de serviços públicos. Daí, sua crescente participação em debates da economia mundial como um todo. Nesse campo, apoia o papel positivo internacional de criação de um imposto sobre circulação financeira, capaz de reduzir a velocidade dos movimentos especulativos. Esse imposto teria algo do estilo da proposta de Tobin, na crise de 1998. Ou seja, para Maria da Conceição, são necessárias políticas de renda, de emprego e de transferência social.

Os economistas da ortodoxia diferem, portanto, do entendimento básico desenvolvido por Tavares e outros membros da escola latino-americana. Eles têm uma visão, no mínimo ingênua, do problema do desequilíbrio externo das nações periféricas. Unificando todas as situações em uma teoria única, acreditam que a expansão da oferta da moeda (meio circulante/base monetária) é de ordem subjetiva e se afasta da taxa efetiva de crescimento por erro exclusivo, portanto, das autoridades governamentais locais. Semelhante teoria simplista é atraente para as crenças de dirigentes de empresas privadas (internas e externas), instituições internacionais e políticos, todos dotados de má-fé. A realidade não se enquadra em interpretações tão simples, e o estruturalismo econômico latino-americano vem, durante setenta anos, indicando caso a caso a pobreza de tais argumentações. Nessa frente de ação, há pelo menos cinquenta anos, vem Maria da Conceição contribuindo para esclarecer as armadilhas geradas pelas crises e recessões das economias industriais, seus impactos via comércio internacional na oferta e consumo dos países periféricos e a impossibilidade real dos governos locais para bloquearem permanentemente os resultados deletérios de tais dificuldades.

Os trabalhos de Tavares comprovam amplamente que não se pode reduzir os erros da política cambial, da política fiscal etc. ao controle necessário das demandas dos bancos etc. A estrutura das taxas de juros e o impacto das flutuações internacionais não são objeto apenas dos governos locais.

Assim, todas as observações positivas que se aplicam à ciência econômica latino-americana se ajustam como uma luva à prática social dessa mulher extraordinária, que, em sua vida de estudo, ensino e lutas, formou centenas de jovens de ambos os sexos, para tornar o Brasil e nossa América Latina um lugar melhor. Ela é um exemplo de como a grandeza se constrói com firmeza e a humildade do trabalho de cada dia, buscando superar as ilusões e evitando o desespero e a perda de perspectivas. Maria da Conceição é exemplo para todas as mulheres e todos os homens do Brasil e de Portugal e – de fato – para todo o nosso continente.

Tavares tem insistido nos aspectos ideológicos da política econômica. Para ela, o controle que o capital financeiro exerce sobre a grande mídia permite uma distorção sistemática de verdades básicas, criando um clima de "caça às bruxas", de discussão de "baixo nível", em que as questões importantes são escamoteadas. Isso deixa as pessoas comuns desinformadas e assustadas. Pode-se criar, portanto, um ambiente de "falsos problemas" e "falsas soluções". Ela é crítica de como os poderosos manipulam a opinião pública também em questões de qual a melhor política econômica a ser adotada.

Referências bibliográficas

TAVARES, Maria da Conceição. *Acumulação de capital e industrialização do Brasil*. Campinas: Unicamp, 1986.

______. *Ciclo e crise*: o movimento recente da industrialização brasileira. Campinas: Instituto de Economia, 1998.

______. *(Des)ajuste global e modernização conservadora*. Rio de Janeiro: Paz e Terra, 1993.

MARIA CHRISTINA RUSSI DA MATTA MACHADO (1938-1971)

UMA INTÉRPRETE DO CANGAÇO

LUIZ BERNARDO PERICÁS

Em 18 de setembro de 1970, Joaquim Câmara Ferreira, membro histórico do PCB e na época dirigente da Ação Libertadora Nacional, aconselhava, numa carta a militantes de sua organização, que estes lessem dois livros que considerava importantes para sua formação naquele momento. O primeiro era *Os Sertões*, de Euclides da Cunha. O outro, *As Táticas de Guerra dos Cangaceiros*, escrito pela jovem pesquisadora Maria Christina Russi da Matta Machado. Não custa lembrar que o próprio Marighella dava grande valor ao estudo da gesta lampiônica e achava fundamental compreender a dinâmica das atividades dos afamados bandoleiros sertanejos nordestinos. "Temos que ser como Lampião", disse em certo momento o inimigo número um da ditadura. A forma como atuava Virgulino Ferreira e a longevidade de suas ações, portanto, certamente interessavam muito ao fundador da ALN, assim como a seu sucessor no grupo.[1]

A obra de Machado, publicada no Rio de Janeiro pela Editora Laemmert em 1969 (na época dirigida pelo então jornalista e ideólogo da Polop Luiz Alberto Moniz Bandeira), de fato, teria grande repercussão. Basta recordar que, quando o autor de *O Caminho da Revolução Brasileira* foi preso, o comandante da Marinha que o interrogou no Cenimar chegou, inclusive, a mencionar o livro de Machado. Apesar de tudo, na ocasião, o texto polêmico não seria apreendido pelos militares.[2]

A Laemmert havia lançado no período obras emblemáticas, como *A Questão Agrária*, de Karl Kautsky; *Da Noruega ao México* e *Revolução e Contrarrevolução*, de Leon Trótsky; *Poemas do Cárcere* e *A Resistência do Vietnã*, de Ho Chi Minh; *História do Socialismo e das Lutas Sociais*, de Max Beer; e *O Imperialismo e a Economia Mundial*, de Nikolai Bukhárin, entre vários outros. O livro de Christina Matta Machado seria mais um nessa lista. E teria destaque. Afinal, na época em que *A Tática de Guerra dos Cangaceiros* foi editado, o Brasil passava pelo auge da ditadura, com perseguições, prisões e torturas de militantes de esquerda tornando-se algo cada vez mais comum, e com a luta revolucionária se mostrando como única alternativa para diferentes grupos que apoiavam a resistência armada ao regime militar.

Nascida em 9 de fevereiro de 1938, em São Paulo, Maria Christina Matta Machado concluiria o ginásio no Colégio Rio Branco, em 1954, e o curso clássico no Instituto Mackenzie, cinco anos mais tarde. A jovem estudante se licenciou em história pela Faculdade

---

1 MAGALHÃES, Mário. *Marighella*: o guerrilheiro que incendiou o mundo. São Paulo: Companhia das Letras, 2012, p. 396; MAGALHÃES, Mário. *Correspondência com Luiz Bernardo Pericás*, 2015.

2 BANDEIRA, Luiz Alberto Moniz. *Depoimento a Luiz Bernardo Pericás*, 2010.

de Filosofia, Ciências e Letras "Sedes Sapientiae" da PUC paulista em 17 de dezembro de 1963 (onde havia sido diretora de seu centro acadêmico), conseguindo, dois anos mais tarde, uma bolsa de estudo obtida através do "Serviço de Ensino Vocacional" de São Paulo, promovido pelo Ministério da Educação Federal, com o objetivo de treinar professores para a renovação do ensino secundário. Ainda atuaria como membro da equipe de educação de base do Movimento Universitário de Desfavelamento (nesse sentido, em 1965, participou do Seminário Nacional de Estudos do Problema Favela, organizado por aquela entidade) e chegou a se matricular, em 1968, na Escola de Sociologia e Política.[3]

Em última instância, daria continuidade a seus estudos na USP, onde ingressaria na pós-graduação, pleiteando como orientador de doutorado o historiador Sérgio Buarque de Holanda, de quem foi aluna. Foi recusada pelo eminente intelectual, segundo o próprio, por ele já haver solicitado e obtido sua aposentadoria.

Buarque de Holanda diria: "tendo solicitado e obtido aposentadoria devolvo o presente processo a fim de ser o mesmo encaminhado a outro professor. Cumpre-me acrescentar que a interessada já concluiu sua pós-graduação, achando-se assim dispensada das matérias subsidiárias".

Outra versão, contudo, indica a mudança de tutor após ela ter se desentendido com o autor de *Raízes do Brasil*, por desacordos sobre sua interpretação do tema.[4] Por causa disso, seria orientada pelo professor Eurípedes Simões de Paula e prepararia a tese *Cangaço: Aspectos Socioeconômicos*, que mais tarde recebeu o título *Aspectos do Fenômeno do Cangaço no Nordeste Brasileiro*.

3 Maria Christina Russi da Matta Machado, *Processo 1428*, 1968.

4 SIMÕES DE PAULA, Maria Regina da Cunha Rodrigues. "Nota". *In*: MACHADO, Maria Christina Russi da Matta. "Aspectos do fenômeno do cangaço no Nordeste Brasileiro (I)". *Revista de História*, São Paulo, nº 93, 1973, pp. 139-141.

Eurípedes Simões de Paula comentaria que "com a aposentadoria do professor doutor Sérgio Buarque de Holanda, atendendo a pedido da interessada, passei a orientar os trabalhos de doutoramento da Sra. Maria Christina Matta Machado, que prepara tese sobre o tema Cangaço: aspectos socioeconômicos".[5] O processo foi aprovado pela Congregação em 16 de junho de 1970, quando ela se tornou oficialmente orientanda do professor Simões de Paula.

O prazo final para a sua entrega na secretaria seria 31 de agosto de 1972, ainda que o trabalho, ao que tudo indica, estivesse bem adiantado. Ou seja, ela possivelmente depositaria o material antes da data exigida pela burocracia acadêmica (é provável que fizesse isso no ano anterior ao solicitado).[6] Já tinha uma banca montada informalmente, que seria composta por Ruy Galvão de Andrada Coelho, Pascoale Petrone, Carlos Guilherme Mota e Sebastião Witter. Todos haviam se comprometido, extraoficialmente, a participar da arguição da candidata. Mas isso nunca chegou a ocorrer. Ela daria seu último suspiro na madrugada do dia 23 de outubro de 1971, dentro de seu próprio quarto, no apartamento em que morava com os pais, na Avenida Paulista, na capital do estado. A causa: edema agudo do pulmão, insuficiência cardíaca, leucemia e anemia. Machado planejava se casar um dia após sua defesa na USP e partiria, em seguida, para a França, onde faria um segundo doutorado na Universidade de Paris (com uma bolsa concedida pelo governo daquele país). O projeto era ficar na Europa até o fim de outubro de 1972, onde seria orientada por Frédéric Mauro. Sua trajetória, interrompida abruptamente, impediu que desenvolvesse seus estudos e impossibilitou que pudesse sofisticar ou mesmo reavaliar os argumentos apresentados em seu livro de juventude.[7]

5 Eurípedes Simões de Paula, *Processo 1428*, 1968.

6 Ver Ofício/Circular/36/72 de Eurípedes Simões de Paula.

7 SIMÕES DE PAULA, Maria Regina da Cunha Rodrigues. "Nota". *In*: MACHADO, Maria Christina Russi da Matta. "Aspectos do fenômeno

Mesmo seu derradeiro trabalho acadêmico poderia ter sido modificado e aprofundado. Afinal, o professor Simões de Paula aparentemente discutiu com a estudiosa vários aspectos do texto, seu método, fontes e bibliografia, todos elementos que não foram incorporados em suas páginas finais, por não ter havido tempo.[8] Além disso, o trabalho deixado, ainda em fase de desenvolvimento, foi revisado por seu pai (um advogado aposentado), que não conhecia o assunto. O esforço do progenitor certamente foi louvável, mas não impediu que restassem diversos erros na versão final (problemas que ocorreram também em seu livro e que passaram despercebidos pela própria autora e pelos revisores da Laemmert e da Editora Brasiliense, que mais tarde publicaria uma nova edição).

É verdade que Machado havia feito, por quatro anos, uma extensa pesquisa de campo, com o apoio da Fapesp (Fundação de Amparo à Pesquisa do Estado de São Paulo). Teria percorrido, acompanhada da mãe, quase uma centena de localidades nordestinas por onde passou Lampião, gravou muitas entrevistas com ex-cangaceiros e acumulou um vasto material de arquivo sobre o tema.[9] A jovem

---

do cangaço no Nordeste Brasileiro (I)". *Revista de História*, São Paulo, nº 93, 1973, pp. 139-141.

8 SIMÕES DE PAULA, Maria Regina da Cunha Rodrigues. "Nota". *In*: MACHADO, Maria Christina Russi da Matta. "Aspectos do fenômeno do cangaço no Nordeste Brasileiro (I)". *Revista de História*, São Paulo, nº 93, 1973, pp. 139-141.

9 Christina Matta Machado realizou muitas "viagens culturais" naquele período. Em 1960, foi ao Rio de Janeiro; no ano seguinte, a cidades históricas mineiras e a Brasília; em 1963, percorreu Bahia, Alagoas, Pernambuco, Paraíba, Ceará, Maranhão, Pará e Amazonas; em 1964, foi para o Rio Grande do Sul, Uruguai, Argentina e Chile; um ano mais tarde, esteve no Paraná e Paraguai; e em 1965, percorreu países da Europa. Ela afirmava que havia feito uma excursão cultural visando a uma pesquisa histórica socioeconômica sobre o cangaço, orientada por Sérgio Buarque de Holanda, em 1967, pela Bahia (Salvador, Feira de Santana, Camaçari e Mata de S. João), e em 1968, pelos sertões da Bahia, Alagoas, Sergipe e Pernambuco, viagens que teriam abarcado 34 cidades. Ver Maria Christina Russi da Matta Machado, "Curriculum

doutoranda chegou a possuir uma quantidade significativa de livros, caixas de microfilmes, fichamentos, fitas cassetes e recortes de jornal ligados à sua investigação.

Como resultado parcial de seus esforços, escreveu, nos tempos de estudante, "Nordeste da seca, não é Nordeste da miséria", "O sertanejo tem no sangue a liberdade" (este uma monografia preparada para o curso de literatura brasileira, no qual esteve inscrita em 1966), "Visão geral do Nordeste", "O Sertão não progrediu", e dois trabalhos baseados na disciplina ministrada por Sérgio Buarque, "Canudos e a política de Antônio Conselheiro" e "A política dos coronéis" (entre 1966 e 1967, ela participaria de seminários na matéria do famoso escritor, que ocupava a cadeira de História da Civilização Brasileira).[10]

Chegou a publicar os artigos "Aos que se Comunicam" e "Aqui ali Mulher" no *Diário de S. Paulo*, ambos em 1967, e "Memórias do Cangaço" no *Jornal da Tarde*, no mesmo ano. Havia ainda preparado "Classes Sociais no Meio Rural" para a *Revista de Sociologia*.[11] Na revista *Realidade*, em 1968, sairia uma entrevista com Dadá (a mulher de Corisco),[12] assim como, no ano seguinte e na mesma revista, a reportagem "A vida depois do cangaço" (juntamente com seu noivo Humberto Mesquita), na qual mostrava o reencontro de antigos bandoleiros do grupo de Virgulino Ferreira que haviam sobrevivido à tragédia da Grota do Angico (Zé Sereno,

---

Vitae", *Processo 1428*, Protocolo 006142-2 de outubro de 1963, Proc. N. 1428/68, Setor de Pós-Graduação em História, USP.

10 Ver Maria Christina Russi da Matta Machado, "Curriculum Vitae", *Processo 1428*, Protocolo 006142-2 de outubro de 1963, Proc. N. 1428/68, Setor de Pós-Graduação em História, USP.

11 Maria Christina Russi da Matta Machado, "Curriculum Vitae", *Processo 1428*, Protocolo 006142-2 de outubro de 1963, Proc. N. 1428/68, Setor de Pós-Graduação em História, USP.

12 Ver MACHADO, Maria Christina Russi da Matta. "Eu não queria matar Corisco". *Realidade*, Rio de Janeiro, out. 1968.

Sila, Marinheiro e Criança) com o soldado da volante Adriano Ferreira de Andrade[13] (duas outras matérias para a mesma publicação, "O último dos místicos" e "Lampião" foram preparadas, segundo a autora). Em 1969, lançaria também seu *As táticas de guerra dos cangaceiros*. E entre 1973 e 1974, finalmente, os capítulos de sua tese *Aspectos do Fenômeno do Cangaço no Nordeste Brasileiro*[14] seriam publicados postumamente em cinco partes, em diferentes edições da *Revista de História*, obra que, em seu conjunto, foi considerada por Melquíades Pinto Paiva como um "importante estudo de natureza sociológica".[15]

A tese tem bons momentos, especialmente os depoimentos de cangaceiros, coiteiros, volantes e políticos, personalidades como Dadá, Saracura, Labareda, Zé Sereno, Zé Rufino, Sila, João Siqueira, Balão, Eustáquio Jovino Ribeiro, Luiz Caldeirão e João Bezerra, entre outros. Ou seja, a autora dá voz aos personagens. O recurso da história oral é, portanto, um elemento fundamental em seu trabalho, embora a metodologia específica dessa área ainda fosse pouco discutida no Brasil naquele momento. Também inclui trechos de

---

13 Ver MACHADO, Maria Christina Russi da Matta; MESQUITA, H. "A vida depois do cangaço". *Realidade*, Rio de Janeiro, ano 3, nº 34, jan. 1969.

14 MACHADO, Maria Christina Russi da Matta. "Aspectos do fenômeno do cangaço no Nordeste Brasileiro (I)". *Revista de História*, São Paulo, nº 93, 1973, pp. 139-175; MACHADO, Maria Christina Russi da Matta. "Aspectos do fenômeno do cangaço no Nordeste Brasileiro (II)". *Revista de História*, São Paulo, nº 95, 1973, pp. 177-212; MACHADO, Maria Christina Russi da Matta. "Aspectos do fenômeno do cangaço no Nordeste Brasileiro (III)". *Revista de História*, São Paulo, nº 96, 1973, pp. 473-489; MACHADO, Maria Christina Russi da Matta. "Aspectos do fenômeno do cangaço no Nordeste Brasileiro (IV)". *Revista de História*, São Paulo, nº 97, 1974, pp. 161-200; MACHADO, Maria Christina Russi da Matta. "Aspectos do fenômeno do cangaço no Nordeste Brasileiro (V)". *Revista de História*, São Paulo, nº 99, 1974, pp. 145-174.

15 Ver PAIVA, Melquíades Pinto. *Cangaço*: uma ampla bibliografia comentada. Fortaleza: Editora IMEPH, 2012, p. 223.

matérias jornalísticas da época, mostrando o papel da imprensa na difusão da informação e na construção da imagem dos cangaceiros. O caráter irredentista do cangaço, por sua vez, é bastante desenvolvido por ela. A parte IV da tese, que discute aspectos culturais do sertão, como os valores dos bandoleiros, suas formas de convivência, o comportamento da mulher, a questão do machismo, o misticismo, as superstições, as crendices e os padrões de honestidade, talvez seja a melhor do conjunto da obra, que alterna momentos favoráveis com outros de menor rigor metodológico.

Ainda assim, é possível apontar diversos problemas no trabalho. É certo que ela utiliza autores clássicos em sua tese, como Caio Prado Júnior, Oliveira Viana, Nelson Werneck Sodré, Vitor Nunes Leal, Marcos Villaça, Roberto C. de Albuquerque, Walfrido Moraes, José Américo de Almeida, L. A. Costa Pinto, Wilson Lins, Ulisses Lins de Albuquerque, Raimundo Nonato, Estácio de Lima, Optato Gueiros, Josué de Castro, Maria Isaura Pereira de Queiroz, Ranulpho Prata, Gustavo Barroso, Eric Hobsbawm e Rui Facó. Mas a bibliografia é insuficiente e usada de forma instrumental.

A metodologia aplicada às entrevistas também é bastante frágil. A autora realizou arguições com poucos indivíduos, classificando-os à sua maneira e extraindo conclusões peremptórias de amostragens aleatórias e exclusivistas. Os números apresentados e as porcentagens não convencem os pesquisadores mais exigentes. O verniz cientificista, portanto, não se sustenta nesse caso (exemplos claros disso podem ser encontrados no capítulo "Coronel e seca" ou no "Anexo I", por exemplo). Além disso, a tendência a ver o mundo de forma maniqueísta, com poucos matizes, pode ser encontrada em profusão nos trabalhos da estudiosa.

É possível perceber a influência de Eric Hobsbawm, assim como do livro *Cangaceiros e fanáticos*, do jornalista Rui Facó.[16]

---

16 FACÓ, Rui. *Cangaceiros e fanáticos*. Rio de Janeiro: Civilização Brasileira, 1963.

Mas se o intelectual pecebista realizava seus estudos a partir de uma perspectiva político-partidária, a pesquisadora da USP analisaria o fenômeno de um ponto de vista mais acadêmico. Ou seja, a obra de Machado é claramente um reflexo de sua época, traduzindo para o meio universitário uma discussão candente no ambiente político da esquerda brasileira.

A pequena obra da autora, portanto, certamente tem importância, ainda que esta esteja intrinsecamente ligada ao momento histórico em que foi produzida. Mas se ela tem o mérito de ter sido pioneira nesse sentido, é difícil dizer que suas elaborações tenham resistido ao tempo.

O caso de *As Táticas de Guerra dos Cangaceiros* é emblemático. É certo que houve quem admirasse tal estudo. A antropóloga Luitgarde Oliveira Cavalcanti Barros chegou a dizer que aquele seria "um dos mais interessantes livros sobre a história de Lampião... pela riqueza de informações sobre o cotidiano do cangaço" e destacava a "beleza da narrativa".[17] O fato de ter sido orientada na USP por dois renomados professores, de acordo com Barros, tornava aquele um "trabalho obrigatório para quem estuda este tema".[18]

A mesma admiração tinha Expedita Ferreira Nunes, filha do "rei dos cangaceiros". Foi Christina Matta Machado que possibilitou a ida de Expedita a São Paulo, para conhecer a ex-bandoleira Sila, que morava na cidade. Este era um dos papéis desempenhados pela jovem estudante de doutorado: colocava em contato indivíduos ligados a Lampião ou a seu grupo, em recepções organizadas por ela. De acordo com Expedita, foi Machado que a fez ver "melhor"

17 BARROS, Luitgarde Oliveira Cavalcanti. *A Derradeira Gesta*: Lampião e Nazarenos guerreando no sertão. Rio de Janeiro: Mauad, 2007, p. 81.

18 BARROS, Luitgarde Oliveira Cavalcanti. *A Derradeira Gesta*: Lampião e Nazarenos guerreando no sertão. Rio de Janeiro: Mauad, 2007, p. 81.

seus pais e a enxergá-los de uma maneira diferente daquela apresentada por outros escritores. Teria sido por causa da historiadora que deixou de ter vergonha deles. O livro da autora paulista, portanto, era o que mais gostava de todos que havia lido.[19]

A própria Sila escreveria sobre sua experiência no cangaço e incluiria Maria Christina nos agradecimentos de uma de suas obras.[20] A intimidade da pesquisadora uspiana com Sila era tal que ela se tornou madrinha de casamento de uma das filhas da ex-cangaceira, numa cerimônia lotada, que contou até com a presença de uma equipe de televisão para registrar o acontecimento![21]

Ainda assim, houve aqueles que apontaram uma diversidade de problemas sérios na obra. Possivelmente, o principal deles tenha sido Frederico Pernambucano de Mello (talvez o mais importante pesquisador do cangaço), que comentou que o livro de Machado estava "eivado de erros imperdoáveis, além de não conter em suas páginas nada que diga respeito ao título".[22] Uma crítica dura, certamente.

No livro, é possível encontrar novamente uma bibliografia que abarcava autores conhecidos e fundamentais para o desenvolvimento do tema, como André João Antonil, Capistrano de Abreu, Manuel Correia de Andrade, Roger Bastide, Eduardo Barbosa, Antônio Callado, Euclides da Cunha, J. Pandiá Calógeras, Luís da Câmara

---

19 Ver MACHADO, Maria Christina Russi da Matta. "Expedita, a filha do Capitão Virgulino (Lampião)". *In*: SOUZA, Ilda Ribeiro de ["Sila"]; ORRICO, Israel Araújo. *Sila*: uma cangaceira de Lampião. São Paulo: Traço Editora, 1984, pp. 116/117.

20 MACHADO, Maria Christina Russi da Matta. "Expedita, a filha do Capitão Virgulino (Lampião)". *In*: SOUZA, Ilda Ribeiro de; ORRICO, Israel Araújo. *Sila*: uma cangaceira de Lampião. São Paulo: Traço Editora, 1984, pp. 116/117.

21 Ver SOUZA, Ilda Ribeiro de ["Sila"]. *Sila*: memórias de guerra e paz. Recife: Universidade Federal Rural de Pernambuco, 1995, p. 82.

22 MELLO, Frederico Pernambucano de. *Guerreiros do Sol*: violência e banditismo no Nordeste do Brasil. São Paulo: A Girafa, 2004, p. 156.

Cascudo, Rodrigues de Carvalho, Paulo Dantas, Celso Furtado, Gilberto Freyre, José Alípio Goulart, Leonardo Mota, Walfrido de Moraes, Edmar Morel, Graciliano Ramos, Franklin Távora e Luís Viana, entre muitos outros. A pesquisa hemerográfica, por sua vez, incluía periódicos nordestinos do auge do cangaço, como *A Tarde* e *Diário de Notícias* (Salvador), *Correio de Alagoas* e os sergipanos *Correio de Aracajú*, *A República* e *A Gazeta*. Em outras palavras, ela possuía bom material para construir sua análise. Ainda assim, o resultado ficou bem distante do ideal.

O livro tem como características principais, portanto, o viés narrativo e factual, a tentativa de reproduzir a linguagem e os diálogos locais e a preocupação com os aspectos estratégicos, táticos e militares dos cangaceiros, reforçando a imagem daqueles *brigands* como "bandidos sociais" (ainda que não utilizasse explicitamente o termo em suas páginas). Por sua vez, na terminologia aplicada pela autora, sem maior rigor, palavras e conceitos como "estilo medieval", "regime puramente feudal" (no período colonial), "camponês" (para designar os sertanejos nordestinos) e mesmo "movimento" para descrever o cangaço (ela classifica a modalidade de "fenômeno" em outro momento do livro) são usados pela pesquisadora, que até mesmo fala sobre uma "estratégia do coronelismo e seus mercenários".

Na tese, ela afirmaria que "o cangaceiro é um *herói*[23] que se rebela contra uma perseguição injusta da polícia".[24] Algo similar é dito no livro publicado pela Laemmert, dessa vez sobre Lampião (figura central de seu trabalho), quem, para ela, havia sido "o anjo

---

23 Grifo nosso.

24 MACHADO, Maria Christina Russi da Matta. "Aspectos do fenômeno do cangaço no Nordeste Brasileiro (II)". *Revista de História*, São Paulo, nº 95, 1973, p. 196.

da guarda dos pobres"![25] Afinal, ele "não foi o flagelo do sertão, mas o flagelo dos coronéis".[26]

A pesquisadora paulista conclui seu livro:

> A verdade é que o coronel de ontem é o mesmo de hoje, com a mesma mentalidade medieval, com os mesmos costumes, e acreditando ainda na sua prepotência, com o mesmo orgulho, e representando o maior entrave para o desenvolvimento social, econômico e político do Nordeste.[27]

A resolução dos problemas regionais, contudo, é deixada em aberto...

Mesmo que hoje o nome de Christina Matta Machado seja pouco lembrado pelo grande público, ela produziu um dos livros de bolso dos guerrilheiros na época da ditadura militar e foi lida com grande interesse por toda uma geração de jovens no início dos anos setenta do século passado. Seus trabalhos, apesar de limitações, continuam emblemáticos e ainda são usados como referência bibliográfica pelos estudiosos do cangaço na atualidade.

Referências bibliográficas

BARROS, Luitgarde Oliveira Cavalcanti. *A Derradeira Gesta*: Lampião e Nazarenos guerreando no sertão. Rio de Janeiro: Mauad, 2007.

FACÓ, Rui. *Cangaceiros e fanáticos*. Rio de Janeiro: Civilização Brasileira, 1963.

25 MACHADO, Maria Christina Russi da Matta. *A tática de guerra dos cangaceiros*. [S.l.]: Laemmert, p. 68.

26 MACHADO, Maria Christina Russi da Matta. *A tática de guerra dos cangaceiros*. [S.l.]: Laemmert, p. 207.

27 MACHADO, Maria Christina Russi da Matta. *A tática de guerra dos cangaceiros*. [S.l.]: Laemmert, p. 208.

MACHADO, Maria Christina Russi da Matta. "Aspectos do fenômeno do cangaço no Nordeste Brasileiro (I)". *Revista de História*, São Paulo, nº 93, 1973.

______. "Aspectos do fenômeno do cangaço no Nordeste Brasileiro (II)". *Revista de História*, São Paulo, nº 95, 1973.

______. "Aspectos do fenômeno do cangaço no Nordeste Brasileiro (III)". *Revista de História*, São Paulo, nº 96, 1973.

______. "Aspectos do fenômeno do cangaço no Nordeste Brasileiro (IV)". *Revista de História*, São Paulo, nº 97, 1974.

______. "Aspectos do fenômeno do cangaço no Nordeste Brasileiro (V)". *Revista de História*, São Paulo, nº 99, 1974.

______. "Eu não queria matar Corisco". *Realidade*, Rio de Janeiro, out. 1968.

______. "Expedita, a filha do Capitão Virgulino (Lampião)". *In*: SOUZA, Ilda Ribeiro de; ORRICO, Israel Araújo. *Sila*: uma cangaceira de Lampião. São Paulo: Traço Editora, 1984.

______. *A tática de guerra dos cangaceiros*. [S.l.]: Laemmert.

MACHADO, Maria Christina Russi da Matta; MESQUITA, H. "A vida depois do cangaço". *Realidade*, Rio de Janeiro, ano 3, nº 34, jan. 1969.

MAGALHÃES, Mário. *Marighella*: o guerrilheiro que incendiou o mundo. São Paulo: Companhia das Letras, 2012.

MELLO, Frederico Pernambucano de. *Guerreiros do Sol*: violência e banditismo no Nordeste do Brasil. São Paulo: A Girafa, 2004.

PAIVA, Melquíades Pinto. *Cangaço*: uma ampla bibliografia comentada. Fortaleza: Editora IMEPH, 2012.

SIMÕES DE PAULA, Maria Regina da Cunha Rodrigues. "Nota". *In*: MACHADO, Maria Christina Russi da Matta. "Aspectos do fenômeno do cangaço no Nordeste Brasileiro (I)". *Revista de História*, São Paulo, nº 93, 1973.

SOUZA, Ilda Ribeiro de ["Sila"]. *Sila*: memórias de guerra e paz. Recife: Universidade Federal Rural de Pernambuco, 1995.

MARIA ISAURA PEREIRA DE QUEIROZ (1918-2018)

CONFLITO E INTERAÇÃO

RICARDO SEQUEIRA BECHELLI

Maria Isaura Pereira de Queiroz é, sem sombra de dúvida, uma das maiores intérpretes do povo brasileiro e da cultura brasileira. Dedicando-se ao estudo da cultura popular, pôde trazer a tona elementos fundamentais para entendermos aspectos sobre a cultura e a formação do povo brasileiro, como o Messianismo, o mandonismo, o coronelismo, o carnaval e o cangaço. Baseando-se nesses estudos, pôde Maria Isaura produzir uma visão profunda do povo brasileiro, objetivando analisar as características que fundamentassem a identidade nacional.

Nascida em São Paulo, aos 26 de agosto de 1918, fez a escola primária e secundária no Instituto Caetano de Campos e depois se formou em Ciências Sociais na FFCL-USP em 1949. Em 1956, defendeu sua tese de doutorado na França, tendo como orientador Roger Bastide e na banca Claude Lévi-Strauss e Gabriel Le Bras.

Regressando ao Brasil, Maria Isaura tornou-se professora na USP. Em 1963, obteve a livre-docência com a tese *O Messianismo no Brasil e no mundo*, que será abordada mais adiante. Trabalhou por muitos anos sobre a população rural brasileira, sendo fundadora do CERU – Centro de Estudos Rurais e Urbanos, em 1964. Aposentou-se pela USP em 1982 e teve muitos livros e artigos publicados e estudados, traduzidos para diversos idiomas.

Autora de obra tão marcante e com uma vasta área de análise, seria necessário um livro todo para poder estudar com um espaço maior toda a dimensão de seu legado. Aqui, foram selecionados dois livros que consideramos como fundamentais para o seu pensamento e na sua forma de compreender o Brasil.

O primeiro livro estudado é a obra *Messianismo no Brasil e no mundo*.[1] Nessa obra, Maria Isaura faz um painel profundo e abrangente das formas como o messianismo se estabelece e se estrutura em várias sociedades. A análise da autora é dividida em duas partes, sendo a primeira composta pela análise dos movimentos messiânicos primitivos e na civilização ocidental, e a segunda, dos movimentos messiânicos brasileiros.

O livro possui grandes achados: trabalha com um tema que toca fundo no interior das sociedades – a forma como é interpretada a vida religiosa da população rural, o intercâmbio entre sociedades com diferenças culturais, econômicas e sociais, o resultado do sincretismo religioso e o impacto do imperialismo sobre os outros povos.

Mas, como intérprete do Brasil, Maria Isaura o relaciona com os demais países: o messianismo é fenômeno mundial e atemporal. Não acontece somente no Brasil, mas em vários lugares e espaços. Isso não impede que, no Brasil, o messianismo seja fruto das contradições da própria sociedade brasileira.

---

1 QUEIROZ, Maria Isaura Pereira de. *O Messianismo no Brasil e no mundo*. São Paulo: Alfa-Ômega, 1976.

Maria Isaura estabelece alguns conceitos básicos sobre o messianismo: "o messianismo se afirma, pois, como uma força prática, e não como uma crença passiva e inerte de resignação e conformismo: diante do espetáculo das injustiças, o dever do homem é trabalhar para saná-las, pois sua é a reponsabilidade pelas condições do mundo".[2] E complementa ao dizer:

> E, desde que a crença se ativa, dá então lugar ao movimento messiânico, que se destina a consertar aquilo o que de errado existe. Este objetivo, que são políticos sociais, econômicos (conforme se localizem os erros neste ou naquele setor), devem sempre ser, no entanto, religiosamente alcançados, isto é, por meio de rituais especiais que um enviado do divino revela os homens.[3]

É importante ressaltar que a autora vê o messianismo não como um fato isolado, mas como sendo um *fenômeno social*. Tendo como base a obra de diversos autores, tais como Eric Hobsbawm, Max Weber, Engels e James Moley, Maria Isaura percebe com clareza que o messianismo nada mais é que o fruto de contradições e de circunstâncias históricas definidas e que se repetem em várias sociedades. Adotando uma perspectiva sociológica e não teológica sobre o tema, consegue a autora estabelecer o messianismo como um resultado, um produto da sociedade e não um fato isolado, motivado pela loucura ou, como se chamaria hoje, pelo fanatismo religioso. Ao analisar o messianismo como *fenômeno social*, a obra de Maria Isaura se assemelha a um estudo de Karen Armstrong,

---

2 QUEIROZ, Maria Isaura Pereira de. *O Messianismo no Brasil e no mundo*. São Paulo: Alfa-Ômega, 1976, p. 29.

3 QUEIROZ, Maria Isaura Pereira de. *O Messianismo no Brasil e no mundo*. São Paulo: Alfa-Ômega, 1976, p. 29.

em que a pesquisadora inglesa trabalha com um viés semelhante na definição do fatalismo religioso moderno.[4]

Na análise que Maria Isaura desenvolve, existe um padrão bem definido e de fundamental importância: o messianismo se estrutura e se forma em uma comunidade como resultante de um "choque" ou da imposição da civilização europeia sobre outras civilizações, que fazem com que estas resgatem antigas tradições, encontrando em um "messias" uma solução, ou seja, um produto desse processo histórico.

Sobre o messianismo, a autora descreve algumas características: a existência de um tempo de expectativa sobre a vinda do messias, o seu anúncio por uma personagem anterior a ele ou o seu aparecimento para apregoar sua doutrina, retirando-se em seguida para depois regressar com as glórias.

Explorando o conceito, Maria Isaura diz que o reino messiânico é, em geral, um reino futuro, que poderá ser novo ou uma reprodução de uma Idade de Ouro do passado, mas que possui as características de santidade e perfeição. Sua vinda pode ser apressada pela atividade dos adeptos, através de um movimento sociorreligioso. Para esses adeptos, o mundo gerado por meio do messias será santificado e perfeito e o reino celeste terá as características do terreno, sendo que as promessas messiânicas se destinam às coletividades e não aos indivíduos. Portanto, seja Canudos de Conselheiro ou Juazeiro do Padre Cícero, ambos tinham o objetivo de construir seu paraíso terrestre.

O messianismo surge nessas sociedades como uma resposta interna, como uma busca de valores dentro dessas sociedades, as quais, operando dentro de um processo de sincretismo com valores

---

4 ARMSTRONG, Karen. *Em nome de Deus*. São Paulo: Companhia das Letras, 2001.

europeus, buscam na criação do messias uma redenção face à destruição de sua cultura e à imposição de valores.

Maria Isaura analisa o fenômeno do messianismo em várias sociedades africanas e asiáticas, mostrando como a presença do europeu durante o auge do imperialismo provocou a destruição e a reconstrução de valores. Seja a *ghost dance* entre os índios dos Estados Unidos, seja através da criação de "Cristos negros" na África, é o branco que, interagindo com as outras sociedades, provoca uma reação, uma alteração no *status quo* social. É o branco que, ao impor sua dominação, impõe o *status* de inferioridade às comunidades, acabando por transformá-las em subalternas:

> Todos os povos primitivos cujos movimentos descrevemos passaram por esta experiência: perderam a autonomia diante do branco. E esta contestação ganha toda sua importância quando verificamos que, enquanto o mundo primitivo coexiste paralelamente ao mundo branco, mantendo contatos que podem ser bastante íntimos, bastante longos, os movimentos não se desencadeiam.[5]

Um dos pontos importantes mencionados pela autora é que, nesse contexto, não é o choque cultural com os brancos que molda a sociedade, e sim como estes movimentos são tratados pelo banco numa situação de dominação. Ou seja, não foi o choque cultural, mas sim a relação de subordinação na qual o nativo se viu enquadrado. Foi a colonização branca que estimulou a reação do nativo – no messianismo e na busca de elementos de seu passado.

Da mesma forma que estudou o messianismo em outras sociedades, Maria Isaura faz a sua análise, a sua interpretação do

---

5 QUEIROZ, Maria Isaura Pereira de. *O Messianismo no Brasil e no mundo*. São Paulo: Alfa-Ômega, 1976, p. 83.

messianismo no Brasil: “utilizando linguagem jornalística, diríamos que no Brasil, e desde os primórdios da colonização ‘religião é notícia’”.[6]

No caso brasileiro, ela diz que a falta de padres no país acabou estimulando o surgimento de fatos que poderiam se considerados pagãos; ao mesmo tempo, Maria Isaura salienta a importância de o país ser composto por etnias diferentes, as quais acabaram dando uma contribuição e um influxo especial à prática da religião no país.

Para poder interpretar a questão do messianismo brasileiro, Maria Isaura faz uma divisão em três diferentes áreas: o Brasil primitivo, indígena, que sofre um processo de influência cultural com o europeu; o Brasil rústico, que se vê infiltrado por elementos urbanos; e o Brasil urbano moderno, que traz consigo modelos do mundo ocidental.

Dentro do quando analítico proposto pela autora, o Brasil rústico talvez seja o mais interessante. Trabalhando com o messianismo no meio rural, ela percebe que, ao contrário do Brasil primitivo, onde existe a contraposição entre o indígena e o europeu, no Brasil rústico a análise é mais complicada e também tem diferentes formas de classificação. A autora faz um exame de diversas situações em que se configura, procurando demonstrar que se caracteriza não apenas em comunidades baseadas no mestiço ou no jagunço, mas também em outras formas, como o caso dos Muckers em uma colônia alemã em São Leopoldo, RS; este caso é um exemplo da autora para comprovar que o messianismo não estava associado a uma questão étnica, uma vez que se tratava de uma colônia alemã, sem as mesmas influências de outros setores do meio brasileiro (cultura, formação étnica) registradas em outros movimentos, particularmente no Nordeste, onde predomina o mestiço.

---

6 QUEIROZ, Maria Isaura Pereira de. *O Messianismo no Brasil e no mundo*. São Paulo: Alfa-Ômega, 1976, p. 161.

Os casos de Antônio Conselheiro e o do Padre Cícero são emblemáticos na análise da autora, uma vez que, surgidos em épocas próximas no sertão nordestino, ganharam contornos diferentes. Conselheiro construiu em torno de si uma comunidade muito própria, com regras, pensamento e estrutura pessoal ligados ao próprio Conselheiro, e não à religião especificamente:

> A comunidade formada em torno do Conselheiro encontrava base na solidariedade desenvolvida a partir da crença em seus poderes messiânicos. Assim vemos colorir-se de tonalidades religiosas, todos os pontos de atrito entre a sociedade mais ampla e o grupo restrito dos adeptos: razões políticas, econômicas, rivalidade, entre estrutura eclesiástica e o prestígio do Conselheiro, tudo se justificativa em nome do valor sagrado atribuído ao líder e ao seu verbo.[7]

Já sobre o Padre Cícero, a autora mostra que ele não constituiu uma seita como Conselheiro: Padre Cícero manteve-se ligado à Igreja Católica e obedeceu às imposições desta, porém sustentou a preocupação de transformar a região de Juazeiro, seja com empréstimos (sem juros), a melhora agrícola ou o crescimento da cidade. Contudo, tanto do ponto de vista dos sermões quanto do religioso, lembra a autora, ele não inovou, apenas se baseava no que já existia e que não era seguido. Assim sendo, Padre Cícero, ao contrário de Conselheiro, pôde criar uma aura mística, o sagrado em torno de si, sem que isso representasse uma ruptura com a Igreja ou com a ordem estabelecida.

Como conclusão, a autora desenvolve uma teoria importante, ao explorar que a sociedade rústica e a sociedade urbanizada vivem paralelas e se interpenetram, isto é, possuem pontos de integração. É a dicotomia progresso-atraso que caracteriza a vida do país: "a

---

7 QUEIROZ, Maria Isaura Pereira de. *O Messianismo no Brasil e no mundo*. São Paulo: Alfa-Ômega, 1976, p. 240.

sociedade rústica não é, pois, uma sociedade estagnada ou imóvel, e o movimento messiânico constitui uma reação específica contra os processos dinâmicos em que seu interior tem lugar".[8]

Como ponto fundamental para a compreensão do messias brasileiro, Maria Isaura diz que este revive práticas comunitárias tradicionais já adotadas, sejam estas de ordem religiosa ou familiares e econômicas, garantindo a seus seguidores um excedente na produção e, consequentemente, uma melhora no meio material. Por essa razão, é fácil perceber que, embora sejam religiosos, os líderes messiânicos têm a preocupação com a melhoria da vida material dos seus fiéis.

No entanto, ela ressalva que nem sempre é a oposição litoral-sertão ou progresso-atraso que simboliza os movimentos rústicos, mas, principalmente, a influência recíproca entre os dois foi o que acabou tornando o surgimento do movimento possível.

Esse pensamento é marcante em Maria Isaura: ela vê, no Brasil, natureza e singularidade enquanto diversidade, porém vê que essa natureza do país faz com que exista uma proximidade, uma relação entre os dois elementos, fazendo com que ocorra uma troca, uma interação entre as partes diversas que constituem o Brasil. Esse é um tema importante em Maria e que será utilizado em outros textos da autora.

Um desses textos se refere à análise que Maria Isaura faz de um dos mais importantes símbolos nacionais: o cangaço. Em sua obra *Os cangaceiros*,[9] ela trabalha com uma perspectiva intrigante: como pode o mito do cangaceiro ter se tornado um fenômeno nacional, facilmente reconhecível e divulgado, mesmo tendo sido tão limitado no tempo e no espaço?

---

8 QUEIROZ, Maria Isaura Pereira de. *O Messianismo no Brasil e no mundo*. São Paulo: Alfa-Ômega, 1976, p. 343.

9 QUEIROZ, Maria Isaura Pereira de. *Os Cangaceiros*. São Paulo: Livraria Duas Cidades, 1977.

Maria Isaura mostra que o cangaço e o cangaceiro eram frutos de uma época definida, do final do século XIX até 1940, com a morte de Corisco (Lampião e Maria Bonita haviam sido assassinados em 1938). A partir daquela indagação, a pesquisadora faz um painel da vida no sertão, da formação do cangaceiro e da forma como este se estruturava. Para poder chegar a uma conclusão sobre o cangaço, a autora faz uma divisão metodológica que remete ao que Euclides da Cunha trabalhou em *Os Sertões*: descreve o meio físico, a vida difícil do sertão e o cangaceiro desempenhando seu papel nesse meio.

Essa divisão metodológica tem por objetivo retratar o ambiente sociocultural, os jagunços, ou seja, os homens desse ambiente, e os depoimentos, a coleta de informações para analisar como as pessoas em sua época pensavam e falavam do cangaço. O sentido que Maria Isaura conduz em sua obra é uma tentativa de explicar não apenas o que foi o cangaço, o que ele representou em sua época, mas principalmente o que veio a se tornar a partir de um momento em que foi identificado como um símbolo, um mito nacional.

A descrição da geografia do sertão nos traduz o sentimento do mundo do sertanejo: é o mundo do vaqueiro, marcado pelas secas ocasionais, pela aridez, pelo clima inóspito, que levava a miséria para a maior parte da população e a opulência para uma minoria.

Um dos pontos mais importantes da descrição da sociedade sertaneja é a forma como Maria Isaura descreve sua vida no dia a dia (como casamentos, família, papel das mulheres) e no trabalho, no qual "o vaqueiro não necessita das ordens do fazendeiro para trabalhar, conhece seu ofício, sabe o que fazer".[10] A autora salienta que a cor da pele não era um diferencial, mostrando que a questão racial não representava para o sertanejo um problema social, mesmo esta adquirindo uma graduação resultante da mestiçagem do branco com o índio e com o negro.

---

10 QUEIROZ, Maria Isaura Pereira de. *Os Cangaceiros*. São Paulo: Livraria Duas Cidades, 1977, p. 32.

Uma outra descrição que Maria Isaura faz é a de um painel sobre o surgimento do cangaço e da formação do cangaceiro, vinculando a origem destes à organização social definida pelos laços de parentesco. Ou seja, o cangaço foi um produto das lutas entre famílias de fazendeiros e proprietário de terras que se utilizam do cangaceiro para atuar em suas lutas familiares. Esse é um tema muito importante na interpretação a que Maria Isaura se dedica em suas pesquisas sobre o Brasil rural: as relações de parentesco, as brigas de famílias (parentelas) e como essas brigas acabam moldando as comunidades rurais. São temas que ela trabalha em obras como *O mandonismo local na vida política brasileira* e que também aparecem em *O Messianismo no Brasil e no mundo*.[11]

É igualmente expressiva a firmação da autora sobre o efeito da seca periódica: ao desarticular a vida no sertão, provocando a migração, a miséria e a desestruturação da vida sertaneja, havia uma redução das brigas familiares. Isto tornou os cangaceiros ora ligados aos fazendeiros, ora independentes, ou seja, livres para agir. É por isso que os cangaceiros independentes estão relacionados com a seca. Mesmo ao final desta, muitos deles que decidiram agir por conta própria se mantiveram independentes. O cangaceiro é descrito pela autora como um produto típico das contradições da sociedade sertaneja, sendo muito bem caracterizado em seu tempo e espaço.

Tornam-se lendas no sertão, lendas que inspiram ora medo, ora admiração, atuando de forma aterrorizante, violenta. É o medo e a fascinação que se instalam na memória sobre o cangaceiro. Nesse contexto, a autora toma como base, principalmente, o testemunho de pessoas que viveram na região, participaram dos movimentos e estiveram diretamente neles envolvidos, como Volta Seca (que fizera parte do grupo de Lampião), perseguidores de cangaceiros, jornalistas, entre outras figuras, para fazer um apanhado de informações

11 QUEIROZ, Maria Isaura Pereira de. *Os Cangaceiros*. São Paulo: Livraria Duas Cidades, 1977; QUEIROZ, Maria Isaura Pereira de. *O Messianismo no Brasil e no mundo*. São Paulo: Alfa-Ômega, 1976.

que ajudem a caracterizar o que de fato foi e representou o cangaço, reconstruindo a vida do cangaceiro.

Na vida do cangaceiro, facetas se revelam: Lampião, apesar de cometer massacres e roubos, era visto também como um "herói" popular ao saquear uma loja e permitir que a população local participasse do assalto; também era visto como religioso – devoto do Padre Cícero, que lhe pediu que poupasse o Ceará; assaltava fazendas e se dirigia aos fazendeiros como iguais, o que impunha respeito, mas podia ser cruel com inimigos ou traidores.

Da mesma forma, um estímulo ao cangaço era a brutalidade da polícia frente à população, como o caso citado por Volta Seca, quando uma propriedade foi roubada e tomada por um sargento. A violência com a qual o Poder Público se dirigia à população acabava dando margem à criação de um simbolismo para o cangaço, o que atraía parte da população.

Maria Isaura faz a caracterização da vida dos mais importantes cangaceiros, como Lampião, Maria Bonita e Corisco (Diabo Louro), que fez parte do bando de Lampião (o "rei do Cangaço"). Com a morte de Lampião e Maria Bonita, em 1938, e de Corisco, em 1940, o cangaço foi extinto.

A pesquisadora volta a sua pergunta original: o que tornou o cangaceiro um símbolo nacional? O que caracterizou o fim do cangaço? Para chegar à conclusão de sua argumentação e às razões que levaram ao fim do cangaço, a autora faz uma análise das variáveis envolvidas com o próprio cangaço. Assim, como o próprio cangaço era um mito construído sobre outros mitos, ela começa destruindo estes mitos.

O primeiro a ser destruído se referia basicamente ao isolamento do sertão nordestino. Como Maria Isaura demonstra muito bem, o sertão não era de fato uma região isolada, sem contato com o litoral. Muito pelo contrário, havia um intercâmbio com a zona produtora de cana e de algodão – enquanto, no sertão, se produzia o gado, as plantações do litoral forneciam ou comercializavam o restante dos produtos para o sertão. E ainda havia a migração populacional entre essas áreas.

Tal ponto nos remete à mesma ideia já explorada pela estudiosa sobre a questão do messianismo: ela não vê as sociedades isoladas, sem interação; muito pelo contrário, trabalha sempre com a perspectiva de que existe o intercâmbio, a interação entre os grupos. Essa perspectiva é fundamental na interpretação que Maria Isaura faz do Brasil.

Assim, a partir da destruição do mito do isolamento do sertão, Maria Isaura enfrenta outros mitos. A começar pela formação do cangaço, que surgiu enquanto tal a partir de uma crise econômica, originária da recuperação econômica do sul dos EUA após o final da Guerra Civil e do aumento populacional na região do sertão, por conta das melhorias sanitárias e da disponibilidade de vacinas. Isso levou a uma ruptura no equilíbrio de poder na região, dando margem às lutas de parentes pela disputa do poder – são as parentelas que deram lugar ao cangaço, uma vez que os cangaceiros eram ligados aos fazendeiros do sertão, em suas disputas familiares.

Outro fator externo é lembrado pela autora como determinante para o cangaço: o ciclo da borracha, que acabou por atrair milhares de nordestinos para a Amazônia, aliviando, assim, a pressão populacional. Com o final desse ciclo, no início do século XX, até 1935, fechou-se uma importante frente de trabalho, provocando o isolamento do sertanejo em sua própria terra. É nesse período, gerado pela estagnação econômica associada ao crescimento populacional, que se dá o surgimento do cangaço.

Já o final do cangaço está relacionado a um outro fator: a migração dos nordestinos para o Sul do Brasil. Com a queda da imigração estrangeira para aquela região brasileira, são os nordestinos direcionados a migrarem em massa para o Sul, que abria novas áreas de cultivo (como o norte do Paraná) ou vivia o crescimento da industrialização. Essa migração mudou também os modos de vida e a estrutura socioeconômica, baseada num mercado urbano que crescia com a industrialização. A alteração do contexto no qual o cangaço se originou, portanto, é que acabou levando ao final do movimento: da mesma forma que se estruturou como resultado de uma integração com um ambiente externo, o acabou sendo extinto.

Um ponto significativo mencionado por Maria Isaura é que tanto o cangaço como a polícia – duas faces da mesma moeda – eram alvos de cobiça e uma saída para o marasmo em que vivia a população. Ambos representavam a ideia de poder (seja pelo banditismo ou pela legalidade), permitindo a seus integrantes se tornarem chefes e viverem melhor do que a maioria da população.

Tomando o mito construído sobre o cangaceiro, Maria Isaura afirma: "quem fala em cangaceiro hoje em dia evoca em geral a imagem de um defensor dos oprimidos, em luta contra a exploração do homem pelo homem. Imagem antes ilusória do que real".[12]

Como fenômeno social, o cangaço é, portanto, datado e limitado a um espaço geográfico bem definido. Mas como pode ser transformado em mito? Nesse sentido, Maria Isaura faz uma importante análise sobre a transformação do cangaceiro em *mito nacional*. A autora exemplifica bem a questão, demonstrando que, nos anos 1950, surge um movimento nacionalista: da mesma forma que o indígena havia se transformado em um mito nacional durante o Império, o sertanejo era visto como "nacional" e representava os valores nacionais frente aos estrangeiros, fossem estes seus descendentes ou o capital internacional que estava entrando no país. Lampião foi reinterpretado e totalmente remodelado, deixando de representar um bandido, para tornar-se um "bandido social" (tema abordado por Eric Hobsbawm em *Bandidos*[13] e do qual Maria Isaura faz uso):

---

12 QUEIROZ, Maria Isaura Pereira de. *Os Cangaceiros*. São Paulo: Livraria Duas Cidades, 1977, p. 206.

13 HOBSBAWM, Eric. *Bandidos*. São Paulo: Paz e Terra, 2012.

> Lampião significou, pois, sucessivamente, o nacionalismo brasileiro; os horrores do capitalismo; e finalmente a luta dos pequenos contra os grandes; as interpretações variavam de um extremo a outro das ideologias políticas, fixando-se finalmente na última.[14]

Maria Isaura evidenciou que nesse momento a visão sobre o cangaceiro foi transformada em um mito, como sendo de um representante da luta contra a ordem vigente e um defensor dos interesses nacionais, e da luta do povo brasileiro contra a opressão a que ele se via submetido. É bastante instigante a comparação que Maria Isaura faz com um outro mito, o do *cowboy* americano, que foi transformado de bandido a herói e defensor da civilização contra a barbárie representada pelo indígena, com essa visão mitificada do cangaceiro como um representante das mudanças. O mito do *cowboy* também foi trabalhado por Eric Hobsbawm no seu livro póstumo, *Tempos fraturados*.[15]

Transformado o cangaceiro em um herói nacional, ele deixou de ser o que realmente representava, um bandido, para se tornar um símbolo do que era o Brasil, adquirindo, na literatura popular, um tom épico e heroico, defensor dos pobres e do que de fato representava o Brasil.

A obra de Maria Isaura é diversificada e profunda, como os exemplos aqui estudados deixam transparecer, e tem sempre um objetivo claro: conhecer o Brasil, procurar interpretá-lo em sua heterogeneidade e complexidade, não criar um quadro único, mas

---

14 QUEIROZ, Maria Isaura Pereira de. *Os Cangaceiros*. São Paulo: Livraria Duas Cidades, 1977, p. 210.

15 Hobsbawm explora o conceito do *cowboy* americano como a criação um mito internacional, influenciando mitos na cultura ocidental. HOBSBAWM, Eric. "O Caubói americano: um mito internacional?" *In*: ______. *Tempos fraturados:* cultura e sociedade no século XX. São Paulo: Companhia das Letras, 2013.

um quadro no qual vários fatores operam e se integram, gerando influências de um para o outro, em busca por tentar compreender o que é de fato o país. A síntese de Gilda Villas Boas sobre Maria Isaura é muito feliz: ela sempre buscou entender e interpretar o Brasil, mas sempre encontrar mais o que estudar e o que procurar, sem achar a resposta definitiva para interpretar essa realidade.[16]

Além disso, é uma obra que, mais que impor soluções e verdades, abre sempre o espaço para a busca de mais ideias e soluções. Maria Isaura trabalha seu texto de forma a dar ao leitor a curiosidade de buscar mais informações, de querer encontrar novas perspectivas. Os estudos aqui abordados – sobre o messianismo e o cangaço – abrem mais discussões e perspectivas não apenas sobre seus temas, mas também a respeito de aspectos da natureza e da identidade do povo brasileiro, da forma como este se estruturou ao longo da história.

Um ponto chave dessa busca é a ideia do intercâmbio, do sincretismo, da troca e do contato. O Brasil, o messiânico ou, mais amplamente, o sertanejo, é moldado por esse sincretismo. Para Maria Isaura, o país deve ser analisado em toda a sua heterogeneidade, sua complexidade.

Concluindo, vale mencionar a própria Maria Isaura sobre essa chave para interpretar o Brasil:

> Cumpre não somente reconhecer a dissemelhança de suas pequenas partes, como também verificar como se entrosam, a posição de comando, de inferioridade ou de igualdade de uma em relação às outras, pois forçosamente influirão nos fenômenos sociais que em seu seio tem lugar.[17]

---

16 VILLAS BOAS, Glaucia. "A tradição renovada na obra de Maria Isaura Pereira de Queiroz". *In*: BOTELHO, André; SCHWARCZ, Lilia Moritz (Coord.). *Um enigma chamado Brasil*: 29 intérpretes e um país. São Paulo: Companhia das Letras, 2009.

17 QUEIROZ, Maria Isaura Pereira de. *O Messianismo no Brasil e no mundo*. São Paulo: Alfa-Ômega, 1976, p. 350.

Referências bibliográficas

ARMSTRONG, Karen. *Em nome de Deus*. São Paulo: Companhia das Letras, 2001.

HOBSBAWM, Eric. "O Caubói americano: um mito internacional?" *In*: _____. *Tempos fraturados:* cultura e sociedade no século XX. São Paulo: Companhia das Letras, 2013.

_____. *Bandidos*. São Paulo: Paz e Terra, 2012.

QUEIROZ, Maria Isaura Pereira de. *O Messianismo no Brasil e no mundo*. São Paulo: Alfa-Ômega, 1976.

_____. *Os Cangaceiros*. São Paulo: Livraria Duas Cidades, 1977.

VILLAS BOAS, Glaucia. "A tradição renovada na obra de Maria Isaura Pereira de Queiroz". *In*: BOTELHO, André; SCHWARCZ, Lilia Moritz (Coord.). *Um enigma chamado Brasil*: 29 intérpretes e um país. São Paulo: Companhia das Letras, 2009.

MARIA NILDE MASCELLANI (1931-1999)

A EDUCADORA

REGINA PANNUTI

1 Formadora de professores, crianças, jovens e adultos. Inspiradora e criadora de grandes projetos educacionais neste país

Década de 1960 e seguintes. Interessante olhar, de 2015, para a década de 1960! As memórias são registros de olhares. Você já circulava ali como profissional da educação, e eu como estudante, depois no sistema de ensino criado por você, como profissional.

Era um tempo de contradições e de muita criação! As contradições se expressavam de múltiplas formas e posições na atividade social, política, econômica, cultural, no cotidiano das pessoas e instituições. As relações de oposição e o diálogo traziam uma tensão constante de ruptura com o tradicional e retomada de princípios essenciais para o desenvolvimento do ser humano e construção da sociedade em bases diferentes. Vivia-se, ao mesmo tempo, uma ânsia de abertura para o mundo e um voltar-se para dentro de si mesmo: um descobrir as possibilidades dessa realidade mundial e um descobrir-se como ser humano real, capaz de escolhas.

2 Quantas oportunidades! Anos rebeldes!

Maria Nilde, em 1959, você já estava na luta como professora de uma Classe Experimental, no Instituto de Educação Narciso Pieroni, em Socorro, São Paulo, formando professores e procurando com eles as finalidades da educação nesse contexto de tão grandes transformações, buscando outro tipo de relação e de currículo na escola. A inspiração nessa busca era a Doutrina Social da Igreja e, principalmente, a Ação Católica – *ver, julgar e agir.* E no que diz respeito à educação, as elaborações da Escola de Sévres, da França. Com as Classes Experimentais do estado de São Paulo, vieram passos importantes para a renovação pedagógica.

Já a década de 1960 foi marcada por muitas mudanças, importantes questionamentos sobre valores, comportamentos, concepções de vida e trabalho. A liberdade foi a grande bandeira de luta no mundo todo. Gagárin viajou pelo espaço em 1961 e essas imagens eletrizaram a todos, principalmente os jovens. A tecnologia surgiu como um divisor de águas na vida do ser humano, parecia que agora tudo podia ser resolvido. O ser humano sentia-se poderoso! Mas, ao mesmo tempo, ver o planeta Terra azul, lindo, pequeno, no meio do espaço infinito do universo nos fazia perceber que éramos uma partezinha desse universo, e o ser humano começava a olhar o Outro e seu entorno de outro modo, com mais cuidado.

Gagárin no espaço... e também em 1961, conhecendo seu trabalho com as Classes Experimentais, em Socorro, Luciano de Carvalho, Secretário da Educação do Estado de São Paulo, que buscava um novo modelo de escola que atendesse às reivindicações de uma sociedade em processo de democratização, convidou você e uma equipe para formarem um grupo de trabalho que deu início ao Serviço de Ensino Vocacional – SEV e aos Ginásios Vocacionais.

Em 1968, a revolta dos estudantes em muitos países do mundo, principalmente na França, mas também no Brasil, explicitou o profundo questionamento do modo de vida tradicional: dos costumes, do autoritarismo que introduziria no cotidiano valores como o pacifismo, feminismo, ecologia, contracultura, música de protesto, som pop e as drogas. Os jovens procuravam um estilo de vida emancipado, o que refletiu na moda liberada e unissex, na minissaia, nas jaquetas de couro e calças jeans. Os hippies em todo o mundo traziam essa filosofia de libertação baseada no amor, nas cores, na alegria e na crença de que mudar era possível.

A escola, porém, não mudava! Seu eixo continuava a transmissão das informações escolhidas pelos professores aos seus alunos e a cobrança do que eles conseguiram reter.

A educação tradicional deixava grande parte das crianças, adolescentes, jovens e adultos fora da escola com seus exames de seleção para um sistema de ensino e avaliação que não atendia às necessidades da população. Interpretando o que observava nas escolas e nas comunidades onde trabalhava, você começou com a equipe a criar um sistema de educação que possibilitasse a elaboração do conhecimento possível e necessário à compreensão da realidade e solução dos problemas importantes de seu cotidiano. A renovação pedagógica que vocês começaram a formular, reagia à visão abstrata que se tinha dos alunos e dos seres humanos, em geral. O racionalismo e o liberalismo caracterizavam a educação mais por conceitos universais de homem e relações, de conteúdos estabelecidos previamente, do que pelas necessidades reais dos grupos que participavam do processo educativo nas escolas. O objetivo da educação tradicional, liberal, universal era a formação completa, com a aprendizagem das informações essenciais para o exercício da vontade, da ação racional e conquista da liberdade individual para manter tudo o que já se tinha conquistado, mantendo privilégios e a situação vigente.

Em paralelo, surgia o símbolo do novo tempo – Brasília: a nova capital que fazia do sertão um imenso espaço de renascimento para um povo cheio de esperança e possibilidades. Os brasileiros começavam a reconhecer-se através do encontro nas mais diversas distâncias e situações nacionais, buscando a concretização do *slogan* de Juscelino Kubitschek: 50 anos em 5. Como seria o novo homem brasileiro? Como concretizaria os seus sonhos? As tensões na busca de caminhos não eram novas. Observamos que, desde as décadas de 1910 e 1920, os políticos e intelectuais brasileiros se questionavam, discutiam e refletiam sobre os problemas do povo brasileiro.

Esse contexto desafiava a jovem professora que você era!

Como pano de fundo, tivemos, nos anos 1950, na administração Juscelino Kubitschek, o que se constituiu o primeiro grande momento de internacionalização da economia brasileira, com a substituição de importações pela industrialização acelerada do país, a partir da instalação das montadoras de automóveis. A circulação da população aumentou no Brasil. Abriram-se novas oportunidades de trabalho e emprego. No campo, as tensões cresceram, organizou-se a luta, criando-se, a partir de 1955, a primeira Liga Camponesa, no Engenho Galiléia, em Pernambuco. Com Celso Furtado, nesse período, se percebeu que o problema do Nordeste não era a seca, mas a estrutura socioeconômica da região. E veio a criação da Sudene – Superintendência do Desenvolvimento do Nordeste. A educação poderia auxiliar o processo de desenvolvimento da população para a inserção nessa nova realidade social, cultural e econômica. E você, Maria Nilde, entrou "de cabeça" nisso com tudo!

Ao mesmo tempo, um grupo de militares, com a organização do Iseb – Instituto Superior de Estudos Brasileiros começou a formular um ideário nacionalista para estudar e agir sobre os problemas nacionais. A ideologia nacionalista queria oferecer ao país o "único" modelo político e econômico para solucionar os problemas da nação.

Porém, outros grupos de intelectuais – professores, profissionais nacionalistas, empresários progressistas – também apresentaram suas alternativas e seus programas. Todos falavam em nome do povo, em sua defesa, sem abrir espaço para que o povo entrasse no debate.

Todos eram chamados a conscientização e ao engajamento na luta. A ânsia de modernização estava junto com o tradicionalismo. Todos aspiravam a mudança com a explicitação dos conflitos e das contradições.

Você respondeu aos desafios e foi a mentora da proposta dos Ginásios Vocacionais, do Serviço de Ensino Vocacional, implantada em seis unidades da rede pública paulista: em São Paulo, Americana, Batatais, Barretos, Rio Claro e São Caetano e, em 1967, as primeiras unidades de Ensino Vocacional Noturno. O objetivo era propiciar uma formação que contemplasse aspectos variados do conhecimento, com vistas a tornar os educadores e os educandos sujeitos de sua história, em consonância com o personalismo do filósofo francês Emmanuel Mounier (1905-1950), a elaboração de uma nova perspectiva de conhecimento apoiada em Teillhard Chardin (1881-1955), a exploração vocacional e a elaboração do significado de trabalho como ação criadora do ser humano.

Enfrentando os privilégios estabelecidos, você e sua equipe assumiram os desafios de transformação que a sociedade brasileira estava exigindo: experimentar uma realidade escolar totalmente diversa. Os professores não trabalhariam mais sozinhos em suas salas de aula, trabalhariam em equipe organizando a escola, seu modo de funcionamento, os grupos de alunos, os processos de trabalho com seus alunos a partir das características e necessidades das comunidades onde estavam inseridas as escolas. Proposta revolucionária na qual o grupo de professores que você coordenava se engajou. Considerando o homem em sua totalidade, professores e alunos, iniciaram a jornada em busca do desenvolvimento humano, conquista da autonomia e do universo de possibilidades e escolhas possíveis nas comunidades e no mundo onde viviam. Uma sinfonia de sons, tons e semitons na harmonia das relações do trabalho conjunto! Em você seriedade não era rigidez ou sisudez. Nas reuniões com grande número de educadores ou nos pequenos grupos de trabalho era com alegria e muito riso que se discutia, estudava e decidia os muitos e pertinentes "que fazeres"! Todos trabalhavam muito, mas divertiam-se bem.

Eram tempos em que na música, no cinema, no teatro, romperam-se as barreiras tradicionais da atividade artística: a Jovem Guarda, a Bossa Nova, o Tropicalismo, o Cinema Novo ("Uma ideia na cabeça e uma câmera na mão"), o Teatro de Vanguarda, o Teatro de Arena, o Teatro Oficina, as artes plásticas, a literatura expressaram uma nova estética que equilibrava o poético e o militante, interessando e agradando a grandes parcelas da população, mas criando ondas de protesto e repressão de grupos conservadores, reacionários e "revolucionários", como na invasão da apresentação da peça de teatro "Roda Viva", em São Paulo. Mais um flanco de conflito e oposição estava aberto!

As telecomunicações e as grandes redes de comunicação se constituíram no principal instrumento de dominação cultural, influindo no modo de vida da população. Por exemplo, numa casa-barco num rio da Amazônia, podia-se assistir uma telenovela ambientada no Rio de Janeiro, um jornal ou um filme policial mostrando como agia a polícia investigativa em Nova York.

Nessa época de grandes mudanças e experimentação pedagógica, os Ginásios Vocacionais criaram uma nova concepção e organização de escola com técnicas pedagógicas aplicadas até hoje como o estudo do meio, acampamento e trabalhos com projetos. Duas grandes questões orientavam o trabalho dos educadores: "como estudar e compreender o comportamento dos alunos? Como caracterizar e orientar o processo de aprendizagem?" No currículo, além das disciplinas do núcleo comum, disciplinas complementares voltadas ao mundo do trabalho, como artes industriais, práticas comerciais, práticas agrícolas, economia doméstica, eram trabalhadas de acordo com as características da comunidade onde estava inserida a escola. Havia, ainda, educação física e disciplinas extracurriculares, como teatro, cinema, música, artes plásticas, dentre outras.

E nos Ginásios Vocacionais do SEV, essas artes participavam do impulso comum de expressão e comunicação. Os desafios da realidade social, cultural, política e econômica vinham para dentro da escola nessas disciplinas do currículo e no fazer pedagógico de educadores, alunos e familiares, através das questões dos alunos. Dessa maneira, o currículo era entendido como o conjunto de vivências dos alunos e dos educadores a serem interpretadas e de toda a cultura já elaborada pela humanidade através dos tempos. A fonte do currículo era a cultura vista de modo abrangente. Incluía tudo!

O aluno participava ativamente do planejamento e de sua avaliação, tornando-se um ser integrado com sua escola, com os outros alunos, professores, funcionários e na comunidade onde estava inserida a escola. Como resultado, o aluno aprendia a ser o sujeito de sua história, com uma atitude crítica perante o mundo. O Painel de Atualidades, de responsabilidade de alunos, professores e do especialista em recursos audiovisuais e elaborado periodicamente por todas as unidades do ensino vocacional, era uma prática pedagógica que, através de todas as linguagens, demonstrava as questões e o nível de elaboração do conhecimento sobre a realidade.

O Brasil e o mundo eram uma grande aldeia global, as contradições intensificavam-se, enquanto o povo brasileiro era impedido e reprimido em relação a qualquer movimento de escolha, autonomia ou mudança.

Foi incrível a sua coordenação de todo o processo do Serviço de Ensino Vocacional – SEV. Você estava sempre observando, questionando, apoiando, desafiando, avaliando! Sua presença era uma constante em todas as unidades do Serviço de Ensino Vocacional.

As equipes de coordenação, de docentes e de funcionários eram selecionadas por critérios específicos desse sistema de ensino, os orientadores pedagógicos, educacionais e os funcionários eram avaliados anualmente, a partir das metas e objetivos estabelecidos conjuntamente. A formação contínua dos profissionais era garantida pelas reuniões pedagógicas semanais, orientações individuais dos professores pelos orientadores pedagógicos e educacionais e cursos periódicos de formação para profissionais de toda a rede do ensino vocacional. Artes e Teatro faziam parte das formações. Tivemos, por exemplo, a leitura e discussão da peça *As Confrarias*, de Jorge de Andrade (professor de teatro no GV de São Paulo) com você e todo o grupo. Vários artistas participaram do trabalho dos Ginásios Vocacionais como Evandro Jardim, Bassano Vaccarini, o próprio Jorge de Andrade, entre outros. Eles integravam as discussões sobre o papel do artista na escola e na sociedade, o que, aliás, estava acontecendo em outros setores da vida brasileira como relatamos anteriormente. Vivíamos de um modo intenso as discussões sobre a cultura na década de 1960: o que é a arte? Como se dá o processo criativo? Quais as relações entre a cultura popular e suas formas mais eruditas. Essas questões não eram novas, vinham das décadas de 1920 e 1930. As questões dos educadores e dos artistas (que eram também professores nos Ginásios Vocacionais) vinham com as dos seus alunos para o palco dos estudos e debates. Dos planejamentos, todos participavam. As "aulas plataformas" eram atividades de levantamento das grandes questões, temas e problemas que orientariam o trabalho anual e dos bimestres, em todas as disciplinas do currículo. Todos traziam sua visão da realidade. "A educação é projeto de criação coletiva", você nos ensinava. O processo de avaliação contínuo começava pela autoavaliação, discussão em grupo em que o professor se colocava a respeito do trabalho dos seus alunos, e nesse processo coletivo, a transparência garantia a clareza do resultado do trabalho de cada um. O compromisso de todos se concretizava no trabalho conjunto.

Os Ginásios Vocacionais foram escolas públicas que deram certo! Na base de tudo, estavam as relações cooperativas de trabalho, uma convivência prazerosa e o trabalho educacional como um dos instrumentos de transformação social.

O golpe militar de 1964 veio intervir violentamente no processo, definindo um modelo de desenvolvimento com base na integração nacional, repressão social e cultural às ideias que estavam em ebulição para o desenvolvimento da sociedade e do povo brasileiro. E teve início um período bem difícil para os Ginásios Vocacionais.

Maria Nilde, como você lutou! Como abriu espaço para a equipe toda na resistência à onda conservadora de desmanche de tudo o que fosse criativo e a favor do desenvolvimento humano! Mas o furacão da repressão veio arrasando com a invasão das escolas, detenção de vários professores e sua aposentadoria pelo AI-5 em 1970.

3 A professora resistiu... e o sonho não acabou

Nada a detinha! Com um grupo de educadores criou a Equipe Renov – Relações Educacionais e do Trabalho – pequena empresa para assessoria, projetos, pesquisa e planejamento de ação comunitária e educacional. Foi um rico período de muita pesquisa, estudo, criação e desenvolvimento de propostas de renovação pedagógica para escolas privadas por todo o país, mas principalmente em São Paulo. A Educação Indígena e a Educação de Jovens e Adultos entraram no foco das ações da Renov. Você abria, assim, as propostas de trabalho para o desenvolvimento do povo brasileiro. Foram memoráveis as experiências educacionais nesse período!

Porém, a repressão batia cada vez mais forte, e esse espaço de trabalho também se fechou.

O Instituto Sedes Sapiencia, da Pontifícia Universidade Católica de São Paulo, prontamente a acolheu, possibilitando a continuidade de seu trabalho de formação de educadores e das novas elaborações dos processos educativos em diferentes contextos sociais e culturais. Os trabalhos de Educação Popular prosseguiram com o Programa para Mulheres de baixa renda e o Projeto Educacional da favela do Jaguaré, em São Paulo, entre outros, aprofundando as concepções de trabalho educacional permanente geradas nos Ginásios Vocacionais.

E foi lindo dançar com você a grande sinfonia do desenvolvimento humano! Com você, a gente podia ir sendo tudo o que tinha para ser!

O aprofundamento das pesquisas sobre o significado do conceito de trabalho humano e criativo criou as condições para a concretização de outra grande ideia educacional: o Projeto Integrar. Em 1995, a Confederação Nacional dos Metalúrgicos – CNM e a Central Única dos Trabalhadores – CUT se propuseram um amplo projeto de qualificação profissional para metalúrgicos e ex-metalúrgicos. As novas tecnologias estavam desafiando esses trabalhadores que sentiam as dificuldades do mercado, e você assumiu a tarefa. Percebendo que não era somente uma questão de técnicas, reuniu um grupo de sindicalistas, professores, trabalhadores e juntos criaram um currículo com diferentes áreas de conhecimento, relacionando-as com a experiência e o saber acumulado dos trabalhadores e da comunidade na qual estavam inseridos. E foram muitos os cursos que articulavam o diálogo com o mundo do trabalho, as novas tecnologias e as ações concretas para a transformação social, possibilitando ainda a certificação em nível de ensino fundamental, médio e de extensão.

O eixo das suas propostas foi sendo aprofundado, mas o princípio de "compreender e transformar o mundo" sempre esteve presente em todos os trabalhos que realizou. Você dizia que tendo o ser humano concreto como centro do processo educativo, cabe-nos atualizar todas as suas potencialidades para que dispondo de todos os dados possa optar por uma forma original de ser e fazer. A liberdade assim se concretiza e só terá plenitude quando houver condições de participação de cada pessoa no processo global. Só podemos entender a educação como o processo permanente que faça do homem um ser cada vez mais consciente e livre.

Em 1999, você apresentou sua tese de doutorado na Universidade de São Paulo, *Uma Pedagogia para o Trabalhador: O Ensino Vocacional como Base para uma Proposta de Capacitação Profissional de Trabalhadores Desempregados (Programa Integrar* CNM-*CUT)*, como um testamento e dias depois... nos deixou.

Muitos educadores, ex-alunos, pais vêm dando continuidade, nas mais diversas situações, aos projetos de construção da escola como espaço público de discussão de experiências e elaboração do conhecimento necessário para interpretá-las, acreditando no desenvolvimento humano e nas possibilidades de mudanças para um mundo melhor, mais justo e coerente para todos. Procuram prosseguir no que viveram com você.

E sabe, Maria Nilde, temos ainda tanto por fazer!

MARIA PRESTES MAIA (1901-1988)

FEMINISMO, POLÍTICA E CULTURA

MARIA IZILDA SANTOS DE MATOS

Maria de Lourdes Costa Cabral nasceu em Alenquer, em 1901, foi educada num internato nas redondezas de Paris, onde recebeu instrução refinada, com formação literária e humanística, aprendendo a tocar piano, cantar e dicção, além de prendas femininas. Apresentava propensão para as línguas, tornou-se poliglota, sabia ler e escrever com perfeição em francês, inglês, alemão e russo, além de falar com fluência o espanhol e o italiano.

A jovem Maria de Lourdes teve o casamento contratado com um primo, mas as incompatibilidades culminaram no divórcio, tendo ela apenas 20 anos. A rejeição familiar levou-a ao isolamento e estimulou o ingresso na carreira teatral, como cantora e atriz. No início de 1930, veio ao Rio de Janeiro acompanhando um grupo teatral, no qual se destacava como cantora soprano-lírico, apresentando-se na peça *Chico das Pega*. Nessa ocasião, conheceu engenheiro Prestes

Maia; a atração inicial pela beleza e desenvoltura da atriz se completou com a descoberta de gostos em comum, que possibilitavam longos debates sobre literatura, filosofia e artes plásticas.

Ela não retornou mais a Portugal, transferindo-se com o engenheiro para São Paulo. Mesmo frente às resistências da família Prestes Maia (por ser Maria de Lourdes atriz/cantora, presbiteriana e divorciada), o casal passou a viver junto e, em 1945, nasceu a filha Adriana. O casamento só ocorreu em abril de 1965, no leito de morte do engenheiro e de forma nuncupativa (celebrado quando um dos contraentes se acha na iminência de falecer, ou *in articulo mortis*).

1 Na cena política e cultural

Maria Prestes Maia, como ficou conhecida, apresentava-se com desenvoltura, tornando-se presença obrigatória nos encontros literário-culturais, especificamente no meio teatral. Nas décadas de 1940 e 1950, acompanhando a prosperidade econômica e as mudanças sociais em São Paulo, o setor cultural passou por transformações, as novidades atingiram as artes plásticas (Museu de Arte/MASP-1947, Bienal de Artes-1951, Museu de Arte Moderna/MAM-1948), mas, especialmente os palcos. A cidade tornou-se centro de experimentação no âmbito do teatro, com a profissionalização desse campo, através da criação da Escola de Arte Dramática- EAD/1948, surgimento de uma geração de novos interpretes e vários experimentos na área, como o Teatro Brasileiro de Comédia (TBC/1948, de Franco Zampari), Teatro de Arena (1955) e posteriormente, diversas Companhias como a Tônia-Celi-Autran e Nydia Lícia-Sérgio Cardoso, Fernanda Montenegro, Cacilda Becker e Maria Della Costa, além do Teatro Oficina (1961).

Cativante e eloquente, Maria Portuguesa, como era chamada, foi professora de dicção, oratória, presença cênica, postura e representação, ministrou aulas no Teatro Municipal e no Instituto Brasil-Rússia. Muitos atores foram seus alunos, como Sérgio Cardoso, Madalena Nicol e Paulo Autran, este estreou em cena com a peça *A*

Esquina perigosa (*Dangerous Corner*), de J. B. Priestley, traduzida por ela e equipe.

Maria frequentava e influía no meio teatral, apoiou movimentos teatrais emergentes, como o Teatro Oficina, era amiga de Ziembinsky, Sérgio Cardoso, Nydia Lícia, Bibi e Procópio Ferreira, Paulo Autran, Tônia Carrero, Madalena Nicol, Cacilda Becker, Adolfo Celi, Henriette Morineau, Gianni Ratto, Paulo Gouveia, Tatiana Belinky, entre outros. Ela também escrevia críticas de teatro, música e artes plásticas, numa coluna denominada "Le Fígaro", usando pseudônimo.

Articuladora cultural, tornou-se próxima de Tito Schipa e Arturo Rubinstein, quando esses se apresentaram em São Paulo. Esteve presente em praticamente todos os movimentos culturais da urbe, apoiou Ciccilo Matarazzo e Assis Chateaubriand em várias iniciativas, como a criação do Masp, do MAM e da Bienal de São Paulo.

Maria de Lourdes teve atuações estratégicas na política cultural da cidade, cabendo lembrar seu empenho na criação da Escola Municipal de Bailado (1940), que tinha por objetivo a formação de quadro para o corpo de baile do Teatro Municipal. A Escola de Bailado era influenciada pela cultura europeia, sendo capitaneada pela consagrada bailarina russa Maria Olenewa, convidada por Dona Maria (1942) para assumir sua direção.

Nas duas gestões do engenheiro na prefeitura (1938-1945 e 1961-1965), ela se encarregou das temporadas líricas, influenciando na programação e definição dos membros atuantes no Teatro Municipal. Seu envolvimento apareceu no inquérito aberto em junho de 1964, centrado na questão da contratação para espetáculos musicais de artistas russos, também na presença na plateia de personalidade da esquerda brasileira, como Luís Carlos Prestes e na denúncia de difusão de "ideias comunistas" entre os componentes da Orquestra.[1]

1 Dossiê DEOPS/AESP (Maria Prestes Maia), n. 52-Z-0-14224.

O domicílio do casal Prestes Maia estava sempre repleto de amigos e convidados, Dona Maria era considerada excelente anfitriã e capitaneava as atividades, que incluía encontros culturais, políticos e de negócios, sempre mantendo um ambiente alegre e descontraído, com várias atividades como música, poesia, discussões artísticas e políticas. As reuniões eram muito concorridas, verdadeiros saraus, indo até altas horas da madrugada, sempre ao redor de uma mesa farta e com bons vinhos.

A casa tornou-se um centro em torno do qual gravitavam amigos, personalidades da vida cultural, artística, empresarial, científica, pesquisadores, médicos, juristas, advogados, jornalistas, literatos, intelectuais, poetas e escritores; abarcando pianistas, músicos e maestros, artistas plásticos, pintores e escultores como Galileu Ememdábile e Victor Brecheret, que fizeram várias obras para a cidade durante as gestões de Prestes Maia.

Maria de Lourdes tinha muitas habilidades no trato com as pessoas, não media esforços para conseguir seus desígnios, gostava da política e ajudou o marido nas campanhas políticas, participando das articulações partidárias. Frequentavam a residência dos Prestes Maia políticos de diferentes partidos e autoridades, como o presidente Juscelino Kubitschek e sua esposa Sara, governadores como Jânio da Silva Quadros e Carvalho Pinto, o ministro San Tiago Dantas e até notoriedades internacionais, como o presidente do Egito, Abdel Gamal Nasser; incluindo representantes do legislativo de diferentes tendências e vários partidos políticos. A casa tornou-se palco de ações políticas, não só eleitorais (quando das várias candidaturas do engenheiro), também de movimentos como a "Frente Parlamentar Nacionalista", com sua plataforma anti-imperialista.

Maria Prestes Maia não gostava de ser chamada de primeira-dama, se nominava "primeira operária" de São Paulo. Vinculada às questões sociais e assistenciais, seu desempenho nessas áreas não se limitou aos períodos de gestão de Prestes Maia, atuou na criação, administração e apoio a entidades filantrópicas e assistenciais.

Empenhada nessas ações, ela buscou a adesão das mulheres da elite e do setor empresarial para questões de apoio à maternidade e infância carentes, à velhice e aos doentes (envolvendo-se especificamente nas campanhas de combate à tuberculose).

2 Cena feminista e política

Em 1949, se constituiu a Federação das Mulheres do Brasil (FMB), que englobava militantes feministas de várias tendências de esquerda, com forte influência do Partido Comunista Brasileiro. A entidade mantinha articulações internacionais, tendo como principais bandeiras a luta pelos direitos da mulher, a paz mundial, a proteção à infância e as ações contra a carestia. Buscava agir junto aos sindicatos, através da instalação de departamentos femininos e da participação em movimentos como a "Greve dos 300 mil" (março de 1953), na luta contra a carestia, propôs o "Plano Nacional contra a Carestia" e coordenou as ações para a realização da grande "Passeata da Panela Vazia" (em março de 1953, reunindo mais de 60 mil pessoas), tendo como resposta do governo o estabelecimento da Superintendência Nacional do Abastecimento, que visava a agir nesse setor.

Maria Prestes Maia atuou ativamente da FMB, no setor São Paulo, como membro da Diretoria e no Departamento de Assistência Social (1958). Em 1961, convidada para assumir a Presidência Nacional da entidade, declinou da indicação devido à eleição de Prestes Maia à prefeitura, contudo, manteve-se presente e com significativa colaboração financeira à instituição.

Como representante da FMB, foi a congressos na Europa, visitou URSS, Checoslováquia, Polônia, Hungria, Iugoslávia, Bulgária, sempre se destacando por sua capacidade de oratória e de cativar as pessoas. A polícia política paulista acompanhou as ações de Maria Prestes Maia na FMB, arrolando vários momentos da sua participação. Em julho de 1951, ela atuou no Primeiro Congresso da Federação de Mulheres do Brasil, em São Paulo. Já em 1957, estava presente na cerimônia de reabertura da nova sede da FMB. Em maio de 1958, ela organizou, no Teatro Municipal de São Paulo, a Conferência Nacional Preparatória para o 4º Congresso da Federação Democrática Internacional de Mulheres. No ano de 1958, Maria Prestes Maia compôs a delegação paulista da FBM no 4º Congresso da Federação Democrática Internacional de Mulheres, realizado em Viena. Após o evento, em convite oficial à comitiva brasileira, visitou vários países do leste europeu e a URSS. No retorno, participou da Conferência realizada na Biblioteca Municipal de São Paulo, em 28 de agosto de 1958. Em 14 de novembro de 1959, Dona Maria foi principal oradora na reunião preparatória para o "Encontro de Mulheres Latino-Americanas", realizado em Santiago de Chile. Ela permaneceu fiel à FMB até o encerramento da instituição, continuando na luta feminista envolveu-se diretamente na campanha de desarmamento infantil, também estando sempre atuante nas ações democráticas e simpática às causas de esquerda.

Em todos os momentos de atuação política do engenheiro Prestes Maia (1938-1965), Dona Maria participou das articulações políticas. Ela era determinada, envolvente, eloquente, com habilidades no convencimento e não media esforços para conseguir seus desígnios. Contudo, suas ações políticas iam muito além destas intermediações, incluindo opções e preferências pessoais, possivelmente nunca chegou a se filiar a qualquer partido, mas cultivava simpatias pelos de esquerda.

No vasto dossiê localizado nos Arquivos do Deops, Maria Prestes Maia teve seus passos registrados pela polícia política (1945 a 1969), foi identificada participando de atividades, comícios e atos públicos junto às lideranças do PCB (Partido Comunista Brasileiro), engajando-se na luta nacionalista e pela democracia no Brasil e em Portugal. As referências à sua pessoa foram mais frequentes no período de 1957 a 1964, pode-se conjecturar que isso se deva ao fato desses anos coincidirem com a segunda gestão de Prestes Maia na prefeitura (1961-1965), ou talvez a uma maior ação política de Dona Maria, ou ainda à própria conjuntura de grandes tensões e movimentos político-sociais, levando a uma maior articulação do equipamento de investigação policial; talvez todos esses fatores devam ser observados conjuntamente.

Nos documentos do Deops, encontram-se referências a reuniões do PCB realizadas na residência de Dona Maria. Luís Carlos Prestes frequentou sua casa e lá se hospedou várias vezes, e o nome dela foi encontrado nas famosas "cadernetas de Prestes". O seu contato com o líder comunista se mantinha, e ela esteve presente na conferência proferida por Luís Carlos Prestes na Faculdade de Direito da USP, no dia 12 de junho de 1959. Apesar de não se confirmar a sua filiação ao PCB, Maria de Lourdes foi uma das "rainhas" coroadas na festa em comemoração ao 41º Aniversário do PCB, realizada no Ginásio Municipal do Pacaembu.[2]

Num contexto marcado pela Guerra Fria e com várias repercussões no Brasil, Maria Prestes Maia foi membra atuante em associações representativas dos países comunistas, como a União Cultural Brasil-URSS, na qual ela foi professora de teatro, participou das atividades culturais e integrou o Conselho Consultivo, aparecendo na relação de envolvidos no inquérito do Deops sobre a associação.[3]

Em vários outros movimentos e manifestações, Maria Prestes Maia foi agente, com destaque para a luta democrática e nacionalista, particularmente na "Frente Parlamentar Nacionalista". Essa organização suprapartidária, criada em 1956, operou no Congresso Nacional, funcionava como um grupo de pressão que condenava o imperialismo, as ações do capital estrangeiro, reivindicando a regulamentação da remessa de lucros para o exterior, o controle estatal sobre a exploração dos recursos naturais básicos, além de assumir algumas reformas de base propostas, como a reforma agrária. A "Frente Nacionalista" possibilitou uma troca dinâmica entre o poder legislativo e a sociedade civil; seus membros se colocavam como

2 Dossiê DEOPS/AESP (Maria Prestes Maia), n. 52-Z-0-14224.

3 Dossiê DEOPS/AESP (Maria Prestes Maia), n. 52-Z-0-14224.

porta vozes de movimentos sociais e reivindicações populares (Ligas Camponesas, movimentos contra a carestia, União Nacional dos Estudantes, Comunidades Eclesiásticas de Base), num momento de euforia participativa com várias manifestações coletivas de cidadania e ações movidas por ideias de renovação.

Em 1962, ela compôs a mesa diretora da Convenção Popular por uma Política Nacionalista e Democrática, ladeada por políticos da esquerda. Apoiou vários movimentos grevistas, se solidarizou com os trabalhadores e suas famílias em várias ocasiões, quando da greve na Força Pública (fevereiro de 1961), greve na Indústria Brasileira de Refratários (outubro de 1961), no Sindicato dos Metalúrgicos (junho de 1962) e junto aos trabalhadores agrícolas.

Com a morte de Prestes Maia, em abril de 1965, diminuiu sua presença pública, mas não sua ação política. Em 1969, num momento altamente repressivo, num contexto de ação do AI-5, o Deops revelou o que considerava uma "declaração bombástica".

> Acabamos de saber e identificar quem é o "braço direito" dos comunistas, nesta capital, no setor financeiro, qual tem conseguido fundos elevados para a caixa do PCB sendo pesada perfeitamente integrada vida dos comunistas brasileiros. Trata-se, simplesmente, de "MARIA PORTUGUESA", mulher já algo madura na idade, mas tipo inteligente e insinuante, bem vistoso ainda, e, nada mais ou menos, que é a "amante" direta do ex-prefeito Prestes Maia. "O seu nome é MARIA DE LOURDES CABRAL".[4]

Entre as várias lutas democráticas em que esteve envolvida, Dona Maria, como portuguesa, atuou na causa antissalazarista. Ela mantinha relações com os conterrâneos opositores (exilados políticos) ao regime salazarista em São Paulo, tanto os articulados em torno do Centro Republicano Português de São Paulo como os organizados

4 Dossiê DEOPS/AESP (Maria Prestes Maia), n. 52-Z-0-14224.

em torno do Jornal Portugal Democrático, vários de seus membros frequentavam sua casa e gozavam de sua amizade. Esteve presente e discursou na Primeira Conferência Sul-Americana Pró-Anistia para os Presos e Exilados Políticos de Espanha e Portugal (24 de janeiro de 1960) e no Ato Público de Solidariedade aos Trabalhadores e aos Povos de Espanha e Portugal (27 de julho de 1962).

Sua influência política se manteve, com presença registrada no *Movimento pela Anistia* (anos 1970) e nas manifestações pelas *Diretas Já* (1980), e lideranças políticas buscavam o seu apoio em diferentes momentos e ocasiões. Após a sua morte, em 25 de abril de 1988 (com 86 anos), prestaram-se várias homenagens à sua memória, sendo dado seu nome a uma rua, na Vila Guilherme, e a uma escola estadual, no Jardim Catarina.

MARIA SYLVIA DE CARVALHO FRANCO (1930)

ANDARILHOS E MARGINAIS: LIVRES E POBRES NA SOCIEDADE ESCRAVISTA BRASILEIRA, SÉCULO XIX

JOSÉ CARLOS BARREIRO

Maria Sylvia de Carvalho Franco tem muitos trabalhos publicados em áreas de seu conhecimento específico. Contudo, podemos afirmar que sua contribuição mais relevante refere-se à sua tese de doutoramento sob o título *Homens Livres na Velha Civilização do Café*, orientada por Florestan Fernandes e defendida em 1964. Cinco anos depois, sua tese foi publicada pelo IEB, com o título *Homens Livres na Ordem Escravocrata.*[1] [2]

A autora ingressou na Universidade de São Paulo em 1949 no curso de Ciências Sociais, obtendo o título de bacharel em 1952. Três anos mais tarde, integraria o corpo docente daquela instituição como assistente da cadeira de Sociologia I, dirigida por Florestan Fernandes, da qual faziam parte também Fernando Henrique Cardoso, Octavio Ianni, Renato Jardim Moreira, Marialice Forachi, Celso Beisiegel e Leoncio Martins Rodrigues Neto, entre outros.

A denominada "velha civilização do café", região a que se refere a pesquisa realizada por Maria Sylvia de Carvalho Franco, é parte constitutiva do Vale do Paraíba paulista e fluminense do século XIX. Contudo, a delimitação empírica de seu trabalho circunscreveu-se à Comarca de Guaratinguetá, área mais pobre da região paulista. Com esse recorte geográfico, articulado à metodologia de história local, a autora muito se beneficiou principalmente de dois autores. O primeiro deles é o estudo de Lucila Hermann, também sobre a Comarca de Guaratinguetá e publicado em 1948 sob o título *Evolução da estrutura social de Guaratinguetá num período de trezentos anos.*[3] O estudo de Hermann constituiu-se em importante suporte empírico e interpretativo para o trabalho de Maria Sylvia de Carvalho Franco. Da mesma forma, Antonio Candido, através

---

1 FRANCO, Maria Sylvia de Carvalho. *Homens livres na ordem escravocrata*. 2ª ed. São Paulo: Ática, 1974.

2 Ao responder a um jornalista sobre o grande intervalo entre a defesa da tese e a publicação do livro, Maria Sylvia responde que, na ocasião, a tese "era contra todas as interpretações correntes no Brasil. Desagradava tanto aos ortodoxos marxistas quanto aos liberais. Essas dificuldades do período inicial da minha carreira persistiram até não faz muito tempo. Os estereótipos, as ideias feitas, principalmente quando são propostos por intelectuais de importância, têm uma força enorme" (FRANCO, Maria Sylvia de Carvalho. "Ideologia emburrece". *Veja*, 5 jul. 1963).

3 HERMANN, Lucila. *Evolução da estrutura social de Guaratinguetá num período de trezentos anos*. São Paulo: FFLCH-USP, 1945. (Tese de Doutorado).

de seu livro *Os Parceiros do Rio Bonito*, mencionado várias vezes por Carvalho Franco, foi influência importante, sob o ponto de vista teórico e metodológico. A convivência acadêmica com Candido a teria ajudado também a se libertar da linguagem rebuscada, usual entre os pesquisadores da época e valorizada como sinal de competência.

As evidências empíricas para o desenvolvimento da pesquisa e da construção do problema central do trabalho de Carvalho Franco compreenderam atas, correspondências, relatos de viajantes estrangeiros sobre a região e, principalmente, os processos-crime da Câmara de Guaratinguetá referentes ao período de 1830 a 1899. É através desses últimos, formados por depoimentos dados à polícia, que a autora recupera o cotidiano vivido pelos homens livres e pobres da região.

1 Diálogo entre pares

Maria Sylvia, através de seu livro, dialoga com os principais colegas de cátedra, incluindo seu orientador Florestan Fernandes, deles discordando quanto aos procedimentos teóricos e empíricos para a compreensão da formação histórica do Brasil e seus desdobramentos para o entendimento dos principais dilemas contemporâneos da sociedade brasileira.

Suas principais discordâncias em relação a grande parte das reflexões produzidas pela sociologia brasileira e, principalmente, pelos integrantes do denominado grupo da "sociologia paulista" refere-se à definição por eles formulada, segundo a qual a formação histórica de nossa sociedade é entendida como sociedade escravista, patrimonialista e estamental e, portanto, atrasada, diferentemente da Europa, caracterizada como capitalista liberal.[4] [5]

---

4 BOTELHO, André. "Teoria e história na Sociologia brasileira: a crítica de Maria Sylvia de Carvalho Franco". *Lua Nova*, São Paulo, nº 90, 2013, pp. 331-366.

5 Para uma discussão mais detalhada de Maria Sylvia com seus pares das Cadeiras de Sociologia da USP, cf. BOTELHO, André. "Teoria e

Empregando os conceitos de modo a permitir um diálogo entre teoria e evidências empíricas da realidade, Maria Sylvia afirma que, no Brasil, as relações sociais tiveram suporte no universo das relações pessoais, acompanhadas, no plano político, pelo princípio da "dominação pessoal". Todavia, entende a autora que esses princípios não estão de nenhuma forma referidos a uma sociedade senhorial, tradicional ou arcaica. Ao contrário, a dominação pessoal era perfeitamente compatível com as feições que o capitalismo ia aqui assumindo ao longo do século XIX.

A visão da sociedade brasileira como atrasada, à qual se contrapõe Maria Sylvia, vem da tradição da historiografia marxista militante desde final dos anos trinta, propondo que o Brasil, por ser arcaico e semifeudal, precisava ainda passar pela etapa da revolução burguesa. Tradição que se renova com a adoção do funcionalismo norte-americano e da forma a-histórica da aplicação dos tipos ideais weberianos à análise da sociedade brasileira.

O entendimento dos "tipos ideais", interpretados pelo funcionalismo norte-americano de Talcott Parsons, discrepa, segundo a autora, da historicidade implicada na construção weberiana. Nas interpretações de autores vinculados à sociologia funcionalista, sobretudo aqueles com os quais Maria Sylvia dialogou e conviveu, há o entendimento de que as relações históricas no Brasil se constituíram a partir da oposição entre "tradição" e "modernidade", pressupondo, portanto, que o Brasil era parte feudal e escravista e parte capitalista.[6]

---

história na Sociologia brasileira: a crítica de Maria Sylvia de Carvalho Franco". *Lua Nova*, São Paulo, nº 90, 2013.

6 Sobre o funcionalismo norte americano e as teorias da modernização em suas diversas versões, cf. CARDOSO, Miriam Limoeiro. "Teorias da modernização e expansão capitalista". *XII Congresso brasileiro de sociologia*, Belo Horizonte, 2005.

Para a autora, a escravidão não é um modo de produção em torno do qual se pode compreender a totalidade das condições históricas e sociais da formação do povo brasileiro. Criticando seus colegas da "escola paulista de sociologia", Maria Sylvia entende a escravidão como uma *instituição* e não como *modo de produção*.

A escravidão, para ela, é parte de um sistema socioeconômico mais amplo em que se podem encontrar relações sociais caracterizadas pela unificação de diferentes e contraditórios elementos nele presentes, pois, no latifúndio escravista, registrava-se a presença simultânea da produção para a subsistência e para o mercado, como práticas constitutivas umas das outras.

Assim, a valorização da pesquisa empírica e a historicização dos conceitos foram procedimentos fundamentais para que a autora pudesse reconhecer o Brasil como uma formação especificamente capitalista, ao contrário de grande parte das interpretações de então, que insistia em caracterizá-lo como sociedade tipicamente patrimonialista, atrasada e não capitalista.

Cabe ainda lembrar a intensa polêmica travada nos anos 1970 entre Maria Sylvia e o sociólogo Roberto Schwarz, também refletindo sobre a formação escravista e colonial de nossa sociedade. Através da produção literária, Schwarz argumentava que a escravidão e as relações de favor não davam lugar à existência do liberalismo no Brasil. Sob esse ponto de vista, o berço da ideologia liberal era o capitalismo europeu, enquanto, em um modo de produção escravista como o Brasil, o liberalismo não era senão um despropósito, já que funcionava apenas como ornamento e prenda. Para Schwarz, "nada melhor para dar lustre às pessoas e à sociedade que formam, do que as ideias mais ilustres do tempo, no caso as europeias".[7] Conforme veremos ao longo deste artigo, Maria Sylvia diverge frontalmente da

---

7 SCHWARZ, Roberto. *Ao vencedor as batatas*: forma literária e processo social nos inícios do romance brasileiro. São Paulo: Duas Cidades, 1977, p. 180.

interpretação de Schwarz e de todas aquelas que analisam a história desse período de forma dualista em que o Brasil é definido como escravista e a Europa como capitalista.[8]

Embora saibamos que os mecanismos gerais de funcionamento da sociedade brasileira giravam essencialmente em torno da ordem escravocrata, essa instituição aparece de forma apenas marginal em seu livro, pois o seu interesse é entender como os homens livres dessa sociedade definem seus comportamentos e ações nas relações uns com os outros e, por fim, como constroem instituições fundadas no "favor" e na "contraprestação". Maria Sylvia procura reafirmar a atualidade de seu trabalho, argumentando que ainda hoje, em muitas circunstâncias, a dominação pessoal, o clientelismo, o favor e a contraprestação tal como ocorriam no século XIX estão substancialmente presentes no modo de fazer política e criar instituições no Brasil atual.[9]

Os capítulos iniciais do livro são dedicados aos homens livres e pobres e à análise de sua condição de absoluta marginalidade por viverem em uma sociedade onde tudo girava em torno da escravidão. Nesse segmento social, aparecem os *agregados*, os *sitiantes*, os *tropeiros*, os *vendeiros* e os *camaradas*, estabelecendo-se entre eles e o latifundiário uma relação de favor, proteção e contraprestação.

Todos aqueles homens livres e pobres obtinham pequenas vantagens que eram por eles concebidas como uma deferência especial do fazendeiro. O agregado tinha a permissão de produzir seus meios de vida, utilizando pequena porção de terra no latifúndio açucareiro ou cafeeiro; podendo ainda participar de forma marginal da economia de mercado vendendo o pequeno excedente de sua produção. O

---

8 FRANCO, Maria Sylvia de Carvalho. "As ideias estão no lugar". CADERNOS DE DEBATE 1: História do Brasil. São Paulo: Brasiliense, 1976, p. 61.

9 FRANCO, Maria Sylvia de Carvalho. "Ideologia emburrece". *Veja*, 5 jul. 1963.

sitiante vizinho do grande produtor de café recebia deste a permanente proteção contra ameaças em sua propriedade. O camarada podia servir-se dos restos de café da colheita que não interessavam ao fazendeiro, o que lhe rendia uma pequena porção que podia ser transformada em recursos monetários, utilizados na compra de sal, óleo e panos rústicos para confecção de suas vestimentas.

O fazendeiro, por sua vez, tinha a sua disposição muitos desses homens para trabalhar em perigosas tarefas, como a derrubada das matas, e desempenhar o papel de capanga, cumprindo importantes funções nas tarefas de morte. Mas, sobretudo, podiam os fazendeiros contar com a lealdade de todos na hora do voto, garantindo sua dominação política local. Portanto, as relações ocorriam no plano absoluto da dominação pessoal.

Para a reconstituição das relações sociais do núcleo rural dos pobres de Guaratinguetá, Maria Sylvia serviu-se de seu equipamento teórico-sociológico, sobretudo do conceito de *relação comunitária* desenvolvido por Weber, Tonnies e Freyer, dentre outros, o que permitiu à autora vislumbrar entre aqueles habitantes a formação de uma comunidade integrada a um sistema social em que várias peças se articulavam no plano ecológico, cultural, migratório e de representação.

Contudo, ao colocar em diálogo a teoria utilizada e as evidências empíricas constitutivas do núcleo rural em questão, o conceito de *relação comunitária* não se mostrou operacional, pois, na caracterização sociológica de *relação comunitária*, impera o entendimento de que todos os processos de sociabilidade se fundamentam no *consenso*, opondo-se radicalmente à luta.

Ao historicizar aquelas relações através da teoria, a violência sobressaiu-se como um elemento estranho ao conceito de *relação comunitária*, que estava no cerne de vários eventos relatados pelos documentos históricos. Desse modo, diz a autora, entre os próprios livres e pobres da região, os acertos distributivos dos meios de vida, as contendas e as rixas eram resolvidas no plano pessoal e sempre de modo violento, caindo por terra a concepção romântica da idealização comunitária. A violência aparecia de imediato, sem que uma rixa ou estado anterior de tensão tivesse existido, havendo quase sempre uma desproporção entre os motivos imediatos e a resposta violenta a esses motivos.

A relação dos livres e pobres com a economia de mercado era tangencial e conduzida pela concessão e pelo favor, o que põe sempre em vigência o princípio da dominação pessoal, como já acima afirmado. Contrário a qualquer orientação racional de comportamento, os restos do café acima aludidos eram quase sempre apropriados de forma litigiosa, havendo desentendimentos entre os moradores e sitiantes vizinhos a respeito de quem tinha direito a esta ou àquela porção de café colhida.

Em casos como o acima relatado, era necessário o arbítrio do fazendeiro, que resolvia momentaneamente a desavença através de sua autoridade pessoal. Porém, em sequência, vivenciando outras situações imediatas, emergia novamente entre eles o ajuste violento, reproduzindo-se o modo "tradicional" de agir, sempre distante dos mecanismos racionais de funcionamento de uma sociedade de mercado.

A ausência de cristalização e racionalização de relações de trabalho entre livres e pobres ocorria até mesmo em práticas tradicionais do mundo rural, como o *mutirão*, uma forma cooperativa de trabalho que reunia pessoas para a realização de benfeitorias coletivas. Em clima festivo, os convocados se encontravam para construir capelas, abrir caminhos ou mesmo prestar serviços a um beneficiado que retribuía em outra oportunidade.

Contudo, tal prática não redundava na consecução final de objetivos vinculados ao aumento de produtividade do trabalho mediante sua transformação em força coletiva, trazendo implícita alguma forma de controle e disciplina. Ao contrário, em lugar do trabalho disciplinado pela tradição dessa prática, surgem as provocações costumeiras que conduziam aos ajustes pessoais e à desagregação dos objetivos vinculados à tarefa definida.

2 Andarilhos

Pesquisar as origens e a inserção dos livres e pobres na ordem escravocrata da sociedade brasileira é essencial para que Maria Sylvia defina essas relações como modernas e capitalistas, embora orientadas pela concessão e pelo favor.

A instituição da escravidão e da expansão mercantil no Brasil surgiu condicionada a uma fonte externa de suprimento de trabalho. No início, havia uma efetiva escassez de mão de obra. Assim, desde os primórdios da colonização, a economia dos engenhos foi sustentada pelo trabalho escravo. Aos poucos, a perene carência interna de mão de obra cessou, formando-se uma população livre que poderia virtualmente ser transformada em mão de obra na grande lavoura.

Mas o comércio de escravos gerava muito lucro para os traficantes portugueses e brasileiros, e o tráfico não cessou ao longo de toda a colonização e durante pelo menos até metade do século XIX. Nas primeiras viagens, os escravos eram obtidos através de ataques às populações nativas africanas. Depois, os traficantes encontraram uma forma mais fácil de obter os escravos, negociando com os chefes africanos e mercadores locais, que vendiam aos traficantes europeus seus semelhantes aprisionados.[10]

Tal situação originou a formação de grande quantidade de homens livres, expropriados e não integrados à produção mercantil. Para a marginalização dos livres e pobres, influiu também a forma de organização e ocupação do solo, que, desde os primórdios da colonização brasileira, era concedido em grandes extensões a homens pertencentes à nobreza portuguesa e que tinham recursos suficientes para produzir matérias-primas para o mercado internacional.

---

10 REDIKER, Marcus. *O Navio Negreiro*: uma história humana. São Paulo: Companhia das Letras, 2011.

Dada a grande extensão da propriedade territorial incorporada ao patrimônio privado e os altos custos das plantações, não havia capital suficiente para que todo o latifúndio fosse ocupado de forma produtiva. Assim, uma parte ociosa do latifúndio podia ser cedida para uso de livres e pobres, possibilitando e consolidando a formação de um conjunto de homens livres e expropriados, não articulados às diretrizes fundamentais do trabalho forçado, mas tampouco proletarizados.

Para Maria Sylvia, "formou-se, antes, uma 'ralé' que cresceu e vagou ao longo de quatro séculos: homens a rigor dispensáveis, desvinculados dos processos essenciais à sociedade".[11] A grande produção mercantil baseada na mão de obra escrava abria espaço para a existência do homem livre e pobre, mas ao mesmo tempo relegava-o a uma posição marginal e quase sem razão de ser.

A autora lembra também que

> o povoamento do interior fez-se pela disseminação de pequenos grupos esparsos em um amplo território e que a grande disponibilidade de terras férteis e a riqueza das fontes naturais de suprimento, aliadas à pobreza das técnicas de produção, definiram um modo de vida seminômade, baseado numa agricultura itinerante, cujos produtos eram suplementados pela caça, pesca e coleta.[12]

Vivendo essa condição de instabilidade ao longo de toda a sua história, e até os dias de hoje, a *mobilidade* é o recurso mais imediato para resolver os percalços e as desavenças que se antepõem a sua existência. Assim, enquanto o bairro, sob o ponto de vista territorial,

---

11 FRANCO, Maria Sylvia de Carvalho. *Homens livres na ordem escravocrata*. 2ª ed. São Paulo: Ática, 1974, p. 14.

12 FRANCO, Maria Sylvia de Carvalho. *Homens livres na ordem escravocrata*. 2ª ed. São Paulo: Ática, 1974, p. 30.

tem uma existência secular, no plano individual ou familiar, observa-se intensa circulação de seus membros.

A intensa mobilidade, caracterizada pelo caráter seminômade dessa população, impedia a formação de uma consciência grupal e continuidade a suas relações. Contudo, essas comunidades inseriam-se em um sistema social mais amplo. A região de Guaratinguetá, área estudada pela autora, é um exemplo concreto de como, ao lado dos bairros pobres das comunidades caipiras, iam se organizando também setores da sociedade voltados para a produção mercantil, que efetivamente fundaram o sentido dominante das atividades de produção e da vida social, enquanto os grupos caipiras ficaram relegados a uma intransponível marginalidade.[13]

A autora enfatiza ainda que a marginalização sofrida por esses homens lhes relegou o trânsito como seu estado natural, conservando-os efetivamente como andarilhos. "Foi também a mesma marginalização que preservou simples o sistema social".[14] Pelos grupos caipiras, não passavam funções sociais básicas: o soldado, o padre, a autoridade pública eram referidos a instituições alheias ao mundo caipira. Em decorrência de sua inserção marginal no interior do sistema social mais amplo, os grupos caipiras, em seu isolamento, eram portadores de uma cultura pobre e pertencente a um sistema social simples.

3 A indiferenciação social aparente

A rusticidade e o estilo de vida simples eram também características dos fazendeiros até pelo menos por volta da década de 1940 do século XIX. As moradas das fazendas conservavam muito

---

13 FRANCO, Maria Sylvia de Carvalho. *Homens livres na ordem escravocrata*. 2ª ed. São Paulo: Ática, 1974, p. 32.

14 FRANCO, Maria Sylvia de Carvalho. *Homens livres na ordem escravocrata*. 2ª ed. São Paulo: Ática, 1974, p. 32.

da antiga simplicidade, mesmo a partir de meados do século XIX, quando o estilo de vida dos fazendeiros começava a ganhar certo refinamento. Em regra, as edificações das fazendas constituíam-se de um retângulo caiado de branco, contemplando uma ala para a residência do fazendeiro, outra pela senzala e outras partes ocupadas com instalações de oficinas, máquinas e armazéns.

Sob a rusticidade do estilo de vida dos fazendeiros e da vida simples do homem livre e pobre (devotada aos serviços residuais que não podiam ser realizados por escravos), erige-se uma *aparência de indiferenciação social*, através da qual se estabelece de formas diversificadas, forte princípio de dominação pessoal.[15]

À imagem ilusória da indiferenciação social agrega-se a representação social construída a partir do mito do bandeirante, tradição sempre orgulhosamente lembrada por sua imagem de intrepidez, ganância e impiedade. O bandeirantismo enquanto representação não se vinculou a um grupo social em particular, mas generalizou-se a todos os grupos sociais que incorporaram valores como rusticidade, pobreza e trabalho.[16]

O nivelamento e a aparente quebra da hierarquia social como instrumento de dominação pessoal fortaleceram-se também com a instituição do compadrio, cujo vínculo ocorre, sobretudo, entre fazendeiros e sitiantes. Os laços entre padrinho e afilhado eram tão ou mais fortes que os laços de consanguinidade. O batismo vincula padrinho e afilhado por fortes laços religiosos e obrigações mútuas.

---

15 FRANCO, Maria Sylvia de Carvalho. "As ideias estão no lugar". CADERNOS DE DEBATE 1: História do Brasil. São Paulo: Brasiliense, 1976, p. 63; FRANCO, Maria Sylvia de Carvalho. *Homens livres na ordem escravocrata*. 2ª ed. São Paulo: Ática, 1974, pp. 179-203.

16 FRANCO, Maria Sylvia de Carvalho. *Homens livres na ordem escravocrata*. 2ª ed. São Paulo: Ática, 1974, pp. 156-158.

Trata-se, nas suas origens, de um ritual de parentesco divino entre seres que se reconhecem como pessoas.[17]

4 Os agentes sociais e as instituições públicas

Ressaltemos, porém, que a personalização das relações não ocorria apenas entre dominantes e dominados dos bairros rurais. O trato pessoal generalizava-se por toda a sociedade, incluindo as relações entre fazendeiro, comissário e outros agentes sociais ligados à comercialização de sua mercadoria, além de influir no funcionamento das instituições em geral.

Estas, em diversas situações e em função de suas próprias raízes, incorporavam valores consuetudinários, quase sempre colocados acima da lei. Isso impedia o exercício despersonalizado das funções públicas já que os funcionários das repartições eram nomeados pelos poderosos do Estado, sempre a partir de suas escolhas pessoais, ignorando aptidões e preparo do candidato para a ocupação de determinado cargo ou função. Estavam, pois, inteiramente despreparados para o exercício da aplicação da lei, mediando os conflitos entre pessoas e segmentos sociais da época.

Com um corpo de funcionários inaptos para o exercício abstrato das funções burocráticas do Estado, as dificuldades para a organização financeira eram quase intransponíveis. A cobrança de impostos era sentida como uma sangria nas fortunas do fazendeiro, o que conduzia a uma permanente situação de penúria dos fundos públicos. Não se podia resolver a situação de carência dos prédios e instalações para o funcionamento do serviço público. Para isso, muitas vezes, recorria-se à utilização de propriedades particulares. Os remendos das ruas e calçadas, a construção de pontes e outros

---

17 FRANCO, Maria Sylvia de Carvalho. *Homens livres na ordem escravocrata*. 2ª ed. São Paulo: Ática, 1974, pp. 78/79.

serviços essenciais só podiam ser realizados através da boa vontade dos habitantes da cidade ou do próprio servidor público.

O apelo direto ao patrimônio particular do cidadão comum estende o controle pessoal a todo o patrimônio do Estado, havendo, portanto, um embaralhamento entre a coisa pública e o bem privado. Maria Sylvia observa, então, que "a passagem é rápida: o homem que sustenta com recursos particulares as realizações próprias do governo está subjetivamente pronto para considerar como seu o conjunto de bens públicos confiados à sua guarda".[18]

Considerações finais

O conjunto de argumentos da autora, embasados em sólida pesquisa empírica articulada a seus referenciais teóricos, encaminha-se no sentido de criticar as teorias dualistas de interpretação da sociedade brasileira em todas as suas formas de apresentação. Elas têm sido aplicadas desde pelo menos dois séculos da história intelectual brasileira. Na análise do período colonial, o dualismo inscreve-se através da dicotomia que reconhece na metrópole o centro produtor das relações socioeconômicas e a colônia como seu produto. Nos períodos subsequentes da história do Brasil, o dualismo se mantém vigorosamente, aparecendo nas análises na forma das oposições atraso e progresso, desenvolvimento e subdesenvolvimento, tradicionalismo e modernização, hegemonia e dependência. Em qualquer dessas oposições, inscreve-se o pressuposto de uma relação de exterioridade explicitada por uma diferença essencial entre os dois polos, de modo que o Brasil é visto como sociedade tributária e formada como um desdobramento e consequência do capitalismo central.

Maria Sylvia diverge das interpretações acima apontadas, demonstrando, teórica e empiricamente, que "colônia e metrópole

18 FRANCO, Maria Sylvia de Carvalho. *Homens livres na ordem escravocrata*. 2ª ed. São Paulo: Ática, 1974, pp. 121/122.

não recobrem modos de produção essencialmente diferentes, mas são situações particulares que se determinam no processo *interno* de diferenciação do sistema capitalista mundial, no movimento imanente de sua constituição e reprodução".[19] Tanto metrópole quanto colônia "são desenvolvimentos particulares, partes do sistema capitalista, mas carregam ambas, em seu bojo, o conteúdo essencial – o lucro – que percorre todas as suas determinações".[20]

A pobreza generalizada sob a qual rapidamente essa sociedade se constituiu alicerçou o surgimento de um trato aparentemente nivelador, formando as bases da construção de representações de igualdade entre dominantes e dominados. Foi possível, assim, sustentar o sistema de dominação e acobertar as disparidades sociais. As desigualdades são atribuídas às características individuais de ordem psicológica, intelectual, biológica e moral. Tanto no Brasil como nas outras formações sociais, é necessária a construção de uma representação em que todos são potencialmente iguais, mas desigualmente capacitados para empreender sua conquista.

Maria Sylvia desvenda os mecanismos gerais de funcionamento da sociedade colonial e escravista brasileira, procurando entender o universo ideológico e a vida social do homem livre e pobre desse período, a partir do estudo de um pequeno recorte geográfico referido ao bairro rural paulista de Guaratinguetá. Trata-se, sob o ponto de vista metodológico, de um aspecto relevante, embora pouco comentado, do trabalho dessa autora. Não é incomum que trabalhos acadêmicos dessa ordem simplesmente desbanquem para o regionalismo ou localismo, perdendo de vista as configurações mais amplas a que se vinculam.

---

19 FRANCO, Maria Sylvia de Carvalho. *Homens livres na ordem escravocrata*. 2ª ed. São Paulo: Ática, 1974, p. 62.

20 FRANCO, Maria Sylvia de Carvalho. *Homens livres na ordem escravocrata*. 2ª ed. São Paulo: Ática, 1974, p. 62.

Ao trabalhar a relação dialética entre o local e o geral, a autora traz à tona explicações convincentes a respeito da inserção do livre e pobre em uma ordem social que o relegava a uma completa marginalidade. Em uma sociedade em que tudo girava em torno da escravidão negra, o agregado, o tropeiro, o vendeiro e o sitiante não podiam senão participar de forma apenas tangencial da vida econômica, social e institucional da sociedade brasileira. Essa condição interferiu dramaticamente no enraizamento da consciência de cidadania desse grupo social, implicando também efeitos danosos para a formação de instituições sólidas e de uma cultura intelectual e política mais aguçada, efeitos que repercutem até os dias de hoje na sociedade brasileira.

Referências bibliográficas

BOTELHO, André. "Teoria e história na Sociologia brasileira: a crítica de Maria Sylvia de Carvalho Franco". *Lua Nova*, São Paulo, nº 90, 2013.

CARDOSO, Miriam Limoeiro. "Teorias da modernização e expansão capitalista". *XII Congresso brasileiro de sociologia*, Belo Horizonte, 2005.

FRANCO, Maria Sylvia de Carvalho. "As ideias estão no lugar". CADERNOS DE DEBATE 1: História do Brasil. São Paulo: Brasiliense, 1976.

_____. "Ideologia emburrece". *Veja*, 5 jul. 1963.

_____. *Homens livres na ordem escravocrata*. 2ª ed. São Paulo: Ática, 1974.

HERMANN, Lucila. *Evolução da estrutura social de Guaratinguetá num período de trezentos anos*. São Paulo: FFLCH-USP, 1945. (Tese de Doutorado).

REDIKER, Marcus. O *Navio Negreiro*: uma história humana. São Paulo: Companhia das Letras, 2011.

SCHWARZ, Roberto. *Ao vencedor as batatas*: forma literária e processo social nos inícios do romance brasileiro. São Paulo: Duas Cidades, 1977.

MARILENA CHAUI (1941)

SOCIEDADE AUTORITÁRIA E CRÍTICA DA IDEOLOGIA

ANTÔNIO DAVID

A sociedade histórica, no sentido forte do termo,
é aquela que não está na história,
mas é aquela para a qual ter uma história e ser história
é um problema.[1]

O leitor talvez se pergunte por que uma renomada historiadora da filosofia, reconhecida internacionalmente por seus estudos sobre um filósofo do século XVII, figura nas páginas de um livro dedicado a mulheres intérpretes do Brasil. É certo que Marilena Chaui dedicou parte importante de seu trabalho intelectual ao país. Se levarmos em conta apenas a produção escrita – limitação que, infelizmente,

1 CHAUI, Marilena. *Conformismo e resistência*: aspectos da cultura popular no Brasil. São Paulo: Brasiliense, 1986, p. 118.

seremos obrigados a seguir –, ainda assim, teremos um conjunto grande de textos que compreende tanto ensaios acadêmicos quanto pequenos artigos de combate publicados em revistas e jornais. Produzidos no curso dos últimos quarenta anos, tais trabalhos tiveram e ainda têm repercussão tanto no meio acadêmico como junto à opinião pública. Não obstante, caberia indagar se, no interior dessa obra, haveria algo de singular no qual pudéssemos reconhecer uma genuína interpretação do Brasil, no sentido forte do termo.

Neste artigo, procuraremos mostrar de que maneira, a partir de um minucioso exercício de crítica de tradições interpretativas – seja da historiografia e sociologia brasileiras, de um lado, seja de correntes do pensamento político brasileiro, de outro –, emerge dos trabalhos de Chaui uma contribuição original à interpretação do Brasil. Falamos em contribuição porque é a própria autora quem insiste em lembrar não ser ela historiadora e não ter feito historiografia, mas *crítica da* historiografia, do "discurso produzido a partir do trabalho de campo" feito por outros,[2] num esforço de "(re)transcrever" para outra linguagem o que se fazia nas ciências humanas na época.[3] Todavia, tendo tocado em questões de fundo e tendo colocado em xeque certos pressupostos fundamentais da historiografia brasileira, à direita e à esquerda,[4] sua crítica é potente o suficiente para situá-la como leitura indispensável de todos aqueles que almejam entender e interpretar o Brasil.

Pretendemos ainda mostrar não haver clivagem na obra de Chaui, como se houvesse um descolamento entre a ensaísta e publicista que

---

2 CHAUI, Marilena. "Sujeitos sociais e aporias do tempo". *In*: PAOLI, Maria Célia. *Diálogos com Marilena Chaui*. São Paulo: Editora Barcarolla; Discurso Editorial, 2011, pp. 97.

3 CHAUI, Marilena. "Debate final". *In*: PAOLI, Maria Célia. *Diálogos com Marilena Chaui*. São Paulo: Editora Barcarolla; Discurso Editorial, 2011, pp. 256/257.

4 CHAUI, Marilena; FRANCO, Maria Sylvia de Carvalho. *Ideologia e mobilização popular*. 2ª ed. Rio de Janeiro: Paz e Terra, 1978.

se debruça sobre o Brasil, de um lado, e a renomada e respeitada historiadora da filosofia, intérprete de Espinosa e Merleau-Ponty, de outro. Ao contrário, se examinarmos o quadro conceitual e a abordagem presente nos textos sobre o Brasil, a crítica proposta por Chaui às manifestações ideológicas do autoritarismo brasileiro está em fina sintonia com sua obra como historiadora da filosofia. Não é sem razão ter ela declarado, na ocasião em que recebeu o título de *Doutora Honoris Causa* da Universidade Paris VIII: "foi graças a Espinosa que eu pude entender o Brasil".[5] Tal declaração não é mera retórica. De fato, a presença de Espinosa nos trabalhos de Chaui sobre o Brasil é decisiva. Como um filósofo do século XVII pode assumir tal papel? Procuraremos dar indicações disso ao longo do artigo.

***

Optamos por não nos alongarmos em expor a trajetória pessoal de Marilena Chaui, o que, num trabalho de maior fôlego, seria no mínimo recomendável. Se o fizéssemos, teríamos de destacar a experiência familiar nos primeiros anos de vida e na escola pública durante a infância e adolescência, a formação no Departamento de Filosofia da USP, instituído por uma missão francesa, a presença marcante de professores e colegas, os primeiros anos da ditadura, o período na França no fim dos anos 1960 e o retorno ao Brasil em 1969 "para preservar o que restara do Departamento [de Filosofia], que havia sido esfacelado" pelas aposentadorias compulsórias impostas pela ditadura após o AI-5 e que, "a duras penas, a professora Gilda de Mello e Souza dirigia",[6] bem como a experiência de docência sob os *anos de chumbo*. Seria também necessário assinalar a experiência à frente da Secretaria Municipal de Cultura do governo Erundina

---

5 CHAUI, Marilena. "C'est grâce à Spinoza que j'ai pu comprendre le Brésil". *Le Monde*, jul. 2003.

6 CHAUI, Marilena. "Entrevista". *In*: NOBRE, Marcos; REGO, José Márcio. *Conversas com filósofos brasileiros*. São Paulo: Editora 34, 2000, pp. 299-235.

e a presença no Partido dos Trabalhadores (PT) nos últimos trinta anos, a crítica ao neoliberalismo e os anos que se sucedem a partir da eleição de Lula à presidência da República. Não abordaremos esses momentos. O leitor encontrará, nas entrevistas que constam da bibliografia, bem como nos depoimentos,[7] o trabalho de memória no esforço de reconstruir o sentido dos anos de formação, bem como dos anos 1990 em diante.

Ao que convém a um artigo forçosamente curto sobre Marilena Chaui, intérprete do Brasil, pensamos ser o caso de nos concentrarmos em um momento da trajetória da autora. Isso porque, embora o esforço de compreensão do autoritarismo no Brasil remonte ao início da década de 1970,[8] é a partir da segunda metade dos anos 1970 até meados dos anos 1980 que a produção escrita de Chaui sobre o país ganha corpo. Não por acaso. Com a ditadura começando a dar sinais de enfraquecimento, ganham fôlego as lutas democráticas no interior da sociedade civil, nas quais Chaui toma parte. Seus escritos inserem-se, assim, num esforço coletivo de combate à ditadura,[9] mas numa chave que vai além desse objetivo imediato na medida em que a crítica se volta não apenas para o autoritarismo da ditadura, mas procura alcançar o autoritarismo enraizado na sociedade mesma. Tendo presenciado os acontecimentos de maio de 1968 na França enquanto fazia seu doutorado, Chaui relembra:

> Ao voltar ao Brasil, depois de defender o doutorado (no qual o núcleo era a crítica de Espinosa à tirania), eu pensei que era preciso que todo o meu aprendizado político em 1968-1969

---

7 Cf. PAOLI, Maria Célia. *Diálogos com Marilena Chaui*. São Paulo: Editora Barcarolla; Discurso Editorial, 2011.

8 CHAUI, Marilena. "Entrevista". *In*: NOBRE, Marcos; REGO, José Márcio. *Conversas com filósofos brasileiros*. São Paulo: Editora 34, 2000, p. 206.

9 CHAUI, Marilena; NOGUEIRA, Marco Aurélio. "O pensamento político e a redemocratização do Brasil". *Lua Nova*, São Paulo: Cedec, nº 71, 2007, pp. 173-228.

> pudesse ser um caminho para escrever sobre o Brasil e sobre a presença contínua do autoritarismo na sociedade e na política brasileiras.[10]

Esse é o núcleo da tese de Chaui, que examinaremos nas páginas a seguir.

Antes, porém, pensamos ser de fundamental importância assinalar: se é nesse período que o trabalho de crítica ganha corpo, tal esforço não se fez de maneira isolada e sem mediações institucionais. Ao contrário, ele só foi possível a partir e através da interlocução e do intercâmbio com outros intelectuais e pesquisadores, dos quais merecem destaque nomes como Francisco Weffort, Paulo Sérgio Pinheiro, Michael Hall e diversos outros historiadores, sociólogos e cientistas políticos que, nesse momento, estavam debruçados sobre a classe trabalhadora brasileira.

Fruto exatamente dessa interlocução, é constituído nesse período o Centro de Estudos da Cultura Contemporânea (Cedec), do qual Chaui participou nos primeiros anos, tendo tido enorme importância sobre seu trabalho intelectual à época, então focado sobre as manifestações ideológicas do autoritarismo brasileiro: "o que me permitiu tentar a crítica da ideologia integralista foi também um outro aprendizado, aquele que tive no contato com sociólogos, cientistas políticos, historiadores e movimentos populares no recém-criado Cedec".[11]

Além das atividades internas, que proporcionaram o contato direto e permanente com as pesquisas de campo então feitas naquele

---

10 CHAUI, Marilena. "Apontamentos para uma crítica da Ação Integralista Brasileira". *In*: CHAUI, Marilena; FRANCO, Maria Sylvia de Carvalho. *Ideologia e mobilização popular*. 2ª ed. Rio de Janeiro: Paz e Terra, 1978, p. 288.

11 CHAUI, Marilena. "Manifestações ideológicas do autoritarismo brasileiro". Belo Horizonte: Autêntica Editora; Editora Fundação Perseu Abramo, 2013, p. 288.

momento pelos pesquisadores que participavam do Cedec, não menos relevante para a compreensão da abordagem de Chaui sobre o Brasil foram os cursos de formação política organizados pelo Centro, já no início dos anos 1980, dirigidos a sindicalistas e que, depois, ampliaram-se para os movimentos populares: "minha tarefa era de apresentar críticas de ideologia", lembra Chaui.[12] Data também dessa época a criação da Sociedade de Estudos e Atividades Filosóficas (SEAF), com a qual Chaui contribuiu e que "correspondeu a uma necessidade política, percebida na época, de resistência à ditadura".[13]

Como sabemos hoje, tais iniciativas ocorriam no bojo de um processo que desembocaria na criação do *Partido dos Trabalhadores* (PT). Filiada ao PT desde sua fundação e tendo participado de reuniões que antecederam mesmo à criação do partido, Chaui afirma de maneira contundente: "quando, mais tarde, escrevi sobre a cultura popular, sobre a cultura trágica, o que estava em minha cabeça não era o Walter Benjamin, eram as reuniões do PT".[14] O chão social do trabalho intelectual é insistentemente assinalado:

> Os filósofos reconhecidos como inspiradores dos textos (...) são a minha formação; mas, a origem do texto, a inspiração do texto, a causa do texto, a forma do texto, são os movimentos sociais, são os trabalhadores, é o movimento sindical, é o PT e era a ditadura.[15]

---

12 CHAUI, Marilena. "Manifestações ideológicas do autoritarismo brasileiro". Belo Horizonte: Autêntica Editora; Editora Fundação Perseu Abramo, 2013, p. 290.

13 CHAUI, Marilena. "Entrevista". *In*: NOBRE, Marcos; REGO, José Márcio. *Conversas com filósofos brasileiros*. São Paulo: Editora 34, 2000, p. 310.

14 CHAUI, Marilena. "Debate final". *In*: PAOLI, Maria Célia. *Diálogos com Marilena Chaui*. São Paulo: Editora Barcarolla; Discurso Editorial, 2011, p. 257.

15 CHAUI, Marilena. "Debate final". *In*: PAOLI, Maria Célia. *Diálogos com Marilena Chaui*. São Paulo: Editora Barcarolla; Discurso Editorial, 2011, p. 258.

Ao trabalhar sobre as obras de La Boétie e de Espinosa nos anos 1970, Chaui relembra que seu objetivo "era entender e criticar a ditadura no Brasil", mas com a ressalva: "diferentemente de Lefort e Clastres, que dão ao "Um" o lugar central, eu me interessei pela ideia de uma sociedade tirânica mais do que pelo poder de um tirano".[16] A considerar o contexto em questão, tal interesse parece contraintuitivo: vivia-se sob uma ditadura e a sociedade era vista exatamente como a portadora das esperanças de democratização. À primeira vista, haveria mais razões para o interesse voltar-se para o poder tirânico. De onde nasce esse interesse pelo autoritarismo enraizado na sociedade?

Leitora de Espinosa, Chaui sabe que não basta combater o tirano com vistas a removê-lo; é necessário combater as causas da tirania.[17] No Brasil, as causas do autoritarismo foram reforçadas pela ditadura[18] e pelo neoliberalismo, o que, à sua maneira, levou ao extremo a polarização carência-privilégio.[19] Cada um à sua maneira, ditadura e neoliberalismo deram novas formas ao autoritarismo brasileiro, mas nem um nem outro o criou. Onde elas residem? Na própria sociedade: "ao dizer que a sociedade brasileira é autoritária, estou pensando em certos traços gerais das relações sociais que se

---

16 CHAUI, Marilena. "Manifestações ideológicas do autoritarismo brasileiro". Belo Horizonte: Autêntica Editora; Editora Fundação Perseu Abramo, 2013, pp. 188-201.

17 ESPINOSA, Baruch. *Tratado Político V*. [S.l.]: [s.n.], [s.d.], p. 7.

18 CHAUI, Marilena. *Brasil*: mito fundador e sociedade autoritária. São Paulo: Editora Fundação Perseu Abramo, 2000, p. 25; cf. CHAUI, Marilena. "Maluf ou o novo corpo do rei". *Revista Lua Nova*, São Paulo: Cedec, vol. 1, nº 3, 1984, pp. 36-40.

19 CHAUI, Marilena. *Desejo, paixão e ação na ética de Espinosa*. São Paulo: Companhia das Letras, 2011, p. 239; CHAUI, Marilena. *Brasil*: mito fundador e sociedade autoritária. São Paulo: Editora Fundação Perseu Abramo, 2000, p. 58; cf. CHAUI, Marilena. "USP 94: a terceira fundação". *Revista Estudos Avançados*, vol. 8, nº 22, 1994, pp. 49-68; e CHAUI, Marilena. "Nova barbárie: 'aluno inadimplente'". *Folha de S. Paulo*, 12 dez. 1999.

repetem *em todas as esferas da vida social* (da família ao Estado, passando pelas relações de trabalho, pela escola, pela cultura)".[20] Nos anos 1990 em diante, Chaui dedicará grande energia no exame do autoritarismo no interior da universidade brasileira.[21]

Partindo da noção de *mito fundador* – "mito no sentido tanto de narrativa sobre a origem quanto de tentativa imaginária para ocultar contradições reais; fundador no sentido romano da *fundatio*, isto é, como momento inaugural do passado que determina o curso do tempo e o presente"[22] –, Chaui parece, à primeira vista, apenas seguir Caio Prado Júnior, para quem a colonização impôs um *sentido* à formação social brasileira e, com ele, a determinação da persistência do passado no presente. A figura emblemática da persistência do passado, consagrada pelas mãos desse historiador, parece também figurar na tese de Chaui, para quem "um mito fundador é aquele que não cessa de encontrar novos meios para exprimir-se, novas linguagens, novos valores e ideias, de tal modo que quanto mais parece ser outra coisa, tanto mais é a repetição de si mesmo".[23]

À primeira vista, portanto, a diferença entre Marilena Chaui e Caio Prado Júnior e a tradição interpretativa por ele legada parece ser de ênfase: enquanto este enfatizava a estrutura econômica de um

---

20 CHAUI, Marilena. "Ética e violência". *In*: PAOLI, Maria Célia. *Diálogos com Marilena Chaui*. São Paulo: Editora Barcarolla; Discurso Editorial, 2011, pp. 233/234. Cf. CHAUI, Marilena. *Conformismo e resistência*: aspectos da cultura popular no Brasil. São Paulo: Brasiliense, 1986, pp. 51-59.

21 CHAUI, Marilena. *Escritos sobre a universidade*. São Paulo: Editora da Unesp, 2001.

22 CHAUI, Marilena. "Apontamentos para uma crítica da Ação Integralista Brasileira". *In*: CHAUI, Marilena; FRANCO, Maria Sylvia de Carvalho. *Ideologia e mobilização popular*. 2ª ed. Rio de Janeiro: Paz e Terra, 1978, p. 293.

23 CHAUI, Marilena. "Ética e violência". *In*: PAOLI, Maria Célia. *Diálogos com Marilena Chaui*. São Paulo: Editora Barcarolla; Discurso Editorial, 2011, pp. 222/223.

Brasil que nasceu como empresa dos outros, nossa autora parece enfatizar o aspecto cultural da formação brasileira, como a citação acima sugere. Todavia, entre uma abordagem e outra impõe-se uma diferença de fundo.

Amparando-se na dupla crítica efetuada por Marx na *Ideologia Alemã* e na *Crítica à Filosofia do Direito de Hegel*,[24] Chaui opõe-se à dicotomia que separa ideias e coisas (incluso o agir) para, em seu lugar, afirmar a presença da reflexão e, portanto, do sujeito como condição de possibilidade da dialética. Tal afirmação encontra lastro na concepção espinosana da relação entre ideias e coisas e, como veremos adiante, demarca com um dos maiores expoentes do espinosismo e do marxismo no século XX: Althusser.

O alvo da crítica de Chaui reside na noção de práxis: "a produção das representações é uma dimensão da práxis social tanto quanto as ações efetivamente realizadas pelos agentes sociais. Pensar e representar são momentos da práxis tanto quanto agir".[25] Uma vez que as representações são "um momento real *e* imaginário" dessa mesma práxis, já que "é constitutivo do *ser* das classes sociais que o ilusório seja seu modo de *aparecer*", o não reconhecimento dessa dimensão leva ao esvaziamento do "processo de constituição das classes pela práxis social, sua efetuação e seu aparecer".[26]

Ocorre que a práxis social compreende certa inversão: tanto quanto "é constitutivo do *ser* das classes sociais que o ilusório seja seu modo de *aparecer*", também é "constitutiva de *aparecer* social e, portanto, do imaginário de uma sociedade determinada" a inversão entre sujeito e predicado, pela qual a realidade, tomada como dado

---

24 CHAUI, Marilena; FRANCO, Maria Sylvia de Carvalho. *Ideologia e mobilização popular*. 2ª ed. Rio de Janeiro: Paz e Terra, 1978, p. 11.

25 CHAUI, Marilena; FRANCO, Maria Sylvia de Carvalho. *Ideologia e mobilização popular*. 2ª ed. Rio de Janeiro: Paz e Terra, 1978, p. 9.

26 CHAUI, Marilena; FRANCO, Maria Sylvia de Carvalho. *Ideologia e mobilização popular*. 2ª ed. Rio de Janeiro: Paz e Terra, 1978, p. 11.

bruto inerte, e a atividade de produção social ocupam uma o lugar da outra.[27] A ideologia, argumenta Chaui, consiste precisamente nessa inversão. É na diferença entre "um pensar que se detém no aparecer do social, portanto, em suas imagens, e um pensar que ultrapassa o aparecer, rumando para o ser do social e procurando ali a origem do aparecer" – logo, como trabalho de reflexão sobre si mesmo – que consiste a diferença entre ideologia e conhecimento.[28]

Seguindo a trilha dos frankfurtianos e as indicações de Claude Lefort, Chaui concebe a crítica da ideologia não como "passagem do discurso falso ao discurso científico e verdadeiro", como propunha Althusser, mas como "desmontagem [interna] do edifício imaginário que oculta a divisão social e a luta de classes"[29] ou, à maneira de Espinosa, como contradiscurso.[30]

O ponto é que as representações não são um "reflexo superestrutural", nem "efeito" do que se passa na "infraestrutura", mas "dimensões constituintes da práxis e *se exprimem* em práticas que

---

27 CHAUI, Marilena; FRANCO, Maria Sylvia de Carvalho. *Ideologia e mobilização popular*. 2ª ed. Rio de Janeiro: Paz e Terra, 1978, pp. 14/15.

28 CHAUI, Marilena; FRANCO, Maria Sylvia de Carvalho. *Ideologia e mobilização popular*. 2ª ed. Rio de Janeiro: Paz e Terra, 1978, p. 15.

29 CHAUI, Marilena. "Entrevista". *In*: NOBRE, Marcos; REGO, José Márcio. *Conversas com filósofos brasileiros*. São Paulo: Editora 34, 2000, pp. 314/315.

30 CHAUI, Marilena. *Cultura e democracia*: o discurso competente e outras falas. 3ª ed. São Paulo: Editora Moderna, 1982, p. 2; CHAUI, Marilena. *A Nervura do real*: imanência e liberdade em Espinosa. vol. 1. São Paulo: Companhia das Letras, 2000; CHAUI, Marilena. "Entrevista". *In*: NOBRE, Marcos; REGO, José Márcio. *Conversas com filósofos brasileiros*. São Paulo: Editora 34, 2000, p. 314; CHAUI, Marilena. "Manifestações ideológicas do autoritarismo brasileiro". Belo Horizonte: Autêntica Editora; Editora Fundação Perseu Abramo, 2013, p. 18; CHAUI, Marilena. "Apontamentos para uma crítica da Ação Integralista Brasileira". *In*: CHAUI, Marilena; FRANCO, Maria Sylvia de Carvalho. *Ideologia e mobilização popular*. 2ª ed. Rio de Janeiro: Paz e Terra, 1978, p. 292.

sustentam e conservam [preceitos e sentimentos, em suma, pensamentos] em condições históricas determinadas".[31] Não é arbitrário nem casual o emprego da noção de expressão: tendo sido examinada, de maneira diversa, por Deleuze e por Merleau-Ponty, essa noção é central no pensamento de Espinosa. Dela, Chaui faz uso reiteradamente ao longo de seus trabalhos sobre o Brasil, frequentemente com vistas a reafirmar que ideias e ações *exprimem-se*, constituindo-se como práxis social.

Se, como vimos, "a produção das representações é uma dimensão da práxis social tanto quanto as ações efetivamente realizadas pelos agentes sociais"[32] e se elas "exprimem-se em práticas que sustentam e conservam [preceitos, sentimentos e pensamentos] em condições históricas determinadas",[33] então, compreende-se por que Marx afirma que a ideologia não tem história. Segundo Chaui, "sua a-historicidade não decorre apenas de que a história se estaria passando noutro lugar (por exemplo, na infraestrutura), mas sim de que a posição do predicado inerte no lugar do sujeito reflexionante impede *internamente* o movimento histórico".[34]

Depreende-se agora por que Chaui opera com o conceito de fundação e não com o conceito de formação ao trabalhar sobre a persistência do passado: diferentemente da formação, que engloba continuidade e descontinuidade históricas, a fundação "se refere a um momento passado imaginário, *tido como* instante originário que se mantém vivo e presente no curso do tempo", de modo a pretender

---

31 CHAUI, Marilena; FRANCO, Maria Sylvia de Carvalho. *Ideologia e mobilização popular*. 2ª ed. Rio de Janeiro: Paz e Terra, 1978 (grifo nosso).

32 CHAUI, Marilena; FRANCO, Maria Sylvia de Carvalho. *Ideologia e mobilização popular*. 2ª ed. Rio de Janeiro: Paz e Terra, 1978, p. 9.

33 CHAUI, Marilena; FRANCO, Maria Sylvia de Carvalho. *Ideologia e mobilização popular*. 2ª ed. Rio de Janeiro: Paz e Terra, 1978, p. 13.

34 CHAUI, Marilena; FRANCO, Maria Sylvia de Carvalho. *Ideologia e mobilização popular*. 2ª ed. Rio de Janeiro: Paz e Terra, 1978, p. 12.

"situar-se além do tempo, fora da história, num presente que não cessa nunca sob a multiplicidade de formas ou aspectos que pode tomar".[35]

Tal é o quadro teórico da análise que Chaui empreenderá do Integralismo, um caso particular e emblemático de manifestação ideológica do autoritarismo social brasileiro. Em *Apontamentos para uma crítica da Ação Integralista Brasileira*,[36] publicado originalmente em 1978, Chaui examinou minuciosamente discursos de dirigentes e militantes do movimento integralista, com destaque para Plínio Salgado e Miguel Reale. Tal exame permite à nossa autora mostrar que o discurso integralista opera com "certezas prévias", "decretadas antes do pensamento e fora dele", em suma, com a *fixação* de pressupostos[37] a partir dos quais o pensar *deve submeter-se*. Trata-se, em uma palavra, de uma lógica de "submeter-se para melhor submeter".[38]

No que se amparam tais pontos fixos? Em imagens "facilmente reconhecidas na experiência cotidiana, (...) espelhamento ampliado e iluminado da experiência imediata, dotadas da capacidade de unificar aquilo que nesta última aparece fragmentariamente".[39]

---

35 CHAUI, Marilena. *Brasil*: mito fundador e sociedade autoritária. São Paulo: Editora Fundação Perseu Abramo, 2000, p. 5 (grifo nosso).

36 CHAUI, Marilena. "Apontamentos para uma crítica da Ação Integralista Brasileira". *In*: CHAUI, Marilena; FRANCO, Maria Sylvia de Carvalho. *Ideologia e mobilização popular*. 2ª ed. Rio de Janeiro: Paz e Terra, 1978.

37 CHAUI, Marilena. "Apontamentos para uma crítica da Ação Integralista Brasileira". *In*: CHAUI, Marilena; FRANCO, Maria Sylvia de Carvalho. *Ideologia e mobilização popular*. 2ª ed. Rio de Janeiro: Paz e Terra, 1978, pp. 27/28.

38 CHAUI, Marilena. "Apontamentos para uma crítica da Ação Integralista Brasileira". *In*: CHAUI, Marilena; FRANCO, Maria Sylvia de Carvalho. *Ideologia e mobilização popular*. 2ª ed. Rio de Janeiro: Paz e Terra, 1978, p. 27.

39 CHAUI, Marilena. "Apontamentos para uma crítica da Ação Integralista Brasileira". *In*: CHAUI, Marilena; FRANCO, Maria Sylvia de Carvalho.

Segundo Chaui, operando com justaposições, associações livres e traduções, esse discurso "não só permite economizar a reflexão acerca dos processos históricos, mas permite sobretudo assegurar ao destinatário um suposto conhecimento" prévio da realidade, com base na reafirmação e repetição de preceitos tomados de antemão, de modo que o discurso tenha "força persuasiva e até mesmo constrangedora".[40] O aspecto político dessa operação reside exatamente na exclusão da reflexão: "unido e disperso, a imagem, espelho dos dados imediatos, exclui a reflexão e, simultaneamente, cria a ilusão de conhecimento, graças ao seu aspecto ordenador".[41]

Ora, a exclusão da reflexão é o signo da inversão entre sujeito e predicado, da redução do sujeito a condição de coisa. Daí, Chaui sustentar estarmos diante de uma forma autoritária de pensar. Essa maneira de pensar, adverte a autora, não é anterior nem posterior ao agir, mas lhe é simultânea: "o autoritarismo, encarado sob o prisma exclusivamente teórico ou interno ao discurso, deixa entrever, portanto, o estilo da prática que lhe é *imanente*. A forma autoritária de pensar não antecipa uma forma autoritária de agir: é-lhe congênita".[42]

Quais são os pontos fixos mobilizados pelo discurso integralista? O brasileiro e a nação. Mobilizando afeitos passivos que engendram

---

Ideologia e mobilização popular. 2ª ed. Rio de Janeiro: Paz e Terra, 1978, pp. 33/34.

40 CHAUI, Marilena. "Apontamentos para uma crítica da Ação Integralista Brasileira". *In*: CHAUI, Marilena; FRANCO, Maria Sylvia de Carvalho. *Ideologia e mobilização popular*. 2ª ed. Rio de Janeiro: Paz e Terra, 1978, pp. 34/35.

41 CHAUI, Marilena. "Apontamentos para uma crítica da Ação Integralista Brasileira". *In*: CHAUI, Marilena; FRANCO, Maria Sylvia de Carvalho. *Ideologia e mobilização popular*. 2ª ed. Rio de Janeiro: Paz e Terra, 1978, p. 34.

42 CHAUI, Marilena. "Apontamentos para uma crítica da Ação Integralista Brasileira". *In*: CHAUI, Marilena; FRANCO, Maria Sylvia de Carvalho. *Ideologia e mobilização popular*. 2ª ed. Rio de Janeiro: Paz e Terra, 1978, p. 35.

a identificação nacional – quem, afinal, não sente orgulho de ser brasileiro? –, essas imagens ocuparão esse lugar, posto que aparecem "acima e além das contradições",[43] e conformarão a ideologia do verdeamarelismo, "elaborado no curso dos anos pela classe dominante brasileira como imagem celebrativa" da unidade nacional.[44]

Entende-se, assim, por que Chaui refere-se à fundação como mito: "a marca peculiar da fundação é a maneira como ela põe a transcendência e a imanência do momento fundador: a fundação aparece como emanando da sociedade (em nosso caso, da nação) e, simultaneamente, como engendrando essa própria sociedade (ou a nação) da qual ela emana".[45] Assim,

> o nacionalismo e o estatismo (...) não são reflexos nem são mentiras, não são cópias nem simulacros, mas pilares para a elaboração de uma história imaginária que justifique a política integralista e permita seu reconhecimento para a classe a que se dirige. Nessa medida, torna-se de menor importância saber se houve importação dos fascismos europeus, pois o que interessa compreender é que importando ou não ideias que não poderiam espelhar a situação brasileira, as formulações integralistas exprimiram, na forma da construção pura, a verdade do nacionalismo como política autoritária.[46]

---

43 CHAUI, Marilena. "Apontamentos para uma crítica da Ação Integralista Brasileira". *In*: CHAUI, Marilena; FRANCO, Maria Sylvia de Carvalho. *Ideologia e mobilização popular*. 2ª ed. Rio de Janeiro: Paz e Terra, 1978, p. 35.

44 CHAUI, Marilena. *Brasil*: mito fundador e sociedade autoritária. São Paulo: Editora Fundação Perseu Abramo, 2000, pp. 20/21.

45 CHAUI, Marilena. *Brasil*: mito fundador e sociedade autoritária. São Paulo: Editora Fundação Perseu Abramo, 2000, p. 5.

46 CHAUI, Marilena. "Apontamentos para uma crítica da Ação Integralista Brasileira". *In*: CHAUI, Marilena; FRANCO, Maria Sylvia de Carvalho. *Ideologia e mobilização popular*. 2ª ed. Rio de Janeiro: Paz e Terra, 1978, p. 86.

A referência à importação dos fascismos europeus não é gratuita. Tendo tomado parte na tão falada (à época) polêmica das "ideias fora do lugar", Chaui procura mostrar que no Brasil as ideias estão no lugar – não no sentido de estarem no *seu* lugar, mas que, aqui, como aliás em toda parte, elas assumem certos papéis. É certo que esse também é o ponto de vista de Roberto Schwarz. Brechtiano, o título de seu artigo designa a ordem das aparências que se quer examinar, no caso, "a sensação de que nossas ideias, em particular as adiantadas, não correspondem à realidade local,[47] um lugar comum do nacionalismo entre nós.

Tendo argumentado que as ideias liberais importadas da Europa seriam falsas "num sentido original", dado que "não descrevem sequer falsamente a realidade e não gravitam segundo uma lei que lhes seja própria",[48] para Schwarz, importava explicitar a *ordem assimétrica* entre o particularismo das ideias no Brasil e o universalismo dessas mesmas ideias,[49] mas não sem propósito. Para além da reflexão estética por meio da crítica literária, estava em jogo mostrar de que maneira as mesmas ideias, ocupando lugares geograficamente diferentes, operam no interior de relações de hegemonia: "o funcionamento europeu do liberalismo, com sua dimensão realista, se impõe, decretando que os demais funcionamentos são despropositados".[50]

Ao tomar parte no debate, Chaui procura jogar luz sobre uma dimensão diametralmente oposta do problema: não na dimensão do despropositado e do assimétrico, que expõe a ironia do particular

47 SCHWARZ, Roberto. *Martinha versus Lucrecia*. São Paulo: Companhia das Letras, 2012, p. 166.

48 SCHWARZ, Roberto. "Ideias fora do lugar". *Estudos Cebrap*, nº 3, 1973, p. 155.

49 SCHWARZ, Roberto. *Martinha versus Lucrecia*. São Paulo: Companhia das Letras, 2012, p. 169.

50 SCHWARZ, Roberto. *Martinha versus Lucrecia*. São Paulo: Companhia das Letras, 2012, p. 171.

face ao universal e deste face àquele, mas exatamente na sistematicidade e coerência ideológicas, a partir de sua gênese:

> O discurso ideológico é aquele que pretende coincidir com as coisas, anular a diferença entre o pensar, o dizer e o ser e, destarte, engendrar uma lógica da identificação que unifique pensamento, linguagem e realidade para, através dessa lógica, obter a identificação de todos os sujeitos sociais com uma imagem particular universalizada, isto é, a imagem da classe dominante. Universalizando o particular pelo apagamento das diferenças e contradições, a ideologia ganha coerência e força porque é um discurso lacunar que não pode ser preenchido. Em outras palavras, a coerência ideológica não é obtida malgrado as lacunas, mas, pelo contrário, graças a elas.[51]

Assim, tendo explicado a maneira pela qual a ideologia integralista opera com pontos fixos anteriores e fora do pensamento, Chaui argumenta: "é por se tratar de um modo de pensar autoritário que há importação de ideias e não porque há tal importação que um certo pensamento brasileiro tornar-se-ia mimeticamente autoritário". Ao fazer essa afirmação, Chaui sustenta haver não apenas pensamentos que nascem de formas autoritárias de agir, mas "uma *forma autoritária de pensar*".[52]

Se a verdade surge não do particular nem do universal vistos em separado, mas do conjunto, importa ver que a hegemonia do funcionamento europeu do liberalismo no circuito mundial talvez deva ser encarada como uma hegemonia de segundo grau, pois na base dela reside a hegemonia de uma forma autoritária de pensar

---

51 CHAUI, Marilena. *Cultura e democracia*: o discurso competente e outras falas. 3ª ed. São Paulo: Editora Moderna, 1982, p. 3.

52 CHAUI, Marilena. "Apontamentos para uma crítica da Ação Integralista Brasileira". *In*: Chaui, Marilena; FRANCO, Maria Sylvia de Carvalho. *Ideologia e mobilização popular*. 2ª ed. Rio de Janeiro: Paz e Terra, 1978, p. 27.

que inverte sujeito e predicado – pois as ideologias não se realizam apenas como descrição da realidade, mas como práxis social coerente que nunca cessa de produzir novas ideologias com vistas a preservar sua coerência –, que é, ao cabo, o segredo da ideologia, presente em todos os graus de ideologia: "essa inversão do sujeito e do predicado é o ponto nuclear da questão da ideologia e logo se vê que o campo ideológico não é um reflexo, entendido como inversão especular, mas é impossibilidade de reflexão".[53]

Noutros termos, a crítica vai além do conteúdo – fascista ou liberal: o aspecto autoritário não reside no conteúdo das ideias, mas na fixação de pontos que sujeitam o pensar e impedem a reflexão, pontos estes cujo conteúdo podem variar, desde conteúdos de inspiração fascista e liberal até conteúdos de inspiração socialista e comunista.Ao examinar o discurso integralista, Chaui joga luz sobre os silêncios desse discurso, ou seja, sobre pressupostos por ele nunca explicitados. Ao indagar-se *a quem* o discurso integralista é dirigido, o contradiscurso realizado por nossa autora obriga o discurso integralista a expor aquilo que lhe é lacunar. Esse discurso, mostra Chaui, dirige-se à classe média urbana.[54] É com base numa "imagem redentora" da classe média – a qual, na base de uma leitura tosca de Hegel, é representada pela ideologia integralista como portadora dos desígnios da nação – que esse discurso pôde, a um só tempo, ser explicitamente dirigido a uma classe social específica e apresentar-se como universal. No fundo, o movimento integralista *exprime* a autorrepresentação que a classe média faz de si mesma.[55] Assim, Chaui mostra que, apoiando-se na imagem da indivisão

---

53 CHAUI, Marilena; FRANCO, Maria Sylvia de Carvalho. *Ideologia e mobilização popular*. 2ª ed. Rio de Janeiro: Paz e Terra, 1978, p. 12.

54 CHAUI, Marilena. "Apontamentos para uma crítica da Ação Integralista Brasileira". *In*: CHAUI, Marilena; FRANCO, Maria Sylvia de Carvalho. *Ideologia e mobilização popular*. 2ª ed. Rio de Janeiro: Paz e Terra, 1978, p. 36.

55 CHAUI, Marilena. "Apontamentos para uma crítica da Ação Integralista Brasileira". *In*: CHAUI, Marilena; FRANCO, Maria Sylvia de Carvalho.

social, o discurso integralista *pressupõe e repõe* seu exato oposto, a saber, a divisão social.

Evocando a crítica de Marx à "idolatria da autoridade" como fundamento da ideologia da classe média[56] e amparando-se em estudos historiográficos sobre o período,[57] Chaui mostra, de um lado, que "a heterogeneidade da composição, a ambiguidade ideológica, a 'despossessão' econômica, o medo da proletarização e o desejo de ascensão social fazem da classe média não apenas uma classe conservadora, mas visceralmente reacionária",[58] e, de outro, que a tônica anticomunista do discurso integralista e o fato mesmo de esse discurso ter animado parte importante da classe média urbana apenas evidenciam a presença da classe operária na cena política brasileira: "a classe operária não está passiva, não está ausente, nem é irrelevante para a 'grande política'. Greves, passeatas, comícios, reivindicações, pressões, formas de organização, jornais (efêmeros ou não) são suas formas políticas de luta e de presença".[59]

Ideologia e mobilização popular. 2ª ed. Rio de Janeiro: Paz e Terra, 1978, p. 47.

56 CHAUI, Marilena. "Apontamentos para uma crítica da Ação Integralista Brasileira". *In*: CHAUI, Marilena; FRANCO, Maria Sylvia de Carvalho. *Ideologia e mobilização popular*. 2ª ed. Rio de Janeiro: Paz e Terra, 1978, p. 47.

57 CHAUI, Marilena. "Apontamentos para uma crítica da Ação Integralista Brasileira". *In*: CHAUI, Marilena; FRANCO, Maria Sylvia de Carvalho. *Ideologia e mobilização popular*. 2ª ed. Rio de Janeiro: Paz e Terra, 1978, p. 45/46 e 54.

58 CHAUI, Marilena. "Apontamentos para uma crítica da Ação Integralista Brasileira". *In*: CHAUI, Marilena; FRANCO, Maria Sylvia de Carvalho. *Ideologia e mobilização popular*. 2ª ed. Rio de Janeiro: Paz e Terra, 1978, pp. 45/46.

59 CHAUI, Marilena. "Apontamentos para uma crítica da Ação Integralista Brasileira". *In*: CHAUI, Marilena; FRANCO, Maria Sylvia de Carvalho. *Ideologia e mobilização popular*. 2ª ed. Rio de Janeiro: Paz e Terra, 1978, p. 76.

A fim de ocultar os conflitos e tensões sociais originados pela divisão social inscrita na luta de classes, realidade que entra em choque com a imagem da nação una, coesa e indivisa, a ideologia integralista cria outras duas imagens: a imagem da crise e, com ela, a imagem do perigo.[60] Segundo Chaui, "a crise é imaginada como um movimento da irracionalidade que invade a racionalidade do social e do político, gera desordem e caos e precisa ser conjurada para que a racionalidade (anterior ou outra, nova) seja restaurada". Em uma palavra, "a crise nomeia os conflitos no interior do social e do político, mas o faz para melhor escondê-los".[61] Ainda hoje, sabemos bem como se realiza na prática tal conjuração: pela violência.

Fecha-se com isso um circuito, pelo qual uma ideologia da não violência – "no nosso caso, o mito fundador é exatamente o da não violência essencial da sociedade brasileira"[62] – oculta, na verdade, a violência que ela não apenas *pressupõe* como também *repõe* na medida em que, tornando-a invisível, permite e alimenta sua prática: "o autoritarismo não é um acidente político e sim a forma de nossa existência social, marcada pela violência como prática cotidiana invisível".[63] Nesse quadro, compreende-se o sentido profundo pelo qual se pode retoricamente afirmar: "a violência é o ar que respiramos".[64]

---

60 Cf. CHAUI, Marilena. *Conformismo e resistência*: aspectos da cultura popular no Brasil. São Paulo: Brasiliense, 1986, p. 60.

61 CHAUI, Marilena. "Apontamentos para uma crítica da Ação Integralista Brasileira". *In*: CHAUI, Marilena; FRANCO, Maria Sylvia de Carvalho. *Ideologia e mobilização popular*. 2ª ed. Rio de Janeiro: Paz e Terra, 1978, p. 99.

62 CHAUI, Marilena. "Ética e violência". *In*: PAOLI, Maria Célia. *Diálogos com Marilena Chaui*. São Paulo: Editora Barcarolla; Discurso Editorial, 2011, p. 223.

63 CHAUI, Marilena. "Entrevista". *In*: NOBRE, Marcos; REGO, José Márcio. *Conversas com filósofos brasileiros*. São Paulo: Editora 34, 2000, p. 312.

64 CHAUI, Marilena. "Apontamentos para uma crítica da Ação Integralista Brasileira". *In*: CHAUI, Marilena; FRANCO, Maria Sylvia de Carvalho.

***

Vinte anos depois da publicação de *Apontamentos para uma Crítica da Ação Integralista Brasileira*, Chaui declarará: "ao fazer a crítica da ideologia, a primeira ideologia com que me deparei foi a da historiografia e da sociologia brasileiras".[65] De fato, o ensaio inicia-se justamente com o exame das interpretações sobre a sociedade brasileira no período entre 1920 e 1930. Partindo da constatação de que "os intérpretes não trabalham dialeticamente, ou seja, com a categoria da negação interna ou determinada (a contradição), mas com a da privação (a ausência)", de maneira que "o período histórico em pauta é largamente explicado por aquilo que lhe falta e por aquilo que o engendra ou põe na existência",[66] Chaui conclui: tais interpretações operam com a determinação do indeterminado:

> Estabelecendo o modo de produção capitalista como um objeto completamente determinado, passamos a apelar para as ideias de vazio, atraso, tardio, desigual, imaturo, importado para marcar a distância com relação à forma completamente determinada, deixando de lado o processo histórico real em que a indeterminação se vai determinando para constituir a singularidade do capitalismo brasileiro.[67]

Ideologia e mobilização popular. 2ª ed. Rio de Janeiro: Paz e Terra, 1978, p. 242.

65 CHAUI, Marilena. "Sujeitos sociais e aporias do tempo". *In*: PAOLI, Maria Célia. *Diálogos com Marilena Chaui*. São Paulo: Editora Barcarolla; Discurso Editorial, 2011, p. 98.

66 CHAUI, Marilena. "Apontamentos para uma crítica da Ação Integralista Brasileira". *In*: CHAUI, Marilena; FRANCO, Maria Sylvia de Carvalho. *Ideologia e mobilização popular*. 2ª ed. Rio de Janeiro: Paz e Terra, 1978, pp. 14/15.

67 CHAUI, Marilena. "Apontamentos para uma crítica da Ação Integralista Brasileira". *In*: CHAUI, Marilena; FRANCO, Maria Sylvia de Carvalho. *Ideologia e mobilização popular*. 2ª ed. Rio de Janeiro: Paz e Terra, 1978, p. 21.

Trata-se, segundo Chaui, de "uma concepção demiúrgica da histórica do Brasil", na qual o demiurgo – aquele que ou preenche ou deve preencher o vazio político de uma má formação – oscila entre o Estado, o empresariado e o proletariado. "Sempre presente nas análises dos melhores intérpretes", essa concepção tende deixar de lado a ideologia à medida que oculta "a representação recíproca e contraditória que as classes sociais constroem de si mesmas e das outras durante o processo histórico, constituindo-o também tal como lhes aparece".[68] A rigor, a presença do demiurgo confunde-se com a persistência do verde-amarelismo, "visto que a industrialização jamais se tornou o carro-chefe da economia brasileira como economia capitalista desenvolvida e independente".[69]

Ao expandir seu campo de análises para a interpretação do Brasil para além do período em questão, Chaui nota, não sem ***surpresa***, que parte importante da historiografia brasileira opera da mesma maneira. À direita e à esquerda, "a História do Brasil é contada como a história do Estado Brasileiro":[70]

> Apesar da ênfase diferenciada que os intérpretes dão aos aspectos mencionados ou à questão da classe média, ou das oligarquias etc., em qualquer das interpretações há dois pontos problemáticos. O primeiro deles, em geral malgrado o próprio autor, é o pressuposto implícito: porque o capitalismo tem de se desenvolver, mas o faz com atraso e tardiamente, o Estado é obrigado a assumir a forma e os compromissos que assume. O segundo é o de que – isso também malgrado os próprios

---

68 CHAUI, Marilena. "Apontamentos para uma crítica da Ação Integralista Brasileira". *In*: CHAUI, Marilena; FRANCO, Maria Sylvia de Carvalho. *Ideologia e mobilização popular*. 2ª ed. Rio de Janeiro: Paz e Terra, 1978, pp. 21/22.

69 CHAUI, Marilena. *Brasil*: mito fundador e sociedade autoritária. São Paulo: Editora Fundação Perseu Abramo, 2000, p. 23.

70 CHAUI, Marilena; NOGUEIRA, Marco Aurélio. "O pensamento político e a redemocratização do Brasil". *Lua Nova*, São Paulo: Cedec, nº 71, 2007.

> autores – o Estado assume o papel de sujeito histórico porque a luta de classes não chega a se exprimir de maneira suficientemente nítida no interior da sociedade civil. Em qualquer dos casos, porém, a conclusão é a mesma: o sujeito histórico é o Estado e não as classes sociais e a luta de classes. Esse quadro é preocupante porque deixa entrever que, guardadas todas as diferenças e matizes entre os autores, no plano descritivo e interpretativo a visão do Estado e da sociedade presentes à esquerda e à direita não são muito diferentes. A diferença se reduz ao seguinte: os intérpretes à esquerda dizem que, no Brasil, o autoritarismo teve que ser a solução para os problemas do país, enquanto à direita se diz que deve ser a solução. Afora essa pequena diferença entre o dever ser e o ter que ser, as análises à direita e à esquerda são quase idênticas. A impressão deixada pelo arcabouço conceitual empregado é a de que os intérpretes de esquerda não trabalham com a ideia de contradição, mas, como os de direita, com a de privação, de falta ou de ausência.[71]

Em uma palavra, ao debruçar-se sobre as interpretações do Brasil, Chaui constatou haver "uma sociologia e uma historiografia que explicavam o Brasil pelo que ele não tem";[72] na contramão dessa tendência, nossa autora é assertiva: "não se pode compreender o Brasil pela falta, pela ausência ou pela privação".[73] *Pensamos ser esse o núcleo de sua contribuição original à interpretação do Brasil, uma vez que toca na base mesma de parte importante da historiografia brasileira.*

---

71 CHAUI, Marilena; NOGUEIRA, Marco Aurélio. "O pensamento político e a redemocratização do Brasil". *Lua Nova*, São Paulo: Cedec, nº 71, 2007.

72 CHAUI, Marilena. "Sujeitos sociais e aporias do tempo". *In*: PAOLI, Maria Célia. *Diálogos com Marilena Chaui*. São Paulo: Editora Barcarolla; Discurso Editorial, 2011, p. 97.

73 CHAUI, Marilena. "Entrevista". *In*: NOBRE, Marcos; REGO, José Márcio. *Conversas com filósofos brasileiros*. São Paulo: Editora 34, 2000, p. 307.

Assim como a leitura da presença da classe trabalhadora brasileira na grande política e da ligação entre a classe média e a classe dominante deveram-se a interlocução com inúmeros outros pesquisadores, aqui também Chaui não empreendeu sua crítica isoladamente. Em verdade, o contato com Thompson e Hill teve importância determinante na crítica de Chaui à historiografia brasileira:

> A partir do contato que tive com autores como Thompson e Hill, percebi que, em geral, os historiadores e sociólogos estudavam o Brasil a partir do que falta no país, e não a partir do que ele efetivamente é. E pensei em fazer o inverso: em vez do que nos falta (uma boa classe operária, uma boa burguesia, um bom Estado liberal), buscar o que efetivamente somos. No fundo, a ideia espinosana de afirmação estava implícita nisso, pois eu queria entender a sociedade e a política brasileira não pelas suas ausências e privações, mas pelo que está realmente presente e posto pela ação histórica.[74]

Colocando-se no interior de uma corrente de pensamento que procurou estabelecer um lugar para o sujeito nos processos históricos e que afirma a autonomia *relativa* da cultura popular, a abordagem de Chaui vai ao encontro dos estudos da nova historiografia sobre a escravidão no Brasil, elaborada a partir, sobretudo, da UNICAMP como crítica ao legado da sociologia uspiana:

> As Ciências Sociais da USP – Florestan Fernandes, Fernando Henrique Cardoso, Octavio Ianni – escrevem sobre o negro na sociedade de classes, mas o negro é apresentado por eles como um objeto passivo, que sofre a violência branca e nunca como um agente social ou político.[75]

---

74 CHAUI, Marilena. "Entrevista". *In*: NOBRE, Marcos; REGO, José Márcio. *Conversas com filósofos brasileiros*. São Paulo: Editora 34, 2000, p. 306.

75 CHAUI, Marilena; NOGUEIRA, Marco Aurélio. "O pensamento político e a redemocratização do Brasil". *Lua Nova*, São Paulo: Cedec,

Dirá Chaui, sobre a obra de Fernando Henrique Cardoso: "trata-se de uma teoria da escravidão em que o escravo não entra e de uma teoria da dependência em que a classe operária não entra".[76]

Presente em todos os trabalhos sobre o Brasil produzidos pela autora, é, todavia, em *Conformismo e Resistência*, que Chaui expõe os referenciais teóricos de sua concepção de cultura popular. Ao distinguir entre as concepções romântica e ilustrada – aquela supondo a pureza e autenticidade da cultura popular, essa encarando-a como resíduo morto a ser superado, ambas concordando que a cultura popular seria uma totalidade orgânica, fechada sobre si mesma –, Chaui mostra que, "nas discussões brasileiras – seja nos anos 1960, seja nos anos 1980 –, a Cultura Popular oscila incessantemente entre um ponto de vista romântico e um outro, ilustrado".[77] Aqui também, a crítica da ideologia esbarra na historiografia da época.

Afastando-se nesse ponto dos frankfurtianos (com exceção de Marcuse), mas também do pensamento liberal, os quais tendiam a identificar cultura popular à cultura de massa, e apoiando-se aqui novamente na historiografia marxista britânica que tem em Thompson e Hill dois de seus maiores expoentes, Chaui concebe a cultura popular como

> conjunto disperso de práticas, representações e formas de consciência que possuem lógica própria (o jogo interno do conformismo, do inconformismo e da resistência), distinguindo-se

---

nº 71, 2007; CHAUI, Marilena. *Brasil*: mito fundador e sociedade autoritária. São Paulo: Editora Fundação Perseu Abramo, 2000, p. 14.

76 CHAUI, Marilena. "Meu jeito de fazer filosofia". *In*: PAOLI, Maria Célia. *Diálogos com Marilena Chaui*. São Paulo: Editora Barcarolla; Discurso Editorial, 2011, p. 206.

77 CHAUI, Marilena. *Conformismo e resistência*: aspectos da cultura popular no Brasil. São Paulo: Brasiliense, 1986, p. 20.

> da cultura dominante exatamente por essa lógica de práticas, representações e formas de consciência.[78]

O jogo entre conformismo e resistência dá à cultura popular um caráter eminentemente ambíguo.[79]

Para a compreensão dessa ambiguidade, foi determinante a recepção do conceito de nacional-popular, tal como formulado por Gramsci – isto é, como "possibilidade de resgatar o passado histórico-cultural como patrimônio das classes populares"[80] –, bem como de hegemonia e contra-hegemonia – o que, insiste Chaui, não se confunde com atuação pedagógica nem se reduz a propaganda.[81] Segundo nossa autora:

> Uma das ideias instigantes contidas no conceito de contra-hegemonia é a de que a oposição, a resistência, a defesa contra a hegemonia, de um lado, e a cumplicidade, a interiorização e a subordinação à hegemonia, de outro lado, tornam impossível manter tanto a perspectiva Romântica quanto a Ilustrada.[82]

Valendo-se de uma série de estudos de caso realizados por historiadores, sociólogos e antropólogos, Chaui depreende das práticas populares a capacidade de ocupar *brechas*, isto é, "práticas que

---

78 CHAUI, Marilena. *Conformismo e resistência*: aspectos da cultura popular no Brasil. São Paulo: Brasiliense, 1986, p. 24.

79 CHAUI, Marilena. *Conformismo e resistência*: aspectos da cultura popular no Brasil. São Paulo: Brasiliense, 1986, pp. 104, 124 e 158.

80 CHAUI, Marilena. *Cidadania cultural*: o direito à cultura. São Paulo: Editora Fundação Perseu Abramo, 2006, p. 17.

81 CHAUI, Marilena. *Cidadania cultural*: o direito à cultura. São Paulo: Editora Fundação Perseu Abramo, 2006, p. 10.

82 CHAUI, Marilena. *Conformismo e resistência*: aspectos da cultura popular no Brasil. São Paulo: Brasiliense, 1986, p. 23.

desordenam a ordem"[83] ou, à maneira de La Boétie,[84] a recusa em oferecer aos dominadores o que eles pedem, recusa que pode tanto ser deliberada como não deliberada – como no caso exemplar da resistência popular dos pobres lavradores do Rio Grande do Norte.[85]

Para dar conta do "combate simbólico" ou do "jogo entre ordem e desordem" próprios dessa ambiguidade da cultura popular,[86] sem com isso cair nas noções de alienação e de consciência possível, tal como empregadas nas interpretações do Brasil, Chaui formulou o conceito de consciência popular trágica, ou seja, uma consciência "tecida de saber e não saber simultâneos, marca profunda da dominação".[87] O que isso significa? Assinalando aqui também o esforço de pensar a partir da presença, e não da ausência, Chaui dirá:

> Foi para marcar a presença de algo determinado, e não uma ausência ou uma privação de alguma coisa, que formulei a noção de consciência popular trágica. Com essa noção pretendi assinalar, no interior da percepção e do saber das classes populares, a divisão realmente existente entre a clara percepção que elas têm da exploração, da dominação e da exclusão, e tudo aquilo que elas incorporam da ideologia. Não se trata, portanto, de uma consciência alienada, pois é uma consciência que não apenas apreende claramente a realidade, como também age de maneira realista a partir dessa apreensão. No entanto, as classes populares também interpretam sua

---

83 CHAUI, Marilena. *Conformismo e resistência*: aspectos da cultura popular no Brasil. São Paulo: Brasiliense, 1986, p. 178.

84 CHAUI, Marilena. "Manifestações ideológicas do autoritarismo brasileiro". Belo Horizonte: Autêntica Editora; Editora Fundação Perseu Abramo, 2013, pp. 101-111.

85 CHAUI, Marilena. *Conformismo e resistência*: aspectos da cultura popular no Brasil. São Paulo: Brasiliense, 1986, p. 74.

86 CHAUI, Marilena. *Conformismo e resistência*: aspectos da cultura popular no Brasil. São Paulo: Brasiliense, 1986, p. 74.

87 CHAUI, Marilena. *Conformismo e resistência*: aspectos da cultura popular no Brasil. São Paulo: Brasiliense, 1986, p. 178.

percepção e sua prática, e é na interpretação que prevalece a ideologia dominante.[88]

Como se realiza na prática esse jogo entre conformismo e resistência? Para responder a essa questão, Chaui introduz a noção de "hegemonia verde-amarela".[89] A classe dominante opera sistematicamente no sentido de controlar a cultura popular, incorporando-a e domesticando-a através da *política cultural*, que sequestra o popular, dando-lhe "cunho nacionalista para a glorificação do Estado":[90] "o que permite a absorção contínua da Cultura Popular pela imagem do nacional é a mitologia verde-amarela, cimento ideológico inquebrantável".[91] A luta entre hegemonia e contra-hegemonia é expressa na figura do "deslizamento contínuo do popular ao nacional e deste para o típico".[92] Não se trata aqui do nacional-popular, tal como formulado por Gramsci, isto é, como patrimônio das classes populares, expressão de seu saber, mas do nacional como ideologia, mito fundador de uma sociedade *tida como* una e indivisa na qual os dominados ocupam o lugar dos não competentes e ao qual devem resignar-se.

Segundo Chaui, na medida em que sequestra o popular, essa mitologia conserva e alimenta o "jogo autoritário do favor, da patronagem e da clientela, reforçando o círculo de ferro

---

88 CHAUI, Marilena. "Entrevista". *In*: NOBRE, Marcos; REGO, José Márcio. *Conversas com filósofos brasileiros*. São Paulo: Editora 34, 2000, pp. 311/312.

89 CHAUI, Marilena. *Conformismo e resistência*: aspectos da cultura popular no Brasil. São Paulo: Brasiliense, 1986, p. 100.

90 CHAUI, Marilena. *Conformismo e resistência*: aspectos da cultura popular no Brasil. São Paulo: Brasiliense, 1986, pp. 90/91.

91 CHAUI, Marilena. *Conformismo e resistência*: aspectos da cultura popular no Brasil. São Paulo: Brasiliense, 1986, p. 99.

92 CHAUI, Marilena. *Conformismo e resistência*: aspectos da cultura popular no Brasil. São Paulo: Brasiliense, 1986, p. 93.

arbítrio-transgressão-arbítrio".[93] A força da hegemonia verde-amarela revela-se quando penetra inclusive na esquerda, sempre às voltas com uma "concepção instrumental da cultura e do povo",[94] não escapando à Tropicália, cuja "meditação musical e a crítica corrosiva foram reapropriadas pelo verde-amarelismo, que passou a incorporá-las como um novo mito: ser absurdo tornou-se signo de nossa suprema originalidade".[95]

Nesses termos, Chaui trabalha com um conceito de cultura popular que, preservando a heterogeneidade do popular, marcado por uma "polifonia de vozes",[96] bem como as contradições e ambiguidades nele inscritas, permitiu à autora avançar em direção ao "alargamento do conceito de cultura" no qual as práticas de resistência e luta por direitos que questionam a divisão social entre competentes e incompetentes ganham sentido: "a cidadania cultural foi pensada e praticada tanto como a recusa da divisão entre cultos e incultos".[97]

Assim, se no jogo de conformismo e resistência, campo de força no qual se trava a batalha pela cidadania cultural, as parcelas dominadas são incessantemente "submetidas à perda cultural e à invalidação de seus conhecimentos e valores, e sobre as quais a intimidação da Informação é constante", sobretudo quando se lembra

---

93 CHAUI, Marilena. *Conformismo e resistência*: aspectos da cultura popular no Brasil. São Paulo: Brasiliense, 1986, p. 99.

94 CHAUI, Marilena. *Cultura e democracia*: o discurso competente e outras falas. 3ª ed. São Paulo: Editora Moderna, 1982, p. 61; CHAUI, Marilena. *Cidadania cultural*: o direito à cultura. São Paulo: Editora Fundação Perseu Abramo, 2006, p. 9.

95 CHAUI, Marilena. *Conformismo e resistência*: aspectos da cultura popular no Brasil. São Paulo: Brasiliense, 1986, pp. 98/99.

96 CHAUI, Marilena. "ChauiSujeitos sociais e aporias do tempo". *In*: PAOLI, Maria Célia. *Diálogos com Marilena Chaui*. São Paulo: Editora Barcarolla; Discurso Editorial, 2011, p. 94.

97 CHAUI, Marilena. "Entrevista". *In*: NOBRE, Marcos; REGO, José Márcio. *Conversas com filósofos brasileiros*. São Paulo: Editora 34, 2000, p. 313.

que "*a essas pessoas está vedado um acesso real ao que é veiculado pela Informação*, tanto pelo nível da escolarização quanto pelas dificuldades de contato com o restante da cidade e da sociedade global, em decorrência das condições de vida",[98] impõem-se como fato inexorável da luta de classes a resistência, a luta por direitos, pela participação e pela democratização da informação. Essa luta, travada como contra-hegemonia, tem como sujeito os próprios dominados.[99]

Referências bibliográficas

CHAUI, Marilena. "A Democracia como realização do desejo de governar: Espinosa". *In*: FORTES, Luiz Roberto Salinas; NASCIMENTO, Milton Meira do (Coord.). *A Constituinte em debate*. São Paulo: Sofia, 1987.

_____. "Apontamentos para uma crítica da Ação Integralista Brasileira". *In*: Chaui, Marilena; FRANCO, Maria Sylvia de Carvalho. *Ideologia e mobilização popular*. 2ª ed. Rio de Janeiro: Paz e Terra, 1978.

_____. "C'est grâce à Spinoza que j'ai pu comprendre le Brésil". *Le Monde*, jul. 2003.

_____. "Debate final". *In*: PAOLI, Maria Célia. *Diálogos com Marilena Chaui*. São Paulo: Editora Barcarolla; Discurso Editorial, 2011.

_____. "Em prol da reforma política". *Folha de S. Paulo*, 11 mar. 2004.

_____. "Entrevista". *In*: NOBRE, Marcos; REGO, José Márcio. *Conversas com filósofos brasileiros*. São Paulo: Editora 34, 2000.

_____. "Ética e violência". *In*: PAOLI, Maria Célia. *Diálogos com Marilena Chaui*. São Paulo: Editora Barcarolla; Discurso Editorial, 2011.

---

98 CHAUI, Marilena. *Conformismo e resistência*: aspectos da cultura popular no Brasil. São Paulo: Brasiliense, 1986, pp. 37/38; cf. CHAUI, Marilena. *Simulacro e poder*: uma análise da mídia. São Paulo: Editora da Fundação Perseu Abramo, 2006; CHAUI, Marilena. *Política em Espinosa*. São Paulo: Companhia das Letras, 2003, pp. 276/277.

99 CHAUI, Marilena. "A Democracia como realização do desejo de governar: Espinosa". *In*: FORTES, Luiz Roberto Salinas; NASCIMENTO, Milton Meira do (Coord.). *A Constituinte em debate*. São Paulo: Sofia, 1987; cf. CHAUI, Marilena. "Em prol da reforma política". *Folha de S. Paulo*, 11 mar. 2004.

______. "Maluf ou o novo corpo do rei". *Revista Lua Nova*, São Paulo: Cedec, vol. 1, nº 3, 1984.

______. "Manifestações ideológicas do autoritarismo brasileiro". Belo Horizonte: Autêntica Editora; Editora Fundação Perseu Abramo, 2013.

______. "Meu jeito de fazer filosofia". *In*: PAOLI, Maria Célia. *Diálogos com Marilena Chaui*. São Paulo: Editora Barcarolla; Discurso Editorial, 2011.

______. "Nova barbárie: 'aluno inadimplente'". *Folha de S. Paulo*, 12 dez. 1999.

______. "Sujeitos sociais e aporias do tempo". *In*: PAOLI, Maria Célia. *Diálogos com Marilena Chaui*. São Paulo: Editora Barcarolla; Discurso Editorial, 2011.

______. "USP 94: a terceira fundação". *Revista Estudos Avançados*, vol. 8, nº 22, 1994.

______. *A Nervura do real*: imanência e liberdade em Espinosa. vol. 1. São Paulo: Companhia das Letras, 2000.

______. *Brasil*: mito fundador e sociedade autoritária. São Paulo: Editora Fundação Perseu Abramo, 2000.

______. *Cidadania cultural*: o direito à cultura. São Paulo: Editora Fundação Perseu Abramo, 2006.

______. *Conformismo e resistência*: aspectos da cultura popular no Brasil. São Paulo: Brasiliense, 1986.

______. *Cultura e democracia*: o discurso competente e outras falas. 3ª ed. São Paulo: Editora Moderna, 1982.

______. *Desejo, paixão e ação na ética de Espinosa*. São Paulo: Companhia das Letras, 2011.

______. *Escritos sobre a universidade*. São Paulo: Editora da Unesp, 2001.

______. *Simulacro e poder*: uma análise da mídia. São Paulo: Editora da Fundação Perseu Abramo, 2006; Chaui, Marilena. *Política em Espinosa*. São Paulo: Companhia das Letras, 2003.

CHAUI, Marilena; FRANCO, Maria Sylvia de Carvalho. *Ideologia e mobilização popular*. 2ª ed. Rio de Janeiro: Paz e Terra, 1978.

CHAUI, Marilena; NOGUEIRA, Marco Aurélio. "O pensamento político e a redemocratização do Brasil". *Lua Nova*, São Paulo: Cedec, nº 71, 2007.

ESPINOSA, Baruch. *Tratado Político V*. [S.l.]: [s.n.], [s.d.].

PAOLI, Maria Célia. *Diálogos com Marilena Chaui*. São Paulo: Editora Barcarolla; Discurso Editorial, 2011.

SCHWARZ, Roberto. "Ideias fora do lugar". *Estudos Cebrap*, nº 3, 1973.

______. *Martinha versus Lucrecia*. São Paulo: Companhia das Letras, 2012.

NARA LEÃO (1942-1989)

O DIREITO À VOZ

MARCOS SILVA

Nara Leão nasceu em Vitória, Espírito Santo, num meio social de classe média: sua irmã Danusa, em coluna no jornal *Folha de São Paulo*, disse que, quando jovem, em viagem ao Rio de Janeiro com os pais, experimentou pela primeira vez *petit-pois* (ervilhas em conserva), tidas por ela, naquela época, como um produto sofisticado.[1]

O pai de ambas, Jairo Leão, advogado, consolidou-se profissionalmente no Rio de Janeiro a partir de 1943, e a família passou a viver, depois de alguns anos, num confortável apartamento de alta classe média em Copacabana, zona sul daquela metrópole; as jovens possuíam aposentos privativos e recebiam amigos livremente para sessões musicais e conversas, o que incluía, no caso de Nara, tanto os iniciantes Carlos Lyra, Ronaldo Bôscoli e Roberto Menescal

---

1 LEÃO, Danuza. "Prazeres inesquecíveis". *Folha de S. Paulo*, 11 ago. 1992. Disponível em: https://www1.folha.uol.com.br/fsp/cotidian/ff1108200207.htm. Acessado em: 01.03.2023.

quanto o já consagrado João Gilberto – mais excepcionalmente, o próprio Tom Jobim.

Embora cantasse e estudasse violão desde a infância, as primeiras gravações de Nara, em 1964, despertaram alguns comentários um pouco hostis na imprensa sobre falta de voz, numa linha próxima a determinadas críticas contra a Bossa Nova, que não entendiam adequadamente o teor muito irônico da canção "Desafinado", de Tom Jobim e Newton Mendonça, famosa internacionalmente a partir de afinadíssima gravação de João Gilberto. Mesmo a excelente cantora Elis Regina referiu-se a Nara Leão como pessoa que falava bem e cantava mal, equívoco compreensível diante de diferenças nas opções por poéticas, rivalidades musicais e amorosas (foram contemporâneas na TV Record e na gravadora Phillips, disputaram repertórios, namoraram, em diferentes momentos, o mesmo Ronaldo Bôscoli, que depois se casaria com Elis). É preciso, todavia, evitar a confusão entre opção de estilo (canto *cool*, no caso de Nara Leão, escudada em antecessores brasileiros ilustres como Mário Reis e os compositores Lamartine Babo e Noel Rosa) e descuido técnico. E é necessário estar atento também à grande inteligência musical de Nara, que muito contribuiu para definir e consolidar tendências, valorizar compositores, redescobrir canções menos presentes nos repertórios da época em que atuou profissionalmente. Para não ir muito longe no arrolamento desses feitos, basta evocar a inquieta ênfase na diversidade de gêneros musicais logo após o primeiro momento da Bossa Nova, a gravação de criações dos jovens Carlos Lyra, Baden Powell e Edu Lobo, o convite à também jovem cantora iniciante Maria Bethânia para substituí-la no espetáculo *Opinião*, a gravação das primeiras composições de Chico Buarque, a ativa participação no lançamento do Tropicalismo, o pedido de músicas – com indicações temáticas – a Vinicius de Moraes, Chico Buarque, Caetano Veloso e Gilberto Gil, algumas versões textuais para canções estrangeiras (chilena, francesa, norte-americanas)...

Seu primeiro disco, de 1964, já mesclava de Moacir Santos aos reencaminhamentos da Bossa Nova experimentados por Carlos Lyra, Baden Powell e Edu Lobo (temática social explícita, diálogos com gêneros tradicionais da música brasileira), mais sambas de Cartola e Nelson Cavaquinho. O segundo, também daquele ano, trazia do sucesso de "Opinião" (samba de Zé Keti, muito projetado no espetáculo carioca homônimo, que incluía Nara e João do Vale em seu elenco) a canções de Tom Jobim, Vinicius de Morais, Baden Powell, Sérgio Ricardo, Newton Teixeira e temas folclóricos baianos. Fica evidente o diálogo estabelecido entre uma modernidade bossa-novista e um universo da canção popular aparentemente mais tradicional, com ênfase em algumas questões sociais críticas no panorama da ditadura brasileira em seus primeiros passos. Algumas tradições políticas do CPC/UNE (entidade fechada e tornada ilegal pela ditadura) eram claramente retomadas e ampliadas nesse passo, com destaque para um nacionalismo de esquerda.

Tal repertório crítico e o grande sucesso do espetáculo "Opinião" tornaram Nara Leão uma importante referência na música popular brasileira daquele momento. Além de fazer apresentações em diferentes cidades e canais de televisão do país, ela também se tornou uma personalidade conhecida, merecedora de atenção da imprensa. Numa entrevista, a cantora teceu críticas ao panorama político ditatorial, defendendo um governo civil e democrático que punisse os responsáveis por aquela ditadura. Isso lhe rendeu a ameaça de ser submetida a Inquérito Policial Militar. Um consagrador apoio à artista partiu do poeta Carlos Drummond de Andrade, muito respeitado naquela época, que publicou no *Jornal do Brasil* o poema de circunstância "Apelo – Não prendam Nara Leão", incluindo, dentre outras ironias, a passagem:

> Será que ela tem na fala,
> Mais do que charme, canhão?
> Ou pensam que, pelo nome,
> Em vez de Nara, é leão?[2]

---

2 ANDRADE, Carlos Drummond de. "Apelo – Não prendam Nara Leão". Disponível em: https://www.folhadelondrina.com.br/colunistas/

A voz poética identificou o poder da música popular (e, por extensão das artes e da cultura) contra aquela truculenta ditadura, expondo igualmente facetas de fragilidade no violento governo. Ao merecer um apoio tão ilustre, Nara Leão evidenciava a existência de forças culturais e artísticas contra aquele desgoverno, que se sentia perturbado com isso e reagia através de ameaças.

No meio musical bossa-novista, as posturas políticas de Nara e outros de seus companheiros, que frequentavam ambientes de classe média onde debates sociais comunistas e católicos de esquerda eram habituais, mereceram rejeições conservadoras e mesmo de apoio à ditadura, como se observa na apresentação, no Rio de Janeiro, de um espetáculo com o título "Reação", que incluiu a canção "A resposta", de Marcos Valle e Paulo Sergio Valle, de 1965, com evidentes referências à presença da cantora na cena musical e política daquele momento:

> Falar de terra na areia do Arpoador
> quem pelo pobre na vida não faz nem favor
> falar do morro morando de frente pro mar
> não vai fazer ninguém melhorar!

A composição dos irmãos Valle evidenciava talento melódico e harmônico, como era habitual na dupla, mas escancarava uma rancorosa defesa do silêncio diante de uma ditadura em processo de consolidação, desqualificava os setores de classe média que ousassem discordar daquele estado de coisas (condenava a classe média ao conformismo, portanto), além de encarar o apoio a causas populares como algo que passava pelo hipotético "favor", similar à caridade! A noção de cidadania desses autodesignados reacionários era muito rasa, convivia bem com a cidadania zero propiciada pela ditadura...

---

celia-musilli/o-apelo-de-drummond-nao-prendam-nara-leao-3219941e.html. Acessado em: 01.03.2023.

Os dois compositores mantiveram prestígio musical por aquelas indiscutíveis qualidades artísticas, mas esse projeto de indiferença ou mesmo apoio em relação à ditadura mereceu o devido esquecimento.[3]

Além de gravar e se apresentar em espetáculos ao vivo, incluindo incursões teatrais (ao menos desde 1963, com "Pobre menina rica"), Nara Leão também debateu criticamente o campo musical. Numa ocasião, criticou a excepcional cantora Ângela Maria por ter se apresentado para soldados portugueses nas então colônias africanas.[4] A crítica, com certeza, não se voltava contra os brilhantes méritos vocais daquela artista, e sim para sua opção de servir a uma ditadura colonialista, que mantinha traços similares à congênere brasileira. Nara não se apresentou em Semanas do Exército ou eventos similares nacionais.

A consolidação de programas musicais na televisão paulistana, principalmente TV Record, mobilizou muitos artistas, inclusive Nara Leão, que fez especial sucesso como intérprete de "A banda", de Chico Buarque, vencedora do II Festival da Canção da TV Record (1966). Ela chegou a comandar, junto com esse compositor, um programa de auditório no mesmo canal, *Pra ver a banda passar*, marcante pela quietude dos apresentadores, que se definiriam depois como "desanimadores de auditório". Aquele canal televisivo mantinha simultaneamente programas musicais de grande sucesso, como *O fino da Bossa* (coordenado por Elis Regina e Jair Rodrigues, dedicado à música brasileira mais ortodoxa) e *Jovem Guarda* (liderado por Roberto Carlos, Erasmo Carlos e Wanderleia, no campo do *rockabilly* nacional), atrações rivais. Habitualmente, quem se apresentava num dos programas não frequentava o outro. Elis Regina chegou a patrocinar uma passeata, em 1967, contra as guitarras elétricas, que

---

3 CABRAL, Sergio. *Nara Leão*: uma biografia. 2ª ed. Rio de Janeiro: Lumiar, 2001, pp. 99/100.

4 O texto foi publicado na prestigiada *Revista Civilização Brasileira*, evoco o episódio de memória.

Nara não admitiu endossar, chegando a comparar o ato a manifestação integralista, de acordo com lembrança de Caetano Veloso.[5]

Essa atitude é uma evidência de que os debates preparatórios do Tropicalismo, sobre multiplicidade de ritmos e gêneros na música brasileira, em diálogo com o panorama internacional da época, contaram com a participação ativa de Nara (em entrevistas, ela se referiu elogiosamente à canção "Yesterday", de John Lennon e Paul McCartney), o que culminou em sua participação no disco coletivo *Tropicália ou Panis et circensis* (gravação do bolero "Lindonéia", de Caetano Veloso e Gilberto Gil, composto a seu pedido), de 1968, e no disco individual *Nara Leão*, do mesmo ano, que incluiu aquela canção tropicalista e um vasto panorama musical que ia de Custódio Mesquita/Joracy Camargo a Chico Buarque/Cecília Meireles, passando por J. S. Arvelos, Caetano Veloso/Torquato Neto (duas composições), Vinicius de Morais/Francis Hime, Heitor Villa-Lobos/Manduca Piá, Ary Pavão/Lamartine Babo, Ernesto Nazareth/Vinicius de Moraes, Custódio Mesquita/Sady Cabral e Alberto Nepomuceno/Juvenal Galeno. Mais que uma companheira de viagem dos tropicalistas, Nara se revelava coautora dessa corrente e seu disco assumia um caráter de manifesto tão coeso quanto aquela outra obra inaugural coletiva.[6]

O AI-5, de dezembro de 1968, tornou a ditadura brasileira ainda mais violenta, levando muitos cidadãos ao exílio, às vezes antecipado por aprisionamentos, interrogatórios, torturas e ameaças. Gilberto Gil, quando saiu da prisão e antes de seguir para o exterior, advertiu Carlos Diegues (marido de Nara) sobre ameaças físicas contra a cantora que ouvira entre seus algozes. Em 1969, o casal se deslocou para Paris, onde Diegues trabalhou como cineasta e Nara gravou um álbum duplo em homenagem aos dez anos da Bossa Nova, *Dez*

---

5 VELOSO, Caetano. *Verdade tropical*. São Paulo: Companhia das Letras, 1997.

6 SILVA, Marcos. "Tropicalismo: música, performance e paródia trágica". *Karpa*: dissident theatracalities, visual arts and culture, 2013.

anos depois, uma espécie de reconciliação com seu começo musical. O projeto original era um trabalho com acompanhamento apenas de violões (o dela e o de Tuca), mas a gravadora optou por incluir arranjos orquestrais, o que, inicialmente, deixou a cantora muito irritada – a audição do resultado a fez mudar de ideia.

Ela já se tornara uma referência clássica na música brasileira, procurando manter o perfil autoral de suas gravações – escolha de repertórios, ritmo de registros. No retorno ao Brasil, em 1972, houve uma aparente suspensão de sua carreira, o que Nara já anunciava desde 1969, como se observa em entrevista para O *Pasquim*.[7] Não ocorreu essa interrupção plena, mas a cantora pausou mais o ritmo de gravações e até iniciou uma graduação em Psicologia na PUC/RJ, que não concluiu. Ela gravou dois discos em 1964, dois outros em 1965, mais dois em 1966 e novos dois em 1967; passou a gravar um disco a cada ano, de 1968 a 1984; em 1985, voltou a gravar dois discos, sendo o primeiro resultado de apresentações no Japão; seus dois últimos trabalhos foram gravados em 1987 e 1989, dedicados a um repertório de memórias sentimentais – canções norte-americanas de sua juventude, em versões para o português. Apesar de não ser uma grande vendedora de discos, Nara Leão manteve prestígio em gravadoras, preservando controle autoral sobre esse percurso.

Isso não impediu que o importante cartunista Henfil a incluísse no "Cemitério do Caboclo Mamadô", espaço destinado a personagens que o desenhista considerava terem aderido à ditadura ou se omitido de tecerem críticas mais duras a seus desmandos. O mesmo ocorreu com Elis Regina que, de acordo com diferentes fontes, ficou muito magoada.[8] Ao que tudo indica, Nara Leão ignorou o ato.

---

7 Entrevista concedida em 7 de agosto de 1969 e reeditada no volume JAGUAR; AUGUSTO, Sergio (Coord.). O *Pasquim*: antologia (1969/1971). Rio de Janeiro: Desiderata, 2006, p. 325.

8 ECHEVERRIA, Regina. *Furacão Elis*. Rio de Janeiro: Nórdica, 1985; ELIS. Direção: Hugo Prata. Rio de Janeiro: Downtown Filmes, 2016, 1h50min.

A partir de 1979, a cantora começou a sentir problemas de saúde (tonturas, desmaios), com dificuldades físicas para apresentações em público. Diagnosticada como portadora de câncer cerebral, faleceu em 1989.

A continuidade do trabalho de Nara Leão é digna de nota, enfrentando preconceitos contra seu estilo de canto e também contra o fato de ser uma moça de classe média que falava criticamente sobre pobreza e ditadura, como se isso fosse incoerência ou defeito. Ela provou que vozes pequenas podem ser expressivas e até marcantes desde que assumam projetos artísticos coerentes. E que pessoas de classe média podem ir muito além de seus horizontes sociais de origem, pensar criticamente e produzir arte.

Referências bibliográficas

ANDRADE, Carlos Drummond de. "Apelo – Não prendam Nara Leão". Disponível em: https://www.folhadelondrina.com.br/colunistas/celia-musilli/o-apelo-de-drummond-nao-prendam-nara-leao-3219941e.html. Acessado em: 01.03.2023.

CABRAL, Sergio. *Nara Leão*: uma biografia. 2ª ed. Rio de Janeiro: Lumiar, 2001.

ECHEVERRIA, Regina. *Furacão Elis*. Rio de Janeiro: Nórdica, 1985.

JAGUAR; AUGUSTO, Sergio (Coord.). *O Pasquim*: antologia (1969/1971). Rio de Janeiro: Desiderata, 2006.

LEÃO, Danuza. "Prazeres inesquecíveis". *Folha de S. Paulo*, 11 ago. 1992. Disponível em: https://www1.folha.uol.com.br/fsp/cotidian/ff1108200207.htm. Acessado em: 01.03.2023.

SILVA, Marcos. "Tropicalismo: música, performance e paródia trágica". *Karpa*: dissident theatracalities, visual arts and culture, 2013.

VELOSO, Caetano. *Verdade tropical*. São Paulo: Companhia das Letras, 1997.

NISE DA SILVEIRA (1903-1999)

A DIGNIDADE DO TRABALHO

NELSON TOMELIN JÚNIOR

É uma questão de aceitar a dignidade do trabalho, seja ele qual for. Politicamente, o âmago, é aceitar a dignidade do trabalho. E o trabalho não é uma coisa servil. É algo que exprime a alma da pessoa.[1]

A amizade combativa, a "grandeza moral", o compromisso político com dimensões de fragilidade física são traços pessoais lembrados por aqueles que conviveram com Nise da Silveira. Graciliano Ramos a conheceu vítima da ditadura de Getúlio Vargas, tendo ela trinta e um anos de idade (já há oito no Rio de Janeiro), quando prisões políticas marcavam o acirramento da violência de Estado em relação

1 Nise da Silveira em POSFÁCIO: Imagens do inconsciente. Direção: Leon Hirszman. Brasil, 1986-2014, 1h19min.

aos movimentos sociais de crítica e de pensamento livre, em detenções sem culpa formada, sem julgamento nem defesa, uma das formas da repressão do momento (também contra o Levante Comunista de 1935). Descreve o escritor alagoano o encontro com a conterrânea em belíssima passagem de *Memórias do Cárcere*:

> Além de uma grade larga, distingui afinal uma senhora pálida e magra, de olhos fixos, arregalados. O rosto moço revelava fadiga, aos cabelos negros misturavam-se alguns fios grisalhos. Referiu-se a Maceió, apresentou-se: — Nise da Silveira. Noutro lugar o encontro me daria prazer. O que senti foi surpresa, lamentei ver a minha conterrânea fora do mundo, longe da profissão, do hospital, dos seus queridos loucos. Sabia-a culta e boa, Raquel de Queirós me afirmara a grandeza moral daquela pessoinha tímida, sempre a esquivar-se, a reduzir-se, como a escusar-se de tomar espaço. Nunca me havia aparecido criatura mais simpática. O marido, também médico, era o meu velho conhecido Mário Magalhães. Pedi notícias dele: estava em liberdade. E calei-me, num vivo constrangimento.[2]

Foram frequentes as perseguições políticas na trajetória profissional de Nise da Silveira. Apenas em fins daquele governo ditatorial é que se inicia a história mais conhecida da psiquiatra, em serviço público de atendimento à saúde, no Centro Psiquiátrico Pedro II,[3] após prisão, desde 26 de março de 1936 (um ano e quatro meses, denunciada por ter muitos livros no quarto do hospital psiquiátrico que então ocupava):[4] daí o DOPS, o presídio na Frei Caneca e a *sala 4*,

---

2 RAMOS, Graciliano. *Memórias do cárcere*. Rio de Janeiro: 1978, p. 220.

3 É reincorporada ao quadro de servidores do hospital em 1945, não deixando o trabalho sequer por força da sua aposentadoria compulsória, apresentando-se como voluntária no dia seguinte ao daquele afastamento.

4 Sofreria ainda outros ataques, como o extermínio de cães e gatos, seus coterapeutas (SILVEIRA, Nise da. *Gatos, a emoção de lidar*. Rio de

com oito anos de desemprego e exílio interno no país,[5] tendo comido "o pão que o diabo amassou".[6] Sobre o período do encarceramento, além do convívio com Graciliano, Nise lembrava dos sofrimentos de Harry Berger ("até enlouquecer", torturado continuamente e "de uma maneira terrível") e da esposa Elisa (com quem passa noites em claro: "[aquelas] torturas eram feitas de madrugada e Elisa acordava"), tendo suportado esse momento ao lado ainda de Isnard Teixeira, Olga Benário Prestes (extraditada grávida de sete meses, para a Alemanha nazista, morrendo no campo de concentração de Bernburg), Maria Werneck, Aparício Torelly (o "Barão de Itararé"), Eneida de Moraes e outros:

> A prisão foi uma experiência decisiva para a minha vida. Uma vivência muito marcante e fiquei com mania de liberdade. Eu já não era muito adaptada... Era revoltada com os padrões. Logo que saí da prisão, tomava um bonde ao acaso, descia, tomava outro. Um dia vi um bonde chamado Alegria e eu disse: é nesse que eu vou. Descobri que Alegria era um bairro horroroso. Mas, pensei: se eu quiser eu desço do bonde. Eu tinha o sentimento de poder fazer o que quisesse. Sai da prisão com esse sentimento.[7]

É expressivo o espólio de Nise da Silveira como profissional da medicina, da arte, da educação, como escritora incansável que, do

---

Janeiro: Léo Christiano Editorial, 1998), por médicos e enfermeiros do próprio Centro Psiquiátrico Pedro II. Contudo, demonstrações de afeto, como a surra dada por Luíza, sua paciente, na enfermeira que a denuncia à polícia, teria também desse meio.

5 Nise vive então em cidades da Bahia, Pernambuco, Alagoas e Amazonas, encontrando-se com Mario Magalhães em Manaus, onde servia como delegado federal da saúde.

6 Nise da Silveira em PANDOLFI, Dulce. *Depoimento*: Nise da Silveira. Rio de Janeiro: CPDOC-FGV, 1992.

7 Nise da Silveira em PANDOLFI, Dulce. *Depoimento*: Nise da Silveira. Rio de Janeiro: CPDOC-FGV, 1992.

seu campo de estudos, alcança a literatura,[8] pesquisadora profunda da mitologia, fundadora de revolucionárias instituições da saúde, historiadora nesse meio, militante política e combatente de impiedosas burocracias hospitalares. Pretende-se aqui dar visibilidade às suas lutas pelo trabalho digno, integrante ela própria da classe trabalhadora.

Relacionando estética e ética, Nise inventa a sua experiência no hospital psiquiátrico, com a necessária formação de grupo e campo político de solidariedade, como prática que pressupõe luta e enfrentamento: "— Agora a senhora vai aplicar o eletrochoque. Eu disse: — Não aperto. Isso se chama tortura".[9] Ao assumir o desafio da superação de reais contradições em todo lugar e momento em que atuou profissionalmente, Nise da Silveira recusou qualquer ação médica que dissimulasse a divisão social das classes e a luta de classes.

> Como habitante do terceiro mundo, sou menos otimista. Embora apresente muitos sinais de deterioração, vejo o poder do sistema capitalista ainda muito forte e estreitamente vinculado à violência. Basta citar os atos violentos utilizados pelos órgãos repressores do sistema contra os movimentos que se opõem ao seu domínio. Violências que atingem, sobretudo no terceiro mundo, a prática da tortura como método comum de atuação. A influência de Eros em larga escala ainda não se faz sentir.[10]

---

8 SILVEIRA, Nise da. *Cartas a Spinoza*. Rio de Janeiro: Francisco Alves, 1995.

9 OLHAR DE NISE. Direção: Jorge Oliveira e Pedro Zoca. Brasil: JVC Jornalismo, Cinema e Vídeo, 2015, 90min.

10 SILVEIRA, Nise da. *Imagens do inconsciente*. Rio de Janeiro: Alhambra, 1981, p. 113.

Graciliano Ramos comenta sobre a disposição "daquela pessoinha tímida" para a coragem e o companheirismo, mesmo na cadeia:[11]

> — Que é que você tem? Perguntou-me da porta a ótima Nise. Piorou?
>
> — Não. Estou bem.
>
> Nise ficou um instante a olhar-me séria, de repente deu uma risada:
>
> — Já sei. Foi o artigo de Fulano.
>
> Ergui-me:
>
> — Ele tem razão. É o que é realmente aquela porcaria. Um formoso romance.
>
> A excelente amiga saiu, trouxe os baralhos, arrastou-me para a mesinha e desviou-me do espírito o desagradável sucesso. Estava sempre a comentar com exagero, mencionando autoridades, a minha personagem criminosa e meio doida. Eu lhe esfriava o entusiasmo, brincava com ela citando a frase de um advogado que lhe pedira o exame de um cliente: — "A senhora, grande psicopata..."
>
> — Ele está certo, Nise. Você se julga psiquiatra. Mas é engano. Você é maluca.
>
> Nise ria. Considerava-me um dos seus doentes mais preciosos.[12]

Observando avanços na área da medicina a partir de articulações com o campo das ciências sociais, Nise da Silveira destaca a presença dos movimentos antipsiquiátricos na segunda metade do século XX. Confrontado o modelo de explicações exclusivamente orgânicas, o que se evidencia é que "a loucura acontece entre os

---

11 A historiadora Dulce Pandolfi, presa com o namorado (sobrinho de Nise) no DOPS, na década de 1970, lembra das visitas da psiquiatra como "solidariedade total" (PANDOLFI, Dulce. *Depoimento*: Nise da Silveira. Rio de Janeiro: CPDOC-FGV, 1992).

12 RAMOS, Graciliano. *Memórias do cárcere*. Rio de Janeiro: 1978, p. 245.

homens, isto é, na sociedade".[13] O atrelamento da psiquiatria com "a ordem burguesa", enjeitando os "que têm uma diferente visão de mundo", será então problematizado por pesquisas referentes à família, aos grupos e à sociedade, com o abandono da noção de "mundo interno". Considera Nise da Silveira, entretanto, extremada a ideia da inexistência de um "mundo intrapsíquico", segundo ela, *locus* preponderante das vivências do indivíduo expulso da sociedade pela "porta da loucura". R. D. Laing, médico inglês expoente da antipsiquiatria no período, era, observa Nise, rara exceção entre visões eventualmente "exclusivistas" da saúde mental, de parte a parte. Buscando novas fronteiras, a médica alagoana traça caminho próprio. Da experiência com a terapia ocupacional no hospital psiquiátrico, extinguindo pela garantia de ocupações dignas os trabalhos de limpeza pesada a que estavam submetidos os pacientes, Nise dá continuidade às suas lutas no Engenho de Dentro:

> O hospital psiquiátrico é frio, é feio. A estrutura das enfermarias, os métodos de tratamento usados desagradavam-me excessivamente. Mas, na posição que eu ocupava dentro da hierarquia médica, não havia para mim possibilidade de ali introduzir as inovações que me pareciam tão evidentemente necessárias. Dediquei-me então, desde 1946, à terapêutica ocupacional na intenção de produzir mudanças no ambiente hospitalar, pequenas que fossem, por intermédio da terapêutica ativa.[14]

Daí, alcançaria amplas perspectivas, como pesquisadora de renome,[15] inventora do próprio método (sendo lembrada por autores

---

13 SILVEIRA, Nise da. *Imagens do inconsciente*. Rio de Janeiro: Alhambra, 1981, p. 104.

14 SILVEIRA, Nise da. *Imagens do inconsciente*. Rio de Janeiro: Alhambra, 1981, p. 66.

15 A Sociedade Brasileira para o Progresso da Ciência (SBPC) arrola o seu nome em 1998 em lista dos cinquenta maiores pesquisadores do país,

como Carl Gustav Jung, Marie-Louise Von Franz e Carlos Drummond de Andrade), precursora da luta antimanicomial no Brasil (como Basaglia o fez na Itália), além de prestigiada personalidade pública,[16] servindo o conjunto das suas investigações para problematizações importantes no campo da pesquisa médica e em ciências sociais. A experiência que consolidou entre homens e mulheres em condição de internamento psiquiátrico é marco divisor no campo do direito ao trabalho e à criação artística, como luta fundamental pelo direito à memória e exercício histórico de invenção da democracia como saúde.

Como historiadora da saúde, Nise da Silveira abriu importantes frentes interpretativas pela proposição de novas fontes. Análises como a da trajetória criativa de Lúcio, escultor notável, reconhecido por Leon Degand e Mário Pedrosa na exposição *9 Artistas de Engenho de Dentro*,[17] contribuem para observarmos a psicocirurgia como eventual último recurso científico para imprimir, se necessário, no corpo, a marca ideológica classista da divisão entre o intelectual e o manual. Indicada a "lobotomia pré-frontal bilateral pela técnica de Poppen" (quando se achavam ainda expostas naquele Museu de Arte Moderna as suas peças), consegue a psiquiatria "decapitar um artista" – de origem pobre, "vendedor ambulante de gravatas e perfumes", com "curso primário incompleto".[18]

---

sendo igualmente destacada três anos depois pelo Conselho Federal de Psicologia como uma das pioneiras da área.

16 No Carnaval de 1997, a Escola de Samba Acadêmicos do Salgueiro, com o enredo "De poeta, carnavalesco e louco... todo mundo tem um pouco", homenageia a psiquiatra em um dos seus carros alegóricos, "A barca do Sol", com temática inspirada no livro *Imagens do inconsciente*, de 1981. Antes disso, em 1989, a Rede Manchete realiza a telenovela *Kananga do Japão*, com Nise da Silveira representada pela atriz Guida Viana.

17 Exposição *9 Artistas de Engenho de Dentro*, Museu de Arte Moderna de São Paulo, 1949.

18 SILVEIRA, Nise da. *O Mundo das imagens*. São Paulo: Ática, 1992, pp. 23/24.

Fernando Diniz, Adelina Gomes, Carlos Pertuis, Emygdio de Barros ("talvez o único gênio da pintura brasileira", observa Gullar), Raphael Domingues, Octávio Ignácio, Lúcio, Almir Mavignier, Martha Pires Ferreira, Domitila Amaral, Fauzi Arap, Rubens Corrêa e outros fizeram-se sujeitos da história das artes no Brasil também por experiências no meio social em que Nise da Silveira atuou. Evidenciou a psiquiatra resistência na construção do espaço daqueles trabalhos, em momento político nada brando. Aprofundar análises históricas sobre essa experiência requer atenção para as práticas daqueles homens e mulheres que, a partir das relações ali constituídas, aparecem de modo novo na história, com nome próprio, superando contradições e exclusões da sociedade brasileira e dos seus "*tristes lugares*".[19]

O *Museu de Imagens do Inconsciente* nasce da Seção de Terapêutica Ocupacional inaugurada por Nise da Silveira em 1946,[20] em ateliês de pintura, desenho e modelagem instalados juntamente com outros setores ocupacionais, entre dezessete núcleos de atividades, como encadernação, marcenaria, trabalhos manuais femininos, costura, música, danças folclóricas, recreação, festas, comemorações etc. Dessa iniciativa, nasceria a ideia de um museu que, a partir de 1952, passou a funcionar regularmente com o objetivo de reunir as produções dos internos naquelas modalidades artísticas, como patrimônio, material de pesquisa e acompanhamento dos casos clínicos em atendimento na instituição (conquistando instalações mais adequadas com edifício de dois andares em janeiro de 1981). Desde 1956, também a *Casa das Palmeiras* seria importante extensão dessas experiências em torno da "emoção de lidar com os materiais

19 Em entrevista concedida a Leon Hirszman, Nise comenta sentir por jamais lhe perguntarem o paradeiro dos pintores dos belos quadros expostos no *Museu de Imagens do Inconsciente*, sendo que viviam "nos tristes lugares chamados hospitais psiquiátricos" (POSFÁCIO: Imagens do inconsciente. Direção: Leon Hirszman. Brasil, 1986-2014, 1h19min).

20 Posteriormente, Seção de Terapêutica Ocupacional e Reabilitação (STOR).

de trabalho"[21] na cidade, em iniciativa institucional precursora do modelo CAPS (Centro de Atenção Psicossocial) no tratamento à saúde mental no país. A fundação da *Sociedade Amigos do Museu de Imagens do Inconsciente* (SAMII), em 1974, representaria importante iniciativa para a continuidade do conjunto dessas atividades, além de prova da versatilidade de Nise na luta contra ameaçadora Administração Pública.

Entre 1983 e 1987, período em que realiza Leon Hirszman o documentário *Imagens do Inconsciente*, reunia o *Museu* acervo com cerca de duzentos mil documentos plásticos. Atualmente, são mais de 352 mil obras, também textos e poemas, em unidade do antigo Centro Psiquiátrico, reinaugurado, em 1999, como *Instituto Municipal de Assistência à Saúde Nise da Silveira*. A experiência de fazer museu, prática política ativa no tempo presente, teve em Nise o estímulo para poderosos possíveis na sociedade, alcance valorizado por Mario Pedrosa, quando observa o crítico que:

> O museu de imagens do inconsciente é mais do que um museu, pois se prolonga de interior adentro até dar num ateliê onde artistas em potencial trabalham, fazem coisas, criam, vivem e convivem. Ali, com efeito, se foi reunindo ao acaso todo um grupo de enfermos esquizofrênicos tirados do pátio do hospício para a seção de terapêutica ocupacional, desta para o ateliê, do ateliê para o convívio, onde passou a gerar-se o afeto, e o afeto a estimular a criatividade.[22]

Fernando Diniz, Adelina Gomes e Carlos Pertuis, personagens centrais da trilogia *Imagens do Inconsciente*, são, antes de tudo, artistas. O filme, dedicado ao trabalho de criação dos pintores e

---

21 SILVEIRA, Nise da. *Casa das Palmeiras*: a emoção de lidar. Rio de Janeiro: Alhambra, 1986.

22 PEDROSA, Mário. *Museu de Imagens do Inconsciente*. Rio de Janeiro: Funarte-Instituto Nacional de Artes Plásticas, 1980, p. 10.

escultores do Engenho de Dentro, com roteiro realizado juntamente com Nise da Silveira, é ode ao movimento, à transformação como processo. A estagnação e imobilidade impostas pela violência manicomial são contrastadas pela arte, como relação e diálogo. Dos registros do cineasta, impressionam o volume e a diversificação das produções artísticas, já naquela altura destacadas pelas análises de críticos[23] do porte de Mario Pedrosa (1949), Ferreira Gullar (1963), Leon Degand, Sérgio Milliet, Antônio Bento, Flávio de Aquino. Nise da Silveira interpretou nessas obras "tentativas, esboços, projetos de renovação".[24] A narrativa da psiquiatra sobre a série de trabalhos apresentada no filme de Leon Hirszman busca evidenciar esses movimentos em representações do que nasce, morre, perece, frutifica, se multiplica indefinidamente, do que engrena e compõe quadro, do que amamenta, cuida, luta, produz, se relaciona historicamente, acompanhando pela análise dos mitos[25] os enredos dessas formas,

---

23 São inúmeros os estudos sobre as pinturas dos artistas de Engenho de Dentro. Cf. PEDROSA, Mário. *Arte, forma e personalidade*. São Paulo: Kairós, 1979; PEDROSA, Mário. "Os artistas de Engenho de Dentro". *Correio da Manhã*, Rio de Janeiro, 10 jan. 1950; PEDROSA, Mário. *Museu de Imagens do Inconsciente*. Rio de Janeiro: Funarte-Instituto Nacional de Artes Plásticas, 1980; GULLAR, Ferreira. "A Cura pelo afeto". *Folha de S. Paulo*, 27 fev. 2005. Disponível em: www1.folha.uol.com.br/fsp/ilustrad/fq2702200519.htm. Acessado em: 24.02.2023; MAVIGNIER, Almir. *Museu de Imagens do Inconsciente*. São Paulo: Câmara Brasileira do Livro, 1994; MAVIGNIER, Almir. "O início do ateliê de pintura". *In*: AGUILAR, Nélson (Coord.). *Imagens do inconsciente*: mostra do redescobrimento. São Paulo: Associação Brasil 500 Anos Artes Visuais, 2000, pp. 247-249.

24 SILVEIRA, Nise da. *Imagens do inconsciente*. Rio de Janeiro: Alhambra, 1981, p. 55.

25 Nise trabalhou por concretas melhoras das condições de vida daqueles que no hospital psiquiátrico estiveram sob os seus cuidados, jamais dissociando sua prática política da narrativa que deu para os mitos. As belíssimas análises dos livros *Imagens do inconsciente* e *O Mundo das imagens* dão medida dessa linha terapêutica dialógica, fundamentada no encontro e no tempo presente, em que, inclusive, exercícios de teatro com os pacientes contribuíram para leituras próprias da

nas palavras de Mario Pedrosa, um "campo mágico". Não há, e nem pode haver, na verdade, barreiras ao mundo encantado das formas; não há filas para entrar nesse recinto, que não é de ninguém, que é comum a todos os homens indistintamente. Feliz a humanidade quando todos eles, sem inibições e iniciados, puderem penetrar seu campo mágico! A iniciação está ao alcance de todos.[26]

Aos valores de dignidade do trabalho defendidos por Nise da Silveira, gostaria de somar reflexões da militante, operária e pensadora política francesa Simone Weil. Ao defender a centralidade do trabalho manual como meio de realização de uma civilização mais humana – quando "o trabalho fosse transformado tanto que pudesse exercer plenamente todas as faculdades, que constituísse o ato humano por excelência", encontrando-se "no próprio centro da cultura"[27] –, pensa e escreve a autora, naqueles anos de 1934 na França, a partir do ponto de vista dos próprios trabalhadores, explorados na ordem da racionalização produtivista. Weil, nessas "reflexões sobre as causas da liberdade e da opressão social", articula presente e futuro, observando que, sem dúvida, era a partir de uma *utopia* que se pronunciava, pois que "descrever, mesmo sumariamente, um estado de coisas que seja melhor do que o que é, é sempre construir uma utopia".[28] Avançando compreensões sobre a produção social, esclarece a então fresadora da Renault, que "não é por sua relação com o que produz que o trabalho manual deve tornar-se o mais alto valor, mas por sua relação com o homem que o executa". Não transigindo com divisões entre planejamento e execução, de forma simples e direta observa Simone Weil que o trabalho manual

---

mitologia (SILVEIRA, Nise da. *Imagens do inconsciente*. Rio de Janeiro: Alhambra, 1981, p. 176).

26 PEDROSA, Mário. *Arte*: necessidade vital. Rio de Janeiro: Casa do Estudante do Brasil, 1949, p. 166.

27 WEIL, Simone. *Reflexões sobre as causas da liberdade e da opressão social*. Belo Horizonte: Editora Âyiné, 2020, p. 347.

28 WEIL, Simone. *Reflexões sobre as causas da liberdade e da opressão social*. Belo Horizonte: Editora Âyiné, 2020, p. 349.

deve então "constituir para cada ser humano aquilo de que precisa essencialmente para que a sua vida adquira em si mesma um sentido e um valor a seus próprios olhos".[29]

Os *inumeráveis estados do ser* observados por Antonin Artaud e Nise da Silveira[30] são expressões humanas de lutas históricas, quando impõe a divisão de classes sofrimentos psíquicos diferentes aos sujeitos sociais. Os artistas do *Museu de Imagens do Inconsciente* foram, no mais das vezes, pobres, negros e perseguidos da sociedade. A noção de inconsciente praticada por Nise em terapêuticas nesse meio não excluiu posicionamento crítico quanto à razão produtivista e de planificação da sociedade em que vivia, garantindo saúde pela promoção de trabalhos que são hoje patrimônio histórico e parâmetro avançado de expressões do belo nas artes.

Fernando Diniz realiza em 1996, como codiretor ao lado do cineasta Marcos Magalhães, o filme *Estrela de Oito Pontas*, reconhecido em concursos nacionais e internacionais, com três prêmios no Festival de Gramado e de melhor animação no Festival de Havana. Fernando introduz a narrativa daquelas imagens-movimento – "belos '*lay-outs*' de animações, uns abstratos e geométricos, outros com motivos figurativos, todos com alta qualidade plástica e excelente domínio de cores e formas"[31] –, observando que "a figura não foi

---

29 WEIL, Simone. *Reflexões sobre as causas da liberdade e da opressão social*. Belo Horizonte: Editora Âyiné, 2020, p. 346.

30 Como o dramaturgo francês, em lugar de entidades patológicas definidas, observou a psiquiatra "os estados múltiplos de desmembramento e de transformação do ser" (SILVEIRA, Nise da. "Os Inumeráveis estados do ser". *Sociedade Amigos do Museu de Imagens do Inconsciente*: catálogo da exposição "Os Inumeráveis Estados do Ser", 1986, p. 6. Disponível em: http://www.ccs.saude.gov.br/saude_mental/pdf/inumeraveis_estado_ser.pdf. Acessado em: 15.05.2015).

31 MAGALHÃES, Marcos. *Estrela de oito pontas*: uma experiência mental em animação. *Animation World Magazine*, maio 1998. Disponível em: https://www.awn.com/mag/issue3.2/3.2pages/3.2diniz_port.html. Acessado em: 02.03.2023.

feita para sonhar", mas sim "para trabalhar". Nise da Silveira articula politicamente a conquista da cidadania cultural entre pacientes psiquiátricos, fazendo escola nessa caminhada, na qual mesmo pintores com sólida formação técnica (como Raphael) puderam aí encontrar expressão artística própria.[32] Em diálogo com Leon Hirszman, Fernando reflete sobre o processo criativo e o controle de técnicas na composição de suas pinturas a partir de projetos e séries de estudos: "do acerto da matemática vai passando para a fantasia. Está tudo junto dentro de um saco: casa, frutas, bichos, tem que separar em fileirinhas".[33]

Nise da Silveira fez história a partir do afeto, pondo em prática princípios socialistas (e espinosanos) fundamentais, a democracia como direito à participação igual no exercício do poder, a aposta em instituições livres da ascensão de particulares pela sujeição da lei aos seus interesses, o trabalho digno com liberdade de pensamentos e corpos, no que oportunizou experiência artística, distanciando-se de fins profissionalizantes como décadas antes propusera Osório César (1929) à frente da Escola de Artes Plásticas do Hospital do Juquery.

Nise da Silveira lutou pela arte como trabalho digno e possibilidade de superação de sofrimentos psíquicos graves. Em conversa com Leon Hirszman, observou a psiquiatra valores políticos e históricos dessa ética.

> NISE DA SILVEIRA: Então, o que eu queria, o que me fascinava, era o que acontecia dentro da cuca do esquizofrênico, debaixo daquele aspecto miserável, de atoleimado, de demenciado, de alienado. Era, de repente, um gesto de mão de Rafael, que estava doente desde os dezesseis anos, que urinava

---

32 SILVEIRA, Nise da. *O Mundo das imagens*. São Paulo: Ática, 1992, p. 28.

33 IMAGENS DO INCONSCIENTE. "Episódio 1: em busca do espaço cotidiano: Fernando Diniz". Direção: Leon Hirszman. Brasil: 1987, 3h25min.

> no chão e esfregava as mãos na urina. Mas ele fazia de repente um gesto: eu digo tem que ter alguma coisa por trás disso.
>
> LEON HIRSZMAN: É imutável isso?
>
> NS: Heim!?
>
> LH: É imutável essa situação?
>
> NS: Não, não acho imutável não. É uma questão de aceitar a dignidade do trabalho, seja ele qual for. Politicamente, o âmago, é aceitar a dignidade do trabalho. E o trabalho não é uma coisa servil. É algo que exprime a alma da pessoa.[34]

Da análise dos mitos, sem dividir imaginário e realidade, fez história a psiquiatra alagoana, tendo nesse caminho inventado perspectivas importantes da democracia em instituições de saúde no Brasil.[35] Com filiações teóricas decisivas no campo da psicologia analítica, não poderia, contudo, ser eclipsada a experiência de Nise da Silveira pelo método interpretativo de Jung.[36] Foram muitos os encontros que contribuíram para o seu aprendizado.

> Um paciente me mostrou que eu estava no caminho certo quando, certa vez, me ofereceu um coração em madeira e no centro do coração um livro aberto. Quando me ofereceu isso, me disse: 'um livro é muito importante, a ciência é muito importante, mas se se desprender do coração, não vale nada'. Tudo que eu sei de psiquiatria aprendi com eles.[37]

---

34 IMAGENS DO INCONSCIENTE. Direção: Leon Hirszman. Rio de Janeiro: Funarte, 1983/1987, 3h45min.

35 SILVEIRA, Nise da. *O Mundo das imagens*. São Paulo: Ática, 1992.

36 Nise da Silveira foi importante pesquisadora da obra de Carl G. Jung, tendo publicado trabalho de introdução ao método da psicologia analítica (1968) e fundado expressivo grupo de estudos sobre o autor no Rio de Janeiro, com o periódico científico *Quaternio* sendo gerado nesse meio.

37 SILVEIRA, Nise da. "Entrevista com Nise da Silveira". *Psicologia*: Ciência e Profissão, vol. 14, nº 1-3, 1994, p. 25.

Resistindo contra a divisão de classes, Nise forja a união entre diferentes sujeitos sociais, encontrando da relação teoria/prática a superação de cartesianismos da ciência psiquiátrica.[38] Em depoimento para os arquivos do CPDOC (Centro de Pesquisa e Documentação/ FGV-RJ), a médica alagoana fala com irreverência sobre credos e correntes ideológicas, a filiação ao Partido Comunista no início da década de 1930 (então próxima de Manoel Bandeira, Laura e Octávio Brandão) e a relação própria travada com o campo psicanalítico e junguiano.

> Eu era interessada nas coisas políticas do país. Mas sempre tive muita dificuldade em me acomodar em organizações. Tanto que não fiz formação psicanalítica. E tive oportunidade para isso. Nem mesmo em Zurique fiz a formação junguiana. Eu não me acomodava dentro dos esquemas do Partido Comunista. Embora eu fosse muito rígida. Todos diziam que eu era muito rígida, coisa que eu reconheço que sou. Em qualquer trabalho que faço eu sei que sou rígida. Mas eu queria fazer concurso público para medicina e os companheiros do partido não se conformavam que eu me dedicasse tanto a esse concurso. E eu me dedicava. Eu estudava dia e noite e, naturalmente, faltava muito às reuniões. O chefe da minha célula era um alfaiate. Ele era muito burro e me repreendia fortemente. (...) Eu participava de reuniões, lia muitos documentos e dava assistência médica para os companheiros do partido. Mas acabaram me expulsando do partido. Eu fui expulsa, acusada de trotskista. Eu discordava de certas coisas.[39]

Nise da Silveira instituiu um lugar político em que foi possível o exercício do trabalho com dignidade, coisa improvável no seu meio, tendo salvaguardado os resultados dessas produções em espaço digno e nobre, um museu, pelo que gera ainda agora

---

38 SILVEIRA, Nise da. *O Mundo das imagens*. São Paulo: Ática, 1992, p. 11.

39 PANDOLFI, Dulce. *Depoimento*: Nise da Silveira. Rio de Janeiro: CPDOC-FGV, 1992.

atenção e discussão em torno dessas obras, tendo se dedicado ao seu estudo e divulgação[40] até o último momento.

Em 31 de outubro de 1999, no cemitério São João Batista, na zona sul da cidade do Rio de Janeiro, vibraram bumbos e tamborins carnavalescos, anunciando para a história que a memória e a utopia de Nise Magalhães da Silveira continuam, por uma sociedade sem manicômios, pelo direito à beleza. Venceu!

Referências bibliográficas

GULLAR, Ferreira. "A Cura pelo afeto". *Folha de S. Paulo*, 27 fev. 2005. Disponível em: www1.folha.uol.com.br/fsp/ilustrad/fq2702200519.htm. Acessado em: 24.02.2023.

MAGALHÃES, Marcos. *Estrela de oito pontas*: uma experiência mental em animação. *Animation World Magazine*, maio 1998. Disponível em: https://www.awn.com/mag/issue3.2/3.2pages/3.2diniz_port.html. Acessado em: 02.03.2023.

MAVIGNIER, Almir. "O início do ateliê de pintura". *In*: AGUILAR, Nélson (Coord.). *Imagens do inconsciente*: mostra do redescobrimento. São Paulo: Associação Brasil 500 Anos Artes Visuais, 2000.

______. *Museu de Imagens do Inconsciente*. São Paulo: Câmara Brasileira do Livro, 1994.

PANDOLFI, Dulce. *Depoimento*: Nise da Silveira. Rio de Janeiro: CPDOC-FGV, 1992.

PEDROSA, Mário. "Os artistas de Engenho de Dentro". *Correio da Manhã*, Rio de Janeiro, 10 jan. 1950.

______. *Arte, forma e personalidade*. São Paulo: Kairós, 1979.

______. *Arte*: necessidade vital. Rio de Janeiro: Casa do Estudante do Brasil, 1949.

---

40 Em exposições como a do "9 Artistas do Engenho de Dentro", no MAM, São Paulo, em 1949; do II Congresso Internacional de Psiquiatria, em Zurique, 1957, com a presença de Jung; e da Mostra do Redescobrimento: Brasil + 500 (Fundação Bienal de São Paulo, 2000).

______. *Museu de Imagens do Inconsciente*. Rio de Janeiro: Funarte-Instituto Nacional de Artes Plásticas, 1980.

RAMOS, Graciliano. *Memórias do cárcere*. Rio de Janeiro: 1978.

SILVEIRA, Nise da. "Entrevista com Nise da Silveira". *Psicologia*: Ciência e Profissão, vol. 14, nº 1-3, 1994.

______. "Os Inumeráveis estados do ser". *Sociedade Amigos do Museu de Imagens do Inconsciente*: catálogo da exposição "Os Inumeráveis Estados do Ser", 1986. Disponível em: http://www.ccs.saude.gov.br/saude_mental/pdf/inumeraveis_estado_ser.pdf. Acessado em: 15.05.2015.

______. *Cartas a Spinoza*. Rio de Janeiro: Francisco Alves, 1995.

______. *Casa das Palmeiras*: a emoção de lidar. Rio de Janeiro: Alhambra, 1986.

______. *Gatos, a emoção de lidar*. Rio de Janeiro: Léo Christiano Editorial, 1998.

______. *Imagens do inconsciente*. Rio de Janeiro: Alhambra, 1981.

______. *O Mundo das imagens*. São Paulo: Ática, 1992.

WEIL, Simone. *Reflexões sobre as causas da liberdade e da opressão social*. Belo Horizonte: Editora Âyiné, 2020.

NORMA BENGELL (1935-2013)

NUDEZ CASTIGADA/PREMIADA

PLÍNIO DE MESQUITA CAMARGO

Carioca desde que nasceu, no carnaval de 1935, Norma Aparecida Almeida Pinto Guimarães d'Áurea Bengell foi filha de uma moça, Maria, de família rica, que trocou tudo pelo amor de Christian, afinador de pianos, belga meio alemão meio francês, vinte anos mais velho. Aos dezessete, Norma – os pais já separados – era manequim de casa de modas; com dezenove, estreou no coro de um show no Copacabana Palace. Logo, era estrela nos shows de Carlos Machado, uma das *certinhas* do cronista personagem Stanislaw Ponte Preta; num anúncio de TV, Carlos Manga a percebeu e a chamou para o cinema.

Numa comédia de espionagem, Norma seduziu cantando "O homem do Sputinik" (Oscarito) e a câmera, parodiando Brigite Bardot, musa francesa da hora. Cantava Bossa Nova – dos primeiros – e internacionais na noite, gravou discos, cantou na PUC a contragosto dos padres (ainda era "a vedete"), fez TV. Foi cantar na Austrália, tentou Hollywood, tentaram fazer dela outra Carmen Miranda, ela conta, não quis. De volta, *Mulheres e milhões*, filme policial de Jorge Ileli, valeu-lhe três prêmios pela atuação. Em 1962, estourou com *Os cafagestes* e *O pagador de promessas*.

D'*Os cafagestes*, de Ruy Guerra, muito do estrondo deveu-se ao primeiro nu frontal do cinema brasileiro, por Norma Bengell. *O pagador...*, de Anselmo Duarte, foi a Cannes e ganhou; Norma foi indicada ao Oscar de melhor atriz. Ficou na Itália, fez muitos filmes e casou-se informalmente com o ator italiano Gabriele Tinti. Em 1964, vieram para o Brasil e Walter Hugo Khouri convidou-os para filmar *Noite vazia*. Durante as filmagens, a direita deu o golpe no país; Norma e Tinti documentaram sua união e voltaram à Itália.

Um general falou em fazer uma fogueira com as cópias do "imoral" *Noite vazia*; a crítica viu ali reflexão sobre o vazio existencial da classe média; a censura liberou para maiores, o público compareceu em peso; *Noite vazia* foi a Cannes, mas não ganhou. Norma filmava na Itália abacaxis e bons filmes; tentou outra vez a Califórnia, conseguiu ali fazer TV. Deixou Tinti em 1968 e vivia em Búzios, com a atriz Gilda Grillo, quando a repressão matou Edson Luis. Norma disse, num encontro com milhares de estudantes, no Rio: "eu me recuso a ter filhos para serem assassinados pela ditadura!" E foi às ruas.

Puseram bombas no teatro em que fazia *Cordélia Brasil*, de Antônio Bivar; foi sequestrada em plena rua por agentes do DOPS, a repercussão salvou-a do pior. Várias prisões e ameaças depois, em 1971, partiu com Gilda para a França. Fez teatro em Paris e Lisboa, filmou na ilha da Páscoa e na Inglaterra, ligou-se a refugiados brasileiros e produziu um vídeo denunciando a prisão e tortura da ativista Inês Etiene Romeu, exibido em um congresso de feministas na Alemanha. Em 1975, acreditando na política de "abertura" do ditador Geisel, voltou ao Brasil. Com sua companheira Sandra

Nercessian, foi expulsa por frequentadores da praia de Ipanema, aos gritos de "lésbica, comunista, macumbeira etc.", conta.

Brigou com a TV Globo, fez novela na Bandeirantes; gravou *Norma canta mulheres*, com canções só de compositoras; tentou e não conseguiu produzir um filme sobre Maria Bonita, fez *Maria Gladys, uma atriz brasileira*, *Barco de Iansã* e *Maria da Penha*. Atuou em *Mar de rosas* (1978), o primeiro longa de ficção de Ana Carolina, e em *A idade da Terra* (1980), o último filme de Glauber Rocha. No subterrâneo *Abrigo nuclear*, de Roberto Pires, foi a líder dos que defendiam a volta à superfície. A censura deixou-a fazer, no teatro, Madame Clecy, na segunda montagem por Ziembinski da peça *Vestido de noiva*, de Nelson Rodrigues – que, mesmo assim, rompeu com a ditadura. No teatro, fez também Jean Cocteau em Curitiba e Jean Genet na França.

De pazes com a Globo, fez a cantora Mara em *Parabéns a você*. Com Sérgio Reis, atuou em *Filho adotivo*. Foi, no palco, Isadora Duncan. A ditadura caiu. Norma escravizou Mick Jagger num bananal, num clip que virou um longa. Seu próprio primeiro longa, *Eternamente Pagu*, de 1988, cinebiografia da Patrícia revolucionária paulistana – filmado no Rio por falta de dinheiro –, ganhou prêmios, teve público e sempre vale ver.

Em 1990, um cineasta menor tentou matar o cinema brasileiro; Norma foi ao presidente Collor reclamar, ele jurou providências, mas caiu antes. Do pouco que se fez naqueles anos, seu documentário *Floresta da Tijuca* ganhou Gramado, ela ganhou Brasília atuando em *Vagas para moças de fino trato*, de Paulo Thiago. Itamar Franco cumpriu a jura de Collor e, em 1995, Norma filmou sua versão d'*O guarani*, de José de Alencar. A crítica detestou, os cinemas ficaram vazios, na TV funcionou melhor. E, nas contas do filme, apareceram notas frias.

Processada por desvio de recursos públicos, as acusações acabaram retiradas, mas seus poucos bens ficaram bloqueados por vários anos. Nos primeiros anos 2000, dedicou-se à produção e direção de documentários. Em 2007, voltou ao teatro e, no ano seguinte, à TV, numa série cômica da Globo; mas, depois de um acidente no palco e outro em casa, perdeu a capacidade de se locomover.

Sustentava-se com dificuldade em 2010, quando foi reconhecida a perseguição a ela pela ditadura e lhe foi concedida uma indenização – para os protestos da imprensa conservadora. Essa mesma imprensa tentou criar um caso entre Norma e Dilma Roussef, então candidata à presidência do Brasil, pelo uso de uma foto de Norma na campanha (uma das muitas fotos suas em manifestações pela democracia), mas só conseguiu que Norma declarasse apoio a Dilma.

Sozinha com uma cuidadora profissional (Sandra Nercessian morrera em 2007), Norma viveu pobremente, em um pequeno apartamento alugado em Copacabana, até outubro de 2013.

OLGA BENÁRIO PRESTES (1908-1942)

UMA REVOLUCIONÁRIA INTERNACIONALISTA[1]

MILTON PINHEIRO

No curso da história, neste limiar do século XXI, batalhas estão sendo disputadas entre a humanidade marcada pela necessidade de emancipação e o conservadorismo reacionário da indefectível barbárie. São relações de força que, neste longo momento conjuntural, mostram o avanço das ações típicas do que tenho qualificado como fascismo cotidiano. Tudo isso como prática rotineira para algo mais sério: vencer ideologicamente e apagar da história a memória das

1 Este texto incorpora, de forma livre, em seu conjunto, passagens do texto PRESTES, Anita. "Olga Benário Prestes: um exemplo para os jovens de hoje". *Universidade Livre Feminista*, 9 fev. 2011. Disponível em: https://feminismo.org.br/2011/02/09/olga-benario-prestes-um-exemplo--para-os-jovens-de-hoje/. Acessado em: 02.03.2023.

lutas sociais e o progresso que os trabalhadores conseguiram através das suas jornadas de lutas em defesa de uma sociedade sem classes. Neste momento, então, é muito importante resgatar as lutadoras e os lutadores sociais cuja práxis revolucionária contribuiu para firmar bem alto o desejo pela transformação.

Este livro trata de mulheres que, com as suas ideias e lutas, forjaram a perspectiva de um novo mundo. São militantes, intelectuais, mártires das revoluções – nem sempre vitoriosas – que tiveram presença significativa nas batalhas contemporâneas. No entanto, algo precisa ser afirmado: por se tratar de mulheres numa sociedade de classes, e machista, a tendência para colocá-las na invisibilidade é muito maior.

As mulheres marcaram de maneira muito especial as lutas de classes no mundo contemporâneo. Para além da presença feminina nas batalhas gerais, suas lutas criaram um novo entendimento sobre as questões de gênero e contribuíram para a construção de práticas sociais menos reificadas. Elas enfrentaram, e continuam enfrentando, as contradições das questões de gênero, todavia, como parte integrante da luta pela superação da sociedade capitalista e sua perversa dominação de classe (burguesa). Esse novo papel das mulheres significa um passo fundamental para a emancipação da humanidade.

É nesse contexto da disputa ideológica, permeado pela relação de força em disputa, que precisamos resgatar, sempre, o papel histórico e a contribuição de Olga Benário Prestes para a revolução proletária e para as transformações sociais. Trata-se de uma personagem da história do século XX cujo retrato político e social não é fácil de construir. Temos entre nós raros trabalhos sobre essa militante internacionalista. Sem dúvida, a contribuição do Fernando de Morais, no livro *Olga*,[2] é aquela que mais se aproxima da verdade histórica. Uma longa investigação que se apropriou da pesquisa

---

2 MORAES, Fernando. *Olga*. São Paulo: Companhia das Letras, 2003.

histórica em suas várias modalidades. Utilizaremos de forma livre várias informações contidas nesse magnífico trabalho.

Olga Benário Prestes nasceu em Munique (Alemanha) a 12 de fevereiro de 1908. Aos quinze anos de idade, sensibilizada pelos graves problemas sociais presentes na Alemanha dos anos de 1920, Olga viria a aproximar-se da Juventude Comunista, organização política em que passaria a militar ativamente. Era um momento de violenta repressão aos comunistas, cuja juventude foi colocada na clandestinidade. Olga, no verão de 1923, entra para o Grupo Schwabing que era composto por filhos de operários.

Mesmo sendo filha de uma família abastada, cujo chefe era um importante e progressista advogado, Olga sempre demonstrou de que lado estava.

Começou, então, sua jornada de lutas na clandestina Juventude Comunista da Baviera. Cumprindo tarefas que iam da colagem de cartazes à pichação, ministrando também cursos para a juventude em Munique.

Aos dezesseis anos, apaixonada pelo jovem dirigente comunista Otto Braun,[3] Olga sai da casa paterna e junto com o companheiro viaja para Berlim, onde ambos irão desenvolver intensa atividade política no bairro operário de Neukölln.[4] Embora vivendo com nomes falsos na clandestinidade, Olga e Otto acabam sendo presos em outubro de 1926. Ainda que Olga tenha ficado detida apenas

---

3 Otto Braun, professor e escritor, foi dirigente do Partido Comunista Alemão (KPD). Nasceu em 28 de janeiro de 1872, na Alemanha, e faleceu em 14 de dezembro de 1955, na Bulgária. Exerceu importante papel na assessoria da Internacional Comunista em várias partes do mundo. Foi um destacado representante do Comintern na China, a partir de 1934, atuando como assessor militar durante a Guerra Civil Chinesa.

4 Neukölln era, nessa época, um importante bairro proletário de Berlim onde o Partido Comunista tinha uma força muito grande no movimento operário e uma organização forte na juventude.

dois meses, Otto permaneceu preso, acusado de "alta traição à pátria". Em abril de 1928, Olga, à frente de um grupo de jovens comunistas, lidera assalto à prisão de Moabit[5] para libertar Otto. A ação foi coroada de êxito total, pois além de o prisioneiro ter escapado da prisão de "segurança máxima", Olga e seus camaradas conseguiram fugir incólumes. A cabeça de Olga é posta a prêmio pelas autoridades alemãs.

Esse episódio teve profunda repercussão política entre os trabalhadores, a juventude e o governo alemão. O assalto à fortaleza da repressão, no dia 11 de abril, traria para Olga outras tarefas e uma nova perspectiva de ação na militância política.

A situação fica cada dia mais difícil para Olga e Otto após a fuga. Eles são caçados por todos os lados. Ela havia, desde 1926, avançado na estrutura dirigente da Juventude do KPD[6] após ter, entre outras atividades, enfrentado as milícias de extrema-direita em conflitos de rua no bairro de Kreuzberg, ao lado de Neukölln.

Ao lado desse crescimento político, Olga, na sua relação com Otto, demonstrava intenso interesse por técnicas militares e mostrava-se uma mulher emancipada na relação de gênero: questionava, rotineiramente, o casamento burguês.

---

5 Moabit era o distrito de Berlim onde ficava a prisão que Olga invadiu para libertar o dirigente comunista Otto Braun.

6 O KPD (Partido Comunista Alemão) tinha uma estrutura que disputava com o Estado alemão o poder na sociedade durante a década de 1920. Contava com centenas de milhares de militantes, uma influência muito forte no movimento operário, um aparato ideológico (editoras, jornais, revistas etc., que agitavam a política do país) e um corpo dirigente com especialistas em vários ramos do conhecimento. O partido conseguia acompanhar com ministérios paralelos toda a estrutura do governo alemão.

1 O caminho da luta internacionalista

Por decisão do Partido Comunista, Olga e Otto viajaram clandestinamente para Moscou, onde a jovem comunista de apenas vinte anos se torna dirigente destacada da Internacional Comunista da Juventude. Olga, a partir dessas novas funções, e com as credenciais da sua militância em Berlim, passa a cumprir diversas tarefas pela União Soviética e a ser saudada como uma destemida liderança comunista, sendo eleita para o Comitê Central da Juventude Comunista Internacional.

Por seu interesse militar, Olga solicitou ingresso numa unidade do Exército Vermelho, sendo integrada para treinamento com cavalos e exercício de tiro com armas leves e pesadas.

Como dirigente da Juventude Comunista Internacional, ela recebeu uma missão na França e lá foi presa em manifestação de rua, sendo solta logo depois. Foi para a Inglaterra (Londres) quando, novamente numa manifestação de rua, acaba sendo presa. Ao voltar para Moscou, Olga toma conhecimento de que fora eleita para o *Presidium* da Juventude Comunista Internacional no V Congresso. A partir daí, foi selecionada, entre centenas de candidatos, para a Academia Zhukovski (Força Aérea), na qual fez o curso de paraquedismo e pilotagem de aviões.

Em Moscou, Olga Benário, mais conhecida como Olga Sinek, havia se tornado um quadro formado para as tarefas que demandariam dedicação exclusiva pela causa da revolução mundial: perita em armas, intelectualmente bem formada na teoria social marxista e leninista, mostrava destreza na cavalaria, no paraquedismo e no pleno domínio de várias línguas, bem como uma indescritível "coragem e determinação". Foi com essas credenciais que Olga foi convocada pelo secretário da Internacional Comunista, Dmitri Manuilski, para uma reunião que a colocaria na rota de vida do comandante da legendária Coluna Prestes. Era uma mulher de vinte e seis anos que, naquele inverno de 1934, receberia uma importante tarefa do Comintern: acompanhar Luís Carlos Prestes e cuidar da sua segurança. Após aceitar de forma determinada a missão, Olga Sinek saiu do prédio da Internacional Comunista na rua Mokovaia, número 36, com muita alegria.

Esse fato novo modificaria o rumo das suas ações até ali em Moscou. Era final de 1934, já separada de Otto, Olga sentia-se forte por ter recebido uma imponente tarefa da Internacional Comunista. Acompanhar Luís Carlos Prestes em viagem de volta ao Brasil, zelando por sua segurança, uma vez que o governo Vargas decretara sua prisão, era vista pela revolucionária como a missão da sua vida. Não se tratava apenas de uma ação de preservação da vida de Prestes. A missão se revestia do sentido da revolução, do papel da militante internacionalista, da perspectiva de trabalhar com estratégia militar e construir análise política para poder vislumbrar a possibilidade da insurreição no Brasil.

Prestes e Olga partiram de Moscou no final de dezembro de 1934, viajando com passaportes falsos, como marido e mulher, mesmo tendo se conhecido naqueles dias, ele como o espanhol Pedro Fernández e ela como a jovem russa, Olga Sinek.

Partiram de Leningrado, foram para Helsinque, na Finlândia, passaram por Estocolmo, na Suécia, Copenhague, na Noruega, seguiram pela costa oriental da Inglaterra, onde pegaram um segundo barco para Amsterdam. Depois foram para Bruxelas, na Bélgica, e finalmente Paris, na França. Nesse país, após contato com um cônsul de Portugal (militante comunista) trocaram de identidades: agora se chamavam Antonio Vilar e Maria Bergner Vilar. A viagem tinha que ser organizada de forma que a repressão, ao chegarem ao Brasil, não desconfiasse. Portanto, foram para os EUA (Nova York e Miami) e depois de Miami para Santiago, no Chile, de avião. Do Chile, para Buenos Aires, Argentina, de avião. A longa viagem continuou ainda de avião para Montevidéu (Uruguai) e daí até Florianópolis (Brasil). Seguindo de táxi até São Paulo e, a partir desse momento, por articulação do PCB, rumando para o Rio de Janeiro.

Durante a longa e acidentada viagem rumo ao Brasil, os dois se apaixonam, tornando-se efetivamente marido e mulher.

Ao Brasil também chega uma delegação de dirigentes comunistas enviados pela Internacional Comunista de várias partes do mundo para examinar a situação política brasileira. Trata-se de Arthur Ewert e Elise Ewert, que vieram da China; Rodolfo Ghioldi e Carmen Ghioldi, que se deslocaram da Argentina; dos EUA, veio Victor Allen Barron; da Europa, vieram os belgas Alphonsine e Leda-Jules Vallée; por fim, Franz Paul Gruber e Erika, que desenvolveriam funções questionáveis no processo.[7]

Após se deslocarem de São Paulo para o Rio de Janeiro, numa articulação de Celestino Paraventi com Antônio Maciel Bonfim (secretário-geral do PCB), eles se radicam no Rio de Janeiro. Prestes e Olga começam um processo de articulação política que envolve tarefas de integração ao partido e, no caso de Prestes, contatos com a ANL.[8]

Em março de 1935, Prestes é aclamado, no Rio de Janeiro, presidente de honra da Aliança Nacional Libertadora (ANL), uma ampla frente única, cujo programa visava à luta contra o imperialismo, o latifúndio e a ameaça fascista que pairava sobre o mundo e também sobre o Brasil. Prestes e Olga chegam ao país em abril daquele ano, passando a viver clandestinamente na cidade do Rio de Janeiro. O "Cavaleiro da Esperança" torna-se a principal liderança do movimento antifascista no Brasil e, assessorado o tempo todo por Olga, participa da preparação do que seria a insurreição

7 Suspeita-se que o casal estava a serviço dos órgãos de repressão na Europa.

8 A Aliança Nacional Libertadora (ANL) foi uma organização política composta por setores de diversas correntes ideológicas (democratas, tenentes, operários e intelectuais de esquerda) criada oficialmente em março de 1935 com o objetivo de lutar contra a influência fascista no Brasil. Essa organização de frente única tinha como um dos principais agentes da sua construção o PCB.

armada contra o governo Vargas, a qual deveria estabelecer no país um governo Popular Nacional Revolucionário, representativo das forças sociais e políticas agrupadas na ANL. Tratava-se de forças políticas heterogêneas cuja principal presença partidária era o PCB. No entanto, a frente continha democratas de várias matizes: agrupamentos militares, lideranças da pequena burguesia urbana e um sentido forte da luta pela transformação do Brasil e a necessidade da derrota do governo de Vargas.

2 O levante: repressão e prisão

As articulações para o levante eram informadas ao grupo de militantes internacionalistas de forma voluntarista. Miranda (Antônio Maciel Bonfim), secretário-geral do partido, era o dirigente responsável pelo conjunto das informações e o principal analista da situação político-militar do Brasil, e tudo era passado de forma a justificar que o país se encontrava às vésperas da revolução. Olga preferia não se envolver nos meandros das questões partidárias. Contudo, em alguns momentos chamou atenção de Rodolfo Ghioldi e Prestes sobre aspectos que ela considerava muito preocupantes. O próprio Ghioldi tinha muitas preocupações com o parco preparo político de Miranda.

Para além do voluntarismo político da direção do partido, expresso na forma de avaliar as possibilidades da insurreição, outros fatores já demonstravam desarticulação do movimento no amplo espectro da ANL. Todavia, outra situação contribuiu para um quadro de descontrole do movimento: o levante em quartéis do Nordeste de forma antecipada, o que nem mesmo Prestes esperava.

O comandante da insurreição, Prestes, tentou de todas as formas articular o levante de forma unificada nos quartéis. Com essa perspectiva, enviou diversas correspondências para seus aliados e companheiros do tempo da Coluna, militares e lideranças políticas. Mas o descompasso do movimento, a desarticulação política com outros setores da ANL e a reação militar de Vargas mudaram os rumos imaginados pelos comunistas. Naquele momento Olga preparava-se para, taticamente, cuidar dos possíveis deslocamentos de Prestes e dos dirigentes enviados pelo Comintern.

A insurreição foi derrotada. Mesmo em Natal, onde as forças revolucionárias montaram um governo provisório, o levante foi contido, numa frente, pelas tropas formadas pelos jagunços dos latifundiários, e noutra, pelas tropas militares do governo federal.

Com o insucesso dos levantes de novembro de 1935, desencadeia-se violenta repressão policial contra os comunistas e seus aliados. Centenas de prisões são efetuadas pela polícia de Filinto Müller. A ANL é destroçada, comunistas e democratas são encarcerados e, finalmente, os enviados da Internacional também são presos. Começa, então, o massacre da tortura para conseguir informações. Miranda e sua namorada, Elvira Colônio, vão contribuir com a repressão.

Em 5 de março de 1936, Prestes e Olga são presos no subúrbio carioca do Méier por ordem do famigerado capitão Filinto Muller, então chefe de polícia do governo Vargas. A ordem expedida aos agentes policiais era clara – a liquidação física de Luís Carlos Prestes. No momento da prisão, Olga salvou-lhe a vida, interpondo-se entre ele e os policiais, impedindo o assassinato do líder revolucionário. Uma vez localizados e presos, Prestes e Olga foram violentamente separados. Ele, conduzido para o antigo quartel da Polícia Especial, no morro de Santo Antônio, no centro do Rio. Olga, após uma breve passagem pela Polícia Central, foi levada para a Casa de Detenção, situada então à rua Frei Caneca, onde ficou detida junto às demais companheiras que haviam participado do movimento da ANL.

Prestes e Olga nunca mais se veriam. Olga teria, ainda, uma dura jornada pelo cárcere no Brasil. No entanto, durante esse período, ela pôde conviver com a solidariedade dos aliancistas e dos comunistas brasileiros diante de sua situação.

Apesar da comovente luta que travaram os comunistas, dentro e fora da prisão, para que Olga Benário Prestes não fosse entregue aos nazistas, em setembro de 1936, ela, grávida de sete meses, fora extraditada para a Alemanha hitlerista pelo governo de Getúlio Vargas. Junto com Elise Ewert, outra comunista e internacionalista alemã que participara da luta antifascista no Brasil, foi embarcada à força, na calada da noite, no navio cargueiro alemão "La Coruña", viajando ilegalmente, sem culpa formada, sem julgamento nem defesa. O comandante do navio recebeu ordens expressas do cônsul alemão no Brasil para dirigir-se direto a Hamburgo, sem parar em nenhum outro porto estrangeiro, pois havia precedentes de os portuários franceses e espanhóis resgatarem prisioneiros deportados para a Alemanha, quando tais navios aportavam à Espanha ou à França.

Após longa e pesada travessia, as duas prisioneiras foram conduzidas incomunicáveis para a prisão de mulheres de Barnimstrasse, em Berlim, onde Olga deu à luz sua filha Anita Leocáia, em novembro de 1936.

Numa exígua cela dessa prisão, submetida a regime de rigoroso isolamento, Olga conseguiu criar a filha até a idade de quatorze meses, graças à ajuda, em alimentos, roupas e dinheiro, que recebeu da mãe (Leocádia) e da irmã (Lígia) de Prestes. Ambas se encontravam em Paris, dirigindo a campanha internacional de solidariedade aos presos políticos no Brasil. Com a deportação de Olga, a campanha se ampliara em defesa da esposa de Prestes e de sua filha. Várias delegações estrangeiras foram à Alemanha pressionar a Gestapo, obtendo, afinal, a entrega da criança à avó paterna – Leocádia Prestes, mulher valente e decidida, a quem o grande poeta chileno Pablo Neruda dedicou o poema "Dura elegia", que se inicia com o verso: "Señora, hiciste grande, más grande, a nuestra América..."

3 Assassinada em uma câmara de gás

A campanha internacional, que atingiu vários continentes, não conseguiu, contudo, a libertação de Olga. Logo depois, ela seria transferida para a prisão de Lichtenburg, situada a cem quilômetros ao sul de Berlim. Um ano mais tarde, Olga era confinada no campo de concentração de Ravensbruck, onde, juntamente com milhares de outras prisioneiras, seria submetida a trabalhos forçados para a indústria de guerra da Alemanha nazista. A situação de Olga seria particularmente penosa, pois carregava consigo duas pechas consideradas fatais – a de comunista e a de judia. Em abril de 1942, Olga era transferida, numa leva de prisioneiras marcadas para morrer, para o campo de concentração de Bernburg, onde seria assassinada numa câmara de gás.

4 O exemplo que se transforma em visão de mundo

Olga, segundo os depoimentos de todos que a conheceram e conviveram com ela, nunca vacilou diante das grandes provações que teve de enfrentar. Até o último dia de sua trágica existência, manteve-se firme perante o inimigo e solidária com as companheiras. Ao despedir-se do marido e da filha, antes de ser levada para a morte, escreveu: "lutei pelo justo, pelo bom e pelo melhor do mundo"; "até o último momento manter-me-ei firme e com vontade de viver".

A vida e a luta de uma revolucionária como Olga, comunista e internacionalista, não foi em vão; seu heroísmo serve de exemplo e de inspiração para os jovens de hoje.

Orientado por essa perspectiva de presença do sujeito histórico, acreditamos que, para além da formulação intelectual ensejada pela condição solicitada por este livro, o papel desempenhado por Olga Benário Prestes nas grandes batalhas de meados do século XX, quando a humanidade corria o risco da barbárie hitlerista, permite-nos qualificá-la com o seu exemplo de intérprete das lutas proletárias e sociais de sua época.

Mulher e revolucionária, intelectual e militante: uma síntese da mulher que surgia para inspirar as lutas pelo progresso da humanidade.

Referências bibliográficas

MORAES, Fernando. *Olga*. São Paulo: Companhia das Letras, 2003.

PRESTES, Anita. "Olga Benário Prestes: um exemplo para os jovens de hoje". *Universidade Livre Feminista*, 9 fev. 2011. Disponível em: https://feminismo.org.br/2011/02/09/olga-benario-prestes-um-exemplo-para--os-jovens-de-hoje/. Acessado em: 02.03.2023.

ORIDES FONTELA (1940-1998)

A MÍSTICA DE ORIDES: REVOLTA E SELVAGERIA

GUSTAVO DE CASTRO

Orides foi mística no sentido de abarcar uma sensibilidade espiritual inovadora, radical e complexa. Complexa porque uniu em si dois modelos/estilos/arcanos de místico: 1) o recolhido e 2) o revolucionário. O modelo "recolhido" se aplica porque ela não ligava para bens materiais, usava quase sempre a mesma roupa, comia pouco, dormiu durante anos sobre um tatame, às vezes, quase não falava, comia apenas frutas e arroz integral; lia e caminhava bastante, procurava não ver televisão, não se interessava pelos "temas do momento". O modelo "revolucionário" também se aplica: ela parece não seguir nenhuma divindade, não possui nem quer pertencer a nenhuma "escola" (filosófica, literária, artística), nem mesmo quer seguidores. Ela também é contraditória e, às vezes, fala excessivamente, ri de si mesma, das ideologias, das ditaduras e dos ricos. Ora é disciplinada e valoriza a medida, a harmonia e o silêncio, ora dedica-se à *hybris* e ao descomedimento, flerta, perigosamente, com a boêmia, o suicídio e a loucura.

Pessoas assim habitam mundos diversos, são movidos por paixões diferentes do modelo romântico. Estamos dizendo que Orides era mística à sua maneira, simultaneamente, quieta e inquieta, que oscilava entre as reflexões sobre a sede e a busca das fontes, as águas e as essências cristalinas, como forma de "consciencialização de si mesma". Já encontramos os esboços dessa "sede" que provoca o despertar da consciência no seu primeiro livro, *Transposição* (1966-1967), em que escreveu:

Bendita seja a sede
por arrancar nossos olhos
da pedra.

Bendita a sede
por ensinar-nos a pureza
da água.

Bendita a sede
por congregar-nos em torno
da fonte.[1]

Sede, fonte, água, pedra. Em outro poema, "Fluxo", presente no mesmo livro, ela se congrega diretamente às águas como "caminho vital", como "consciencialização de si mesma". Orides sugere que nem sempre temos a consciência dos segredos que nos atraem, envolvem e capturam. Pouco sabemos sobre a aranha que nos enrodilha secretamente em sua *Teia*. A poeta duvida que saibamos

1 FONTELA, Orides. *Transposição*. São Paulo: Instituto de Cultura Hispânica da USP, 1969.

exatamente nossas fronteiras. Uma delas é a consciência (voluntária/involuntária) das escolhas, rotas, caminhos, movimentos e gestos. Nem tudo pode ser medido. Entre a força do espontâneo e a razoabilidade das ações, existe o *dégradée* de pequenos e grandes lapsos, retomadas, decisões, certezas e acasos. Entre o gesto automático e o ensaiado, pode haver um arco-íris ou o mais absoluto nada. Coisas com sentido e sem sentido atuando, talvez, em conformidade e desacerto, um com o outro.

É aqui, na soleira entre a clareza e a opacidade das coisas, que quero capturar o gesto poético de Orides Fontela (1940/1998), nata a São João da Boa Vista (SP). Esse gesto significa, a meu ver, entender sua revolta e rebeldia e capturar nisto um gesto ético. Meu olhar pretende colocar Orides como intérprete (e crítica) dos destinos do pobre, da mulher e do artista brasileiro.

Orides de Lourdes Teixeira Fontela gostava de dizer que era "a poeta mais pobre do Brasil".[2] Gostava também de se comparar a Cruz e Souza (1861-1898), que, como ela, sentiu na pele as consequências da miséria e do desamparo.[3] Cruz e Souza ficara louco depois que os quatro filhos vieram a morrer de tuberculose. Após sua morte, ele foi transportado de Minas Gerais para o Rio de Janeiro em um vagão de trem destinado aos cavalos, seu corpo viajou sobre a alfafa e o esterco. Cruz e Souza sabia francês, latim e grego, mas nem isto o livrou da miséria. Faleceu de tuberculose em 1898.

Orides morreu exatos cem anos depois, também de tuberculose, aos 58 anos de idade. Foi transportada de São Paulo para

---

2 No final de 1988, Massi fez uma longa entrevista com ela para o jornal *Leia*, uma publicação literária mantida pela Editora Brasiliense. A entrevista só foi publicada em 1989; MASSI, Augusto. "Poesia, sexo, destino: Orides Fontela". *Leia Livros*, São Paulo, 23 jan. 1989.

3 Orides já conhecia Cruz e Souza, mas voltou a lê-lo na década de 1990. Comprou, em 28 de fevereiro de 1992, em sebo de livros usados no centro de São Paulo, o livro *Cruz* e *Souza*: poesia (1ª edição de 1945), tomando notas de alguns poemas.

Campos do Jordão, ainda viva, em uma Kombi, da Secretaria de Saúde. Sua situação era de emergência. Morreu no Dia de Finados, 2 de novembro. Não fosse por Renata Curzel[4] e alguma amigas, a poeta teria sido enterrada como indigente.

Convém recontar rapidamente um pouco sua biografia para ajustar melhor o foco sobre a mística da revolta e da rebeldia. Originária de família humilde e simples; o pai, Álvaro Fontela, carpinteiro, ela o considerava seu primeiro professor, pois aprendera com ele os mistérios da natureza, do campo, dos rios, das borboletas, da oralidade e da fabulação. Na escola, ela logo se destacou nos estudos. Tirava as melhores notas, falava e escrevia sobre diversos temas com inteligência e sensatez; é vista sempre na biblioteca municipal de São João, lendo, perdida entre os grandes óculos.

Orides foi a seu tempo aquilo que hoje chamamos de *nerds*. O fato de ter sido desajeitada e feroz, ácida nas palavras, às vezes, cruel, não a coloca na posição das mais populares. Tem poucos amigos. Uma atitude espanta a todos e é recontada em sua cidade natal ainda hoje, quase como lenda urbana. Em 1964, sua mãe, Laurinda Teixeira, acabara de morrer, vítima de câncer de mama, o velório seria naquela mesma noite, tudo acontece na casa humilde em que moram. Alguns amigos e ex-professores acorrem à casa da menina. Ao chegar, encontram Orides feliz e sorridente, abraça todos. Diz estar contente por finalmente receber visitas.

---

4 Advogada, vive hoje na Alemanha. Conheceu Orides aos dezoito anos, e nunca mais se separaram. Costumavam se encontrar nas tardes de domingo para compartilhar leituras e trocar livros. Quando Orides faleceu, no Fundação Casa São Paulo, em Campos do Jordão, encontraram com ela o telefone de Grover Calderón, estudante peruano da Casa do Estudante com quem compartilhava o quarto. (O estudante peruano chegou a socorrê-la caída no banheiro certa vez, quando cortou os pulsos). Grover conhecia Renata e a localizou. Renata foi, então, até Campos do Jordão e conseguiu, com a irmã e mais uma amiga, pagar o caixão, a mortalha, as flores e o túmulo de Orides.

Ao concluir seus estudos, aos dezenove anos, tirou a maior nota na média geral do estado de São Paulo. Estamos agora em 1959. Nessa época, o aluno que alcançasse as melhores notas na média ganhava um emprego público. Tornava-se professor. Foi o que aconteceu com ela. Sem ter procurado trabalho, ela logo se tornou funcionária pública. Tinha que dar expedientes, cumprir tarefas, fazer cursos. Ela agradeceu aos céus quando foi aprovada no curso de Filosofia da USP (conclui na turma de 1972). A partir de 1963, ela pede licença do trabalho e vai estudar.

Ao chegar em São Paulo, conhece Gerda Bornhein, também estudante da USP. É justamente março de 1964. O golpe militar é instaurado. Pobres e sem lugar certo para morar, as duas tomam uma decisão: procuram a reitoria da universidade e pedem alojamento na residência da Avenida São João. Na época, nenhuma mulher jamais havia morado na casa do estudante. Elas conseguem. Tempos depois, a polícia política do governo invade o CRUSP, e elas são arrastadas para fora pelos cabelos. São as últimas a sair.

A mudança de São João da Boa Vista, cidade simples e pacata do nordeste do estado de São Paulo, para a capital, foi para Orides um choque em muitos aspectos. Ela mudou seu estilo de vida: conheceu a bebida, o sexo, a política estudantil e o desespero. A partir de 1968, tornou-se amiga íntima de Olgária Matos,[5] que, estudante como ela, cursa, um ano à sua frente, a graduação de Filosofia. Na época, a casa de Olgária, no Butantã, era um reduto de liberdade, onde convergiam casais para reuniões íntimas e bate-papos sobre a situação política brasileira. Era comum Orides ouvir e contribuir na conversação com as reflexões sobre a questão social do país e as teses marxistas.

5 Filósofa, escritora e pesquisadora no campo da Ciências Humanas, com pós-doutorado na Ecole des Hautes Etudes en Sciences Sociales (EHESS – Paris/França). É professora titular da Universidade de São Paulo.

Ela ia sempre sozinha a esses encontros. Lá, segundo Olgária, Orides tinha opiniões arredias e bem-humoradas. Uma coisa era o discurso marxista e intelectualizado sobre a pobreza, outro era a experiência proletária, que nenhum daqueles participantes, invariavelmente, um público *chic*, engajado, poliglota e rico,[6] não fazia a mínima ideia do que fosse. Desajeitada e pouco engajada, a poeta vivia situações desconfortáveis em que divergia dos participantes constantemente.

Ainda na faculdade, conheceu o Budismo e, também meio sem querer, tornou-se monge da primeira turma de religiosos zen-budistas formados no Brasil pelos japoneses, os fundadores do Templo Busshinjin, na rua São Joaquim, no bairro da Liberdade, em São Paulo. Os monges haviam vindos do Japão e ali se instalado em 1951. Até então, nenhum brasileiro(a) havia recebido a permissão para iniciação e ingresso nos ritos internos. A partir de 1970, com a chegada do monge Ryotan Tokuda Igarashi e com a intervenção de Ricardo Mário Gonçalves, docente de História das Religiões da USP, bastante respeitado pelos monges, as seções começam a ser abertas a tupiniquins.

Ela é logo convidada ao noviciado e à vida monacal. Aceita. Diariamente, está presente às seções de meditação, rituais, retiros de silêncio, *workshops* e iniciações. Ao ser batizada, raspam a sua cabeça, recebe aparatos e instrumentos de culto, também recebe um novo nome: *Myoshen Xingue*, que significa "Mente Florescida". Mestre Tokuda confia em Orides. Convida-a a ir fundar, com ele, o monastério de Morro da Vargem, em Ibiraçu, no Espírito Santo. Ela mergulha mais ainda no Zen; escreve poemas; faz cursos de arranjos florais; exercita-se nas posturas, respirações e meditações. Inevitável aqui no enxergar também seu apreço à tradição oriental

6 Entrevista realizada com a Profa. Olgária Matos em São Paulo, em 3 de novembro de 2011.

dos *Haikaiss*,[7] assim como as máximas e os sentidos inesperados produzidos pelos *Koans*.[8]

Ao concluir a faculdade, no entanto, Orides se desespera, tem que voltar a trabalhar. Voltar a ser professora. Nesse meio tempo, havia sido transferida de São João da Boa Vista para São Paulo, capital. Agora, estava lotada na Escola Marisa de Mello, no bairro da Penha. Quando retoma o seu emprego público, arruma logo todas as encrencas possíveis e imaginárias com crianças, pais de alunos, professores e funcionários. Ninguém a suporta. A direção da escola decide transferi-la para a biblioteca. Ela aceita, mas quase nunca aparece. E quando vai, fica apenas poucas horas. Está sempre apresentando atestados médicos para se livrar do trabalho. Se alguém a procurar, pode encontrá-la facilmente na livraria Duas Cidades, na rua Rego Freitas, no Centro, onde passa praticamente parte do dia, lendo.

Sua atividade no Zen, bastante ativa entre os anos de 1970 e 1980, vai progressivamente diminuindo. Ela se diz consumida por inquietações diversas, há também aquilo que dizem dela, que é "selvagem". Ela ouve isso e, progressivamente, decide assumir como sua identidade. Afirma: "neste sentido é que sou selvagem. Quero morrer sem obedecer a ninguém". Há também o cansaço, o desânimo, a tristeza, a pobreza e solidão. Toda a dureza da vida produz nela independência e inquietude, parece abatê-la e alimentá-la ao mesmo tempo.

---

7 *Haikaiss* ou *Haiku* é uma forma curta de poesia japonesa.

8 Um *koan* (公案; japonês *kōan*; chinês: *gōng-àn*; coreano: *gong'an*; vietnamita: *công án*) é uma narrativa, diálogo, questão ou afirmação no budismo zen que contém aspectos inacessíveis à razão. Dessa forma, o *koan* tem, como objetivo, propiciar a iluminação do praticante zen mediante a interrupção do seu fluxo de pensamentos. Um *koan* famoso é: "batendo as duas mãos uma na outra, temos um som; qual é o som de uma mão somente?" (tradição oral atribuída a Hakuin Ekaku, 1686-1769).

Não bastasse a vida íntima desassossegada, Orides ainda enfrenta períodos economicamente críticos. Não sabia lidar bem com questões financeiras, algo muito comum, inclusive, a artistas. Mesmo assim, entre 1980 e1993, junto com todos os outros brasileiros, deve aprender a lidar com quatro moedas, cinco congelamentos de preços, nove planos de estabilização, onze índices para medir a inflação, dezesseis políticas salariais, vinte propostas para pagar a dívida externa e cinquenta mudanças na política de preços.

Ela se equilibrava como podia nas finanças e, depois que se aposentou, em 1989, sua aposentadoria era de dois salários mínimos. Em janeiro de 1993, o salário mínimo valia, em cruzeiros, 1.250.700,00. Em julho, já estava a 4.639.800,00. Ninguém dava conta da escalada de preços. Para alguém como ela, que não gostava nem sabia administrar, a situação era ainda mais grave. Teve sua luz e água cortadas várias vezes; mudou-se de apartamento outras tantas; chegou a viver em situações insalubres, dividia cortiços com cães e gatos; o dinheiro não dava para nada, além de que sua saúde não era das melhores.

Nesse período, ela dá entrevistas e faz críticas públicas e indignadas em revistas e jornais. Seu argumento era o fato de a "pobreza parecer crime". A condição de artista e pobre no Brasil era a de um estigmatizado, dizia: "orgulho em pobre vira arrogância, ou insolência". Antes disso, questionava: "miserável? Não, só funcionária pública aposentada. Todos os colegas – todos os pobres do Brasil estão no mesmo saco. (...) Nossas assim ditas elites não perdoam". Dizia também:

> Pelo menos não quero morrer com a aposentadoria desgraçada que ganho agora. No final dos anos oitenta, o Antonio Candido me arrumou uma bolsa, economizei muito, mas veio o Plano Collor e levou todas as minhas economias. A vida de pobre no Brasil não é fácil. E de mulher pobre é ainda pior. E olhe que ainda tive muita sorte. Ainda tenho os meus

> livros de poesia. E se não os tivesse, como seria? A solidão e a desocupação só dão em confusão.[9]

Pouco adaptável, atormentada pelos deuses da poesia, quase que também por acaso, tem a sorte de ver sua poesia reconhecida e recomendada por David Arrigucci Jr. e Antônio Candido, simultaneamente, o que a torna imediatamente uma poeta acadêmica. Mas ela é, como sabemos, mais do que isso. Em seus escritos, encontramos a sobriedade e a busca do equilíbrio no desequilíbrio e na beleza; vemos, no entanto, em sua vida pessoal, um núcleo de rebeldia e de revolta que me interessa aqui destacar. Trata-se de rebeldia como enfrentamento e contestação das normas, dos valores, dos poderes estabelecidos, como o religioso, o familiar e o econômico, por exemplo. No fundo, entendo sua revolta como mística pessoal,[10] sinônimo de dignidade.

Orides estava à margem da cultura acadêmica ou da imagem da sedução, da rapidez, da brutalidade, de ligeireza da cultura das palavras, da narração e da midiatização. É nesse sentido que sua revolta é antes uma "re-volta", ela exerce um ciclo, ou vários, dentro de ciclos, revolta mínima, infinitesimal, do poeta, que serve para

---

9 MEDEIROS, Jotabê. "Orides Fontela combate despejo com sua poesia: entrevista". *O Estado de S. Paulo*, 12 abr. 1996, p. 4.

10 Essa mística aproxima-se não de uma transcendência no sentido religioso/dogmático, como fuga da realidade, mas o contrário, como mergulho concreto na realidade pela via social. Tal mergulho produz uma nova religação com o mundo, agora pela via estética. Ela retira-se em silêncio da realidade esmagadora e adota uma ética da simplicidade, postura (espiritualidade?) que a poeta prefere chamar de "selvagem". Ao que tudo indica, Orides decide enfrentar a selvageria socioeconômica com a selvageria do espírito. Um dado importante nesse enfrentamento místico é o valor que ela dá ao tema do silêncio. Como se sabe, no sânscrito, mística é *mus* e remete ao que é secreto, o que está escondido. Escutar o que é secreto e o que está escondido em nós e fora de nós. Escutar o silêncio dos momentos numinosos pode nos levar a participar do mistério e do conhecimento presente na poesia.

reabilitar e reestabelecer a acuidade. A revolta do poeta é o retorno às pequenas coisas: a tarefa do poema, a concepção do livro, a arte floral, a leitura atenta e despreocupada. Orides costumava, após a leitura de um livro qualquer, ensaiar um pequeno poema na última página em branco. Essa rebeldia advém de diferentes fontes, como ela mesma contou a Jotabê Medeiros:

> Meu caminho não podia ser fácil. Pra mulher pobre e poeta jamais foi fácil. Sou feminista desde a adolescência. Desde o dia em que meu pai disse: "quando você casar, vai obedecer ao seu marido", e respondi: "não vou casar de jeito nenhum"". Neste sentido é que sou selvagem. Quero morrer sem obedecer a ninguém. Precisava ter uma profissão, por isso fui dar aulas. Mas nunca tive paciência para aguentar meus alunos. Na escola, fui "readaptada", retirada de sala de aula e jogada em uma biblioteca no fim do corredor. Não sei se foi melhor ou pior que aposentar, talvez seja até pior. Mas pior do que isso era aguentar o filho dos outros, dar aula pros outros e ganhar essa mixaria que ganho.
>
> Por isso é que diziam que eu era selvagem. Fui mulher pobre, não tinha ninguém e não tenho nada agora. Não tenho propriedade nenhuma, até minha casa está com problemas. A poesia ocupou todos os espaços da minha vida, porque não tenho mais nada no lugar dela.
>
> Vida sentimental não pude ter jamais. Quando jovem, gostei de um rapaz e falei para o meu pai. Ele tacou a mão na minha cara. Aquilo mexeu muito comigo. Uma mulher professora primária, pobre, sem marido, poeta, neste Brasil, não é possível.
>
> Tinha duas escolhas: ou a liberdade de fazer poesia, conduzir a minha vida "selvagemente", por conta própria, ou então o quê? Meus filhos seriam mão de obra barata, seriam coitados, não adiantaria nada. Tive que escolher o menor dos males.

> O menor mal possível é ser pobre e sozinha. E o maior bem possível foi sempre a poesia.[11]

Nessa entrevista, Orides diz que se viu diante de "duas escolhas": ou continuava "selvagem", ou seguia o destino de quase todas as mulheres pobres que dão à luz no Brasil, que era o de legar pobreza e "mão de obra barata". Em sua revolta, ela não clama piedade, nem se resigna. Essa revolta abre a via psíquica para a possibilidade contínua de "re-criação". Ela propicia algo parecido com a rememoração, a interrogação e o pensamento. Nesse sentido, é um princípio de auto-organização. É retroativa. "A revolta é apenas a certeza de um destino esmagador, sem a resignação que deveria acompanhá-la", disse Albert Camus em livro homônimo. Repito agora o que acima apenas sugeri: não encontramos resignação em Orides.

Em seu livro de 1929, *O que é a metafísica?*, Martin Heidegger, autor que Orides admirava, coloca a repulsão como uma característica do homem. O *Dasein* é uma repulsão, o êxtase (místico) é outra palavra para abjeção. Entendo que Orides viveu tal repulsão. Querendo ou não, ela afrontou convenções, quebrou tabus, enfrentou tradições, criticou sistemas, desconstruiu modelos. Ela expele de si tudo o que não é poético, espiritual, filosófico e boêmio. Repudia um tipo de sociedade que não lhe proporciona calor humano, nem sede de vida. Ao contrário, aquilo que chamamos de realidade a cansa e estorva.

A relação entre seu estado sedento e a busca às fontes, às águas essenciais, ao ser-aí (*dasein*) selvagem, que a retroalimenta, contudo, vai sendo minado pouco a pouco, embora não desapareça totalmente. De símbolo em símbolo, ela perpassa da imagem feminina e solar das águas e fontes (presente em *Transposição* – 1966-1967 – e

---

11 MEDEIROS, Jotabê. "Orides Fontela combate despejo com sua poesia: entrevista". *O Estado de S. Paulo*, 12 abr. 1996.

Helianto – 1973) para a figura da rosa e da aranha, respectivamente, em *Rosácea* (1986) e *Teia* (1996).

Quero destacar, além disso, a frase: "uma mulher professora primária, pobre, sem marido, poeta, neste Brasil, não é possível". A maneira com que Orides se portou diante das noções estabelecidas de "família", "mulher", "casamento", "poder", "formação universitária", "religião", "intelectualidade paulista" revela alguém que, voluntária ou involuntariamente, viveu algo senão novo, diferente, para os dias de hoje. Em sua vida, ela se rebela contra o tapa na cara do pai e, por conseguinte, do casamento; se rebela contra a escola, não aceita os filhos mal-educados dos ricos; não quer ser chamada de "poetisa", apenas de "poeta", diz que poesia não é coisa de gênero; não aceita ser esmagada pelo imperativo econômico a que está submetida, vive com o mínimo, às vezes, mora de favor e, nos últimos anos, volta à Casa do Estudante, da Avenida São João, de onde só sai para morrer.

Não é mesmo fácil, no Brasil, ser artista, pobre, professor primário, mulher solteira, independente, feia e poeta. Creio que existe também aqui um padecimento público e um grito: a denúncia de um país que não queremos. Quando ela se refere ao Brasil, sobretudo, em suas entrevistas, fala de um lugar onde "não é possível" ou "não é fácil". Repito um trecho de citação já colocada acima, quando diz: "a vida de pobre no Brasil não é fácil. E de mulher pobre é ainda pior". Reiteradamente, o tema da literatura e da vida nos leva de encontro ao tema do "Difícil".[12]

Há também a denúncia de muitas incompreensões, o abandono dela por parte de amigos próximos devido a seu temperamento

---

12 Trato disso em minha tese de doutorado sobre Italo Calvino, em que estudo o tema em "Amores difíceis" e no conto longo "Vida difícil". O difícil não é simplesmente complexo e intrincado, ele é também o complicado. Muitas vezes, é o que nos assusta e assombra. Calvino entende que é nessa direção que se deve sempre caminhar.

(justamente) difícil e, às vezes, intolerante. Havia suas constantes mudanças de humor e tentativas de suicídio, a incapacidade de sentir o amor, o que a torna uma das poucas poetas a não escrever sobre amor. Ela justificava, citando Drummond: "como posso escrever sobre a Bahia se nunca fui à Bahia?"

Sua incapacidade de sentir o amor, como ela mesma dizia, talvez denuncie, no fundo, o melhor entendimento hoje para o seu quadro clínico. O tema da esquizofrenia e da bipolaridade já rondavam as consultas que ela espontaneamente procurava nos hospitais psiquiátricos. Com o tempo, se desencantou com a psiquiatria e passou a dizer que preferia conversar com os pretos-velhos da Umbanda, porque, além de não cobrarem nada, também conseguiam acalmá-la. Essa autêntica rebeldia (antiamorosa, antimanicomial e anticristã) nos faz pensar que Orides foi também a mais pura expressão do antirromantismo na literatura brasileira.

Chamo todas as suas antíteses (quase sempre por gesto de brincadeira e jogo crítico) de Neo-simbolismo ou de Transrealidade. É a maneira que uso para retomar sua ética. Ela não deu a mínima importância a si mesma; nem, aparentemente, a nada; não deu a menor bola para o que chamamos de "dinheiro", "realidade", ao contrário, subverteu-a sempre de alguma forma, via práxis poética, retornando (ou encontrando) o contemplativo, a leitura sistemática, o recolhimento, o eremitério, o silêncio, sem desconsiderar os espaços do difícil, a angústia e o desespero.

Há ainda os espaços da subversão com (e pelo) símbolo, por intermédio de reiteradas *transposições* de espelhos e cristais, quase sempre pelo método *sfumato*.[13] Sua atenção estava voltada, creio eu, a alguma pureza esquecida, evaporada, que só mesmo ela, em seus

---

13 *Sfumato* é uma operação da linguagem artística que visa produzir alterações suaves de sentidos, sons, tonalidades e cores. É comumente aplicado em desenhos ou pinturas. Vem do italiano *sfumare*, que significa "de tom baixo" ou "evaporar como fumaça".

delírios, podia recuperar, talvez pelo artifício de uma linguagem também etérea e sibilina.

Orides estava atenta à obra que criava pouco a pouco, fio a fio. Era meticulosa com seus versos e construía com paciência cada um dos seus livros. A não dissociabilidade entre filosofia e fabulação, imagem e pensamento, equilíbrio e intermitência, vapor e pedra, poesia e ataraxia[14] atinge nela um nível de sofisticação não encontrado facilmente em poetas.

Creio que Orides tinha bastante consciência da obra que estava planejando, mas não sei bem se ela dominava todas as imagens e intuições com que moldou e construiu suas obras. Até que ponto a "consciencialização de si mesma" implicou grau permanente de retorno às fontes (místicas?), eu não sei. Sua "espiritualidade" própria, contudo, a meu ver, pode ser facilmente detectada. Encontramos poemas que tocam o angelical, o mistério, o vazio e o silêncio, em toda a obra. Destaco aqui, para encerrar, dois poemas, "Fluxo", do livro *Transposição*, e "Porta", do livro *Teia*.

Em "Fluxo", encontro imagens sucessivas daquilo que "se esconde", do "caminho inconsciente", da "mutação contínua" e da "dissolução", que, aqui, aparecem despertadas pela imagem oculta, livre e selvagem das "águas". Em "Porta", encontro o difícil, o estranhamento, a possível interpretação de um país (Brasil?) que não acolhe justamente devido a sua "amplitude interior". Esse "estranho" que surge é um "irmão", no qual se "bate" à "porta".

Em "Fluxo", ela diz:

---

14 Em grego (Ἀταραξία), *ataraxia* significa "ausência de inquietude", "tranquilidade de ânimo". Geralmente associada a Demócrito, que disse: "a felicidade é prazer, bem-estar, harmonia, simetria e ataraxia". Foram os epicuristas, os céticos e os estoicos que puseram a ataraxia no centro de seu pensamento. O não se deixar perturbar é também um tema caro aos zen-budistas.

A gênese das águas
é secreta e infinita
entre as pedras se esconde
de toda contemplação.
A gênese das águas
é si mesma.

(...)

O movimento das águas
é caminho inconsciente
mutação continua
nunca terminada.

É caminho vital
de si mesma.

(...)

O fim das águas
é dissolução e espelho
morte de todo ritmo
em contemplação viva.

Consciencialização
de si mesma.

O poema "Porta" foi um dos últimos escritos em vida:

O estranho
bate:
na amplitude interior
não há resposta.

É o estranho (o irmão) que bate
mas nunca haverá
resposta:

muito além é o país
do acolhimento.

Referências bibliográficas

FONTELA, Orides. *Transposição*. São Paulo: Instituto de Cultura Hispânica da USP, 1969.

MASSI, Augusto. "Poesia, sexo, destino: Orides Fontela". *Leia Livros*, São Paulo, 23 jan. 1989.

MEDEIROS, Jotabê. "Orides Fontela combate despejo com sua poesia: entrevista". *O Estado de S. Paulo*, 12 abr. 1996.

PATRÍCIA GALVÃO (PAGU, 1910-1962)

AUDAZ E PERSISTENTE

JOÃO CARLOS RIBEIRO JUNIOR

Patrícia Galvão é uma figura-chave da história brasileira. A memória animada por seus gestos, comportamentos e ações tem estimulado a produção de livros, revistas, canções, filmes, coletivos políticos, grupos de pesquisa, mostras artísticas, enfim, variadas experiências e invenções. Sua biografia, não raro, recebe um tratamento mítico. Nada que tal personalidade exuberante não autorize. Entretanto, é no exame desmitificado de sua participação no contexto político e cultural brasileiro que encontramos a riqueza daquelas intervenções, sobretudo porque a escritora fez de sua trajetória veios salientes de duas fundamentais frentes da inteligência brasileira: o Modernismo e o comunismo. Identificada com ambos, formada em seus meios, encontrou na opção pela esquerda e no entusiasmo pela arte de vanguarda as balizas essenciais de seu pensamento.

Patrícia nasceu em 9 de junho de 1910 na cidade paulista de São João da Boa Vista e chegou a São Paulo com a família quando ainda contava três anos de idade. A entrada no universo artístico ocorreu relativamente cedo. O primeiro texto publicado, sob o pseudônimo Patsy, estampou o *Brás Jornal* em 1925. Nessa época, morava próximo a uma vila operária do bairro que emprestava o nome ao jornal. Também frequentava a Escola Normal e o Conservatório Dramático Musical da cidade. Neste, um dos professores era Mário de Andrade, de quem a jovem não suspeitava a poesia, tampouco a organização da Semana de 22. O registro do encontro entre os dois viria a público muitos anos depois (exatamente em 23 de fevereiro de 1947), em texto do *Diário de São Paulo* pleno de afeição, apesar das divergências, pelo homem "comprido e feio, de riso de criança grande".[1]

Ainda jovem, a maneira incomum de se vestir, aliada à maquiagem carregada e ao penteado desalinhado, chocava alguns passantes no caminho para a Escola Normal da Praça da República. O jeito irreverente melindrava, sobretudo, os alunos da tradicional Faculdade de Direito do Largo de São Francisco, que tinham por hábito insultá-la quando a viam passar. Um dia ela decidiu responder no mesmo tom, foi o início de uma forte rivalidade entre a garota rebelde e um numeroso bando de moços conservadores.

A rebeldia de Patrícia, como se vê, precedeu a reputação de Pagu, o pseudônimo literário inventado por Raul Bopp que a celebrizou nas décadas seguintes. O apelido foi inventado quando corria o ano de 1928 e o "Manifesto antropófago" amplificava as expectativas estéticas dos modernistas reunidos em torno de Oswald de Andrade e Tarsila do Amaral. No ano seguinte, começaram a aparecer suas primeiras colaborações para a *Revista de Antropofagia* (segunda dentição), e Pagu tornou-se uma figura expressiva desse grupo. Entre

1 JACKSON, Kenneth David. "Uma evolução subterrânea: o jornalismo de Patrícia Galvão". *Revista do IEB*, nº 53, mar./set. 2011, p. 39.

suas primeiras criações, destaca-se o Álbum de Pagu, cujo subtítulo já prenunciava a aura mítica com a qual a artista seria identificada: *nascimento, vida, paixão e morte*. O álbum, dedicado a Tarsila, reúne desenhos e textos relacionados em uma poesia divertida, sensual e melancólica. Segundo Augusto de Campos, "nenhuma outra mulher-poeta brasileira ousara tanto".[2] O romance da escritora com Oswald de Andrade teve início nessa mesma época. O registro inequívoco de seu início está no *Romance da época anarquista ou Livro das horas de Pagu que são minhas*, diário feito a quatro mãos a partir de 24 de maio de 1929.

A imagem de Pagu forjada nesse período foi a de uma jovem valente, corajosa, interessante e original, os quatro adjetivos que Raul Bopp escolheu para defini-la após a participação dela no evento de 5 de junho de 1929 no Teatro Municipal de São Paulo. Sua apresentação impactou positivamente até seus antagonistas. Tratava-se de uma homenagem a Didi Caillet, "Miss Paraná" reconhecida por hábitos de melindrosa e pela familiaridade com a intelectualidade. A preparação da atividade chamou a atenção das autoridades, pois todos os ingressos da galeria haviam sido comprados por estudantes da Faculdade de Direito. O delegado de polícia queria se prevenir de tumultos e então chamou à delegacia o presidente do Centro Acadêmico XI de agosto. O jovem não deu explicações, apesar de ele mesmo ter um dos ingressos comprados. O fato é que, em meio a uma programação variada, o nome de Pagu fez-se notar na última parte do evento, o que motivou o comparecimento daquela juventude ao espetáculo para vaiá-la. Quando ela subiu ao palco, entretanto, estava tão transformada por suas roupas extravagantes e o rosto pintado que seus desafetos não a reconheceram. Nem mesmo sua família tinha certeza de que era ela mesma a entrar no palco. Daí que a modernista pôde começar sua declamação de "Coco de Pagu", que Bopp escrevera em sua homenagem, e durante o estribilho ("Eh,

---

2 CAMPOS, Augusto de. *Pagu*: vida-obra. São Paulo: Brasiliense, 1982, p. 59.

Pagu, Eh!"), corria pelo palco esvoaçando uma capa vermelha e preta. Os estudantes "ficaram muito assustados", segundo o relato do presidente do XI de Agosto[3] e, por fim, aplaudiram. Nesse dia, ela também declamou a "Balada do esplanada", de Oswald de Andrade, e um poema de sua autoria. A apresentação manifestou um aspecto distintivo da história de Pagu, baseado em sua maneira de conceber arte. Sua proposta não estava dissociada de atuação e enfrentamento, pois ela sabia da recepção que a aguardava. A força da poesia era medida pelo confronto, pelo ataque ao convencionalismo. A partir de então, qualquer um que se dispusesse a falar dela teria de respeitar essa unidade entre pensamento e ação. Tal forma de engajamento foi acentuada quando ela se aproximou do comunismo.

Seu casamento com Oswald de Andrade foi realizado em 5 de janeiro de 1930, em cerimônia bastante incomum diante do jazigo da família do poeta no Cemitério da Consolação. A união fecharia aos dois as portas de alguns espaços da alta sociedade paulistana a que estavam habituados. A crescente radicalização política de ambos também contribuiu para isso. O filho do casal, Rudá de Andrade, nasceu em 25 de setembro de 1930, exatamente um mês antes do primeiro registro de atuação política de Pagu, quando ela esteve entre os manifestantes que protestaram contra os encarceramentos por motivos políticos frequentes na Cadeia do Cambuci. Em dezembro do mesmo ano, Pagu viajou a Buenos Aires para participar de um recital e lá entrou em contato com a vanguarda artística bonaerense (Victoria Ocampo, Jorge Luís Borges, Eduardo Mallea, entre outros). Sua "autobiografia precoce" manifesta a decepção com a cena encontrada na capital argentina, principalmente por constatar o frágil comprometimento político de seus anfitriões, os quais viviam em um ambiente intelectual muito parecido, segundo ela, com os círculos artísticos paulistanos.[4] Nessa mesma época, Luís

---

3 CAMPOS, Augusto de. *Pagu*: vida-obra. São Paulo: Brasiliense, 1982.

4 GALVÃO, Patrícia. *Paixão Pagu*: a autobiografia precoce de Patrícia Galvão. Rio de Janeiro: Agir, 2005.

Carlos Prestes encontrava-se exilado na cidade portenha e Pagu tentou encontrá-lo, mas frustrou-se porque o ex-líder da *Coluna* trabalhava em projetos de engenharia no interior do país. Contudo, ela recebeu a visita de Silo Meireles, um dos poucos tenentistas que se recusaram a participar da Revolução de 30 e que ficou ao lado de Prestes, primeiramente fundando a Liga de Ação Revolucionária e depois ingressando no PCB. Ele estava acompanhado de um membro do Partido Comunista Argentino chamado Garrigorri e de "uma infinidade de folhetos de propaganda do partido".[5] A conversa com a vanguarda política foi muito mais estimulante para a jovem modernista. Sabe-se que sua adesão às ideias comunistas já vinha sendo gestada anteriormente. Ainda em Buenos Aires, ela recebera uma carta de Oswald na qual o escritor informava já ter tomado providências para o jornal que pretendiam publicar.[6] Tratava-se de *O homem do povo*, lançado em 1931.

O periódico inaugura a década mais agitada da vida de Pagu. Programado para sair três vezes por semana, teve somente oito números. Além de participar de sua concepção, ela trabalhou na redação instalada no edifício Rolim da praça da Sé em São Paulo, assinou a coluna "A mulher do povo", a seção "Correspondência", ilustrou páginas e criou tirinhas. A curta duração de *O homem do povo* se explica pela violenta reação que sua mordacidade política, a disposição polemista e, sobretudo, seu viés de esquerda provocaram. Pagu engajava-se em um feminismo classista e seus textos fulminavam as sufragistas, consideradas pela jovem pouco sensíveis ao alijamento político das operárias. Não demorou para que os estudantes da Faculdade de Direito, de novo eles, reagissem. Numa primeira vez, o estopim foi um artigo no qual Oswald afirmava serem o Largo

---

5 GALVÃO, Patrícia. *Paixão Pagu*: a autobiografia precoce de Patrícia Galvão. Rio de Janeiro: Agir, 2005, p. 73.

6 FURLANI, Lucia Maria Teixeira; FERRAZ, Geraldo (Coord.). *Viva Pagu*: fotobiografia de Patrícia Galvão. São Paulo: Imprensa Oficial, 2010.

do São Francisco – celeiro de autoridades e onde o próprio escritor havia estudado – mais o café (a alavanca da economia brasileira) os cancros do estado de São Paulo. A investida contra Oswald e Pagu foi brutal. No primeiro confronto, o linchamento dos dois foi evitado por uma intervenção policial. No segundo, os agressores destruíram parte da sede da redação. Pagu revidou, inclusive ameaçando os invasores com uma arma de fogo, mas não alvejou ninguém. Os únicos feridos, um comerciante e um inspetor de segurança, acusaram ter recebido "arranhões e sopapos". A imprensa registrou o episódio com inconfundível simpatia pelos agressores. No dia 9 de abril, cinco dias antes do fechamento definitivo do jornal por determinação policial, a *Folha da noite* publicou a notícia do atentado sob o título: "Um justo revide dos estudantes de Direito aos insultos de um antropófago".[7] O posicionamento da publicação revela o perfil do conflito e das tensões políticas do momento, altamente polarizado entre esquerda e direita. Mais esclarecedores do que as manchetes da época foram os gritos de "Morra o comunismo!", vociferados na porta da delegacia enquanto o casal era interrogado. Aí está o índice do caráter político-ideológico da tentativa de empastelamento do tabloide, bem como de seu contexto. O fechamento forçado de *O homem do povo* não foi apenas um desentendimento entre a personalidade polêmica de um desertor da burguesia e os conservadores em defesa do legado bandeirante. Ele foi, sim, um exemplo agudo da polarização que tomou a vida política nos primeiros anos da década de 1930 e delineou a fisionomia cultural do período.

O episódio não arrefeceu a opção pela militância comunista do casal; ao contrário, ambos se mostraram mais convictos. Partiram para Montevidéu "para fugir das complicações dos processos que moviam pelos ferimentos que me atribuíam contra os estudantes que

7 CAMPOS, Augusto de. *Pagu*: vida-obra. São Paulo: Brasiliense, 1982, p. 145.

quiseram empastelar o jornal".[8] Lá, sim, Pagu finalmente conheceu Luís Carlos Prestes, com quem disse ter atravessado três dias e três noites conversando nas mesas de um café. Ela, então, resolveu se aproximar efetivamente do PCB e considerar a integração aos seus quadros. No entanto, somente meses depois, após uma conversa com Herculano de Souza, líder sindical dos trabalhadores da estiva na cidade de Santos, optou de vez pela entrada no Partido.

Entre as primeiras gerações de comunistas no Brasil, corria um dito sobre a adesão de novos militantes. Falava-se que a escolha pelo comunismo obedecia necessariamente ao mandamento de uma entre três partes do corpo. Havia os que aderiam porque a barriga ordenava, reclamando da fome. Havia outros que obedeciam às ordens do cérebro e embarcavam na vida partidária por motivações intelectuais; afinal, interessados pelo materialismo histórico, acabavam por revoltar-se contra as mazelas do capitalismo. Por fim, havia aqueles capturados pelo coração, convictos de que uma sociedade melhor não é nada menos que um imperativo moral, demonstrando extremo afeto pela causa. São os militantes cuja "aproximação com a esquerda devia-se à força da sensibilidade".[9] A argumentação de Herculano provocou em Pagu uma "iluminação súbita do novo horizonte"[10] e a inseriu na cultura política comunista. Com sua entrada na vida de revolucionária profissional, todo o seu tempo passou a ser dedicado à militância. Sua adesão lhe exigiu a renúncia de qualquer outro compromisso. O momento, contudo, não era o melhor para uma figura com seu perfil. Identificada com a vanguarda antropofágica, rotulada de agitadora individual pequeno-burguesa, a jovem teria que dar seguidas mostras de compromisso irrestrito. Todos, porém,

---

8 GALVÃO, Patrícia. *Paixão Pagu*: a autobiografia precoce de Patrícia Galvão. Rio de Janeiro: Agir, 2005, p. 75.

9 MOTTA, Rodrigo Patto Sá; NAPOLITANO, Marcos; CZAJKA, Rodrigo (Coord.). *Comunistas Brasileiros*: cultura política e produção cultural. Belo Horizonte: Editora UFMG, 2013, p. 19.

10 GALVÃO, Patrícia. *Paixão Pagu*: a autobiografia precoce de Patrícia Galvão. Rio de Janeiro: Agir, 2005, p. 80.

resultaram inúteis. O partido vivia a fase mais intensa do que ficou conhecido como obreirismo, linha política que idealizava a figura do operário e tratava os intelectuais com extrema desconfiança. As expulsões arbitrárias deste tempo atingiram o próprio Astrojildo Pereira, figura icônica desde a fundação do PCB. Oswald de Andrade, a despeito do apoio e dos riscos que correu por colaborar com o partido, nunca foi aceito em suas fileiras, restringindo-se a conseguir recursos para o Socorro Vermelho, organização parapartidária de apoio a comunistas.

Ainda em 1931, Pagu viveu em Santos e participou ativamente da luta social na cidade. Um episódio marcou profundamente sua vida e seu olhar sobre a política. Ela testemunhou, em um comício em que esteve entre os oradores, o assassinato de Herculano pela polícia. Detida e encarcerada pela participação nesse comício, quando libertada, foi obrigada pelo partido a assinar um documento em que assumia a responsabilidade por atos de "agitadora individual, sensacionalista e inexperiente".[11] Até meados de 1932, Patrícia Galvão seguiu obedecendo disciplinadamente às determinações partidárias. A mando da direção, deixou sua família em São Paulo e partiu para o Rio de Janeiro. Seu primeiro emprego foi de lanterninha de cinema. Demitida após organizar em célula sindical as moças com quem trabalhava (cooptando também as atendentes e garotas de programa de bares próximos), posteriormente, trabalhou como metalúrgica. Ela tinha intenção de trabalhar como jornalista, mas a ordem era proletarizar-se. Num momento de maior aceitação de sua militância pelo PCB, participou das unidades de autodefesa que protegiam os oradores militantes em comícios e reuniões. A temporada carioca terminaria após um acidente de trabalho que a deixou severamente adoecida. Nessa ocasião, seus dirigentes determinaram que retornasse para ficar sob os cuidados de Oswald de Andrade, ordem que ela recusou enquanto sua saúde permitiu. De volta para a capital

---

11 CAMPOS, Augusto de. *Pagu*: vida-obra. São Paulo: Brasiliense, 1982, p. 427.

paulista, sua situação era de semiclandestinidade, pois não podia residir no endereço oficial que tivera antes da entrada na militância.

Sua volta à capital paulista representou na prática o fim de sua atuação nas fileiras do PCB. A notícia veio por um emissário do partido que informou seu afastamento, recomendando, por conta própria, que trabalhasse à margem, intelectualmente.[12] Foi então que a escritora se dedicou a *Parque industrial*, seu primeiro romance. A contradição é enorme, registra um desencontro histórico. Ao retomar a prática intelectual de que fora proibida, e ainda com o objetivo renovado de ser admitida na organização, seu gesto expõe a complexidade da situação, pois se trata de uma passagem tensa de uma trajetória que conjuga atrevimento e sujeição, rebeldia e aceitação. O livro resultante dessa fase é uma obra peculiarmente comprometida: um romance curto e fragmentário que conduz o leitor a uma potente apologia do comunismo. Há nele elementos estéticos da vanguarda modernista, partidarismo imoderado, colagens panfletárias e ponto de vista militante que flutua do dogmatismo para posições mais libertárias. Apesar do crescente mercado editorial que os primeiros anos da década de 1930 viam prosperar no Brasil, sua publicação obedeceu a um padrão ainda afeito ao modo dos modernistas de 1922 e, em janeiro de 1933, uma tiragem financiada por Oswald circulou restritamente.

Parque industrial foi o primeiro projeto literário de Pagu a ser publicado integralmente. Sua proposta estética abertamente proletária aborda, sob uma perspectiva feminista, as relações de poder representadas pelo ambiente industrial da cidade de São Paulo, especialmente nos bairros Brás e Higienópolis, e as interações entre os personagens de diferentes classes sociais que se encontram e confrontam nesse espaço. A edição artesanal permitiu destacar a orientação classista no próprio projeto gráfico. Tanto a capa desenhada pela escritora,

---

12 GALVÃO, Patrícia. *Paixão Pagu*: a autobiografia precoce de Patrícia Galvão. Rio de Janeiro: Agir, 2005, p. 111.

com a silhueta de prédios industriais típicos de bairros operários paulistanos, como a composição das páginas, com tipologia grande organizada de modo a oferecer generosos espaços em branco, integram a feição gráfica original. Associadas ao conteúdo, essas escolhas demonstram que o livro foi pensado para um leitor pouco treinado, por isso, deveria ser mais convidativo. Mas esse perfil não era exclusivo, o público para o qual o texto foi escrito não era apenas o do proletariado que precisava ser formado politicamente. Essa fisionomia mais evidente pode ocultar o diálogo que a autora estabelece com a direção partidária, o que muitas vezes provoca leituras redutoras do romance. Na interação montada por Pagu, existe a intenção de declarar alinhamento programático, percebido no discurso mais aparente. Essa face mais persuasiva convive com a tentativa de explorar linhas alternativas, colocadas em plano mais sugestivo. A presença de Rosa Luxemburgo na narrativa, por exemplo, carrega forte significado. Além de figurar na narrativa como a mártir revolucionária que realmente foi, nas cenas em que a ação dos trabalhadores é central, a voz partidária dá espaço a uma concepção sobre consciência de classe e organização autônoma associadas ao que se convencionou chamar de luxemburguismo, vertente que, nesses primeiros anos da década de 1930, estava irremediavelmente condenada pela política oficial da III Internacional. Não foi por acaso que, acredita-se, Pagu ocultou-se sob o pseudônimo Mara Lobo por imposição do PCB.

Em dezembro de 1933, a escritora iniciou um périplo no estrangeiro. Ela passou por Estados Unidos, Japão e China, de onde partiu para a União Soviética, enviando reportagens para os jornais *Diário de Notícias* e *Correio da Manhã* (ambos do Rio de Janeiro) e *Diário da noite* (São Paulo). Após sua estada em Moscou e apesar da decepção com o que vira no país, foi para Paris e passou a militar na Juventude Comunista do PC francês sob o codinome Léonie. Detida três vezes, voltou ao Brasil em novembro de 1935 e, pouco depois, foi presa em meio à repressão que se seguiu ao levante comunista desse ano. Condenada a dois anos de prisão, conseguiu fugir quando levada para tratamentos médicos a um hospital militar, em 1937. O jornalista e crítico de arte Geraldo Ferraz, futuro marido de Pagu, colaborou nessa fuga. No ano seguinte, contudo, ela foi presa novamente e só retomou sua liberdade em julho de 1940. No cárcere, ela reavaliou sua militância, rompeu definitivamente com o PCB em 1939 e se aproximou dos agrupamentos que deram origem ao Partido Socialista Revolucionário, fundado em 1938. Junto com Hermínio Sacchetta, ela foi homenageada com a presidência de honra do congresso de fundação desse partido. Passado esse ciclo de intenso comprometimento, ela só retomaria atuação pública vinculada ao partido em 1950, quando concorreu a uma vaga na Assembleia Legislativa de São Paulo pelo Partido Socialista Brasileiro e fez circular o panfleto *Verdade e liberdade*, no qual realiza um amargo balanço de sua experiência militante e defende o socialismo democrático. Após as eleições, ela desligou-se daquele partido.

O casamento com Geraldo Ferraz viria acompanhado de uma prolífica militância cultural. Em 1945, eles publicaram *A famosa revista*, livro escrito a quatro mãos. O romance é um investimento na ousadia formal e na crítica ao PCB, cujo ambiente autoritário é alegorizado em uma redação de revista. Em setembro do mesmo ano, eles participam da redação do jornal *Vanguarda socialista*, criado por Mário Pedrosa, e no ano seguinte, iniciam a produção do Suplemento literário do *Diário de São Paulo*, que perduraria por dois anos. O princípio modernista de atualização da inteligência brasileira está no centro das preocupações de Patrícia Galvão e é manifestado em muitos dos artigos que ela escreve nesse período. Sua atenção também incorpora um sentido de práxis revolucionária.

Em Patrícia Galvão, a pretensão mais imediata era aliar a vanguarda artística à vanguarda partidária. A batalha por suas convicções artísticas, portanto, sustentava-se em uma coerência de que pouco se tem nota, como bem apontou o crítico Kenneth David Jackson, ao afirmar, no texto que apresenta o relato *Paixão Pagu*, que a autora é fascinante por sua "audácia e persistência".[13] Em 1948, por exemplo, a cidade de São Paulo sediou um congresso organizado pelos criadores da *Revista Brasileira de Poesia*. Patrícia Galvão participou ativamente, divergindo da proposta de nova poesia majoritária que, segundo nossa autora, por pretender se ver livre do peso histórico representado pela experiência modernista, rejeitava-a. Afinal, os novos não tinham a sensibilidade estética para serem portadores de uma nova palavra de ordem. Pagu defendia que a experiência modernista brasileira esteve alinhada com o mais profundo movimento de renovação nas artes já feito no país. Contudo, o movimento de 1922 encerrou-se em 1928 com a cisão dos originários, o que eliminou sua potência. Ela identificava cada fragmento a um líder. Oswald e os outros antropófagos enveredaram pela pesquisa do socialismo e da extrema-esquerda; Plínio Salgado partiu com seus seguidores do Anta para as propostas do verde-amarelismo; e Mário de Andrade, ainda vinculado ao Partido Democrático, realizara sua "evasão na poesia", além de cumprir com uma intensa atividade de missivista que, segundo nossa autora, "era o seu meio de se tornar um 'chefe', um '*duce*' da juventude".[14] É Mário o mais atacado por sua suposta "traição". Nossa escritora via nele a única autoridade capaz de manter a revolução estética do Modernismo em movimento. Justa ou não, a crítica enuncia uma grande admiração ao atribuir exclusivamente ao autor de *Macunaíma* o papel de alavancar revolucionariamente as artes no Brasil daquela época.

Há outros textos em que a autora expôs sua visão sobre o Modernismo e criticou as gerações seguintes aos jovens de 1922. Ela considerava, por exemplo, o chamado romance nordestino uma regressão em relação às ideias modernistas – nesse aspecto, Oswald lhe fazia companhia. Apesar de investidas de crítica social, as obras

---

13 GALVÃO, Patrícia. *Paixão Pagu*: a autobiografia precoce de Patrícia Galvão. Rio de Janeiro: Agir, 2005, p. 17.

14 CAMPOS, Augusto de. *Pagu*: vida-obra. São Paulo: Brasiliense, 1982, p. 253.

desse ciclo iniciado nos anos 1930 significariam um atraso estético que neutralizaria qualquer crítica, ainda que suas propostas fossem investigar a realidade local sob um viés econômico. Jorge Amado foi alvo de críticas de Pagu mais de uma vez. Suas diferenças políticas eram enormes e o autor de *O cavaleiro da esperança* era a própria antítese da autora no campo da esquerda. A obra e a biografia de ambos são bastante significativas dos rumos da esquerda na política e na arte brasileira na quadra histórica que começa nos anos 1930 e termina nos anos 1950. Essas diferenças foram expostas por Pagu em mais de uma oportunidade. Ela o acusava de ter aderido a uma moda de viés socializante e de escrever má literatura acadêmica, sem tomar conhecimento da literatura moderna, ao alcance de qualquer um em "Alcântara Machado, Mário de Andrade, Sérgio Milliet, Manuel Bandeira, Murilo Mendes, João Miramar, Carlos Drummond de Andrade etc."[15] Assim, Amado era visto por Pagu como figura representativa da literatura que abandonara a pesquisa vital à linguagem e que praticava um antiquado naturalismo, ignorando o caráter experimental que a geração anterior conquistara. Essa tese converge com o que João Luiz Lafetá formularia posteriormente a respeito de uma suposta regressão neonaturalista ocorrida na passagem dos anos 1920 aos 1930.

Em 1952, Pagu passou a frequentar a Escola de Arte Dramática de São Paulo. Sua postura manteve-se afinada à ideia de que o artista deveria ser um porta-voz da informação transformadora. Nos anos seguintes, em Santos, foi uma das principais estimuladoras, e por vezes organizadora, do teatro na cidade. No fim de sua vida, de 1957 a 1961, ela retomou o pseudônimo Mara Lobo para escrever artigos didáticos sobre literatura no jornal *A Tribuna*. Neles, havia a explicação e a defesa da velocidade, do simultaneísmo, do monólogo interior.

---

15 FACIOLI, Valentim (Coord.). *Por uma arte revolucionária independente*. Rio de Janeiro: Paz e Terra; São Paulo: Cemap, 1985, p. 148.

Galvão não se desvia, em sua trajetória, da ideia de que experimentalismo estético e revolução socialista fazem parte de um mesmo processo. Esse provavelmente é um dos motivos para que seus textos tenham recebido atenção tardiamente. Sua obra também não conformou o que convencionalmente se chamaria de carreira literária. Sem contar com a indispensável seriação, seus trabalhos formaram um corpo fragmentário e somente a ótima antologia de 1982 organizada por Augusto de Campos lhe restituiria a unidade – ao mesmo tempo que ampliava notavelmente o público conhecedor da escritora. O fracionamento de sua produção talvez se explique pelas perseguições que sofreu, por sua diversidade de interesses e pelos percalços pelos quais passou. Observando-a em conjunto, ressalta o fato de ser uma obra composta de lances ousados, tentativas de, em diferentes momentos, alargar a percepção do contemporâneo, alinhar-se com a inteligência de seu tempo e realizar a ambição de manter diálogo e conexões com o que havia de mais moderno e revolucionário em seus momentos de criação e publicação. Suas reorientações políticas e a voracidade demonstrada para dominar uma gama diversa de interesses também testemunham a seu favor, como atesta sua atividade teatral relativamente tardia.

Bastante afeita à contracorrente, a liga de sua postura crítica se dava na articulação dessa vocação modernista com as ideias comunistas, sem perder a preocupação de que ambas se renovassem com o tempo.

Referências bibliográficas

CAMPOS, Augusto de. *Pagu*: vida-obra. São Paulo: Brasiliense, 1982.

FACIOLI, Valentim (Coord.). *Por uma arte revolucionária independente*. Rio de Janeiro: Paz e Terra; São Paulo: Cemap, 1985.

FURLANI, Lucia Maria Teixeira; FERRAZ, Geraldo (Coord.). *Viva Pagu*: fotobiografia de Patrícia Galvão. São Paulo: Imprensa Oficial, 2010.

GALVÃO, Patrícia. *Paixão Pagu*: a autobiografia precoce de Patrícia Galvão. Rio de Janeiro: Agir, 2005.

JACKSON, Kenneth David. "Uma evolução subterrânea: o jornalismo de Patrícia Galvão". *Revista do IEB*, nº 53, mar./set. 2011.

MOTTA, Rodrigo Patto Sá; NAPOLITANO, Marcos; CZAJKA, Rodrigo (Coord.). *Comunistas Brasileiros*: cultura política e produção cultural. Belo Horizonte: Editora UFMG, 2013.

PAULA BEIGUELMAN (1926-2009)

A POLÍTICA COMO PROBLEMA

DIMITRI PINHEIRO

No segundo semestre de 1968, realizou-se no anfiteatro do edifício de história da Faculdade de Filosofia, Ciências e Letras da Universidade de São Paulo (FFCL-USP) um concurso para a Cátedra de Política. O clima não era propício à realização do evento. A reforma universitária, que constituía o cerne da plataforma do movimento estudantil, se desdobrava justamente no combate ao regime de cátedras, símbolo maior da hierarquia da instituição e, metonimicamente, da ditadura militar autoritária, em franco processo de recrudescimento.

O cargo foi disputado por dois professores da casa: Paula Beiguelman e Fernando Henrique Cardoso. Seja por ter sido orientada pelo catedrático – Lourival Gomes Machado, que falecera subitamente, enquanto estava licenciado pela Unesco –, seja por ser, na prática, a regente da cadeira pelo menos desde 1963, a professora concorreu como candidata "natural" ao cargo e apresentou a tese *A*

Formação do Povo no Complexo Cafeeiro. O desafiante, integrante da Cadeira de Sociologia I e recém-chegado de um périplo de quase quatro anos por instituições latino-americanas e europeias enquanto esteve no exílio, concorreu com a tese *Política e Desenvolvimento em Sociedades Dependentes*.

A disputa expressou de modo paradigmático tensões que permeavam o ambiente acadêmico da FFCL naquela época: de um lado, Paula, descendente de imigrantes, mulher, solteira, professora excepcional, integrante de uma cadeira subalterna, sem influência perante as instâncias de direção universitárias, prata da casa e apresentando um trabalho sob o tema da *formação*; de outro, Fernando Henrique, herdeiro de família tradicional, homem, casado, pesquisador prolífico, associado a uma cadeira dominante, influente junto aos órgãos diretivos da universidade, com carreira internacionalizada e apresentando uma tese sob o tema *modernização*.

A congregação da faculdade indicou Ruy Coelho e Sérgio Buarque de Holanda como seus representantes na banca examinadora. O conselho técnico e administrativo, por sua vez, indicou os integrantes externos: Orlando de Carvalho, José Honório Rodrigues e Victor Nunes Leal. Embora os dois candidatos tenham sido aprovados, Fernando Henrique foi unanimemente indicado para o cargo pela banca examinadora do concurso. Para além da vitória ou derrota no plano pessoal, o resultado poderia ser tomado como um instantâneo do processo de desenvolvimento das ciências sociais em São Paulo. De um lado, num ritmo acelerado de institucionalização, o projeto acadêmico de afirmação disciplinar da sociologia, que tinha como lastro a Cadeira de Sociologia I, sob a liderança de Florestan Fernandes. De outro, numa posição retardatária do gradiente de institucionalização, o projeto de afirmação institucional, implementado via Cadeira de Política, por Paula Beiguelman e demais professores do grupo.

A consagração acadêmica de Fernando Henrique, amplificada pela visibilidade pública de sua figura política, projetou sobre a adversária a sombra de uma vantagem inquestionável. Imediatamente após a derrota no concurso, a professora se transferiu para a Cadeira de História da Civilização Brasileira, então chefiada por Sérgio Buarque de Holanda. No ano seguinte, entretanto, tanto ela quanto Fernando Henrique seriam aposentados compulsoriamente pelo regime militar autoritário.[1] Ao contrário do que sucederia ao professor, tais episódios marcaram a interrupção da vida acadêmica de Paula Beiguelman. A partir daí, suas atividades intelectuais tomam o rumo da militância política clandestina.

Seguindo uma sugestão de Mariza Corrêa, parece fundamental evitar incorrer em avaliações anacrônicas que uma análise inteiramente calcada na "notoriedade retrospectiva" tende a produzir. Por "notoriedade retrospectiva" entende-se aqui o modo pelo qual "o renome adquirido a partir de um certo momento pode iluminar a vida inteira de um personagem"[2] e, acrescentaria Heloísa Pontes,[3] "ofuscar a de outro". Revisitar a obra de Paula Beiguelman constituiria, assim, uma forma de deslocar o foco das atenções daquelas figuras que, por seu destaque posterior, aparecem como protagonistas, para iluminar uma personagem tida como secundária, mas que desempenhou um papel importantíssimo na construção institucional das ciências sociais paulistas.

Nessa direção, convém apresentar um panorama do livro que reúne dois dos principais trabalhos acadêmicos da autora: *Formação Política do Brasil*. Os dois volumes que integram esse livro oferecem uma ideia mais concreta a respeito de sua atuação como pesquisadora, além de constituírem a base de um programa de pesquisas cujo

---

1 ADUSP. *O Controle ideológico na USP (1964-1978)*. São Paulo: Adusp, 2004, p. 48.

2 CORRÊA, Mariza. *Antropólogas & antropologia*. Belo Horizonte: UFMG, 2003, p. 21.

3 PONTES, Heloísa. "A burla do gênero: Cacilda Becker, a Mary Stuart de Pirassununga". *Tempo Social*, São Paulo, FFLCH-USP, vol. 16, nº 1, jun. 2004, p. 234.

objetivo seria apreender a experiência política brasileira de forma mais sistemática. Tal programa não foi realizado plenamente, em função do resultado desfavorável do concurso e de sua aposentadoria compulsória. Mesmo assim, em alguma medida, a geração de cientistas políticos reunida na USP dos anos de 1970 e 1980 ordenou suas atividades de pesquisa tendo em vista esse esquema.

1 Um panorama de *Formação Política do Brasil*

Num trabalho especialmente dedicado à sociologia da cultura, Karl Mannheim observou que, não obstante a maior circulação das ideias através das fronteiras políticas, "certos temas só reaparecem no pensamento organizado de cada país".[4] A julgar pela constância ao longo das sucessivas conjunturas intelectuais brasileiras, o tema da *formação* parece ser um desses casos.

Conforme apontou Paulo Arantes, o assunto está explícito em livros como *Formação do Brasil Contemporâneo*, de Caio Prado Júnior, *Formação Econômica do Brasil*, de Celso Furtado, *Formação da Literatura Brasileira*, de Antônio Cândido, e também em outros que, como *Casa-grande e Senzala*, de Gilberto Freyre, e *Raízes do Brasil*, de Sérgio Buarque de Holanda, não o apresentam ostensivamente em seus títulos.[5] Simultaneamente descritivas e normativas, essas obras se caracterizariam pelo esforço de distinguir as linhas evolutivas da formação social brasileira e pelo desejo de fazer do país uma nação relativamente integrada. Ainda segundo o intérprete, também teriam em comum o recurso ao chamado "ensaio histórico-sociológico", um "gênero misto" de expressão intelectual,

---

4 MANNHEIM, Karl. "Em busca de uma sociologia do espírito". *In*: ______. *Sociologia da Cultura*. São Paulo: Perspectiva, 2004, p. 10.

5 ARANTES, Paulo Eduardo. "Providências de um crítico literário na periferia do capitalismo". *In*: ARANTES, Otília Beatriz Fiori. *Sentido da formação*: três estudos sobre Antônio Candido, Gilda de Mello e Souza e Cruz Costa. Rio de Janeiro: Paz e Terra, 1997, p. 11.

"construído na confluência da criação literária e da pesquisa científica",[6] no qual os analistas, mais ou menos liberados da disciplina científica, procurariam reter os grandes processos constitutivos da sociedade brasileira.

Considerando o que indica o título, não parece despropositado inscrever sob esse tema o livro *Formação Política do Brasil*, de Paula Beiguelman. Publicado no ano de 1967, ele reúne em dois volumes a tese de doutoramento *Teoria e Ação no Pensamento Abolicionista*, apresentada em 1961, e a tese de livre-docência *Contribuição à Teoria da Organização Política Brasileira*, apresentada em 1967. O primeiro volume do livro está organizado em três partes: "A destruição do escravismo capitalista", "Sistemática e dinâmica da organização política imperial" e "A reflexão sobre a problemática fundamental brasileira". Já o segundo volume é composto por um único item – a própria tese de livre-docência.

Chama atenção o fato de que não há menção explícita aos ensaios de interpretação da década de 1930. As principais referências são historiadores do século XX – Eric Williams, Ramiro Guerra, Affonso Taunay, Tarquínio de Sousa, Oliveira Lima etc. –, pensadores brasileiros do século XIX – Bezerra de Menezes, Pimenta Bueno, Visconde do Uruguai, Visconde de Ouro Preto, Tavares Bastos, entre outros – e os ensaios de Joaquim Nabuco, bem como de Oliveira Viana. Além desses, há menção a pensadores europeus como Edmund Burke, Condorcet, Marx e Lênin. A autora utiliza largamente como fontes primárias os anais das Assembleias Legislativas das províncias, da Câmara e do Senado imperiais (leis, decretos, relatórios, pronunciamentos etc.), além de memórias e artigos de jornais do período.

---

6 ARANTES, Paulo Eduardo. "Providências de um crítico literário na periferia do capitalismo". *In*: ARANTES, Otília Beatriz Fiori. *Sentido da formação*: três estudos sobre Antônio Candido, Gilda de Mello e Souza e Cruz Costa. Rio de Janeiro: Paz e Terra, 1997, p. p. 21.

O foco geral do trabalho recai sobre a crise da ordem escravocrata e a estruturação da organização social assentada no trabalho livre. Em cada uma das partes do primeiro volume, esse processo é analisado a partir de um plano específico: na primeira, o plano econômico; na segunda, o político; e na terceira, o ideológico. No segundo volume, Paula Beiguelman discute as implicações teóricas da análise, confronta outras abordagens do problema e, finalmente, indica os contornos de uma periodização da evolução das instituições políticas brasileiras.

O argumento mobilizado no início do primeiro volume sugere que o declínio do tráfico negreiro como fator de acumulação de capital deslocava o interesse pela manutenção do escravismo do âmbito comercial para o nível da produção. O principal estímulo não mais seria o excedente obtido com o comércio de escravos africanos, mas o baixo custo proporcionado por esse tipo de trabalho. Assim, quando outras modalidades começam a cumprir esse requisito (trabalho a baixo custo), seria possível identificar a ruptura do "vínculo de *necessidade* que ligava o sistema econômico mundial à ordem escravista".[7] Os pressupostos dessa caracterização são remetidos ao artigo "A destruição do escravismo moderno como questão teórica" em *Pequenos Estudos de Ciência Política*.[8] Em resumo, após a revolução industrial, opera-se uma alteração na inserção *funcional* da produção açucareira na economia mundial. Se antes o papel da produção era alimentar o tráfico negreiro, agora passa a ser a oferta de produto barato para a comercialização no mercado internacional. Com isso, pouco importaria, de um ponto de vista sistêmico, se as bases da economia fossem escravistas ou não. O que implicaria uma relação de *indiferença*. Segundo a autora, a consequência teórica é que a análise do "sistema global" coloca a

---

7 BEIGUELMAN, Paula. *Formação política do Brasil*. 2 vols. São Paulo: Pioneira, 1967, p. 13 (grifo nosso).

8 BEIGUELMAN, Paula. *Pequenos estudos de ciência política*. 2ª ed. São Paulo: Pioneira, 1973.

possibilidade de destruição do escravismo, mas a compreensão de como isso se efetivou necessita do exame das situações concretas em que se deu nas diferentes economias.

Partindo desse pressuposto, a autora analisa a crise do escravismo em diferentes economias americanas: Antilhas inglesas, Antilhas francesas, Estados Unidos, Cuba e Brasil. Nesse ponto, destacamos dois aspectos decisivos da análise.

A abordagem do exclusivo colonial pela perspectiva dos interesses metropolitanos e seu papel central para o fim do escravismo constituem o primeiro deles. Salvo engano, usualmente, as análises sobre o assunto tenderam a enfatizar os prejuízos trazidos pelo monopólio às colônias, que não podiam vender ou comprar produtos em condições mais vantajosas do que aquelas oferecidas por sua metrópole. A diferença aqui reside justamente no enfoque dos reveses que essa situação acarretava para o polo metropolitano. Para a economia da Inglaterra, por exemplo, a exclusividade do açúcar antilhano em uma conjuntura de superprodução e redução de preços no mercado internacional se torna extremamente onerosa, posto que outras colônias – como a Índia – ofereciam o produto por preços mais rentáveis. Tal situação possibilita que a propaganda abolicionista ganhe audiência na esfera governamental. A abolição assume, porém, um significado econômico: reduzir a produção antilhana e minimizar os prejuízos. Paula Beiguelman ressalta, ainda, a concorrência entre os diferentes interesses coloniais sediados no polo metropolitano. Enquanto uma parte – caso daqueles vinculados ao açúcar indiano – exigia o fim do monopólio comercial, a outra pleiteava a extensão do combate ao tráfico de escravos como política externa inglesa, caso dos associados ao açúcar antilhano, que se viam em desvantagem em relação às colônias que ainda mantinham a escravidão.

O segundo destaque se refere à associação entre a crise da economia escravista brasileira e o processo envolvendo a estruturação de uma política subsidiada de imigração. Medidas governamentais, principalmente a elevação dos impostos sobre a venda e a posse de escravos – inicialmente adotadas no âmbito da província de São Paulo e, pouco a pouco, estendidas ao Império –, oneravam progressivamente os proprietários de escravos e instilavam tendências latentes aos setores mais recentes e dinâmicos da agricultura cafeeira: a procura por novas frentes de investimento e a pressão sobre as instâncias do poder público visando garantir um fluxo de imigração subvencionada em condições de abastecer as lavouras com força de trabalho. O processo de abolição da escravidão teria posto em funcionamento um mecanismo estrutural: a absorção do trabalho imigrante pelas áreas mais produtivas da lavoura cafeeira e, consequentemente, a expulsão do trabalhador nacional, livre ou recém-liberto, para as plantações mais antigas, ou seja, justamente aquelas menos produtivas:

> Não suportando tais setores [menos produtivos] um padrão de trabalho economicamente orientado e exigente, será a conduta menos racional desse elemento [livre ou liberto] que lhes garantirá a disponibilidade de uma massa de trabalho barato. Nesse sentido, a "preservação dos padrões socioeconômicos herdados da escravidão" no contingente nacional da área cafeeira, pode ser interpretada como função da incapacidade da lavoura menos próspera de suportar o trabalho assalariado.[9]

Adiante, Paula Beiguelman analisa outros fatos implicados nos processos de independência das colônias americanas e do Brasil em particular: as guerras napoleônicas, a redefinição das relações políticas entre Portugal e Espanha, a Santa Aliança, entre outros. Reconstitui, então, os conflitos de interesses envolvidos na modelagem das instituições políticas no Primeiro Reinado e o perfil das

---

9 BEIGUELMAN, Paula. *Formação política do Brasil*. 2 vols. São Paulo: Pioneira, 1967, p. 34. Aparentemente, o segundo trecho entre colchetes se refere ao trabalho de Florestan Fernandes sobre a passagem do negro da posição de escravo a trabalhador já no contexto da sociedade de classes.

disputas vigentes nesse contexto. Finalmente, focaliza a dinâmica político-partidária que se desenvolve ao longo da Regência e do Segundo Reinado, polarizada pelo debate acerca da manutenção ou não da escravidão e por eventos relacionados a essa questão, como os conflitos diplomáticos com a Inglaterra, a extinção do tráfico de escravos, a lei de libertação dos "nascituros", a concessão de subsídios à imigração e, finalmente, a abolição.

O argumento enfatiza, portanto, a estruturação e a dinâmica das instituições políticas ao longo do período imperial. Aqui, importa destacar a descrição do processo de organização de uma "monarquia parlamentarista de quatro poderes", caracterizada, de um lado, por um executivo fortemente centralizador – detinha o controle do aparato policial e de justiça – e, de outro, por partidos de "patronagem" (noção emprestada de Oliveira Viana) em disputa pelos recursos auferidos com a posse do gabinete. Como qualquer dos grupos que assumisse o executivo tinha condições de eleger uma câmara majoritariamente alinhada às suas plataformas de governo, a autora identifica aí uma inversão do parlamentarismo inglês:

> Qualquer dos partidos de patronagem que o Moderador chamasse ao poder, teria recursos para munir-se do necessário apoio legislativo requerido pelas normas parlamentares. Isto é, invertidos os termos do esquema parlamentarista clássico, o Legislativo se tornava uma criação do Executivo, ganhando a disputa partidária uma nova dimensão: a porfia dos favores da Coroa.[10]

Tal arranjo institucional permitia à Coroa dissociar a ação dos partidos concorrentes dos interesses dos grandes proprietários rurais, fazendo, inclusive, com que o poder legislativo aprovasse iniciativas direta ou indiretamente contrárias à ordem escravocrata.

---

10 BEIGUELMAN, Paula. *Formação política do Brasil*. 2 vols. São Paulo: Pioneira, 1967, p. 69.

A autora chega mesmo a argumentar que as iniciativas propostas pela Coroa satisfaziam necessidades estruturais da economia, "a que eram impermeáveis os partidos *enquanto* representantes do eleitorado agrário".[11]

O último item desse volume é dedicado à caracterização das vertentes de pensamento em confronto durante o século XIX. Recorrendo ao ensaio de Mannheim (2014 [1963]) sobre o pensamento conservador, Paula Beiguelman identifica, no debate intelectual que transcorre durante o Império, modos de expressão de pensamento semelhantes aos caracterizados pelo sociólogo para a Europa do fim do século XVIII e início do XIX. Desse modo, os estilos europeus de pensamento conservador, liberal e socialista encontrariam, respectivamente, correspondentes locais nas formulações de figuras como José Joaquim da Cunha Azeredo Coutinho, Aureliano Cândido Tavares Bastos e Joaquim Nabuco. É verdade que nem sempre nos mesmos termos, afinal – não é demais lembrar –, as diferenças ideológicas se desenvolviam, por aqui, a partir das desavenças políticas em torno da escravidão e, lá, em decorrência das divergências políticas desencadeadas com a Revolução Francesa.

O pensamento abolicionista formulado por Joaquim Nabuco cumpre papel central no argumento da autora. Ao contrário do que ela identifica nas expressões locais do estilo conservador, nas quais seria recorrente o apelo às características específicas da realidade brasileira para desqualificar as propostas de reforma, e do liberalismo, nas quais essas especificidades seriam entendidas como deformações a serem superadas mediante o recurso às soluções decalcadas das sociedades industriais, o pensamento abolicionista, seja porque adotou a perspectiva do "polo dominado" – no caso, os escravos –, seja porque tomou a escravidão como "estrutura funcionalmente

---

11 BEIGUELMAN, Paula. *Formação política do Brasil*. 2 vols. São Paulo: Pioneira, 1967, p. 125 (grifo nosso).

articulada",[12] estaria em condições de direcionar sua crítica ao fundamento da ordem social escravocrata.

Nesses termos, o caráter predatório da ocupação do solo, a baixa produtividade da atividade agrícola, o subpovoamento do território, o baixo padrão de vida das massas populares, a propalada inaptidão do homem livre para o trabalho, a hipertrofia do funcionalismo público e até mesmo a pobreza de valores espirituais são entendidos como manifestações em todas as dimensões da vida social de um mesmo fundamento: um sistema social baseado na escravidão. O procedimento possibilitaria ao abolicionismo de Joaquim Nabuco transcender uma simples defesa da emancipação jurídica do escravo e apontar um conjunto de tarefas cuja realização exigiria a transformação do sistema como um todo, podendo, pois, persistir mesmo após a abolição formal da escravidão.[13]

A discussão travada no segundo volume do livro – a tese de livre-docência – procura sintetizar os aspectos explorados ao longo do primeiro, mas dessa vez num registro mais abstrato. Procura com isso realçar os momentos mais significativos teoricamente, estabelecer diálogo crítico com outros modelos de explicação e lançar as bases de uma periodização para análise das instituições políticas brasileiras. Segundo nosso ponto de vista, tais direcionamentos

---

12 BEIGUELMAN, Paula. *Formação política do Brasil*. 2 vols. São Paulo: Pioneira, 1967, p. 177.

13 BEIGUELMAN, Paula. *Formação política do Brasil*. 2 vols. São Paulo: Pioneira, 1967, p. 179. Em outro trabalho, a autora seria ainda mais enfática quanto à importância de Joaquim Nabuco para o estudo do pensamento social brasileiro: "do exposto, ressalta que Joaquim Nabuco diversamente de outros críticos, respeitáveis embora, da realidade brasileira, que o antecederam ou sucederam, não se limita ao catálogo das mazelas nacionais, ou à apresentação de soluções no plano organizatório institucional mais imediato, mas pretende construir a problemática brasileira em torno de um eixo fundamental. É em Nabuco, pois, que uma moderna e consistente reflexão crítica brasileira deve buscar seu patrono histórico" (BEIGUELMAN, Paula. *Pequenos estudos de ciência política*. 2ª ed. São Paulo: Pioneira, 1973, p. 128).

visavam à constituição de um programa de investigações para a Cadeira de Política.

De saída, a autora explicita sua divergência com aquelas formulações que inserem o processo de abolição e montagem do fluxo imigratório numa "transição para o capitalismo". Defendia, portanto, o caráter capitalista do "escravismo moderno", criticando a confusão decorrente do uso incorreto da noção "capitalismo" para apreender o que seria apenas a dinamização do mercado interno, seja pela liberação de capitais propiciada pela libertação dos escravos, seja pela progressiva generalização da modalidade de trabalho assalariado.

Adiante, relacionando regime monárquico, unidade territorial e mercado nacional de escravos, Paula Beiguelman elabora uma explicação original para um dos tópicos mais controversos do debate intelectual do período: o da manutenção da unidade territorial do país. Em oposição aos casos das colônias hispânicas, nos quais a dissolução da ordem colonial internacional significou, invariavelmente, fragmentação territorial, regimes republicanos e abolição da escravidão, a via brasileira, não obstante o aparente antagonismo de interesses entre os diferentes setores econômicos, tinha como lastro um fundamento comum:

> (...) reagindo em termos dos interesses imediatos, as províncias não tinham por que manter-se unidas. Mas se levarmos em conta os fundamentos da economia global, explicaremos ao mesmo tempo o unitarismo (consolidado nas guerras de Independência) e a Monarquia. A autoridade monárquica (carismática) passa a se interpretar como o recurso pelo qual se mantém a unidade, resolvendo-se a tensão decorrente do fato de que as províncias apresentavam, num nível mais superficial, interesses econômicos diversos, embora, num plano mais profundo, *o país se configurasse unitariamente como um mercado nacional de escravos.*[14]

14 BEIGUELMAN, Paula. *Formação política do Brasil.* 2 vols. São Paulo: Pioneira, 1967, p. 79 (grifo nosso).

O desfecho do livro apresenta uma discussão que indica o móvel mais profundo da análise. Segundo considera a autora, o período imperial constituiria a etapa de "formação do Brasil moderno".[15] Noutros termos, constituiria, tanto "logicamente" quanto "cronologicamente", a base para a organização das instituições políticas brasileiras de acordo com uma periodização que abrangeria, ainda, ao menos quatro etapas: de 1889 a 1930, de 1930 a 1945, de 1945 a 1964, e de 1964 em diante. Nesse sentido, a proposta de periodização poderia ser entendida, ao mesmo tempo, tanto como uma tentativa de filiação ao rol daquelas obras que elegeram a *formação* como tema central de investigação quanto como uma etapa preliminar de uma série de estudos a serem realizados pelos integrantes da cadeira.

Considerações finais

Esse rápido panorama de *Formação Política do Brasil* permite situá-la, mesmo que de uma forma preliminar, numa posição específica no campo do pensamento social brasileiro. Se parece correto afirmar que, no título do trabalho, é estabelecida uma relação explícita com a tradição dos ensaios de interpretação do Brasil, quando se observam os subtítulos atribuídos a cada um dos dois volumes em que a obra está organizada, é possível perceber certo contraste. Isso porque "Teoria e ação no pensamento abolicionista" e "Contribuição à teoria da organização política brasileira" revelam menos um diálogo com uma linguagem não especializada, como é característico do ensaísmo, e mais um esforço de aproximação a um padrão científico de exposição.

O contraste possibilita afirmar que, aparentemente, a obra se situa a meio caminho entre dois padrões distintos de trabalho intelectual. De um lado, os grandes panoramas históricos preocupados com a análise dos processos de constituição da sociedade

---

15 BEIGUELMAN, Paula. *Formação política do Brasil*. 2 vols. São Paulo: Pioneira, 1967, p. 88.

brasileira, característicos de intelectuais autodidatas; e, de outro, a busca pela compreensão das relações entre fenômenos delimitados e seu contexto, marca de intelectuais especialistas, modelados pela experiência em instituições universitárias como a USP.[16] Disto também parece dar notícia Gabriel Cohn,[17] que, se referindo à posição ocupada por Paula Beiguelman, afirma que estava a "meio caminho entre os grandes mestres do período heroico da faculdade – nomes da estatura de Paul Arbousse-Bastide e Lourival Gomes Machado –, e o período de institucionalização da área [de ciência política] na figura do departamento".

De certo modo, tais características conformariam uma dualidade formal que reverbera na composição da obra e em alguma medida nubla os seus achados analíticos. Dentre esses, encontra-se a importância conferida à dimensão política para explicar a crise da sociedade escravocrata e a transição para a ordem social baseada no trabalho livre, que se deu no Brasil entre fins do século XIX e início do XX. Em suas análises sobre esse processo, a autora concede espaço significativo à montagem institucional de uma política de subsídio à importação de força de trabalho imigrante – central para a formação de um mercado de trabalho livre e hierarquizado segundo tipos sociais (negro liberto, "homem livre" e imigrante) –, à dinâmica político-partidária no âmbito das instituições políticas do Império e às divergências políticas expressas no plano ideológico. O que não é pouco quando se tem em vista o quadro intelectual da década de 1960, momento no qual se torna hegemônica nas instituições de maior prestígio no âmbito das ciências sociais – principalmente a FFCL-USP e o Iseb – uma abordagem que tendia a reduzir o processo

16 ARRUDA, Maria Arminda do Nascimento. "A Sociologia no Brasil: Florestan Fernandes e a 'Escola Paulista'". *In*: MICELI, Sergio (Coord.). *História das Ciências Sociais no Brasil*. vol. 2. São Paulo: Editora Sumaré; Fapesp, 1995, p. 132/133.

17 COHN, Gabriel. "Discurso de apresentação". *Outorga do título de Professor Emérito a Paula Beiguelman*, São Paulo, FFLCH-USP, 2003, p. 7.

à resultante de forças macrossociais e, com isto, a minimizar ou mesmo desqualificar a importância da dimensão política.[18]

Sendo assim, tanto os trabalhos da autora como outros desenvolvidos junto à Cadeira de Política – principalmente aqueles diretamente relacionados à história do pensamento social – sofreriam, como já foi brevemente assinalado aqui, os efeitos desvalorizadores causados pelo domínio exercido pela Cadeira de Sociologia I e do esquema de interpretação do desenvolvimento das ciências sociais no Brasil, o qual constituía peça central do projeto de afirmação disciplinar da sociologia encabeçado por Florestan Fernandes.[19]

Mais uma dificuldade é também sinalizada quando outros centros intelectuais do país são tomados em consideração: embora o Iseb também jogasse água no moinho das abordagens macroestruturais, começava a surgir, entre o eixo Belo Horizonte-Rio de Janeiro, uma nova geração de cientistas sociais que, sob o amparo da política de fomento da Fundação Ford e impulsionados pela constituição de um sistema nacional de pós-graduação na área de ciências sociais, reivindicaria para si a dianteira no processo de afirmação da ciência política entendida como disciplina acadêmica

---

18 Para uma avaliação das vertentes de interpretação do fim da escravidão e de como o modelo da sociologia paulista secundarizou a dimensão política do processo, ver CARVALHO, José Murilo. "As batalhás da Abolição". *In*: ______. *Pontos e bordados*. Belo Horizonte: UFMG, 1998, p. 65-81. Para uma leitura no mesmo sentido para o caso do Iseb, ver LAMOUNIER, Bolívar. "Apresentação". *In*: ______ (Coord.). *Ciência política nos anos 80*. Brasília: UnB, 1982, p. 418.

19 Para interpretações que sustentam a argumentação de que o esquema de interpretação da história das Ciências Sociais desvalorizou os estudos sobre o pensamento social no Brasil, ver SANTOS, Wanderley Guilherme dos. "Paradigma e história: a ordem burguesa na imaginação social brasileira". *In*: ______. *Ordem burguesa e liberalismo político*. São Paulo: Duas Cidades, 1978, p. 23; e LAMOUNIER, Bolívar. "Formação de um pensamento político autoritário na Primeira República: uma interpretação". *In*: FAUSTO, Boris. *História geral da civilização brasileira*: o Brasil republicano. vol. 9, 3ª ed. São Paulo: Difel, 1985, p. 349.

e autônoma da identidade disciplinar mais estabelecida das ciências sociais. A contraposição à sociologia paulista os levaria, em alguma medida, a uniformizar a produção intelectual paulista e a ignorar a experiência acadêmica precursora que se constituiu sob a liderança intelectual de Lourival Gomes Machado e Paula Beiguelman nos quadros da Cadeira de Política da USP. Como bem argumentou Gildo Marçal Brandão, bem ou mal, a nova geração de praticantes da "nova disciplina" reforçou a imagem bastante conveniente de que:

> (...) [a] ciência política no Brasil é uma invenção dos anos [19]80 ou algo que tem uma pré-história nos anos [19]30 e [19]50 e depois o silêncio antes do *fiat lux* pronunciado pelos heróis fundadores que estudaram nas universidades norte-americanas ou foram financiados pela Fundação Ford.[20]

Apesar desses obstáculos enfrentados por Paula Beiguelman – os efeitos desvalorizadores sofridos pela Cadeira de Política em função da "hierarquia das disciplinas", que privilegiava a Cadeira de Sociologia I na USP; o menosprezo dos "novos" cientistas políticos mineiros e cariocas; a derrota no concurso de 1968; a aposentadoria compulsória pelo regime militar autoritário –, o programa de pesquisas que empalmou seria parcialmente desenvolvido por meio dos trabalhos realizados por alguns dos seus alunos – entre eles, Francisco Weffort, Maria do Carmo Campello de Souza e Eduardo Kuguelmas especialmente – no contexto posterior à reforma universitária, ao longo dos anos de 1970 e 1980.

Referências bibliográficas

ADUSP. *O Controle ideológico na USP (1964-1978)*. São Paulo: Adusp, 2004.

---

20 BRANDÃO, Gildo Marçal. *Linhagens do pensamento político brasileiro*. São Paulo: Hucitec, 2007, p. 26.

ARANTES, Paulo Eduardo. "Providências de um crítico literário na periferia do capitalismo". *In*: ARANTES, Otília Beatriz Fiori. *Sentido da formação*: três estudos sobre Antônio Candido, Gilda de Mello e Souza e Cruz Costa. Rio de Janeiro: Paz e Terra, 1997.

ARRUDA, Maria Arminda do Nascimento. "A Sociologia no Brasil: Florestan Fernandes e a 'Escola Paulista'". *In*: MICELI, Sergio (Coord.). *História das Ciências Sociais no Brasil*. vol. 2. São Paulo: Editora Sumaré; Fapesp, 1995.

BEIGUELMAN, Paula. *Formação política do Brasil*. 2 vols. São Paulo: Pioneira, 1967.

______. *Pequenos estudos de ciência política*. 2ª ed. São Paulo: Pioneira, 1973.

BRANDÃO, Gildo Marçal. *Linhagens do pensamento político brasileiro*. São Paulo: Hucitec, 2007.

CARVALHO, José Murilo. "As batalhas da Abolição". *In*: ______. *Pontos e bordados*. Belo Horizonte: UFMG, 1998.

COHN, Gabriel. "Discurso de apresentação". *Outorga do título de Professor Emérito a Paula Beiguelman*, São Paulo, FFLCH-USP, 2003.

CORRÊA, Mariza. *Antropólogas & antropologia*. Belo Horizonte: UFMG, 2003.

LAMOUNIER, Bolívar. "Apresentação". *In*: ______ (Coord.). *Ciência política nos anos 80*. Brasília: UnB, 1982.

______. "Formação de um pensamento político autoritário na Primeira República: uma interpretação". *In*: FAUSTO, Boris. *História geral da civilização brasileira*: o Brasil republicano. vol. 9, 3ª ed. São Paulo: Difel, 1985.

MANNHEIM, Karl. "Em busca de uma sociologia do espírito". *In*: ______. *Sociologia da Cultura*. São Paulo: Perspectiva, 2004.

PONTES, Heloísa. "A burla do gênero: Cacilda Becker, a Mary Stuart de Pirassununga". *Tempo Social*, São Paulo, FFLCH-USP, vol. 16, nº 1, jun. 2004.

SANTOS, Wanderley Guilherme dos. "Paradigma e história: a ordem burguesa na imaginação social brasileira". *In*: ______. *Ordem burguesa e liberalismo político*. São Paulo: Duas Cidades, 1978.

PÉROLA BYINGTON (1879-1963)

MULHER E FAMÍLIA EM MUDANÇA

OLGA BRITES

E o silêncio caiu sobre a cidade
Como um pássaro ferido
Estrelas mergulharam na luta da noite.
Cantigas emudeceram em lábios infantis,
Cirandas de ventos errantes detiveram seus passos.
Carrosséis de sonhos pararam de rodar,
Uma rosa despetalou sua tristeza
Sobre o parque calado,
E os anjos sussurraram no sono dos inocentes
"– Deus chamou dona Pérola
Para cuidar das crianças que estão no céu".
("Oração para Dona Pérola", Paulo Bonfim).

Os versos colocados em epígrafe homenageiam Pérola Byington e revelam a relação estabelecida por ela com a cidade de São Paulo, numa atividade intensa nos cuidados com crianças e mães. Assim há vários adjetivos empregados que se traduzem em carinho, generosidade, dedicação, firmeza, presença ativa. São memórias a serem construídas e preservadas e até hoje nos indicam uma temporalidade que tem início nos anos 1930, com a Cruzada Pró-Infância, projetando um futuro de vida e saúde. Pérola, no sentido figurativo, é a mãe escolhida pelas crianças e mães em sintonia com trabalho, prosperidade, progresso na cidade de São Paulo, projetando a cidade para outros estados do Brasil.

Como historiadores, indagamos com frequência sobre as relações entre história e memória, que caminham juntas para fortalecerem projetos dominantes. Nesse sentido, ocultam experiências, ignoram sujeitos que fazem histórias dissonantes. Refletindo sobre essas questões, visualizamos que sujeitos com poder indicam os pobres como aqueles que sofrerão intervenções, uma vez que a história por estes produzida precisa ser fiscalizada, controlada. Não quero, com isto, desmerecer as ações de Pérola Byington, que acreditava no poder de cura e vida saudável para muitos: a criança, muitas vezes, aparece como folha em branco na qual emitem o progresso e a saúde. Ainda hoje, eu me sinto culpada com a infância desvalida, vendo as crianças nas ruas pedindo esmolas, envolvidas com drogas, sem terem mais a família ou esta mesma vivendo o desamparo, daí acreditar em ações de benemerência.

Valorizo em todo documento suas intenções de escolha. Para Jacques Le Goff, todo documento é monumento, há nele projetos comprometidos com grupos sociais, em permanentes disputas, conflitos, em que prevalecem, por vezes, versões autorizadas. E é nesse contexto que discutirei a personagem.

Pérola Byington nasceu no Brasil, filha de imigrantes estadunidenses, possuía dupla nacionalidade; estava nos Estados Unidos quando da Primeira Guerra Mundial e atuou na Cruz Vermelha, dedicando-se ao tratamento de feridos, ponto de partida para sua atuação no campo social.

A intenção deste texto não é a de fazer a circunstanciada biografia de Byington, cuja trajetória é marcada pela dedicação e pelo empenho para amenizar sofrimentos e contribuir para uma vida mais "digna" e comprometida com questões sociais, no sentido de fazer diminuir o número elevado de mortalidade infantil e das mães. Pretendo, aqui, contribuir para o entendimento de sua experiência em consonância com uma trajetória na cidade de São Paulo, de intelectuais e personalidades do período, do Poder Público que criou legislação para aqueles que vivem diretamente a construção de práticas e procedimentos voltados para a infância.

Ela tem uma presença importante na cidade de São Paulo, é uma das fundadoras da Cruzada Pró-Infância. Nos anos trinta do século XX, já se podia visualizar e legitimar o trabalho feminino como realidade inquestionável; assim sendo, o Estado assumia o compromisso de criar instituições onde o trabalho feminino era uma realidade legitimada pelo Poder Público.

Como exemplo desses projetos, temos, em 1940, o Departamento Nacional da Criança (DNCR); em 1941, surge o Serviço de Assistência a Menores, ligado ao Ministério da Justiça e Negócios Interiores, voltado ao atendimento da criança abandonada e "delinquente"; a LBA, Legião Brasileira de Assistência, de 1942; Sesi, Serviço Social da Indústria, que embora não tenha uma atuação exclusiva para a infância, com ela se preocupava, acolhendo setores sociais dominantes, empresários, Igreja Católica, professoras, profissionais da saúde, médicos, higienistas, educadoras sanitárias, escritores de literatura infantil, enfermeiras; e o Sesc, Serviço Social do Comércio, criados em 1946.

O governo federal, ao legitimar esses serviços, esperava que eles se desdobrassem em diferentes regiões do país.[1]

---

1 BRITES, Olga. *Imagens da infância (São Paulo e Rio de Janeiro, 1930 a 1950)*. São Paulo: PUC-SP, 1999. (Tese de Doutorado em História).

Pérola Byington tinha residência na Avenida Paulista, lugar de casas luxuosas reservadas a uma elite paulistana, que incluía entre os moradores grandes fazendeiros, industriais. Fotos daquele espaço exibem mulheres bem-vestidas com saias e vestidos abaixo dos joelhos. Mulheres de expressão eram fotografadas juntas como parte de um projeto coletivo que revelava a ação de pessoas dedicadas a obras sociais. Podemos registrar fotos de Maria Antonieta de Castro, Pérola Byington, Maria Conceição Cardoso Figueira de Melo, Madalena Sampaio de Oliveira, que aparecem posando para o fotógrafo.

Podemos dizer de Pérola Byington que possuía uma vida intensa, repleta de atividades, configurando uma vida pública ativa, sintonizada com projetos que indicam novos rumos na educação e no trabalho. Morreu em 1963, em Nova York, com 83 anos de idade e muita energia que poderia ter levado a personagem a mais de cem anos.

A força para cuidar de crianças ia da vida particular com filhos e netos até atuar para além do espaço familiar. Era considerada excelente cozinheira, os compromissos com alimentação saudável iam ao encontro da necessidade de educar para comer bem, de forma adequada, alimentos nutritivos; isto também era recorrente no período, vide matérias produzidas indicando a construção de cozinhas dietéticas. Criou-se em 1939 um centro de estudos sobre alimentação, também surgiu o curso de Nutrição da Faculdade de Higiene e Saúde Pública na USP.[2] Muitas propagandas eram feitas considerando o alimento infantil, haja visto a presença de uma indústria que ocupou espaço considerável na cidade de São Paulo e no Brasil, a Farinha Láctea Nestlé.[3] Ainda apareciam propagandas de

---

2 RODRIGUES, Jaime. *Alimentação, vida material e privacidade*: uma história social de trabalhadores em São Paulo de 1920 a 1960. São Paulo: Alameda, 2011.

3 RIBEIRO, Maria Alice Rosa. *História sem fim*: inventário da saúde pública (São Paulo, 1880-1930). São Paulo: Unesp, 1993. Seu texto

Maizena, Toddy, o leite revelado como alimento fundamental para as crianças, o que interferia no cotidiano da vida das pessoas. O leite como alimento nutritivo era incentivado e surgia como forma obrigatória para sair da linha de extrema pobreza, item especial para uma alimentação saudável.

A valorização da nutrição saudável era veiculada por outros materiais de pesquisa. Na revista infantil *Sesinho*, financiada pelo Sesi, surgiram versos como:

> Sesinho é forte e sadio,
> Come bem e com fartura.
> Seu almoço é leite frio,
> Carne, arroz, feijão, verduras.[4]

O combate à gula era incentivado, criança que comesse guloseimas era repreendida pelos pais, os quais, por sua vez, escondiam certos alimentos dos filhos para regrarem sua alimentação.

Pérola era uma mulher refinada que consumia produtos de lojas como Mappin & Webb. A Igreja Presbiteriana fazia parte de sua afirmação, evidenciando disputas com a Igreja Católica. Seus projetos eram reafirmados por médicos, professores, educadoras sanitárias.

A construção do Hospital Pérola Byington é a consagração de suas grandes realizações, sendo referência em São Paulo até hoje, intensamente procurado por mulheres que vêm de várias partes da cidade e até de fora dela, buscando ajuda para engravidar. Atendia, e atende, casos de mulheres com problemas de câncer nas mamas, no útero. Também estava presente na vida de adolescentes que engravidavam. Há relato de jovem que, grávida, foi expulsa de casa

---

nos ajuda a ver fraudes cometidas por setores alimentícios.

4 BRITES, Olga. *Imagens da infância (São Paulo e Rio de Janeiro, 1930 a 1950)*. São Paulo: PUC-SP, 1999, p. 53.

pelos pais, tentou até o suicídio. Num caso como essse, a Cruzada Pró-Infância e o Hospital Pérola Byington serviam como intermediários entre jovens e famílias, impedindo assim situações mais dramáticas. Há perspectivas conservadoras que seguem projetos dominantes e consideram apenas a constituição da família nuclear: jovens só podem ter filhos com o casamento já realizado. O perdão dos pais implicou a presença de um sacerdote que, assim, permitiu aquela atitude.

Lembramos que, em 1930, criam-se, no dia 12 de outubro, a Semana e o Dia da Criança, adotado nacionalmente por decreto presidencial em 1939.

Aquele órgão cuidava de problemas de desidratação de crianças que poderiam chegar a óbito. Podemos visualizar as alianças políticas em que compareciam civis, militares, médicos. Estabelecia diálogo com experiências internacionais: é o caso da criação de jardins da infância. A Cruzada Pró-Infância assumiu essas iniciativas, administrando algumas delas.

Pérola Byington era avessa ao modelo feminino de mulher submissa, que vivesse em função exclusiva da família, embora a sua família fosse referência fundamental. Dirigiu a Cruzada Pró-Infância por mais de trinta anos, num período em que se criava o Serviço Social, que promoveu a assistência social.

Várias mulheres da década de 1930 se tornaram responsáveis pela saúde da família, aliadas do poder médico, que desejava ter espaço privilegiado na cidade, atuando politicamente para a projeção de quem chama para si o direito de intervenção política divulgada no sentido de tornar seus projetos válidos. Alguns médicos intelectuais participam desses projetos. Temos pronunciamentos de Oscar Clark e Olinto de Oliveira, este último teve trajetória no Poder Público como diretor da antiga Inspetoria de Higiene Infantil, sendo depois nomeado diretor da Divisão de Amparo à Maternidade e à Infância, em 1937, uma das divisões dos serviços federais de saúde.[5] Quando evocamos a Cruzada Pró-Infância e Parques Infantis, assumimos que foram instituições comprometidas com argumentos de ciência e razão, de iniciativa do Estado e dos empresários nesses procedimentos. Assim, poderes são reafirmados.

Os profissionais que então falavam pela infância, já indicados, eram as vozes autorizadas para construir a ideia de infância e juventude. As práticas da Cruzada Pró-Infância revelam a existência de setores pobres da população, ali se pode visualizar bairros com problemas de infraestrutura; a questão da população pobre servia para que as mães assumissem responsabilidades no que diz respeito aos cuidados com a saúde da criança e abandonassem experiências declaradas inadequadas na educação dos filhos. A ideia do não saber fazer é realçada, destituindo a família de ações independentes do saber a ser constituído pelas famílias e pelas mulheres especificamente. Essas práticas são respaldadas pela grande imprensa, que age no sentido de divulgar ações afirmadas pelo Estado; a imprensa, junto com a Cruzada Pró-Infância, intervinha para promover projetos, ações.

As creches teriam uma função social importante para atender demandas das mulheres de periferias, trabalhadoras que ajudam a encorpar o orçamento familiar. Inclusive a Cruzada Pró-Infância, através da revista *Infância*, promovia o incentivo da criança que trabalha, assim, há oficialmente na instituição a promoção do trabalho infantil. Penso que esse procedimento legitima o trabalho das crianças para essas famílias com problemas financeiros, há propagandas que incentivam a criança ao trabalho. Através delas, podemos observar uma menina que varre o chão e meninos dedicados ao trabalho de sapateiro. O trabalho, nesse sentido, vai de encontro aos objetivos da nação próspera e homogênea, trabalhar é estar de acordo com o progresso, o desenvolvimento, portanto, há o incentivo da criança

5 BRITES, Olga. *Imagens da infância (São Paulo e Rio de Janeiro, 1930 a 1950)*. São Paulo: PUC-SP, 1999. p. 34.

para trabalhar, instituindo, como comemoração do dia 12 de outubro, o dia da criança que trabalha.[6]

Era um momento em que ainda não se tinha promulgado o Código de Menores de 1947, que indica problemas com o trabalho do menor de idade.

Algumas mulheres de elite ocuparam o espaço público para afirmarem a importância da mãe nos cuidados médicos da família. Assim, valorizaram higiene, corpo saudável, como, por exemplo, banhos diários, escovação de dentes, tomar sol, fazer exercícios físicos ao ar livre, cuidar da alimentação adequada, das roupas apropriadas para a estação do ano, inverno e verão – muitas dessas práticas faziam parte de um estilo de vida mais livre, em que os mais pobres são submetidos a uma lógica do capital que tira dos sujeitos a condição cidadã de quem tem direito à vida, lutando também para que condições mínimas sejam respeitadas. Valorizavam educação, saúde, sustentando que, com isto, todos poderiam ascender socialmente para sair da miséria absoluta.

Na família de Byington, há uma geração que assume o caminho da mulher que se coloca publicamente em defesa da vida infantil e das mães das crianças.

As práticas assistencialistas atuaram com o argumento da solução de problemas infantis. O lazer foi valorizado socialmente, o carnaval foi caracterizado como uma atividade recorrente para um mundo infantil controlado pelos adultos, habitualmente indicado pelas revistas *Vida Doméstica*, *Fon Fon* e pelo jornal da cidade *Fanfulla*, acrescentando-se que a brincadeira precisa ser regularmente acompanhada por mães ou adultos responsáveis pela criança.

---

6 MOTT, Maria Lucia; BYNGTON, Maria Elisa Botellho; ALVES, Olga Sofia Fabergé (Coord.). *O gesto que salva*: Pérola Byngton e a cruzada pró-infância. São Paulo: Grifos Projetos Históricos e Editoriais, 2005, p. 56.

No livro *Memórias da Saúde Pública*,[7] através de várias fotografias, há o registro de problemas da cidade como enchentes, a presença de cortiços, mulheres que possuem grande quantidade de filhos e vivem em situações precárias, as crianças visualizadas nas ruas, posando para fotógrafos que tinham clareza do que se queria mostrar. O impacto das fotos revela calçadas destruídas, manilhas expostas, falta de esgoto e saneamento básico. Não queremos aqui dizer que a fotografia fala por si mesma, é preciso contextualizá-la, perguntando para quem é retratado e para quem registra as fotos o que expressam, quem vê... Há um grande interesse do Instituto de Higiene e também da Faculdade de Medicina e Cirurgia de São Paulo em registrar essas fotos para que elas legitimem argumentos que também são escritos.[8] E realçar que tais projetos estavam em sintonia com atividades da Fundação Rockefeller.

Os parques infantis da cidade de São Paulo incorporaram esses cuidados. Muitas fotos foram tiradas por Benedito Duarte, fotógrafo renomado na cidade. Escolhido especialmente por Mário de Andrade para ser fotógrafo oficial do Departamento de Cultura, Duarte se projetava e foi conhecido por participar de congressos internacionais na divulgação de seu trabalho. As crianças foram fotografadas com uniforme adequado, realizando atividades valorizadas pela gestão de Andrade no Departamento de Cultura da Prefeitura Municipal de São Paulo. Elas aparecem praticando esportes, são disciplinadas, por vezes, surgem em fila, por exemplo, para escovar os dentes. Podemos ver a criação do curso de Educação Sanitária em São Paulo, em 1925, visando ter as professoras primárias como

---

7 VASCONCELLOS, Maria da Penha (Coord.). *Memórias da saúde pública*: a fotografia como testemunha. São Paulo: Hucitec/Abrasco, 1995.

8 VASCONCELLOS, Maria da Penha (Coord.). *Memórias da saúde pública*: a fotografia como testemunha. São Paulo: Hucitec/Abrasco, 1995, p. 30; SILVA, James Roberto da. *Doença, fotografia e representação*. São Paulo: FFLCH-USP, 2003. (Dissertação de Mestrado em História Social).

educadoras sanitárias; a intenção era divulgar hábitos de higiene para a população mais pobre.[9]

São Paulo e Rio de Janeiro surgiam como cidades que deviam servir de exemplos para outras regiões do Brasil. Os anos 1930 no país configuravam um período em que o Estado atuava criando instituições de atendimento aos mais pobres. Isto colocado, pode dar a impressão de que o Poder Público era generoso com aquelas crianças. Na verdade, sua intervenção tinha o sentido de tomar para si o controle de instituições. Médicos, empresários, educadores e outros profissionais se interessavam em garantir o poder na cidade, no rearranjo da hegemonia. A chamada Revolução de 1930 foi enfatizada por aqueles que ocuparam o Poder Público, afastando qualquer intervenção dos mais pobres, houve uma memória dominante que retirou de cena o BOC (Bloco Operário e Camponês).[10] História e memória caminharam juntas para controlar a participação de sujeitos que eram considerados incapazes de gerir a própria vida, declarando que os mais pobres, dentre outas incapacidades, não sabiam comer de forma adequada, não tinham cuidados higiênicos, eram responsáveis por doenças como febre amarela, varíola etc. O receio das doenças ameaçava o universo burguês, que temia os contágios e tratava de criar nova ordem médica.

Há toda uma mobilização em torno da redução da mortalidade infantil, e também materna, na cidade. Várias mulheres de classes dominantes assumiram a tarefa de educar os pobres, assumindo a recuperação da saúde das crianças. Podemos afirmar mesmo se tratar de uma ação política, em que sujeitos constroem caminhos e possibilidades de intervenções a partir, por vezes, da desqualificação de um saber popular, reafirmando políticas do Estado autoritário.

---

9 VASCONCELLOS, Maria da Penha (Coord.). *Memórias da saúde pública*: a fotografia como testemunha. São Paulo: Hucitec/Abrasco, 1995, p. 41.

10 DECCA, Edgar de; VESENTINI, Carlos Alberto. "A Revolução do vencedor". *Ciência e Cultura*, São Paulo, SBPC, vol. 29, 1977.

Eram frequentes as críticas aos ervanários que vendiam produtos na parte central da cidade, bem como às lavadeiras, prostitutas, vendedoras de doces e guloseimas. Consolidava-se um desejo de identificar a saúde como exclusividade de médicos, higienistas, assistentes sociais, Poder Público, tradição que já se consolidava ao menos desde fins do século XIX.[11] Partia-se da concepção de ciência e de razão como fatores indispensáveis que legitimavam o saber de profissionais da área de saúde como inquestionáveis. Nesse universo, desenvolviam-se estratégias de controle do poder médico.

Vejamos um exemplo da forma como os sujeitos sociais mais pobres eram tratados:

> (...) a indolência do trabalhador rural; a predisposição à tuberculose dos pretos e mulatos; a ausência de gosto pelos estudos abstratos; ou pelas questões especulativas, o baixo rendimento escolar das crianças de escolas públicas; a debilidade e desarmonia morfológica de nossa juventude do interior; a tristeza; a apatia e a preguiça das massas rurais e proletárias de quase todo país.[12]

O caráter pedagógico de tais práticas leva à elaboração da *Cartilha da Higiene*, elaborada por Antonio de Almeida Jr.[13]

A fotografia serviu como parte de suporte que expunha realidades inquestionáveis segundo a formação médica, mazelas. A

---

11 SILVA, James Roberto da. *Doença, fotografia e representação*. São Paulo: FFLCH-USP, 2003.

12 SILVA, James Roberto da. *Doença, fotografia e representação*. São Paulo: FFLCH-USP, 2003, p. 83.

13 VIVIANI, Luciana Maria; MARCHAN, Geisiele da Silva. "Almeida Jr. e a produção de modelos paulistas de ensino higiênino e renovador: participações em encontros científicos das décadas de 1920 a 1940". *O Ensino e a pesquisa em História da Educação*: 5º Congresso Brasileiro de História da Educação, São Cristóvão, Universidade Federal de Sergipe; Aracaju, Universidade Tiradentes, 2008.

criança nela aparece com frequência, a rua é o espaço público por excelência, o que permite uma vida promíscua sem compromisso com hábitos saudáveis. Nas fotos, aparecem moradias semelhantes a cortiços, onde viviam famílias numerosas.[14]

Podemos afirmar que as mulheres pobres, a quem os serviços da Cruzada Pró-Infância foram destinados, igualmente desejavam que a mortalidade infantil fosse reduzida, como também que houvesse maiores cuidados sobre a saúde das parturientes, elas, inclusive, o solicitavam a essas instituições de auxílio às mães.

Existe, nos anos 1930, intenso debate sobre a condição feminina, haja visto o próprio movimento feminista, como indica o texto de Maria Lucia Mott.[15] Assim, configura-se uma tendência de reconhecer o trabalho feminino fora do lar mais como um prolongamento dele.

Vemos ainda nesse período a formação do Serviço Social, as experiências pelas quais mulheres e crianças passavam não eram mais filantrópicas apenas, agora, estas atividades eram publicizadas através de instituições e do poder de Estado, embora o poder da Igreja Católica se preservasse em larga escala, como se observa na própria criação do curso de Serviço Social. Isso fica claro quando se diz que o Estado se apropriava de várias reivindicações de mulheres e as devolvia para a população, práticas que deviam ser reconhecidas socialmente como se fossem dádivas generosas de um governo esclarecido.

Refletir sobre infância e Cruzada Pró-Infância é, sobretudo, dialogar com Pérola Byington. Sua atividade como mulher significou assumir, numa proposta de elite, as perspectivas e vivências de parte

---

14 VASCONCELLOS, Maria da Penha (Coord.). *Memórias da saúde pública*: a fotografia como testemunha. São Paulo: Hucitec/Abrasco, 1995, p. 23.

15 MOTT, Maria Lucia; BYNGTON, Maria Elisa Botellho; ALVES, Olga Sofia Fabergé (Coord.). *O gesto que salva*: Pérola Byngton e a cruzada pró-infância. São Paulo: Grifos Projetos Históricos e Editoriais, 2005.

considerável da população pobre; pensar em sua trajetória é indicar também um dos aspectos da experiência da cidade.

Em 1933, foi publicada a revista *Infância*, que contemplava as atividades da Cruzada Pró-Infância e contava com a presença de Byington. *Infância* teve como editor-chefe o Dr. F. Pompeu do Amaral, médico que atuava na cidade de São Paulo, dedicado ao estudo da criança. Desde a primeira publicação, seu formato já indicava uma diferença fundamental em relação à grande imprensa, pois os artigos eram escritos por vários médicos conceituados que atuavam na área de saúde da criança, os quais escreviam também sobre os cuidados relativos à mulher gestante, evocando uma prática que estava aliada à prevenção de doenças no presente e no futuro, numa superação do passado que colocava em risco a vida de mulheres e crianças.

A Cruzada Pró-Infância manteve uma estreita relação com procedimentos defendidos por Pérola Byington. Em seu acervo, observamos vários jornais, recortes da grande imprensa, que divulgaram positivamente a ação da entidade, a publicação das iniciativas nela realizadas e a sugestão de programas saudáveis, atrativos.

A revista *Infância* era mensal, as assinaturas eram anuais, disponibilizando sua relação com anunciantes, solicitando o envio de artigos de leitores. Apareciam, entre suas intenções, acolher mulheres e crianças e a responsabilidade dos cuidados médicos, evocando os serviços de profissionais dessa área para fazer a instituição crescer.

A intenção anunciada do mensário era cobrir o cotidiano de vida da criança, o que passava por aleitamento materno, lazer, presença em parques infantis da cidade. A criação desses parques, nos anos 1930, contou com a presença de Mário de Andrade como diretor do Departamento de Cultura. As fotos tiradas nos parques infantis de São Paulo projetavam tais espaços como instituições que cuidavam das crianças, visando à saúde para reduzir a mortalidade infantil.

A presença das mulheres foi enfatizada no sentido de servir para auxiliar médicos. Destacou-se a questão da necessidade do aleitamento, condenando mulheres burguesas que não amamentavam seus filhos com o intuito de manter a estética pessoal – a propagação fundamental do leite na dieta infantil remontava ao tempo da escravidão.

Maria Lucia Mott fez um livro primoroso que evidencia a presença de Pérola Byington nesse contexto.[16] Através desse livro, podemos acompanhar a trajetória da Cruzada Pró-Infância em São Paulo e, nela, a atuação de Pérola Byington, aparecendo ainda várias outras mulheres comprometidas com a saúde da criança e da mulher, como Maria Antonieta de Castro, educadora sanitária. O curso de Educadora Sanitária foi instituído na cidade nesse período, em 1925. Maria Antonieta de Castro assumiria depois a Cruzada Pró-Infância quando morreu Pérola Byington, em 1963. Realizou junto com ela as ações promovidas pela entidade, cuidava dos cursos de Puericultura, da Escola da Saúde, de parques infantis, enquanto Byington era responsável pela Casa Maternal, o lactário, a defesa do salário-maternidade, a educação sexual, a criação da polícia feminina.[17]

Tratar de instituições como a Cruzada Pró-Infância é reconhecer a pobreza na cidade, suas necessidades e ações para diminuir a morte precoce, as reivindicações populares e também a atuação de setores de elite.

Quando estudamos a atividade de Pérola Byington e, junto com ela, ações que vão no sentido de preservar a vida, somos também críticos em relação a certos jargões como estes: a cidade do progresso acelerado, a cidade que mais cresce no mundo, a Manchester

---

16 MOTT, Maria Lucia; BYNGTON, Maria Elisa Botellho; ALVES, Olga Sofia Fabergé (Coord.). *O gesto que salva*: Pérola Byngton e a cruzada pró-infância. São Paulo: Grifos Projetos Históricos e Editoriais, 2005.

17 MOTT, Maria Lucia; BYNGTON, Maria Elisa Botellho; ALVES, Olga Sofia Fabergé (Coord.). *O gesto que salva*: Pérola Byngton e a cruzada pró-infância. São Paulo: Grifos Projetos Históricos e Editoriais, 2005.

Brasileira... Visualizamos a expansão de São Paulo através da construção de vias férreas, da presença de automóveis, bondes, ficando clara uma atuação da especulação imobiliária que construía vários prédios na cidade e destruía memórias, o que faz com que as pessoas não se reconhecessem mais em diferentes espaços. "(...) A rapidez com que novos prédios e até bairros inteiros eram erguidos, assim como ruas, praças e viadutos eram construídos".[18]

A cidade desejada era rapidamente construída. Havia uma valorização da ciência e razão, que agora estavam socialmente em poder de ascensão contra métodos populares de cura; ver o caso de ervanários, quituteiras, lavadeiras.[19]

O curso e os serviços de Educadora Sanitária assumiram papel importante na atuação de várias mulheres, que tiveram como função instruir outras mulheres na educação de seus filhos e privilegiavam atividades como tomar banho, escovar dentes, comer adequadamente. Não se pode esquecer a formação de especialistas em higiene nessa mesma época: o Instituto de Higiene, em São Paulo, é de 1921.

Pérola Byington tem visibilidade na atuação de serviços necessários para a prevenção de doenças e mortes, era uma das "damas da sociedade" que consagravam essas instituições. Elas serviam como elos entre Estado, médicos e famílias pobres, e a presença na cidade dessas ações contava com o apoio dos meios de comunicação – jornais da grande imprensa, por exemplo. Várias dessas mulheres empreendedoras e ativas tinham, por vezes, como esposo um médico, e nessas atividades elas se projetavam publicamente. Muitas atuaram na Revolução Constitucionalista de 1932, organizando várias frentes de ajuda aos soldados.

---

18 VASCONCELLOS, Maria da Penha (Coord.). *Memórias da saúde pública*: a fotografia como testemunha. São Paulo: Hucitec/Abrasco, 1995, p. 20.

19 SILVA, James Roberto da. *Doença, fotografia e representação*. São Paulo: FFLCH-USP, 2003.

O período de 1930 no Brasil é discutido pela historiografia que apoia o reconhecimento de 1930 como revolução e outros que não o denominam dessa forma, caracterizando-o como atuação de sujeitos ligados aos vencedores, afastando, silenciando outras vozes, aquelas dos despossuídos socialmente.[20]

Essa presença institucional do Estado se desdobra em diversas entidades presentes no dia a dia desses sujeitos. Os movimentos sociais estavam ali para se opor, afirmar outras vozes, que eram cada vez mais silenciadas.

Pérola Byington é uma importante personagem nas fronteiras desse processo.

Referências bibliográficas

BRITES, Olga. *Imagens da infância (São Paulo e Rio de Janeiro, 1930 a 1950)*. São Paulo: PUC-SP, 1999. (Tese de Doutorado em História).

DECCA, Edgar de. *1930*: o silêncio dos vencidos. São Paulo: Brasiliense, 1981.

DECCA, Edgar de; VESENTINI, Carlos Alberto. "A Revolução do vencedor". *Ciência e Cultura*, São Paulo, SBPC, vol. 29, 1977.

FAUSTO, Boris. *A Revolução de 1930*: história e historiografia. São Paulo: Companhia das Letras, 1997.

MOTT, Maria Lucia; BYNGTON, Maria Elisa Botellho; ALVES, Olga Sofia Fabergé (Coord.). *O gesto que salva*: Pérola Byngton e a cruzada pró-infância. São Paulo: Grifos Projetos Históricos e Editoriais, 2005.

RIBEIRO, Maria Alice Rosa. *História sem fim*: inventário da saúde pública (São Paulo, 1880-1930). São Paulo: Unesp, 1993.

---

20 FAUSTO, Boris. *A Revolução de 1930*: história e historiografia. São Paulo: Companhia das Letras, 1997; DECCA, Edgar de. *1930*: o silêncio dos vencidos. São Paulo: Brasiliense, 1981; VESENTINI, Carlos Alberto. *A Teia do fato*. São Paulo: Hucitec; Programa de Pós-Graduação em História Social da USP, 1997.

RODRIGUES, Jaime. *Alimentação, vida material e privacidade*: uma história social de trabalhadores em São Paulo de 1920 a 1960. São Paulo: Alameda, 2011.

SILVA, James Roberto da. *Doença, fotografia e representação*. São Paulo: FFLCH-USP, 2003. (Dissertação de Mestrado em História Social).

VASCONCELLOS, Maria da Penha (Coord.). *Memórias da saúde pública*: a fotografia como testemunha. São Paulo: Hucitec/Abrasco, 1995.

VESENTINI, Carlos Alberto. *A Teia do fato*. São Paulo: Hucitec; Programa de Pós-Graduação em História Social da USP, 1997.

VIVIANI, Luciana Maria; MARCHAN, Geisiele da Silva. "Almeida Jr. e a produção de modelos paulistas de ensino higiênino e renovador: participações em encontros científicos das décadas de 1920 a 1940". *O Ensino e a pesquisa em História da Educação*: 5º Congresso Brasileiro de História da Educação, São Cristóvão, Universidade Federal de Sergipe; Aracaju, Universidade Tiradentes, 2008.

REGINA SILVEIRA (1939)

PERCURSOS E ESPAÇOS DE UMA ARTE EM CONSTRUÇÃO

DANIELA MAURA RIBEIRO

Arte é uma verdadeira construção que se faz à custa de muita informação, esforço, buscas, crises, trocas.[1]

A artista visual Regina Silveira (Porto Alegre-RS) não é militante feminista, nem política, sua militância é na arte, forma de agir como mulher e cidadã. Artista de renome internacional, o engajamento de Regina Silveira se direciona a pensar a arte e seus códigos, situação que se observa nas obras que realiza desde os anos de 1970.

Regina começa sua trajetória artística com uma formação tradicional em artes visuais, pautada na pintura de cunho acadêmico.

1 Regina Silveira em ALBERTI, Liliane. "Regina Silveira: arte não é terapia". *Jornal de Caxias*, 16 set. 1978.

Essa trajetória se inicia na infância,[2] nos anos de 1950, quando a artista teve aulas particulares de desenho e pintura com Judith Fortes.

Entre os anos de 1954 e 1962, Regina Silveira foi aluna de artistas de grande relevância nas áreas de pintura, desenho e gravura: Aldo Locatelli, em 1958; Ado Malagoli, em 1959 – de quem foi também auxiliar de ensino nas aulas de pintura no Instituto de Artes da UFRGS, em 1964; Iberê Camargo (pintura) e Francisco Stockinger (gravura), no Atelier Livre da Prefeitura de Porto Alegre, em 1961; e Marcelo Grassmann, com quem teve aulas de litografia em 1962.[3]

Nos anos de 1966 e 1967, a obra de Regina Silveira – tanto em gravura como em pintura – atingiu "pontos de esgotamento", devido a "oscilações de rumo".[4] Essas oscilações vão confluir para a transição da obra de Regina Silveira em direção à arte conceitual, que ganha força com a estada da artista na Espanha,[5] momento até o qual sua obra centrava-se na realização de pinturas e gravuras (especialmente no âmbito da xilogravura e litografia), oscilando entre figuração e abstração "contaminada pela expressividade da gravura", de "herança goeldiana".

---

2 Segundo dados disponíveis em MORAES, Angélica (Coord.). *Regina Silveira*: cartografias da sombra. São Paulo: Edusp, 1996. Ver também: GOMES, Karina Sérgio. *Regina Silveira*: um esboço biográfico. São Paulo: Fundação Cásper Líbero, 2009, p. 197. (TCC em Jornalismo).

3 MORAES, Angélica (Coord.). *Regina Silveira*: cartografias da sombra. São Paulo: Edusp, 1996, p. 240.

4 ZANINI, Walter. "A Aliança da ordem com a magia". *In*: MORAES, Angélica (Coord.). *Regina Silveira*: cartografias da sombra. São Paulo: Edusp, 1996, p. 129.

5 A artista viaja à Espanha para realizar estudos com bolsa do Instituto de Cultura Hispânica de Madri, na Faculdade de Filosofia e Letras de Madri, onde cursa Pós-Graduação em História da Arte, no período de 20 de setembro de 1966 a 20 de maio de 1967.

A artista retorna ao Brasil em 1968 com repertório diferenciado, como uma "inesperada pesquisadora".[6] E é a Regina pesquisadora que viaja de 1969 a 1972, junto com o artista Julio Plaza, com quem foi casada, para a Universidade de Porto Rico, Campus Mayaguez, onde irá lecionar e que começará a se configurar a poética de sua obra dos anos 1970, com o uso da fotografia. Terá sequência uma profícua e longa trajetória como docente (iniciada no final dos anos 1950, no Instituto de Artes da UFRGS), em paralelo à sua atuação como artista: em 1973, já no Brasil, Regina Silveira dará aulas no Departamento de Artes Plásticas da Faap e, em 1974, no da ECA--USP, realizando importantes pesquisas em torno de mesclas de técnicas de gravura (a litografia e o *off-set*, por exemplo) e do uso de matrizes fotográficas na serigrafia. Segundo Tadeu Chiarelli, "ao transformar suas concepções artísticas em método de ensino, Regina Silveira rompe com a dicotomia artista/professor e coloca definitivamente por terra aquele velho e preconceituoso adágio de 'quem sabe faz, quem não sabe ensina'".[7]

A obra de Regina Silveira, a partir dos anos 1970, desde 1971 mais especificamente, permeia os campos da arte e da fotografia e contribui para a discussão em torno da natureza da imagem, inclusive como construção cultural. Nesse período, o uso da fotografia se insere na produção de multimídia gráfica da artista, especialmente serigrafias, como nas séries *Middle Class & Co.*, 1971-1972 – primeira em que se apropria da imagem fotográfica, no caso, proveniente da mídia impressa –, *Inclusões em São Paulo*, 1973; *On/Off nºs 1, 2 e 3*, 1972-1974 (organizada junto com Julio Plaza); *Inclusão Watteau*, 1974; *Interferências*, 1976; *Destruturas Urbanas*, 1974-1976; *Executivos*, 1974-1975; *De Artificiali Perspectiva*, 1976; e *Brazil*

6 ZANINI, Walter. "A Aliança da ordem com a magia". *In*: MORAES, Angélica (Coord.). *Regina Silveira*: cartografias da sombra. São Paulo: Edusp, 1996, p. 35.

7 CHIARELLI, Tadeu. "Artista e orientadora". *In*: MORAES, Angélica (Coord.). *Regina Silveira*: cartografias da sombra. São Paulo: Edusp, 1996, p. 203.

Today, 1977. Inicia-se, nesse contexto, um questionamento sobre a relação da fotografia com o real, problematizando, por exemplo, as imagens de cartões postais (*Inclusões em São Paulo*; *Interferências* e *Brazil Today*), e, antes, aquelas provenientes da mídia impressa, ambas tomadas como base de suas obras.

Há uma "intencionalidade implicada nessas gravuras" que, "em primeira instância, é claramente política", conforme reconheceu Regina Silveira. Contudo, há de se esclarecer que se trata de intencionalidade: "Regina Silveira é, antes de tudo, uma artista, não se pronuncia politicamente a não ser ao nível da artisticidade".[8] Isto quer dizer que há uma postura política de Regina com relação à arte, porém não como uma artista engajada politicamente, no sentido de militância partidária.

Raciocínio semelhante se aplica às obras de Regina Silveira que possuem temática relacionada com o universo da mulher, mas que, nem por isso, a tornam uma artista que defenda uma *ideologia* feminista ou que exerça militância a favor dessa ideologia.[9]

Regina Silveira refletiu em entrevista:

---

8 SCARINICI, Carlos. [Sem título]. *Revista Zero Hora*, 18 jun. 1978, p. 4.

9 "De repente, por que não pensar que o meu trabalho é também um trabalho de mulher? Sou uma mulher. O problema é que nunca pensei em mim como uma artista mulher, apenas como artista e pronto. Deve ser porque sou daquele tempo em que o bom era ser uma mulher de quem diziam: ela é melhor do que um homem, ou ela é tão boa quanto um homem. (...) Mesmo nas exposições de artistas mulheres em que participei e naquelas que ajudei a organizar, não consegui levantar dados que me levassem a conclusões. Por enquanto, a temática feminista é o elemento mais definidor. Mas entendo que ela responde, antes de mais nada, a uma postura política, talvez transitória e necessária, dentro da política do mundo das artes. Mas esta temática, dirigida à diferença, como se resolverá, passada a transição?" (SILVEIRA, Regina. "'Arte da mulher?', entrevista concedida a Carlos J. Silvério e Tadeu Chiarelli". *AR'TE*, São Paulo, Editora Polis, ano II, nº 2, 1983, pp. 10-12).

> Já estive pensando em uma parte do meu trabalho, aquela ligada a deformações de objeto de uso cotidiano, poder ser considerada de características mais feministas, como já se afirmou. A temática seria feminista justamente pela escolha de objetos que usualmente rodeiam mais a mulher do que o homem.[10]

Nesse contexto, estão as obras das séries *Enigmas* (1981) e *Inflexões* (1985-1987), esta última na qual distorce a imagem de móveis diversos e desconectando-os da realidade utilitária ou descritiva, conferindo-lhes outra visualidade específica: são representados de maneira totalmente oposta ao sentido de fidedigno, uma vez que suas formas distorcidas produzem um "*antidesign*"[11] e anulam qualquer caráter utilitário.

A série *Enigmas* é composta por quatro imagens fotográficas (30 x 40 cm cada) de objetos cotidianos – bolsa, máquina de escrever, panela, telefone – sobre as quais incidem sombras (fotogramas) de outros objetos que em nada se relacionam com aqueles das fotografias: serra de arco, martelo, pente, garfo, respectivamente.

No *Enigma 3* (panela com pente, Figura 1), por exemplo, cabe alusão a dois aspectos do cotidiano feminino: cozinhar (panela) e os cuidados com a beleza (pente). Note-se que a panela é de pressão, subtendendo-se a ideia de *pressão* pairando sobre a mulher.

---

10 SILVEIRA, Regina. "'Arte da mulher?', entrevista concedida a Carlos J. Silvério e Tadeu Chiarelli". *AR'TE*, São Paulo, Editora Polis, ano II, nº 2, 1983, pp. 10-12.

11 FABRIS, Annateresa. "Regina Silveira: inflexões". *Catálogo de Exposição Realizada na Galeria Luisa Strina*, 17 nov./5 dez., 1987.

Figura 1: Regina Silveira. *Enigma* 3 (série *Enigmas*), 1981, gelatina e prata (fotograma e fotografia), 29,6 x 39,7 cm.

Fonte: Arquivo Regina Silveira.

Ainda nesse âmbito está a obra *Pressão* (Figura 2), *outdoor* apresentado no *1º Festival da Mulher nas Artes*, em 1982,[12] outra possível alusão à ideia de "pressão" relacionada a objetos de uso cotidiano que permeiam o universo da mulher: "ao selecionar um pregador de roupa, como tema de seu *outdoor*, Regina Silveira

12 Em 1982, Regina participou do 1º Festival da Mulher nas Artes, que abrangeu as mais diversas manifestações artísticas como música, teatro, artes plásticas. Regina organizou a representação de artes plásticas do festival, reunindo artistas para a realização de *outdoors*, cujos encontros de preparação aconteciam no Teatro Ruth Escobar, tendo ela mesma criado um *outdoor*, precisamente o de divulgação do evento. Os *outdoors* feitos por ela e pelas artistas Mary Dritschel, Ana Maria Tavares, Jac Leirner, Monica Nador, Leda Catunda e Cida Galvão para o festival estiveram nas ruas pelo período de 3 a 12 de setembro de 1982. O evento foi uma promoção da revista feminina *Nova*. Ver: FOLHA DE S. PAULO. "Mulheres preparam *outdoors*". *Folha de S. Paulo*, Ilustrada, 29 ago. 1982, p. 67.

nada mais fez que prosseguir com o seu processo de levar objetos cotidianos para as artes plásticas".[13]

Figura 2: Regina Silveira. *Pressão*, 1982, *outdoor* para o *1º Festival da Mulher nas Artes*, rua dos Ingleses, 3 x 9 m, pintura e recorte de madeira, São Paulo-SP.

Fonte: Arquivo Regina Silveira.

Outra metáfora possível é a do pregador que prende roupas no varal (universo doméstico, privado) com aquele, em tamanho gigante, que prende o *outdoor* (espaço público): a mulher que sai do universo doméstico para as ruas.

A participação de Regina Silveira nesse festival foi uma de suas primeiras incursões na arte pública, tendo vasta realização de obras nesse âmbito, desde então, com participação em eventos como

---

13 FOLHA DE S. PAULO. "Mulheres preparam *outdoors*". *Folha de S. Paulo*, Ilustrada, 29 ago. 1982, p. 67.

o Arte-Cidade (edições 1994 e 2002), em projeções pelo espaço urbano (como *Transit* – a projeção da imagem de uma mosca sobre a fachada de edifícios, museus e instituições), até intervenções, como *Tramazul*, 2010 (Figura 3), *Paraler*, 2014 (Figura 4) e *Glossary*, 2015 (Figura 5).

Figura 3: Regina Silveira. *Tramazul*, 2010, intervenção sobre o prédio do Masp – Museu de Arte de São Paulo Assis Chateubriand. Imagem digital, impressão em vinil adesivo, 2300 m², aproximadamente.

Fonte: Arquivo Regina Silveira. Registro fotográfico da obra – Tassia Quirino/Olhar Periférico Filmes.

Figura 4: Regina Silveira. *Paraler,* 2014, mosaico em porcelanato, 1000 m^2. Obra pública permanente na calçada da Biblioteca Municipal Mário de Andrade, São Paulo-SP.

Fonte: Registro fotográfico da obra – Bruna Golberger.

Figura 5: Regina Silveira. Da série *Glossary*, 2015, impressão em vinil adesivo, chapas de acrílico, estruturas de aço inoxidável, em colaboração com o arquiteto Álvaro Razuk. Área: 937 m^2. Luminato Festival, 2015, David Pecault Square, Toronto, Canadá.

Fonte: Registro fotográfico da obra – Eduardo Verderame.

A imagem do bordado ponto de cruz aparece em intervenções públicas, como *Tramazul,* obra efêmera, aplicada sobre os vidros do Museu de Arte de São Paulo (Masp), 2010, e *Paraler*, 2014, intervenção permanente na calçada, ao redor da Biblioteca Municipal Mário de Andrade, em São Paulo, além de em gravuras.

De acordo com Teixeira Coelho, sobre a exposição *Tramazul* do Masp: "Fazer um céu bordado poderia apontar para a opção por uma 'arte de gênero' (...). O céu é bordado, portanto, de acordo com o código pronto, seria um céu feminino, antifeminista ou pós-feminista", conforme a leitura.[14]

---

14 COELHO, J. Teixeira. "Sobre *PARAR* e depois *SUMIR*". *TRAMAZUL*: uma intervenção de Regina Silveira, São Paulo, Masp, 2010. A intervenção ocorreu de 15 de novembro de 2010 a 23 de março de 2011.

Para a estudiosa Claudia Regina Chagas:

> A história do bordado acompanha, há muito e muito tempo, a história das mulheres, trazendo as marcas dessas em diferentes espaços-tempos, 'alinhavadas' por um 'tempo' feminino, com gestos especiais que desejam realçar, o amor, a saudade, a solidão, a necessidade, a possibilidade, mas também a exploração a que são submetidas há séculos.[15]

O bordado deixa de ser visto como mera prenda doméstica nas intervenções de grandes proporções feitas por Regina, nas quais "borda" espaços da cidade, ao partir da imagem de bordados ponto de cruz. Novamente, a artista parte do privado, do universo feminino (lar) para o público (fachadas de museus, calçadas, tetos), assim como em gravuras e *site-specific* com objetos do universo de costura, a exemplo de *Gancho* (série *Armarinhos*, Figura 6).

15 CHAGAS, Claudia Regina R. P. das. "O bordado no currículo como espaço-tempo/fazer educativo". *Anais da 29ª Reunião Anual da Associação de Pós-Graduação e Pesquisa em Educação (ANPEd)*, São Paulo, 2006. Disponível em: http://29reuniao.anped.org.br/trabalhos/trabalho/GT23-1967--Int.pdf. Acessado em: 20.09.2015.

Figura 6: Regina Silveira. Série *Armarinhos* (*Gancho*), 2001-2008. Imagem digital, dimensões variáveis.

Fonte: Arquivo Regina Silveira.

Nesse âmbito, Regina atua, ainda, na interdisciplinaridade entre arte, *design* e moda, quando, a partir de obras como as *Derrapagens*, realiza objetos para adorno do corpo, como colares e pulseiras, a exemplo da série *Rollers*,[16] tornando possível pensar em "pele" do espaço urbano recobertas por rastros (*Derrapagens*) e a pele do corpo, como espaço de adorno e da feminilidade da mulher.

Regina Silveira interpreta o Brasil como fazedora de uma história da arte brasileira fazendo sua arte, intervindo no espaço público e interpretando o espaço urbano em instalações e *site-specific*. Palavras, traduzidas em diversos idiomas, algumas escritas em bordados ponto de cruz, participam, por exemplo, de projeções urbanas luminosas

16 Coleção em edição limitada para a Uma/Raquel Davidowicz (moda feminina), lançada em agosto de 2015.

que invadem o espaço público. Como professora, artista profícua, sempre em busca de desenvolver ideias e, com suas obras, lançar questões sobre a arte. Uma artista que trabalha a permeabilidade dos meios, em uma arte global, que ultrapassa fronteiras e demonstra os percursos e os espaços de uma arte em plena construção.

Referências bibliográficas

ALBERTI, Liliane. "Regina Silveira: arte não é terapia". *Jornal de Caxias*, 16 set. 1978.

CHAGAS, Claudia Regina R. P. das. "O bordado no currículo como espaço-tempo/fazer educativo". *Anais da 29ª Reunião Anual da Associação de Pós-Graduação e Pesquisa em Educação (ANPEd)*, São Paulo, ANPEd, 2006. Disponível em: http://29reuniao.anped.org.br/trabalhos/trabalho/GT23-1967--Int.pdf. Acessado em: 20.09.2015.

CHIARELLI, Tadeu. "Artista e orientadora". *In*: MORAES, Angélica (Coord.). *Regina Silveira*: cartografias da sombra. São Paulo: Edusp, 1996.

COELHO, J. Teixeira. "Sobre *PARAR* e depois *SUMIR*". *TRAMAZUL*: uma intervenção de Regina Silveira, São Paulo, Masp, 2010. A intervenção ocorreu de 15 de novembro de 2010 a 23 de março de 2011.

FABRIS, Annateresa. "Regina Silveira: inflexões". *Catálogo de Exposição Realizada na Galeria Luisa Strina*, 17 nov./ 5 dez., 1987.

FOLHA DE S. PAULO. "Mulheres preparam *outdoors*". *Folha de S. Paulo*, Ilustrada, 29 ago. 1982.

GOMES, Karina Sérgio. *Regina Silveira*: um esboço biográfico. São Paulo: Fundação Cásper Líbero, 2009. (TCC em Jornalismo).

MORAES, Angélica (Coord.). *Regina Silveira*: cartografias da sombra. São Paulo: Edusp, 1996.

SCARINICI, Carlos. [Sem título]. *Revista Zero Hora*, 18 jun. 1978.

SILVEIRA, Regina. "'Arte da mulher?', entrevista concedida a Carlos J. Silvério e Tadeu Chiarelli". *AR'TE*, São Paulo, Editora Polis, ano II, nº 2, 1983.

ZANINI, Walter. "A Aliança da ordem com a magia". *In*: MORAES, Angélica (Coord.). *Regina Silveira*: cartografias da sombra. São Paulo: Edusp, 1996.

RUTH CARDOSO (1930-2008)

NOVOS CAMINHOS PARA O DESENVOLVIMENTO SOCIAL?

MARIA ROSA DORIA RIBEIRO

1 Origem e trajetória inicial

Ruth Vilaça Corrêa Leite Cardoso (RC, na sequência deste texto) foi, como todos nós, uma pessoa de seu tempo. Entretanto, nele se destacou de várias maneiras. Desde cedo, valorizou seus aprendizados, desde os mais simples relativos ao bem viver na vida cotidiana, como os formais e escolares. Estudiosa, se fez professora e como tal manteve acesa a curiosidade pelo saber. Respeitou e tratou o conhecimento como algo inesgotável. Foi investigadora atenta da realidade. Com praticidade, buscou aplicar seus conhecimentos desde uma perspectiva e uma função política quando a ocasião se fez. Soube otimizar e utilizar os mais diferentes ensinamentos nas mais diferentes situações. Suas circunstâncias de vida muitas vezes a favoreceram, e ela nunca deixou de aproveitá-las da melhor maneira.

Nasceu no interior de São Paulo, na cidade de Araraquara, e nela viveu até os quinze anos, quando se dirigiu a São Paulo para seguir seus estudos. Foi filha única, depois de perder a irmã gêmea, Raquel, em tenra idade. Seus pais, ambos com profissões definidas, não pertenciam a famílias aristocráticas nem possuíam fortuna. Ele, José Corrêa Leite era contador, e ela, Maria Vilaça, farmacêutica. Ambos trabalharam bastante para proporcionar bons estudos à filha. Dona Mariquita, como era chamada a mãe de RC, foi criada pela madrasta, que cultivava a crença de que as mulheres deveriam buscar autonomia econômica. Com tais valores, criou a filha, incentivando seus estudos. Dona Mariquita era mulher ambiciosa e tenaz no que se referia ao futuro da filha. Apreciadora ela própria do conhecimento, doutorou-se, em 1967, na Faculdade de Farmácia e Odontologia de Araraquara.

Ruth começou a conviver com a elite paulista quando entrou no Colégio Des Oiseaux, internato para meninas das famílias aristocráticas, no qual cursou o ensino médio. Passou em primeiro lugar entre os seis alunos selecionados para o curso de Ciências Sociais na USP. Destes seis, fazia parte também seu futuro marido. A exemplo do que sucedeu com outro casal de intelectuais que se tornou famoso no decorrer do século XX – Simone de Beauvoir e Jean-Paul Sartre –, nos momentos iniciais de suas carreiras, tanto Ruth como Simone apresentaram melhor *performance* do que seus futuros companheiros de vida. No entanto, por diferentes razões, eles se expuseram mais aos holofotes do sucesso em suas trajetórias. Questão de gênero? De qualquer maneira, Ruth, com sabedoria, sem abdicar de sua carreira profissional, tampouco se furtar ao sucesso de suas iniciativas, não deixou de viver prazerosamente nenhum dos papéis femininos tradicionalmente atribuídos às mulheres.

A entrada de RC na USP em 1949 representou um segundo momento de sua ascensão à elite, dessa feita, intelectual-acadêmica.

Como ela afirmou em entrevista a Daniel Cantinelli Sevillano: "não acho que a Maria Antônia tenha tido grande influência no meio intelectual paulista, porque o meio artístico e literário sempre olhou com certa distância os professores universitários, que eram tidos como pernósticos".[1]

Com efeito, os professores e estudantes universitários não estavam entre os que mais frequentavam a Livraria Jaraguá, localizada na Rua Marconi, nº 54, entre os anos de 1942 e 1950,[2] onde se reuniam os intelectuais tais como Tarsila do Amaral, Flávio de Carvalho, Anita Malfatti e Caio Prado Júnior, entre outros.

O curso de Ciências Sociais da USP era dividido em três áreas, Antropologia, Ciência Política e Sociologia, cada uma com várias disciplinas, as quais os alunos deveriam cursar. Ruth, bacharel em Ciências Sociais, se encantou com a Antropologia e nela se especializou e se ancorou.

Ainda no último ano da faculdade, iniciou sua vida profissional como professora de História na Escola Estadual Fernão Dias Paes, tradicional escola pública do bairro de Pinheiros. Graduada, prestou concurso para um núcleo de mercado de trabalho na Secretaria Estadual do Trabalho, onde trabalhou como técnica e participou da primeira pesquisa de mercado de trabalho, em 1954. Entre os anos de 1955 e 1958, conciliou a docência na Faculdade Municipal de Filosofia, Ciências e Letras de Sorocaba, na Fundação Escola de Comércio Álvares Penteado (Fecap), e seu ingresso na USP.

---

1 CARDOSO, Ruth. "Entrevista de Ruth Cardoso a Daniel Cantinelli Sevillano". *Informe*: informativo da Faculdade de Filosofia, Letras e Ciências Humanas (USP), nº 21, set./out. 2005, p. 37.

2 Tal livraria, fundada por Alfredo Mesquita (da família proprietária do jornal *O Estado de S. Paulo*) juntamente com seu sócio Roberto Meira em 1942, contava com o diferencial de possuir em suas instalações uma sala de chá.

Formada em 1952, no ano seguinte, casou-se com Fernando Henrique Cardoso, ex-colega de turma, que mais tarde viria a ser eleito presidente da República. Teve seus filhos nos anos de 1954, 1958 e 1960.

Sua carreira na USP se iniciou em 1957, quando foi convidada por Egon Schaden para ser sua assistente voluntária na cadeira de Antropologia. Trabalhou sem receber por dois anos, de acordo com o ritual da época para ingressar como docente naquela universidade. Foi nomeada em 1960, integrando, a partir de então oficialmente, o quadro de professores da USP. RC segue sua formação acadêmica concluindo seu mestrado em Antropologia, em 1962, com o tema *O Papel das Associações Juvenis na Aculturação dos Japoneses.*

A continuidade de seu doutorado, sobre o mesmo tema do mestrado, foi prejudicada pelo golpe de 1964. A situação política ameaçadora gerada pelo golpe fez com que o casal se decidisse pelo exílio. A pesquisa, iniciada em 1963, foi interrompida e só retomada anos depois, já com uma mudança de enfoque. Do foco inicial colocado na aculturação dos japoneses, RC atualizou sua pesquisa para a perspectiva da questão urbana, seu novo interesse. Sua tese de doutorado se intitulou *Estrutura Familiar e Mobilidade Social: Estudo dos Japoneses no Estado de São Paulo*.

RC nunca foi uma militante do movimento estudantil em seus tempos de faculdade. Preocupava-se mais, então, com seus estudos. Sem maior engajamento, e sem deixar de acompanhar o momento político nacional, esteve presente em todas as grandes campanhas da época, como a do petróleo, a da ampliação da escola pública, que antecedeu a aprovação da Lei de Diretrizes e Bases da Educação Brasileira, entre outras. Nunca se filiou ao Partido Comunista ou a qualquer organização política oriunda da Igreja Católica, que eram então as forças políticas mais presentes naquele movimento, de acordo com seu depoimento.[3] Só assumiu compromisso partidário quando se identificou com o PSDB, participando de sua fundação, em 1987.

No que se refere às tradições intelectuais e às linhas teóricas das correntes de pensamento em voga no período de sua formação, RC se manteve bastante ligada a Lévi-Strauss. Mesmo mantendo seu interesse pelas novidades, inclusive pelo pensamento de Marx, que, então, era o que mais despertava interesse na área das ciências humanas. Foi leitora sistemática de Lévi-Strauss e divulgadora de sua obra quando lecionou no Chile. Também se debruçou sobre a Escola Socioantropológica de Chicago, de acordo com seu colega Gilberto Velho. Mas é sua companheira de trabalho, desde os tempos de assistente voluntária na cadeira de Antropologia na USP, e por muitos anos depois, Eunice Durham, quem testemunha a importância de RC para a antropologia no Brasil. Ela afirma que RC foi quem introduziu a abordagem de Lévi-Strauss na antropologia brasileira; trouxe o estruturalismo para a antropologia; introduziu Manuel Castells na antropologia urbana, sem deixar de lado a antropologia urbana vinda da Escola de Chicago:

> A grande importância de Ruth na formação de novos antropólogos se deve tanto às suas qualidades pessoais, que a faziam amada entre seus estudantes, como à amplitude e solidez de sua própria formação intelectual, aliada a uma vivência internacional, o que não era comum na antropologia. Ruth interagia intensamente com sociólogos, cientistas políticos, historiadores, filósofos e artistas, tanto nacionais como estrangeiros. Isso lhe permitiu transcender um certo provincianismo e um relativo fechamento da disciplina, que

3 CARDOSO, Ruth. "Entrevista de Ruth Cardoso a Daniel Cantinelli Sevillano". *Informe*: informativo da Faculdade de Filosofia, Letras e Ciências Humanas (USP), nº 21, set./out. 2005.

> ameaçavam a antropologia, e alargar os horizontes de seus alunos e colegas.[4]

RC cercou-se de amigos em todas as suas atividades e em todos os seus tempos. Fez de sua casa um centro de reuniões e discussões intelectuais das quais participava, expressando suas ideias com firmeza e fazendo-se respeitar por elas. Esse ambiente, que ela tão bem sabia promover, muito estimulava e contribuía para o seu desenvolvimento intelectual. Da mesma forma, contribuía para manter seu marido no centro das discussões políticas travadas pelo grupo ao qual pertenciam. Para ela, essas eram oportunidades para estabelecer relações entre o que ensinava e pesquisava e o que se discutia.

De seus amigos é que se obtém mais testemunhos sobre tal convívio. Manuel Castells, que RC conheceu em Paris, no emblemático ano de 1968, e com quem estabeleceu importante parceria intelectual, escreveu a seu respeito: "os temas mais espinhosos, as questões mais complicadas se simplificavam, se tornavam razoáveis e se transformavam em possibilidades de entender, de fazer, de trabalhar para as pessoas e com as pessoas (...)".[5] Tal depoimento é reiterado por várias outras pessoas com quem trabalhou em diferentes momentos de sua vida. Eva Blay lembra da oposição de RC à ideia do pedido de demissão coletiva, cogitado pelos colegas logo depois do AI-5. Defendia ela que deveriam continuar em seus postos e resistir, defendendo suas formas de ensinar, bem como as bibliografias usadas. Do contrário, afirmava, seus cargos seriam ocupados por pessoas nomeadas pelos militares. Margarida Cintra Gordinho registrou a calma e o bom senso com que RC recebeu os colegas quando estes se reuniram em sua casa, ainda sob o impacto das aposentadorias

---

4 DURHAM, Eunice *apud* GORDINHO, Margarida Cintra. *Livro de Ruth*. São Paulo: Imprensa Oficial do Estado de São Paulo; Fecap, 2009, p. 103.

5 CASTELLS, Manuel. "Ruth Cardoso: minha mestra, minha colega, minha amiga". *In*: BRANDÃO, Ignácio de Loyola; CASTELLS, Manuel. *Ruth Cardoso*: 80 Anos. São Paulo: AlfaSol, 2010, p. 6.

compulsórias, em uma espécie de assembleia na qual buscavam formas de evitar o exílio e resistir, permanecendo no país.

2 Feminista?

RC sempre foi estudiosa dos movimentos sociais, mas não se pode dizer o mesmo quanto à sua participação em algum deles. Do que mais se aproximou foi do movimento feminista no final dos anos 1970 e início dos anos 1980, mas sempre mantendo certa distância. A esse movimento, emprestou seu prestígio quando integrou a Frente de Mulheres Feministas, liderada por Ruth Escobar. Da mesma forma, participou do conselho de redação do jornal *Mulherio*, na Fundação Carlos Chagas: "ela distinguia o movimento de mulheres, direitos da mulher e feminismo ideológico. Interessou-se pelos dois primeiros e ignorou (sem se opor) à dimensão ideológica, que sempre lhe pareceu artificial e elitista no contexto do Brasil".[6]

Castells afirma que ela não se dizia feminista.

De qualquer modo, RC parece ter vivido bastante confortavelmente todos os papeis femininos, por exemplo, o de avó. Maria Helena Berlinck Martins[7] relata que, vivendo no Palácio do Planalto e com as responsabilidades do Conselho da Comunidade Solidária, RC não abria mão de passar uma tarde por semana com sua neta para ensiná-la a bordar. Com prazer e regularidade, fazia uso de seus atributos como dona de casa e cozinheira para reunir amigos e até mesmo receber personalidades do mundo intelectual. Um bom exemplo foi a sopa de mandioquinha que ela mesma preparou para o casal Jean-Paul Sartre e Simone de Beauvoir na casa de seus pais,

---

6 CASTELLS, Manuel. "Ruth Cardoso: minha mestra, minha colega, minha amiga". *In*: BRANDÃO, Ignácio de Loyola; CASTELLS, Manuel. *Ruth Cardoso*: 80 Anos. São Paulo: AlfaSol, 2010.

7 Maria Helena foi uma das entrevistadas para a elaboração deste artigo. Trabalhou com RC na Comunidade Solidária como chefe de gabinete e a acompanhou em muitas das viagens que aquele trabalho demandava.

em Araraquara, quando da visita do casal ao Brasil no final dos anos 1950. Na mesma ocasião, foi seu marido quem traduziu a palestra sobre feminismo proferida por Simone de Beauvoir naquela cidade. A maneira como fazia uso dos ensinamentos recebidos como menina de interior, filha única de mãe caprichosa e reconhecida por sua elegância, que estudou em internato para meninas da elite paulista e que valorizava também seu papel de boa esposa autoriza a afirmação de que RC, de um modo muito peculiar, discreto e criterioso, se apropriou da bandeira feminista "o privado é político".

3 Docência e vida acadêmica

Entre todas as atividades desenvolvidas por RC, a docência parece ter sido aquela que mais confortavelmente exerceu. Deu aulas na graduação, no início dos anos 1960, com grande entusiasmo e interesse pela formação dos alunos, como demonstra uma das iniciativas pedagógicas que tomou juntamente com Eunice Durham. O procedimento adotado consistia em devolver os trabalhos aos alunos para que os refizessem, corrigindo os erros apontados antes da atribuição das notas. Tal prática foi dificultada quando o movimento pela admissão dos excedentes obteve vitória. Houve então um aumento de 100% de alunos no curso de Ciências Sociais.

Outra prática adotada por ela, se não original até hoje pouco usual na academia, foi a criação de grupos de estudos que se reuniam para discutir textos sobre a antropologia urbana. O grupo era composto de voluntários, não contava créditos e garantia sólida formação aos participantes. Os seminários quinzenais eram a versão dos grupos de estudos com os alunos da pós-graduação. RC e Eunice Durham os realizavam nos anos 1980 para discutir as diferentes matrizes disciplinares oriundas da antropologia:

> O diálogo mais animador e inspirador das nossas pesquisas era com os *cultural studies*, particularmente, com as versões do Centre for Contemporary Cultural Studies da University

> of Birmingham, que empolgavam as ciências sociais na Inglaterra. (...) Obras de Althusser, Gramsci e Foucault eram então destrinchadas, visando afinar o instrumental antropológico para dar conta dos significados da participação política popular que não poderia ser explicada como pura passividade, alienação ou falsa consciência.[8]

De muitas vozes vêm os testemunhos de um atributo fundamental à docência que, ao que parece, não faltava a RC, a humildade do reconhecimento da permanente condição de aprendiz. Dizia ela:

> Gosto de pensar que orientar é o melhor caminho para aprender. A grande vantagem de orientar é que te obriga a estudar. Tem sempre gente pesquisando coisas novas. O papel básico de um orientador, quando o aluno já tem maturidade, é um olhar informado sobre o tema.[9]

De acordo com suas ex-alunas, RC acreditava que mais importante do que o autor das ideias é a discussão que elas suscitam ou inspiram. Compreendia de maneira realista e transmitia a seus alunos que a genialidade, assim como a celebração dela, são faces da vaidade intelectual. Entendia o trabalho intelectual como sendo resultado de esforço coletivo, limitado pelas condições de determinada época e de determinado lugar em que é produzido; daí, a condição intrínseca de incompletude que carrega o saber. Valorizava o esforço do trabalho de pesquisa, a disciplina nos estudos, o debate das impressões do campo, que era o que propiciava os *insights*, acreditava ela.

---

8 DEBERT, Guita; GREGORI, Maria Filomena; COELHO, Simone de Castro Tavares. "Ruth Cardoso 1930-2008". *Revista Brasileira de Ciências Sociais*, 2008, versão *on-line*, p. 4.

9 CARDOSO, Ruth *apud* GORDINHO, Margarida Cintra. *Livro de Ruth*. São Paulo: Imprensa Oficial do Estado de São Paulo; Fecap, 2009, p. 106.

A professora RC alertava para o perigo das interpretações rápidas e recomendava cautela em relação às afirmações do senso comum tanto quanto com as dos conceitos consagrados. Prevenia também seus alunos quanto ao uso inadequado de conceitos desprovidos de sua historicidade.

Em suas pesquisas e orientações, RC não receava a heterodoxia em razão de não entender as teorias e conceitos como amarras ao pensamento. Este, afirmava ela, demanda criatividade, bem como o enfrentamento de desafios. Entretanto, não abria mão do rigor com a coleta e a produção de dados, o que conferia seriedade à produção do conhecimento e o diferenciava da literatura.

RC desenvolveu a perspectiva antropológica desde os temas de mestrado e doutorado, como era de se esperar. Mas manteve tal perspectiva e o correspondente método de pesquisa mesmo quando ampliou e incorporou novas perspectivas e novos métodos, ao se transferir para o Departamento de Ciência Política, em 1975. Ali, teve oportunidade de estabelecer um fértil convívio intelectual com Juarez Brandão Lopes e Lucio Kowarick, o que fez aumentar seu interesse pelos movimentos sociais urbanos, favelas e cortiços.

A maioria das dissertações de mestrado e das teses de doutorado orientadas por RC versaram sobre pobreza, populações marginais, cotidiano de moradores da periferia, meninos de rua, moradia nas favelas, movimentos de reivindicações urbanas, movimentos de mulheres etc., mas também orientou outros temas, tais como nacionalismo e identidade étnica, nacionalismo no Iseb e na Escola Superior de Guerra, representações políticas no período populista, imaginário e poder, terceiro setor, entre outros.

A atividade acadêmica de RC foi intensa e diversificada. Além da docência na Universidade de São Paulo, ofereceu cursos também na PUC-SP, na Unicamp e no Museu Nacional do Rio de Janeiro, onde marcou presença no Programa de Pós-Graduação em Antropologia. No exterior, ela lecionou na Facultad Latinoamericana de Ciencias Sociales e na Escuela de Sociología de la Universidad

Católica, ambas no Chile. Posteriormente, foi professora visitante do City and Regional Planning Department da Universidade da Califórnia, em Berkeley, mais de uma vez. Também atuou como professora associada na École des Hautes Études en Sciences Sociales da Maison des Sciences de l'Homme, em Paris. Mas sua atividade não foi marcada apenas pela docência. Manteve-se ativa também no que se referia à sua formação. Assim como lecionou no exterior, também fez cursos, participou de seminários e de congressos nos quais entrava em contato com novas vertentes da antropologia, bem como aprofundava seus conhecimentos sobre autores e correntes de pensamento com os quais se identificava. Um dos lugares onde esteve com essa finalidade foi a Universidade de Columbia, Nova York, em 1988. Ali, esteve por alguns meses, preparando seu pós-doutorado.

Outra face da sua atividade acadêmica teve lugar nas instituições de pesquisa das quais participava, como a Associação Brasileira de Antropólogos (ABA), a Associação Nacional de Pós-Graduação e Pesquisa em Ciências Sociais (Anpocs), o Centro de Estudos e Documentação para a Ação Comunitária (Cedac) e o Centro Brasileiro de Análise e Planejamento (Cebrap), que ajudou a fundar.

RC, professora, pesquisava e orientava a pesquisa no sentido de descobrir o que não era conhecido, e não para confirmar o que já se sabia. Tal atitude expressava a crítica que fazia às posturas que considerava ortodoxas de muitos que, segundo sua visão, tratavam de encaixar a realidade aos conceitos e categorias de análise das correntes teóricas e ideológicas com as quais se identificavam. Nesses casos, considerava ela, as análises nem sempre resultavam de ajustes harmoniosos.

Guita Debert, Maria Filomena Gregori e Simone de Castro Tavares Coelho afirmam em artigo escrito sobre a ex-orientadora RC e seus métodos de trabalho: "ela nunca impôs uma ideia ou a sua visão sobre determinada questão. O que ela sabia fazer como ninguém era mudar os termos dos problemas que estavam sendo tratados e, assim, alargar nossa reflexão sobre temas que nos preocupavam e que debatíamos".[10]

4 Evolução de suas ideias

Com seu trabalho de professora da graduação no curso de Ciências Sociais, com as orientações de mestrado e doutorado, concentradas prioritariamente nos estudos voltados para os movimentos sociais, RC, despretensiosamente, foi tecendo teoria aplicada à realidade nacional. Despretensiosamente porque não produziu grandes obras a respeito do que foi construindo como saber. Escreveu pouco. Entretanto, através de seus estudos, das orientações, dos debates travados nos eventos acadêmicos do Cebrap, da Anpocs e tantos outros de entidades brasileiras e estrangeiras, foi consolidando seu saber, saber este explicitado em artigos por meio dos quais questionou e problematizou alguns conceitos-chaves, como o de *classes sociais*, ao qual contrapôs o de *classes populares*. Questionou e problematizou também algumas interpretações do populismo sobre temas como representação política, alienação, manipulação, entre outros:

> É bom lembrar que as ciências sociais, nesta última década, estiveram dominadas pelas problemáticas da ideologia. Os estudos dos aparelhos ideológicos responsáveis pela hegemonia burguesa tiveram grande influência e recolocaram em novos termos o velho problema da alienação. Ao definir o campo ideológico como a instância privilegiada para a dominação, alguns cientistas sociais colocaram, de um mesmo lado, todos os canais institucionais de manifestação política (partidos, sindicatos etc.), e de outro, os eventos independentes. Fez-se a crítica geral dos partidos (de direita e de esquerda) para recuperar as formas de expressão dos interesses políticos em sua

10 DEBERT, Guita; GREGORI, Maria Filomena; COELHO, Simone de Castro Tavares. "Ruth Cardoso 1930-2008". *Revista Brasileira de Ciências Sociais*, 2008, versão *on-line*, p. 2.

> "naturalidade", isto é, aquilo que explode nos interstícios do sistema e resiste à domesticação pelos aparelhos ideológicos.[11]

A partir do pressuposto acima, RC questionava com qual categoria de análise sociológica deveriam ser feitos os estudos dos movimentos sociais se "classe social" não se aplicava, uma vez que se tratava de contingentes que iam além do que as relações de produção consideravam como proletariado. Daí, a adoção da expressão "classes populares", que, embora mais abrangente que proletariado, é bastante mais imprecisa. O ajuste, então, se faria pela mudança de paradigmas: se a categoria de análise "classes sociais" fora definida em função das relações de produção, ou seja, pela análise econômica do capitalismo, "classes populares" expressaria os excluídos do modelo de desenvolvimento então em curso, sob um critério político das relações sociais. Assim:

> (...) A expressão classes populares se refere, em geral, à presença de setores sociais que empobreceram com o modelo de desenvolvimento em curso e que estiveram excluídos das decisões políticas. O seu uso é quase metafórico, pois sintetiza a ideia de grandes contingentes (massas) de baixa renda que, apesar de indefesos, guardam a capacidade de distinguir suas necessidades básicas e irromper de tempos em tempos, reclamando maior igualdade.[12]

No contexto da década de 1970, quando a maior parte dos movimentos sociais surgiu, se desenvolveu e conquistou projeção, não faltaram, sobretudo no campo político de atuação, os que neles

---

11 CARDOSO, Ruth. "Movimentos sociais urbanos: balanço crítico". *In*: SORJ, Bernardo (Coord.). *Sociedade e política no Brasil pós-64*. São Paulo: Brasiliense, 1984, p. 223.

12 CARDOSO, Ruth. "Movimentos sociais urbanos: balanço crítico". *In*: SORJ, Bernardo (Coord.). *Sociedade e política no Brasil pós-64*. São Paulo: Brasiliense, 1984, p. 224.

buscaram novos atores e protagonistas das transformações desejadas. Frequentemente, atribuíam a tais movimentos capacidades e objetivos maiores do que de fato possuíam. A despeito do caráter democrático através do qual esses movimentos se constituíram; a despeito também da legitimidade de suas demandas, bem como da maneira como apresentavam suas reivindicações ao Poder Público, RC procurava demonstrar com estudos de casos que as relações que se estabeleciam com os canais do Estado variavam muito e não apontavam para nada além do atendimento de suas justas reclamações.

Em seu artigo "Movimentos sociais urbanos: balanço crítico", publicado em 1983, RC fez sua análise sobre a dinâmica dos movimentos sociais ao ressaltar alguns fatores da composição, da projeção e do funcionamento de tais movimentos: *(1)* a supervalorização destes como autênticos, desconsiderando o que chamou de fatores externos: o apoio e a participação da Igreja Católica e da assessoria técnica oferecida por profissionais qualificados "desejosos de dar sentido político ao seu saber"; *(2)* o papel da imprensa que dava visibilidade e repercutia os movimentos sociais; *(3)* a apresentação de diferentes demandas a diferentes organismos do aparelho de Estado que respondia também diferentemente a cada situação, o que caracterizava uma fragmentação das lutas.

Ao estudar os movimentos sociais, RC desmistificou-os. Lançou novo olhar sobre eles apontando as inovações que carregavam quanto a estabelecer uma comunicação direta com os órgãos de governo, construindo identidades a partir das comunidades e criando espaços próprios de debate. Pôs em evidência a fragmentação dos grupos reivindicatórios, bem como a multiplicação dos espaços de diálogo e negociação. Apontou seu caráter pragmático, em oposição às posturas ideológicas anti-Estado. Estavam ali para obter conquistas específicas e nelas se concentravam. As vitórias obtidas os estimulavam para novas reivindicações também específicas, e não para maiores transformações políticas, como as que haviam sido ardentemente desejadas e buscadas pelas diferentes correntes da esquerda brasileira.

RC entendia que os movimentos sociais tinham vindo para ficar. Punham a nu o esgotamento dos tradicionais canais de comunicação e representação da população junto ao Poder Público. Traziam ainda uma noção de sociedade civil que demandava atualização das noções de interesses públicos e privados.

As oportunidades de docência nos EUA e na França possibilitaram a RC atualizar suas análises sob a luz dos novos estudos e teorias em múltiplas vertentes do conhecimento. Tais estudos se desenvolveram a partir do que seus teóricos entendiam como a crise de paradigmas. Tratava-se de buscar novas formas de interpretação das transformações pelas quais o mundo estava/está passando na contemporaneidade, período que passou a ser identificado com a polêmica expressão *pós-modernidade*.

Castells explicita:

> Com Ruth, procuramos, e acho que conseguimos, identificar um novo sujeito de transformação, a cidade dos cidadãos, um movimento cidadão e de vizinhos que, para resolver seus problemas, tinha de transformar a cidade e, portanto, a sociedade, o que constitui a essência de um movimento social. Ruth tinha posição radicalmente crítica ao populismo e encontrou na análise concreta do povo a forma de desmistificar a ideologia e de identificar as vias de mudança social que se adaptassem a uma realidade latino-americana, em que a classe operária foi mais frequentemente fonte de privilégios corporativos do que agente de transformação social.[13]

RC considerava que o germe das transformações sociais nas sociedades multiculturais se encontrava na multiplicidade de fontes de mudanças, na ausência de sua articulação em aparelhos políticos

13 CASTELLS, Manuel. "Ruth Cardoso: minha mestra, minha colega, minha amiga". *In*: BRANDÃO, Ignácio de Loyola; CASTELLS, Manuel. *Ruth Cardoso*: 80 Anos. São Paulo: AlfaSol, 2010, pp. 8/9.

instrumentais, no trabalho miúdo nas mentes das pessoas através de distintas práticas, muito mais do que na aglutinação dos protestos sociais ou dos projetos políticos em um único sujeito. Entendia ela que se a dominação é uma resultante da aliança entre interesses e valores dominantes e se exerce centralmente a partir do Estado, do capital, do oligopólio da informação, a resistência é multiforme. E pode ser exercida por uma pessoa ou por várias, por grupos de diferentes naturezas, de maneira criativa, em ações coletivas, configurando movimentos sociais que realmente podem minar as raízes da dominação e mudar os valores sociais. Reunir tal diversidade de projetos alternativos e resistências em uma bandeira significa empobrecer e reduzir o potencial de mudanças que eles carregam em si. Tal compreensão da ação dos movimentos sociais pode ser sintetizada por uma frase proferida por Ruth (lembrada por Castells) em um congresso em que participaram juntos, em Cochabamba: "o povo desunido jamais será vencido".[14]

O artigo de RC citado anteriormente, "Movimentos sociais urbanos: balanço crítico", traz os embriões dos conceitos que serão desenvolvidos e incorporados posteriormente como fundamentos para a criação do Programa Comunidade Solidária. Ali se encontra a noção de comunidade, por exemplo. Ao considerar a importância do que chamou de "organizadores",[15] Ruth estabelece o diferencial entre estes e os que compõem as bases da associação. Tais atores se distinguem por sua origem de classe e por suas qualificações

---

14 CASTELLS, Manuel. "Ruth Cardoso: minha mestra, minha colega, minha amiga". *In*: BRANDÃO, Ignácio de Loyola; CASTELLS, Manuel. *Ruth Cardoso*: 80 Anos. São Paulo: AlfaSol, 2010, p. 10.

15 Termo emprestado do vocabulário norte-americano e usado pelos movimentos sociais quando seus integrantes se referem àqueles que têm um saber técnico importante para mobilizar recursos financeiros e humanos. Naturalmente, trata-se de um empréstimo que demanda adaptação, uma vez que os assessores dos movimentos sociais no Brasil não são remunerados e integram tais movimentos com maior disponibilidade de recursos e compromisso ideológico.

intelectuais. Mesmo sendo integrantes do movimento, não pertencem à comunidade. "o que define a comunidade é uma experiência comum de discriminação que enfatiza o compartilhar de certas carências, percebidas como injustas".[16] A identidade do grupo se estabelece pela identificação da opressão que atinge todos os seus integrantes. E aí entra o fator da subjetividade. "Pouco importa se existem diferenças de nível econômico entre os participantes. O que os une é um sentimento e não a exiguidade de recursos. A comunidade é percebida como uma experiência de igualdade".[17] Dessa maneira, se diferencia comunidade de sociedade, uma vez que o conceito de comunidade dá espaço ao reconhecimento de opressões específicas que, ao contrário, o de sociedade generaliza. Observa-se em tais ideias a incorporação da subjetividade como fator a ser considerado na análise.

RC acompanhou com interesse a evolução dos movimentos sociais à medida que a conjuntura se alterava. A institucionalização pela qual tais movimentos passaram ao se reconfigurarem no contexto do retorno à democracia, criticada por muitos como significando refluxo ou cooptação, era considerada por ela como fenômeno positivo.

Em seu artigo "A trajetória dos movimentos sociais", RC expõe suas ideias sobre a evolução das interpretações destes no campo das ciências sociais. Com tal critério, ela divide o estudo dos movimentos em dois momentos marcados por uma diferenciação de conjuntura, e mais do que isso, pelo que chamou de contextos ideológicos diferentes. Considera também nesse artigo a maneira de se produzir o conhecimento e como esta maneira interfere sobre o resultado das pesquisas e análises. Identifica a primeira fase como "a emergência

---

16 CARDOSO, Ruth. "Movimentos sociais urbanos: balanço crítico". *In*: SORJ, Bernardo (Coord.). *Sociedade e política no Brasil pós-64*. São Paulo: Brasiliense, 1984, p. 231.

17 CARDOSO, Ruth. "Movimentos sociais urbanos: balanço crítico". *In*: SORJ, Bernardo (Coord.). *Sociedade e política no Brasil pós-64*. São Paulo: Brasiliense, 1984, p. 232.

heroica dos movimentos", situada na década de 1970 e no início da de 1980; e a segunda fase, na qual se opera a institucionalização dos movimentos, aparece frequentemente associada com o refluxo e ocorre a partir dos anos 1980.

Questionando RC o sentido pejorativo atribuído à institucionalização e à luz das mudanças conjunturais trazidas pelo processo de redemocratização, ela se reporta à difícil e diversificada relação que se estabelece entre os movimentos sociais e as agências públicas. O sistema político começa a abrir novos canais de comunicação e de entendimento, o que culmina muitas vezes na criação de conselhos de participação. Esse processo, que vai acontecendo de maneira tortuosa, porque diferente em cada setor, e irregular, porque ausente de diretriz centralizada, desnuda as dificuldades de superação dos próprios movimentos sociais quanto a suas disputas internas e sistemas de representação: quem pode representar o movimento *x* ou *y* no correspondente conselho? Não era possível afirmar que se caracterizava uma nova relação dos movimentos sociais com o Estado, porque se aqueles iam abrindo brechas e conquistando espaços aqui e ali, não havia por parte deste nenhuma política estabelecida. Na busca da superação dessas dificuldades inerentes à democracia, considerou RC que os movimentos sociais introduziram a necessidade da redefinição do espaço público, na medida em que ele também foi definido como político.

RC acreditava que era natural que os movimentos se revestissem com novas formas – organizações não governamentais, institutos, fundações etc. E que, com essa nova roupagem, os grupos de interesse pudessem se estruturar melhor para estabelecer o diálogo mais profícuo com os organismos de Estado. Da observação crítica da dinâmica das relações entre os movimentos sociais e as agências públicas e órgãos de governo, RC desenvolveu a ideia de que ninguém melhor do que a comunidade para apontar caminhos de superação dos problemas nela diagnosticados. Por outro lado, acreditava que, por mais que os governos promovessem políticas sociais, quando o faziam, muitas vezes, estas não alcançavam os mais necessitados. Tais ideias foram desenvolvidas no Projeto Comunidade Solidária.

A evolução do pensamento de RC pode ser notada também em alguns outros de seus escritos, como o texto da palestra proferida no Encontro Ibero-Americano do Terceiro Setor, já na condição de Presidente do Conselho da Comunidade Solidária. Discorreu ela, naquela ocasião, sobre o significado e a importância do Terceiro Setor. Esse campo de atividades que, não sendo governo (Primeiro Setor) nem empresa (Segundo Setor) e, portanto, não obedecendo nem à lógica governamental nem à de mercado, traz como novidade a ruptura da dicotomia entre público e privado. "Estamos vendo o surgimento de uma esfera pública não estatal e de iniciativas privadas com sentido público".[18] Se Terceiro Setor, na década de 1980, referia-se às ONGs que articulavam recursos e experiências inovando espaços de participação cidadã na base da sociedade, na década seguinte, já se caracterizava por uma abrangência bem maior. Passou a englobar instituições filantrópicas prestadoras de serviços nas áreas de saúde, educação e assistência social, mas também diversas organizações voltadas à defesa de interesses de grupos específicos da população, ou de causas como proteção ao meio ambiente, promoção de cultura, lazer etc. Também se observava a adesão da iniciativa privada através da filantropia empresarial. Tendo como marca a mobilização do trabalho voluntário, o Terceiro Setor, em processo de fortalecimento, já revelava um papel fundamental e insubstituível para a superação de problemas como a pobreza, a desigualdade e a exclusão social, de acordo com a visão de RC, com a vantagem de criar um espaço, diferente do tradicional assistencialismo, para dar vazão à solidariedade cidadã através da doação de tempo, trabalho e talento dos indivíduos para causas sociais.

---

18 CARDOSO, Ruth. "Fortalecimento da sociedade civil". *In*: IOSCHPE, Evelyn Berg (Coord.). *Terceiro setor*: desenvolvimento social sustentado. Rio de Janeiro: Paz e Terra, 1997, p. 8.

Marcava ela a diferença entre as políticas públicas de combate à pobreza e as dirigidas a segmentos da população que demandavam atenção especial através de mobilização e lutas sociais, tais como as mulheres, os negros, as pessoas com deficiência, os homossexuais, a terceira idade etc. Considerava que esses grupos exigiam e legitimavam as políticas de ação afirmativa dos governos. O combate à pobreza se fazia com base em dados estatísticos cujo critério de classificação era o nível de renda. Acreditava RC que, mesmo com foco definido, as políticas sociais dirigidas a tais grupos não obteriam sucesso sem mobilizar identidades comunitárias, sem buscar envolvimento e participação da população contemplada:

> Localizados os pobres e feitas as doações, não aparecerá, como consequência, uma resposta espontânea destes indivíduos em apoio aos incentivos oferecidos. Pelo contrário, para ser incluído no mercado, quer como consumidor quer como trabalhador, é preciso ir além da superação da fome, da doença etc. É preciso desenvolver autoestima, capacidade de comunicação e ainda confiança em seus saberes e em sua capacidade de aprender. Estas qualidades existentes em comunidades de pouca renda são mais fáceis de serem generalizadas quando há envolvimento coletivo e quando o grupo que está recebendo atenção se transforma em protagonista de sua mudança. Quando isso acontece, é possível definir as ações afirmativas que podem ser eficientes em cada contexto.[19]

5 Programa Comunidade Solidária

Para a criação do Programa Comunidade Solidária, RC partiu da convicção de que desenvolvimento econômico é diferente de

---

19 CARDOSO, Ruth. "Sustentabilidade, o desafio das políticas sociais no século XXI: há que abandonar o olhar que vê carências e buscar as potencialidades". *In*: CARDOSO, Ruth *et al. Sociedade civil, democracia e desenvolvimento*: ideias e experiências em debate. São Paulo: Marca d'Água, 2006, p. 42.

desenvolvimento social e de que o primeiro não necessariamente implica o segundo. Para a formulação de estratégias de combate à pobreza e à desigualdade no Brasil, ela privilegiou a crítica às formas como vinham sendo combatidas.

A ideia do Programa Comunidade Solidária surgiu na elaboração do programa de governo "Mãos à Obra", por ocasião da campanha eleitoral para a presidência da República de 1994. RC logo se identificou com o capítulo V do programa, que se intitulou "A parceria Estado-sociedade":

> O Conselho da Comunidade Solidária foi presidido por RC desde a sua criação em janeiro de 1995 até 2002. Sem dispor de uma pasta com os devidos recursos, atuou com bastante autonomia. Formado a partir da renovação e ampliação do anterior Conselho Nacional de Segurança Alimentar, o Conselho, com caráter consultivo, foi composto inicialmente por dez ministros de Estado e vinte e um membros destacados da sociedade civil, escolhidos e nomeados por RC.
>
> No Consea, os representantes da sociedade civil tinham sido indicados por entidades da sociedade civil. O Conselho da Comunidade Solidária, por sua vez, optou pelo critério da legitimidade, não pelo da representatividade. (...) Mais do que representantes de diferentes instituições pressionando o Estado, o que se queria era pessoas abertas ao diálogo, dispostas a promover parcerias múltiplas e flexíveis entre Estado e sociedade.[20]

O Programa Comunidade Solidária se propôs a criar condições para facilitar o diálogo entre governo e sociedade civil sobre as possibilidades de parcerias e viabilizá-las. Mais do que um organismo

20 CARDOSO, Ruth. "Comunidade solidária: inovação e transformação". *In*: CARDOSO, Ruth *et al.* *Comunidade solidária*: fortalecendo a sociedade, promovendo o desenvolvimento. Rio de Janeiro: Comunitas, 2002, p. 8.

executor, o Comunidade Solidária, como RC definia, era propositor, cuja função era vislumbrar possibilidades, sugerir ideias, promover parcerias, mobilizar recursos, catalisar energias e iniciativas no sentido de viabilizar projetos em áreas prioritárias:

> Seu objetivo é criar as condições e mecanismos para uma melhor participação das organizações da sociedade civil no desenvolvimento social através de ações integradas em três áreas prioritárias: aperfeiçoamento do marco legal e institucional que regula o relacionamento destas organizações com o governo, produção de conhecimento e informação sobre o Terceiro Setor, promoção do voluntariado.[21]

A revisão do marco legal se impôs como necessária porque a legislação até então em vigor, voltada para o setor não lucrativo, não estimulava a atuação dos cidadãos nem o investimento social das empresas. Da mesma forma, não controlava abusos praticados por empresas que, se definindo como filantrópicas, nem por isso deixavam de praticar o lucro. A atualização da lei passava também pela consideração de novos fenômenos, "(...) como a responsabilidade social do setor privado empresarial e as relações crescentes de parcerias, em todos os níveis, entre órgãos públicos e organizações não governamentais".[22]

A produção de conhecimento sobre o Terceiro Setor visava recolher novas – além de reunir e sistematizar as já existentes – informações que haviam sido tratadas de maneira irregular e estavam dispersas. Para isso, o Comunidade Solidária apoiou a formação da Rede de Informações do Terceiro Setor, Rits.

---

21 CARDOSO, Ruth. "Fortalecimento da sociedade civil". *In*: IOSCHPE, Evelyn Berg (Coord.). *Terceiro setor*: desenvolvimento social sustentado. Rio de Janeiro: Paz e Terra, 1997, p. 11.

22 CARDOSO, Ruth. "Fortalecimento da sociedade civil". *In*: IOSCHPE, Evelyn Berg (Coord.). *Terceiro setor*: desenvolvimento social sustentado. Rio de Janeiro: Paz e Terra, 1997, p. 11.

O apoio à criação de Centros de Voluntários foi outra forma que o Comunidade Solidária encontrou de catalisar as energias e agilizar os canais de participação dos cidadãos, conferindo qualidade, continuidade e visibilidade a suas inciativas.

RC desenvolveu o Programa Comunidade Solidária a partir da crítica ao tradicional assistencialismo,[23] bastante vinculado ao clientelismo. Diferenciava a assistência do assistencialismo. Assim, entendia que havia comunidades que demandavam assistência e nestas tratou de concentrar o foco das ações desencadeadas pelo programa.

Com clareza de propósitos e suficiente fundamentação, a atuação do Comunidade Solidária foi se delineando aos poucos. Tal definição foi se fazendo também na quebra de resistências que encontrava por seu caráter inovador. A partir de maio de 1996, o Conselho da Comunidade Solidária inaugurou a dinâmica intitulada Rodadas de Interlocução Política, debate público sobre temas polêmicos que afetavam a população. Eram preparadas para que a discussão fosse substancial, proveitosa e implicasse desdobramentos práticos.

Como conselheiro, disse Pedro Moreira Salles que só mais tarde é que entendeu seu alcance. Foi a primeira parceria público-privada do Brasil, de acordo com ele. E foi também onde aprendeu o conceito estratégico de Sociedade em Rede.[24]

Definiu-se o segmento jovem como alvo dos projetos a serem articulados pelo Comunidade Solidária. Para tal, considerou-se a grande quantidade de jovens na faixa etária entre 14 e 25 anos; a

---

23 O assistencialismo, de acordo com RC, era uma prática que estabelecia uma relação de submissão porque, ao minorar carências, não oferecia instrumentos de superação destas. Associado ao clientelismo, o assistencialismo gerava graves distorções ao exercício do poder.

24 Pronunciamento de Pedro Moreira Salles na abertura do Tributo a Ruth Cardoso na Universidade de Columbia, em Nova York, em abril de 2009. *Apud* GORDINHO, Margarida Cintra. *Livro de Ruth*. São Paulo: Imprensa Oficial do Estado de São Paulo; Fecap, 2009, p. 151.

ausência de políticas públicas voltadas especificamente para suas necessidades; a vulnerabilidade dos jovens das camadas populares, especialmente afetados por violência, desemprego, criminalidade, drogas, doenças sexualmente transmissíveis e gravidez precoce.

Foram então definidos os programas Alfabetização Solidária, Capacitação Solidária e Universidade Solidária, todos buscando estratégias de fortalecimento das capacidades jovens de maneira a canalizar suas energias para dar vazão à criatividade. Posteriormente, foi criado o Artesanato Solidário.

Muito poderia ser dito ainda sobre o Programa Comunidade Solidária, seus desdobramentos, seus alcances, suas realizações e repercussões. Devido aos limites deste texto, entretanto, cabe ressaltar a relevância do método de trabalho que norteou todas as ações coordenadas e implementadas pelo programa. Tal metodologia, rigorosa e rara nas ações de cunho social até então, marcou diferença particularmente no que se refere a aspectos como acompanhamento e monitoramento dos projetos, replanejamento das ações de acordo com os indicadores apontados nos monitoramentos e avaliação de resultados. Essa maneira de proceder permitia a identificação de problemas e obstáculos no trajeto, bem como a busca de respostas criativas que redundavam em outras oportunidades de desenvolvimento dos projetos. A transparência que o método garantia ao processo conferia seriedade e conquistava a confiança dos envolvidos e, particularmente, dos investidores.

6 Poder

Inegavelmente, a presidência do Conselho da Comunidade Solidária foi para RC uma experiência de exercício de poder. E como tal, encontrou ela uma oportunidade de fazer uso do seu saber para implementar política social, sem negar ou fazer ajustes de conveniência que contrariassem o que vinha construindo ao longo de sua vida de pesquisadora. Na coordenação do Programa Comunidade Solidária, exerceu o poder com autoridade reconhecida.

Em um primeiro momento, o parentesco com aquele que exercia o cargo mais elevado do poder executivo no país certamente contribuiu para o aumento de seu prestígio junto aos empresários que investiram em seus projetos. RC, entretanto, ao longo de sua gestão no Programa Comunidade Solidária e à frente do correspondente conselho, teve oportunidade de afirmar a identidade de sua própria atuação.

Dotada de admirável senso prático, RC, na maturidade, soube catalisar todos os seus talentos e aprendizados, tais como método e disciplina para qualquer trabalho, liderança, capacidade de articulação e aglutinação de pessoas capacitadas e afinadas com suas ideias, convicção na potencialidade do trabalho em equipe, respeito ao interlocutor e suavidade no trato pessoal, entre outros, e colocá-los a serviço de seu projeto de desenvolvimento social para o país.

RC soube desfrutar do poder quando as ocasiões se apresentaram. Como exemplo, pode ser lembrada sua designação para a chefia das delegações brasileiras em eventos internacionais importantes, como a IV Conferência das Nações Unidas sobre a Mulher, em Beijing, em 1995. Compreendeu e exerceu o poder, entretanto, com consciência de sua efemeridade, com sobriedade e discrição.

Referências bibliográficas

CARDOSO, Ruth. "Comunidade solidária: inovação e transformação". *In*: CARDOSO, Ruth *et al. Comunidade solidária*: fortalecendo a sociedade, promovendo o desenvolvimento. Rio de Janeiro: Comunitas, 2002.

______. "Entrevista de Ruth Cardoso a Daniel Cantinelli Sevillano". *Informe*: informativo da Faculdade de Filosofia, Letras e Ciências Humanas (USP), nº 21, set./out. 2005.

______. "Fortalecimento da sociedade civil". *In*: IOSCHPE, Evelyn Berg (Coord.). *Terceiro setor*: desenvolvimento social sustentado. Rio de Janeiro: Paz e Terra, 1997.

______. "Movimentos sociais urbanos: balanço crítico". *In*: SORJ, Bernardo (Coord.). *Sociedade e política no Brasil pós-64*. São Paulo: Brasiliense, 1984.

______. "Sustentabilidade, o desafio das políticas sociais no século XXI: há que abandonar o olhar que vê carências e buscar as potencialidades". *In*: CARDOSO, Ruth *et al*. *Sociedade civil, democracia e desenvolvimento*: ideias e experiências em debate. São Paulo: Marca d'Água, 2006.

CASTELLS, Manuel. "Ruth Cardoso: minha mestra, minha colega, minha amiga". *In*: BRANDÃO, Ignácio de Loyola; CASTELLS, Manuel. *Ruth Cardoso*: 80 Anos. São Paulo: AlfaSol, 2010.

DEBERT, Guita; GREGORI, Maria Filomena; COELHO, Simone de Castro Tavares. "Ruth Cardoso 1930-2008". *Revista Brasileira de Ciências Sociais*, 2008, versão *on-line*.

DURHAM, Eunice *apud* GORDINHO, Margarida Cintra. *Livro de Ruth*. São Paulo: Imprensa Oficial do Estado de São Paulo; Fecap, 2009.

GORDINHO, Margarida Cintra. *Livro de Ruth*. São Paulo: Imprensa Oficial do Estado de São Paulo; Fecap, 2009.

TARSILA DO AMARAL (1886–1973)

UMA MULHER DO SEU TEMPO?

IVAN DUCATTI

TEREZINHA MARTINS DOS SANTOS SOUZA

Introdução

A história, assim como o conjunto das ciências sociais, na maioria esmagadora de casos, ignorou e ignora a presença das mulheres, quando não simplesmente inverte fatos, computando aos homens os feitos que foram realizados por mulheres, quando estas se destacam em áreas consideradas de domínio daqueles. Se a insígnia é atual nessa segunda década do século XXI, no início do século XX, vigia com uma força descomunal. As lutas sociais e as lutas das mulheres produziram alguns avanços, insuficientes, porém, de forma que ainda neste início de século XXI encontramos uma prática social que atribui significados diferenciados hierarquicamente às objetivações realizadas por mulheres e por homens, atribuindo sempre mais valor ao que é produzido por eles. Se elas ainda continuam enfrentando consideráveis obstáculos para atuar na vida pública, no século passado, estes eram significativamente maiores.

Este trabalho objetiva analisar a época histórica em que viveu e produziu Tarsila do Amaral, pintora que teve um protagonismo (raramente admitido para as mulheres) reconhecido no universo das artes plásticas brasileiras no primeiro quartel do século XX, e quais os obstáculos que ela teve que enfrentar para se construir como artista de renome.

A primeira parte da análise da época histórica de Tarsila exige algumas reflexões acerca de fatos basilares, limitando-nos à periodização que oscila entre o último quartel do século XIX e as duas primeiras décadas do século XX. Tal limite cronológico justifica-se pelo fato de que a pintora Tarsila – que produziu muito além desse período, por mais quarenta anos – havia iniciado sua carreira junto à vanguarda artística francesa, momento este ímpar para uma artista e para uma mulher. Desse contato, Tarsila partiria para a sua superação do tradicionalismo dos traços, na direção do Modernismo brasileiro, o que marcaria seu estilo, principalmente nas fases iniciais da formação do movimento (Pau-Brasil e Antropofagia). A pintora constrói, com outros artistas e intelectuais, aquele que viria a ser um momento rico de experiências vanguardistas de estética, de comportamento social, de políticas e de reflexão crítica (a brasilidade, o estrangeiro) sobre o Brasil agrário que lentamente se adaptava à industrialização e que, por essa razão, demandava uma nova estrutura erguendo-se acima dessa nova base material de construção do país, a qual exigia trens, máquinas, estradas, urbanização caótica, mas ainda em relação com o antigo e o bucólico campo.

Da conjugação de Tarsila com o Modernismo, percebe-se que a protagonista, para sua época, encontra-se para além desta. Em certos momentos, Tarsila está para além de seu tempo, mas só pode se projetar para um futuro justamente porque as mulheres de seu tempo estão em movimento: Tarsila não está isolada. Num mundo altamente masculinizado do início do século XX, a pintora, ao se destacar no cenário artístico dominado basicamente por homens, demonstra que alguns rompimentos foram possíveis, em avanços não suficientes, como acima destacado. Tal abordagem do papel social de Tarsila vem desenvolvida numa leitura de gênero, cuja crítica torna-se inconteste. Mesmo despontando como artista relativamente autônoma e de importância ímpar para o Modernismo, Tarsila não escapou das falácias do sexismo, por intermédio do qual os aparentes elogios apenas reforçam a ideia de que as mulheres estão no mundo, na concepção machista, para desempenhar o papel de servir, serem bonitas e serem delicadas. Não é à toa que, na menção ao Modernismo, os primeiros nomes que vêm rapidamente à memória são os dos homens – estão em maior número, fácil de constatar pela historiografia, mas isso não significa que as obras das mulheres sejam de peso menor.

A construção dessa artista, personagem histórica e relevante, não poderia ser explanada e analisada sem que partíssemos de sua própria obra artístico-cultural, que, para além do simplesmente moderno, fora construída com o intuito de criar uma linguagem capaz de entender e perceber o Brasil dos novos tempos que surgiam, o Brasil que se industrializava, mas não abandonava sua estrutura rural que Tarsila viu no interior caipira, caboclo, nativo e negro deste país. Eis o Brasil da brasilidade. E como será que, nesse ritmo, soavam as vozes das mulheres?

1 Tarsila e as mulheres de seu tempo

Para a compreensão de Tarsila como protagonista de transformações importantes não somente no plano estético e artístico-cultural, mas também no que tange às questões de gênero, faz-se mister perguntarmos quem eram as mulheres no cenário em que Tarsila surge. A história das mulheres, a partir de suas lutas no século XIX, nos permite algumas apreensões.

Desde o final do século do século XIX, a luta das mulheres expressa-se, principalmente, enquanto luta pela inclusão na vida política, pelo direito de votar e ser votada. Hobsbawm[1] afirma que, apesar dos avanços da ocupação de espaços em que, anteriormente, elas não tinham penetração, ainda era pequeno o número de mulheres que se ocupavam com a luta pela inclusão na vida política. As mulheres que se destacavam nesse espaço tinham um claro recorte de classe, pertenciam às camadas médias e/ou superiores, sendo escassa ou inexistente a presença popular. O processo de industrialização ocorre, inicialmente, em território europeu. Poucas mudanças, pois, efetuaram-se na vida das mulheres dos continentes ainda não cêntricos (América Latina, Ásia e África) para o capital, se bem que, no início, isso pouco significou também para as mulheres europeias das comunidades agrícolas.

As mulheres de países não cêntricos, como Tarsila, que conseguiram romper com algumas determinações de gênero – produzir arte, para além das "suas obrigações" de gênero –, além de pertencerem às camadas de elite, sofreram profundas influências da produção intelectual que se produzia no Velho Continente. Como diz Marx,[2] "a dependência pessoal caracteriza tanto as condições sociais da produção material quanto as esferas de vida estruturadas sobre ela". A indústria capitalista, ao engendrar novas relações econômicas necessárias ao seu desenvolvimento, engendra novas formas de relações pessoais, o que traz modificações significativas na vida das mulheres. Como o avanço do capitalismo se apoia, fortemente, na hierarquia patriarcal, também aqui as funções da reprodução eram tarefas da mulher, mesmo que isto ocorresse de modo fortemente determinado pelas relações de classe, isto é, as mulheres das classes dominantes podiam privatizar suas tarefas, ao passo que, sobre as

1 HOBSBAWM, Eric. *A Era dos Impérios (1875-1914)*. 5ª ed. Rio de Janeiro: Paz e Terra, 1998.

2 MARX, Karl. *O Capital*: crítica da economia política. São Paulo: Nova Cultural, 1988. ("Os Economistas").

mulheres trabalhadoras, recaía a dupla jornada: uma exercida de forma paga, a outra exercida de forma gratuita em suas próprias casas. Essa passagem da história evidencia o papel crucial que o patriarcado exerce na implantação e perpetuação do capitalismo (bem como de quaisquer outras sociedades de classe, sempre de um modo apropriado à dominação vigente).

O aprofundamento da industrialização trouxe, por um lado, alguns avanços para as mulheres, por outro, lhes foram tirados muitos dos direitos que elas possuíam no período anterior, especialmente no que se refere aos direitos políticos e sexuais, inclusive, em alguns deles, ocorrendo retrocessos. No período anterior à industrialização, algumas mulheres cuidavam pessoalmente de suas propriedades e empresas, o que era encarado com naturalidade, mesmo que não fosse uma prática massiva. Com a industrialização, essa prática torna-se malvista, pois ocorre uma "masculinização" do trabalho,[3] com a expulsão das mulheres desse mundo, da economia e do universo burguês, criando um preconceito contra o labor das mulheres, especialmente o das casadas, e transformando o direito ao trabalho em uma concessão, este somente permitido às mulheres pobres. Ocorre um aparente paradoxo na situação dos direitos políticos das mulheres com o aprofundamento da industrialização, que é o alijamento desse grupo do espaço público. Durante os séculos XVII e XVIII, em determinados estados dos EUA, as mulheres não só tinham direito ao voto como chegaram mesmo a exercer o poder parcialmente, o que foi proibido com o advento da Revolução Americana. Esse aparente paradoxo revela o caráter patriarcal do capitalismo nascente. Na Revolução Francesa – o símbolo máximo dos direitos humanos da sociedade burguesa –, as mulheres também lutaram e tomaram parte nas diversas formas que a vida política assumia, inclusive participando das barricadas e revoluções, mas foram empurradas para

3 HOBSBAWM, Eric. *A Era dos Impérios (1875-1914)*. 5ª ed. Rio de Janeiro: Paz e Terra, 1998.

fora, inclusive guilhotinadas, quando ousaram estender os direitos humanos também para si próprias.

O constante revolucionar de suas próprias estruturas que o sistema capitalista produz impulsiona novamente mudanças na situação das mulheres, assim como em todos os setores da vida social. As transformações estruturais e tecnológicas do final do XIX acabam por promover um aumento nas formas de assalariamento das mulheres, especialmente em lojas, escritórios e no magistério infantil – trabalho que passa de condenável a desejável. A necessidade da força de trabalho das mulheres se explica pelas novas exigências do aumento da inovação tecnológica, que requer uma força de trabalho especializada, o que torna necessário o investimento em educação, a começar pela infantil. Aqui o capital já mostra seu interesse pelo trabalho das mulheres, motivado pelo barateamento da força de trabalho, visto que, como elas eram especialistas em cuidar de suas próprias crianças, não seria necessário investimento em formação de educadores e, assim, as mulheres assumem em massa o magistério.

Apesar de as mudanças abrirem novas possibilidades para elas, o acesso a algum tipo de educação formal era seletivo, destinava-se às mulheres de classe média e da elite. A participação das mulheres no mundo do trabalho assalariado cria, como um todo, novas perspectivas, modificando-se a forma de como o trabalho é visto socialmente – de condenável a louvável – e, travando relações com outros/as, as mulheres entram em contato com novos costumes, e novas necessidades emergem. Essa nova realidade social acaba gerando trocas sociais, o que propicia o surgimento de reivindicações e lutas pela sua emancipação, ainda que tais lutas, inicialmente, abranjam apenas o universo de mulheres de camadas médias e superiores. No transcorrer da história, o movimento das mulheres, feministas ou não, busca ampliar suas estratégias, assumindo reivindicações diversas, que são mais arrojadas ou mais conservadoras, de acordo com o período histórico vivido, com as classes sociais em luta e conforme as condições político-econômicas de cada período.

Observemos, agora, o movimento das mulheres no Brasil, o que diretamente se liga a Tarsila. Ainda hoje o material referente às lutas das mulheres durante toda a sua história é escasso, a não ser pela literatura feminista. Os manuais oficiais de história continuam, grosso modo, a ignorar a participação feminina na história, a não ser quando aparecem como auxiliares do mundo masculino. A luta das mulheres começa a ser escrita mais expressivamente a partir de quando a própria mulher começa a escrever em jornais e periódicos, no período que vai de 1850 até 1934.[4] As lutas retratadas se referem tanto à luta por melhores condições de trabalho – como as travadas pelas tecelãs e costureiras grevistas – quanto à das sufragistas, que lutavam pela extensão do direito de voto às mulheres. Essa conquista ocorre somente em 1932, sendo fruto das grandes lutas travadas pelas sufragistas a fim de incluir as mulheres formalmente na vida política.

O começo do século XX, com a implantação maciça do trabalho assalariado, encontra, entre as categorias que lutavam por melhores condições de trabalho, mulheres que, duplamente exploradas – em casa e na fábrica – tinham sempre os salários mais baixos e maiores jornadas. As referências são poucas no que toca à participação feminina, embora tenham sido muitos os movimentos pelos quais as mulheres se destacaram. No I Congresso Operário Brasileiro, em 1906, foi aprovada a luta pela regulamentação do trabalho de mulheres. No ano seguinte, as tecelãs, categoria majoritariamente feminina, aderiam à greve em São Paulo e nela as costureiras se destacam. A luta era por jornada de oito horas, conseguida por algumas categorias, mas não pelas costureiras. Em 1917, após uma greve geral duramente reprimida, conseguiu-se uma lei pela qual se abolia o trabalho noturno da mulher e do menor. Dois anos depois, com a participação massiva de mulheres e crianças, trinta mil têxteis entravam em greve pela jornada de oito horas e pela igualdade salarial entre homens e mulheres.

---

4 TELES, Maria Amélia de Almeida. *Breve história do feminismo no Brasil*. São Paulo: Brasiliense, 1993.

Enquanto as mulheres da classe trabalhadora lutavam por melhores condições de vida e trabalho, também as mulheres de camadas médias e da classe dominante lutavam, mas pelo direito ao voto. Esse movimento agrupava setores expressivos de mulheres, as quais sofriam a influência das lutas pelo voto travadas principalmente nos países da Europa.

Em 1920, a Liga para a Emancipação Internacional da Mulher é fundada por Bertha Lutz[5] e Maria Lacerda de Moura,[6] cujo objetivo era lutar pela igualdade política das mulheres. Essa década assiste ao surgimento da Semana da Arte Moderna e a fundação do Partido Comunista do Brasil, como sinal da efervescência política e cultural então em curso. Também em 1922, surge a Federação Brasileira pelo Progresso Feminino, organizada por Bertha Lutz, com forte influência das entidades norte-americanas semelhantes.

Após a Revolução de 1930, embora seja um movimento originado no meio das oligarquias, acaba-se gerando pressões que obrigam a uma maior abertura de espaço para setores populares, a luta sufragista consegue sua vitória definitiva e, em 1932, é promulgado o direito de voto. A luta das mulheres, após essa vitória, volta-se então para a questão do trabalho feminino e à proteção à maternidade

---

5 "A bióloga Bertha Lutz (1894-1976) foi uma das pioneiras do movimento feminista no Brasil, responsável direta pela articulação política que resultou nas leis que deram direito de voto às mulheres e igualdade de direitos políticos nos anos 1920 e 1930" (Disponível em: http://www.brasil.gov.br/cidadania-e-justica/2012/04/bertha-lutz. Acessado em: 28.05.2015).

6 "Maria Lacerda de Moura foi escritora, militante, jornalista, conferencista, educadora e pensadora. Em 1919, junto com Bertha Lutz, fundou a Liga pela Emancipação Feminina. A sua participação na Liga era para defender a instrução feminina como forma de emancipação; uma das formas visualizadas por ela de emancipar a mulher era a proposta da inserção da matéria 'História da Mulher' nos currículos escolares" (THAÍS. "Maria Lacerda de Moura". *Mulheres notáveis*, 15 mar. 2012. Disponível em: http://mulheres-incriveis.blogspot.com.br/2012/03/maria-lacerda-de-moura_15.html. Acessado em: 28.05.2015).

e às crianças. A partir daí, a luta conhece um descenso. Somente após 1975, com a decretação do Ano Internacional das Mulheres pela ONU e no bojo do processo de reorganização das lutas gerais, capitaneadas pelo enfrentamento ao regime autocrático burguês e pela reorganização do movimento operário, com destaque para o da região do ABC paulista, a luta pelo direito das mulheres ganha novamente fôlego e ascende.

2 O papel social de Tarsila

É sobre o papel que Tarsila pôde exercer no tempo histórico que lhe foi dado viver, apenas tangenciando aspectos biográficos, que recai o esforço dos/as autores/as deste texto. O período de Tarsila é um momento de grandes transformações estruturais no que concerne à produção e à organização societal brasileira. O avanço da burguesia brasileira, expresso na industrialização e nos cenários urbanos, devidamente registrados na obra da autora, é fundamental para as análises de gênero que aqui se desenvolvem. Como ressalta Marx, a revolução nos meios de produção distingue a sociedade burguesa de todas as anteriores:

> A burguesia não pode existir sem revolucionar permanentemente os instrumentos – por conseguinte, as relações de produção e, com isso, todas as relações sociais. A conservação inalterada do antigo modo de produção era, pelo contrário, a condição primeira de todas as anteriores classes industriais. A contínua subversão da produção, o ininterrupto abalo de todas as condições sociais, a permanente incerteza e a constante agitação distinguem a época da burguesia de todas as épocas precedentes.[7]

7 MARX, Karl. O *Capital*: crítica da economia política. São Paulo: Nova Cultural, 1988, p. 8.

No começo do século XX, as forças produtivas continuaram a se desenvolver e gestavam, em silêncio, profundas mudanças que repercutirão, inclusive, na vida das mulheres. As exigências econômicas do período posterior da industrialização provocaram uma verdadeira revolução, a qual trouxe, como uma das consequências, grandes transformações para as vidas das mulheres.

O patriarcado – entendido como o poder que o homem exerce por meio dos papéis sexuais – constitui-se junto com as sociedades de classes, o que significa dizer que precede o capitalismo e nele assume formas particulares de existência. Essa existência tão antiga do patriarcado, bem como as diversas faces que ele assume na história, valendo-se das diferenças culturais, históricas e de classes para se perpetuar, faz com que, às vezes, essa opressão – construída por meio de tão hábeis estratégias – pareça indestrutível, monolítica. No entanto, a cada nova forma sob a qual essa opressão se oculta, novas vozes surgem para combatê-la, às vezes equivocadas, às vezes acertadas; nesse quadro, entre perdas e retomadas, a opressão ganha a maioria das batalhas, embora sempre se levantem vozes, solitárias ou coletivas, de mulheres (e até de homens, porém vozes minoritárias nessas lutas) para combatê-la.[8]

Analisa-se aqui a emergência de uma dessas vozes dissonantes, a de Tarsila, artista que desempenhou um papel protagonista no movimento modernista. Apesar de ter tido contato com as novas tendências e vanguardas, Tarsila somente aderiu às ideias modernistas ao voltar ao Brasil, em 1922.

---

8 SOUZA, Terezinha M. dos Santos. *Emoções e capital*: as mulheres no novo padrão de acumulação capitalista. São Paulo: Pontifícia Universidade Católica de São Paulo, 2006. (Tese de Doutorado em Psicologia Social).

3 Tarsila e o sexismo: algumas notas

A análise da trajetória de Tarsila, utilizando especialmente a obra de Aracy A. Amaral,[9] nos revela uma das expressões do sexismo nos textos escritos por homens/artistas sobre ela, os quais enfatizam suas características de "mulher", ou seja: "a linda Tarsila, que encanta os seus companheiros, que inspira paixões, musa e artista (...)".[10]

Tarsila aparece na crônica de Geraldo Ferraz, no *Jornal de Notícias*, na São Paulo de 1920: "(...) era uma vez uma moça que morava na rua Barão de Piracicaba, num casarão (...). Discípula de Pedro Alexandrino, pintara academicamente. Essa 'sinhazinha' cobriria, a partir daquele ano, a pintura moderna",[11] E mais adiante: "pois é essa moça fazendeira, sinhazinha garrida da felicidade de ser bonita e de ter o mundo aos seus pés, que faz o primeiro levantamento da pintura brasileira, em seus coloridos mais reconhecíveis (...)".[12]

O sexismo se expressa nas palavras de Sérgio Milliet, quando este diz:

> (...) E a todos encantava, não só pelo seu talento como pela beleza. Porque era uma das mulheres mais bonitas de Paris, essa "caipirinha" de Monte Serrat. Lembro-me de certa noite em que, no Ballet des Champs Elysées, toda a plateia se voltou para vê-la entrar em seu camarote, com a negra cabeleira lisa

---

9 AMARAL, Aracy A. *Tarsila*: sua obra, seu tempo. São Paulo: Perspectiva/Edusp, 1975.

10 AMARAL, Aracy A. *Tarsila*: sua obra, seu tempo. São Paulo: Perspectiva/Edusp, 1975, p. 486.

11 FERRAZ, Geraldo *apud* AMARAL, Aracy A. *Tarsila*: sua obra, seu tempo. São Paulo: Perspectiva/Edusp, 1975, p. 466.

12 FERRAZ, Geraldo *apud* AMARAL, Aracy A. *Tarsila*: sua obra, seu tempo. São Paulo: Perspectiva/Edusp, 1975, p. 466.

> descobrindo e valorizando o rosto e os brincos extravagantes, quase tocando-lhe os ombros suavemente amorenados.[13]

Ora, parece ato de mau humor tomar um elogio como esse como se fosse expressão de sexismo. Mas esse reparar na aparência física, na beleza, na graça e no perfume dirigido às mulheres no contexto em que estão produzindo arte, ciência etc. expressa um subtexto que as reduz ao "ser mulher", como sinônimo de beleza, doçura etc., isto é, ao seu papel de "eterna sedutora". Na mesmíssima situação, os homens são avaliados como "bom pintor, mau pintor", ou seja, pelas suas qualidades do fazer profissional e não por seus atributos pessoais. Homens também podem ser bonitos, ou feios, ou cheirosos, mas nenhuma dessas qualidades é lembrada quando eles estão sendo avaliados na sua vida pública. Mas quando as mulheres rompem com "seu lugar natural", produzindo objetivações de mais alto grau, são imediata e primeiramente lembradas não por essas objetivações, mas, antes delas, pelos seus atributos "femininos", o que redunda numa grosseira redução sexista.

Mais um episódio que confirma o sexismo. Esse ocorre em 1923, quando da estadia de Tarsila e Oswald em Paris, quando Souza Dantas, embaixador do Brasil na França, oferece um jantar à vanguarda artística e literária e ao grupo de artistas brasileiros presentes em Paris, para catorze pessoas no total. Entre estas, Tarsila e Oswald, sendo ela a única mulher presente, o que revela tanto o reconhecimento que obtivera como artista quanto a desigualdade de gênero que repousa sobre as mulheres, pois certamente Tarsila não era a única artista de vanguarda nessa época em Paris. Mas, revelando a sensibilidade de Tarsila – o que não significa que necessariamente tivesse consciência da opressão de gênero que recaía sobre ela nesse momento –, em carta escrita para seus pais acerca desse jantar, registra:

---

13 MILLIET, Sérgio *apud* AMARAL, Aracy A. *Tarsila*: sua obra, seu tempo. São Paulo: Perspectiva/Edusp, 1975, p. 84.

> (...) Giraudoux, escritor notável e diplomata eminente, ao lado direito do embaixador. Eu, à esquerda, a única mulher. Durante o almoço fui distinguida com um lindo ramo de rosas apresentado numa bandeja de prata, da parte do embaixador. Cendrars, o grande poeta mutilado de guerra, *à minha esquerda para que eu cuidasse de servi-lo, cortando carne etc.* Ele só tem o braço esquerdo.[14]

Reafirma-se aqui o sexismo sempre presente, sempre atuante, ou seja, mesmo quando posta em situação de evidência, convidada como artista de renome que o era, Tarsila *tem que cumprir* suas funções de mulher, ou seja, nas suas próprias palavras, "para que eu cuidasse de servi-lo". "Para que eu cuidasse": o "para" revela uma recomendação, que Tarsila argutamente registra, mesmo que naturalize, não avalie negativamente, pois (talvez?) não incorporasse a crítica e achasse legítima essa função que lhe fora designada. Então, estamos criticando a solidariedade demonstrada a Cendrars? Obviamente que não, questiona-se aqui a destinação de gênero, pois essa solidariedade poderia ser exercida por qualquer um dos *homens* presentes, mas como o "cuidar" do outro aparece como se fora uma qualidade feminina, o "cuidar" em todas as instâncias é uma atribuição destinada às mulheres. Esse episódio revela que o gênero é uma determinação transversal, que atravessa a classe e a raça/etnia, mesmo que de forma diversa.

Ainda sobre o mesmo jantar, Sérgio Milliet escreve:

> à sua frente, Tarsila do Amaral cortava a carne para Blaise Cendrars, poeta e mutilado de guerra. Mas antes de chegarmos a ele, vamos falar da talentosa pintora patrícia. Tarsila

14 AMARAL, Tarsila do *apud* AMARAL, Aracy A. *Tarsila*: sua obra, seu tempo. São Paulo: Perspectiva/Edusp, 1975, p. 90 (grifo nosso).

> hoje dispõe de seguríssima técnica, permitindo-lhe realizar as mais ousadas concepções.[15]

Milliet corretamente analisa a "seguríssima técnica" de Tarsila, mas antes refere-se ao "seu lugar natural" de mulher: antecedendo a artista, a mulher que "cuida", assegurando e tranquilizando leitores de que, apesar do talento, "não passa de uma mulher".[16]

Vejamos se essa valorização da aparência é um traço de personalidade dos autores ou um evidente sexismo. Sérgio Milliet, no mesmo texto mencionado, anota: "quem viu o retrato pintado por Modigliani viu Cendrars – *não por ser fotográfico, que isto não tem a menor importância* – mas porque o pintor soube criar a exata atmosfera do escritor".[17]

Como se pode notar, quando se refere aos homens, a aparência não tem a menor importância; quando se refere às mulheres, vem sempre em primeiro lugar.

4 Tarsila e sua arte: para além do moderno, construindo um novo Brasil

Rompimentos. Os rompimentos que Tarsila provocou não se referem somente ao fato de que tinha muito talento e teve condições de colocá-lo em ação, de fazer cursos, viajar, dedicar-se quase totalmente à sua arte, em um período em que, apesar das críticas e das tentativas de superação, ainda vigia o conservadorismo e o provincianismo da burguesia latifundiária e agroexportadora do Brasil da Primeira República, o que torna particularmente difícil a atuação de

---

15 MILLIET, Sérgio *apud* AMARAL, Aracy A. *Tarsila*: sua obra, seu tempo. São Paulo: Perspectiva/Edusp, 1975, p. 92.

16 AMARAL, Aracy A. *Tarsila*: sua obra, seu tempo. São Paulo: Perspectiva/Edusp, 1975.

17 MILLIET, Sérgio *apud* AMARAL, Aracy A. *Tarsila*: sua obra, seu tempo. São Paulo: Perspectiva/Edusp, 1975, p. 92 (grifo nosso).

uma mulher. O rompimento que ela empreende e simboliza também se refere aos temas utilizados em suas pinturas, com especial destaque para a forma como os/as negros/as eram retratados/as, como se evidencia nas telas *A Negra* (1923, Figura 1) e *Os Anjos* (1924, Figura 2). Em contraponto à ideologia de embranquecimento que não só não toma o/a negro/a como modelo para as artes, mas tenta disfarçar os traços negroides, tornando-os mestiços mais próximos dos/as brancos/as, Tarsila pinta os fortes traços negros e, iconoclasta, pinta as figuras celestes como negras.

Figura 1: *A Negra* (1923)

Fonte: julioamado.com/blog/sala1/wp-content/uploads/2014/09/ Negra.jpg. Acessado em: 28.05.2015.

Podemos, assim, afirmar que Tarsila representa rompimentos, superação e vanguarda artística. Porém, afirmar que sua obra é produto de sua genialidade não responde satisfatoriamente ao fato de que sua linguagem estética transcendeu um momento de grandes mudanças sociais no Brasil, colocando-a num patamar que parece remetê-la a um tempo histórico futuro que não o dela, o que nos leva a perguntar se Tarsila era uma mulher realmente de seu tempo. Ela soube captar as mudanças históricas, foi influenciada pela sua vanguarda artística e, ao mesmo tempo, fomentou essa vanguarda com maestria. Fixar-se na genialidade como resposta pode produzir o efeito contrário: ocultam-se processos e contradições do desenrolar histórico, oculta-se o coletivo, ocultam-se as relações. Tarsila contribuiu essencialmente para uma mudança histórica, em especial via Modernismo. Sua relação singular com o mundo – que se dá mediada pelos conflitos de sua classe, pelo metabolismo de seu grupo, pela sua postura política, pelo domínio de suas técnicas – mostra-nos, no entanto, um processo de transformação que ela desejava universal na expressão artística. Assim, mesmo que sucintamente, consideramos que alguns fatos podem nos revelar um pouco de seu processo de amadurecimento com a arte e a superação do tradicionalismo, enriquecendo nossa análise.

Figura 2: *Os Anjos* (1924)

Fonte: //perlbal.hi-pi.com/blog-images/395537/mn/1181511448/ANJOS-TARSILA-DO-AMARAL.jpg. Acessado em: 28.05.2015.

De acordo com os estudos de Moraes,[18] Tarsila inicia sua formação artística em São Paulo na década de 1910. Ainda pintando em padrão tradicional, ela realiza várias viagens a Paris ao longo dos anos 1920, onde mantém contato com vanguardas francesas e dará continuidade aos seus estudos então iniciados em São Paulo. Nessa mesma década, Tarsila conhece o Modernismo e, com Anita Malfatti, Mário de Andrade, Oswald de Andrade e Menotti Del

18 MORAES, Naymme Tatyane A. *A Paisagem como um discurso em Tarsila do Amaral, a construção de um diálogo entre o espaço social e pictórico na década de vinte do século XX no Brasil*: do Pau-Brasil à Antropofagia. Curitiba: Universidade Federal do Paraná (UFPR), 2014. (Dissertação de Mestrado em História).

Pichia, forma o que ficou conhecido como "O Grupo dos Cinco". Sua produção passa a conceber o quadro como um conjunto de planos interligados, alicerçado na simplificação geométrica e na contenção formal. De acordo com Amaral,[19] Tarsila entra em contato com tudo que surgia de novo na Europa, momento em que descobre o Modernismo.

Em 1922, com seus mestres, como André Lhote,[20] pintor, crítico e professor de arte, Tarsila estuda cerca de três meses. Com ele, passa a conceber o quadro como um conjunto de planos interligados e preza pela simplificação geométrica e pela contenção formal. Há uma simplificação dos elementos, com a valorização da linha ortogonal, permitindo, assim, a grande suavidade do ponto de vista tonal e cromático – elemento básico de suas paisagens.

Tarsila anseia pela projeção do nacional justamente quando entra em contato com o que havia de mais novo na Europa, onde acaba descobrindo o Modernismo. Em 1923, em Paris, Tarsila inicia estudos com Fernand Léger,[21] pintor cubista que ataca de frente a

---

19 AMARAL, Aracy A. *Tarsila*: sua obra, seu tempo. São Paulo: Perspectiva/ Edusp, 1975.

20 "André Lhote (1885-1962) foi um dos integrantes do grupo do cubismo. Trabalhou, quando jovem, em um ateliê de móveis de madeira. Autodidata, foi para Paris em 1906, onde teve oportunidade de apreciar a pintura de Gauguin, bem como uma exposição de esculturas africanas que incentivaram muito sua opção pela pintura" (Disponível em: http://www.mac.usp.br/mac/templates/projetos/seculoxx/modulo1/construtivismo/cubismo/section_dor/andre_lhote/index.html. Acessado em: 28.08.2015).

21 "Mundialmente reconhecido como um dos mestres do século XX, Fernand Léger (1881-1955) foi um dos mais destacados cubistas e o primeiro a experimentar a abstração. Aproxima-se dos cubistas em 1909, conhecendo os poetas Apollinaire, Max Jacob, Blaise Cendrars, os pintores Albert Gleizes, Robert Delaunay e, mais tarde, George Braque e Pablo Picasso" (Disponível em: http://www.mac.usp.br/mac/templates/projetos/seculoxx/modulo1/construtivismo/cubismo/section_dor/fernad_leger/index.html. Acessado em: 28.05.2015).

brutalidade do século. De Léger, Tarsila herdou o gosto pela pintura arquitetônica e pela valorização das formas e planos coloridos, criando uma unidade de estilo. Por influência desse pintor, ela pinta *A Negra* (1923), emergindo, assim, no cenário artístico moderno, antecipando características de sua fase antropofágica. Apresentava-se uma pessoa negra, pela primeira vez, num quadro, com destaque e força. O quadro *A Negra* focaliza características da construção de uma personagem já nacionalizada, numa relação entre arte e história, o que permite a construção da questão da identidade cultural brasileira: a figura da mulher negra remete, ao mesmo tempo, a um passado recente da então escravidão e à dualidade do atrasado/moderno do cotidiano brasileiro, com a intencionalidade e projeção nunca antes tão assimilada pelo público.

Tarsila escreveu da Europa, em 1923, para familiares que nunca se sentia tão brasileira como naquele momento, pois a contribuição artística de cada país é um sucesso em Paris. O quadro *A Cuca* (1924, Figura 3) reforça o panorama da brasilidade, pois a paisagem surge como espaço cênico de ação histórica, cuja fauna e flora reavivam a lembrança do perdido e idealizado, como recortes de detalhes selecionados pela memória. Com *A Cuca*, cria-se uma alegoria de imagem concentrada de emoções, lembrança e mito, por intermédio da linguagem visual própria do Modernismo. Essa obra seria o ponto alto de sua produção da década de 1920, avaliada como o limiar entre o exótico e o mágico.

O Modernismo brasileiro, movimento de emancipação artística, apresentava a inevitável relação com a alteridade, que, segundo Oswald de Andrade, em seu "Manifesto antropofágico", deveria ser devorada. Até 1924, as artes plásticas adotaram temáticas urbanas, com noções de progresso e racionalidade como condições para o ingresso no "concerto das nações". Oswald e Tarsila perceberam que a modernidade como temática urbana não tinha apelo suficiente para inserir o Brasil em um mercado internacional. Buscava-se um caráter nacional mais amplo, tanto que Tarsila, na fase Pau-Brasil (1924-1928), apresentou quatorze telas importantes para a paisagem do Brasil do século XX, sendo que as cidades de São Paulo e Rio de Janeiro foram cenários considerados como ideal de urbanização. Instaura-se, nesse momento, o signo do nacionalismo: projetava-se para o futuro o resgate do passado, a partir das casas simples – inspiradas pelas viagens de Tarsila e Oswald com o poeta Blaise Cendrars,[22] entre outros, a Minas Gerais (1924) – que abrigariam o novo, qual seja, o proletariado industrial, o moderno. Tarsila, a partir de então, vai representar o rural de forma bucólica: há um contato com a tradição. Mas os dois universos, rural e urbano, não são dicotômicos, porque o mercado urbano, cada vez mais organizado, cria seus efeitos sobre a economia rural, que acaba domesticada por aquele mercado. Tarsila percebe também que a industrialização entra em processo de dependência com o campo. Em outras palavras, dentro da perspectiva da economia política, o campo não representa mais uma economia de subsistência, natural, mas, em virtude do crescimento urbano industrializado, a mercantilização e o intercâmbio entre rural e urbano rompem as barreiras da comunidade idílica e quase feudal, de movimento histórico mais lento, para se tornar gradualmente mais dinâmica, incorporando negócios e novas formas de ser.

22 "Blaise Cendrars, pseudônimo de Frédéric Louis Sauser (1887-1961), foi um novelista e poeta suíço, tendo escrito em língua francesa. Tendo uma vida itinerante, o que se reflete em sua poesia, basicamente escritos de viagem, visitou o Brasil na década de 1920 do século XX, influenciando diversos artistas e escritores do Modernismo brasileiro e sendo também influenciado por Oswald de Andrade, com cujos poemas da Poesia Pau-Brasil seus escritos mais curtos, de construção cubista, apresentam forte semelhança formal e no gosto pelo primitivo" (Disponível em: http://pt.wikipedia.org/wiki/Blaise_Cendrars. Acessado em: 28.05.2015).

Figura 3: *A Cuca* (1924)

Fonte: //uhaa.files.wordpress.com/2009/12/cuca501.jpg. Acessado em: 28.05.2015.

Para representar tal processo da dinâmica campo-cidade, Tarsila incorpora e elabora o vivido no mundo da fazenda. Suas cores dão a ideia de volume e estrutura ao quadro, num apelo físico. Esse apelo reforça, na pintura do campo e na da cidade, o contraste que existe entre a natureza e o mundano, os quais, no entanto, se complementam, pois Tarsila pinta elementos que não são dicotômicos, como já frisado, mas integradores entre dois mundos. O contato com o Rio de Janeiro permitiu a Tarsila o registro de esboços de pessoas nas ruas, fantasias e festa de carnaval: visualiza-se, dessa forma, diferentes paisagens e temporalidades: a cidade múltipla formada de fragmentos de um passado. O Brasil de Tarsila é o Brasil da modernidade tardia, cuja urbanização ainda carrega paisagens distintas entre si – as favelas (da população negra marginalizada) coabitam com novas arquiteturas (postes, fábricas, estradas), num cenário conflitante, o que leva a uma experiência visual em constante transformação social. É o que se encontra expresso em *Morro da Favela* (1924, Figura 4). Nas paisagens de Tarsila, a dualidade rural-urbano não é encarada como decadência ou transição inevitável do mundo rural para o industrial; existe uma permanência entre os mundos; mais ainda, há uma relação de dependência das paisagens urbanas com os signos rurais ou vice-versa. Porém, essa forma de encarar as cidades e o campo não nega o desenvolvimento industrial que irrompe por intermédio de novos traços rasgados pelas linhas férreas.

Figura 4: *Morro da Favela* (1924)

Fonte: https://fabiopereira.files.wordpress.com/2012/01/morro-favela-tarsila-do-amaral.jpg. Acessado em: 28.05.2015.

As transformações urbanas por que passavam o Brasil exigiam do/a artista modernista novas linguagens que fornecessem subsídios da construção da brasilidade tão almejada. Assim, buscava-se o Brasil profundo, das lendas indígenas, dos temas folclóricos, das festas e das tradições populares. O Brasil tradicional vai se conjugar com o Brasil das máquinas que vão habitar o cotidiano dos grandes centros urbanos – isso será de fundamental importância para Tarsila, revelando em vários quadros o mito da sociedade industrial, em que se pinta o funcionamento moderno, com locomotivas, trilhos e sinais de trânsito. Dessa forma, Tarsila passa a ser a artista da civilização mecânica, ao incorporar a dinâmica das transformações que a industrialização trazia à vida brasileira. As paisagens idealizadas do interior de Minas Gerais vão se distanciando – mas não desaparecerão – à medida que o moderno é pintado, a partir do urbanismo paulista. Somem os/as negros/as, os/as trabalhadores/as rurais, as crianças. Porém, Tarsila não deixa de retratar as várias temporalidades do Brasil, os vários tempos das religiões, do trabalho, da natureza. É importante, porém, frisar que a imagem do Modernismo, o que Tarsila saberá explorar, não se limitará ao perímetro das cidades, retomando signos de algumas paisagens interioranas, como construções populares, casas-grandes e igrejas coloniais.

A fase antropofágica de Tarsila, a partir de 1928, está ligada ao "Manifesto antropófago", ao lado de Oswald de Andrade, Raul Bopp, Antônio Alcântara Machado. O espírito da antropofagia também se reflete nos quadros de Tarsila, numa revisão de valores do choque de dois momentos culturais – o do mundo primitivo e o do mundo da dimensão cosmopolita da Europa. Os dois momentos se colidem, e surge daí a síntese de uma visão devoradora, como no quadro *Abaporu* ("o homem que come carne humana", 1928, Figura 5), em que se cria uma paisagem em que a artista pôde extrair uma leitura estrutural e codificada de ambientes e transformações humanas, redescobrindo o Brasil. A paisagem, para Tarsila, será povoada de metáforas. Novamente citando *Abaporu*, essa é a obra que melhor sintetiza essa forma de expressão. Assim, *Abaporu* torna-se uma paisagem-personagem: seu corpo substitui a natureza em contraste com o céu azul e o pequeno pedaço de chão. Tarsila demonstra que é possível alimentar a capacidade de imaginação humana em forma de resistência: *Abaporu* lá está, lá resiste.

Figura 5: *Abaporu* (1928)

Fonte: http://upload.wikimedia.org/wikipedia/pt/b/bd/Abaporu.jpg. Acessado em: 28.05.2015.

A antropofagia de Tarsila retém a cultura nativa, que são as estruturas inconscientes adormecidas sobre a superfície da organização social e política do país, ao desenvolver a teoria política e social da antropofagia. Isso ocorre quando ela questiona, por exemplo, o instinto sexual, pregando a volta ao estado natural, isto é, viver nu/nua no modelo das sociedades indígenas. Esse é o momento da antropofagia onírica. Há uma fase alegórica da antropofagia; ocorre quando Tarsila busca resgatar e domesticar as lendas e histórias do Brasil. Bichos e elementos da natureza são antropomorfizados, com forte simbologia fálica.

Em 1928, em nova viagem a Paris com Oswald, Tarsila faz nova exposição de sua obra; observa-se, porém, que a curiosidade sobre a antropofagia, por parte dos críticos de arte, recai sobre a produção do primeiro, sendo que deixaram pouco espaço para a análise das obras da pintora. Para Tarsila, apenas o aparente aspecto exótico continua a ser mencionado.

Em 1929, Tarsila retoma sua percepção sobre a cidade, concluindo sua fase antropofágica, com apelo ao fantástico, ao mágico e ao onírico – elementos enraizados na cultura brasileira.

Tarsila buscou a brasilidade. Por meio de uma expressão estética de raiz, criou uma nova linguagem e imagem poética. Na fase Pau-Brasil, a artista pinta paisagens nativas e, por intermédio destas, expressa-se o lirismo de sua obra, momento em que a arquitetura se materializa de maneira bucólica pela tradição do cotidiano rural. Registram-se as práticas urbanas, permitindo-nos o acesso à memória coletiva: afinal, para Tarsila, a cidade era uma força viva.

Na antropofagia, é possível perceber as sempre presentes características da paisagem moderna. Não é a fase da cidade, mas de suas reminiscências rurais e de seus espaços objetivos. A paisagem pintada é aquela que nos deve libertar da banalidade diária, a qual está encarregada de ocultar os prazeres esquecidos e que devem ser resgatados pelas tintas da pintora. Trata-se de um momento em que a paisagem permite à artista o resgate de suas vivências passadas.

Para Tarsila, não há desordem na natureza, pois esta é uma natureza reorganizada, que envolve e é afetiva. As deformações, na realidade, são calculadas. Sua arte aborda a paisagem pelo enfoque da relação entre natureza e transformações do século XX, principalmente as que surgem da industrialização crescente. Tarsila reflete a contradição entre a dinâmica do mundo capitalista e o resgate das paisagens idílicas. Isso é possibilitado, em termos técnicos, pela concepção estética derivada de suas influências europeias, que desembocam no Modernismo brasileiro. Tarsila narrou por imagens, na condição de artista moderna. Nessa narrativa, há discursos, e estes marcam sua obra, pois a artista soube elucidar as práticas culturais, as dimensões do espaço e do tempo: são forças organizadoras da estética paisagística, num processo de vanguarda não só de uma escola artística, mas do gênero feminino.

Considerações finais

Os seres humanos só se colocam perguntas a que tenham condições de responder. Dessa forma, a resposta à questão posta no título "Tarsila do Amaral: uma mulher do seu tempo?" é prenhe de determinações dialéticas. Se, como afirmado anteriormente, somente sendo brasileiro/a, isto é, tendo a consciência da raiz, do sertão, do povo comum, é que se incorpora o movimento internacional, sem perder, no entanto, a essência da brasilidade, Tarsila, dialeticamente, expressa dois movimentos: *(1)* uma mulher *que está dentro do seu tempo* e o expressa exemplarmente na medida em que pinta as cores fortes do negro, pinta o/a negro/a, pinta o/a nativo/a; *(2)* uma mulher *à frente do seu tempo* e que transgride os padrões postos para as mulheres da época. Sua transgressão não pode ser analisada fora do marco do seu pertencimento de classe, que lhe propicia as condições objetivas para os rompimentos artísticos, mas vai além daquele. Tarsila rompe, em nível individual, com a lógica público-privado, que delega às mulheres apenas a vida privada e obsta suas possibilidades de ascensão no mundo público. Ou, repondo as faces do mesmo processo de dominação de gênero, as mulheres que rompem com o padrão que lhes é imposto de restar na vida privada têm vetadas as possibilidades de realização no cotidiano, como "casar, ter filhos, etc." Tarsila rompe; rompe com sua arte (Modernismo enquanto rompimento), retrata negros e... tem ateliês, viaja, participa ativamente da produção artístico-cultural do seu tempo como protagonista, e casa, descasa, separa novamente, casa, tem filha, enfim, tem uma vida amorosa variada e rica.

Talvez, ao comentar acerca de um de seus quadros, "agora fiz um que se intitula *A Cuca* (...). É um bicho esquisito, no mato com um sapo, um tatu e outro bicho inventado",[23] Tarsila falasse de si mesma, de sua arte, de sua situação no mundo, rompendo duplamente, "bicho esquisito e bicho inventado". E esse duplo rompimento inspira, e continuará inspirando, mulheres de várias gerações e grupos sociais que lutam para destruir a opressão patriarcal que recai sobre as mulheres.

Referências bibliográficas

AMARAL, Aracy A. "As artes plásticas (1917-30)". *In*: ÁVILA, A. *O Modernismo*. São Paulo: Perspectiva, 1975.

______. *Tarsila*: sua obra, seu tempo. São Paulo: Perspectiva/Edusp, 1975.

HOBSBAWM, Eric. *A Era dos Impérios (1875-1914)*. 5ª ed. Rio de Janeiro: Paz e Terra, 1998.

MARX, Karl. *O Capital*: crítica da economia política. São Paulo: Nova Cultural, 1988. ("Os Economistas").

MORAES, Naymme Tatyane A. *A Paisagem como um discurso em Tarsila do Amaral, a construção de um diálogo entre o espaço social e pictórico na década de vinte do século XX no Brasil*: do Pau-Brasil à Antropofagia. Curitiba: Universidade Federal do Paraná (UFPR), 2014. (Dissertação de Mestrado em História).

SOUZA, Terezinha M. dos Santos. *Emoções e capital*: as mulheres no novo padrão de acumulação capitalista. São Paulo: Pontifícia Universidade Católica de São Paulo, 2006. (Tese de Doutorado em Psicologia Social).

TELES, Maria Amélia de Almeida. *Breve história do feminismo no Brasil*. São Paulo: Brasiliense, 1993.

THAÍS. "Maria Lacerda de Moura". *Mulheres notáveis*, 15 mar. 2012. Disponível em http://mulheres-incriveis.blogspot.com.br/2012/03/maria-lacerda-de-moura_15.html. Acessado em: 28.05.2015).

23 AMARAL, Tarsila do *apud* AMARAL, Aracy A. "As artes plásticas (1917-30)". *In*: ÁVILA, A. *O Modernismo*. São Paulo: Perspectiva, 1975.

ZÉLIA GATTAI (1916-2008)

NOS LABIRINTOS DA MEMÓRIA

MYRIAM FRAGA

Brasileira, filha de imigrantes italianos, Zélia Gattai Amado nasceu no dia 2 de julho de 1916, na Alameda Santos, número 8, na cidade de São Paulo, estado do mesmo nome.

Oriundos de diferentes regiões da Itália, seus pais, Angelina Da Col e Ernesto Gattai, faziam parte de um grupo de imigrantes que chegou ao Brasil no fim do século XIX. Encontraram-se na capital paulistana e casaram-se em 1904.

Do lado paterno, os Gattai eram toscanos de Florença, anarquistas e embarcaram para o Brasil com o sonho de fundar uma comunidade socialista, a Colônia Cecília, de curta duração.

Do lado materno, os Da Col, de Perarolo, região do Veneto, aqui chegaram para tentar a sorte no jovem país que oferecia oportunidades e esperança a quem se dispusesse ao trabalho.

A cidade de São Paulo, no início do século XX, ensaiava os primeiros passos para transformar-se de acanhada *urbis* provinciana na colossal metrópole que iria assombrar o mundo por sua pujança.

A mais jovem de cinco irmãos, Zélia foi uma criança alegre, espirituosa e atenta aos acontecimentos, tanto os domésticos quanto os que se desenrolavam para além do seu território habitual, conforme relata em seu livro de estreia, *Anarquistas, Graças a Deus*, no qual, a par de suas vivências pessoais, desenha um painel extremamente vivo do cotidiano de um determinado grupo social representado por seus pais, imigrantes italianos, além de vizinhos, parentes, amigos, enfim, uma pequena multidão que girava em torno do casarão de número 8 da Alameda Santos, nas primeiras décadas do século XX, numa São Paulo que, aos poucos, rendia-se ao progresso que se instalava na cidade, tendo como arautos os automóveis, paixão de Ernesto Gattai.[1]

Aos oito anos, já alfabetizada, iniciou os estudos escolares na escola Sete de Setembro, da professora Carolina Bulcão, amiga e vizinha de seus pais. Matriculou-se em seguida no Ginásio Escolar da Consolação, cursando até a quarta série, quando despediu-se da escola, como oradora da turma, tendo se destacado como a melhor aluna, fato registrado no jornal *O Estado de S. Paulo*, no dia 1º de janeiro de 1929.

Daí por diante, tornou-se autodidata e não parou de instruir-se por conta própria, incentivada pelos pais que, apesar da pouca escolaridade, cultivavam o amor às artes e à literatura, proporcionando aos filhos o acesso não só aos livros, mas igualmente fazendo-os participar da vida cultural da cidade, assistindo a conferências e concertos, levando-os a frequentar as salas de cinema e de teatro existentes na capital.

1 GATTAI, Zélia. *Anarquistas, graças a Deus*. São Paulo: Companhia das Letras, 2009.

Desde cedo, impregnou-se da sabedoria que lhe veio do berço, de uma família em que as dificuldades financeiras nunca constituíram obstáculo para o aprendizado, para a livre expressão do pensamento, para a aceitação das diferenças. Relato da saga dessa família, *Anarquistas, Graças a Deus*, livro de estreia de Zélia Gattai, publicado em 1979, evidencia os contornos de uma personalidade que vai amadurecendo através da vivência e da observação de fatos aos quais esteve ligada, quer como protagonista, quer como espectadora.

De seu pai, Ernesto Gattai, herdou o gosto pela política, o espírito arrebatado e aventureiro. De sua mãe, dona Angelina, personagem destacada em suas memórias, o senso prático da vida, o amor ao trabalho e o hábito de contar histórias.

Sua curiosidade inata e seu espírito inquieto cedo a direcionaram ao convívio dos livros. Aluna exemplar, no entanto, não lhe foi dado seguir o processo normal de uma vida escolar, como era seu desejo. Vítimas de uma tradição cultural que privilegiava os homens, relegando as mulheres ao fechado mundo das virtudes domésticas, às meninas da família Gattai foi negado o direito à continuidade dos estudos, prática comum nas famílias naqueles princípios de século, cabendo aos filhos varões o privilégio do saber. Não que os estudos fossem proibidos às mulheres, apenas não eram considerados necessários.

Nas famílias de classe média, de poucos recursos financeiros, os meninos podiam estudar em escolas públicas, território considerado inconveniente para as *meninas de família*. Como as escolas particulares, além de poucas, eram caras, ficavam as moças condenadas às agulhas, aos bastidores e às receitas, preparando-se para o casamento, na perspectiva de arranjarem um bom partido que, substituindo o pai, lhes viesse a servir de guia e provedor.

Zélia soube compensar a falta de instrução formal abastecendo-se desde cedo de livros, jornais e revistas literárias; frequentando livrarias, exposições de arte, conferências, teatros e ateliês de pintura.

A morte do pai, em consequência de maus-tratos sofridos durante uma prisão arbitrária, fez com que ela se interessasse cada vez mais pelos movimentos políticos que agitavam o país.

Em 1942, no dia 12 de agosto, nasce seu primeiro filho, Luis Carlos Veiga, fruto de sua união com o intelectual e militante comunista Aldo Veiga, de quem veio a separar-se tempos depois.

Nessa época, convivia com renomados artistas e intelectuais como Oswald e Mário de Andrade, Lasar Segall, Tarsila do Amaral e outros mestres do Modernismo brasileiro. Desse modo, foi apurando a sensibilidade, abrindo o coração e a mente ao que de melhor se fazia então em arte e literatura.

Na casa de Aparecida e Paulo Mendes de Almeida, onde também veio a conhecer Rubem Braga, Zora Seljan e Vinícius de Moraes, reuniam-se artistas e intelectuais em saraus que varavam a madrugada entre apresentações musicais e discussões acaloradas sobre política, cultura e assuntos do momento. Ali, ela iniciou suas universidades.

Seu primeiro encontro com Jorge Amado, membro do Partido Comunista, que se encontrava em São Paulo para participar de movimentos reivindicativos e comandar a organização de um comício para Luís Carlos Prestes, recém-saído da prisão, porém, só ocorreu em 1945, durante o I Congresso Brasileiro de Escritores, pelo Movimento de Anistia dos Presos Políticos.

Já então exercendo a militância política, admiradora de seus livros, sentiu-se desde logo fascinada pelo jovem escritor que chegava à capital paulista, vindo da Bahia, onde estivera confinado por motivos políticos, precedido da legenda de defensor das causas libertárias. Ao serem apresentados, imediatamente estabeleceu-se entre eles uma mútua atração, um fascínio que iria uni-los pelo resto da vida.

Em *Um Chapéu para Viagem*, escrito em 1982, Zélia revive com emoção os primeiros momentos desse amor, embalado pelos versos de Caymmi, com a conivência fraternal de Délia e Pablo Neruda, testemunhas de um momento mágico na madrugada paulistana, quando uma chuva de cravos vermelhos, ainda cobertos de orvalho, selou um compromisso inabalável.[2] Mais bela declaração de amor teria sido impossível.

Nesse livro, segundo na bibliografia da autora, vamos tomar conhecimento de como sua vida se transforma a partir do momento em que, já separada do primeiro marido, decide-se a viver com Jorge Amado, enfrentando as maledicências e os preconceitos da época.

Tendo como pano de fundo os tormentosos momentos do fim do Estado Novo e o posicionamento do governo brasileiro em relação ao conflito que se alastrava pelo mundo e vinha bater às nossas portas, ou melhor, às nossas praias, com o afundamento dos navios brasileiros e a consequente declaração de guerra ao nazifascismo, *Um Chapéu para Viagem* é principalmente a história do encontro de duas personalidades distintas e igualmente poderosas: a narradora e uma de suas personagens prediletas, Dona Lalú, a sogra, uma verdadeira figura de ficção, de quem se poderia dizer com propriedade que se não existisse teria que ser inventada. Nem Jorge Amado, ao criar suas inesquecíveis heroínas, conseguiu superá-la. Dona Lalú é a grande figura que atravessa as páginas do livro, roubando a cena até do próprio filho, ali biografado.

A narrativa se insere entre duas viagens decisivas: a primeira, quando o casal deixa São Paulo para que Jorge Amado, então deputado constituinte, assumisse o mandato na cidade do Rio de Janeiro, capital federal; e a segunda, que encerra o livro, quando parte do Brasil para a Europa, em companhia do filho João Jorge, com cinco meses de idade, ao encontro do companheiro, que fora obrigado a exilar-se devido às contingências políticas em 1948.

---

2 GATTAI, Zélia. *Um Chapéu para viagem*. São Paulo: Companhia das Letras, 2010.

Chegando ao porto de Nápoles, onde Jorge Amado já estava à sua espera, seguem, a princípio, para a Tchecoslováquia, e em seguida, para Paris, onde passam a residir.

A partir desse momento, abrem-se para ela as porteiras do mundo. Não só do mundo geograficamente conhecido, mas de um outro universo, incomensurável, desmedido em suas infinitas possibilidades. O mundo cosmopolita e convulsionado do pós-guerra na Europa, os sofisticados cafés da *Rive Gauche*, onde pontificavam Sartre, Simone de Beauvoir, Aragon, Paul Éluard e outros monstros sagrados da literatura mundial; o mundo intangível das grandes descobertas intelectuais, do conhecimento de outros povos, de outras culturas, de outras maneiras de pensar, de novas utopias.

Senhora Dona do Baile, terceiro livro de Zélia Gattai, escrito em 1984, é o relato precioso dessa experiência, dessa maravilhosa aventura em que ela, como uma nova Alice, passeava no "país das maravilhas", conhecendo novas terras e novas gentes, convivendo com a nata do pensamento e das artes da Europa de então, verdadeiramente dona do baile até que, de repente, em decorrência das atividades políticas, tendo sido revogados seus vistos de permanência na França, tiveram que exilar-se mais uma vez, indo se abrigar na Tchecoslováquia, como hóspedes da União de Escritores Tchecos, no castelo de Dobris, onde, em 19 de agosto de 1951, nasce sua filha Paloma, assim batizada em homenagem a Picasso, autor da célebre imagem da "pomba da paz".[3]

Mas aí já é uma outra história... e um novo livro. Escrito com a mesma graça e riqueza de detalhes dos anteriores, dividindo-se entre o cotidiano de uma família brasileira a conviver com costumes tão diferentes de sua própria cultura, em um país estrangeiro, e acontecimentos históricos como a Guerra Fria, os congressos políticos

---

3 GATTAI, Zélia. *Senhora dona do baile*. São Paulo: Companhia das Letras, 2009.

internacionais, os bastidores da política literária, *Jardim de Inverno*, de 1988, encerra a saga dos Amado no exílio.[4]

Em *Chão de Meninos*, já vamos encontrá-los de volta ao Rio de Janeiro, onde permanecem até o início dos anos 1960, quando então resolvem morar definitivamente na Bahia, fixando endereço na rua Alagoinhas, 33, no bairro do Rio Vermelho, onde já moravam vários artistas.[5]

Essa obra, lançada em 1992, que retrata o retorno do exílio, no período de 1952 a 1963, é dedicada a Jorge Amado, em comemoração aos seus oitenta anos. O livro seguinte é um romance, *Crônica de uma Namorada*, de 1995, relatando a época do surgimento da televisão e a descoberta do amor por uma adolescente.[6]

Foi na casa do Rio Vermelho que Zélia iniciou sua carreira de escritora, quando, a pedido dos filhos e incentivada por Jorge Amado, mergulha no universo de suas lembranças e escreve *Anarquistas, Graças a Deus*, livro que lhe abriu as portas do mundo literário. Nessa obra, relembra a vida de seus pais, a realidade dos imigrantes italianos no Brasil e sua infância em São Paulo.

A rua Alagoinhas, 33, o novo endereço no bairro do Rio Vermelho, torna-se então uma espécie de Meca literária, ponto obrigatório de passagem e visitação de artistas e escritores. De sua vivência baiana e demais peripécias e acontecimentos, nos anos em que habitaram naquele endereço, Zélia nos dá conta em seu sexto

---

4 GATTAI, Zélia. *Jardim de inverno*. São Paulo: Companhia das Letras, 2010.

5 GATTAI, Zélia. *Chão de meninos*. São Paulo: Companhia das Letras, 2011.

6 GATTAI, Zélia. *Crônica de uma namorada*. São Paulo: Companhia das Letras, 2011.

livro de memórias, publicado em 1999 e, não por acaso, batizado de *A Casa do Rio Vermelho*.[7]

No ano seguinte, 2000, publica *Città di Roma*, em que retoma os temas de sua infância, ilustrados com fotografias de época, ampliando e complementando o universo já anteriormente abordado em *Anarquistas, Graças a Deus*, mas, dessa vez, dando mais ênfase à saga familiar.[8]

Publica também o livro infantil *Jonas e a Sereia*, com ilustrações de Roger Mello, e *Pipistrelo de Mil Cores*, com ilustrações de Pink Wainer, e o infanto-juvenil *O Segredo da Rua 18*. Suas fotos foram editadas em livro com o sugestivo nome de *Reportagem Incompleta*.[9]

Códigos de Família, escrito em 2001, na verdade, uma curiosa compilação de sentenças e pequenas anedotas que a autora apresenta com muita graça, nos faz conhecer as fórmulas, os ditos e as frases, muitos aparentemente sem nexo, os chamados códigos, e seus protagonistas, que fazem parte de um repertório de família, servindo de pretexto para a criação de novos acontecimentos e de muitas histórias.[10]

Nesse mesmo ano, após a morte de Jorge Amado, em 6 de agosto de 2001, é eleita para ocupar a cadeira 23 da Academia Brasileira de Letras, em 7 de dezembro de 2001; para a Academia

---

7 GATTAI, Zélia. *A Casa do Rio Vermelho*. São Paulo: Companhia das Letras, 2010.

8 GATTAI, Zélia. *Cittá di Roma*. São Paulo: Companhia das Letras, 2012.

9 GATTAI, Zélia. *Jonas e a Sereia*. São Paulo: Companhia das Letras, 2010; GATTAI, Zélia. *Pipistrelo de mil cores*. São Paulo: Companhia das Letras, 2011; GATTAI, Zélia. *O Segredo da Rua 18*. São Paulo: Companhia das Letras, 2009; GATTAI, Zélia. *Reportagem incompleta*. Salvador: Corrupio, 1986.

10 GATTAI, Zélia. *Códigos de família*. São Paulo: Companhia das Letras, 2009.

de Letras da Bahia, em 28 de novembro de 2001, e toma posse em 14 de março de 2002 na Academia de Letras de Ilhéus.

Escreve, juntamente com os filhos Paloma e João Jorge, o livro *Jorge Amado, um Baiano Romântico e Sensual*, em 2004, e continuando na linha das lembranças, *Memorial do Amor* (2003) e *Vacina de Sapo e Outras Histórias* (2005).[11]

Muitos de seus livros foram traduzidos para vários idiomas, e *Anarquistas, Graças a Deus* foi adaptado para a televisão sob a forma de minissérie da Rede Globo.

Mas Zélia Gattai não se fez notada apenas como memorialista e escritora, também se projetou como excelente fotógrafa, registrando momentos importantes de sua vida com Jorge Amado não só em suas atividades públicas, como igualmente em *flashes* da vida privada com os filhos e amigos que viviam sempre à sua volta.

Abrangendo cinco décadas de vida em comum, o arquivo fotográfico de Zélia Gattai foi iniciado em 1946, quando se encontravam no exílio e, desejando enviar fotos do filho, João Jorge, para os avós no Brasil, comprou sua primeira máquina fotográfica no famoso Mercado das Pulgas, em Paris.

O gosto pela fotografia fez com que ela prosseguisse documentando, passo a passo, a trajetória de Jorge Amado, que, no decorrer dos anos, cada vez mais se afirmava como protagonista de acontecimentos que atestam sua presença constante nos mais variados cenários da vida política e cultural.

Seu arquivo fotográfico, até agora estimado em 21 mil negativos, retrata cinquenta anos de história cultural e política, destacando

---

11 GATTAI, Zélia; AMADO, Paloma Jorge; AMADO, João Jorge. *Jorge Amado, um baiano romântico e sensual*. Rio de Janeiro: Record, 2002; GATTAI, Zélia. *Memorial do amor*. São Paulo: Companhia das Letras, 2013; GATTAI, Zélia. *Vacina de sapo e outras histórias*. Rio de Janeiro: Record, 2004.

personalidades que marcaram uma época. Esse arquivo, de valor incalculável, foi doado à Fundação Casa de Jorge Amado pela própria Zélia Gattai, em 1991, para que ali ficasse preservado e pudesse atender a estudiosos e pesquisadores.

A preservação desse acervo tão precioso não só pelo que revela, mas também pela sensibilidade com que foi sendo construído ao longo dos anos, torna-o único e inigualável, testemunho de vida, roteiro que se desdobra nos variados caminhos, trilhas, passagens, pontes, entre territórios complementares e diversos – o homem e o mito, o autor e sua obra – do registro de acontecimentos importantes à delicadeza na infinita riqueza do cotidiano.

Zélia Gattai faleceu em 17 de maio de 2008, em Salvador, Bahia, suas cinzas foram depositadas ao lado das de Jorge Amado, no jardim da casa do Rio Vermelho, hoje transformado em memorial aberto à visitação pública.

Ainda em vida, recebeu os seguintes prêmios e condecorações: Prêmio Paulista de Revelação Literária de 1979. Associação de Imprensa (Brasil, 1980); Prêmio McKeen (Brasil, 1980); Troféu Dante Alighieri (São Paulo/Brasil, 1980); Título de Cidadã da Cidade do Salvador (Bahia/Brasil, 1984); Condecoration de L'Art et Lettres do Governo Francês (França, 1985); Título de Cidadã de Honra da Comuna de Mirabeau (França, 1985); Título da Ordem do Infante Dom Henrique (Portugal, 1986); Medalha Castro Alves. Secretaria da Educação do Estado da Bahia (Brasil, 1987); Prêmio Destaque do Ano de 1988 pelo livro *Jardim de Inverno* (Brasil, 1988); Troféu "Dia da Avon do Compromisso com a Mulher" como destaque da área cultural de 1988 (Brasil, 1988); Exposição sobre o tema "Jardim de Inverno" em homenagem à autora, no lançamento do seu livro, na Fundação Casa de Jorge Amado (Bahia/Brasil, 1988); Diploma de Magnífico Amigo dos Trovadores (Vitória/Espírito Santo/Brasil, 1989); Mulher do Ano de 1989 pelo Conselho Nacional da Mulher, em 2 de maio de 1990; Título de Comendadora da Ordem do Mérito da Bahia (Brasil, 1994); Diploma Alejandro José Cabassa, no gênero memória, por *Chão de Meninos*. União Brasileira de Escritores

(Brasil, 1994); Comenda das Artes e das Letras. Ministério da Cultura da França (França, 1998); A Prefeitura de Taperoá, Estado da Bahia, em 2001, institui a Fundação de Cultura e Turismo Zélia Gattai; Prêmio D'Annuncio (São Paulo/Brasil, s.d.); Inaugurada a Casa de Leitura Zélia Gattai (Barra do Jacaré, Paraná/Brasil, 2002); Prêmio Itália Nel Mondo 2002: a escritora Zélia Gattai tornou-se a primeira brasileira e a primeira mulher a ser agraciada. A entrega do prêmio foi no dia 28 de novembro, no Memorial da América Latina, em São Paulo. A homenagem é um reconhecimento dos italianos a todos aqueles que, tendo raízes italianas, se tornaram famosos por seus trabalhos e pela quantidade de suas obras, com a finalidade de divulgar a cultura italiana no mundo (São Paulo/Brasil, 2002); Inaugurado o Espaço Cultural Zélia Gattai – Faculdades Jorge Amado (Bahia/Brasil, 2003); Título de Cidadã Carioca da Câmara de Vereadores do Rio de Janeiro, no Palácio Pedro Ernesto (Rio de Janeiro/Brasil, 2003); Título de Doutora *Honoris Causa*, concedido pela Universidade Federal de Tocantins (Salvador/Bahia/Brasil, 2004); Inaugurado, no Shopping Boulervard Barra 38, a Alameda Zélia Gattai, Salvador/Bahia); Título de Cidadã Baiana da Assembléia Legislativa, no Plenário do Palácio Luís Eduardo Magalhães, no Centro Administrativo da Bahia, no dia do aniversário de nascimento do escritor Jorge Amado (Bahia/Brasil, 2005). Troféu Dante Alighieri (São Paulo, s.d.); Prêmio D'Annuncio (São Paulo/Brasil, s.d.).

Referências bibliográficas

GATTAI, Zélia. *A Casa do Rio Vermelho*. São Paulo: Companhia das Letras, 2010.

_____. *Anarquistas, graças a Deus*. São Paulo: Companhia das Letras, 2009.

_____. *Chão de meninos*. São Paulo: Companhia das Letras, 2011.

_____. *Cittá di Roma*. São Paulo: Companhia das Letras, 2012.

_____. *Códigos de família*. São Paulo: Companhia das Letras, 2009.

_____. *Crônica de uma namorada*. São Paulo: Companhia das Letras, 2011.

_____. *Jardim de inverno*. São Paulo: Companhia das Letras, 2010.

______. *Jonas e a Sereia*. São Paulo: Companhia das Letras, 2010.

______. *Memorial do amor*. São Paulo: Companhia das Letras, 2013.

______. *O Segredo da Rua 18*. São Paulo: Companhia das Letras, 2009.

______. *Pipistrelo de mil cores*. São Paulo: Companhia das Letras, 2011.

______. *Reportagem incompleta*. Salvador: Corrupio, 1986.

______. *Senhora dona do baile*. São Paulo: Companhia das Letras, 2009.

______. *Um Chapéu para viagem*. São Paulo: Companhia das Letras, 2010.

______. *Vacina de sapo e outras histórias*. Rio de Janeiro: Record, 2004.

GATTAI, Zélia; AMADO, Paloma Jorge; AMADO, João Jorge. *Jorge Amado, um baiano romântico e sensual*. Rio de Janeiro: Record, 2002.

ZILA MAMEDE (1928-1984)

LÍRICA, LIVROS, CULTURA

ALEXANDRE ALVES

Zila da Costa Mamede nasceu no dia 15 de setembro de 1928, em Nova Palmeira, Paraíba, cidade fundada por seu avô paterno, Miguel Rodrigues da Costa Mamede, localizada na divisa com vários municípios em plena área da caatinga do Rio Grande do Norte. O pai de Zila, Josafá Gomes da Costa Mamede, era oriundo da cidade de Parelhas, Rio Grande do Norte, enquanto a mãe – Elydia Bezerra de Medeiros Mamede, com quem Zila foi alfabetizada – era originária de Nova Palmeira. A própria Zila declarou em entrevista televisiva de 1981 que se sentia “tão norte-rio-grandense que tenho susto quando olho a minha carteira de identidade”. Segundo o biógrafo Cláudio Galvão, Zila foi a segunda de sete irmãos, e seus familiares residiram entre Nova Palmeira e Currais Novos, Rio Grande do Norte, até o ano de 1942, quando seu pai se transferiu para Natal, capital potiguar, indo trabalhar na área de mecânica na base aérea de Parnamirim, montada pelos aliados, em plena Segunda Guerra Mundial.[1]

Após ter terminado o curso primário, ainda em Currais Novos, em 1939, que teve de repetir por dois anos seguidos até 1941 por não haver curso ginasial na cidade, Zila se envolve com várias atividades profissionais desde cedo em Natal, cidade com mais oportunidades, como nas áreas de contabilidade e comércio, e recebeu diplomas estudando em instituições católicas, as mesmas em que não havia quaisquer estímulos para a literatura e esta era proibida, "era pecado, romance era pecado", em suas palavras.[2] No ano de 1949, terminou seu curso secundário. Relatou, nessa mesma entrevista de 1981, que uma de suas professoras de língua portuguesa – Madre Esmeralda, considerada por ela como uma excelente professora –, após ter lido seu "caderno de composição" (algo provavelmente similar a um caderno de redação), declarou que Zila jamais seria uma escritora.

Ainda de acordo com esse relato, seus primeiros versos escritos foram feitos, poeticamente, "em nenhum lugar... entre o céu e a terra", dentro de um avião que vinha de João Pessoa, capital da Paraíba, para Natal em ano não especificado (provavelmente, fins da década de 1940). Em meio a uma tentativa frustrada de ser freira em Recife e João Pessoa, Zila Mamede foi apresentada à literatura através do padrinho, o médico Francisco de Medeiros Dantas, seu então anfitrião. Dessa época, a poeta citava o romance *Amor de Perdição*, do escritor português Camilo Castelo Branco. É notória a existência de dezenas de poemas publicados em jornais potiguares entre 1951 e 1952, além de algumas crônicas, produção coletada postumamente no volume *Exercícios de Poesia*.[3] Entretanto, a maioria dos textos publicados não figurou em seu primeiro livro de

---

1 GALVÃO, Cláudio. *Zila Mamede em sonhos navegando*. Natal: Funcarte; Diário de Natal; Moura Ramos, 2005.

2 MAMEDE, Zila. *Memória viva de Zila Mamede*. Natal: EDUFRN, 1987.

3 MAMEDE, Zila. *Exercícios de poesia*. Natal: EDUFRN, 2009.

poemas, que então tinha o título temporário de *10 Sonetos e uma Fuga*, de acordo com Cláudio Galvão.[4]

Sua estreia na poesia com *Rosa de Pedra*, cuja edição deveria ter saído por volta de 1951 pela editora Hipocampo – a cargo dos poetas Geir Campos e Thiago de Mello, mas que veio à falência –, não se concretizou logo, só vindo a ser realizada em 1953, quando Zila conseguiu os originais de volta. Com tiragem pela editora do Departamento de Imprensa do Rio Grande do Norte, os trinta e seis poemas presentes na obra são tidos como parcialmente influenciados pela emergente Geração de 1945, a ponto de seu nome aparecer em antologias que retratam tal época, como a de Geraldo Pinto Rodrigues.[5]

Nesses poemas, há um cruzamento de bucolismo e memória, caso de "Soneto para o momentâneo reencontro com a perdida infância", cujos versos de abertura são marcantes:

> Não. Esse não, porque esse quadro encerra
> os seus limites infantis de outrora
> quando plantava as mãos de medo e terra
> nos flocos de algodão sujos de aurora.

Mas há espaço para temas surreais – os mais de cem versos de "Canção do sonho oceânico" são a prova – e um breve aceno à urbe na dupla de composições "Soneto para a construção do arranha-céu" e "Canção da rua que não existe".

Para estudiosos de sua obra, o livro de estreia de Zila Mamede seria, além de uma retomada consciente da poesia moderna potiguar,

---

4 GALVÃO, Cláudio. *Zila Mamede em sonhos navegando*. Natal: Funcarte; Diário de Natal; Moura Ramos, 2005.

5 RODRIGUES, Geraldo Pinto. *Poeta por poeta*. São Paulo: Maredini, 1988.

"uma mistura de tradicionalismo e uma grande sutileza na linguagem e forma", em que o mar e a terra como paisagens estão amalgamados por um metafórico silêncio, como afirma Alexandre Alves.[6]

Nesse mesmo período de lançamento de *Rosa de Pedra*, obra composta por sonetos (rimados ou não) em sua maior parte, ousadamente, Zila Mamede enviou cartas contendo alguns de seus poemas a Carlos Drummond de Andrade e Manuel Bandeira. Acaba recebendo respostas positivas de ambos. Entusiasmado, o segundo escreveu a ela dizendo que a obra de Zila comporia "um dos melhores livros de versos brasileiros" daquele ano de 1953.

Após esse lançamento, Zila Mamede divide sua produção poética com suas atividades profissionais, fato raro em se tratando de uma mulher em meio ao escasso mercado de trabalho norte-rio-grandense no período, talvez aliviando a tensão de um noivado rompido no período entre *Rosa de Pedra* e o livro seguinte. Mais especificamente em biblioteconomia, ela acaba assumindo o cargo de auxiliar de biblioteca do Instituto de Educação do Rio Grande do Norte e recebendo o certificado de Curso Intensivo de Biblioteconomia, expedido pelo Instituto Nacional do Livro (INL) em 1954. Zila foi aprovada no curso de Biblioteconomia da Biblioteca Nacional do Rio de Janeiro em 1955, passando a residir na então capital brasileira até o ano seguinte, quando recebeu o diploma de bacharel em Biblioteconomia.

Sua segunda obra, *Salinas* (que antes tinha por título *Quase Lua*), recebeu menção honrosa no Concurso Feminino de Poesias promovido pelo jornal *Gazeta de São Paulo*, em 1956, e ganhou o Prêmio Vanda Souto Carvalho no ano de 1957, em Recife, mesmo ano no qual Zila passou a trabalhar como redatora no jornal *Diário de Natal*. Porém, *Salinas* veio a ser publicado em 1958 pelo

---

6 ALVES, Alexandre. "Zila, o soneto e a aurora". *In*: MAMEDE, Zila. *Rosa de Pedra / The Stone Rose*. Trad. Alexandre Alves. Mossoró: Queima-Bucha, 2013.

Departamento de Imprensa Nacional – com uma pequena ajuda do agora já amigo Drummond, então funcionário do Patrimônio Histórico no Rio de Janeiro, que agilizou a edição – e com tiragem de dois mil exemplares, dentro da coleção *Aspectos*, série com assuntos diversos e que lançou obras de autores como Afrânio Coutinho, entre outros.

Salinas apresentava vinte e oito poemas os quais possuem pouca tendência à urbanidade recém percebida por ela na capital potiguar e pendiam mais para o lado lírico ainda marítimo ou telúrico, com o poema "Chamado" sendo exemplo dessa exposição:

> A terra de minha origem primitiva
> Me chama.
> (...)
> A seus anos me devolvo
> E a seus abismos me abandono.

Tal fato ficou antevendo o livro conceitual publicado no ano seguinte, *O Arado*, que apresentava o texto "Antecolheita", o poema que Drummond declarou em carta a Zila que "gostaria de ter feito. Vou sentir-me sempre incompleto", segundo a pesquisa de Graça Aquino Santos.[7] Ainda em 1959, Zila viria a publicar o texto "Bibliografia sobre Euclides da Cunha" na revista potiguar *Bando*, enquanto suas atividades com a poesia não cessavam.

Com tiragem de dois mil exemplares – número significativo para a época – feita pela editora da Livraria São José, Rio de Janeiro, os dezenove poemas de *O Arado* deixavam em evidência o temário bucólico infante, porém gerando diferentes opiniões, a começar pelo mestre Drummond, em carta a Zila, datada de 27 de março de 1959.

---

7 SANTOS, Graça Aquino. *Zila Mamede*: a memória como evocação. Natal: Universidade Federal do Rio Grande do Norte (UFRN), 1996. (Dissertação de Mestrado em Estudos da Linguagem).

O poeta mineiro relatou que haveria certa "repetição e monotonia" no "agrolirismo" presente nos versos, situação também indicada por Sanderson Negreiros, que insinuou que a obra passava "uma virtude bem-comportada de um equilíbrio de fórmulas, vez e tema".[8] Já em outras opiniões contemporâneas, a exemplo de Hildeberto Barbosa Filho, *O Arado* seria a "obra canônica" da poetisa, enquanto Paulo de Tarso Correia de Melo apontou que Zila teria alcançado a "plenitude poética" nesse terceiro livro.[9]

Em meio a títulos curtos e eminentemente sugestivos, caso de "Banho (rural)" – texto incluso no volume *Os Cem Melhores Poemas Brasileiros do Século*, organizado por Italo Moriconi em 2001 e que fazia ecoar o pioneiro poeta potiguar Jorge Fernandes e seu "O banho da cabocla", poema de 1927 – ou da dupla de composições "Bois dormindo", está um poema símbolo da poesia vindoura de Zila nas décadas seguintes:[10] em "Rua (Trairi)", logradouro ainda existente na capital potiguar, o olhar lírico expunha a mudança interna – passado e presente – e externa, em que os versos sinalizavam a cidade e suas mutações:

> Meu chão se muda em novos alicerces,
> sob as pedreiras rasgam-se meus passos;
> e a velha grama (pasto de lirismos)
> afoga-se nos sulcos das enxadas,
> nas ânsias do caminho vertical.

---

8 ANDRADE, Carlos Drummond de. *Cartas de Drummond a Zila Mamede*. Natal: Sebo Vermelho, 2000; NEGREIROS, Sanderson. "Apresentação". *In*: MAMEDE, Zila. *Exercício da palavra*. Natal: Fundação José Augusto, 1975.

9 BARBOSA FILHO, Hildeberto. *O Galo da Torre*: visões literárias do Rio Grande do Norte. Natal: EDUFRN, 2005; MELO, Paulo de Tarso C. de. "Zila Mamede: itinerário e exercício da poesia". *In*: MAMEDE, Zila. *A Herança*. Recife: Edições Pirata, 1984.

10 MORICONI, Italo (Coord.). *Os cem melhores poemas brasileiros do século*. Rio de Janeiro: Objetiva, 2001.

Nesse mesmo período da publicação de O *Arado*, as atividades extraliterárias de Zila ganharam outros contornos, a começar por sua participação como jornalista profissional – registrada na Associação Norte-rio-grandense de Imprensa – e como bibliotecária, dessa vez nomeada como chefe do Serviço Central de Bibliotecas, que depois seria parte da Universidade Federal do Rio Grande do Norte. Zila se tornou também diretora do setor de Documentação e Cultura da Prefeitura da Cidade de Natal, mas logo se afastaria de tal atividade em 1961, segundo Cláudio Galvão.[11]

Entre 1961 e 1963, a poetisa passou a assumir várias funções em órgãos e cidades distintas (bolsista do governo norte-americano na Syracuse University Library – no estado de Nova York, em 1961, e analista de documentos na Sudene, em Recife, no ano de 1962), até que voltou a se concentrar na área de biblioteconomia, sendo aluna do Mestrado em Biblioteconomia na recém-criada UNB em 1964, curso do qual acabou se afastando no ano seguinte. De todo modo, foi nessa pós-graduação que Zila iniciou o trabalho de anotar a imensa bibliografia de Luís da Câmara Cascudo produzida entre 1918 e 1964.

Tal hercúlea tarefa se tornou inicialmente também complexa devido à própria resistência de Cascudo ao trabalho dela, questão depois contornada após uma visita à biblioteca particular da poetisa, segundo depoimento da própria. O trabalho ficaria ainda mais acentuado dado o interesse da Fundação José Augusto em publicar a Bibliografia de Cascudo, contanto que a pesquisa fosse ampliada até o ano de 1968, "com o objetivo de publicá-la durante as comemorações dos 50 anos de vida intelectual do historiador".[12] O fato se confirmou realmente em 1970, ano da única edição de *Luís da Câmara Cascudo: 50 Anos de Vida Intelectual – Bibliografia Anotada*

11 GALVÃO, Cláudio. *Zila Mamede em sonhos navegando*. Natal: Funcarte; Diário de Natal; Moura Ramos, 2005.

12 CASTRO, Marize. *O silencioso exercício de semear bibliotecas*. Natal: Una, 2011, p. 133.

1918-1968, publicada em dois volumes. Para Zila, a obra era ainda "inconclusiva", embora o nome de Cascudo bastasse para aqueles que quisessem escrever sobre o Rio Grande do Norte, situação em que a obra de Cascudo seria a "fonte inicial".

Essa pesquisa sobre o autor de *Literatura Oral no Brasil* custaria a Zila Mamede uma espécie de exaustão que a impediu não de escrever poemas, mas de publicá-los, declarando simplesmente que também havia "covardia de enfrentar, novamente, o público", segundo a própria poetisa. Na verdade, a única obra de Zila publicada na década de 1960 foi a *Pequena Bibliografia de Xico Santeiro* (1966), plaquete sobre um dos escultores populares mais renomados entre os potiguares. Além disso, Zila instalou e administrou a Biblioteca Pública Câmara Cascudo entre os anos de 1969 e 1972.

Entretanto, já na década de 1970, após enviar alguns poemas novos a Drummond e este endereçar uma nova missiva tratando dos versos inéditos de Zila, a poesia mamediana produzida entre 1959 e 1974 foi agrupada por ela em *Exercício da Palavra*,[13] volume contendo trinta e um poemas divididos em duas seções ("A Palavra" e "O Exercício"). João Cabral comentaria a obra em 1976, relatando ao jornal potiguar *Tribuna do Norte*: "eu não vejo, na geração depois da minha, nada tão sólido, tão considerável, tão inovador e, ao mesmo tempo, sem chegar aos excessos".

Na primeira parte de *Exercício da Palavra*, surgiu uma breve influência da poesia concreta nos textos mais visualmente trabalhados, como em "Réquiem para certo amor" e o longo "Um Fusca a 120", além de aparecerem poemas mais nominais do que verbais, caso de "Promissória" e de um de seus conhecidos poemas, o sintético "A Ponte", cujos oito versos revelam "uma brevidade que parece ser símbolo dos poetas da segunda metade do século XX".[14] A temática

---

13 MAMEDE, Zila. *Exercício da palavra*. Natal: Fundação José Augusto, 1975.

14 ALVES, 2015.

urbana/moderna também ficou exposta em dois singulares instantes da obra, pois, em "O edifício" e em "Aeroporto", a modernidade emergia de forma marcante, um contraste com o clima telúrico de *O Arado*, por exemplo.

Na segunda sequência do livro, há uma retomada de textos tipicamente líricos – "Ode camoniana", "A casa", "Visita (à casa materna)" – se coadunando com uma indelével atmosfera cristã, a exemplo dos poemas "Encíclica" e "Salmo 39". De forma geral, a obra pode ser lida tendo como meta "transmitir a cor, o som, a beleza circundantes, apoiada em temas do cotidiano; ou que foram guardados na memória de infância", de acordo com Sanderson Negreiros.[15]

Nessa primeira metade dos anos de 1970, Zila seguiu para Brasília – cedida pela UFRN – para trabalhar na assessoria técnica e no conselho editorial do Instituto Nacional do Livro (INL) entre 1972 e 1974, quando retornou a Natal para se tornar a primeira Diretora da Biblioteca Central da UFRN, que, desde 1985, tem o nome de Biblioteca Central Zila Mamede. A segunda metade do decênio de 1970 viria para comemorar os cinquenta anos de vida de Zila Mamede na forma da primeira compilação de sua poesia. Em *Navegos*,[16] está a reunião de todas as suas obras até então, acrescida de uma parte inédita intitulada "Corpo a corpo", que trazia treze poemas sob um referencial tradicionalmente lírico. É o que ocorre em "Pássaro azul", "Um rio duas vezes" e o indagativo texto de "Onde" ("Entre a querência / e a clarausência / onde me morrer?") –, embora, em outras composições, exista certa estranheza temática, como em "O telefone / O bar" e "Bilhar", havendo ainda a incidência social dos quase cem versos de "Ode às secas do Nordeste" ("E a gente *don't know* onde / habitar outro chão").

---

15 NEGREIROS, Sanderson. "Apresentação". *In*: MAMEDE, Zila. *Exercício da palavra*. Natal: Fundação José Augusto, 1975.

16 MAMEDE, Zila. *Navegos*. Belo Horizonte: Veja, 1978.

Também a partir de 1976, segundo Cláudio Galvão, Zila passaria a escrever outro volumoso trabalho de cunho bibliográfico, que seria a obra póstuma *Civil Geometria: Bibliografia Crítica, Analítica e Anotada de João Cabral de Melo Neto, 1942-1982.*[17] A poetisa deixaria a obra pronta logo depois de se aposentar pela UFRN em 1984 e pouco antes de falecer em 13 de dezembro de 1985, afogada nas imediações da Praia do Forte, em Natal. O laudo médico apontou "asfixia mecânica, afogamento".

Zila Mamede ainda teve tempo de publicar seu derradeiro livro de poemas em dezembro de 1984. Nos quatorze poemas de *A Herança* – distribuídos pelas seções "O Sangue" e "O Afeto" –, a bifurcação temático-conceitual gira em torno, respectivamente, da família e, em seguida, dos amigos, incluindo-se neles poemas em homenagem a Drummond e João Cabral de Melo Neto. Na abertura, o poema que dá título à obra se torna um *haikai* à brasileira, que sintetizava o tom de fraternidade do livro: "Sete irmãos, sete os herdeiros / e o pai, nove as janelas: a mãe / já não ocupa qualquer delas".

A poetisa teve toda a sua obra reunida no volume *Navegos / A Herança* (2003), e *Rosa de Pedra* foi o primeiro livro de poesia produzido no Rio Grande do Norte a ser vertido para a língua inglesa, em comemoração aos sessenta anos de publicação da obra. Sob o título de *The Stone Rose*,[18] os versos de Zila Mamede ganhavam corpo em outra língua, fato que só confirma sua importância para as letras não só norte-rio-grandenses, mas também no quadro mais amplo da poesia brasileira, ainda que, para a autora de *A Herança*, poesia fosse "para ser lida, ser vista, no máximo, a dois".

---

17 GALVÃO, Cláudio. *Zila Mamede em sonhos navegando*. Natal: Funcarte; Diário de Natal; Moura Ramos, 2005.

18 MAMEDE, Zila. *Rosa de Pedra / The Stone Rose*. Trad. Alexandre Alves. Mossoró: Queima-Bucha, 2013

Referências bibliográficas

ALVES, Alexandre. "Zila, o soneto e a aurora". *In*: MAMEDE, Zila. *Rosa de Pedra / The Stone Rose*. Trad. Alexandre Alves. Mossoró: Queima-Bucha, 2013.

ANDRADE, Carlos Drummond de. *Cartas de Drummond a Zila Mamede*. Natal: Sebo Vermelho, 2000.

BARBOSA FILHO, Hildeberto. *O Galo da Torre*: visões literárias do Rio Grande do Norte. Natal: EDUFRN, 2005.

CASTRO, Marize. *O silencioso exercício de semear bibliotecas*. Natal: Una, 2011.

GALVÃO, Cláudio. *Zila Mamede em sonhos navegando*. Natal: Funcarte; Diário de Natal; Moura Ramos, 2005.

MAMEDE, Zila. *Exercício da palavra*. Natal: Fundação José Augusto, 1975.

_____. *Exercícios de poesia*. Natal: EDUFRN, 2009.

_____. *Memória viva de Zila Mamede*. Natal: EDUFRN, 1987.

_____. *Navegos*. Belo Horizonte: Veja, 1978.

_____. *Rosa de Pedra / The Stone Rose*. Trad. Alexandre Alves. Mossoró: Queima-Bucha, 2013.

MELO, Paulo de Tarso C. de. "Zila Mamede: itinerário e exercício da poesia". *In*: MAMEDE, Zila. *A Herança*. Recife: Edições Pirata, 1984.

MORICONI, Italo (Coord.). *Os cem melhores poemas brasileiros do século*. Rio de Janeiro: Objetiva, 2001.

NEGREIROS, Sanderson. "Apresentação". *In*: MAMEDE, Zila. *Exercício da palavra*. Natal: Fundação José Augusto, 1975.

RODRIGUES, Geraldo Pinto. *Poeta por poeta*. São Paulo: Maredini, 1988.

SANTOS, Graça Aquino. *Zila Mamede*: a memória como evocação. Natal: Universidade Federal do Rio Grande do Norte (UFRN), 1996. (Dissertação de Mestrado em Estudos da Linguagem).

ZILDA ARNS (1934-2010)

FÉ SEM FRONTEIRAS[1]

IBIRATAN GOMES DE CARVALHO SÁ

Zilda Arns é um exemplo de fé e esperança. Sua vida profissional e sua luta em defesa dos mais humildes sensibilizaram o alto clero brasileiro e iluminaram a vida de crianças no Brasil e em outros países. Inspirada na doutrina católica cristã e fortalecida por uma educação que primava pelo trabalho como fonte inesgotável de saber, tornou-se médica missionária e atravessou continentes sob a inspiração inesgotável do amor e da fé e nos postulados do evangelho de Jesus.

A formação educacional e moral da família de Zilda Arns é um bom começo para compreender a história de vida dessa mulher que se tornou a médica missionária, capaz de transformar uma ideia simples – o soro caseiro – em uma chance de vida para milhares de crianças brasileiras. E qual o papel dessa família? Zilda nasceu na

1 Beneficiei-me da leitura de ARNS, Otília. *Zilda Arns*: a trajetória da médica missionária. Curitiba: Livraria do Chain, 2010.

cidade de Forquilhinha, no estado de Santa Catarina, em 25 de agosto de 1934. Seu pai e sua mãe são de origem alemã (Gabriel e Helena Arns). Mas é o seu bisavô materno (Peter Joseph Steiner), homem de "profunda fé", que lançou a semente de tantas vidas religiosas na história dos Arns. A fé que alimentou a formação católica cristã da mãe de Zilda (Helena), e também a inspiração para a vida religiosa dos seus irmãos e irmãs, na vocação para o sacerdócio é, sem a menor dúvida, o começo para compreender e admirar a história e a luta de uma brasileira que travou um combate incansável contra a morte e o desamparo das crianças em cada canto deste país.

A jovem que desejou ser médica e "desafiou" a vontade paterna inspirava-se na ação social promovida por seus pais (Gabriel e Helena) e, mui especialmente, na dedicação que a sua mãe nutria por amparar e socorrer as pessoas mais humildes, ministrando um chá ou na oitiva dos seus problemas e anseios. A jovem Zilda aprendeu desde tenra idade a *servir e louvar a Deus* e a trabalhar com persistência na defesa dos seus objetivos. A educação religiosa e moral ministrada no lar dos Arns traçaram a sua vida profissional com maestria. Sua fé, sua esperança, sua dedicação ao próximo revelavam uma alma que não desejava aquietar-se diante das dificuldades e que sabia como percorrer os caminhos mais espinhosos: a plena e absoluta confiança no evangelho e sua ação renovadora.

Os laços de fraternidade e esperança da família Arns são decisivos na vocação religiosa dos seus irmãos (Heriberto – Frei João Crisóstomo), Paulo (Dom Paulo Evaristo Arns), Olívia (Irmã Gabriela), Laura (Irmã Helena), Hilda (Irmã Hilda). Os outros irmãos e irmãs, Osvaldo, Otília, Felippe, Max José, Ida e Bertoldo, não se dedicaram à vida religiosa, mas a confiança e o apoio que os irmãos e irmãs de Zilda depositavam uns nos outros demonstravam a solidez dos postulados do evangelho ministrado em família e exercido na vida e no cotidiano daquelas pessoas. Assim, a família de Zilda é fonte de inspiração para a sua jornada em prol dos necessitados. É também o seu esteio e o apoio nas decisões mais delicadas de sua vida.

Na adolescência, ao acompanhar sua mãe Helena no amparo aos doentes e necessitados, começa a despontar a sua vocação em curar e salvar as pessoas. E após a interferência carinhosa dos irmãos, o seu pai concordou que ela enfrentasse o vestibular para Medicina (Universidade Federal do Paraná) no ano de 1953, na cidade de Curitiba. Zilda estava com dezenove anos. Prestou o exame e logrou êxito. Ela passava a conviver em um ambiente dominado pelos homens: de 120 vagas, apenas seis foram conquistadas por mulheres. Era o começo de uma grande vitória.

A sua caminhada no curso foi uma permanente luta para superar dificuldades financeiras, com o apoio especial de seus pais e a sua incansável dedicação aos livros. Revela-se uma aluna comprometida com as aulas práticas e, com muita habilidade, despontava nas cirurgias. Era essa a sua verdadeira vocação? A sua necessidade de cuidar para que ninguém precisasse de cirurgias e a sua vontade de servir ao próximo harmonizaram a sua caminhada de médica sanitarista e pediatra, ou melhor, de médica missionária.

A fé que inspirou seu bisavô, sua mãe e seus irmãos e irmãs assumia, naquele instante, um papel decisivo na sua história. A doutora Zilda Arns iniciava a sua vida profissional com o coração e a alma voltados para uma ação que transcendia os limites do consultório, da clínica e do hospital. A sua vocação ganhava as ruas, as cidades e os rincões e grotões mais distantes do Brasil. A fé estava guiando a sua jornada em defesa da vida e pela esperança no evangelho de Jesus.

Em 18 de dezembro de 1959, Zilda é graduada bacharela em medicina e, no dia 26 de dezembro de 1959, casou-se com o economista Aloysio Bruno Neumann com teve cinco filhos (Rubens, Nelson, Heloísa, Rogério e Sílvia). Após dezoito anos de convivência, o seu marido falece vítima de um afogamento. É um duro golpe para uma mulher que, no exercício profissional, precisava do apoio e da compreensão de um companheiro nas tarefas domésticas e na criação dos filhos. Começava uma nova batalha e novos desafios profissionais.

A convite do professor da Faculdade de Medicina, doutor Raúl Carneiro Filho, começa a desenvolver uma atividade voluntária no Hospital Público de Crianças César Perneta, no atendimento a crianças abaixo de um ano de idade e indigentes. A tarefa de voluntariado na vida de Zilda começa no seu primeiro ano de graduação, quando desenvolve um trabalho de estágio voluntário no Hospital Nossa Senhora das Graças, mantido pelas Irmãs Vicentinas. Foi um momento muito significativo para a sua missão em defesa dos necessitados.

A jovem médica é aconselhada pelo doutor José Weniger a realizar um concurso público na área da saúde. Em 1960, é nomeada médica da Secretaria de Saúde do Estado do Paraná. A sua tarefa começa nos postos de saúde, e sua ação foi descentralizar os serviços para as periferias. O cumprimento dessa ação começava através da Associação de Proteção à Maternidade e à Infância Saza Lattes, que "servia de campo de estágio em saúde pública materno-infantil aos residentes da pediatria do Catedrático D[outo]r Plínio de Mattos Pessoa da Universidade Federal do Paraná". Em 1965, assumiu a rede dos postos de saúde da Secretaria de Saúde do Estado do Paraná. Nesse ínterim, fundou vinte e sete clubes de mães, vinculados à Associação Saza Lattes.

Com a morte do marido, a sua família a aconselha a afastar-se da ação para cuidar dos seus filhos, todos menores de idade. Com esse afastamento, foi removida para o Departamento de Planejamento da Secretaria de Saúde. No ano de 1979, foi indicada para coordenar o Ano Internacional da Criança, no Brasil, promovido pela Unicef e pelo Ministério da Saúde. Ao lado de entidades e instituições (Igreja, prefeituras e secretarias), escolheram quatro prioridades para o trabalho em conjunto, tendo como mote principal a criança e sua família: "aleitamento materno, vacinação, saneamento básico e utilização da farinha de soja na merenda escolar e para as famílias".

Uma campanha foi desenvolvida para combater a poliomielite a partir de um surto em União da Vitória, Paraná. A metodologia de trabalho foi desenvolvida pela doutora Zilda, e depois, adotada pelo Ministério da Saúde em todo o Brasil. As suas explicações ao Ministério da Saúde fundamentaram a primeira campanha de combate à doença, que se alastrava pelo país. A ação foi muito bem-sucedida e acompanhada pelo doutor Albert Bruce Sabin (que desenvolveu a vacina oral de combate à poliomielite) e sua esposa, os quais assessoraram a campanha. Após a campanha, o governo do Paraná convidou a doutora Zilda para dirigir o Departamento de Saúde Materno-Infantil do estado. A metodologia escolhida amparava-se em dois eixos: divulgação maciça das ações pelos meios de comunicação e capacitação/motivação para a equipe de saúde (médicos, enfermeiros e diretores) envolvida em todas as etapas da campanha. A capacitação desses profissionais fundamentava-se nas ações de "humanização no atendimento, ações básicas como prevenção de câncer na mulher, pré-natal, parto de qualidade, reidratação oral, vacinação de rotina, vigilância nutricional, e especialmente, aleitamento materno".

É importante destacar que a doutora Zilda não era apenas uma médica sanitarista e pediatra. Era uma profissional preocupada com o seu tempo, as intercorrências profissionais e as equipes envolvidas nas tarefas educativas (antes de tudo) e preventivas em defesa da saúde materno-infantil e também da família. A sua gestão era complexa e estendia-se às associações, escolas, creches e comunidades, bem como aos postos de saúde e hospitais, em consonância com a gestão municipal, mui especialmente, pois eram os problemas graves de saúde enfrentados por cada bairro ou região de uma cidade que poderiam alastrar-se por todo o estado.

Outros aspectos de muita importância na sua ação profissional eram a fé religiosa nos santos (em especial, São José, padroeiro das famílias, e Espírito Santo) e sua esperança renovada nos aprendizados do evangelho de Jesus. A sua confiança na palavra dos *Evangelhos* e nos ensinamentos de Cristo era renovada no seu trabalho e na sua ação como médica e gestora. E o seu compromisso com o outro, com as pessoas que necessitavam de apoio, de cuidados, transformou a sua vida em um exemplo de coragem e determinação.

Em 1982, o diretor da Unicef, James Grant, pede ajuda ao cardeal Dom Paulo Evaristo (um exemplo de resistência e luta em defesa da democracia no Brasil), irmão de Zilda, para salvar a vida de milhares de crianças no mundo. O pedido foi levado à médica, que recorreu, em preces, ao Espírito Santo. A inspiração, a força e a determinação de suas atitudes estavam sempre inspiradas na simplicidade das orações e no aprendizado familiar "orar e trabalhar", agradecendo sempre a Deus. Sua ação batalhadora já àquela época (1982) acumulava vinte e sete anos de dedicação às crianças e mães carentes. A Pastoral da Criança deveria refletir uma metodologia inspirada no voluntariado, e aí surge a inspiração no *Evangelho de São João*: "a multiplicação de pães e peixes para saciar a fome de cinco mil homens".

A ação foi imediata. Multiplicar e capacitar as lideranças da comunidade através da fraternidade e do espírito cristão. O apelo à generosidade e à solidariedade entre as famílias na própria comunidade (nos bairros, nas regiões e nas localidades) era a metodologia encontrada para "multiplicar os peixes" e matar a fome, afastar a doença e iluminar o coração das pessoas que precisavam de conforto e esperança. Não era apenas uma campanha, ou mais um braço político da Igreja, era a necessidade real de salvar vidas, salvar pequeninos, era a chance de sobrevivência e de renovação da fé. Acontecia um processo de evangelização, de pacificação social, de harmonização da vida em defesa da própria vida e, principalmente, de solidariedade entre pessoas e grupos sociais. Para Zilda, era a "profunda fé em Deus e a confiança absoluta no ser humano".

Em 1983, o projeto piloto da Pastoral da Criança foi lançado, contando com cinco ações: "pré-natal, aleitamento materno, vigilância nutricional, soro caseiro e vacinação". As lideranças foram capacitadas para multiplicar as ações dentro das comunidades. A trajetória piloto da Pastoral da Criança começou na cidade de Florestópolis no estado do Paraná.

Em 1985, após apresentar o sucesso do projeto piloto da Pastoral aos bispos brasileiros no encontro da CNBB (Conferência Nacional dos Bispos do Brasil), reunidos em Assembleia Geral em Itaici, São Paulo; e, a pedido do secretário-geral, Dom Luciano Pedro Mendes de Almeida (arcebispo de Mariana em 1988, faleceu em 2006), Zilda foi convidada para explicar os resultados obtidos no projeto e conquistar a adesão dos bispos. Nessa assembleia, a médica encontrou resistências e críticas. Mas o trabalho avançou para o Rio Grande do Sul através da ação missionária de sua irmã Helena Arns. É necessário salientar que, apesar das resistências encontradas na Assembleia da CNBB, os bispos Dom Geraldo Majella Agnelo, Dom Paulo Evaristo Arns e Dom Miguel Fenelon Câmara Filho abriram as suas casas paroquiais e as suas comunidades de base para abrigar o projeto da Pastoral da Criança.

Um registro importante é delimitar o espaço histórico-temporal da luta da doutora Zilda em defesa das crianças e suas famílias. O convite para desenvolver uma ação em combate à mortalidade infantil e em defesa da maternidade saudável partiu da Unicef e em plena ditadura militar. Os bispos brasileiros (o maior exemplo é Dom Paulo Evaristo) lutaram pelo restabelecimento da democracia no Brasil. Foi uma luta travada nos porões e nos corredores de um governo ditatorial que desmoralizou o sistema jurídico pátrio. Creio que a luta da doutora Zilda era uma voz que clamava pela saúde e no combate à pobreza e má distribuição de renda. Ainda precisamos de estudos mais complexos para examinar a atuação da Pastoral da Criança na luta contra a ditadura, e acredito que ainda há muito para expor e refletir.

Pelas mãos e pela boa vontade dos bispos, padres e irmãs que atuavam no Norte e no Nordeste brasileiros, a Pastoral da Criança começava a se ramificar por cidades e regiões longínquas do Brasil a partir de 1988. A metodologia era a mesma: reunir lideranças e multiplicar as ações em defesa da vida das crianças e modificar da realidade das comunidades (a criação de hortas ou criação de animais) para favorecer a economia doméstica e educar as famílias. E por várias regiões e cidades brasileiras (Manaus, Bragança do Pará, Alto Solimões ou Caicó no Rio Grande do Norte), as palavras e a presença da médica missionária eram ouvidas e acolhidas pelas lideranças e pelo povo das comunidades.

A Pastoral da Criança já se estendeu por mais de vinte nações, e a doutora Zilda (antes do episódio do Haiti) foi nomeada Coordenadora Internacional da Criança, em Montevidéu, Uruguai. É importante ressaltar que a Pastoral cumpre o papel de atuar como "uma organização comunitária que tem seu trabalho baseado na solidariedade e na partilha do saber". Toda a sua ação é com base no voluntariado e na multiplicação de condutas e ações em defesa da vida, tendo como princípio maior a solidariedade humana. É uma atuação dinâmica que reflete em resultados quantificados, metodologicamente expostos e controlados pela comunidade local, no controle das paróquias e nas ações municipais, estaduais e nacionais. É um trabalho apoiado pela CNBB e que tem atuação efetiva no Brasil e em outros países.

A missão de doutora Zilda também se estendeu à pessoa idosa. Em 2004, foi criada a Pastoral da Pessoa Idosa com a mesma metodologia de trabalho da Pastoral da Criança e com resultados e ações tão bem-sucedidos quanto a sua matriz. Atuando na "organização das comunidades, identificando líderes e coordenadores e também as pessoas maiores de sessenta anos". Uma preocupação muito pertinente com os princípios cristãos e, acima de tudo, de cuidado com os extremos da vida. É um trabalho inspirado "na solidariedade e na partilha do saber".

A sua última missão (implantar a metodologia da Pastoral da Criança) foi encerrada no dia 12 de janeiro de 2010, em Porto Príncipe, Haiti. A missionária Zilda Arns era uma mulher determinada e cheia de coragem. A sua presença em um local devastado pela doença, abandono e pobreza extrema era um sinal de esperança e de misericórdia divina. Sua luta e sua inteligência em prol da solidariedade entre os homens alcançaram outros corações, outros países e outros continentes, a sua fé inabalável na providência divina não a desamparou em nenhum momento. A mulher determinada que lutou em defesa da vida não morreu no Haiti. Ela permanece viva na memória daqueles que multiplicaram a sua metodologia de trabalho e na vida que renasceu de tantas crianças brasileiras. É um exemplo de esperança, solidariedade e fé.

ZULEIKA ALAMBERT (1922-2012)

UMA GUERREIRA DA LIBERDADE

MARLY VIANNA

1 O antifeminino: uma tradição secular

Conta o mito de fundação do Japão que, no início do universo, reuniram-se os deuses para resolver a criação do mundo. Confiaram a missão a Izanagi, um deus, jovem e forte, e a Izanami, deusa de magnífica beleza. "Amai-vos, disseram os deuses, casai, crescei e multiplicai-vos! Nós vos prometemos os mais belos filhos do Universo!" E lá se foram os dois deuses para cumprir a missão divina. Izanagi levava com ele uma lança de ouro, cravejada de pedras preciosas.

Depois de muito tempo, chegaram a um maravilhoso lugar, o semicírculo do arco-íris. Abaixo, havia o mar de um magnífico azul e, atirando nele sua lança, Izanagi viu surgir a ilha de Onogoro. O casal desceu à ilha e passearam sobre ela, encantados. Então, Izanami olhou enternecida o companheiro e começou a seduzi-lo, chamando-o de belo e forte, acariciando-lhe os cabelos. O deus correspondeu a seus abraços, e a deusa Izanami pediu-lhe que se tornassem marido e mulher para que tivessem os belos filhos prometidos pelos deuses.

Mas, quando nasceu o primeiro filho, não puderam entender: era um monstro, uma espécie de sanguessuga repelente, que eles renegaram. Nasceu o segundo, e o mesmo aconteceu. Desolados, retornaram aos céus para indagar do porquê de tanta tragédia, e o deus responsável pelo segredo da vida respondeu: "é o homem quem deve declarar em primeiro lugar seu amor à mulher. Fizestes justamente o contrário. Foi Izanami quem primeiro declarou seu amor. Isso contraria as leis da natureza e as leis da natureza são implacáveis".

De cabeça baixa, os dois voltaram à ilha, e lá Izanagi declarou seu amor à deusa e disse que a queria como esposa. Então, vieram os filhos, os mais belos da criação, que foram as ilhas do Império do Japão. Fora cumprida a promessa dos deuses.[1]

Na mitologia grega, o papel da mulher é bem definido na lenda de Pandora. Primeira mulher, criada por Hefesto, a pedido de Zeus, para satisfazer aos homens (note-se o porquê de sua criação), Pandora foi dada em casamento a Epimeteu. Este possuía uma caixa, que não deveria ser aberta, mas Pandora, muito curiosa, abriu-a. E da caixa saíram todas as pragas e todos os males do mundo, só restando dentro dela, bem no fundo, a esperança. Assim, tudo de mal que existe no mundo tem como causa a curiosidade de uma mulher, culpa que carregarão suas descendentes – todas as mulheres.

Até hoje há uma oração dos judeus em que os homens agradecem a Deus por não serem mulher (que, aliás, não tem direito ao

1 KONDER, Alexandre. *História do Japão*. Rio de Janeiro: [s.n.], 1939, pp. 9-12. A nota de Konder diz apenas: "tradução livre de uma página de F. Challaye".

batismo), e sabemos como são tratadas grande parte das mulheres árabes. Na China, não faz tanto tempo, quando nascia uma menina, era abandonada nos montes para morrer – não valia nada.

Para aqueles que têm menos de sessenta, ou mesmo menos de cinquenta anos, será difícil entender o ineditismo – a coragem e o valor – das atitudes de Zuleika Alambert nos idos dos anos de 1940. Naquela época, as mulheres quase não tinham direitos: puderam votar depois de 1932, mas continuaram a ser consideradas incapazes pelo Código Civil, assim como os indígenas e aqueles considerados menos desenvolvidos intelectual ou mentalmente. As mulheres não podiam viajar sem autorização do marido, não havia divórcio, e o desquite penalizava especialmente as mulheres, vistas, nessa situação, como "disponíveis". As diferenças entre os salários dos homens e das mulheres, que até hoje persistem, eram ainda maiores. Profissionalmente, para aquelas que não precisavam trabalhar para sobreviver, a profissão bem-vista era a de professora primária, profissão apregoada como verdadeiro sacerdócio, uma dedicada atitude maternal. Logo, a questão do salário seria absolutamente secundária, pois não se cobra por uma vocação tão nobre.

Ainda no início da década de 1960, eram muito poucas as mulheres nas faculdades de Medicina, Engenharia ou das chamadas "ciências exatas".

A luta das mulheres no Brasil, como em todo o mundo, começou com a luta para conquistar o direito de voto – as militantes femininas eram chamadas sufragistas. Em 1920, Berta Lutz, bióloga, fundou a Liga pela Emancipação Intelectual da Mulher, em São Paulo, que lutava principalmente por esse direito. O argumento contra o voto feminino, na Constituição de 1891, partindo de que as mulheres eram inferiores, dizia que, se elas tivessem os mesmos direitos que os homens, seriam desvirtuadas de sua grande (e parece que única) vocação: a de esposa e mãe, o que seria muito ruim para a família.

Em 1947, com o movimento feminista um pouco mais avançado, criou-se um Comitê de Coordenação das Organizações Femininas que, em maio de 1949, realizou um Congresso Nacional para fundação da Federação das Mulheres do Brasil. Eram ainda organizações e atividades precárias, sempre estigmatizadas e ridicularizadas por boa parte da sociedade machista, o que era uma maneira de tentar desmoralizá-las.

2 Dados de uma vida

Zuleika Alambert nasceu em Santos, São Paulo, em 23 de dezembro de 1922. Um ano de grande expressão política na história do Brasil: o da fundação do Partido Comunista do Brasil (PCB), do primeiro movimento tenentista, com a revolta do Forte de Copacabana, e de realização da Semana de Arte Moderna.

De uma família tradicional, Zuleika não tinha em casa grandes incentivos para se desenvolver, mas possuía grande curiosidade intelectual e boa dose de rebeldia. Formou-se em Ciências Contábeis e só no início dos anos de 1950, quando fez um curso na Escola de Quadros do Partido Comunista da então União Soviética, em Moscou, estudou noções de economia, filosofia e sobre a história do movimento operário. Foi uma autodidata.

Zuleika sempre esteve ligada à luta por todos os avanços conquistados pela sociedade, nunca se manteve como espectadora, foi uma militante. Começou sua militância política no PCB, em 1942, durante o Estado Novo (1937-1945), lutando pela entrada do Brasil na guerra. Ainda não havia completado vinte anos. Solidária com os republicanos espanhóis, Zuleika participou de greves no porto de Santos, contra a entrada de produtos da Espanha franquista no Brasil. Tais posições significavam o que havia naquele momento de mais importante politicamente não só no país, mas no mundo: a luta contra o nazifascismo.

Ainda durante o Estado Novo, participou das lutas pela anistia aos presos políticos que estavam encarcerados desde 1935, inclusive Luís Carlos Prestes e Gregório Bezerra. Depois da guerra, com a anistia, engajou-se na luta pelas eleições gerais, que se realizaram em novembro de 1945 pela convocação de uma Assembleia Nacional Constituinte.

Dois anos depois, em 1947, foi eleita segunda suplente de deputado por Santos, para a Assembleia de São Paulo e, com a renúncia do deputado Maurílio Muraro e do primeiro suplente Clóvis de Oliveira Neto, assumiu a cadeira em 26 de setembro de 1947. Além dela, só havia uma outra deputada na Assembleia, Conceição da Costa Neves. A atuação de Zuleika como deputada esteve principalmente voltada para a melhoria da educação e para a conquista de direitos para as mulheres, sem se esquecer da defesa permanente dos trabalhadores de Santos.

Pouco tempo depois, Zuleika estaria em comícios, protestando e desmascarando a provocação que resultou na cassação do registro do PCB e, logo depois, a cassação dos mandatos dos candidatos comunistas eleitos. Note-se que o PCB havia conseguido quase 10% da votação nacional para a Presidência da República, tendo lançado como candidato o engenheiro Yedo Fiuza, apenas quinze dias antes do pleito. Luís Carlos Prestes foi o candidato mais votado em toda a história do país, eleito senador da República.

A luta foi perdida – estávamos em plena Guerra Fria –, os comunistas foram colocados como fora da lei, e Zuleika, obrigada a mudar-se clandestinamente para o Rio de Janeiro.

No início dos anos de 1950, Zuleika foi fazer o já mencionado curso na União Soviética, voltando em 1954. Na época, a Guerra Fria e as provocações contra o PCB geraram grande sectarismo na organização, que mantinha as posições políticas do Manifesto de Agosto de 1950. Naquele mesmo ano de 1954, o PCB realizou seu IV Congresso, quando Zuleika foi eleita membro efetivo do Comitê Central do partido.

Até o V Congresso do PCB, em setembro de 1960, Zuleika trabalhou principalmente junto ao movimento estudantil – além de participar das lutas políticas da época. Voltada para o movimento estudantil, tornou-se logo responsável pela Seção Juvenil do partido, ligada diretamente ao Comitê Central – tinha responsabilidade sobre a UNE, entidade nacional, enquanto os movimentos das universidades estavam ligados aos comitês universitários, que eram estaduais e não tinham ligação com a Seção Juvenil.

Com o golpe de 1964, que destituiu o presidente João Goulart e instaurou a ditadura, o partido, que vivia há algum tempo numa semiclandestinidade, passou à rigorosa clandestinidade, em especial os membros de sua direção, velhos conhecidos da polícia política. Muito perseguida, Zuleika, que já fazia parte da Comissão Executiva do partido, passou algum tempo na Federação Mundial da Juventude, em Budapeste, e, em 1971, foi para o Chile, onde esteve até o golpe que assassinou Salvador Allende. Exilada na embaixada da Venezuela, em 1974, seguiu para Paris, onde viveu até retornar ao país com a anistia de 1979, já então separada de Armênio Guedes, com quem vivera por mais de trinta anos.

Em Paris, além das tarefas políticas do partido, Zuleika ligou-se aos grupos feministas que lá atuavam, indo a congressos internacionais, formando comitês femininos e, principalmente, participando de discussões sobre vários assuntos ligados à situação da mulher.

Desde que voltou ao Brasil com a anistia e até 1983, Zuleika ainda militou no PCB, que deixou naquele ano. Mas sua atividade ligada ao trabalho feminino intensificou-se. Além de muitas palestras, no Teatro Casa Grande ou no Teatro Ruth Escobar, Zuleika procurava qualquer oportunidade para defender os direitos das mulheres.

Depois de deixar o PCB, do qual tinha sido funcionária desde os anos de 1940, Zuleika trabalhou em São Paulo, colaborando na fundação do Conselho Estadual da Condição Feminina, onde foi conselheira, secretária-geral, presidente, vice-presidente e coordenadora do Grupo de Educação, Cultura e Meio Ambiente, até 1996. Durante esse período em que viveu e trabalhou em São Paulo, Zuleika casou-se. Ficando viúva e já com idade, voltou ao Rio de Janeiro, onde, além de continuar participando de inúmeros eventos nacionais e internacionais, dedicou-se a escrever.

Em 1953, já havia publicado, pela editora Vitória, do PCB, *Uma Jovem Brasileira na URSS* e, em 1964, *Estudantes Fazem História*, pela editora da UNE. Na década de 1980, intensificando seus trabalhos, publicou *A Situação e Organização da Mulher* (Cadernos CMB), editora Global, São Paulo, 1980; *Feminismo: O Ponto de Vista Marxista*, Editora Nobel, São Paulo, 1986; *Metodologia do Trabalho com Mulheres* (Caderno da União de Mulheres em São Paulo), São Paulo, 1990; *Mulher: Uma Trajetória Épica*, São Paulo, Imprensa Oficial do Estado de São Paulo, 1997; e *A Mulher na História – a História da Mulher*, Brasília, Fundação Astrojildo Pereira, 2004.[2]

Como reconhecimento por seu trabalho, Zuleika recebeu muitas homenagens, placas de mérito, diplomas e prêmios, tendo, em 2011, recebido o título de Guerreira da Liberdade, dado pela Assembleia Legislativa do Rio de Janeiro.

3 Recordações pessoais: militância e amizade

Conheci Zuleika quando entrei para o PCB e para a universidade – a gloriosa Faculdade Nacional de Filosofia, da então Universidade do Brasil. Zuleika sempre foi uma mulher notável: alegre, jamais posou de "quadro dirigente", tratava a todos da mesma maneira cordial. Queria sempre discutir, explicar, ouvir opiniões. Tinha uma imensa capacidade de trabalho. Mas o que mais me chamava a atenção nela – e chamaria cada vez mais – foi sua notável garra, vitalidade, uma incrível vontade de viver.

E era uma mulher valente. Vivendo quase todo o tempo de sua militância no PCB na clandestinidade, ela conseguiu escapar da

2 Os dados deste e do parágrafo anterior foram retirados de https://instituto-zuleika-alambert.webnode.page/. Acessado em: 03.03.2023.

polícia inúmeras vezes. Em uma delas, no final dos anos de 1940, a polícia cercou a casa onde estava, procurando por uma jovem morena, como ela o era. Zuleika despejou um vidro de água oxigenada na cabeça e, pouco depois, saía da casa, lépida e fagueira. Contava Armênio Guedes, que via tudo do outro lado da rua, que nem ele mesmo conseguiu identificar logo a Zuleika, naquela garota com um cabelo esquisitíssimo... Essa presença de espírito salvou-lhe a vida no Chile de Pinochet, quando a polícia bateu no apartamento onde estava escondida. Os donos da casa tinham saído, e Zuleika, percebendo que era a polícia, amarrou um pano na cabeça, pegou um balde e uma vassoura e foi abrir a porta, explicando que era a senhora que fazia a limpeza da casa. A polícia acreditou, e pouco depois, ela se asilava na embaixada da Venezuela. Durante o longo período de asilo, com a embaixada lotada, conseguiu organizar o coletivo e disciplinar aquele mundo de gente.

A vida de Zuleika é cheia de casos pitorescos, muito ligados à sua incrível energia, alegria e pouca inibição... Adorava cantar e tocar, sendo que mal dedilhava as cordas do violão e foi uma das pessoas mais desafinadas que conheci. Depois de voltar de uma viagem de navio, onde liderara um grupo que ia para o Festival da Juventude, contou-me encantada: "você não imagina, foi um espetáculo! Cantei e toquei todas as noites!" Eu bem que imaginei...

Uma vez, ganhou um lindo vestido de fustão da cunhada Moema. Não tardou em fazer um buraco na saia do vestido novo com o cigarro, que fumava sem tragar. Daqui a pouco, surge Zuleika, toda feliz, com um enorme laço amarelo cobrindo o estrago.

Zuleika vivia as 24 horas do dia – porque acho que, quando dormia, também – mergulhada em suas tarefas políticas e tinha pouco tempo para organizar coisas comezinhas. Pouco antes de ser obrigada a deixar o Brasil, no início dos anos de 1970, Zuleika teve que ser internada para extrair um rim. Não só a operação era complicada, como foi mais complicado ainda interná-la, clandestina, no hospital. Companheiros e médicos do partido resolveram a questão, e Zuleika foi operada. A situação não era fácil pela clandestinidade, pela gravidade da situação, por estar sozinha e pelo fato de o pós-operatório ter sido doloroso. O médico recomendou-lhe supositórios para a dor. Zuleika, passadas as primeiras 24 horas, já havia retomado suas atividades. Apesar da situação, estava escrevendo algum artigo quando o médico foi saber como estava passando, e ela, interrompendo a escrita, disse-lhe: "doutor, já usei os 'simpósios' que o senhor recomendou e não fizeram nenhum efeito!"

De outra vez, chegou a São Paulo, pegou um táxi e disse ao chofer: "vou para a rua do Paletó Corajoso". O chofer respondeu que nunca ouvira falar daquela rua, Zuleika retorquiu que não era possível, uma das ruas mais conhecidas de Pinheiros! Depois de muitas explicações, o motorista descobriu que ela queria ir para a rua Capote Valente...

O mesmo aconteceu na Bahia, quando insistiu sobre uma Rua do Boi, não havia; da Vaca, também não; do Cabrito, muito menos. Era a Rua do Gado.

Antes de viajar para Budapeste, Zuleika passou alguns dias escondida em minha casa e foi uma agradável convivência: era uma mulher simples, boa e inteiramente engajada em sua militância.

Com toda a sua garra e incrível vitalidade, Zuleika chegou a driblar a morte algumas vezes. Quando nos encontramos em Moscou, na segunda metade dos anos 1970, ela adoeceu, e os médicos chamaram a direção do partido para avisar que ela poderia morrer de um simples resfriado! Viveu quase quarenta anos mais. Nesse período, foi internada algumas vezes, por duas delas esteve em estado de coma. Mas ressurgia e parecia voltar à vida com maior energia. Numa dessas vezes, nossa amiga em comum, Moema Vergara, ligou-me dizendo que talvez dessa vez Zuleika não resistisse. Uns quinze dias depois, lá estava ela em Brasília, muito elegante, para receber uma nova homenagem.

Quando da última vez que a vi, no apartamento do Leme, que sua irmã, sempre muito solidária, lhe emprestava, Zuleika estava fisicamente um pouco combalida, mas com a mesma garra de sempre. Foi a pessoa com maior vitalidade que conheci. Só quem conviveu com Zuleika pode avaliar seu entusiasmo pela vida.

No dia 23 de dezembro de 2012, liguei cedo para cumprimentá-la pelos seus noventa anos. Não poderia ir vê-la porque viajaria naquele mesmo dia. Seu entusiasmo era o mesmo: contou de todos os estudos que estava fazendo – e não eram poucos! –, o que pretendia escrever, conferências que faria. Poucos dias depois, foi internada e dessa vez não resistiu. Lá se foi a nossa Guerreira da Liberdade travar o bom combate em outras plagas. Porque, se existir o céu, lá está a Zuleika, agitando e onde, seguramente, já organizou alguma base de mulheres e de jovens!

NOTAS

A Editora Contracorrente se preocupa com todos os detalhes de suas obras! Aos curiosos, informamos que este livro foi impresso no mês de abril de 2023, em papel Pólen Natural 80g, pela Gráfica Grafilar.